REABILITAÇÃO
NEUROPSICOLÓGICA

teorias, modelos, terapia e eficácia

REABILITAÇÃO
NEUROPSICOLÓGICA
teorias, modelos, terapia e eficácia

Barbara A. Wilson   Jonathan J. Evans

Fergus Gracey   Andrew Bateman

Artesã

Reabilitação neuropsicológica: teoria, modelos, terapia e eficácia

Copyright © 2009 Cambridge University Press

Copyright © 2020 Artesã Editora

1ª edição, 1ª reimpressão 2023

É proibida a duplicação ou reprodução deste volume, no todo ou em parte, sob quaisquer formas ou por quaisquer meios (eletrônico, mecânico, gravação, fotocópia, distribuição na Web e outros), sem permissão expressa da Editora.

DIRETOR
Alcebino Santana

TRADUÇÃO
Daniella Soares Portes

REVISÃO
Daniella Soares Portes

REVISÃO TÉCNICA
Fabricia Quintão Loschiavo Alvares
Anita Taub

CAPA
Karol Oliveira

PROJETO GRÁFICO E DIAGRAMAÇÃO
Conrado Esteves

R281

Reabilitação neuropsicológica : teoria, modelos, terapia e eficácia / Barbara A. Wilson... [et. al.] ; tradução : Daniella Soares Portes. – Belo Horizonte : Artesã, 2020.

496 p. ; 24 cm.

ISBN: 978-85-7074-050-2

1. Neuropsicologia 2. Neurologia - Reabilitação.. 3. Reabilitação Cognitiva 4. Reabilitação Neuropsicológica 3. Cognição - Reabilitação. 4. Lesão cerebral. I. Wilson, Barbara A., 1941-. II. Portes, Daniella Soares Portes.

CDU 616.8

Catalogação: Aline M. Sima CRB-6/2645

IMPRESSO NO BRASIL
Printed in Brazil

📞 (31)2511-2040 💬 (31)99403-2227
🌐 www.artesaeditora.com.br
📍 Rua Rio Pomba 455, Carlos Prates - Cep: 30720-290 | Belo Horizonte - MG
📷 📘 /artesaeditora

Sumário

Prefácio 9
Keith Cicerone

Introdução 11
Barbara A. Wilson

PARTE 1
Histórico e teoria

1. Para um modelo holístico de reabilitação neuropsicológica 15
Barbara A. Wilson e Fergus Gracey

2. As evidências da eficácia da reabilitação neuropsicológica 43
Barbara A. Wilson

3. O estabelecimento de metas como forma
de planejar e avaliar a reabilitação neuropsicológica 65
Barbara A. Wilson, Jonathan J. Evans e Fergus Gracey

4. A abordagem do Oliver Zangwill Centre (OZC)
para a reabilitação neuropsicológica 79
*Barbara A. Wilson, Fergus Gracey, Donna Malley,
Andrew Bateman e Jonathan J. Evans*

PARTE 2
Intervenções em grupo

5. O Grupo de Compreensão sobre a Lesão Encefálica (Grupo CLE) 109
Barbara A. Wilson, Andrew Bateman e Jonathan J. Evans

6. O Grupo Cognitivo – Parte 1: atenção e gerenciamento de metas 125
Jonathan J. Evans

7. O Grupo Cognitivo - Parte 2: memória 149
Jonathan J. Evans

8. O Grupo de Gerenciamento do Humor 169
Kate Psaila e Fergus Gracey

9. O Grupo de Apoio Psicológico 185
Fergus Gracey, Giles Yeates, Siobhan Palmer e Kate Psaila

10. Trabalhando com famílias na reabilitação neuropsicológica 207
Giles Yeates

11. O Grupo de Comunicação 233
Clare Keohane

12. Os Grupos Baseados em Projetos Práticos 243
Donna Malley, Andrew Bateman e Fergus Gracey

PARTE 3
Exemplos de casos clínicos

13. Peter: reabilitação bem-sucedida após uma lesão
encefálica grave com complicações cerebrovasculares 269
Barbara A. Wilson e Jonathan J. Evans

14. Lorna: aplicando modelos de linguagem, cálculo
e aprendizagem na reabilitação holística – da disfasia
e acalculia à independência para cozinhar e viajar 297
*Leyla Prince, Clare Keohane, Fergus Gracey, Joanna Cope, Sarah Connell,
Carolyne Threadgold, Jacqui Cooper, Kate Psaila, Donna Malley and Barbara A. Wilson*

15. Caroline: tratamento do transtorno de estresse
pós-traumático após um traumatismo cranioencefálico 329
Jonathan J. Evans e W. Huw Williams

16. Reabilitação vocacional interdisciplinar voltada à dor, fadiga, ansiedade
e impulsividade: Yusuf e suas "novas regras" para os negócios e a vida 343
Fergus Gracey, Donna Malley e Jonathan J. Evans

17. Judith: aprendendo a fazer as coisas "num piscar de olhos" –
experimentos comportamentais para explorar e mudar
o "significado" em atividades funcionais relevantes 369
Fergus Gracey, Susan Brentnall e Rachel Megoran

18. Simon: lesão encefálica e família – a inclusão dos filhos, familiares e sistemas mais amplos no processo de reabilitação 389
Siobhan Palmer, Kate Psaila and Giles Yeates

19. Adam: ampliando o contexto terapêutico para a comunidade na reabilitação de um cliente com afasia severa e apraxia 415
Jacqui Cooper e Andrew Bateman

20. Malcolm: lidando com os efeitos da síndrome de Balint e a desorientação topográfica 431
Barbara A. Wilson

21. Kate: recuperação cognitiva e ajustamento emocional de uma jovem mulher em estado vegetativo por vários meses 449
Barbara A. Wilson

PARTE 4
Resultados

22. Esta abordagem é eficaz? Avaliação de eficácia no Oliver Zangwill Centre (OZC) 473
Andrew Bateman

Colaboradores 493

Prefácio

A reabilitação neuropsicológica tem apresentado um enorme crescimento nas últimas décadas embasado, em grande parte, na perspicácia clínica e na experiência. Mais recentemente, houve muito alvoroço acerca da necessidade de uma reabilitação baseada em evidências, cujo respaldo estivesse na melhor comprovação científica disponível a fim de corroborar a eficácia das intervenções. A ênfase na reabilitação baseada em evidências é muitas vezes interpretada com uma antítese do julgamento clínico quando, na verdade, estes são aspectos complementares do cuidado, sendo necessário um julgamento clínico consubstanciado para aplicar os princípios e técnicas de tratamento adequados ao indivíduo com deficiência neurológica. Além disso, o tratamento baseado em evidências deve incorporar os valores, preferências e metas do cliente no processo de tomada de decisão com o intuito de fazer os ajustes que podem, em última instância, determinar a sua eficácia.

O presente volume de Barbara Wilson, Fergus Gracey, Jonathan J. Evans, Andrew Bateman e colaboradores é ímpar ao integrar evidências científicas, julgamento clínico e metas centradas no paciente como o ponto de partida para a reabilitação neuropsicológica. Ao discutir as evidências de sua eficácia, os autores – todos profissionais experientes e pesquisadores bem-sucedidos – enfatizam que a reabilitação é um processo interativo que exige um envolvimento por parte dos terapeutas, do indivíduo com deficiência e sua família, incluindo até mesmo a comunidade desse indivíduo como forma de apoio e reforçamento. Os princípios e exemplos elaborados neste volume fornecem um referencial teórico para abordar cada cliente por meio do entendimento da combinação singular de suas limitações e pontos fortes, motivação, personalidade e recursos. A eficácia da reabilitação é avaliada em relação à sua capacidade de auxiliar o cliente a alcançar suas metas pessoais, bem como em relação à relevância do tratamento para seu funcionamento cotidiano e qualidade de vida. Esses princípios orientam o planejamento e a implementação do tratamento neuropsicológico.

É ainda mais admirável que todos esses princípios e práticas tenham sido desenvolvidos dentro de um modelo de tratamento integrativo para a reabilitação neuropsicológica no Oliver Zangwill Centre (OZC). Isso representa uma grande conquista pelo menos por duas razões. Primeiro, o OZC oferece uma abordagem holística que atua como um componente fundamental do tratamento. A abordagem holística estabelece um senso de coesão entre os clientes e reforça o relacionamento entre eles e os terapeutas, aspectos estes que são comuns em todas as formas de tratamento eficaz e que possuem um papel importante na reabilitação até mesmo quando as técnicas individuais de tratamento são fundamentadas em intervenções específicas de base empírica. Segundo, o tratamento oferecido no OZC fomenta a integração entre teoria e prática, que se reflete no uso da teoria da aprendizagem, dos princípios de reorganização cognitiva e do planejamento de metas enquanto método de organização e avaliação da atividade clínica centrada no cliente.

Enfim, o objetivo da reabilitação é ajudar os indivíduos a terem uma vida significativa e prazerosa. Esta é uma grande empreitada que não pode ser realizada sem um verdadeiro esforço colaborativo. Este volume fornece um panorama para as técnicas, princípios e valores que tornam esse esforço possível e como estes, por sua vez, se transformam em uma reabilitação neuropsicológica eficaz.

Keith Cicerone

Introdução

A reabilitação neuropsicológica se preocupa em permitir que os indivíduos com déficits cognitivos, emocionais ou comportamentais atinjam seu potencial máximo nas áreas de funcionamento psicológico, social, recreativo, vocacional ou cotidiano. Neste livro, discorremos sobre a prática atual de reabilitação seguida por aqueles que acreditam que uma abordagem holística para esta é a mais eficaz. Definimos a abordagem holística para a reabilitação como aquela que reconhece o fato de que a cognição, a emoção e o comportamento estão interligados de forma dinâmica. Consequentemente, todas essas funções precisam ser abordadas de maneira integrada na reabilitação da lesão encefálica por uma equipe interdisciplinar.

Acreditamos piamente que a reabilitação precisa de uma ampla base teórica que incorpore referenciais teóricos, teorias e modelos de muitas áreas diferentes. Ficar limitado a um modelo teórico pode levar a uma prática clínica inadequada. Discutimos as principais abordagens teóricas para a reabilitação, bem como suas principais mudanças nos últimos 20 anos. O objetivo primordial deste livro, no entanto, é apresentar abordagens práticas a fim de ajudar os indivíduos com lesão encefálica a atingir as metas mais valorizadas por eles e suas famílias.

Este livro está dividido em quatro partes:

Inicialmente, revisamos o histórico e os princípios norteadores da reabilitação neuropsicológica. Isso inclui uma síntese do programa holístico de reabilitação neuropsicológica do Oliver Zangwill Centre (OZC) em Ely, Cambridgeshire, Reino Unido. Esse programa, que é influenciado pelo trabalho de Yehuda Ben-Yishay e George Prigatano, dos Estados Unidos, e Anne-Lise Christensen, da Dinamarca, associa a terapia individual e em grupo para abordar os problemas cognitivos, emocionais e sociais enfrentados por adultos com lesão encefálica adquirida e não progressiva.

Na Parte 2, discutimos os vários grupos ministrados no OZC e descrevemos a estrutura desses grupos. Estes incluem um grupo que é principalmente educacional (Grupo de Compreensão sobre a Lesão Encefálica), grupos que trabalham especificamente com os problemas cognitivos (Grupo de Atenção e Gerenciamento de Metas e Grupo de Memória), as habilidades sociais (Grupo de Comunicação), as consequências emocionais da lesão encefálica (Grupo de Gerenciamento do Humor) e as famílias, além de grupos que necessitam unir habilidades e estratégias (Grupo de Projetos, Grupo de Boletins Informativos, Grupo de Habilidades de Vida Independente, Grupo de Habilidades Vocacionais e Grupo de Apoio Psicológico).

A Parte 3 é composta por 9 casos individuais detalhados a fim de ilustrar como os princípios descritos na Parte 1 são aplicados na prática. Os 6 casos iniciais foram escolhidos para demonstrar os aspectos do programa holístico intensivo e os 3 últimos para descrever o trabalho com os indivíduos cujas dificuldades os impediam de participar desse programa.

A última parte está preocupada em avaliar os vários resultados do OZC, incluindo a eficácia clínica, o resultado das pesquisas e a educação. Discutimos os desafios de avaliar a eficácia de um programa holístico e integral de reabilitação. Aqui fomos particularmente influenciados pelo trabalho de Keith Cicerone, James Malec e colaboradores.

Como a reabilitação neuropsicológica não é apenas multidisciplinar, mas também interdisciplinar, esperamos que muitos profissionais dos serviços de saúde se beneficiem com este livro. O público principal provavelmente será formado por neuropsicólogos clínicos, psicólogos clínicos, fonoaudiólogos, terapeutas ocupacionais, psiquiatras, neurologistas, fisioterapeutas, assistentes sociais e enfermeiros. Outros indivíduos também poderão se interessar por este livro, principalmente aqueles com lesão encefálica e seus familiares, clínicos gerais e professores.

Barbara A. Wilson

PARTE 1
Histórico e teoria

CAPÍTULO 1

Para um modelo holístico de reabilitação neuropsicológica

Barbara A. Wilson e Fergus Gracey

Introdução

Aproximadamente nos últimos 25 anos, houve uma série de mudanças importantes na área da reabilitação neuropsicológica. Primeiro, há muito mais parcerias agora do que nas décadas de 1970 e 1980. Antes, os médicos, terapeutas e psicólogos decidiam o que os pacientes deveriam e poderiam esperar dos programas de reabilitação. Agora, discutimos com as famílias e os pacientes o que eles esperam obter da reabilitação e tentamos nos ajustar a isso, pelo menos em parte. Segundo, a reabilitação tem ido muito além da aplicação de exercícios de repetição e tarefas. Não achamos mais aceitável que os indivíduos sejam colocados em frente a um computador ou caderno de exercícios segundo a crença de que tais exercícios resultarão em um melhor funcionamento cognitivo e, sobretudo, um melhor funcionamento social. Terceiro, a equipe de reabilitação agora segue uma estratégia de estabelecimento de metas ao planejar os programas de intervenção. Os clientes, famílias e funcionários negociam metas apropriadas e determinam como elas devem ser alcançadas. Quarto, há um crescente reconhecimento de que as consequências cognitivas, emocionais, sociais e comportamentais da lesão encefálica estão interligadas e que todas devem ser abordadas no processo de reabilitação. Quinto, a tecnologia está desempenhando um papel maior e nunca antes visto ao ajudar os indivíduos com déficits cognitivos a compensar suas dificuldades. Sexto, hoje em dia é mais amplamente aceito que um único modelo, teoria ou referencial teórico não é suficiente para tratar as muitas e complexas dificuldades enfrentadas por indivíduos com comprometimentos neuropsicológicos após uma lesão ou trauma no encéfalo. Em vez disso, precisamos utilizar vários modelos, teorias e referenciais teóricos a fim de alcançar os melhores resultados para os indivíduos que necessitam de reabilitação neuropsicológica. Esta pode ser entendida como um processo por meio do qual os indivíduos com lesão encefálica trabalham em conjunto com a equipe de saúde, dentre outros profissionais, para melhorar ou aliviar os déficits que resultam de um trauma no encéfalo. Os principais objetivos da reabilitação são permitir que os indivíduos com deficiência alcancem seu melhor nível possível de bem-estar a fim de reduzir o impacto de seus problemas na vida cotidiana, bem como ajudá-los a retornar aos seus ambientes mais apropriados.

Das muitas teorias, modelos e referenciais teóricos que influenciam a reabilitação, cinco áreas são talvez de grande importância, a saber: as áreas relacionadas ao funcionamento da cognição, da emoção, da interação social, do comportamento e da aprendizagem. Exemplos ilustrativos de cada uma dessas áreas são descritos abaixo. Além disso, modelos importantes para a organização do trabalho em equipe multidisciplinar são apresentados. Teorias e modelos de avaliação, recuperação e compensação também são necessariamente analisados. Após analisar os modelos que descrevem as características dessas áreas, um modelo de reabilitação neuropsicológica experimental e abrangente é apresentado na tentativa de integrar os modelos e teorias mencionados acima em um todo unificado.

Teorias e modelos de funcionamento cognitivo

Vários modelos de funcionamento cognitivo têm se mostrado úteis na reabilitação. Os modelos e teorias de linguagem, por exemplo, influenciaram a reabilitação de indivíduos com afasia aproximadamente nos últimos 15 anos. De fato, esta é provavelmente a área em que tais modelos primeiramente deixaram sua marca na reabilitação (Byng; Coltheart, 1986). Em 1991, Coltheart afirmou que, a fim de tratar um déficit, é necessário compreender integralmente sua natureza e, para tanto, é preciso ter em mente uma representação de como a função é normalmente realizada. Sem essa representação, não se pode determinar quais tipos de tratamento seriam apropriados. Coltheart e outros pesquisadores acreditam que a reabilitação cognitiva deve se basear em modelos teóricos da neuropsicologia cognitiva. Embora acreditemos que isso seja muito limitado pelas razões mencionadas acima, concordamos que os modelos de funcionamento cognitivo são necessários para nos ajudar a identificar e compreender as forças e fraquezas cognitivas específicas de nossos clientes. Em outras palavras, esses modelos são necessários, mas não suficientes. Essa visão foi proposta por Caramazza (1989, p. 382) ao afirmar que

> Não há nada específico sobre nossa teoria da estrutura do sistema ortográfico (ou sistema de leitura, sistema de nomeação, sistema de compreensão de sentenças etc.) que sirva para determinar nossa escolha da

estratégia terapêutica. Apenas "conhecer" a provável área de um déficit [...] não nos permite, por si só, especificar uma estratégia terapêutica. Isso requer não apenas uma teoria da estrutura do sistema danificado, mas também, e sobretudo, uma teoria das maneiras pelas quais um sistema danificado pode ser modificado em decorrência de formas particulares de intervenção.

Esses modelos não nos dizem como reabilitar os indivíduos, pois não identificam os problemas cotidianos e não nos informam como tratar um problema específico. Em vez disso, eles nos dizem que parte do modelo está com problema. Seus pontos fortes residem no fato de que eles nos informam quais são as restrições cognitivas em qualquer programa que desejemos implementar. Eles também nos permitem conceber processos, fazer previsões acerca das funções cognitivas intactas e explicar comprometimentos aos pacientes, familiares e equipe. Alguns modelos têm um valor inestimável na identificação de déficits. Tomemos, por exemplo, o modelo da dupla rota da leitura (Coltheart, 1985). Esse modelo postula que existem pelo menos duas maneiras por meio das quais podemos ler uma palavra escrita, a saber: a rota lexical (ou de reconhecimento da palavra inteira) e a rota fonológica, que converte letras em sons. Pegue a palavra *mint*[1], por exemplo. Ela pode ser lida por qualquer rota: podemos pronunciar M-I-N-T, que está em conformidade com as regras fonêmicas normais do inglês e é uma palavra conhecida de modo que está em nosso léxico, nosso repertório de palavras. Em contrapartida, a palavra *fint*, uma palavra sem sentido que não existe em inglês, somente pode ser lida por meio da rota fonológica. Ela não está em nosso repertório de palavras porque não a conhecemos. Com a palavra *pint*[2], no entanto, temos que usar nosso repositório de palavras para lê-la corretamente. Se usássemos as regras de correspondência entre letra e som ou a rota fonológica, faríamos uma leitura incorreta, rimando-a com *mint*[3].

Quando Coltheart estava elaborando esse modelo, ele previu que seria possível encontrar pacientes com um déficit na rota fonológica, mas não na rota lexical, e vice-versa. Naquela época, tais pacientes não haviam sido identificados, assim Coltheart desenvolveu um teste de rastreio e pediu a seus colegas da psicologia clínica e fonoaudiologia que trabalhavam com indivíduos com deficiência neurológica para aplicá-lo. Feito isso, os pacientes que Coltheart previu que nós encontraríamos *foram* encontrados. Aqueles incapazes de ler palavras sem sentido, tais como *fint*, agora são classificados como portadores de "dislexia fonológica" e

---

[1] N.T.: *Mint* significa "hortelã", em português.
[2] N.T.: *Pint* é uma unidade de medida inglesa que equivalente a 568 ml.
[3] N.T.: A letra "i" em *mint* tem o mesmo som que a letra "i" em português. Em *pint*, entretanto, a letra "i" é lida como "ai". Por isso, essas duas palavras não rimam em inglês.

aqueles incapazes de ler palavras irregulares, tais como *pint*, são classificados como portadores de dislexia superficial. Esse modelo não somente nos permitiu explicar tais fenômenos, como também culminou em uma profunda mudança na avaliação dos distúrbios adquiridos de leitura aproximadamente nos últimos 20 anos.

Na década de 1970, a maioria das avaliações neuropsicológicas das habilidades de leitura dos pacientes (pelo menos no Reino Unido) consistia em listas de palavras, tais como *The Schonell Graded Word Reading List (*em uma tradução livre para o português seria "Lista de Leitura de Palavras Classificadas de Schonell") e talvez *The Neale Analysis of Reading Ability* (também em uma tradução livre seria "Análise de Neale da Capacidade de Leitura"), ambos testes para observar a compreensão leitora. Hoje, nós avaliamos uma ampla gama de habilidades de leitura, tais como palavras regulares *versus* irregulares, palavras concretas *versus* palavras abstratas, partes do discurso, comprimento da palavra, idade de aquisição etc. Essa vasta mudança surgiu como resultado direto das teorias de leitura e de linguagem. Como esses modelos tendem a identificar os comprometimentos em vez de problemas cotidianos, eles não nos informam como reabilitar os indivíduos. Eles nos informam que parte do modelo está com problema e não como tratar um problema específico.

Não é apenas na linguagem que os modelos de funcionamento cognitivo têm desempenhado um papel de destaque. Consideremos o influente modelo de memória operacional de Baddeley e Hitch (1974), originalmente apresentado como um modelo provisório até que algo o substituísse. Esse modelo, que ainda é funcional nos dias de hoje, nos permitiu descrever os distúrbios de memória e entender por que um indivíduo pode ter uma memória imediata normal, mas apresentar dificuldades após atraso/distração ou pode ter um *loop* fonológico e um rascunho visuoespacial normal, muito embora tenha habilidades executivas precárias. De fato, o "executivo central" do modelo de memória de trabalho e a visão conceitualmente similar do sistema atencional supervisor, proposto por Norman e Shallice (1980), têm influenciado consideravelmente a compreensão e avaliação da síndrome disexecutiva (que costumava ser mais popularmente conhecida como "síndrome do lobo frontal"). Haverá mais informações acerca disso posteriormente quando discutirmos a justificativa que fundamenta o Grupo de Solução de Problemas (Capítulo 6).

Os modelos de atenção, percepção e processamento facial, entre outros, têm desempenhado um papel importante ao nos ajudar a entender a cognição e suas falhas em indivíduos com lesão encefálica. Precisamos dessa compreensão do funcionamento cognitivo para termos uma percepção adequada do que está comprometido e do que está intacto nos clientes encaminhados para a reabilitação neuropsicológica. Enfatizamos mais uma vez, no entanto, que uma compreensão do funcionamento cognitivo é apenas parte de um todo. À medida que as pesquisas acerca das interações entre cognição e emoção continuam no campo da saúde mental – Harvey *et al.* (2004) apresentam uma revisão sistemática completa –, surge um novo desafio para a neuropsicologia. É assim que conceituamos e avaliamos os aspectos da cognição que podem ser fluidos e dinâmicos em vez de estáticos, e que parecem se adaptar de acordo com a relevância social e emocional de uma situação ao tentarmos entender e fazer terapia ou reabilitação com clientes com problemas neurológicos.

Teorias e modelos de funcionamento emocional

O gerenciamento e a remediação das consequências emocionais da lesão encefálica se tornaram cada vez mais importantes nos últimos 15 anos. Prigatano (1999) sugere que a reabilitação provavelmente falhará se não tratarmos das questões emocionais. Por conseguinte, uma compreensão das teorias e modelos acerca da emoção é crucial para uma reabilitação bem-sucedida. O isolamento social, a ansiedade e a depressão são comuns àqueles que sobrevivem a uma lesão encefálica (Fleminger *et al.*, 2003; Wilson, 2004). McKinlay *et al.* (1981) acreditavam que cerca de 2/3 dos indivíduos que sobreviviam a um traumatismo cranioencefálico (TCE) sofriam de ansiedade e depressão. Seel *et al.* (2003) descobriram que, em uma amostra de 666 pacientes ambulatoriais com TCE avaliados entre 10 e 126 meses após a lesão, 27% preencheram os critérios diagnósticos para transtorno depressivo maior. Evans e Wilson (1992) observaram que a ansiedade era comum em indivíduos que frequentavam um grupo de memória. Kopelman e Crawford (1996) descobriram que 40% dos 200 encaminhamentos sucessivos para uma clínica de memória sofriam de depressão clínica. Bowen *et al.* (1998) constataram que 38% dos indivíduos que sobreviviam ao TCE apresentavam distúrbios de humor. Williams *et al.* (2003) descobriram que a prevalência do transtorno de estresse pós-traumático (TEPT) após o TCE variava entre 3% e 27%. Em seu estudo, eles observaram que 18% dos 66 indivíduos que sobreviveram ao TCE tinham sintomas associados ao TEPT. Deb *et al.* (1999) realizaram entrevistas diagnósticas, utilizando a Classificação Internacional de Doenças (CID-10) com 164 pacientes vítimas de TCE, 1 ano após a lesão, encontrando em 21,7% deles uma doença psiquiátrica diagnosticável.

Gainotti (1993) distingue os três principais fatores que causam os problemas emocionais e psicossociais após a lesão encefálica. Primeiro, existem aqueles resultantes de fatores neurológicos. Segundo, há aqueles decorrentes de fatores psicológicos. Por último, existem aqueles resultantes de fatores psicossociais.

Fatores neurológicos

Um exemplo do primeiro tipo de causa pode ser um indivíduo com danos no tronco encefálico, desencadeando a chamada "labilidade emocional" (ou riso e choro patológico) na qual as oscilações entre lágrimas e risos podem se alternar rapidamente. Anosognosia ou falta de consciência dos próprios déficits também é frequentemente resultante de um comprometimento orgânico. Um livro importante sobre esse tema foi publicado por Prigatano e Schacter (1991) e inclui várias razões para a existência da anosognosia. Gainotti (1993) também aborda o tema em detalhes. Os comprometimentos ou perturbações das vias fronto-temporo-límbicas também estão associados às alterações na regulação e experiência de afeto (Starkstein; Robinson, 1991; Eames; Wood, 2003). Outros modelos e teorias que precisam ser considerados são os modelos de personalidade pré-mórbida e os modelos neurológicos, físicos e bioquímicos, tais como aqueles descritos por Robinson e Starkstein (1989). Isso aborda a questão do por que os problemas emocionais surgem após um trauma no encéfalo, mas não oferece muita ajuda para compreender as causas psicológicas e psicossociais dos transtornos emocionais e do humor. Com base no crescente número de pesquisas relacionadas aos processos cognitivos, emoções e neurociência, o campo da psicoterapia cognitivo-comportamental oferece algumas ideias úteis.

Fatores psicológicos

A segunda causa na classificação tripartite de Gainotti (1993) se refere aos problemas emocionais decorrentes de fatores psicológicos ou psicodinâmicos, incluindo atitudes pessoais em relação à deficiência. Goldstein (1959) foi um dos primeiros a descrever a reação emocional à lesão encefálica, observando como uma "labilidade emocional" pode surgir e, por meio dela, o indivíduo se afasta ou evita situações ou atividades, resultando na manutenção dos medos (uma vez que estes não são confrontados), bem como no aumento da incapacidade devido ao desuso de funções intactas. Yishay (2000) descreve isso como uma "manifestação comportamental de ameaça à própria existência do indivíduo". Um exemplo seria um indivíduo com dislexia adquirida e consequente perda da autoestima e depressão devido a uma incapacidade de leitura, o qual evita fazê-la, bem como conviver com os seus pares, resultando na manutenção da depressão e possível perda de outras habilidades.

A negação também é considerada um processo psicológico relevante que influencia o resultado emocional após a lesão. De alguma forma, os pacientes estão cientes de suas deficiências, mas são incapazes de aceitá-las. Caplan (1987) fornece uma explicação de fácil entendimento acerca da negação. Como esta pode ocorrer em quadros clínicos sem qualquer comprometimento encefálico, deve haver (pelo menos em alguns casos) razões não orgânicas para sua causa (Gainotti, 1993).

O transtorno de estresse pós-traumático (que discutiremos abaixo) também se encaixaria nessa seção. O medo do que pode ocorrer no futuro, o pânico por não poder se lembrar do que ocorreu nos últimos minutos, o pesar pela perda do funcionamento e a redução da autoestima devido às mudanças na aparência física podem contribuir para alterações emocionais. Há um número significativo de pesquisas sobre as formas ou estilos de enfrentamento e a relação destes com a eficácia, alguns dos quais estão resumidos no modelo de enfrentamento e avaliação do estresse de Godfrey *et al.* (1996). Essas abordagens convergem para um modelo cognitivo-comportamental de orientação terapêutica em que as relações entre o conteúdo cognitivo (pensamentos, crenças, avaliações, suposições etc.), a emoção e o comportamento são formuladas.

Desde a publicação do livro de grande influência de Beck, *Cognitive Therapy and the Emotional Disorders*, em 1976, a terapia cognitivo-comportamental (TCC) tem se tornado um dos procedimentos psicoterapêuticos mais importantes e melhor validados (Salkovskis, 1996). Uma atualização do modelo de Beck surgiu em 1996 (Beck, 1996). Um de seus principais pontos fortes tem sido o desenvolvimento de resultados e modelos de pesquisa clinicamente relevantes e aplicáveis, além do questionamento de alguns dos princípios iniciais da TCC a partir de um amplo esforço de pesquisa. Isso resultou em uma série de modelos aplicáveis a problemas de saúde mental (depressão, transtornos de ansiedade, esquizofrenia etc.) e adaptação a problemas de saúde (por exemplo, dor, câncer etc.).

Apontando para uma construção de pontes entre o cognitivo e o emocional, os desenvolvimentos no campo da TCC sugerem agora que os processos emocionais, tais como a preocupação e a ruminação, estão associados à perturbação dos sistemas de memória, atenção e executivo (Harvey *et al.*, 2004). São esses processos que são considerados pelo menos tão importantes na vulnerabilidade dos distúrbios quanto nas "crenças nucleares" negativas, tais como descritas originalmente por Beck – por exemplo, Beck *et al.* (1976). Há evidências de que a integração das habilidades de treinamento da atenção à TCC após a lesão encefálica aumenta sua eficácia (Materr *et al.*, 2005; Tiersky *et al.*, 2005). O desenvolvimento das pesquisas em psicoterapia na neurociência básica e cognitiva também resultou em novas ideias sobre as maneiras de mudar as emoções e a expressão de raiva – por exemplo, o uso do treinamento mental compassivo de Paul Gilbert (2000). Tais desenvolvimentos na corrente principal das pesquisas acerca da cognição-emoção e a TCC estão prontos para aplicação em indivíduos que sobrevivem à lesão encefálica.

Williams *et al.* (2003) discutem o uso da TCC em dois sobreviventes de TCE. Um deles era um jovem, cuja namorada morreu em um acidente de carro quando ele estava dirigindo. O outro era uma jovem que foi gravemente agredida enquanto viajava de trem. Nós descrevemos seu caso e tratamento mais adiante neste livro (Capítulo 15). Esses pesquisadores discutem os possíveis mecanismos para TEPT após o TCE. Esses quadros clínicos já foram considerados mutuamente exclusivos, isto é, não poderiam ocorrer de forma concomitante, pois o sobrevivente não teria uma memória para o evento a partir do qual desenvolveria cognições intrusivas nítidas, bem como comportamentos de evitação (Sbordone; Leiter, 1995). No entanto, dado que o TEPT parece ocorrer mesmo quando há perda de consciência do evento, poderia haver dois mecanismos mediadores principais sugerindo como o material relacionado ao trauma poderia ser processado de forma a produzir os sintomas do TEPT. Primeiro, os sobreviventes poderiam recordar "ilhas de memória" de seus traumas, tais como estar preso em um carro acidentado, ou outras experiências secundárias que poderiam alimentar as ruminações intrusivas (McMllan, 1996). Segundo, os sobreviventes poderiam ser lembrados de elementos do seu evento traumático quando expostos às situações semelhantes que serviriam para produzir os pensamentos intrusivos e alimentar os comportamentos de evitação (Brewin et al., 1996).

Os desenvolvimentos no campo das neurociências sociais e da neurociência cognitiva da emoção nos permitem pensar acerca dos circuitos cerebrais envolvidos nesse tipo de processo. Por exemplo, o modelo de processamento do medo proposto por Joseph LeDoux (1996) nos permite entender como, em termos neurológicos, pode ocorrer o TEPT com perda de consciência do evento – ver Brewin (2001). McNeil e Greenwood (1996) descreveram o caso de um sobrevivente de TCE que estava hipervigilante e evitava situações semelhantes ao evento traumático, um acidente de trânsito, embora ele não tivesse uma memória declarativa do evento. Eles sugeriram que, se um evento é inesperado, mas tem importância biológica e, portanto, importância emocional, isso pode resultar em seu armazenamento (ou "registro" na memória) apesar da interrupção nas áreas encefálicas que armazenam as memórias declarativas (Markowitsch, 1998).

Essa visão seria compatível com a visão de que o TEPT é causado por um condicionamento de medo. O mecanismo responsável é aquele em que as experiências traumáticas podem ser processadas independentemente das funções corticais superiores (Bryant, 2001). O modelo proposto por Joseph LeDoux sugere que as áreas frontais influenciam a inibição de uma resposta de medo previamente condicionada. King (2000) descreve um caso de TEPT após a lesão encefálicas em que um comprometimento das funções executivas estava presente. O método padrão de exposição e de reestruturação (a partir de um modelo da TCC) foi aplicado, mas a descrição detalhada do trauma resultou no que os autores chamam de "repetição da resposta emocional". Essa discussão acerca da variação de um transtorno psiquiátrico bem conhecido, quando este ocorre em relação à lesão encefálica orgânica, destaca a necessidade de sermos cautelosos em nossa aplicação de modelos de transtorno emocional, tais como aqueles derivados da TCC, ao trabalharmos com indivíduos com lesão encefálica. Mais esforços de pesquisa são necessários para auxiliar a construção modelos terapêuticos que integrem tais questões.

À medida que os campos tradicionalmente intrapessoais da TCC e das neurociências lidam com a integração da ciência básica dos circuitos cerebrais envolvidos na cognição e na emoção, torna-se cada vez mais evidente que o processamento do contexto social é fundamental na maneira como as emoções, o comportamento e a cognição superior são regulados. Essas ideias são corroboradas por estudos recentes que destacam o impacto do contexto social na consciência (Schönberger *et al.*, 2006; Yeates *et al.*, 2007), identidade (Cloute *et al.*, 2008) e bem-estar (Haslam *et al.*, 2008). Assim, a orientação legal do Reino Unido para envolver os familiares – *National Service Framework for Long Term Conditions* (Department of Health, 2005) – dispõe agora de um apoio teórico, destacando modelos de cognição e ajustamento que estão intimamente ligados ao contexto social.

Portanto, embora um aspecto não explicitamente tratado por Gainotti (1993) seja a influência da personalidade, cultura, crenças, valores, metas, estilo de vida e experiências anteriores à lesão, essas ideias são, até certo ponto, representadas no crescente volume de trabalhos abordado aqui. Discussões adicionais são fornecidas por Moore e Stambrook (1995), Tate (2003), Williams (2003) e Yeates *et al.* (2007).

Fatores sociais

A terceira categoria apresentada por Gainotti (1993) inclui problemas que surgem por razões psicossociais. Um exemplo disso pode ser um indivíduo que perde todos os seus amigos e colegas após uma lesão encefálica e, portanto, está socialmente muito isolado. O julgamento social dos outros e o impacto deste sobre a autoimagem (Nochi, 1998), bem como o importante papel da participação em grupos sociais (Haslam *et al.*, no prelo) também foram destacados, reconhecendo a necessidade de incluir modelos sociais em nossa concepção sobre as consequências da lesão encefálica e a reabilitação.

O campo da psicanálise, que normalmente não é considerado uma escolha óbvia para compreender as consequências da lesão encefálica, está recebendo atenção renovada à luz das pesquisas das neurociências sociais e emocionais. A abordagem enfatiza com mais veemência a compreensão do social e do interpessoal em conjunto com o intrapsíquico do que é muitas vezes atribuído a modelos cognitivo-comportamentais. Um proponente bem conhecido dessa abordagem para o tratamento de indivíduos que sobrevivem ao TCE é Prigatano. Ele a descreve em seu livro *Principles of Neuropsychological Rehabilitation* (Prigatano, 1999), tendo como base a abordagem holística de Ben-Yishay e a integração de ideias da psicoterapia de Carl Gustav Jung. O crescente movimento da neuropsicanálise busca desenvolver pesquisas, teorias e relações clínicas específicas entre a teoria psicanalítica e as neurociências. O livro *Clinical Studies in Neuropsychoanalysis* de Kaplan-Solms e Solms (2002) demarca o território neste campo em desenvolvimento. As ideias de Antonio Damasio (por exemplo, 1998) e Frith e Wolpert (2003) também permitem alguma integração entre os fatores biológicos, psicológicos e sociais.

Parece que nosso sistema tripartite de domínios biológicos, psicológicos e sociais está se tornando cada vez mais difícil de ser subdividido e, da mesma forma, as concepções acerca da separação entre cognição e emoção são igualmente difíceis de serem mantidas. A esse respeito, as ideias de Vygotsky (1960/1978) sobre o desenvolvimento de processos psicológicos superiores, mediados pelo biológico e pelo social, talvez possam ser vistas sob uma nova perspectiva encorajadora.

Teorias e modelos de comportamento

As teorias e modelos da psicologia comportamental têm sido empregados na reabilitação neuropsicológica há mais de 40 anos. Eles forneceram algumas das contribuições teóricas mais úteis e influentes para a reabilitação, não somente para o entendimento, gerenciamento e remediação de comportamentos disruptivos, como também para a remediação de déficits cognitivos (Wilson, 1987, 1991, 1999; Wilson *et al.*, 2003). As teorias comportamentais são importantes na reabilitação neuropsicológica porque contribuem para a avaliação, o tratamento e a mensuração de sua eficácia.

Os princípios envolvidos nas teorias comportamentais são oriundos da pesquisa em psicologia social e experimental (Franks; Wilson, 1975). Isso inclui a teoria de aprendizagem que abordaremos na seção seguinte. Os princípios abrangem a mudança ambiental e a interação social em vez do uso de procedimentos biológicos para provocar mudanças (Franks; Wilson, 1975).

Kazdin e Hersen (1980, p. 287) apontam que os seguidores da abordagem comportamental possuem quatro características principais:

a) um forte compromisso com a avaliação empírica das técnicas de tratamento e intervenção;
b) uma crença geral de que as experiências terapêuticas devam oferecer oportunidades para aprender comportamentos adaptativos ou pró-sociais;
c) especificação do tratamento em termos operacionais e, portanto, replicáveis;
d) avaliação dos efeitos do tratamento por meio de modalidades de respostas múltiplas, com particular ênfase no comportamento aberto.

Os principais referenciais teóricos das abordagens comportamentais procedem de vários campos, incluindo a teoria de aprendizagem, a neuroplasticidade, o processamento da informação, a linguística, a psiquiatria etc. Essa riqueza e complexidade da base teórica e do tratamento clínico significa que a medicina comportamental pode ser aplicada a uma ampla gama de pacientes, problemas e situações. Embora haja uma série de avaliações e técnicas de tratamento comportamentais, elas tendem a compartilhar interesses em comum. Primeiro, todas estão preocupadas com o desenvolvimento de instrumentos de avaliação confiáveis e válidos. Pearce e Wardle (1989) acreditam que esses instrumentos são a marca do cientista comportamental. Segundo, a interação com outras disciplinas é outra característica da medicina comportamental. Desde seus primórdios, nas dificuldades de aprendizagem até sua ampla aplicação em muitos quadros clínicos, tais como diabetes, dor crônica, obesidade, dependência química e lesão encefálica, os cientistas comportamentais muitas vezes trabalham em equipes multidisciplinares e interdisciplinares, tornando essa interação de extrema importância para o sucesso. Terceiro, todos os métodos comportamentais envolvem o monitoramento e a avaliação cuidadosos da eficácia do tratamento. Isso geralmente é feito no âmbito individual e a disseminação do uso de estudos experimentais de caso único cresceu diretamente da psicologia comportamental (Wilson, 1987).

Wilson *et al.* (2003), em um livro acerca das abordagens comportamentais para a reabilitação neuropsicológica, apontam as seguintes razões para o sucesso dos métodos comportamentais no tratamento de indivíduos com lesão encefálica:

a) Existem muitas técnicas de tratamento para diminuir os comportamentos disruptivos ou aumentar os comportamentos desejáveis que podem ser adaptadas/modificadas para a utilização com nossos pacientes;

b) Os propósitos, objetivos e metas da terapia são esclarecidos desde o início de cada programa. Ao contrário da psicoterapia interpretativa que aborda sua demanda no final da terapia, as abordagens comportamentais especificam as metas no início do processo. Além disso, as metas são claras, simples e geralmente fáceis de alcançar;

c) A avaliação e o tratamento são muitas vezes inseparáveis nos programas de tratamento comportamental, diferentemente de outros. As avaliações neuropsicológicas ou cognitivas, por exemplo, são normalmente desvinculadas ou indiretamente relacionadas ao tratamento. Os escores baixos em testes de inteligência ou testes de memória não são alvos do tratamento. Nós não ensinamos os indivíduos a serem bem-sucedidos nesses testes. Os escores são importantes para nos ajudar a entender as forças e fraquezas cognitivas de um indivíduo e a planejar nossas intervenções de forma adequada. Esses escores, entretanto, não nos informam com detalhes sobre os problemas cotidianos, como as famílias os enfrentam, o que os indivíduos com lesão encefálica desejam ou como o ambiente pode afetar o comportamento. Para tais informações, devemos empregar as avaliações comportamentais que muitas vezes fazem parte da própria estratégia de tratamento;

d) As intervenções comportamentais são monitoradas continuamente. Sem a avaliação, corremos o risco de dar opiniões subjetivas ou intuitivas acerca da mudança comportamental ou da eficácia do tratamento. Algumas das técnicas de avaliação mais importantes na reabilitação neuropsicológica são os estudos experimentais de caso único desenvolvidos no campo da ciência comportamental. Esses estudos nos ajudam a descobrir se a mudança é devida à recuperação natural (ou a algum outro fator não específico) ou à nossa intervenção;

e) Na abordagem comportamental, é possível individualizar o tratamento e isso é, em especial, funcional para alguns pacientes com lesão encefálica que provavelmente não responderiam aos "tratamentos padronizados", tais como o treinamento cognitivo computadorizado ou exercícios de memória. Esses "tratamentos padronizados" não foram planejados de modo a considerar a complexa mescla de problemas cognitivos, sociais, emocionais e comportamentais de indivíduos com lesão encefálica e podem não ter sido devidamente avaliados. Em contrapartida, os programas comportamentais geralmente consideram a condição biológica do indivíduo, os eventos inesperados e suas consequências, os fatores sociais e o ambiente no qual o indivíduo está inserido. As lesões nas mesmas áreas nem sempre revelam os mesmos sintomas e o potencial para recuperação (Finger; Stein, 1982). Portanto, uma abordagem terapêutica mais individualizada é necessária – uma abordagem que considerasse não somente as características da lesão, como também os fatores como motivação, idade, experiências e as condições de outras áreas do encéfalo (Finger; Stein, 1982);

f) As abordagens comportamentais fornecem um conjunto de princípios e uma estrutura a ser seguida ao planejar os programas de tratamento. A análise de tarefas, o estabelecimento de metas, as avaliações apropriadas e detalhadas, o registro, o monitoramento e a avaliação do programa fornecem orientações consubstanciadas para serem seguidas por psicólogos, terapeutas ou professores;

g) Muitos estudos atestam o sucesso das abordagens comportamentais na reabilitação neuropsicológica (Taylor; Persons, 1970; Lincoln *et al.*, 1982; Alderman, 1996; Wilson, 1999).

Modelos e teorias de aprendizagem

A teoria de aprendizagem é um dos pilares da terapia comportamental e da modificação do comportamento. As outras principais influências teóricas procedem da psicologia biológica, cognitiva e social (Martin, 1991). Restam poucas dúvidas, porém, de que os tratamentos comportamentais originais surgiram a partir da teoria de aprendizagem. Eysenck (1964, p. 1), por exemplo, definiu a terapia comportamental como "a tentativa de alterar o comportamento humano e a emoção de maneira benéfica de acordo com as leis da moderna teoria de aprendizagem". Wolpe (1969, p. vii) afirmou que esta era "o uso de princípios de aprendizagem experimentalmente estabelecidos com o propósito de mudar o comportamento desadaptativo".

Martin (1991, p. 2) observou que "a inspiração para o desenvolvimento de muitas técnicas terapêuticas é oriunda de teorias e descobertas na literatura da aprendizagem". Uma definição amplamente aceita de aprendizagem é a de Kimble (1967) que afirmou que a aprendizagem é uma mudança relativamente permanente no comportamento que ocorre como resultado da prática reforçada. As teorias de aprendizagem mais relevantes que resultaram em técnicas iniciais de modificação do comportamento foram aquelas do condicionamento clássico e, sobretudo, do condicionamento operante. Watson (1913) e Skinner (1938, 1953) são talvez os nomes mais associados ao condicionamento operante, mas pesquisadores como Rescorla (1966), Lovaas (1967) e Kazdin (1978) foram alguns dos nomes mais importantes ao trazer os princípios do condicionamento operante à prática clínica por meio do trabalho com indivíduos com graves dificuldades de aprendizagem desenvolvimental.

Atualmente, a maioria dos psicólogos em reabilitação que foram influenciados por princípios da teoria de aprendizagem operante não aderem ao rígido behaviorismo do passado. Em vez disso, eles modificam esses procedimentos ou apenas usam alguns de seus componentes, tais como a análise de tarefas, os procedimentos de modelagem e as avaliações comportamentais, a fim de torná-los apropriados para os clientes com lesão encefálica. Além disso, as teorias de aprendizagem são muitas vezes associadas a outras abordagens orientadas teoricamente na tentativa de oferecer a melhor prática clínica para os indivíduos com lesão encefálica.

Uma teoria de aprendizagem que tem sido muito influente na reabilitação é a aprendizagem sem erro, descrita inicialmente por Terrace (1963). A aprendizagem sem erro é uma técnica de ensino em que os indivíduos são impedidos, tanto quanto possível, de cometer erros enquanto aprendem uma nova habilidade ou adquirem novas informações. Em vez de aprender por tentativa e erro, as respostas corretas são apresentadas ou demonstradas até que o comportamento seja estabelecido. Isso é acompanhado por uma redução gradual de apoio ou dicas. Em outras palavras, esta é uma abordagem por meio da qual a tarefa é manipulada para eliminar ou reduzir erros. Em geral, as tarefas são gradualmente dificultadas (embora isso possa aumentar o número de erros) a fim de se aproximar da vida real, bem como para manter a atenção durante a terapia. O trabalho de Terrace era realizado com pombos, mas os princípios da aprendizagem sem erro logo foram adaptados para o uso em indivíduos com deficiências de aprendizagem desenvolvimental (Sidman; Stoddard, 1967; Cullen, 1976; Walsh; Lamberts, 1979).

Ainda amplamente utilizada para o ensino do autocuidado e das habilidades cognitivas na dificuldade de aprendizagem, apenas recentemente a aprendizagem sem erro foi muito utilizada na reabilitação cognitiva – embora Wilson (1981) descreva seu uso nesse campo desde o final da década de 1970. A razão pela qual a aprendizagem sem erro é agora aceita na reabilitação cognitiva surgiu devido a um segundo ímpeto teórico, a saber: a pesquisa acerca da aprendizagem implícita, ou seja, a aprendizagem na ausência de recordação consciente. Sabemos há muitos anos que os indivíduos com graves déficits de memória podem aprender certas habilidades ou informações de forma normal ou quase normal, apesar da ausência de uma memória consciente ao terem visto a tarefa ou informação anteriormente. Isso é conhecido como memória implícita em contraste com a memória explícita, na qual há uma recordação consciente de que alguém foi exposto à informação previamente.

Em 1994, Baddeley e Wilson demonstraram a superioridade da aprendizagem sem erro sobre a aprendizagem com erro em indivíduos com graves distúrbios de memória após uma lesão encefálica não progressiva. O primeiro foi um estudo teórico sugerindo que a aprendizagem sem erro era benéfica para os indivíduos com comprometimentos de memória porque explorava ao máximo seu sistema de aprendizagem implícito intacto (ou relativamente intacto). Foi sugerido que, a fim de nos beneficiarmos de nossos erros, precisamos de nos lembrar deles e, para tanto, precisamos da memória episódica. Na ausência desse sistema, é preciso depender da memória implícita que não é eficiente na eliminação de erros. Nessas circunstâncias, é melhor evitar os erros para que eles não se fortaleçam ou sejam reforçados. Page *et al.* (2006) confirmaram a importância da memória implícita na aprendizagem sem erro.

Wilson *et al.* (1994) também demonstraram a eficácia da aprendizagem sem erro no ensino de tarefas da vida real a vários indivíduos com graves problemas de memória. O grupo incluía diferentes diagnósticos (por exemplo, TCE, acidente vascular encefálico, encefalite etc.), idades e tempo após o trauma. Uma série de estudos realizados por Linda Clare e colaboradores mostrou que a aprendizagem sem erro também é um método funcional para ensinar informações práticas e cotidianas a indivíduos com Alzheimer (Clare *et al.*, 1999, 2000, 2001). Em alguns casos, a informação ensinada é bem armazenada durante 1 a 3 anos de acompanhamento, apesar do progresso da doença. Em tese, este é um achado clínico importante, sugerindo que algumas informações práticas podem ser ensinadas nos estágios iniciais/moderados da doença de Alzheimer e armazenadas (possivelmente com a prática) quando a doença progride, possibilitando que os indivíduos com demência permaneçam por mais tempo à margem dos cuidados institucionais.

Atualmente, as conclusões de várias pesquisas acerca da aprendizagem sem erro são que: (1) esta é superior à aprendizagem com tentativa e erro para indivíduos com comprometimentos de memória; (2) a participação ativa é necessária; (3) outros princípios da teoria de aprendizagem e de reabilitação da memória devem ser incorporados ao tratamento; e (4) não está claro se a aprendizagem sem erro é a técnica a ser escolhida para os indivíduos com problemas cognitivos que não sejam os de memória (por exemplo, linguagem) e nem mesmo se esta é a melhor técnica para outros problemas (por exemplo, dificuldades motoras).

Em conjunto com os princípios comportamentais e modelos cognitivos de aprendizagem destacados acima, há uma necessidade de garantir que a aprendizagem seja generalizada para além do local de tratamento ou sessão clínica e que seja mantida ao longo do tempo. Enquanto que para muitos, o treinamento de generalização envolvendo o uso de estratégia escalonada e treinamento de habilidades em contextos relevantes, apoio e mudanças ambientais, é a única opção, alguns podem ser capazes de passar por um processo mais profundo de mudança e ajustamento pessoal. Os desenvolvimentos no campo da TCC (Bennett-Levy *et al.*, 2004) e a base de investigação subjacente (Teasdale; Barnard, 1993; Conway; Pleydell-Pearce, 2000) apontam para a importância da aprendizagem experiencial ao estimular as mudanças nas representações cognitivas que orientam nossa construção de sentido e as atividades direcionadas a metas pessoais significativas, principalmente para aqueles com sofrimento emocional. A descrição do "processo de metas" das emoções de Carver e Scheier (1990) sugere que uma discrepância entre uma meta pessoal significativa e o *status* atual em relação a essa meta determina nossa emoção. Logo, acreditamos que progredir satisfatoriamente em relação a uma meta favoreça o bom humor, mas encontrar barreiras para alcançá-la pode gerar frustração ou raiva. Assim, há fundamentos teóricos, bem como pesquisas destacando a relação entre atividade, metas pessoais significativas, expectativas ou crenças e identidade na prática da reabilitação. Joanna McGrath (por exemplo, McGrath e King, 2004) e Mark Ylvisaker (por exemplo, Ylvisaker e Feeney, 2000) estenderam esses princípios a abordagens de terapia e reabilitação. A importância de a aprendizagem estar vinculada ao contexto social, ou seja, inserida ou explicitamente associada à atividade significativa do cliente, bem como às suas principais crenças, valores e representações de si ou identidade, é considerada por ambas (terapia e reabilitação). Esses princípios estão traçados com mais detalhes no Capítulo 4 e em alguns dos casos apresentados neste livro como, por exemplo, na descrição do nosso trabalho com Judith (Capítulo 17) e Yusuf (Capítulo 16).

Outros modelos e teorias úteis: avaliação, recuperação e compensação

Avaliação

A avaliação poder ser definida como coleta, organização e interpretação sistemática de informações sobre um indivíduo e sua situação. Ela também se preocupa com a predição do comportamento em situações futuras (Sundberg; Tyler,

1962). Há uma série de modelos e abordagens para a avaliação neuropsicológica, incluindo aquela derivada de modelos do funcionamento cognitivo mencionados acima. Outros modelos de avaliação incluem: (1) a abordagem psicométrica baseada na análise estatística; (2) a abordagem de localização na qual o examinador tenta avaliar quais partes do encéfalo estão comprometidas e quais estão intactas; e (3) a abordagem ecologicamente válida, na qual são feitas tentativas para predizer os problemas na vida real. Embora essas abordagens nos permitam construir uma imagem das forças e fraquezas cognitivas de um indivíduo, elas são incapazes de descrever com riqueza de detalhes a natureza dos problemas cotidianos e quais destes precisam ser abordados a fim de nos dizer como a família está lidando com eles ou determinar se são agravados pela depressão, ansiedade ou fadiga. As avaliações comportamentais e funcionais são necessárias para complementar as informações obtidas nos testes padronizados. Wilson (2002) discute essas abordagens em maiores detalhes.

Recuperação

Se a recuperação espontânea é esperada no indivíduo com lesão encefálica, precisamos saber disso antes de implementar a reabilitação a fim de que possamos tentar determinar se é o tratamento ou a recuperação responsável por qualquer mudança no comportamento (Wilson et al., 2000). Embora a recuperação natural possa às vezes ser descartada ao garantirmos a existência de uma linha de base estável anterior ao tratamento, as teorias de recuperação são úteis para entendermos o que pode estar acontecendo com o indivíduo com quem estamos trabalhando. A recuperação nos primeiros minutos após um trauma encefálico provavelmente reflete a resolução de uma disfunção temporária sem danos estruturais. A recuperação após vários dias é provavelmente decorrente da resolução de anormalidades estruturais temporárias, tais como a ruptura vascular ou edema, ou da depressão da atividade metabólica das enzimas. A recuperação após vários anos pode ser alcançada por meio da regeneração, diásquise e plasticidade. Para uma discussão mais detalhada acerca da recuperação, consulte Whyte (1990), Wilson (1998) e Robertson e Murre (1999). À medida que se torna possível estudar as alterações nos neurotransmissores tanto na fase aguda quanto ao longo do tempo, os possíveis efeitos tóxicos ou de proteção de certos compostos ainda estão sendo identificados. Por exemplo, em uma pesquisa instigante, Don Stein e sua equipe (por exemplo, Stein, 2001) identificaram o possível efeito neuroprotetor do estrogênio na fase de recuperação aguda posterior à lesão. Eles sugerem que o uso do tratamento neuroprotetor no estágio agudo possa fornecer um melhor "modelo" para a prestação de um serviço de reabilitação eficaz na fase pós-aguda. As pesquisas acerca dos fatores que influenciam a neuroplasticidade e a recuperação precoce após uma lesão estão nos estágios iniciais, mas podem produzir resultados importantes para a reabilitação na fase aguda e pós-aguda.

Compensação

A compensação é uma das principais ferramentas para permitir que os indivíduos com lesão encefálica lidem com a vida cotidiana. Wilson e Watson (1996) apresentaram um referencial teórico para entender o comportamento compensatório em indivíduos com comprometimento da memória orgânico. Esse referencial teórico, desenvolvido por Bäckman e Dixon (1992) e posteriormente modificado por Bäckman e Dixon (1999), distingue quatro fases na evolução do comportamento compensatório: origens, mecanismos, formas e consequências. Wilson (2000) passou a usar esse referencial teórico para examinar a compensação em uma série de déficits cognitivos. Evans *et al.* (2003) investigaram os fatores que predizem um uso eficiente da compensação no comprometimento da memória. Os principais preditores parecem ser a idade (indivíduos mais jovens compensam melhor), a gravidade do comprometimento (indivíduos com comprometimentos graves compensam menos), a especificidade do déficit (indivíduos com déficits cognitivos generalizados parecem compensar menos do que aqueles com déficits mais específicos) e o emprego de estratégias anteriores à lesão (indivíduos que utilizavam algumas estratégias compensatórias antes da lesão parecem compensar melhor). Esta é uma área em que mais estudos são necessários. Se pudermos prever quem provavelmente compensará sem muita dificuldade, poderemos direcionar nossa reabilitação para ajudar aqueles que terão menor probabilidade de compensar espontaneamente.

Modelos organizacionais

À medida que nossa compreensão sobre as necessidades complexas decorrentes da lesão encefálica aumenta, torna-se mais evidente que a contribuição multiprofissional é muitas vezes necessária pelo menos em algum estágio do processo de recuperação e de reabilitação. Seria ingênuo e contrário às pesquisas organizacionais tradicionais pensar que um grupo de profissionais com metas idênticas ou ao menos sobrepostas, apesar das diferentes habilidades e experiências profissionais, possa organizar suas tentativas de reabilitação de forma eficaz com pouco empenho. Um estudo recente acerca das equipes multidisciplinares sugere que a multidisciplinaridade não garante melhores resultados (Fay *et al.*, 2006). Os resultados apontam que a qualidade do processo de equipe é um aspecto principal que permite que os possíveis benefícios de uma gama mais ampla de habilidades em equipes multidisciplinares sejam alcançados. Os processos grupais e modelos de funcionamento em equipe convergem quanto à importância de aspectos descritos de forma diversa em relação aos modelos mentais compartilhados, à visão, à compreensão, aos valores, à mentalidade ou objetivo "superordenado". A reflexão e a segurança também são consideradas como aspectos importantes. Esse campo considera, assim, as formas pelas quais o esforço de reabilitação é constituído e organizado, a natureza, a frequência, a presença e a estrutura das reuniões, a documentação utilizada para manter o entendimento compartilhado etc.

Refletindo, então, sobre a série de modelos que podem ser utilizados e os resultados de pesquisas emergentes nos domínios biopsicossociais, parece necessário pensar em modelos que integrem as mudanças neurológicas e neuropsicológicas de base orgânica com os modelos de cognição, afeto, interação social e identidade. Pode-se argumentar que uma abordagem holística para a reabilitação, que está firmemente ancorada em atividades e interações pessoais e socialmente significativas, requer uma ampla gama de modelos, bem como uma estratégia a fim de organizar e integrar a aplicação dos modelos da equipe, cliente e família.

Para um modelo holístico de reabilitação neuropsicológica

Concluímos este capítulo com uma tentativa de sintetizar essas teorias e modelos, além de alguns outros, em um modelo holístico de reabilitação, conforme ilustrado na Figura 1.1.

Começando com o indivíduo com comprometimentos cognitivos e sua família, a personalidade pré-mórbida e o estilo de vida deste (e outros membros da família) provavelmente terão um impacto sobre as necessidades e desejos desses indivíduos e, portanto, sobre a reabilitação oferecida. Por conseguinte, é conveniente realizar uma avaliação do comportamento e do estilo de vida pré-mórbido por meio de entrevista ou da aplicação de uma das escalas que comparam as características pré e pós-mórbidas. O *Brain Injury Community Rehabilitation Outcomes* – BICRO (Powell *et al.*, 1998) tenta identificar as características pré e pós-mórbidas e o *Questionário Europeu de Lesão Cerebral* ou *EBIQ*[4] para a sigla em inglês (Teasdale *et al.*, 1997) é uma lista de verificação referente aos sintomas experienciados no último mês. Uma entrevista clínica focando em crenças, valores e metas anteriores à lesão, nos âmbitos individual, familiar e cultural, também é necessária.

A natureza, extensão e gravidade do dano encefálico precisará ser determinada. Essas informações podem ser obtidas por meio de formulários de encaminhamento, investigações neurológicas e exames de imagem. As investigações neuropsicológicas também podem contribuir para o quadro clínico. Seria útil se os indivíduos fossem monitorados ao longo do tempo, especialmente se houvesse suspeita de uma deterioração do quadro clínico. É necessário reconhecer que

---

[4] N.T: A sigla *EBIQ* significa *European Brain Injury Questionnaire*.

Figura 1.1 "Para um modelo abrangente de reabilitação cognitiva" – reprodução autorizada por Psychology Press (Taylor; Francis) Hove. Observação: a sigla *SORKC* significa *stimulus, organism, response, contingency and consequences* (ou seja, estímulo, organismo, resposta, contingência e consequências).

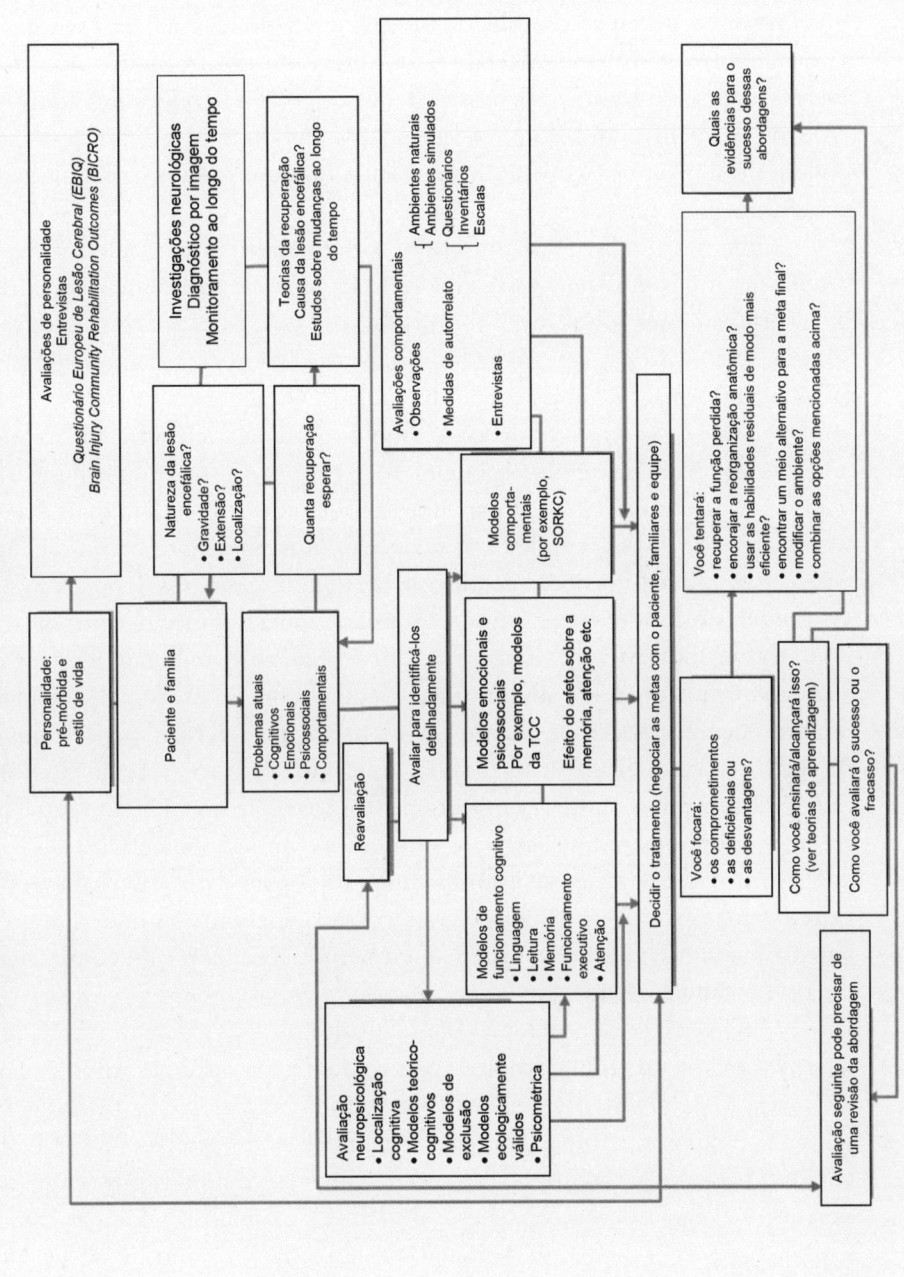

repetidas avaliações neuropsicológicas podem não fornecer informações confiáveis, visto que a melhora nos escores pode simplesmente refletir um efeito da prática, ao passo que nenhuma mudança nos escores pode mascarar uma deterioração, novamente devido a um efeito da prática (Wilson *et al.*, 2000).

Pode ser necessário considerar uma recuperação espontânea, principalmente se o indivíduo com lesão encefálica for observado nos primeiros dias, semanas ou meses após um trauma. As teorias de recuperação são relevantes aqui. A causa do dano encefálico também é relevante. Os indivíduos com TCE, por exemplo, podem mostrar uma recuperação mais lenta do que, por exemplo, alguém com encefalite (Wilson, 1998).

Uma das tarefas mais importantes na reabilitação é a identificação dos problemas atuais. Existem vários referenciais teóricos que podem ser utilizados na avaliação desses problemas. As informações dos testes padronizados que nos auxiliam a construir um perfil de pontos fortes e fracos precisam ser complementadas por informações de avaliações funcionais ou comportamentais e entrevistas clínicas a fim de se ter uma ideia de como os problemas afetam a vida cotidiana.

Os problemas cognitivos, emocionais, psicossociais e comportamentais devem ser avaliados mais cuidadosamente por meio de um modelo mais detalhado. Os modelos de linguagem, leitura, memória, funcionamento executivo, atenção e percepção podem fornecer detalhes acerca das forças e dos déficits cognitivos. Os modelos oriundos da pesquisa e da psicoterapia cognitivo-comportamental podem contribuir para a compreensão dos problemas emocionais e psicossociais, ao passo que um modelo comportamental como a análise funcional, que identifica os antecedentes, especifica o comportamento real e determina as consequências de qualquer comportamento, permite uma melhor interpretação do comportamento disruptivo ou dos comportamentos inadequados. Uma vez que a lesão afeta a família e as redes sociais do indivíduo com lesão encefálica, a teoria do apego e os modelos sistêmicos também são úteis para entender as alterações nos relacionamentos e nos padrões de comunicação, e como eles podem estar inadvertidamente criando barreiras ao ajustamento, à mudança de comportamento ou à aceitação de serviços.

Uma vez que os problemas são identificados e os modelos utilizados para desenvolver uma formulação ou conjunto de hipóteses, destacando os padrões de interação e influência entre os fatores, podemos decidir as estratégias de reabilitação. Na prática clínica, em que existem diferentes profissionais trabalhando com um paciente, a organização e compartilhamento de tais informações é um desafio. Um meio de enfrentar esse desafio é por meio do compartilhamento sistemático e da organização de materiais de avaliação, reunidos de acordo com os modelos que norteiam a prática dos diferentes profissionais envolvidos. Por exemplo, um relato plausível dos problemas existentes e das restrições de participação social pode ser desenvolvido ao reunir a equipe para obter informações familiares e vocacionais do indivíduo que são anteriores à lesão (o contexto para refletir sobre o indivíduo e a lesão), detalhes acerca da natureza desta e as consequências cognitivas, emocionais, físicas e comunicacionais. Isso é mostrado na Figura 1.2.

Figura 1.2 Modelo biopsicossocial das consequências das lesões encefálicas baseado no descrito por Jon Evans (2006). Este formato é usado no Oliver Zangwill Centre (OZC) para mapear os resultados da avaliação em toda a equipe, para desenvolver uma formulação ou compreensão compartilhada com o cliente, a família e os profissionais. HVI = habilidades de vida independente.

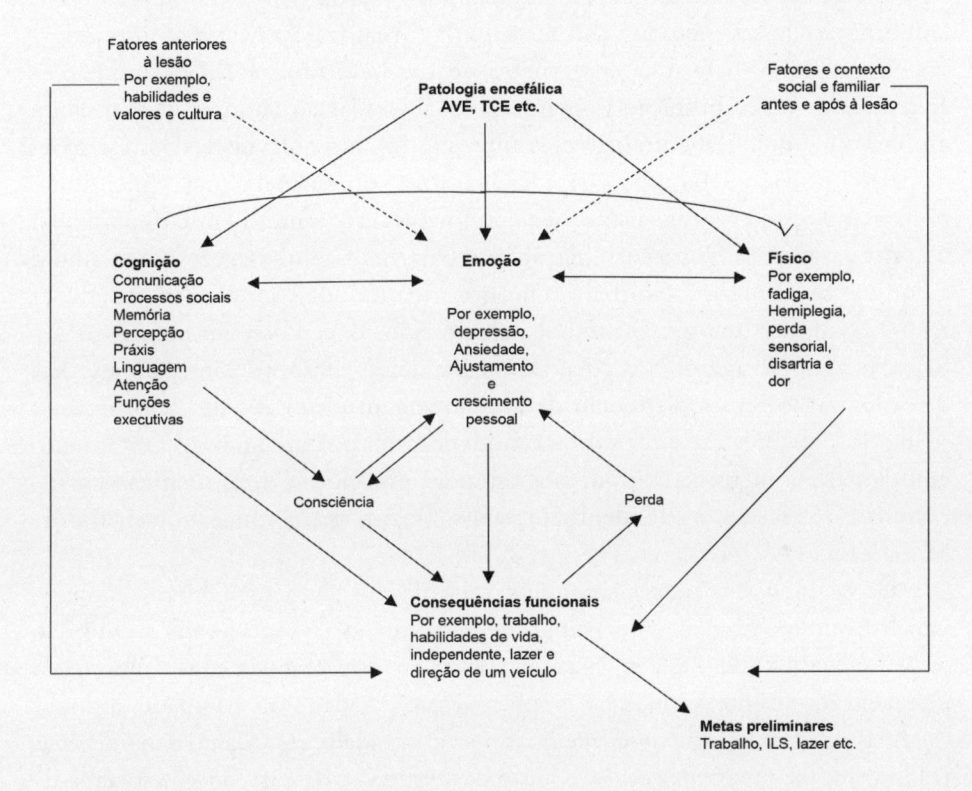

Conforme será visto posteriormente neste livro, esse processo oferece um importante ponto de partida para a equipe, o cliente e a família desenvolverem e compartilharem uma compreensão dos desafios que enfrentarão após a lesão e na reabilitação.

O próximo passo envolve a negociação de metas adequadas. Dado que uma das principais metas da reabilitação é permitir que os indivíduos retornem ao seu ambiente de origem, o indivíduo com lesão encefálica, os familiares e a equipe de reabilitação devem estar envolvidos no processo de negociação. As principais metas podem ser tentar melhorar os comprometimentos, as restrições nas atividades ou na participação social. Embora possa haver momentos ou estágios no processo de recuperação nos quais é apropriado se concentrar nos comprometimentos, a maioria das metas para aqueles engajados na reabilitação cognitiva abordará a atividade e a participação social.

Obviamente, há mais de uma maneira de tentar alcançar qualquer meta. As tentativas de reabilitação podem ter como meta restaurar o funcionamento perdido ou facilitar a reorganização anatômica. A reabilitação também pode auxiliar os indivíduos a utilizar suas habilidades residuais de forma mais eficiente, encontrar meios alternativos para a meta final (adaptação funcional), usar modificações ambientais para contornar os problemas ou empregar uma combinação desses métodos. No modelo da Organização Mundial da Saúde – ver Wade (2005) para uma apresentação e ampliação funcional do modelo –, as tentativas de reabilitação podem ser consideradas ao abordar domínios ou âmbitos de funcionamento (isto é, comprometimentos, atividades ou restrições de participação social) ou ser dirigidas aos contextos pessoal e social (incluindo, por exemplo, as crenças, avaliações e emoções do cliente, bem como aquelas de seus parceiros). Nossa formulação compartilhada muitas vezes pode ajudar a equipe, o cliente e a família a refletir acerca de quais mudanças podem ser feitas. Qualquer que seja o método selecionado, devemos estar atentos às teorias de aprendizagem. Nas palavras de Baddeley (1993, p. 235), "uma teoria de reabilitação sem um modelo de aprendizagem é um veículo sem motor". À luz de trabalhos recentes sobre a mudança comportamental, o ajustamento emocional e a identidade, podemos estender essa noção de aprendizagem incluindo a reconstrução da identidade após a lesão, assim como no trabalho de Mark Ylvisaker (Ylvisaker; Feeney, 2000).

As evidências para o sucesso dessas abordagens também precisam ser analisadas. A questão final é como avaliar melhor o sucesso. Consideremos a opinião de Whyte (1997) de que a eficácia deve estar em consonância com o âmbito da intervenção. Se intervirmos no âmbito da incapacidade ou atividade, logo, as medidas de eficácia devem ser medidas de incapacidade etc. Como a maioria das reabilitações se preocupa com a redução das restrições de participação social e de atividades, as medidas de eficácia devem refletir as mudanças nesses âmbitos, a saber: o quanto alguém, que se esquece de fazer algo, agora se lembra de fazê-lo? Existem estudos que avaliam diretamente tais mudanças (Wilson *et al.*, 2001) que são descritas em maiores detalhes no Capítulo 2. Também pode ser relevante avaliar as hipóteses sugeridas pela formulação, visto que estas influenciam os problemas existentes. A inclusão dessas medidas é detalhada em alguns dos casos clínicos descritos mais adiante no livro (ver, por exemplo, os Capítulos 15 e 17). A mensagem final deste capítulo e, na verdade, deste livro é que não é somente possível, como também necessário associar teoria, metodologia científica e relevância clínica.

Referências

Alderman, N. (1996). Central executive deficit and response to operant conditioning methods. *Neuropsychological Rehabilitation*, **6**, 161–86.

Bäckman, L. and Dixon, R. A. (1992). Psychological compensation: a theoretical framework. *Psychological Bulletin*, **112**, 259–83.

Bäckman, L. and Dixon, R. A. (1999). Principles of compensation in cognitive neurorehabilitation. In D. T. Stuss, G. Winocur and I. H. Robertson, eds., *Cognitive Neurorehabilitation: A Comprehensive Approach*. Cambridge: Cambridge University Press, pp. 59–72.

Baddeley, A. D. (1993). A theory of rehabilitation without a model of learning is a vehicle without an engine: a comment on Caramazza and Hillis. *Neuropsychological Rehabilitation*, **3**, 235–44.

Baddeley, A. D. and Hitch, G. (1974). Working memory. In G. H. Bower, ed. *The Psychology of Learning and Motivation*. Vol. 8. New York: Academic Press, pp. 47–89.

Baddeley, A. D. and Wilson, B. A. (1994). When implicit learning fails: amnesia and the problem of error elimination. *Neuropsychologia*, **32**, 53–68.

Beck, A. T. (1976). *Cognitive Therapy and the Emotional Disorders*. New York: Meridian.

Beck, A. (1996). Beyond belief: a theory of modes, personality, and psychopathology. In P. M. Salkovskis, ed., *Frontiers of Cognitive Therapy*. New York: The Guilford Press, pp. 1–25.

Bennett-Levy, J., Butler, G., Fennell, M. et al. (eds.) (2004). *Oxford Guide to Behavioural Experiments in Cognitive Therapy*. Oxford: Oxford University Press.

Ben-Yishay, Y. (2000). Post-acute neuropsychological rehabilitation: a holistic perspective. In A. L. Christensen and B. P. Uzzell, eds., *Critical Issues in Neuropsychology, International Handbook of Neuropsychological Rehabilitation*. Netherlands: Kluwer Academic Publishers, pp. 201–20.

Bowen, A., Neumann, V., Conners, M., Tennant, A. and Chamberlain, M. A. (1998). Mood disorders following traumatic brain injury: identifying the extent of the problem and the people at risk. *Brain Injury*, **12**, 177–90.

Brewin, C. R. (2001). A cognitive neuroscience account of posttraumatic stress disorder and its treatment. *Behaviour Research and Therapy*, **39**, 373–93.

Brewin, C. R., Dalgleish, T. and Joseph, S. (1996). A dual representation theory of post-traumatic stress disorder. *Psychological Review*, **103**(4), 670–86.

Bryant, R.A. (2001). Posttraumatic stress disorder and mild brain injury: controversies, causes and consequences. *Journal of Clinical and Experimental Neuropsychology*, **23**, 718–28.

Byng, S. and Coltheart, M. (1986). Aphasia therapy research: methodological requirements and illustrative results. In E. Hjelmquist and L. N. Lilsson, eds., *Communication and Handicap*.Hillsdale, NJ: Lawrence Erlbaum Associates, pp. 383–98.

Caplan, B. (1987). *Rehabilitation Psychology Desk Reference*, Rockville MD: Aspen.

Caramazza, A. (1989). Cognitive neuropsychology and rehabilitation: an unfulfilled promise? In X. Seron and G. Deloche, eds., *Cognitive Approaches in Neuropsychological Rehabilitation*. Hillsdale: Lawrence Erlbaum Associates, pp. 383–98.

Carver, C. and Scheier, M. (1990). Origins and function of positive and negative affect:

a control process view. *Psychological Review*, **97**, 19–36.

Clare, L., Wilson, B. A., Breen, E. K. and Hodges, J. R. (1999). Errorless learning of face-name associations in early Alzheimer's disease. *Neurocase*, **5**, 37–46.

Clare, L., Wilson, B. A., Carter, G. et al. (2000). Intervening with everyday memory problems in dementia of Alzheimer type: an errorless learning approach. *Journal of Clinical and Experimental Neuropsychology*, **22**, 132–46.

Clare, L., Wilson, B. A., Carter, G., Hodges, J. R. and Adams, M. (2001). Long-term maintenance of treatment gains following a cognitive rehabilitation intervention in early dementia of Alzheimer type: a single case study. *Neuropsychological Rehabilitation*, **11**, 477–94.

Cloute, K., Mitchell, A. and Yates, P. (2008). Traumatic brain injury and the construction of identity: a discursive approach. *Neuropsychological Rehabilitation*, **18**, 651–70.

Coltheart, M. (1985). Cognitive neuropsychology and reading. In M. Posner and O. S. M. Marin, eds., *Attention and Performance XI*. Hillsdale: Lawrence Erlbaum Associates, pp. 3–37.

Coltheart, M. (1991). Cognitive psychology applied to the treatment of acquired language disorders. In P. Martin, ed., *Handbook of Behavior Therapy and Psychological Science: An Integrative Approach*. New York: Pergamon Press, pp. 216–26.

Conway, M. and Pleydell-Pearce, C. W. (2000). The construction of autobiographical memories in the self-memory system. *Psychological* Review, **107**(2), 261–88.

Cullen, C. (1976). Errorless learning condition with the retarded. *Nursing Times*, 25th March; **72** (12), suppl., 45–7.

Damasio, A. R. (1998). Emotion in the perspective of an integrated nervous system. *Brain Research Reviews*, **26**, 83–6.

Deb, S., Lyons, I., Koutzoukis, C., Ali, I. and McCarthy, G. (1999). Rate of psychiatric illness 1 year after traumatic brain injury. *American Journal of Psychiatry*, **156**(3), 374–8.

Department of Health (DoH) (2005). *National Service Framework for Long Term Conditions*. London: DoH.

Eames, P. E. and Wood, R. Ll. (2003). Episodic disorders of behaviour and affect after acquired brain injury. *Neuropsychological Rehabilitation*, **13**(1), 241–58.

Evans, J. (2006). Theoretical influences on brain injury rehabilitation. Presented at the Oliver Zangwill Centre 10th Anniversary Conference. Available at: www.ozc.nhs.uk.

Evans, J. J. and Wilson, B. A. (1992). A memory group for individuals with brain injury. *Clinical Rehabilitation*, **6**, 75–81.

Evans, J. J., Wilson, B. A., Needham, P. A. and Brentnall, S. (2003). Who makes good use of memory aids? Results of a survey of people with acquired brain injury. *Journal of the International Neuropsychological Society*, **9**, 925–35.

Eysenck, H. (1964) *Experiments in Behaviour Therapy*. New York: Macmillan.

Fay, D., Borrill, C., Amir, Z., Haward, R. and West, M. A. (2006). Getting the most out of multidisciplinary teams: a multi--sample study of team innovation in health care. *Journal of Occupational and Organizational Psychology*, **79**(4), 553–67.

Finger, S. and Stein, D. G. (1982). *Brain Damage and Recovery. Research and Clinical Perspectives*. New York: Academic Press.

Fleminger, S., Oliver, D. L., Williams, W. H. and Evans, J. J. (2003). The neuropsychiatry of depression after brain injury. *Neuropsychological Rehabilitation*, **13**, 65–87.

Franks, C. M. and Wilson, G. T. (eds.) (1975). *Annual Review of Behaviour Therapy: Theory and Practice*. Vol. 3. New York: Brunner/ Mazel.

Frith, C. D. and Wolpert, D. M. (eds.) (2003). *The Neuroscience of Social Interaction: Decoding, Imitating and Influencing the Actions of Others*. Oxford, UK: Oxford University Press.

Gainotti, G. (1993). Emotional and psychosocial problems after brain injury. *Neuropsychological Rehabilitation*, **3**, 259–77.

Gilbert, P. (2000). Social mentalities: internal 'social' conflicts & the role of inner-warmth & compassion in cognitive therapy In P. Gilbert and K. G. Bailey, eds., *Genes on the Couch: Explorations in Evolutionary Psychotherapy*. London: Brunner-Routledge.

Godfrey, H., Knight, R. G. and Partridge, F. (1996). Emotional adjustment following traumatic brain injury: a stress-appraisal--coping formulation. *Journal of Head Trauma Rehabilitation*, **11**(6), 29–40.

Goldstein, K. (1959). Notes on the development of my concepts. *Journal of Individual Psychology*, **15**, 5–14.

Harvey, A., Watkins, E., Mansell, W. and Shafran, R. (2004). *Cognitive Behavioural Processes Across Psychological Disorders*. Oxford: Oxford University Press.

Haslam, C., Holme, A., Haslam S. A. et al. (2008). Maintaining group memberships: social identity continuity predicts well being after stroke. *Neuropsychological Rehabilitation*, **18**(5), 671–91.

Kaplan-Solms, K. and Solms, M. (2002). *Clinical Studies in Neuro-Psychoanalysis*, 2nd ed. London: Karnac.

Kazdin, A. E. (1978). *History of Behavior Modification: Experimental Foundations of Contemporary Research*. Baltimore: University Park Press.

Kazdin, A. E. and Hersen, M. (1980). The current status of behaviour therapy. *Behaviour Modification*, **4**(3), 283–302.

Kimble, G. A. (1967). *Foundations of Conditioning and Learning*. New York: Appleton Century Crofts.

Kopelman, M. and Crawford, S. (1996). Not all memory clinics are dementia clinics. *Neuropsychological Rehabilitation*, **6**, 187–202.

LeDoux, J. E. (1996). *The Emotional Brain: The Mysterious Underpinnings of Emotional Life*. New York: Simon & Schuster.

Lincoln, N. B., Pickersgill, M. J., Hankey, A. I. and Hilton, C. R. (1982). An evaluation of operant training and speech therapy in the language rehabilitation of moderate aphasics. *Behavioural Psychotherapy*, **10**(2), 162–78.

Lovaas, O. (1967). Behaviour therapy approach to the treatment of childhood schizophrenia. In J. Hill, ed. *Minnesota Symposia on Child Psychology*. Minneapolis: University of Minnesota Press.

Markowitsch, H. J. (1998). Cognitive neuroscience of memory. *Neurocase*, **4**(6), 429–35.

Martin, P. R. (ed.) (1991). *Handbook of Behavior Therapy and Psychological Science: An Integrative Approach*. New York: Pergamon Press.

Mateer, C. A., Sira, C. S. and O'Connell, M. (2005). Putting humpty dumpty together again. The importance of integrating cognitive and emotional interventions. *Journal of Head Trauma Rehabilitation*, **20**(1), 62–75.

McGrath, J. and King, N. (2004). Acquired brain injury. In J. Bennett-Levy, G. Butler, M. Fennell, A. Hackman and M. Mueller, eds. *Oxford Guide to Behavioural Experiments in Cognitive Therapy*. New York: Oxford University Press, pp. 331–48.

McKinlay, W. W., Brooks, D. N., Bond, M. R., Martinage, D. P. and Marshall, M. (1981). The short-term outcome of severe blunt head injury as reported by relatives of the injured persons. *Journal of Neurology, and Neurosurgery, and Psychiatry*, **44**, 527–33.

McMillan, T. M. (1996). Post-traumatic stress disorder following minor and severe closed head injury: 10 single cases. *Brain Injury*, **10**, 749–58.

McNeil, J. E. and Greenwood, R. (1996). Can PTSD occur with amnesia for the precipitating event? *Cognitive Neuropsychiatry*, **1**, 239–46.

Moore, A. D. and Stambrook, M. (1995). Cognitive moderators of outcome following traumatic brain injury: a conceptual model and implications for rehabilitation. *Brain Injury*, **9**, 109–30.

Nochi, M. (1998). 'Loss of self' in the narratives of people with traumatic brain injuries: a qualitative analysis. *Social Science & Medicine*, **46**(7), 869–78.

Norman, D. A. and Shallice, T. (1980). *Attention to Action: Willed and Automatic Control of Behaviour.* Chip Report 99. University of California San Diego, Center for Human Information Processing.

Page, M., Wilson, B. A., Shiel, A., Carter, G. and Norris, D. (2006). What is the locus of the errorless-learning advantage? *Neuropsychologia*, **44**, 90–100.

Pearce, S. and Wardle, J. (1989). *The Practice of Behavioural Medicine*. Oxford: Oxford University Press.

Powell, J. H., Beckers, K. and Greenwood, R. (1998). The measurement of progress and outcome in community rehabilitation after brain injury: towards improved outcome. *Archives of Physical Medicine and Rehabilitation*, **79**, 1213–25.

Prigatano, G. P. (1999). *Principles of Neuropsychological Rehabilitation*. New York: Oxford University Press.

Prigatano, G. P. and Schacter, D. L. (1991). *Awareness of deficit after brain injury*. New York: Oxford University Press.

Rescorla, R. A. (1966). Predictability and number of pairings in Pavlovian fear conditioning. *Psychonomic Science*, **4**, 383–4.

Robertson, I. H. and Murre, J. M. J. (1999). Rehabilitation after brain damage: brain plasticity and principles of guided recovery. *Psychological Bulletin*, **125**, 544–75.

Robinson R.G and Starkstein S. E. (1989). Mood disorders following stroke: new findings and future directions. *Journal of Geriatric Psychiatry*, **22**, 1–15.

Salkovskis, P. M. (ed.) (1996). *Frontiers of Cognitive Therapy*. New York: Guilford Press.

Sbordone, R. J. and Leiter, J. C. (1995). Mild traumatic brain injury does not produce posttraumatic stress disorder. *Brain Injury*, **9**, 405–12.

Schönberger, M., Humle, F., Zeeman, P. and Teasdale, T. (2006). Patient compliance in brain injury rehabilitation in relation to awareness and cognitive and physical improvement. *Neuropsychological Rehabilitation*, **16**, 561–78.

Seel, R. T., Kreutzer, J. S., Rosenthal, M. et al. (2003). Depression after traumatic brain injury: a National Institute on Disability and Rehabilitation Research Model Systems multicenter investigation. *Archives of Physical Medicine and Rehabilitation*, **84**, 177–84.

Sidman, M. and Stoodard, L. T. (1967). The effectiveness of fading in programming a simultaneous form discrimination for retarded children. *Journal of the Experimental Analysis of behavior*, **10**, 3–15.

Skinner, B. F. (1938). *The Behaviour of Organisms: An Experimental Analysis*. Acton: Copley Publishing Group.

Skinner, B. F. (1953). *Science and Human Behaviour*. New York: Macmillan.

Starkstein, S. E. and Robinson, R. G. (1991). The role of the frontal lobes in affective disorder following stroke. In H. S. Levin, H. M. Eisenberg and A. L. Benton, eds., *Frontal Lobe Function and Dysfunction*. New York: Oxford University Press, pp. 288–303.

Stein, D. (2001). Brain damage, sex hormones and recovery: a new role for progesterone and estrogen? *Trends in Neurosciences*, **24**(7), 386–91.

Sundberg, N. D. and Tyler, L. E. (1962). *Clinical Psychology*. New York: Appleton-Century-Crofts.

Tate, R. L. (2003). Impact of pre-injury factors on outcome after severe traumatic brain injury: does post-traumatic personality change represent an exacerbation of premorbid traits? *Neuropsychological Rehabilitation*, **13**, 43–64.

Taylor, G. P. and Persons, R. W. (1970). Behavior modification techniques in a physical medicine and rehabilitation center. *Journal of Psychology*, **74**, 117–24.

Teasdale, T. W. and Barnard, P. J. (1993). *Affect, Cognition and Change: Re-modelling Depressive Thought*. Hove: Lawrence Erlbaum Associates.

Teasdale, T. W., Christensen, A. L., Wilmes, K. et al. (1997). Subjective experience in brain-injured patients and their close relatives: a European Brain Injury Questionnaire study. *Brain Injury*, **11**, 543–63.

Terrace, H. S. (1963). Discrimination learning with and without 'errors'. *Journal of Experimental Analysis of Behaviour*, **6**, 1–27.

Tiersky, L. A., Anselmi, V., Johnston, M. V. et al. (2005). A trial of neuropsychological rehabilitation in mild-spectrum TBI. *Archives of Physical Medicine and Rehabilitation*, **86**, 1565–74.

Vygotsky, L. S. (1960/1978). Internalisation of higher psychological functions. In M. Cole, V. John-Steiner, S. Scribner and E. Souberman, eds., *L. S. Vygotsky Mind in Society: The Development of Higher Psychological Processes*. Cambridge MA: Harvard University Press, pp. 52–7.

Wade, D. T. (2005). Applying the WHO ICF framework to the rehabilitation of cognitive deficits rehabilitation. In P. W. Halligan and D. T. Wade, eds., *Effectiveness of Rehabilitation for Cognitive Deficits*. Oxford: Oxford University Press, pp. 31–42.

Walsh, B. F. and Lamberts, F. (1979). Errorless discrimination and fading as techniques for teaching sight words to TMR students. *American Journal of Mental Deficiency*, **83**, 473–79.

Watson, J. B. (1913). Psychology as the behaviourist views it. *Psychological Review*, **20**, 158–77.

Whyte, J. (1990). Mechanisms of recovery of function following CNS damage. In M. Rosenthal, E. R. Griffith, M. R. Bond and J. D. Miller, eds., *Rehabilitation of the Adult and Child with traumatic brain injury*, 2nd ed. Philadelphia: FA Davis and Co., pp. 79–87.

Whyte, J. (1997). Assessing medical rehabilitation practices: distinctive methodologic challenges. In M. J. Fuhrer, ed., *The Promise of Outcomes Research*. Baltimore: Paul H Brookes Publishing Co., pp. 43–59.

Williams, W. H. (2003). Neuro-rehabilitation and cognitive behaviour therapy for emotional disorders in acquired brain injury. In B. A. Wilson, ed., *Neuropsychological Rehabilitation: Theory and Practice*. Lisse: Swets and Zeitlinger, pp. 115–36.

Williams, W. H., Evans, J. J. and Wilson, B. A. (2003). Neurorehabilitation for two cases of post-traumatic stress disorder following traumatic brain injury. *Cognitive Neuropsychiatry*, **8**, 1–18.

Wilson, B. A. (1981). A survey of behavioural treatments carried out at a rehabilitation centre. In G. Powell, ed., *Brain Function Therapy*. Aldershot: Gower Press, pp. 256–275.

Wilson, B. A. (1987). *Rehabilitation of Memory*. New York: Guilford Press.

Wilson, B. A. (1991) Behaviour therapy in the treatment of neurologically impaired adults. In P. R. Martin, ed., *Handbook of Behaviour Therapy and Psychological Science: An Integrative Approach*. New York: Pergamon Press, pp. 227–52.

Wilson, B. A. (1998). Recovery of cognitive functions following non-progressive brain injury. *Current Opinions in Neurobiology*, **8**, 281–7.

Wilson, B. A. (1999). *Case Studies in Neuropsychological Rehabilitation*. New York: Oxford University Press.

Wilson, B. A. (2000). Compensating for cognitive deficits following brain injury. *Neuropsychology Review*, **10**, 233–43.

Wilson, B. A. (2002). Assessment of memory disorders. In A. D. Baddeley, M. D. Kopelman and B. A. Wilson, eds., *Handbook of Memory Disorders*, 2nd ed. Chichester: John Wiley, pp. 617–36.

Wilson, B. A. (2004). Theoretical approaches to cognitive rehabilitation. In L. H. Goldstein and J. McNeil, eds., *Clinical Neuropsychology: A Guide to Assessment and Management for Clinicians*. Chichester: John Wiley, pp. 345–66.

Wilson, B. A. and Watson, P. C. (1996). A practical framework for understanding compensatory behaviour in people with organic memory impairment. *Memory*, **4**, 465–86.

Wilson, B. A., Baddeley, A. D., Evans, J. J. and Shiel, A. (1994). Errorless learning in the rehabilitation of memory impaired people. *Neuropsychological Rehabilitation*, **4**, 307–26.

Wilson, B. A., Watson, P. C., Baddeley, A. D., Emslie, H. and Evans, J. J. (2000). Improvement or simply practice? The effects of twenty repeated assessments on people with and without brain injury. *Journal of the International Neuropsychological Society*, **6**, 469–79.

Wilson, B. A., Emslie, H. C., Quirk, K. and Evans, J. J. (2001). Reducing everyday memory and planning problems by means of a paging system: a randomized control crossover study. *Journal of Neurology, Neurosurgery, and Psychiatry*, **70**, 477–82.

Wilson, B. A., Herbert, C. M. and Shiel, A. (2003). *Behavioural Approaches in Neuropsychological Rehabilitation*. Hove: Psychology Press, pp. 33–48.

Wolpe, J. (1969). *The Practice of Behavior Therapy*. Oxford: Pergamon.

Yeates, G., Henwood, K., Gracey, F. and Evans, J. (2007). Awareness of disability after acquired brain injury (ABI) and the family context. *Neuropsychological Rehabilitation*, **17**(2), 151–73.

Ylvisaker, M. and Feeney, T. (2000). Reconstruction of identity after brain injury. *Brain Impairment*, **1**, 12–28.

CAPÍTULO 2

As evidências da eficácia da reabilitação neuropsicológica

Barbara A. Wilson

Introdução

Conforme discutido no Capítulo 1, embora a reabilitação neuropsicológica esteja em parte preocupada com a remediação ou alívio das consequências emocionais, comportamentais e motoras da lesão encefálica, seria possível afirmar que o principal papel da reabilitação neuropsicológica é o tratamento dos déficits cognitivos causados por danos ao cérebro. O que exatamente significa o termo "reabilitação cognitiva"? Não há dúvida de que a reabilitação neuropsicológica visa às diferentes funções cognitivas, incluindo memória, atenção, resolução de problemas, comunicação, déficits perceptuais e espaciais. Ela deve abranger métodos para restaurar as funções cognitivas e ensinar estratégias de compensação. Ela deve também se preocupar em reduzir os problemas enfrentados no dia a dia.

Precisamos reconhecer, como apontado no Capítulo 1, que a reabilitação é um processo interativo que envolve a pessoa com deficiência, a equipe terapêutica e, quando possível, os familiares e os membros da comunidade em geral. Em virtude dessas perspectivas, sugerimos que a reabilitação cognitiva seja um processo por meio do qual os indivíduos com lesão encefálica trabalhem em conjunto com os profissionais de saúde para remediar ou aliviar déficits cognitivos decorrentes de uma lesão neurológica. Estamos particularmente preocupados aqui com os indivíduos que sofreram traumas não progressivos ao cérebro, tais como traumatismo cranioencefálico (TCE), encefalite, hipóxia cerebral ou acidente vascular encefálico (AVE). Isso não significa negar o valor da reabilitação para os indivíduos com condições progressivas, tais como a doença de Alzheimer, e reconhecemos que está sendo feito um importante trabalho nessa área (Clare; Woods, 2001). Seja trabalhando com indivíduos com condições progressivas ou não, a reabilitação deve ajudar àqueles com lesão encefálica e suas famílias a entender, aceitar, contornar ou reduzir os déficits cognitivos para funcionar da maneira mais adequada possível em um ambiente mais apropriado.

Uma breve história do desenvolvimento da reabilitação cognitiva

As origens da reabilitação remontam a milhares de anos, como testemunhado no papiro cirúrgico de Edwin Smith, adquirido por Smith em 1862 e descrito por Walsh em 1987. Esse papiro mostra que o tratamento de indivíduos com lesão encefálica pode ser encontrado no Antigo Egito, entre 2500 e 3000 anos a. C. No entanto, os exemplos do papiro de Smith, fornecidos por Walsh, estão mais relacionados aos aspectos médicos do tratamento do que à reabilitação conforme a entendemos hoje.

A reabilitação moderna provavelmente começou durante a Primeira Guerra Mundial devido aos incrementos nas taxas de sobrevivência dos soldados com ferimentos na cabeça (Goldstein, 1942). Uma revisão da história da reabilitação neuropsicológica na Alemanha sugere que muitos dos procedimentos de reabilitação desenvolvidos em determinados hospitais militares durante a Primeira Guerra Mundial ainda são, até certo ponto, utilizados hoje (Poser *et al.*, 1996). De fato, o primeiro livro escrito sobre a reabilitação dos soldados que sobreviveram aos ferimentos por arma de fogo na cabeça (Poppelreuter, 1917) defendia uma abordagem interdisciplinar entre a psicologia, a neurologia e a psiquiatria. Esse livro abordou o tratamento da deficiência visual em um grupo de 700 soldados atendidos na Alemanha entre 1914 e 1916. Em um artigo publicado no ano seguinte, Poppelreuter (1918) ressaltou a importância da própria percepção do paciente sobre os efeitos de suas deficiências.

Goldstein (1942), também escrevendo acerca da Primeira Guerra Mundial, discutiu a importância dos déficits cognitivos e de personalidade após a lesão encefálica. Com seu compatriota Poppelreuter, Goldstein foi um dos primeiros a utilizar o que chamamos hoje de estratégias de reabilitação cognitiva, embora ele mesmo não tenha empregado esse termo (Prigatano, 1986). Em 1918, Goldstein (*apud* Poser *et al.*, 1996) interessava-se por decisões referentes à possibilidade de tentar restaurar a perda do funcionamento ou compensar as funções perdidas/comprometidas. Esse debate permanece até os dias atuais. O mesmo pode ser dito acerca do interesse de Goldstein pela intervenção vocacional (terapia vocacional), outra parte importante da reabilitação moderna.

Durante a Segunda Guerra Mundial, Luria (1963), na União Soviética, e Zangwill (1947), no Reino Unido, estavam trabalhando com soldados com lesão encefálica. Em um artigo descrevendo as contribuições de Luria para a reabilitação neuropsicológica, Christensen e Caetano (1996) sugeriram que a Segunda Guerra Mundial foi o elemento mais significativo para o desenvolvimento dos métodos de reabilitação neuropsicológica de Luria. Assim como Goldstein (1942), Luria e Zangwill acreditavam piamente no princípio da "adaptação funcional", segundo a qual uma habilidade intacta é utilizada para compensar outra que está comprometida. As ideias apresentadas por Luria (1963), Luria et al. (1969) e Zangwill (1947) merecem muito ser lidas hoje devido à compreensão que elas oferecem. Zangwill discute, entre outros aspectos, os princípios da reeducação e refere-se a três estratégias principais de reabilitação: "compensação", "substituição" e "treinamento direto". Nos Estados Unidos da América (EUA), Cranich e Wepman foram os mais influentes na reabilitação durante a Segunda Guerra Mundial, trabalhando com os indivíduos com afasia (Cranich, 1947; Wepman, 1951), além de Aita, que montou um programa de tratamento de um dia para homens com lesões penetrantes no encéfalo (Aita, 1946, 1948).

O próximo grande avanço parece resultar da Guerra dos Seis Dias em Israel (Najenson et al., 1974; Ben-Yishay, 1978). Este último descreve com detalhes as origens da abordagem de Ben-Yishay, a evolução do conceito holístico terapêutico e a filosofia por trás de seu pensamento. Mais ou menos na mesma época em que Ben-Yishay estava desenvolvendo seu programa holístico terapêutico, um maior número de sobreviventes de acidentes de trânsito estimulou o crescimento de centros especializados em reabilitação nos EUA, como o Rancho Los Amigos Hospital na Califórnia (Malkmusetal, 1980). O primeiro programa a se intitular como um "programa de reabilitação cognitiva" foi provavelmente o de Diller em Nova York (Diller, 1976). Diller e Ben-Yishay trabalharam juntos, em estreita colaboração, por mais de 20 anos, sendo que Diller foi um dos principais apoiadores de Ben-Yishay na implementação do programa israelense. O programa de Prigatano, em Oklahoma City, também foi muito influenciado por Ben-Yishay (Prigatano, 1986), adotando uma abordagem holística (descrita abaixo). Prigatano posteriormente mudou seu programa para Phoenix, Arizona. Christensen abriu um programa semelhante em Copenhague, Dinamarca, em 1985 (Christensen; Teasdale, 1995), e Wilson e colaboradores abriram o Oliver Zangwill Centre (OZC) em Cambridgeshire, Inglaterra, em 1996 (Wilson et al., 2000).

Implementando a reabilitação neuropsicológica e cognitiva: visões e influências divergentes

Gianutsos (1989) sugere que a reabilitação cognitiva nasce de um parentesco híbrido, incluindo a neuropsicologia, a terapia ocupacional, a fonoaudiologia e a educação especial. Outros possuem visões diferentes. McMillan e Greenwood (1993), por exemplo, acreditam que a reabilitação deveria se basear na neuropsicologia clínica, análise comportamental, treinamento cognitivo e psicoterapia individual e em grupo. Alguns acreditam que apenas um "pai" é necessário: Coltheart (1984), por exemplo, disse que os programas de reabilitação deveriam se basear em uma análise teórica da natureza do distúrbio a ser tratado. Mitchum e Berndt (1995) sugeriram que a reabilitação cognitiva deveria se preocupar com o desenvolvimento de terapias racionais, baseadas em uma análise teórica da natureza do distúrbio, o qual seria o foco do tratamento.

A maioria dos indivíduos que trabalha com a reabilitação cognitiva parece acreditar que os modelos teóricos são necessários para planejar um tratamento apropriado, enquanto outros acreditam que esses modelos, por si só, não são necessariamente suficientes. Às vezes, há uma discordância quanto ao que constitui um modelo teórico. Gianutsos (1991), por exemplo, afirma que a reabilitação cognitiva é a aplicação das teorias das ciências cognitivas à reabilitação do TCE. Apesar do fato de os indivíduos com TCE não serem os únicos a receber a reabilitação cognitiva, a abordagem de Gianutsos não parece ser influenciada pelas teorias da ciência cognitiva, pois ela favorece a estratégia de repetição por meio da qual os pacientes realizam exercícios cognitivos em um computador (Gianutsos, 1981, 1991). Nesses artigos, há pouca evidência de teorias da neurociência cognitiva. Da mesma forma, Robertson (1991) afirma que algumas das teorias apresentadas nada mais são do que classificações para orientar a avaliação e o tratamento. Ele admite que essas abordagens podem fazer sentido de modo intuitivo, mas não são modelos teóricos.

Uma abordagem que gostaríamos de examinar aqui é a abordagem holística pioneira de Diller (1976), Ben-Yishay (1978) e Prigatano (1986). Os defensores dessa abordagem consideram inútil separar as consequências cognitivas da lesão encefálica das consequências emocionais, sociais e funcionais. Dado que a forma como nos sentimos afeta emocionalmente a forma como pensamos, lembramos, comunicamos, resolvemos problemas e comportamos, precisamos reconhecer que essas funções estão interconectadas, sendo muitas vezes difícil separá-las, e que todas precisam ser tratadas na reabilitação. A maioria dos programas holísticos se preocupa com aumentar a percepção do cliente, aliviar os déficits cognitivos, desenvolver habilidades compensatórias e oferecer aconselhamento vocacional. Todos esses programas fornecem uma combinação entre terapia individual e de grupo. Embora ainda não haja evidências irrefutáveis sobre o sucesso dos programas holísticos, eles parecem ter sido submetidos a mais pesquisas acerca da eficácia do que outros (Diller, 1994). Além disso, Cope (1994) acredita que existem evidências razoavelmente convincentes de que a reabilitação abrangente de fato faz uma diferença substancial na redução das incapacidades de pacientes com lesão encefálica. A reabilitação cognitiva é, então, realizada de várias maneiras. Combinar os pontos fortes dessas diferentes abordagens é provavelmente o caminho certo a seguir.

Evidências de que a reabilitação cognitiva é clinicamente eficaz

Problemas nos desenhos de pesquisa

Assim como não fazemos perguntas gerais acerca de uma cirurgia ou procedimentos farmacológicos, tais como "a cirurgia resolve?" ou "os medicamentos resolvem?", não devemos fazer a pergunta "a reabilitação resolve?" Qualquer pergunta de pesquisa deve ser passível de resposta. As perguntas devem ser mais específicas, tais como "qual entre esses dois métodos resulta em uma melhor recordação?" ou "os indivíduos que frequentam um grupo de apoio psicológico relatam menos problemas emocionais do que aquelas que frequentam um grupo de terapia recreativa?" Precisamos descobrir quais programas, estratégias ou técnicas de reabilitação funcionam para quais indivíduos e em que circunstâncias.

Muitos economistas, administradores, cientistas, médicos e outros especialistas em saúde acreditam que exista apenas uma maneira de avaliar a eficácia da reabilitação e que esta é feita por meio de ensaios clínicos randomizados e controlados (ECRCs), preferencialmente sob condições duplo-cegas. Entretanto, como assinala Mai (1992), é difícil prever como as condições duplo-cegas podem ser aplicadas na reabilitação. Os terapeutas e psicólogos não podem ser indiferentes ao tratamento que estão oferecendo e, na maioria dos casos, os pacientes também não podem ser indiferentes ao tratamento a que estão se submetendo. É possível, no entanto, conduzir, em alguns casos, ensaios clínicos simples-cegos em que um avaliador não sabe qual tratamento foi oferecido (ver, por exemplo, Wilson, 1997). Os *Anais do Subcomitê de Reabilitação do TCE* (National Institutes of Health, 1998) sugerem que os estudos sobre a avaliação da reabilitação devem incluir somente aqueles em que os pesquisadores que avaliam os programas não são os profissionais que os executam.

É claro que existe um lugar para os ECRCs (ignorando a decisão mais controversa de torná-los duplo-cegos) e que certas investigações somente podem ser realizadas dessa maneira. Temos, entretanto, que usar uma variedade de desenhos de pesquisa e não apenas os ECRCs para avaliar a reabilitação cognitiva. Andrews (1991, p. 5) afirma que o ECRC "[...] é uma ferramenta a ser utilizada e não um deus a ser adorado". Mais adiante, ele afirma que o ECRC é uma excelente ferramenta nas pesquisas em que

> o desenho de estudo é simples, as mudanças acentuadas são esperadas, os fatores envolvidos são relativamente específicos e o número de variáveis adicionais que provavelmente afetam o resultado é pequeno, podendo-se esperar que estas sejam equilibradas por meio da randomização (Andrews, 1991, p. 5).

Infelizmente, a maioria dos estudos acerca da reabilitação é mais complexa, e a randomização é muitas vezes impossível. Seria difícil, por exemplo, ter um grupo-controle que não recebesse nenhuma reabilitação ou tratamento diferente em um centro de reabilitação comprometido em fornecer um programa holístico para todos os seus clientes.

Outro fator importante que torna os ECRCs muito difíceis nas pesquisas de reabilitação, se não quase impossíveis, é que raramente, ou nunca, é ético alocar aleatoriamente ou não pacientes para um tratamento. Por exemplo, em um estudo (Wilson *et al.*, 1994), descobrimos que os indivíduos com traumatismo craniano grave internados em enfermarias sem serviços especializados para esse tipo de trauma eram mais propensos a desenvolverem contraturas, pneumonia e problemas comportamentais do que aqueles internados em enfermarias especializadas. Alocar aleatoriamente para um tratamento ou não, a fim de realizar uma pesquisa mais rigorosa nessa área, seria difícil, se não impossível de justificar.

Ainda que poucos no total, há um aumento gradual no número de estudos que empregam ECRC para avaliar as intervenções de reabilitação. Um dos estudos pioneiros examinou uma questão específica: se o treinamento em resolução de problemas (TRP) beneficiava mais pacientes com lesão encefálica do que um treinamento não específico (Von Cramon *et al.*, 1991). Os pacientes do estudo tinham dificuldades para planejar, organizar e resolver problemas, quando avaliados por testes, observações e escalas. Eles foram alocados alternadamente para um TRP específico ou para um treinamento de memória (TM). Os procedimentos foram claramente especificados e os pacientes alocados para o TRP se beneficiaram significativamente mais do que aqueles alocados para o TM, conforme verificado por avaliações após o tratamento.

Um estudo mais recente de Robertson *et al.* (2002) analisou o tratamento de ativação do membro (TAM) para os indivíduos com negligência unilateral. Um grupo de pacientes com essa síndrome recebeu apenas um treinamento perceptual, enquanto um segundo grupo recebeu um treinamento perceptual e TAM. Os pacientes foram avaliados às cegas três e seis meses depois por meio de medidas funcionais e testes padronizados. Os resultados mostraram que a função motora do lado esquerdo melhorou significativamente mais no grupo que recebeu TAM. Não há dúvida de que, embora os ECRCs cumprem um papel de responder certas perguntas, temos que considerar outras metodologias, tais como pesquisas, observações diretas e estudos experimentais de caso único, a fim de construir um panorama mais amplo da eficácia clínica (Wilson, 1997).

Outra dificuldade na avaliação da eficácia da reabilitação reside no fato de que os testes neuropsicológicos padronizados são frequentemente usados como medidas de eficácia, apesar do fato de o propósito da reabilitação *não* ser aumentar os resultados dos testes e estes *não* serem as melhores medidas de eficácia para avaliar a reabilitação cognitiva ou neuropsicológica. Dado que um dos principais objetivos da reabilitação é permitir que os indivíduos com deficiência funcionem da maneira mais adequada possível em um ambiente que seja mais apropriado para eles, então, as informações sobre as mudanças nas pontuações nos testes padronizados não nos fornecerão as informações de que precisamos. JC, um paciente gravemente amnésico por nós conhecido (Wilson et al., 1997b), não mostrou um incremento nos testes padronizados em um período superior a 12 anos. Ele, entretanto, vive sozinho, é um trabalhador autônomo e completamente independente devido, em grande parte, ao uso adequado que faz de ferramentas e estratégias compensatórias. Em geral, esses resultados são realmente muito bons, mas se os testes padronizados tivessem sido utilizados para avaliar seu êxito, JC teria sido um completo fracasso em vez do extraordinário sucesso que ele é na vida real.

Evidências publicadas

Chesnut et al. (1999) interessavam-se pela questão da reabilitação cognitiva. Eles examinaram 114 artigos relacionados à reabilitação cognitiva na tentativa de responder a uma pergunta específica: "a aplicação da reabilitação compensatória melhora os resultados dos indivíduos que sofrem um TCE?" Dentre os 114 possíveis artigos, apenas 32 foram selecionados para avaliar a eficácia, sendo o restante excluído por várias razões, tais como artigos de revisão, os quais eram meramente descritivos, menos de 5 sujeitos etc. Dos 32 artigos, 11 eram ECRCs, sendo que 5 avaliavam resultados importantes acerca da saúde e 6 avaliavam resultados intermediários. Os autores do artigo concluíram que

> [...] concomitante ao número pequeno de estudos e a uma gama restrita de intervenções estudadas, a falta de informações sobre a representatividade dos pacientes incluídos torna difícil aplicar as descobertas desses estudos à prática da reabilitação cognitiva em geral (p. 55).

Em outras palavras, os ECRCs revisados não nos dizem muito sobre a eficácia da reabilitação cognitiva.

Em um artigo posterior acerca do mesmo estudo, os autores concluíram que, embora o resultado desejado da reabilitação cognitiva seja a melhora nas tarefas do dia a dia, muitas das medidas de eficácia são medidas intermediárias, tais como os escores dos testes (123 testes diferentes de cognição foram descritos nos estudos). Em resposta à pergunta se os incrementos nos resultados dos testes eram preditores de uma melhora nas atividades da vida real, os autores descobriram que "[...] embora pareça haver uma relação entre medidas intermediárias e retorno ao trabalho, a associação não é robusta". Questionamos a prudência de se usar amplamente os escores dos testes, independentemente de serem intermediários ou diretos e, em vez disso, recomendaríamos aos terapeutas da reabilitação que observassem o resultado final de seu tratamento. Whyte (1997) sugeriu que as medidas de eficácia devem ser congruentes com o tipo de intervenção, o que faz sentido. Dado, no entanto, que o objetivo final da reabilitação neuropsicológica é permitir que os indivíduos participem de atividades significativas, então, sempre que possível, o resultado deveria ser medido de acordo com esse tipo de intervenção.

É possível avaliar o funcionamento cotidiano diretamente, conforme evidenciado por um de nossos estudos (Wilson et al., 1997a), no qual desejávamos saber se um simples *pager*[1] poderia ou não reduzir problemas do dia a dia. Os *pagers* são uma das muitas ferramentas compensatórias que podem ser empregadas para reduzir problemas cotidianos de indivíduos com dificuldades cognitivas. Realizamos vários estudos para determinar a eficácia de um tipo particular de *pager*, o NeuroPage. No primeiro estudo (Wilson et al., 1997a), entrevistamos 15 clientes e suas famílias para identificar os problemas específicos enfrentados na vida real. Cada cliente escolheu o que ele/ela gostaria ou precisava lembrar e a hora em que isso deveria ocorrer. Isso foi, então, considerado como um alvo do tratamento. Durante o período de pré-intervenção de 6 semanas, 15 clientes, cada qual com um familiar, registraram se eles se lembravam de realizar seus comportamentos-alvo selecionados. A taxa média de sucesso do grupo como um todo foi de 37% das metas lembradas. Os clientes, então, receberam um *pager* que foi preso a um cinto. As mensagens-alvo (por exemplo, "tome sua medicação" ou "alimente o cachorro") foram enviadas aos indivíduos para lembrá-los de seus comportamentos-alvo. Para o grupo como um todo, a taxa de sucesso para os alvos lembrados saltou para 85% de acertos durante as 12 semanas em que o *pager* foi utilizado. Depois de 12 semanas, o *pager* foi retirado e os clientes foram monitorados por um período adicional de 3 a 4 semanas. A taxa de sucesso durante esse período foi de 74% de acertos, ou seja, houve uma queda, mas o desempenho ainda estava bem acima da linha de base. Na verdade, alguns clientes aprenderam suas rotinas durante a fase de 12 semanas de uso do *pager*. Não houve apenas um aumento significativo na taxa de sucesso entre a primeira linha de base e o tratamento do grupo como um todo, mas também cada indivíduo mostrou um aumento estatisticamente relevante entre os dois estágios.

Após esse estudo piloto bem-sucedido, realizamos um ECRC utilizando um modelo cruzado no qual alguns clientes eram alocados aleatoriamente para um *pager* e outros para uma lista de espera. Depois de várias semanas, houve uma inversão. Aqueles que estavam com o *pager* o devolveram e aqueles que estavam na lista de espera agora o recebiam. Mostramos, assim como feito anteriormente, que

---

[1] N.T.: O *pager* é um aparelho eletrônico portátil capaz de receber mensagens codificadas de uma central de recados e exibi-las em formato de texto em uma pequena tela.

o *pager* poderia melhorar significativamente a independência e o funcionamento cotidiano (Wilson *et al.*, 2001).

Sugerimos que tais avaliações diretas dos comportamentos da vida real são uma maneira muito eficaz para apontar as mudanças provocadas pelas estratégias de reabilitação cognitiva. Temos, como foco, os problemas da vida real identificados pelos clientes e suas famílias; avaliamos esses problemas por várias semanas, tendo assim um período de controle (os sujeitos são os próprios controles); fornecemos uma intervenção claramente especificada; e monitoramos os clientes assim que o *pager* é retirado. Além disso, mostramos que o *pager* é eficaz em uma ampla gama de indivíduos, grupos diagnósticos, habilidades intelectuais e tempo após o trauma. Ele pode ser utilizado uma vez ou muitas vezes ao dia e é uma ferramenta flexível que faz uma grande diferença na qualidade de vida dos indivíduos com comprometimento de memória no estudo.

Abordar os propósitos da vida real e individualizar os programas segundo um referencial teórico é, na nossa opinião, o caminho a seguir na reabilitação cognitiva. Clare e colaboradores (Clare *et al.*, 1999, 2000, 2001) também aplicaram esse princípio aos indivíduos com doença de Alzheimer. O cliente e a família selecionaram os propósitos e encontramos, então, uma maneira empregando, nesse caso, os princípios de aprendizagem sem erro (descritos no Capítulo 1) a fim de ensinar novas informações.

O artigo de Chesnut *et al.* (1999, p. 63-64) afirma que há uma

> [...] ausência de evidências robustas e suficientes do efeito direto das intervenções cognitivas na saúde e no trabalho [...], e as associações entre o desempenho em testes cognitivos e o trabalho e produtividade após o trauma eram inconsistentes.

Nossa resposta à pergunta "a reabilitação cognitiva é eficaz?" é muito ampla e precisamos observar outras formas de fazê-la, bem como respondê-la. Podemos, por exemplo, avaliar a eficácia de alguns procedimentos de tratamento. Já descrevemos alguns dos estudos que fizeram isso e há outros. Donkervoort *et al.* (2001), por exemplo, descobriram que os pacientes com apraxia que receberam treinamento de estratégias específicas apresentaram uma melhora mais significativa nas atividades da vida diária do que os pacientes que receberam o treinamento usual de terapia ocupacional. Fasotti *et al.* (2000) descobriram que os pacientes com traumatismo craniano que receberam o treinamento de gerenciamento da pressão do tempo para lidar com a sobrecarga de informação se saíram melhor do que os pacientes que receberam treinamento de concentração. Esses e outros estudos têm sido objeto de várias outras revisões sistemáticas nos últimos anos.

Cicerone e colaboradores conduziram uma revisão sobre as evidências da reabilitação cognitiva (Cicerone *et al.* 2000), que foi posteriormente atualizada (Cicerone *et al.* 2005). Da mesma forma, o European Federation of Neurological

Societies revisou amplamente a mesma literatura (Cappa *et al.* 2005). Ambos os grupos adotaram o método de reunir os estudos de revisão em relação a qual transtorno cognitivo era o foco da intervenção, embora houvesse algumas diferenças em quais transtornos seriam incluídos. Cicerone *et al.* examinaram os estudos que abordavam a remediação de déficits de atenção, funcionamento visuoespacial, linguagem e comunicação na apraxia, memória e funcionamento executivo, e resolução de problemas. Reconhecendo que alguns estudos avaliavam as intervenções com o objetivo de abordar vários domínios cognitivos ao mesmo tempo, Cicerone *et al.* os revisaram separadamente e, além disso, obtiveram outra categoria de estudos de reabilitação cognitiva holística abrangente. Cappa *et al.* revisaram os estudos acerca da afasia, negligência espacial unilateral, distúrbios de atenção, memória, apraxia e acalculia. Ambas as revisões fizeram recomendações para a prática clínica (utilizando diferentes estratégias para essas recomendações), e os resultados e sugestões das análises foram relativamente semelhantes.

Ambas as revisões destacaram que as evidências permanecem relativamente pequenas, sendo poucos ECRCs realizados com boa qualidade. Ambas, entretanto, também concluíram que havia evidências suficientes de que algumas recomendações simples para a prática clínica poderiam ser implementadas. Por exemplo, a intervenção para a afasia, baseada em intervenções cognitivo-linguísticas, foi considerada eficaz, embora tenha sido reconhecido que muitos estudos nessa área não avaliam os resultados funcionais. Há evidências para corroborar o treinamento de varredura/escaneamento visual para negligência unilateral, com a sugestão de que a ativação do membro deve ser avaliada. Para a memória, o treinamento de estratégias é recomendado para aqueles com comprometimento mais leve, assim como o uso de dispositivos externos, incluindo dispositivos eletrônicos, é recomendado para aqueles com déficits moderados a graves. Recomenda-se o treinamento de estratégias para os déficits de atenção e apraxia. Para a resolução de problemas e disfunção executiva, recomendam-se os métodos de treinamento que enfatizem o desenvolvimento de habilidades de autoinstrução e autorregulação verbal. Com relação aos programas de reabilitação cognitiva holística abrangente, Cicerone *et al.* concluíram que, com base nas evidências disponíveis, o tratamento posterior à fase aguda nesses programas que integra as intervenções cognitivas e interpessoais é recomendado para os indivíduos com TCE moderado a grave.

Outros desenhos de estudo para avaliar a eficácia da reabilitação

Os estudos experimentais de caso único e de pequenos grupos são muitas vezes úteis para demonstrar a eficácia da reabilitação. Wilson (1999), por exemplo, descreve como um homem, que não conseguia ler após um ferimento por arma de fogo, aprendeu a fazê-lo com sucesso 5 anos depois, alcançando uma idade de leitura de 13 anos. O valor dos estudos experimentais de caso único está em nos permitir avaliar a resposta de um indivíduo ao tratamento, ver se o cliente está mudando com o tempo e descobrir se as mudanças são resultantes da recuperação natural ou da própria intervenção. Em outras palavras, podemos separar os efeitos do tratamento dos efeitos da recuperação espontânea e de outros fatores não específicos. Dado que a reabilitação é planejada para os indivíduos, a avaliação deve ocorrer tanto em termos individuais quanto grupais e a escolha do estudo individual ou de grupo dependerá novamente do tipo de pergunta que precisa ser respondida. Por exemplo, se desejássemos descobrir se um indivíduo com traumatismo craniano está se beneficiando de um programa de treinamento de atenção, precisaríamos empregar um estudo experimental de caso único. Se quiséssemos descobrir quantos indivíduos estão melhorando em decorrência de um determinado procedimento, realizaríamos um estudo de grupo.

Um estudo de grupo necessariamente não nos informaria como um determinado cliente dentro deste estaria ou não se beneficiando de qualquer intervenção, pois cada indivíduo provavelmente apresenta uma combinação diferente de déficits, é motivado de diversas maneiras e tem um nível de comprometimento distinto de todos os outros no grupo. Os estudos de grupo calculam a média dos desempenhos e, assim, as diferenças individuais ficam mascaradas. Os estudos experimentais de caso único, por outro lado, evitam muitos dos problemas inerentes aos estudos de grupos. Eles são muitas vezes escolhidos especificamente por sua capacidade de avaliar o progresso de um indivíduo por meio da reabilitação cognitiva e são, é claro, perfeitamente válidos no que diz respeito à sua metodologia científica (Hersen; Barlow, 1982; Kazdin, 1982; Gianutsos; Gianutsos, 1987). Um estudo individual pode fornecer informações complementares a um estudo de grupo e, de fato, as duas abordagens devem ser mantidas em igualdade de condições. Os estudos de grandes grupos são necessários quando variações individuais precisam ser separadas. Os estudos de caso único (e de pequenos grupos) são preferíveis quando cada indivíduo é monitorado por um período de tempo, cada qual agindo como o próprio controle, e as linhas de base são utilizadas em vez de grupos de controle.

Uma crítica muitas vezes direcionada aos estudos de caso único e de pequenos grupos aponta para sua incapacidade de generalizar, pois seus resultados se aplicam apenas ao indivíduo. Essa crítica não é totalmente imparcial, podendo ser usada pelos críticos, cuja metodologia preferida, o estudo de grandes grupos, talvez não forneça uma generalização, visto que os resultados são calculados em termos de média e, portanto, não podem ser aplicados aos indivíduos, os quais em sua maioria diferenciarão dessa média. Diríamos que é incorreto supor que não podemos generalizar a partir de sujeitos individuais. Toda a história da neuropsicologia fornece exemplos de tal generalização. Do paciente de Broca, "Tan" (Broca, 1861), a HM (Scoville; Milner, 1957), além de outros casos clássicos da neuropsicologia (Code *et al.*, 1996, 2002), não somente aprendemos muito com os pacientes individuais, mas também aprendemos como diagnosticar síndromes particulares com base nas conclusões desses casos isolados.

Hersen e Barlow (1982, p. 57) ressaltam que

> para aumentar a base de generalização a partir de um estudo experimental de caso único, simplesmente repete-se o mesmo experimento várias vezes em pacientes semelhantes fornecendo, assim, ao profissional, os resultados de um número de pacientes.

Gianutsos e Gianutsos (1987) vão mais além, afirmando que é somente por meio dos estudos de caso único que a generalização pode ser estabelecida devido à replicação sistemática com mudanças controladas sobre as variáveis que poderiam afetá-la. À luz de tais resultados históricos e contemporâneos, diríamos que os estudos experimentais de caso único, com sua capacidade que nos permite avaliar a generalização de forma sistemática, devem ser adotados por aqueles interessados na eficácia da reabilitação cognitiva.

Estabelecendo princípios gerais

Mostramos neste capítulo que algumas técnicas terapêuticas no campo da reabilitação cognitiva são eficazes e sugerimos que os estudos experimentais de caso único oferecem uma metodologia que pode ser melhor adaptada na busca pela verificação da eficácia ou não das técnicas de reabilitação. Também é possível obter alguns princípios gerais que foram estabelecidos no campo da reabilitação cognitiva. Por exemplo, a técnica, uma vez amplamente difundida para tentar restaurar o funcionamento perdido por meio de treinos de repetição e exercícios, mostrou-se ineficaz pelo menos em relação à sua capacidade de generalização para tarefas da vida real (Robertson, 1990; Sturm; Willmes, 1991; Sloan; Ponsford, 1995). A repetição por si não é uma estratégia de aprendizagem eficiente (Baddeley, 1997). No campo do tratamento da memória, foi demonstrado que a prática distribuída na forma de recuperação espaçada (também conhecida como ensaio expandido) é um método de aprendizagem melhor do que a repetição mecânica (Camp, 1989; Moffat, 1989; Clare; Wilson, 1997).

Os recursos visuais também são mais eficientes para a aprendizagem de nomes do que a repetição mecânica, e a pré-exposição aos rostos a serem aprendidos é ainda mais útil (Wilson, 1987; Downes *et al.*, 1997). Uma técnica conhecida como PQRST (ver Capítulo 6) é melhor para potencializar a recordação do material escrito do que a repetição direta (Wilson, 1987). Talvez o trabalho recente mais impressionante sobre as novas aprendizagens esteja na área da aprendizagem sem erro, descrita no Capítulo 1. A eficácia desse método foi demonstrada de forma incontestável em indivíduos com comprometimentos de memória (Baddeley; Wilson, 1994; Wilson *et al.*, 1994; Wilson; Evans, 1996; Squires *et al.*, 1997). A aprendizagem por tentativa e erro ou aprender com nossos erros é muito apropriado quando se tem uma memória episódica razoável; porém, para aqueles sem o funcionamento adequado da memória, cometer um erro pode levar ao fortalecimento de uma resposta incorreta.

Resumo da eficácia clínica da reabilitação cognitiva

Há um crescente número de evidências para corroborar a visão de que a reabilitação pode melhorar o funcionamento cognitivo (Robertson, 1999). Os programas de reabilitação podem atuar: (1) ensinando os indivíduos a compensarem suas dificuldades (Wilson; Watson, 1996); (2) os ajudando a aprender de forma mais eficiente (Baddeley; Wilson, 1994; Wilson *et al.*, 1994; Downes *et al.*, 1997); ou (3) alcançando a restauração (ou restauração parcial) do funcionamento a partir da plasticidade e dos exercícios (Robertson *et al.*, 1995; Sturm *et al.*, 1997; Robertson; Murre, 1999). Robertson (1999) acredita que a restauração pode ser possível após lesões relativamente pequenas, enquanto os processos compensatórios provavelmente auxiliarão mais a recuperação de lesões maiores. Embora essa ideia seja semelhante à proposta por Poppelreuter (1917), Robertson se baseou em modelos conexionistas destinados a predizer a recuperação. Plaut (1996) também utilizou um modelo conexionista para predizer a recuperação e afirmou que o grau de reaprendizagem e generalização varia consideravelmente dependendo da localização das lesões, e isso, por sua vez, tinha implicações para a compreensão da natureza e da variabilidade da melhora após a lesão encefálica. O modelo de Plaut parece abordar o treinamento em vez da compensação, embora tanto Zangwill (1947) quanto Luria (1963) acreditassem, durante a Segunda Guerra Mundial, que ambos são aspectos importantes da reabilitação.

Evidências do custo-benefício da reabilitação

A maioria dos países está interessada em saber se a reabilitação faz jus ao esforço tanto em termos econômicos quanto clínicos (McCarthy, 1999; Diller, 2000; Prigatano; Pliskin, 2002). Wood *et al.* (1999) sugerem que a opinião internacional está dividida entre o custo clínico e o custo-benefício da neuroreabilitação, com considerável ceticismo entre os neurologistas, neurocirurgiões etc., mas com entusiasmo entre a equipe que oferece essa reabilitação. Wood *et al.* discutem dois tipos de custos: os diretos e os indiretos. Os custos diretos referem-se à provisão de tratamento e os indiretos referem-se aos encargos sociais, tais como a licença remunerada, auxílio-doença etc. Tendo em mente essas categorias, vamos analisar se a reabilitação apresenta ou não um custo benefício?

Em um estudo americano sobre 145 pacientes com lesão encefálica (COPE *et al.*, 1991), a economia estimada com os custos relacionados aos cuidados após a reabilitação de indivíduos com lesão encefálica grave foi superior a £ 27.000 (US $ 40.500) por ano. O número de indivíduos que necessitavam de assistência 24 horas por dia caiu de 23% para 4% após a reabilitação. Um estudo dinamarquês (Mehlbye; Larsen, 1994) relatou que os gastos com a saúde e assistência social de pacientes que frequentavam um programa não residencial foram recuperados em 5 anos. Os custos em não reabilitar os indivíduos com lesão encefálica também são significativos, visto que muitos destes são jovens com uma expectativa de vida relativamente normal (Greenwood; McMillan, 1993). Cope (1994) sugere que os programas de reabilitação após a fase aguda podem produzir uma economia suficiente que justifique seu apoio em termos de custo-benefício.

A respeito de um tema um pouco diferente, um estudo de West *et al.* (1991) afirmou que os indivíduos com TCE que participavam de um programa de trabalho assistido ganharam mais do que os custos do programa após 58 semanas deste. Além disso, após 2,5 anos, houve um lucro líquido para os contribuintes que acabaram subsidiando o serviço. Isso não incluiu os custos indiretos, tais como as economias dos familiares que puderam retornar ao trabalho. Em 3 estudos de caso relatados por Bistany (1988), foram estimados os custos anuais e vitalícios com e sem um programa de reabilitação especializado: a economia foi de mais de 1 milhão de dólares para cada um dos 3 indivíduos.

Wood *et al.* (1999) buscaram estabelecer o custo-benefício e o custo clínico de um programa de reabilitação comunitário neurocomportamental após a fase aguda, oferecido a 76 indivíduos que sobreviveram a lesões encefálicas graves. A maioria sofreu os ferimentos havia mais de 2 anos antes do ingresso no programa e todos passaram pelo menos 6 meses em reabilitação. Em relação aos incrementos nos resultados sociais e na economia com as horas de cuidados assistenciais, verificou-se que a provisão com o maior custo-benefício foi oferecer a reabilitação 2 anos após o traumatismo craniano. Contudo, foi ainda vantajoso, em termos de custo clínico e de custo-benefício, oferecer a reabilitação àqueles com mais de 2 anos após o trauma.

Também é possível estimar os custos de cada item de um serviço de reabilitação. Por exemplo, foi mostrado que o *pager*, mencionado acima, gera economia para o UK National Health Service and Social Services (Wilson; Evans, 2002). Uma cliente (originalmente descrita por Evans *et al.*, 1998) passava 1 semana a cada 3 meses em uma casa de repouso[2] para que sua família descansasse. A autoridade de

---

[2] N.T.: No original, foi utilizada a palavra *respite care* que significa atendimento institucional temporário a uma pessoa doente, idosa ou deficiente, proporcionando alívio para o cuidador habitual que é, em

saúde local pagou por isso £ 3.500 por semana, ou seja, £ 14.000 por ano. Desde que teve o *pager*, a cliente não precisou mais de ficar em uma casa de repouso e, assim, durante um período de 6 anos, a autoridade de saúde local economizou £ 84.000. Outro cliente, atendido no mesmo programa 7 anos após o traumatismo craniano, aprendeu a viver de forma independente com o *pager* (Wilson *et al*., 1999). Depois de se envolver em um projeto de pesquisa de 16 semanas (linha de base de 2 semanas, *pager* por 7 semanas e monitoramento pós-linha de base de 7 semanas), o jovem mudou-se para o próprio apartamento com assistência 24 horas dos Serviços Sociais. Uma estimativa de custos para os cuidadores (com base em Wood *et al*., 1999) foi de £ 7 por hora, ou seja, £ 168 por dia, £ 1.176 por semana e £ 61.152 por ano. Em 3 meses, ele foi capaz gerir 1 cuidador por 12 horas em vez de 2 cuidadores por 24 horas reduzindo, portanto, pela metade os custos para os Serviços Sociais.

Assim que a pesquisa sobre o *pager* foi concluída, a autoridade de saúde implementou um serviço clínico em todo o Reino Unido. O custo mensal para fornecê-lo é de £ 60 por cliente. Isso cobre o aluguel de um *pager*, o tempo de transmissão, a contribuição para o salário do membro da equipe que administra o programa, as despesas básicas e os *royalties* para o desenvolvedor do sistema. Embora esta seja uma quantia considerável para ser gasta por algumas famílias, a maioria dos clientes é subsidiada pelos serviços sociais ou de saúde. A longo prazo, o dinheiro provavelmente será economizado de várias maneiras, não apenas por meio da redução de internações hospitalares e do número de cuidadores, mas também porque a medicação é tomada de forma confiável, as idas ao hospital são menos frequentes e os familiares podem voltar ao trabalho.

Uma pesquisa com os primeiros 40 indivíduos a ingressar no serviço (Wilson *et al*., 2003) mostrou que 26 autoridades de saúde da Inglaterra e da Escócia estavam encaminhando os indivíduos para o *pager*, todos subsidiados, e muitos grupos diagnósticos eram descritos com TCE, sendo este o maior grupo. Dos 33 tipos diferentes de mensagens enviadas a cada semana, as mais frequentes eram lembretes para tomar a medicação: 514 mensagens acerca da medicação foram enviadas a cada semana, seguidas de 380 referentes à orientação (por exemplo, lembretes sobre que dia e que horas eram) e 193 relacionadas à comida (por exemplo, fazer marmitas, tomar café da manhã etc.). Entre as mensagens menos frequentes enviadas a cada semana, estavam aquelas relacionadas ao transporte (por exemplo, chamar um táxi), com 8 mensagens desse tipo sendo enviadas a cada semana, e

geral, um familiar. No Reino Unido, existem várias opções de *respite care*, tais como conseguir um voluntário para ficar, por algumas horas, com a pessoa que necessita de cuidados, centros-dia, estadia de curta duração em uma casa de repouso, entre outras. É importante destacar que, a partir de uma avaliação, o sistema de saúde britânico (*National Health System – NHS*) pode custear esse tipo de atendimento.

às finanças (por exemplo, verificar saldos bancários), com apenas 4 dessas sendo enviadas a cada semana. Um homem pediu somente 2 mensagens por semana e, no outro extremo, uma mulher pediu 147 mensagens por semana. É encorajador que o acesso à tecnologia assistiva, incluindo o serviço NeuroPage, seja agora reconhecido no Reino Unido em documentos do National Service Framework for Long Term Conditions (Department of Health, 2005) e pela Medicines and Healthcare Regulatory Agency (2004).

Embora há muito a ser feito, um número crescente de evidências sugere que os programas de reabilitação neuropsicológica são eficazes economicamente ao mesmo tempo que eles também contribuem significativamente para a melhora da qualidade de vida daqueles que necessitam de assistência clínica em seu dia a dia.

Referências

Aita, J. A. (1946). Men with brain damage. *American Journal of Psychiatry*, **103**, 205–13.

Aita, J. A. (1948). Follow-up study of men with penetrating injury to the brain. *Archives of Neurology and Psychiatry*, **59**, 511–16.

Andrews, K. (1991). The limitations of randomized controlled trials in rehabilitation research. *Clinical Rehabilitation*, **5**, 5–8.

Baddeley, A. (1997). Human Memory: Theory and Practice. Hove: Psychology Press. Baddeley, A. D. and Wilson, B. A. (1994). When implicit learning fails: amnesia and the problem of error elimination. *Neuropsychologia*, **32**, 53–68.

Ben-Yishay, Y. (ed.) (1978). *Working Approaches to Remediation of Cognitive Deficits in Brain Damaged Persons*. Rehabilitation Monograph No. 59. New York: New York University Medical Center.

Bistany, D. V. (1988). Cost benefits of rehabilitation programmes. In A. L. Christensen and B. P. Uzell, eds., *Neuropsychological Rehabilitation*. Boston: Kluwer Academic Publishers, pp. 87–101.

Broca, P. (1861). Nouvelle observation d'aphemic produite per une lesion de la moité postérieur de deuxième et troisième circonvolutions frontales. *Bulletin of the Society of Anatomy of Paris*, 36, 398–407.

Camp, C. J. (1989). Facilitation of new learning in Alzheimer's disease. In G. Gilmore, P. Whitehouse and M. Wykle, eds., *Memory and Aging: Theory, Research and Practice*. New York: Springer, pp. 212–25.

Cappa, S. F., Benke, T., Clark, S. et al. (2005). EFNS guidelines on cognitive rehabilitation: report of an EFNS task force. *European Journal of Neurology*, **12**, 665–80.

Chesnut, R. M., Carney, N., Maynard, H. et al. (1999). Summary report: evidence for the effectiveness of rehabilitation for persons with traumatic brain injury. *Journal of Head Trauma Rehabilitation*, **14**(2), 176–88.

Christensen, A. L. and Caetano, C. (1996). Alexander Romanovich Luria (1902–1977): contributions to neuropsychological rehabilitation. *Neuropsychological Rehabilitation*, **6**, 279–303.

Christensen, A. L. and Teasdale, T. (1995). A clinical and neuropsychological led post-acute rehabilitation programme. In M. A. Chamberlain, V. C. Neuman and A. Tennant, eds., *Traumatic Brain Injury Rehabilitation: Initiatives in Service Delivery, Treatment and Measuring Outcome*. New York: Chapman and Hall, pp. 88–98.

Cicerone, K. D., Dahlberg, C., Kalmar, K. et al. (2000). Evidence-based cognitive rehabilitation: recommendations for clinical practice. Archives of *Physical Medicine and Rehabilitation*, **81**, 1596–615.

Cicerone, KD., Dahlberg, C., Malec, J. F. et al. (2005). Evidence-based cognitive rehabilitation: updated review of the literature from 1998 through 2002. Archives of *Physical Medicine and Rehabilitation*, **86**, 1681–92.

Clare, L. and Wilson, B. A. (1997*). Coping with Memory Problems: A Guide for People with Memory Impairments and Their Relatives and Friends*. Bury St Edmunds: Thames Valley Test Company.

Clare, L. and Woods, B. (eds.) (2001). *Neuropsychological Rehabilitation: Special Issue on Cognitive Rehabilitation in Dementia*. Hove: Psychology Press.

Clare, L., Wilson, B. A., Breen, E. K. and Hodges, J. R. (1999). Errorless learning of face-name associations in early Alzheimer's disease. *Neurocase*, **5**, 37–46.

Clare, L., Wilson, B. A., Carter, G. et al. (2000). Intervening with everyday memory problems in dementia of Alzheimer type: an errorless learning approach. Journal of Clinical and Experimental *Neuropsychology*, **22**, 132–46.

Clare, L., Wilson, B. A., Carter, G., Hodges, J. R. and Adams, M. (2001). Long-term maintenance of treatment gains following a cognitive rehabilitation intervention in early dementia of Alzheimer type: a single case study. *Neuropsychological Rehabilitation*, **11**, 477–94.

Code, C., Wallesch, C. W., Lecours, A. R. and Joanette, Y. (eds.) (1996). *Classic Cases in Neuropsychology*. UK: Routledge.

Code, C., Wallesch, C. W. Joanette, Y. and Lecours, A. R. (eds.) (2002). *Classic Cases in Neuropsychology*. Vol. 2. UK: Routledge.

Coltheart, M. (1984). Editorial. Cognitive *Neuropsychology*, **1**, 1–8.

Cope, N. (1994). Traumatic brain injury rehabiliatation outcomes studies in the United States. In A. L. Christensen and B. P. Uzell, eds., *Brain Injury and Neuropsychological Rehabilitation: International Perspectives*. Hillsdale, NJ: Lawrence Erlbaum Associates, pp. 127–36.

Cope, D. N., Cole J. R., Hall, K. M. and Barkan, H. (1991). Brain injury: analysis of outcome in a post-acute rehabilitation system. *Brain Injury*, **5**, 111–39.

Cranich, L. (1947). *Aphasia: A Guide to Retraining*. New York: Grune & Stratton.

Department of Health (2005). *The National Service Framework for Long Term Conditions*. London: DoH.

Diller, L. L. (1976). A model for cognitive retraining in rehabilitation. *The Clinical Psychologist*, **29**, 13–15.

Diller, L. L. (1994). Changes in rehabilitation over the past 5 years. In A.-L. Christensen and B. P. Uzzell, eds., *Brain Injury and Neuropsychological Rehabilitation: International Perspectives*. Hillsdale, NJ: Lawrence Erlbaum Associates, pp. 1–15.

Diller, L. (2000). Post-stroke rehabilitation practice guidelines. In A. L. Christensen and B. P. Uzzell, eds., *International Handbook of Neurophysiological Rehabilitation*. New York: Kluwer Academic/Plenum Publishers, pp. 167–82.

Donkervoort, M., Dekker, J., Stegmann--Saris, F. C. and Deelman, B. G. (2001). Efficacy of strategy training in left hemisphere stroke patients with apraxia: a randomized clinical trial. *Neuropsychological Rehabilitation*, **11**(5), 549–66.

Downes, J. J., Kalla, T., Davies, A. D.M. et al. (1997). The pre-exposure technique: a novel method for enhancing the effects of imagery in face-name association learning. *Neuropsychological Rehabilitation*, **7**, 195–214.

Evans, J. J., Emslie, H. and Wilson, B. A. (1998). External cueing systems in the rehabilitation of executive impairments of action. *Journal of the International Neuropsychological Society*, **4**, 399–408.

Fasotti, L., Kovacs, F., Eling, P. A.T. M. and Brouwer, W. H. (2000). Time pressure management as a compensatory strategy training after closed head injury. *Neuropsychological Rehabilitation*, **10**(1), 47–65.

Gianutsos, R. (1981). Training the short- and long-term verbal recall of a postencephalitic amnesic. *Journal of Clinical Neuropsychology*, **3**(2), 143–53.

Gianutsos, R. (1989). Foreword to Introduction to Cognitive Rehabilitation. In M. Sohlberg and C. Mateer, eds., *Introduction to Cognitive Rehabilitation: Theory and Practice*. New York: Guilford Press, pp. 7–8.

Gianutsos, R. (1991). Cognitive rehabilitation: a neuropsychological specialty comes of age. *Brain Injury*, **5**, 363–8.

Gianutsos, R. and Gianutsos, J. (1987). Single case experimental approaches to the assessment of interventions in rehabilitation psychology. In B. Caplan, ed., *Rehabilitation Psychology*. Rockville: Aspen Corporation, pp. 453–70.

Goldstein, K. (1942). *After-Effects of Brain Injuries in War: Their Evaluation and Treatment*. New York: Grune & Stratton.

Greenwood, R. J. and McMillan, T. M. (1993). Models of rehabilitation programmes for the brain-injured adult – II: model services and suggestions for change in the UK. *Clinical Rehabilitation*, **7**, 346–55.

Hersen, M. and Barlow, D. (1982). *Single Case Experimental Designs*. Oxford: Pergamon Press.

Kazdin, A. E. (1982). *Single Case Research Designs*. New York: Oxford University Press.

Luria, A. R. (1963). *Restoration of Function After Brain Injury*. New York: Pergamon Press.

Luria, A. R, Naydin, V., Tsvetkova, L. S. and Vinarskaya, E. N. (1969). Restoration of higher cortical function following local brain damage. In P. J. Vinken and G. W. Bruyn, eds., *Handbook of Clinical Neurology: Disorders of Higher Nervous Activity*. Amsterdam: North Holland Publishing, 3, pp. 368–433.

Mai, N. (1992). Discussion: evaluation in constructing neuropsychological treatments. In N. von Steinbüchel, D. Y., von Cramon and E. Pöppel, eds., *Neuropsychological Rehabilitation*. Berlin: Springer-Verlag, pp. 96–9.

Malkmus, D., Booth, B. and Kodimer, C. (1980). *Rehabilitation of the Head Injured Adult: Comprehensive Cognitive Management*. Downey: Professional Staff Association of the Rancho Los Amigos Hospital Inc.

McCarthy, M. (1999). Purchasing neurorehabilitation in the UK National Health Service. *Neuropsychological Rehabilitation*, **9**, 295–303.

Medicines and Healthcare Regulatory Agency (2004). *Memory Aids and Techniques*. MHRA Evaluation Report, MHRA 04151. London: DoH.

Mehlbye, J. and Larsen, A. (1994). Social and economic consequences of brain damage in Denmark. In A. L. Christensen and B. P. Uzzell, eds., *Brain Injury and Neuropsychological Rehabilitation: International Perspectives*. Hillsdale, NJ: Lawrence Erlbaum Associates, pp. 257–67.

Mitchum, C. C. and Berndt, R. S. (1995). The cognitive neuropsychological approach to treatment of language disorders. *Neuropsychological Rehabilitation*, **5**, 1–16.

Moffat, N. (1989). Home-based cognitive rehabilitation with the elderly. In L. W. Poon, D. C. Rubin and B. A. Wilson, eds., *Everyday Cognition in Adulthood and Late Life*. Cambridge: Cambridge University Press, pp. 659–80.

Najenson, T., Mendelson, L., Schechter, I., David, C., Mintz, N. and Groswasser, Z. (1974). Rehabilitation after severe head injury. *Scandinavian Journal of Rehabilitation Medicine*, **6**, 5–14.

National Institutes of Health (1998). *Rehabilitation of Persons with Traumatic brain Injury*. NIH Consens Statement 1998 Oct 26–28; 16(1): 1–41. Available at http://odp.od.nih.gov/consensus/cons/109/109_statement.htm.

Plaut, D. (1996). Relearning after damage in connectionist networks: towards a theory of rehabilitation. *Brain Language*, **52**, 25–82.

Poppelreuter, W. (1917/1990) *Disturbances of Lower and Higher Visual Capacities Caused by Occipital Damage*. (J. Zihl and L. Weiskrantz Trans) Oxford: Clarendon Press.

Poppelreuter, W. (1918). Die psychischen Schadigungen durch kopfschuß im Kriege 1914/1916, Bd II: Die Herabsetzung der körperlichen Leistungfähigkeit und des Arbeitswillens durch Hirnverletzung im Vergleich zu Normalen und Psychogenen. Voss, Leipzig. *British Journal of Ophthalmology*, **2**, 353–84.

Poser, U., Kohler, J. A. and Schönle, P. W. (1996). Historical review of neuropsychological rehabilitation in Germany. *Neuropsychological Rehabilitation*, **6**(4), 257–78.

Prigatano, G. P. (1986). Personality and psychosocial consequences of brain injury. In G. P. Prigatano, D. J. Fordyce, H. K. Zeiner et al., eds., *Neuropsychological Rehabilitation After Brain Injury*. Baltimore; London: The Johns Hopkins University Press, pp. 29–49.

Prigatano, G. and Pliskin, N. H. (2002). *Clinical Neuropsychology and Cost-Outcome Research: An Introduction*. Hove: Psychology Press.

Robertson, I. H. (1990). Does computerized cognitive rehabilitation work? A review. *Aphasiology*, **4**, 381–405.

Robertson, I. H. (1991). Use of left versus right hand in responding to lateralized stimuli in unilateral neglect. *Neuropsychologia*, **29**, 1129–35.

Robertson, I. H. (1999). Theory-driven neuropsychological rehabilitation: the role of attention and competition in recovery of function after brain damage. In D. Gopher and A. Koriat, eds., *Attention and Performance XVII: Cognitive Regulation of Performance: Interaction of Theory and Application*. Massachusetts: MIT Press, pp. 677–96.

Robertson, I. H. and Murre, J. M.J. (1999). Rehabilitation after brain damage: brain plasticity and principles of guided recovery. *Psychological Bulletin*, **125**, 544–75.

Robertson, I. H., Tegnér, R., Tham, K., Lo, A. and Nimmo-Smith, I. (1995). Sustained attention training for unilateral neglect: theoretical and rehabilitation implications. Journal of Clinical and Experimental *Neuropsychology*, **17**, 416–30.

Robertson, I. A., McMillan, T. M., MacLeod, E., Edgeworth, J. and Brock, D. (2002). Rehabilitation by limb activation training reduces left-sided motor impairment in unilateral neglect patients: a single-blind randomized control trial. *Neuropsychological, Rehabilitation*, **12**(5), 439–54.

Scoville, W. B. and Milner, B. (1957). Loss of recent memory after bilateral hippocampal lesions. *Journal of Neurology, Neurosurgery and Psychiatry*, **20**, 11–21.

Sloan, S. and Ponsford, J. (1995). Managing cognitive problems following TBI. In J. Ponsford, S. Sloan and P. Snow, eds., *Traumatic Brain Injury: Rehabilitation for Every Day Adaptive Living*. Hove: Lawrence Erlbaum Associates, pp. 130–6.

Squires, E. J., Hunkin, N. M. and Parkin, A. J. (1997). Errorless learning of novel associations in amnesia. *Neuropsychologia*, **35**, 1103–11.

Sturm, W. and Willmes, K. (1991). Efficacy of a reaction training on various attentional and cognitive functions in stroke patients. *Neuropsychological Rehabilitation*, **1**(4), 259–80.

Sturm, W., Willmes, K., Orgass, B. and Hartje, W. (1997). Do specific attention deficits need specific training? *Neuropsychological Rehabilitation*, **7**, 81–103.

von Cramon, D. Y., Matthes-von Cramon, G. and Mai, N. (1991). Problem solving deficits in brain injured patients: a therapeutic approach. *Neuropsychological Rehabilitation*, **1**, 45–64.

Walsh, K. (1987). *Neuropsychology: A Clinical Approach*. Edinburgh: Churchill Livingston.

Wepman, J. (1951). *Recovery from Aphasia*. New York: Ronald Press.

West, M., Wehman, P., Kregel, J. et al. (1991). Costs of operating a supported work programme for traumatically brain-injured individuals. *Archives of Physical Medicine and Rehabilitation*, **72**, 127–31.

Whyte, J. (1997). Assessing medical rehabilitation practices: distinctive methodologic challenges. In M. J. Fuhrer, ed., *The Promise of Outcome Research*. Baltimore: Paul H. Brookes Publishing Co., pp. 43–59.

Wilson, B. A. (1987). *Rehabilitation of Memory*. New York: Guilford Press.

Wilson, B. A. (1997). Research and evaluation in rehabilitation. In B. A. Wilson and D. L. McLellan, eds., *Rehabilitation Studies Handbook*. Cambridge: Cambridge University Press, pp. 161–87.

Wilson, B. A. (1999). *Case Studies in Neuropsychological Rehabilitation*. New York: Oxford University Press.

Wilson, B. A. and Evans, J. J. (1996). Error free learning in the rehabilitation of individuals with memory impairments. *Journal of Head Trauma Rehabilitation*, **11**, 54–64.

Wilson, B. A. and Evans, J. J. (2002). Does cognitive rehabilitation work? Clinical and economic considerations and outcomes. In G. Prigatano and N. H. Pliskin, eds., *Clinical Neuropsychology and Cost-Outcome Research: An Introduction*. Hove: Psychology Press, pp. 329–49.

Wilson, B. A. and Watson, P. C. (1996). A practical framework for understanding compensatory behaviour in people with organic memory impairment. *Memory*, **4**, 465–86.

Wilson, B. A., Baddeley, A. D., Evans, J. J. and Shiel, A. (1994). Errorless learning in the rehabilitation of memory impaired people. *Neuropsychological Rehabilitation*, **4**, 307–26.

Wilson, B. A., Shiel, A., Watson, M., Horn S. and McLellan, L. (1994). Monitoring behaviour during coma and post-traumatic amnesia. In A. L. Christensen and B. P. Uzzell, eds., *Brain Injury and Neuropsychological Rehabilitation: International Perspectives*. Hillsdale, NJ: Lawrence Erlbaum Associates, pp. 85–98.

Wilson, B. A., Evans, J. J., Emslie, H. and Malinek, V. (1997a). Evaluation of Neuro-Page: a new memory aid. *Journal of Neurology, Neurosurgery, and Psychiatry*, **63**, 113–15.

Wilson, B. A., J. C. and Hughes, E. (1997b). Coping with amnesia: the natural history of a compensatory memory system. *Neuropsychological Rehabilitation*, **7**, pp. 43–56.

Wilson, B. A., Emslie, H., Quirk, K. and Evans, J. (1999). George: learning to live independently with NeuroPage. *Rehabilitation Psychology*, **44**, 284–96.

Wilson, B. A., Evans, J. J., Brentnall, S. et al. (2000). The Oliver Zangwill Centre for Neuropsychologial Rehabilitation: a partnership between health care and rehabilitation research. In A. L. Christensen and B. P. Uzzell, eds., *International Handbook of Neuropsychological Rehabilitation*. New York: Kluwer Academic/Plenum, pp. 231–46.

Wilson, B. A., Emslie, H. C., Quirk, K. and Evans, J. J. (2001). Reducing everyday memory and planning problems by means of a paging system: a randomized control crossover study. *Journal of Neurology, Neurosurgery, and Psychiatry*, **70**, 477–82.

Wilson, B. A., Scott, H. Evans, J. J. and Emslie, H. (2003). Preliminary report of a NeuroPage service within a health care system. *NeuroRehabilitation*, **18**, 3–8.

Wood, R. L.I., McCrea, J. D., Wood, L. M. and Merriman, R. N. (1999). Clinical and cost effectiveness of post-acute neurobehavioural rehabilitation. Brain *Injury*, **13**, 69–88.

Zangwill, O. L. (1947). Psychological aspects of rehabilitation in cases of brain injury. *British Journal of Psychology*, **37**, 60–9.

CAPÍTULO 3

O estabelecimento de metas como forma de planejar e avaliar a reabilitação neuropsicológica

Barbara A. Wilson, Jonathan J. Evans e Fergus Gracey

Introdução

Como deveríamos planejar e avaliar a reabilitação? Discutiremos aqui que a maneira mais apropriada para planejar, gerenciar e avaliar o sucesso de uma reabilitação é por meio do processo de estabelecimento de metas. Se a reabilitação neuropsicológica se preocupa, em última estância, em permitir que os indivíduos com lesão encefálica participem efetivamente de atividades significativas, deveríamos, então, avaliar a eficácia do programa de reabilitação de um indivíduo considerando se ele permite que este atinja suas metas pessoais. Se a eficácia é definida em termos de metas pessoais, logo, faz sentido que estas devam ser o foco central quando planejamos os componentes específicos de um programa de reabilitação.

Em relação à avaliação da eficácia, se alguém estiver considerando uma intervenção específica de tratamento que visa a melhorar uma função cognitiva em particular, então, é útil ter a avaliação dessa função como uma medida de eficácia. No entanto, mesmo quando se avalia um tratamento específico, é importante verificar até que ponto a intervenção melhora o funcionamento do cliente em seu dia a dia. Alguns estudos que têm por objetivo avaliar os programas de reabilitação cognitiva ou neuropsicológica utilizam testes neuropsicológicos padronizados como sua principal ou única avaliação de eficácia – ver, por exemplo, os estudos revisados por Carney *et al.* (1999). Afirmaríamos que somente o uso de tais testes para planejar ou avaliar os programas de reabilitação é inadequado. É errado usá-los para planejar os programas porque: (1) o objetivo da reabilitação não é melhorar os resultados dos testes; e (2) a relação entre o desempenho no teste e as habilidades da vida real é limitada. Além disso, é errado usar esses testes para julgar o resultado ou a eficácia da reabilitação pelas mesmas razões.

Embora esses testes forneçam um perfil das forças e fraquezas cognitivas de um indivíduo, eles não nos dizem muito sobre como os indivíduos com déficits neuropsicológicos enfrentam as situações difíceis no seu dia a dia. Eles também não nos dizem o que os indivíduos com lesão encefálica e suas famílias esperam alcançar e o que é importante para eles. Se os escores dos testes refletissem o desempenho em habilidades da vida real, isso seria, então, completamente diferente; contudo, a relação entre os escores dos testes e o funcionamento da vida real não é clara (Sbordone; Long, 1996). Há, na melhor das hipóteses, uma relação indireta entre os dois e, na pior das hipóteses, não há relação alguma (Wilson, 1996). Tomemos o exemplo de "Jay" (Wilson, 1999), um jovem com um comprometimento de memória severo que consegue viver sozinho e é independente. Ele está empregado e preenche suas declarações fiscais. Ele é capaz de realizar tudo isso porque utiliza estratégias de compensação de forma muito eficiente e possui excelentes habilidades de organização e planejamento. Quase todos que trabalham na reabilitação descreveriam "Jay" como um caso bem-sucedido. Entretanto, se os testes padronizados fossem utilizados para avaliar a eficácia, ele seria um fracasso, pois não pontuaria em qualquer teste de memória tardia. Isso não quer significa que os testes neuropsicológicos não sejam importantes na reabilitação. Eles são definitivamente importantes. Eles nos permitem descrever as forças e fraquezas de cada indivíduo, evitar as estratégias que são cognitivamente inviáveis e fazer as perguntas específicas que são interessantes em termos clínicos, científicos e teóricos, mas não são a principal ferramenta para planejar os programas ou determinar o sucesso da reabilitação. Afirmamos que o estabelecimento de metas fornece um meio para planejar os programas de reabilitação e as avaliações das metas alcançadas, por sua vez, fornecem um meio importante para examinar a eficácia desses programas.

Fora da área da reabilitação, há uma longa história de pesquisas sobre o uso do estabelecimento de metas na área esportiva e de negócios. Hart e Evans (2006) discutem essa literatura e sua relevância para a reabilitação da lesão encefálica. Locke e Latham (2002) resumem os resultados de mais de 30 anos de estudos e várias revisões de meta-análise acerca do estabelecimento de metas e sua aplicação, principalmente no comércio, educação e esporte. Eles concluem que há fortes indícios de que o estabelecimento de metas melhora o desempenho relacionado aos negócios, tais como vendas ou produtividade na fábrica, ou ao sucesso esportivo. Eles sugerem a existência de vários mecanismos por meio dos quais o estabelecimento de metas influencia o comportamento. As metas têm uma função instrucional, direcionando a atenção para atividades orientadas para fins específicos e afastando-a de atividades que não são orientadas para estes fins. Elas têm um efeito revigorante, sendo que as metas mais exigentes resultam em um maior esforço do que aquelas menos exigentes. Elas também afetam a persistência, sendo que as metas consideradas difíceis resultam em um esforço prolongado.

Finalmente, acredita-se que elas contribuam para a motivação, a descoberta e a utilização de estratégias e conhecimentos relevantes para a tarefa.

O trabalho de Locke e Latham, entre outros, demonstra que as metas específicas resultam em um melhor desempenho do que aquelas consideradas gerais, tais como "faça o seu melhor". Embora as evidências para esse efeito na reabilitação da lesão encefálica sejam limitadas, há indícios de que o mesmo princípio possa ser aplicado. Como exemplo muito simples de estabelecimento de metas, Gauggel e Fischer (2001) alocaram aleatoriamente 45 indivíduos com lesão encefálica em 2 grupos. Cada grupo foi avaliado por meio do *Purdue Pegboard Test*[1]. Um grupo recebeu uma meta geral: "faça o seu melhor". O outro recebeu uma meta específica: "tente aumentar sua velocidade em 20 segundos". Aqueles que receberam a meta específica se saíram significativamente melhor do que o grupo com a meta geral. Gauggel e colaboradores encontraram resultados semelhantes em outras tarefas, incluindo a aritmética mental (Gauggel; Biliano, 2002) e os tempos de reação (Gauggel *et al*. 2001).

A teoria das metas sugere que associar as metas de longo prazo a uma série de metas de curto prazo é mais eficaz do que ter apenas metas de longo prazo (Latham; Seijts, 1999). O *feedback* em relação ao progresso com as metas de longo prazo é considerado um parâmetro importante para a sua consecução. Para os clientes com lesão encefálica e comprometimento cognitivo significativo, o *feedback* regular provavelmente será crucial. O uso de metas de curto prazo permite demarcar claramente o progresso em relação às metas de longo prazo a serem estabelecidas. Isso permite que o cliente sinta que a lacuna entre a situação atual e a meta está diminuindo. Tendo em mente o modelo da teoria de controle de Carver e Scheier (1990), reduzir a discrepância entre o estado atual e a meta é visto como fundamental para a diminuição do sofrimento emocional. No âmbito da reabilitação, um estudo de McGrath e Adams (1999) com 82 pacientes em reabilitação sugeriu que o progresso (por meio do estabelecimento de metas e sua consecução) estava associado às reduções dos níveis de ansiedade.

Outro parâmetro da consecução de metas é o comprometimento (Locke; Latham, 2002). Foi demonstrado, fora da área da reabilitação, que não é importante que os indivíduos tenham participado do processo de estabelecimento de metas desde que a justificativa para estas esteja claramente entendida e aceita. Entretanto, provavelmente, a maneira mais fácil de garantir que um cliente esteja comprometido com uma meta é que ele tenha participado de seu estabelecimento. A importância do significado ou da natureza da meta é sem dúvida imprescindível – os clientes ficarão frustrados ou angustiados se forem orientados a uma meta que entre em conflito com o que é importante para eles. Muitas vezes, vemos

---

[1] O *Purdue Pegboard Test* é um teste neuropsicológico de destreza manual e coordenação bimanual.

isso quando trabalhamos com os clientes que parecem resistir e rejeitar estratégias potencialmente eficientes. Os protestos podem incluir a ideia de que utilizar a estratégia seria "ceder" à lesão. No entanto, os clientes nem sempre possuem a capacidade de expressar facilmente tais estados emocionais.

O modelo de memória autobiográfica de Conway (2005) faz uma associação direta entre a atividade direcionada à meta atual e a identidade. Um estudo recente acerca da identidade após a lesão encefálica (Cantor et al., 2005) destaca como a autodiscrepância em relação às avaliações do *self* atual e do *self* anterior à lesão é um preditor do sofrimento psicológico. Gracey e colaboradores (Gracey et al., 2008) descrevem um método que está sendo utilizado no Oliver Zangwill Centre (OZC), baseado na psicologia do construto pessoal (Kelly, 1955), a fim de avaliar as maneiras pelas quais os clientes com lesão encefálica adquirida (LEA) se percebem após essa lesão. Além das mudanças nas habilidades (por exemplo, dificuldades cognitivas) e emoções (por exemplo, natureza e intensidade das emoções), os clientes identificaram construtos para compreenderem a si em relação aos outros, ao momento anterior à lesão e às atividades específicas. Logo, constata-se que talvez as representações inconscientes das metas pessoalmente significativas possam estar sob ameaça após a lesão. O estabelecimento de metas cuidadosamente identificadas e pessoalmente significativas pode por si representar uma forma muito prática de psicoterapia durante a reabilitação.

Para alguns clientes, o comprometimento cognitivo, principalmente o da memória, impedirá sua capacidade de recordar metas e/ou suas justificativas. Eles podem, portanto, precisar de ajuda para lembrá-las. Hart *et al.* (2002) usaram um dispositivo de memória externa, um organizador de voz, no qual os clientes registravam suas metas. Ele os levou a revê-las periodicamente e houve evidências de que isso resultou em uma melhor recordação das metas da terapia.

A autoeficácia também é importante para o comprometimento com as metas. Se o indivíduo acredita que pode alcançar uma meta, é mais provável que ele se mobilize para isso do que se não acreditar. Aqui, novamente, o uso das metas de curto prazo e o *feedback* frequente acerca do progresso serão úteis para aumentar o senso de autoeficácia e, assim, aumentar a motivação para trabalhar em prol delas.

A teoria das metas, portanto, sugere que a eficiência ou eficácia da reabilitação poderá ser maior quando metas específicas e desafiadoras são estabelecidas. A justificativa para elas deverá ser clara para os clientes, envolvendo-os preferencialmente no seu estabelecimento ou fornecendo uma justificativa plausível para elas. Eles deverão ter metas de longo prazo e de curto prazo, bem como oportunidades frequentes de *feedback* acerca de seu progresso. Os clientes poderão precisar de ajuda para lembrar de suas metas e justificativas, além do progresso feito em prol delas.

Planejando as metas na prática

McMillan e Sparks (1999) lembram-nos que o planejamento de metas tem sido utilizado na reabilitação há vários anos com inúmeros grupos diagnósticos, incluindo os indivíduos com paralisia cerebral, lesões na coluna, dificuldades de aprendizagem e desenvolvimentais, problemas psiquiátricos, lesões esportivas e LEA. Ele também tem sido utilizado na indústria e em outros contextos não clínicos. Como o planejamento de metas é simples, concentra-se em problemas práticos do dia a dia, é adaptado às necessidades individuais e evita a falsa distinção entre as medidas de eficácia e o funcionamento na vida real, ele é cada vez mais empregado nos programas de reabilitação.

Houts e Scott (1975) e McMillan e Sparkes (1999) apresentam vários princípios da estratégia do estabelecimento de metas. Primeiro, o paciente deve estar envolvido no estabelecimento destas. Segundo, as metas estabelecidas devem ser razoáveis e centradas no cliente. Terceiro, o comportamento do paciente, quando uma meta é atingida, deve ser descrito. Quarto, o método a ser utilizado para atingi-las deve ser especificado de tal maneira que qualquer um que leia o planejamento saiba o que fazer. Além disso, as metas devem ser específicas e mensuráveis e ter um prazo final definido. Na maioria dos centros de reabilitação, as metas de longo prazo são aquelas que se espera que o paciente ou cliente alcance no momento da alta do programa, enquanto as metas de curto prazo são etapas estabelecidas a cada semana ou quinzena para atingir as de longo prazo.

McMillan e Sparkes (1999) descrevem o processo de planejamento de metas realizado no Wolfson Rehabilitation Centre em Londres (outros programas desviam-se de seu padrão básico em maior ou menor grau; ver, por exemplo, Wade, 1999a, para uma descrição da estratégia utilizada no Rivermead Rehabilitation Centre, em Oxford). Em geral, um supervisor é designado. Esse indivíduo deve coordenar todas as reuniões, mantê-las dentro de um limite de tempo acordado, garantir que os membros da equipe estejam cientes sobre os objetivos da internação e de sua duração, ser um membro ativo da equipe de reabilitação e garantir que a documentação esteja completa. O supervisor deve também assegurar uma boa comunicação entre todas as partes interessadas, participar das reuniões acerca dos casos clínicos, elaborar relatórios, encorajar clientes, familiares e membros da equipe a serem realistas, além de apresentar aos interessados argumentos convincentes a favor das mudanças até a data da alta.

Após o período de avaliação detalhada, realiza-se a primeira reunião de planejamento de metas, elabora-se uma lista de problemas e identificam-se as possíveis metas de longo prazo. Estas são, então, discutidas com o cliente e a família e as metas finais são negociadas e acordadas. Ambas as metas de longo e curto prazo são registradas. Se for considerado pertinente, o cliente e os familiares envolvidos recebem 1 cópia das metas de curto prazo a serem alcançadas até a semana ou quinzena seguinte. O progresso é revisado a cada 1 ou 2 semanas em uma reunião de 30 minutos com a equipe de reabilitação. Outras metas de curto prazo são estabelecidas e, se necessário, metas adicionais de longo prazo são adicionadas. Se quaisquer metas de longo ou curto prazo não forem atingidas ou forem apenas parcialmente atingidas, as razões para isso são registradas. Existem 4 categorias principais para o fracasso em atingir uma meta: (1) razões do cliente/paciente ou cuidador (por exemplo, doença do cliente); (2) razões do membro da equipe (por exemplo, ausência deste por motivo de doença); (3) razões relacionadas à administração interna (por exemplo, o transporte não chegou); e (4) razões relacionadas à administração externa (por exemplo, subsídios retirados pelo contratante do programa de reabilitação).

Em nosso centro, o OZC, as metas são negociadas entre o cliente, a família e a equipe de reabilitação durante uma avaliação detalhada inicial de 2 semanas. Wilson *et al*. (2002) descrevem uma estratégia de estabelecimento de metas bem-sucedida para um homem que sofreu um traumatismo craniano e um acidente vascular encefálico. Esse homem, Peter, e seu programa de reabilitação são descritos no Capítulo 13. Uma das principais medidas de eficácia em nosso programa é a porcentagem de metas alcançadas. Além disso, utilizamos medidas de eficácia mais tradicionais, tais como retorno a um trabalho remunerado, vida independente e avaliações psicossociais. Essas medidas são mencionadas na Parte 3 deste livro, na qual apresentamos estudos de caso.

As vantagens da estratégia de estabelecimento de metas são explicadas em detalhes por McMillan e Sparkes (1999). O estabelecimento de metas: (1) é simples; (2) elucida os objetivos da internação; (3) é centrada no cliente; (4) incentiva a coesão da equipe; (5) inclui uma medida de eficácia; (6) elimina a falsa distinção entre a avaliação da eficácia e a atividade centrada no cliente; (7) é eficiente para fins de auditoria; e (8) não requer treinamento extensivo da equipe. Existem também algumas desvantagens. Por exemplo, o estabelecimento de metas não fornece dados coletados sistematicamente acerca de todos os possíveis resultados e pode tornar as metas muito fáceis. Além disso, o sucesso depende de um supervisor bom e experiente para conduzir o processo. Esses problemas, no entanto, podem ser superados. Primeiro, as metas não devem ser utilizadas como as únicas medidas de eficácia, visto que outros resultados e dados podem ser coletados simultaneamente com os dados do estabelecimento de metas. Williams *et al*. (1999) usam uma série de medidas de eficácia para examinar a redução das limitações e o incremento das atividades e participação na sociedade. Segundo, o treinamento da equipe pode reduzir os problemas com um supervisor ou membro(s) da equipe inexperiente(s). Nós administramos um sistema de treinamento por meio do qual novos membros da equipe acompanham um membro experiente por várias semanas antes de assumir a coordenação de uma reunião/programa de estabelecimento de metas. Por fim, a *Escala de Alcance de Metas* ou *GAS*[2] (Malec, 1999) pode ser utilizada para avaliar as metas a fim de torná-las mais passíveis de serem comparadas.

Malec (1999) discute a *Escala de Alcance de Metas* em detalhes. É um método de avaliação introduzido em 1968 por Kiresuk e Sherman para aferir os programas de saúde. Ela tem sido utilizada em centros comunitários de saúde mental, hospitais psiquiátricos, programas para pacientes institucionalizados, programas de abuso de substâncias psicoativas, terapia familiar e programas geriátricos, bem como em serviços de assistência a indivíduos com lesão encefálica. Isso nos permite quantificar a consecução de metas extremamente individualizadas, que é o foco da reabilitação. Uma vez que as metas tenham sido satisfatoriamente negociadas, pode-se atribuir valores a cada uma delas a fim de refletir acerca de sua respectiva importância. Nem todos, entretanto, acreditam na justificativa de se atribuir valores às metas nos contextos de reabilitação. Grenville e Lyne (1995), por exemplo, dizem que não é uma boa ideia, pois os indivíduos que estabelecem as metas são menos favoráveis a concordar com seu valor ou prioridade do que em relação à sua natureza. Além disso, embora possa ser desejável ter metas de igual valor quando se comparam indivíduos em um programa ou quando se comparam programas, no âmbito pessoal, não é uma má ideia ter algumas metas relativamente fáceis de serem alcançadas a fim de encorajar o paciente e os membros da equipe e melhorar a confiança. Como diz o velho ditado, "sucesso atrai sucesso". Wade (1999b) recomenda que as metas devam ser estabelecidas em vários âmbitos.

A *Escala de Alcance de Metas*, de acordo com Malec (1999), também requer o estabelecimento de um prazo final para a consecução da meta e é, portanto, semelhante ao estabelecimento de metas descrito acima. Essa escala se difere do programa básico de estabelecimento de metas, pois nela deve-se declarar o nível "esperado" de eficácia (a partir de zero) e, em seguida, pode-se determinar se ele está acima, abaixo ou nesse nível. De acordo com Malec (1999, p. 257), o nível "esperado" é "um nível de consecução de metas que é realista no sentido de que o cliente pode alcançar um resultado no tempo especificado com um grau de esforço razoável, mas não excepcional". O exemplo dado é o uso de um bloco de notas. O nível "esperado" é aquele em que o cliente deve usar o bloco de notas de 50% a 74% do tempo para registrar as informações a serem recordadas. Se isso fosse alcançado, o resultado seria 0. Se o cliente usasse o bloco de notas de 25% a 49% do tempo, a pontuação seria menos 1 e, inferior a isso, menos 2. Se o bloco de notas fosse usado de 75% a 89% do tempo, a pontuação seria mais 1 e qualquer porcentagem acima desse nível, mais 2.

Malec reconhece as limitações dessa estratégia. Por exemplo, a maioria das avaliações não seria suficientemente sensível para distinguir entre 49% e 50%

---

[2] N.T.: O acrônimo *GAS* significa *Goal Attainment Scaling*.

do tempo em que um bloco de notas foi utilizado para registrar as informações a serem recordadas. No entanto, ele relata alguns dados, sugerindo que a GAS é mais sensível do que outras avaliações de saúde ao mensurar a eficácia. Essa escala também fornece uma fórmula para converter seus escores em escores T e demonstra que estes tendem a seguir uma distribuição normal. Ele sugere que a escala é uma ferramenta importante na reabilitação porque: (1) permite o monitoramento do progresso em programas cujo tempo é limitado; (2) auxilia a estruturar reuniões de equipe; (3) ajuda no planejamento da reabilitação em andamento e na tomada de decisões; (4) assegura uma comunicação breve e relevante com cliente, parceiros, profissionais fazem o encaminhamento e fontes de financiamento; (5) contribui para nortear a liberação de reforçadores sociais; (6) é um meio de avaliar o programa; (7) incentiva uma autoconsciência mais precisa; e (8) contribui para a reconstrução da capacidade de estabelecer metas em indivíduos com comprometimento de habilidades metacognitivas e com lesão encefálica.

Beaumont *et al.* (1999) também corroboram o estabelecimento de metas na reabilitação neuropsicológica, afirmando que: (1) as medidas padrões de mudança para o que estamos tentando modificar podem não estar disponíveis; e (2) comparações entre indivíduos são difíceis devido tanto à variabilidade das necessidades destes e dos programas individuais quanto à necessidade de determinar o contexto no qual a eficácia deve ser avaliada, por exemplo, na unidade de reabilitação, após a alta, trabalho etc. Além disso, qualquer avaliação precisa refletir a natureza interdisciplinar da intervenção, visto que as avaliações utilizadas pelos psicólogos podem ser diferentes daquelas de outros terapeutas. O estabelecimento estruturado de metas certamente evita muitos desses problemas.

Evidências para a eficácia do estabelecimento de metas

Discutimos que o estabelecimento de metas traz muitos esclarecimentos enquanto estratégia de planejamento e avaliação da eficácia na reabilitação. Referimo-nos ao grande número de evidências de que ele é eficiente, mas, como Wade (1998) salientou, existem poucas pesquisas sobre seus benefícios em contextos de reabilitação. Wade (1998, p. 275) concluiu na época que

> há provavelmente evidências suficientes para corroborar o uso contínuo do estabelecimento de metas naquelas equipes que já o utilizam. No entanto, é um tanto incerto que as evidências sejam suficientemente robustas para exigir uma mudança no estabelecimento de metas, caso ele ainda não esteja sendo utilizado [...].

Uma recente revisão sistemática sobre a eficácia do estabelecimento de metas (Levack *et al.*, 2006) chegou a uma conclusão similar à de Wade. Um estudo mais recente, realizado por Holliday *et al.* (2007) e publicado após a revisão de Levack et *al.* (2006), comparou o estabelecimento de metas de "práticas comuns" com o estabelecimento de metas de "maior participação" em uma unidade de reabilitação neurológica de pacientes institucionalizados. O estudo analisou o impacto de uma maior participação no estabelecimento de metas em relação à eficácia (a partir de avaliações padrões, tais como *a Medida de Independência Funcional*, a *Escala de Deficiência de Londres* e o *Questionário de Saúde Geral*, versão com 28 itens). Eles também avaliaram o senso de envolvimento dos pacientes no processo de estabelecimento de metas, a relevância das metas para eles e sua satisfação geral com o processo de reabilitação. A "prática comum" de fato envolvia o estabelecimento de metas por meio do qual elas eram definidas pelos terapeutas responsáveis pelo tratamento após a avaliação e a discussão destas com o paciente. A maior participação se concentrou na utilização de um "caderno de estabelecimento de metas", preenchido parcialmente pelo paciente antes da internação (com a ajuda de familiares ou amigos) e, em seguida, em conjunto com o terapeuta. Esse caderno pede ao paciente que dê prioridade às áreas de atividade e participação e identifique tarefas específicas para serem trabalhadas na reabilitação. Holliday *et al.* (2007) descobriram que não havia diferença em relação ao resultado funcional entre as duas estratégias, mas os pacientes no grupo de "maior participação" relataram que: sentiram como se tivessem mais escolhas quanto ao estabelecimento de metas; as metas eram mais relevantes; e seu nível de satisfação geral com o processo de reabilitação foi maior do que no grupo de "prática comum". Esse estudo destaca o fato de que as pesquisas sobre o estabelecimento de metas devem incluir pelo menos, se não focar, as avaliações das experiências dos pacientes no processo de reabilitação. Holliday *et al.* (2007, p. 579) observaram que cuidar de uma maneira que seja significativa para o indivíduo "tem uma maior probabilidade de levar a uma 'adesão' de longo prazo ou [...] resulta na transferência das habilidades recém-aprendidas para a própria casa e comunidade do indivíduo".

Estabelecimento de metas em outras situações

Mesmo em circunstâncias ou situações em que um programa formal de estabelecimento de metas não esteja em funcionamento, é possível utilizar o estabelecimento de metas para planejar e avaliar programas de tratamento. Sempre que alguém precisar de ajuda com um problema, seja este resultante de um trauma encefálico ou não, via de regra, é mais fácil definir operacionalmente o problema e tratar uma manifestação funcional de um déficit do que tratar um comprometimento avaliado por um teste ou uma dificuldade mais geral. Logo, não é eficiente ter como meta do tratamento "melhorar a memória", "reduzir um déficit de atenção" ou "melhorar a motivação". O sucesso é mais provável de ser alcançado quando uma meta específica é definida, tais como "ensine o Sr. Brown a verificar seu caderno após cada refeição", "Paul deve trabalhar em uma tarefa na terapia ocupacional por 15 minutos antes de se levantar" e "elaborar um fichário para que Linda possa ver que ela está progredindo". Nessas circunstâncias, é possível obter uma linha de base, avaliar o desempenho e determinar se a mudança está ocorrendo (Wilson, 1991).

  Um dos argumentos muitas vezes apresentados contra essa estratégia é que ela está tratando o sintoma e não a causa. Embora esse argumento possa ser verdadeiro, geralmente, há poucas evidências de que tratar a causa principal nos conduza a algum resultado. Na reabilitação da memória, por exemplo, não há evidências convincentes de que o tratamento do déficit principal resulte em qualquer melhora geral desta (Glisky; Shacter, 1986; Wilson, 1995). Além disso, não há nada que impeça os indivíduos de tentarem alcançar uma melhora geral por estimulação ou exercício (que são as estratégias comuns empregadas quando se está tratando o problema principal) em conjunto com a estratégia de estabelecimento de metas. Pode ser necessário ter cuidado com as avaliações utilizadas caso as duas estratégias sejam empregadas simultaneamente. Entretanto, para o progresso dos indivíduos e a redução dos problemas do dia a dia, é mais eficiente estabelecer e alcançar metas. De qualquer forma, algumas metas resultam em uma melhora geral. Jenny, por exemplo, descrita por Wilson (1999), perdeu completamente a habilidade de leitura após um grave traumatismo craniano quando andava a cavalo. Sua reabilitação focada na leitura começou com uma meta: aprender a ler a letra "Y". Isso levou várias semanas. Outras letras foram introduzidas, uma de cada vez, e, em seguida, foram ensinadas combinações de letras (por exemplo, "oa", "igh"). Por fim, Jenny aprendeu a ler a maioria das palavras e alcançou uma idade de leitura esperada para um indivíduo de 12,5 anos. Ela também começou a ler por prazer. Nesse caso, um programa orientado a pequenas metas de fato atenuou o déficit principal, pelo menos parcialmente.

  É possível estabelecer metas e avaliar uma reabilitação de modo cientificamente válido e clinicamente relevante. Veja, por exemplo, o trabalho de Clare e seus colaboradores (Clare *et al.*, 1999, 2000, 2001). Eles trabalharam com os indivíduos portadores da doença de Alzheimer (DA). No estudo inicial, um homem, que foi diagnosticado com DA 6 anos antes, queria reaprender os nomes de seus amigos em um clube de boliche. Cada nome se tornou uma meta em separado e de curto prazo. Foi ensinado a ele 1 nome de cada vez. Inicialmente, o homem trabalhou a partir de fotografias de seus amigos. Foi utilizado um procedimento que combinou 3 estratégias de reabilitação: aprendizagem sem erro, redução de pistas e recuperação espaçada (também conhecida como ensaio expandido). A aprendizagem sem erros foi descrita no Capítulo 1 (Wilson *et al.*, 1994). A redução de pistas (Glisky *et al.*, 1986) é uma estratégia na qual as pistas ou dicas são gradualmente reduzidas. Por exemplo, quando o homem estava aprendendo o nome "Caroline", ele primeiro copiou o nome completo, depois o copiou sem a última letra ("Carolin_") e teve que preencher a lacuna com essa letra. Posteriormente, as últimas duas letras foram omitidas ("Caroli_ _") e assim sucessivamente. A recuperação espaçada ou ensaio expandido (Landauer; Bjork, 1978) é uma estratégia que amplia paulatinamente o intervalo de retenção. Logo, a informação é apresentada e testada imediatamente e, em seguida, ela é testada após um breve atraso de talvez alguns segundos. Posteriormente, ela é testada após um atraso ligeiramente maior e assim por diante. Em conjunto com essas 3 estratégias, foi utilizada 1 linha de base múltipla ao longo dos padrões comportamentais a fim de separar a prática dos efeitos do tratamento (Wilson, 1987). Após a fase inicial de aprendizagem, mediu-se a generalização: o homem foi levado ao clube com as fotografias e foi solicitado que ele encontrasse um indivíduo e o apresentasse pelo nome ao psicólogo. Neste ponto, o homem estava próximo de 100% de sucesso. Em um estudo prospectivo de 3, 6 e 9 meses, ele foi sempre 100% bem-sucedido, apesar do fato de que a DA estava progredindo. No estudo de 2000, Clare *et al.* realizaram uma pesquisa com um grupo pequeno de indivíduos com DA e demonstraram que a aprendizagem de informações úteis do dia a dia era possível. Cada paciente ficou significativamente melhor após o tratamento do que durante o período pré-intervenção e alguns mantiveram a melhora no período de acompanhamento.

Um dos aspectos importantes sobre esses estudos é que os clientes e as famílias selecionaram suas metas ou propósitos. O homem queria reaprender os nomes de seus colegas, outro indivíduo queria aprender a usar um calendário de parede, o outro para os aniversários de seus netos etc. É muito melhor trabalhar com as demandas que os clientes trazem e querem ajuda do que com algum material experimental de pouco interesse para o indivíduo com deficiência. Entretanto, dificilmente, os programas de reabilitação cognitiva fazem isso. Se forem feitas linhas de base e registros de dados adequados, podemos planejar e avaliar nossos programas de reabilitação de uma maneira cientificamente válida.

Às vezes, é possível ouvir o argumento de que esses são "apenas" estudos de caso único e que precisamos de números maiores para convencer os indivíduos acerca da importância da reabilitação. Para combater esse ponto de vista, repetiríamos o que dissemos no Capítulo 2. Primeiro, o delineamento experimental de caso único é um desenho de estudo perfeitamente aceitável e válido (Hersen; Barlow, 1976; Kazdin, 1976; Wilson, 1987). Segundo, é possível generalizar a partir de tais estudos: simplesmente repete-se os resultados com outros pacientes. De fato, Gianutsos e Gianutsos (1987) afirmam que esta é a melhor maneira de garantir a generalização, uma vez que os estudos em grandes grupos nos dão uma média e nenhum indivíduo é provavelmente semelhante a essa média de grupo. No entanto, há céticos que aceitam somente resultados de amostras maiores. Portanto, o terceiro ponto é que os estudos de caso único às vezes abrem caminho para um estudo de controle maior e randomizado, no qual também é possível seguir uma estratégia de estabelecimento de metas. Isso, por exemplo, é o que aconteceu em nossos estudos do NeuroPage descritos anteriormente. Começamos com vários estudos de caso único, combinados posteriormente em um estudo de pequenos grupos e, por fim, passamos para um estudo controlado randomizado.

Conclusão

Para concluirmos este capítulo, recomendamos o estabelecimento de metas como uma das melhores formas de estruturar a reabilitação para os indivíduos e de assegurar que estamos lidando com problemas clinicamente relevantes. Essa estratégia também deve ser incorporada na avaliação do sucesso da reabilitação. Como Wade (1999b, p. 41) disse, "as boas práticas de reabilitação devem estabelecer metas significativas e desafiadoras, mas alcançáveis".

Referências

Beaumont, J. G., Connolly, S. A. V. and Rogers, M. J. C. (1999). Inpatient cognitive and behavioural rehabilitation: assessing the outcomes. *Neuropsychological Rehabilitation*, **9**(3), 401–11.

Cantor, J. B., Ashman, T. A., Schwartz, M. E. *et al.* (2005). The role of self-discrepancy theory in understanding post-traumatic brain injury affective disorders: a pilot study. *Journal of Head Trauma Rehabilitation*, **20**(6), 527–43.

Carney, N., Chesnut, R. M., Maynard, H. *et al.* (1999). Effects of cognitive rehabilitation on outcomes for persons with traumatic brain injury: a systematic review. *Journal of Head Trauma Rehabilitation*, **14**, pp. 277–307.

Carver, C. and Scheier, M. (1990). Origins and function of positive and negative affect: a control process view. *Psychological Review*, **97**, 19–36.

Clare, L., Wilson, B. A., Breen, E. K. and Hodges, J. R. (1999). Errorless learning of face-name associations in early Alzheimer's disease. *Neurocase*, **5**, 37–46.

Clare, L., Wilson, B. A., Carter, G. *et al.* (2000). Intervening with everyday memory problems in dementia of Alzheimer type: an errorless learning approach. *Journal of Clinical and Experimental Neuropsychology*, **22**, 132–46.

Clare, L., Wilson, B. A., Carter, G., Hodges, J. R. and Adams, M. (2001). Long-term maintenance of treatment gains following a cognitive rehabilitation intervention in early dementia of Alzheimer type: a single case study. *Neuropsychological Rehabilitation*, **11**, 477–94.

Conway, M. A. (2005). Memory and the self. *Journal of Memory and Language*, **53**(4), 594–628.

Gauggel, S. and Billino, J. (2002). The effects of goal setting on the arithmetic performance of brain damaged patients. *Archives of Clinical Neuropsychology*, **17** 283–94.

Gauggel, S. and Fischer, S. (2001). The effect of goal setting on motor performance and motor learning in brain-damaged patients. *Neuropsychological Rehabilitation*, **11**(1), 33–44.

Gauggel, S., Leinberger, R. and Richardt, M. (2001). Goal setting and reaction time performance in brain-damaged patients. *Journal of Clinical and Experimental Neuropsychology*, **23**(3), 351–61.

Gianutsos, R. and Gianutsos, J. (1987). Single case experimental approaches to the assessment of interventions in rehabilitation psychology. In B. Caplan, ed., *Rehabilitation Psychology*. Rockville: Aspen Corporation, pp. 453–70.

Glisky, E. L. and Schacter, D. L. (1986). Long-term retention of computer learning by patients with memory disorders. *Neuropsychologia*, **26**, 173–8.

Glisky, E. L., Schacter, D. L. and Tulving, E. (1986). Computer learning by memory impaired patients: acquisition and retention of complex knowledge. *Neuropsychologia*, **24**, 893–906.

Gracey, F., Palmer, S., Rous, B. et al. (2008) 'Feeling part of things': Personal construction of self after brain injury. *Neuropsychological Rehabilitation*, **18**(5), 627–50.

Grenville, J. and Lyne, P. (1995). Patient-centred evaluation. *Journal of Advanced Nursing*, **22**, 965–72.

Hart, T., and Evans, J. J. (2006). Self-regulation and goal theories in brain injury rehabilitation. *Journal of Head Trauma Rehabilitation*, **21**(2), 142–55.

Hart, T., Hawkey, K. and Whyte, J. (2002). Use of a portable voice organizer to remember therapy goals in TBI rehabilitation: a within- subjects trial. *Journal of Head Trauma Rehabilitation*, **17**(6), 556–70.

Hersen, D. H. and Barlow, D. H. (1976). *Single Case Experimental Designs: Strategies for Studying Behaviour Change*. New York: Pergamon Press.

Holliday, R., Cano, S., Freeman, J. A. and Playford, E. D. (2007). Should patients participate in clinical decision making? An optimised balance block design controlled study of goal setting in a rehabilitation unit. *Journal of Neurology, Neurosurgery, and Psychiatry*, **78**, 576–80.

Houts, P. S. and Scott, R. A. (1975). *Goal Planning with Developmentally Disabled Persons: Procedures for Developing and Individual Client Plant*. Hershey: Department of Behavioral Science, Pennsylvania State University College of Medicine.

Kazdin, A. (1976). Statistical analysis for single-case experimental designs. In D. Barlow and M. Hersen, eds., *Single Case Experimental Designs*. New York: Pergamon Press, pp. 265–316.

Kelly, G. A. (1955). *The Psychology of Personal Constructs*. Vol. 1 and 2. New York: Norton.

Kiresuk, T.J. and Sherman, R.E. (1968). Goal attainment scaling: a general method for evaluating comprehensive community mental health programmes. *Community Mental Health Journal*, **4**(6), 443–53.

Landauer, T. K. and Bjork, R. A. (1978). Optimal rehearsal patterns and name learning. In M. M. Gruneberg, P. E. Morris and R.N. Sykes, eds., *Practical Aspects of Memory*. London: Academic Press, pp. 625–32.

Latham, G. P. and Seijts, G. H. (1999). The effects of proximal and distal goals on performance on a moderately complex task. *Journal of Organizational Behavior*, **20**, 421–9.

Levack, W. M. M., Taylor, K., Siegert, R. J. et al. (2006) Is goal planning in rehabilitation effective? A systematic review. *Clinical Rehabilitation*, **20**, 739–55.

Locke, E. and Latham, G. (2002). Building a practically useful theory of goal setting and task motivation. *American Psychologist*, **57** (9), 705–17.

Malec, J.F. (1999). Goal attainment scales in rehabilitation. *Neuropsychological Rehabilitation*, **9**(3/4), 253–75.

McGrath, J. and Adams, L. (1999). Patient-centred goal planning: a systemic psychological therapy? *Topics in Stroke Rehabilitation*, **6**, 43–50.

McMillan, T. M. and Sparkes, C. (1999). Goal planning and neurorehabilitation: the Wolfson Neurorehabilitation Centre approach. *Neuropsychological Rehabilitation*, **9**(3), 241–51.

Sbordone, R. J. and Long, C. J. (eds.) (1996). *Ecological Validity of Neuropsychological Testing*. Delray Beach: Gr Press/St Lucie Press, Inc.

Wade, D. T. (1998). Evidence relating to goal planning in rehabilitation – Editorial. *Clinical Rehabilitation*, **12**, 273–5.

Wade, D. T. (1999a). Goal planning in stroke rehabilitation: what? *Topics in Stroke Rehabilitation*, **6**(2), 8–15.

Wade, D. T. (1999b). Case-mix in rehabilitation: alternative ways of achieving the same goals. *Clinical Rehabilitation*, **13** (3), 183–5.

Williams, W. H., Evans, J. J. and Wilson, B. A. (1999). Outcome measures for survivors of acquired brain injury in day and out-patient neurorehabilitation programmes. *Neuropsychological Rehabilitation*, **9**, 421–36.

Wilson, B. A. (1987). *Rehabilitation of Memory*. New York: Guilford Press.

Wilson, B. A. (1991). Long-term prognosis of patients with severe memory disorders. *Neuropsychological Rehabilitation*, **1**, 117–34.

Wilson, B. A. (1995). Management and remediation of memory problems in brain injured adults. In A. D. Baddeley, B. A. Wilson and F. N. Watts, eds., *Handbook of Memory Disorders*. Chichester: Wiley, pp. 451–79.

Wilson, B.A. (1996). Cognitive functioning of adult survivors of cerebral hypoxia. *Brain Injury*, **10**, 863–74.

Wilson, B. A. (1999). *Case Studies in Neuropsychological Rehabilitation*. New York: Oxford University Press.

Wilson, B. A., Baddeley, A. D., Evans, J. J. and Shiel, A. (1994). Errorless learning in the rehabilitation of memory impaired people. *Neuropsychological Rehabilitation*, **4**, 307–26.

Wilson, B. A., Evans, J. J. and Keohane, C. (2002). Cognitive rehabilitation: a goal planning approach. *Journal of Head Trauma Rehabilitation*, **17**, 542–55.

CAPÍTULO 4

A abordagem do Oliver Zangwill Centre (OZC) para a reabilitação neuropsicológica

Barbara A. Wilson, Fergus Gracey, Donna Malley, Andrew Bateman e Jonathan J. Evans

Introdução

O Oliver Zangwill Centre (OZC) iniciou suas atividades em 1996 e foi planejado de acordo com os programas holísticos americanos desenvolvidos por Yehuda Ben-Yishay e George Prigatano. O nome é uma homenagem a Oliver Louis Zangwill, professor de psicologia da Universidade de Cambridge entre 1954 e 1984. Ele também foi um pioneiro na reabilitação da lesão encefálica na Grã-Bretanha durante a Segunda Guerra Mundial, quando trabalhou em Edimburgo com soldados portadores desse tipo de lesão. O OZC segue muitos dos princípios estabelecidos por Ben-Yishay (1978), Prigatano *et al.* (1986) e Christensen e Teasdale (1995), sendo significativamente influenciado também pelo modelo crítico de "intervenção e pesquisa[1]" da psicologia clínica adotado no Reino Unido.

Uma abordagem holística para a reabilitação da lesão encefálica "consiste em intervenções bem integradas que excedem seu campo de ação e, do mesmo modo, são altamente específicas e circunscritas, sendo geralmente incluídas sob o termo 'reabilitação cognitiva'" (Ben-Yishay; Prigatano, 1990, p. 40). A abordagem holística reconhece que não faz sentido separar as consequências cognitivas,

---

[1] N.T.: No original, foi utilizado o termo *scientist practitioner model*. Esse modelo, também conhecido como *Boulder Model*, tem por objetivo desenvolver as habilidades de pesquisa e de intervenção clínica dos graduandos em psicologia. O modelo surgiu a partir de uma conferência realizada na cidade de Boulder, no estado norte-americano do Colorado, em 1949, sendo patrocinada pela U.S. Veterans Administration e pelo National Institute of Mental Health.

emocionais e sociais da lesão encefálica, pois a forma como nos sentimos e pensamos afeta o modo como nos comportamos. O modelo de Ben-Yishay (1978) segue uma hierarquia de estágios por meio dos quais o paciente/cliente deve trabalhar na reabilitação. Esses estágios são participação, consciência, domínio, controle, aceitação e identidade. São ministradas sessões individuais e em grupo a fim de permitir que os pacientes trabalhem por meio desses estágios.

As origens do OZC remontam a 1993, quando um de nós (Barbara A. Wilson) passou várias semanas na unidade de Prigatano, em Phoenix, Arizona. A ideia de abrir um centro similar no Reino Unido ocorreu durante essa visita. Em abril de 1993, as negociações começaram com o National Health Service Trust local. Apesar de algumas tentativas frustradas e contratempos, mas com o apoio do Medical Research Council, foram necessários 3 anos a fim de obter uma autorização para o OZC prosseguir. Designamos o primeiro membro da equipe em julho de 1996 e disponibilizamos 3 meses para o treinamento da equipe e planejamento dos programas antes de recebermos nossos primeiros clientes e abrirmos oficialmente em novembro de 1996.

A estrutura do OZC

Assim como a unidade de Phoenix, a nossa unidade é um centro não residencial. Os clientes vêm 4 ou 5 dias por semana, durante várias semanas (a fase intensiva), e depois iniciam a fase de reintegração, na qual vêm de 2 a 3 dias por semana, durante várias semanas. No decorrer desse período, eles começam a ser reinseridos no mundo do trabalho e da educação continuada, além de ter maior independência. Os exemplos de como isso é realizado podem ser encontrados nos capítulos sobre clientes individuais mais adiante neste livro (Capítulos 13–21). Nosso objetivo é oferecer uma reabilitação de alta qualidade para as necessidades cognitivas, sociais, emocionais e físicas de cada indivíduo com lesão encefálica não progressiva, bem como atender às necessidades das famílias. O objetivo final é promover o melhor nível de funcionamento independente tanto em casa e na comunidade quanto em um trabalho produtivo. Como o OZC é uma parceria entre o National Health Service Trust local e o Medical Research Council, também procuramos empregar as descobertas mais recentes de pesquisa, avaliar nossos serviços e investigar as maneiras de aprimorar a reabilitação neuropsicológica.

Aceitamos indivíduos com lesão encefálica não progressiva com idades entre 16 e 60 anos. A maioria sofreu traumatismo cranioencefálico, mas também temos clientes vítimas de acidente vascular encefálico, encefalite, meningite, lesão encefálica anóxica ou outras lesões encefálicas adquiridas. A maioria de nossos clientes passou por um desses eventos havia pelo menos 2 anos, mas alguns vieram logo aos 6 meses após a lesão e outros havia 5 anos ou mais. Em geral, eles foram submetidos à reabilitação durante o período de internação e ambulatorial, mas não tiveram um programa de reabilitação intensivo, abrangente e holístico. A participação no OZC é muitas vezes vista como a última chance de ajudar os indivíduos a tentar atingir seu melhor nível de funcionamento. A todo o momento, temos até 8 clientes, sendo que há em média 1 membro da equipe para cada um. Embora isso possa ser visto como uma situação incomum e privilegiada, provavelmente esta é a razão do nosso sucesso. A proporção cliente-equipe também oferece recursos para sermos mais minuciosos no planejamento e na condução de nosso trabalho clínico a fim de que intervenções inovadoras possam ser desenvolvidas e, posteriormente, disseminadas para outros indivíduos que trabalham na área.

Ao final de sua permanência, esperamos que os clientes demonstrem uma compreensão sobre a lesão encefálica e suas consequências para o dia a dia. Eles também devem demonstrar conhecimento sobre suas forças e fraquezas individuais resultantes dessa lesão. Esperamos que todos os clientes desenvolvam e implementem estratégias para compensar as consequências específicas do trauma ao encéfalo, e que sejam capazes de monitorar seu desempenho no uso dessas estratégias, levando-as do OZC para seu contexto comunitário. Muitos clientes relatam que se sentem diferentes em decorrência do programa. É como se seu antigo *self* tivesse voltado com o desenvolvimento de um novo sentido de quem eles são após a lesão. Auxiliamos os familiares e parceiros a desenvolverem um entendimento compartilhado acerca da lesão encefálica, apoiando o portador desta, e a compreenderem a relação entre a lesão e suas consequências para esse indivíduo e para si.

A equipe do OZC é formada por 3 psicólogos clínicos, 2 a 5 terapeutas ocupacionais, 1 a 5 fonoaudiólogos e 1 fisioterapeuta, todos especializados em reabilitação de indivíduos que sofreram lesão encefálica. Além disso, temos 2 profissionais assistentes de psicologia (graduados na área), 1 assistente de reabilitação e 1 equipe administrativa. A vaga de assistente de pesquisa é preenchida quando o financiamento externo está disponível. Em geral, há outros indivíduos trabalhando em projetos de pesquisa ou estudantes/visitantes estrangeiros adquirindo experiência. O gerente clínico não é médico, mas alguém da equipe permanente. Já ocuparam essa posição 1 psicólogo, 1 fonoaudiólogo e 1 fisioterapeuta. Nós temos 1 neuropsiquiatra que atende a cada 15 dias e 1 neurologista que atende quando solicitado. É preciso ter em mente que nossos clientes são clinicamente estáveis e, por isso, não precisamos de um médico no local em tempo integral. Há 1 unidade de lesões leves em outra parte do hospital e podemos chamar sua equipe, por exemplo, quando nosso cliente tem uma convulsão. Há também 1 médico de atenção primária local que atende nossos clientes, se necessário.

O Programa Clínico do OZC

Organizando a reabilitação: um modelo "Y" do processo de reabilitação

Coordenar múltiplos modelos e diferentes orientações profissionais ao mesmo tempo em que se é sensível a cada cliente e sua família, e possivelmente a outros profissionais, apresenta-se como um grande desafio. Ao utilizar a literatura emergente acerca da mudança de identidade e da reabilitação, os modelos holísticos existentes, as estratégias de estabelecimento de metas, os modelos educacionais e os modelos de desempenho organizacional e processos grupais, começamos a desenvolver esquemas a fim de organizar nossa tentativa de reabilitação. Um exemplo disso é dado no Capítulo 1 (Figura 1.2), no qual há o referencial teórico que usamos para compartilhar os resultados da avaliação a fim de compreender a situação atual do cliente.

Na tentativa de abordar o desafio de oferecer uma reabilitação interdisciplinar em que as áreas de dificuldade dos clientes interajam, as estratégias utilizadas para organizar o estabelecimento de metas evoluíram. Houve também uma evolução na integração entre as atividades que visam aos comprometimentos (por exemplo, relacionados à cognição ou emoção) e o trabalho das metas significativas orientadas funcionalmente (por exemplo, retornar ao trabalho). Com base na pesquisa emergente mencionada anteriormente, desenvolvemos um modelo "Y" para ajudar a mapear o processo interdisciplinar do trabalho em equipe sobre o processo de mudança sofrido pelo cliente. As duas ramificações do "Y" foram inicialmente conceituadas como uma representação do trabalho nos âmbitos da "deficiência" e da "participação social", respectivamente. Nós desenvolvemos isso a fim de enfatizar o processo de mudança para o cliente em relação à resolução das discrepâncias psicológicas (significado, identidade, compreensão, expectativas, interações e processos) e sociais (papéis, atividades, contextos e relacionamentos), conforme mostrado na Figura 4.1. O modelo representa muito o trabalho que está em andamento, sendo avaliado em grande parte por sua eficiência em auxiliar a equipe a atuar de forma integrada. Isso é compreendido pelos clientes e é sensível ao processo de ajustamento pessoal destes.

Com base em pesquisas acerca da mudança de identidade após a lesão (Tyerman; Humphrey, 1984; Nochi, 1998, 2000; Cantor et al., 2005), o modelo toma como ponto de partida a noção de que existe uma discrepância entre as representações do *self* antes da lesão (por exemplo, expectativas, habilidades, metas, valores etc.) e a realidade depois desta (por exemplo, desinibição, esquecimento, desemprego etc.). Goldstein (1959) e Ben-Yishay (2000) chamam de "labilidade emocional" a resposta emocional à "ameaça" de tais mudanças após a lesão. Podemos começar a entender o comportamento de alguns de nossos clientes em

Figura 4.1 - O modelo Y do processo de reabilitação. As setas verdes que formam o "Y" mostram o processo de redução da discrepância em direção a um senso integrado de identidade social e pessoal. Um processo de reabilitação influenciado por modelos holísticos (caixas verdes) é mostrado junto aos processos de mudança de identidade, baseados em autodiscrepância social e pessoal (caixas amarelas), e a aprendizagem experiencial, conforme aplicada em experimentos comportamentais em terapia cognitivo-comportamental (elipses e setas cor-de-rosa). Veja também ilustração em cores.

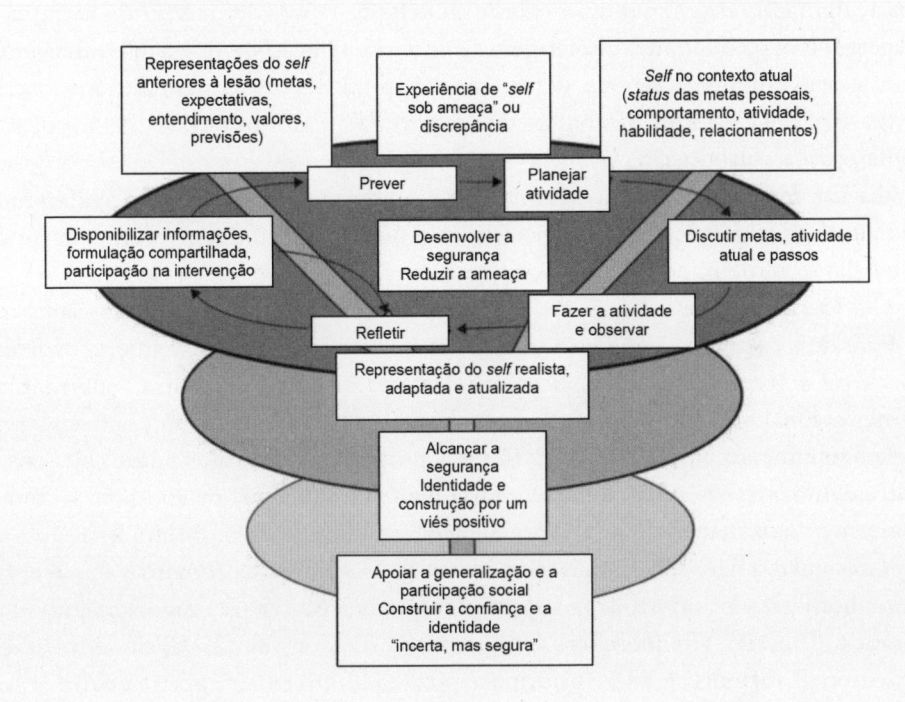

relação às tentativas de gerenciar o sofrimento que sentem por essa ameaça. Esse comportamento se manifesta muitas vezes por meio da evitação comportamental, cognitiva, emocional ou social e da tentativa de manter a continuidade da autoimagem. A parte superior do "Y" representa o grau de discrepância no início do programa. Alguns clientes que vivenciam essa discrepância, consideram-na muito angustiante e podem refletir sobre isso. Outros podem, com sucesso, evitar/suprimir a angústia ou são cognitivamente limitados de modo que são incapazes de relatar as mudanças. É possível que, em tais circunstâncias, a discrepância seja mais passível de ocorrer nas interações com os outros. Isso pode ser observado em familiares que contestam o relato do indivíduo com lesão encefálica e este tenta, por sua vez, orientar os outros para sua realidade (Yeates *et al.*, 2007). É frequente a situação em que os clientes parecem alternar entre essas duas posições.

Como começamos a abordar tais discrepâncias? O processo cíclico representado acima do centro do "Y" descreve um processo de aprendizagem orientada que é influenciado pelos modelos cognitivos (Teasdale; Barnard, 1993; Conway, 2005), pelo uso de experimentos comportamentais da terapia cognitivo-comportamental (TCC) (Bennett-Levy *et al.*, 2004) e pelas ideias de Vygotsky (1960/1978) acerca da aprendizagem e do desenvolvimento. Esse pensamento está presente nas abordagens descritas por Ylvisaker e Feeney (2000) e McGrath e King (2004). Aqui, ampliamos essas ideias e as colocamos em um referencial teórico semelhante ao modelo de Ben-Yishay (1978) que descreve uma hierarquia de tarefas necessárias na reabilitação em conjunto com um modelo de desenvolvimento da identidade-ego. Nessas diferentes abordagens, é comum a noção de que a aprendizagem e o desenvolvimento devem seguir uma "espiral dialética" ou interjogo entre experiência e cognição. Ambas as abordagens da TCC e os estudos de Vygotsky enfatizam a colaboração. Vygotsky particularmente observa a necessidade de se trabalhar dentro da "zona de desenvolvimento proximal", oferecendo ajuda a fim de alcançar as metas que são difíceis para a promoção do desenvolvimento sem que elas se tornem, no entanto, extremamente difíceis.

O modelo de subsistemas cognitivos interativos de Teasdale e Barnard (1993) destaca como a mudança duradoura na terapia psicológica precisa ocorrer no nível de representação implicacional em vez de proposicional. O subsistema implicacional nesse modelo está envolvido na representação de experiências e no desenvolvimento da autoimagem. O nível proposicional do significado lida com fatos e informações, e não tem necessariamente a capacidade de conduzir o comportamento da maneira que as representações implicacionais o fazem. Isso explica como alguém pode "saber" algo (por exemplo, "ir à academia com mais frequência seria bom para minha saúde"), mas não consegue colocar o comportamento em prática. O modelo de memória autobiográfica de Conway (2005) destaca como esse tipo de memória fornece informações baseadas em experiências passadas. Isso é utilizado no presente a fim de formar um "*self* funcional", uma representação que, ao mesmo tempo, vincula a experiência passada à atual construção de sentido e seleção de metas. Juntas, essas ideias indicam que o trabalho que oferece apoio e colaboração para criar novos vínculos entre atividade, experiência, significado e identidade pode auxiliar na redução da discrepância e servir como base para a aprendizagem tanto internamente quanto nos relacionamentos.

Ao estabelecer um "contexto terapêutico" seguro no qual os clientes se sintam compreendidos e apoiados pela equipe e pelos pares e no qual as metas são estabelecidas na medida certa, preferencialmente pelos próprios clientes (ou ao menos com eles), supõe-se que a vigilância associada à reação de ameaça pode ser reduzida e eles podem começar a pensar de maneira diferente acerca de sua situação. Desenvolver uma formulação psicológica, um entendimento compartilhado e aplicar os princípios dos experimentos comportamentais (Bennett-Levy *et al.*, 2004) nos permite, como uma equipe e em conjunto com o cliente e demais envolvidos, pensar a respeito das previsões que os clientes podem fazer sobre suas habilidades, sobre si e sobre os outros, e explorá-las de forma sistemática e segura. As etapas gerais que se conectam para formar um ciclo repetitivo são: prever, organizar experimentos ou tarefas para testar ou explorar as previsões, observar a tarefa e realimentá-la, e refletir sobre os resultados em relação às previsões iniciais. Isso conduz, então, uma vez mais à elaboração de novas previsões e assim sucessivamente.

Diferentes membros da equipe podem estar envolvidos em cada uma dessas etapas, dependendo das habilidades necessárias. Uma vez que uma atividade tenha sido concluída, pode-se refletir a respeito a partir de perguntas como: "o que isso diz sobre as minhas aptidões e habilidades?"; "o que isso diz sobre a eficiência dessa estratégia?"; ou ainda "o que isso diz sobre mim?". Essa abordagem tem sido defendida principalmente na prática da TCC após a lesão encefálica adquirida (LEA) (McGrath; King, 2004) e na adaptação aos problemas de saúde e deficiências (Silver et al., 2004). No início da reabilitação, os experimentos podem envolver a disponibilização de informações acerca da lesão encefálica, bem como a reflexão sobre elas a fim de desenvolver um comprometimento com o processo de reabilitação ("maleabilidade" nos termos de Ben-Yishay). Experimentos posteriores podem envolver *role-plays*, uso de estratégias de verificação ou outras atividades que facilitem a reavaliação das crenças e expectativas de um cliente ao mesmo tempo em que este desenvolve suas habilidades.

À medida que os lados "discrepantes" da parte superior do "Y" se unem, os clientes começam a integrar a nova realidade da vida após a lesão com as representações de si, dos outros e do mundo anteriores a essa lesão. Isso muitas vezes não é fácil e muitos clientes expressam angústia ou piora do humor. Entretanto, embora seja de difícil manejo, isso pode parecer menos angustiante para eles se compreendido e antecipado. A possibilidade de luto pelas perdas e pelas mudanças pode ter início e as estratégias podem se tornar mais atraentes para os clientes. À medida que isso ocorre, as ferramentas para ajudá-los a atingir suas metas e os processos inúteis de evitação ou conflito nas interações com os outros podem começar a se alterar. A partir desse ponto, cada cliente estabelece uma base que lhe permite viver com uma sensação de "incerteza segura" (Mason, 1993), assumindo riscos, fracassando às vezes como todos nós e aprendendo que isso faz parte da vida. É também nesse ponto que os clientes e familiares frequentemente relatam uma sensação de que, em parte, "o velho *self* está voltando". Em nossa experiência, parece que o cliente pode desenvolver essa sensação como resultado de um trabalho intensivo em uma ou duas áreas funcionais específicas, aprendendo isso como uma nova "verdade" ou "possibilidade" acerca de si. No entanto, um apoio adicional para generalizar essa sensação para outras áreas de participação social é, na maioria dos casos, necessário.

Uma vez que o cliente começa a alcançar um senso de identidade mais "integrado", as intervenções específicas podem ser utilizadas para desenvolver uma "formulação positiva" ou "mapa da identidade" (Ylvisaker; Feeney, 2000), auxiliando a manutenção de ganhos e mudanças. Ao desenvolver essa formulação positiva explícita baseada nas experiências do cliente, pretendemos propiciar um meio concreto para compartilhar um entendimento com ele e seu parceiro na comunidade em geral. Isso pode fornecer um modelo ou plano para manter os ganhos e gerenciar os retrocessos. Outros experimentos podem ser feitos para desenvolver e consolidar as crenças, expectativas ou suposições novas ou alternativas (Mooney; Padesky, 2000). Muitas vezes, os clientes recebem ajuda para identificar uma metáfora para a jornada ou luta que sintetize suas principais mensagens pessoais, bem como seu senso de identidade em desenvolvimento. Tais metáforas podem revelar-se poderosas ferramentas clínicas. Esses princípios estão bem ilustrados em capítulos posteriores deste livro, descrevendo nosso trabalho com Yusuf (Capítulo 16) e suas "novas regras para os negócios e a vida" e com Judith (Capítulo 17) na "abordagem do retorno" à vida após a lesão.

Do processo de mudança ao planejamento de metas e resultados sociais: os seis principais componentes da reabilitação

Em 1999, Prigatano escreveu que

> [...] a reabilitação neuropsicológica holística consiste em cinco atividades inter-relacionadas: estabelecer um ambiente ou comunidade terapêutica, reabilitação ou treinamento cognitivo, psicoterapia, participação e educação contínuas dos familiares e um período de experiência de trabalho protegido" (p. 178-179).

Ao revisar as pesquisas recentes e modelos emergentes de interação social, cognição e emoção para elucidar a literatura acerca da reabilitação holística tradicional, a equipe trabalhou em conjunto e refletiu sobre os "ingredientes para a reabilitação neuropsicológica" mais recentemente revisados por Prigatano em 2008 (p. 985-986). Queríamos descrever, para nós mesmos, como nossa equipe interdisciplinar tem trabalhado desde que o OZC abriu em 1996. Há algumas diferenças em relação a Prigatano (2008) que talvez reflitam a forma como nosso programa se desenvolveu no contexto do Reino Unido. Empregamos, entretanto, seis tópicos semelhantes para descrever os principais componentes do programa holístico do OZC. Cada um desses componentes, na nossa opinião, é fundamental para o processo de mudança dos clientes, dada a complexidade de suas restrições funcionais, emocionais e de interação social. Os seis componentes principais são descritos sob os tópicos: contexto terapêutico, entendimento compartilhado, atividades funcionais e significativas orientadas para fins específicos, aprendizagem de estratégias de compensação e treinamento de habilidades, intervenções psicológicas e trabalho com famílias e cuidadores. Esses componentes principais têm como objetivo estabelecer uma associação entre os documentos específicos para nortear a prática, articulando mais concretamente as noções representadas na missão do nosso programa de reabilitação, e o modelo Y de reabilitação descrito acima. Nossos argumentos que fundamentam esses componentes principais são descritos abaixo.

Contexto terapêutico

O "contexto terapêutico" na reabilitação holística refere-se à organização de todo o ambiente (aspectos sociais, organizacionais e físicos) de modo a oferecer o melhor apoio possível para o processo de ajustamento e maior participação social. Uma sensação de segurança, confiança e cooperação está no coração de um programa de reabilitação holística.

Somos todos fundamentalmente criaturas sociais. Nossas habilidades cognitivas, emocionais e comunicacionais são, é claro, relevantes para as atividades de lazer e vocacionais, mas nossos relacionamentos com os familiares, amigos e colegas de trabalho são, sobretudo, mais importantes para nossa saúde mental e bem-estar. É por meio desses papéis que construímos um sentido de vida e um senso de identidade. A reabilitação holística reconhece que o trabalho para melhorar a consciência e a compreensão, reduzir o impacto dos déficits em áreas práticas da vida do cliente e facilitar as mudanças na identidade necessariamente ocorre dentre de um contexto social. A tese por trás da abordagem holística (Ben-Yishay, 2000) é de que os clientes passam do sentimento de isolamento, com um senso perturbado de identidade, para o de inclusão, voltando a entrar em contato consigo e com os outros nesse contexto. Nos últimos estágios da reabilitação e durante o acompanhamento, os clientes constroem e ampliam isso em seu mundo social. O contexto social pode fornecer o "significado" para uma "atividade funcional significativa".

Os indivíduos com lesão encefálica podem achar difícil se organizar em ambientes desestruturados. O contexto terapêutico oferece um cronograma estruturado e previsível para cada dia a fim de permitir que os clientes participem mais da reabilitação. Sabe-se, a partir da psicologia social, que muitas vezes somos mais propensos a mudar nosso comportamento devido à influência dos pares aos quais respeitamos. Logo, além da estimulação individual e grupal dos profissionais, os clientes do programa podem ajudar uns aos outros a mudar. Espera-se que os clientes trabalhem juntos em algumas de suas atividades em grupo. Isso contribui tanto para o "entendimento compartilhado" quanto para a responsabilidade compartilhada mutuamente. Essa é outra influência importante no processo de mudança, pois os clientes aprendem que seu comportamento tem um impacto direto em suas relações de trabalho com os outros. As pesquisas também mostram que a qualidade de nossos relacionamentos com os outros afeta nosso funcionamento comportamental, cognitivo e emocional.

Pode-se argumentar que uma série de intervenções individuais para abordar questões cognitivas e emocionais específicas realizadas na comunidade do cliente atingirá os mesmos objetivos que a reabilitação "holística". Tais abordagens podem ser apropriadas para alguns clientes. Entretanto, uma revisão minuciosa recente também observa que as pesquisas apresentam resultados positivos para a reabilitação holística no que diz respeito ao progresso na atividade social e vocacional. Essa abordagem é preconizada para os indivíduos com lesão encefálica adquirida (LEA), de moderada a grave, há pelo menos um ano após o evento (Cicerone, *et al*., 2005; Sarajuuri *et al*., 2005). Além disso, nossa experiência e dados acerca da eficácia sugerem que a abordagem holística é adequada principalmente para os indivíduos com LEA, de leve a moderada, que também possam ter dificuldades complexas de interação.

O componente principal do programa relacionado ao desenvolvimento do "entendimento compartilhado" é um aspecto fundamental para a elaboração do contexto. À medida que os clientes começam a se sentir compreendidos, não somente em termos médicos ou psicológicos, como também pessoais, isso começa a promover um contexto seguro e solidário. A organização física do programa também é importante ao assegurar, por exemplo, que todos os clientes e a equipe tenham um cronograma diário de atividades de reabilitação, que o ambiente seja reservado e não muito desafiador para ser superado, e que haja reuniões de rotina com o objetivo de envolver todos os participantes (clientes, equipe e visitantes) no dia a dia do OZC. Uma série de procedimentos é utilizada para facilitar isso, reverberando as recomendações de Ben-Yishay (1978, 2000), Prigatano (2000) e Christensen e Teasdale (1995). Há uma ênfase acentuada no trabalho colaborativo, além de sessões de estabelecimento de metas práticas. A equipe se reúne regularmente para refletir sobre o impacto emocional do trabalho e as maneiras pelas quais ela e os grupos de clientes estão contribuindo para o desenvolvimento de um contexto seguro.

Entendimento compartilhado

A noção de entendimento compartilhado origina-se do uso da "formulação" na prática clínica (Butler, 1998). A formulação pode ser concebida como um mapa ou guia de intervenção que associa um modelo oriundo das teorias tradicionais e das melhores evidências às histórias, experiências e visões pessoais do cliente e da família. No OZC, aplicamos esse conceito em todo o nosso trabalho clínico individual e na maneira em que organizamos toda a experiência de reabilitação.

Expandimos esse conceito para incorporar uma filosofia de equipe que inclua uma visão compartilhada desta, bem como de seus valores e metas específicos. A compreensão das pesquisas e da teoria, a partilha do nosso conhecimento e experiência com outros profissionais e famílias, a auditoria do serviço realizada por pares, e as opiniões e contribuições de ex-clientes são aspectos adicionais do entendimento compartilhado que procuramos fomentar. "A reabilitação é agora compreendida como uma parceria entre os indivíduos com lesão encefálica, suas famílias/cuidadores e as equipes de serviços de saúde" (Wilson, 2003, p. 294). Essa parceria depende de um entendimento compartilhado entre o cliente, a família e a equipe clínica.

Consideramos o desenvolvimento de um entendimento compartilhado em uma equipe interdisciplinar como algo essencial para que o trabalho desta seja eficaz. As equipes trabalham melhor quando todos têm um entendimento compartilhado de suas metas e princípios. Reconhecemos que uma série de teorias e abordagens é necessária na reabilitação da lesão (Wilson, 2003). Isso requer o envolvimento de várias áreas. O entendimento compartilhado fornece um meio para integrar as abordagens relevantes e orientar a intervenção. Empoderar os clientes e as famílias de modo que estes façam escolhas baseadas em informações também requer o desenvolvimento do entendimento compartilhado. A aliança de trabalho é vista como "crucial para transformar um paciente dependente e convalescente em alguém independente e em pleno funcionamento" (Prigatano *et al.*, 1986, p. 155). A partir disso, surge uma nova maneira de compreender os complexos desafios da lesão encefálica, permitindo que emerjam novas soluções específicas e significativas para o cliente e a família. Quando estes são colaboradores no desenvolvimento de tal entendimento e soluções, espera-se que as mudanças feitas por eles sejam mais duradouras. Eles podem concluir a reabilitação com uma nova maneira de ver a si ou a sua situação que fomenta a esperança, promove a autoafirmação e auxilia a resolução dos sentimentos alterados em relação à identidade. Esse entendimento também inclui seus pares no programa a fim de promover o contexto terapêutico e o senso de compreensão mútua no OZC. Ao ouvir nossos usuários do serviço, levar as pesquisas para a prática clínica e pensar criativamente, nós temos por objetivo desenvolver e inovar a prática no campo e compartilhar nossa compreensão com os outros.

Existem vários procedimentos para desenvolver e manter o entendimento compartilhado e a troca de informações:

a) formulação clínica colaborativa;
b) coordenador de programa individual (CPI ou "terapeuta principal") designado para cada cliente;
c) trabalho em equipe interdisciplinar, incluindo reuniões regulares da equipe clínica e compartilhamento de documentação;

d) processo de estabelecimento de metas que envolve o cliente, sua família (se necessário) e a equipe interdisciplinar;
e) grupo de usuários para envolver os clientes que já participaram do OZC na tomada de decisões, avaliação e contato com novos usuários do serviço;
f) envolvimento da família;
g) pesquisa, educação e desenvolvimento profissional.

Atividades funcionais e significativas orientadas para fins específicos

Ao nos referirmos à atividade funcional significativa, estamos nos referindo a todas as atividades do dia a dia que formam a base para a participação social. Essas atividades podem ser categorizadas em áreas da vida vocacional, educacional, recreativa, social e independente. É por meio da participação nessas áreas que damos propósito e significado para nossas vidas. Embora não possamos pensar nisso conscientemente no dia a dia, nossa atividade nos permite alcançar determinados objetivos ou ambições que são pessoalmente significativos para nós e, portanto, contribuem para nosso senso de identidade.

O principal objetivo da reabilitação é possibilitar que os indivíduos tenham uma vida tão plena quanto possível após a lesão, fomentando a esperança no futuro. É essencial que a reabilitação tenha um enfoque funcional, visando às atividades e papéis sociais e funcionais que são importantes para o cliente, sua família e a sociedade em geral. Foram desenvolvidos modelos que nos ajudam a refletir acerca da "profissão" em seu sentido mais amplo, tais como a "intervenção orientada a projetos" (Ylvisaker *et al.*, 1999). Esses modelos proporcionam meios para que os profissionais ajudem os indivíduos a alcançarem a independência funcional e autorrealização.

O estabelecimento de metas é uma estratégia de organização e avaliação da atividade clínica orientada para o cliente. Sabe-se que essa estratégia é eficiente para melhorar a motivação e o humor durante a reabilitação, reduzindo a frustração ou angústia devido à falta de progresso, visto que pode ser difícil para os indivíduos observarem as mudanças em sua situação após a lesão (McGrath; Adams, 1999). Estabelecer metas práticas, específicas e passíveis de avaliação permite um *feedback* preciso em relação ao progresso a ser compartilhado entre o cliente, a família/cuidadores, outros profissionais e a equipe de reabilitação. Em conjunto com o entendimento compartilhado ou uso da formulação e o modelo Y de reabilitação, o estabelecimento de metas ajuda a esclarecer a responsabilidade de cada um. Para o serviço e a equipe, o estabelecimento de tais metas nos permite avaliar o quanto o programa tem sido eficaz em auxiliar os clientes a atingi-las. Há também evidências de que envolver os clientes no estabelecimento de suas metas contribui para a manutenção dos ganhos após a reabilitação (Bergquist; Jacket, 1993; Webb; Glueckauf, 1994).

Estabelecer metas colaborativas implica em trabalhar com os clientes e seus parceiros a fim de desenvolver o "entendimento compartilhado" sobre as dificuldades e recursos. São identificados concomitantemente os papéis, valores, habilidades, comportamentos e ambientes importantes para eles nas áreas da vida vocacional, educacional, recreativa, social e independente. Reconhecemos que nossas atividades e papéis do dia a dia são complexos e afetados pelas habilidades funcionais, pelos indivíduos ao nosso redor e pelos nossos sentimentos acerca de nós mesmos, os outros e o mundo. Nesse sentido, todos os aspectos do programa de reabilitação são relevantes ao permitir que os clientes façam mudanças nessas áreas funcionais de suas vidas. As principais estratégias utilizadas nesse processo são: estabelecimento de metas, formulação, análise de atividades, reflexão, resolução de problemas e experimentos comportamentais (McGrath; King, 2004). O objetivo final é que os clientes desenvolvam habilidades de enfrentamento mais eficazes relacionadas às metas específicas e que se preparem para a aplicação e generalização adicionais dessas habilidades com a esperança de que, no futuro, eles substituam a sensação de estar devastados pela vida após sua lesão.

Essas estratégias são utilizadas em ambientes individuais e de grupo no OZC, na comunidade local e nas residências dos clientes. À medida que os clientes chegam ao final de seu programa, há um contato estreito e cada vez maior com os profissionais que continuarão dando apoio a eles e suas famílias, tais como gerentes de caso[2], equipes comunitárias, consultores de empregos para indivíduos com deficiências e cuidadores. Isso ajuda a garantir a manutenção dos ganhos e a generalização para novas metas enquanto a vida do indivíduo muda e continua.

Aprendizagem de estratégias de compensação e treinamento de habilidades

Todos os clientes que participam do programa de reabilitação do OZC têm algum tipo de dificuldade persistente conforme identificado por meio da avaliação interdisciplinar. As áreas incluem cognição e comunicação (por exemplo, memória, linguagem, atenção, resolução de problemas e percepção), enfrentamento psicológico (por exemplo, regulação emocional) e físico (por exemplo, fadiga, preparo físico e força). Os problemas nessas áreas afetam a capacidade de participar de "atividades funcionais significativas" de maneira eficiente e eficaz. As evidências de pesquisas (Cicerone *et al.*, 2005) e a experiência clínica sugerem que a maneira mais eficaz de abordar essas dificuldades de longo prazo é por meio da utilização de estratégias que compensem a função comprometida, embora algumas áreas

---

[2] N.T.: No original, foi utilizado o termo *case manager*, que se refere a um profissional (um médico, enfermeiro, assistente social etc.) designado para coordenar e monitorar os cuidados de um indivíduo em particular.

específicas de funcionamento possam ser passíveis de treinamento. Esse treinamento é eficiente para comprometimentos específicos, incluindo comunicação, atenção, desatenção espacial e leitura (Cicerone *et al.*, 2005), e para a melhora do preparo físico. O objetivo da reabilitação é permitir que os clientes cumpram seus papéis e atividades desejados, conforme identificado por meio das metas de longo prazo. As estratégias compensatórias e o treinamento de habilidades são realizados mediante a participação em experimentos ou projetos relacionados às metas dos clientes a partir do pressuposto de que muitas estratégias e habilidades podem ser aplicadas a outras atividades posteriores ao programa.

As estratégias compensatórias são formas alternativas que possibilitam que os indivíduos alcancem uma meta desejada quando uma função elementar do encéfalo não está sendo realizada de maneira eficaz. Elas podem abordar vários aspectos, incluindo:

a) compensação cognitiva (por exemplo, utilizar imagens visuais para compensar as dificuldades de memória verbal; utilizar uma rotina mental para controlar a impulsividade ou raiva, além da elucidação para assegurar uma comunicação eficaz);

b) aprendizagem otimizada (por exemplo, técnicas como a aprendizagem sem erro ou recuperação espaçada que levem a um aprendizado mais efetivo de novos conhecimentos ou habilidades);

c) dispositivos externos (por exemplo, usar uma agenda para gerenciar os problemas de memória; *checklists* para lembrar as rotinas de exercícios; alarmes para aumentar a atenção às tarefas; cartões com dicas para manter o foco durante a conversa);

d) adaptação ambiental – modificar os ambientes relevantes a fim de reduzir as demandas cognitivas (por exemplo, trabalhar em uma sala silenciosa e sem distrações para ajudar na concentração; conversar sobre assuntos importantes quando estiver menos cansado).

O treinamento é realizado para melhorar o desempenho de uma função ou habilidade específica do encéfalo e de uma determinada tarefa ou atividade. Ele também contribui para abordar as habilidades perdidas por falta de uso, tais como não estar no trabalho desde uma lesão ou descondicionamento físico.

O processo de aprendizagem de estratégias para gerenciar os comprometimentos e criar competências começa com os clientes sendo auxiliados a desenvolver uma boa percepção e compreensão da natureza de suas dificuldades. Isso é realizado por meio do trabalho em grupos (por exemplo, o Grupo de Compreensão sobre a Lesão Encefálica ou Grupo CLE, Grupo de Aplicação de Estratégias, Grupo de Projetos, Grupo de Habilidades de Vida Independente, Grupo Cognitivo, Grupo de Comunicação e Grupo de Gerenciamento do Humor) e sessões individuais com os membros da equipe. Por meio da organização de experimentos e projetos, da obtenção de *feedback* objetivo e da reflexão sobre a experiência a partir do modelo Y descrito acima, os clientes são encorajados a desenvolver a percepção de suas habilidades e situações de modo que se tornem tão eficientes quanto possível. Eles também são encorajados a identificar oportunidades para descobrir e aprender estratégias a fim de participar de atividades, inicialmente no OZC e, posteriormente, em ambientes domésticos ou comunitários. Esse trabalho é associado às "intervenções psicológicas", proporcionando experiências acerca das quais os clientes refletem e aprendem e, principalmente, propicia uma "atividade funcional significativa", contribuindo também para sua participação social e maior senso de identidade.

Intervenções psicológicas

As intervenções psicológicas fundamentam-se em modelos psicológicos específicos que, por sua vez, são utilizados para nortear o trabalho baseado na formulação a fim de abordar as necessidades específicas do indivíduo ou da família. As estratégias oriundas desses modelos proporcionam meios para que os membros da equipe possam engajar o cliente em mudanças positivas e no enfrentamento de problemas específicos.

Os indivíduos com LEA podem queixar-se de dificuldades para controlar sua raiva, ficar deprimidas ou ansiosas, descrever dificuldades em lidar com sua lesão e enfrentar problemas nas relações pessoais e sociais. O sofrimento associado às mudanças após a lesão (ou à "labilidade emocional") pode ser gerenciado pelo indivíduo, evitando certas situações/desafios ou por meio de mudanças nas interações com os outros. A literatura e a experiência clínica nos informam que muitos indivíduos com LEA passam por várias mudanças emocionais e comportamentais que podem se alterar ao longo do tempo e que representam desafios para sua capacidade de participar da reabilitação e alcançar o melhor em seus papéis e funcionamento do dia a dia. São comuns os sentimentos de identidade ameaçada, alterada ou perdida (Tyerman; Humphrey, 1984; Nochi, 1997, 1998) ou de serem mal compreendidos/julgados pelos outros (Nochi, 1998). As emoções, o comportamento, a identidade e a percepção após a lesão encefálica podem ser afetados por seis áreas gerais (Williams, 2003):

a) fatores biológicos, orgânicos e "corporais", tais como dor, fadiga, tipo e área do dano neurológico e comprometimento cognitivo;
b) fatores anteriores às lesões, tais como estilo de vida, identidade, papéis, metas, habilidades, estilos de enfrentamento e relacionamentos;
c) estilos de enfrentamento, tais como evitar dificuldades ou ingerir álcool;
d) adaptação a uma situação nova, isto é, à lesão e suas consequências;

e) relacionamento com outros indivíduos e suas reações;
f) contextos e ambientes sociais (por exemplo, casa ou trabalho, situações sociais e comunidade) e disponibilidade de informações úteis.

Entende-se que as consequências psicológicas da lesão encefálica são complexas e estão inter-relacionadas. Essas consequências muitas vezes representam desafios para o indivíduo em seu dia a dia e na reabilitação, bem como para aqueles ao seu redor, incluindo familiares e profissionais. Em qualquer serviço de reabilitação abrangente, tais consequências devem ser compreendidas e abordadas por todos os membros da equipe clínica envolvidos com esse indivíduo. Existem evidências favoráveis ao uso de terapias cognitivas, comportamentais, familiares e interpessoais, além de abordagens educacionais e grupais para abordar as questões de saúde mental na população em geral. As evidências acerca das terapias psicológicas após a lesão encefálica são limitadas, mas há indícios de que as abordagens holísticas e aquelas que integram os trabalhos sobre o ajustamento emocional e as estratégias e habilidades cognitivas possam ser eficazes (Cicerone et al., 2005; Tiersky et al., 2005).

A avaliação detalhada e a formulação fornecem recursos para a construção de um "entendimento compartilhado" inicial com o cliente, a família, a equipe de reabilitação etc. (ver Figura 1.2, Capítulo 1). Ao entender quem é o indivíduo que sofreu a lesão, seu histórico, família e cultura, além dos problemas que surgem como resultado dessa lesão, os principais aspectos das áreas com comprometimentos são identificados e abordados por diferentes membros da equipe interdisciplinar. O objetivo é participar do "campo fenomenológico" do cliente (Prigatano, 2000) e, juntos, refletirem a respeito dos significados pessoais específicos associados à lesão. As intervenções psicológicas são parte integrante da estrutura e organização da atividade de reabilitação, pois se baseiam em experimentos e projetos realizados pelos clientes em áreas funcionais, além de contribuir para estes.

Ao criar um "contexto terapêutico" e oferecer oportunidades de participação em "atividades funcionais significativas", temos por objetivo proporcionar um ambiente seguro e solidário para a mudança. Conforme esperado, o processo de mudança é às vezes difícil, sendo corroborado por uma série de intervenções psicológicas:

a) sessões individuais de psicoterapia;
b) consulta familiar envolvendo cliente, familiares e terapeuta(s);
c) sessões de reabilitação individual focando os processos que podem apresentar vulnerabilidade para o sofrimento psíquico;
d) consulta neuropsiquiátrica e intervenção, por exemplo, medicamentosa;
e) sessões em grupo disponibilizando informações gerais sobre as consequências emocionais da lesão encefálica e as estratégias para clientes, cuidadores e familiares;

f) oportunidades para compartilhar, em situações de grupo e em situações informais, experiências com outros indivíduos que sofreram uma lesão encefálica;
g) oportunidades para participar de um grupo baseado em projetos/grupo "experimental", bem como de trabalhos individuais a fim de explorar novas formas de responder às situações desafiadoras, integrando a aprendizagem ao longo do programa.

As abordagens psicológicas específicas utilizadas incluem psicoterapias e técnicas cognitivas e comportamentais, aconselhamento educacional e psicológico, psicoterapia de grupo, abordagens sistêmicas, entrevistas motivacionais, teoria dos construtos pessoais e modelos e intervenções da psicologia positiva e narrativa.

Trabalho com famílias e cuidadores

As famílias e os cuidadores às vezes relatam sentir-se como "os últimos a serem lembrados" na reabilitação. Uma política recente no Reino Unido – *National Service Framework for Long Term Conditions* (Department of Health, 2005) – destaca como as famílias e os cuidadores enfrentam um ônus significativo após a LEA e recomenda a prestação de serviços assistenciais. Vários tipos diferentes de assistência podem ser oferecidos. Definimos nosso trabalho com a família e os cuidadores tendo em vista a disponibilização de informações, de oportunidades de auxílio aos pares e de terapia ou consultas individuais à família, bem como a participação da família e dos cuidadores na reabilitação.

Reconhecemos claramente o efeito "cascata" da lesão encefálica e como ela afeta não somente os indivíduos, como também aqueles que os rodeiam. Reconhecemos também que esses efeitos variam de família para família e ao longo do tempo. As pesquisas destacam como os familiares e cuidadores podem experienciar confusão, estresse, incerteza, isolamento e tensões familiares em resposta às mudanças nos papéis e no *status* financeiro. As necessidades dos familiares que se encontram no período da infância são muito importantes, mas muitas vezes negligenciadas. Os cuidadores podem ser familiares, amigos, voluntários ou profissionais remunerados. As necessidades semelhantes e distintas desses grupos são incorporadas ao nosso trabalho devido ao seu nível de inconsistência ou desorganização, e porque as famílias e os cuidadores fazem parte de um importante contexto que influencia o estilo de enfrentamento e a adaptação após a lesão.

Há evidências de que trabalhar com os familiares e cuidadores pode auxiliar na reabilitação individual do cliente. Ao desenvolver um entendimento compartilhado não apenas com este, mas também com seus familiares e cuidadores, eles se tornam parte do contexto terapêutico. Isso facilita o deslocamento da aprendizagem no centro de reabilitação para o desenvolvimento de habilidades e papéis em casa e na comunidade local, aumentando assim a participação social.

Há uma escassez de pesquisas comprovando a eficácia das intervenções específicas no trabalho com as famílias, apesar da grande demanda (Oddy; Herbert, 2003). Nosso trabalho com elas ocorre da seguinte maneira:

a) participação dos familiares e cuidadores na avaliação e reabilitação;
b) possibilidade de acesso dos familiares a uma cópia de todos os relatórios (sujeito à autorização do cliente);
c) convite aos familiares para comparecerem ao primeiro dia de apresentação do programa a fim de que eles descubram mais o que ele aborda e como eles podem participar;
d) convite aos familiares, cuidadores e demais profissionais envolvidos para o estabelecimento formal de metas e reuniões de revisão após a avaliação e nos estágios principais do programa de reabilitação;
e) interação específica entre o CPI e os familiares, em média, 1 vez a cada 15 dias durante o programa de reabilitação de 6 meses;
f) possibilidade de convite às famílias para participar das sessões tanto no OZC quanto no ambiente doméstico a fim de facilitar o entendimento compartilhado;
g) disponibilização de informações – um dia educacional da "compreensão sobre a lesão encefálica" é realizado 4 vezes por ano, sendo especificamente voltado para não profissionais. Há também acesso às informações referenciadas, tais como livros, folhetos e vídeos no OZC;
h) disponibilização de oportunidades para ajudar os pares por meio de um grupo contínuo de "familiares";
i) disponibilização de consultas ou sessões de terapia individuais para a família.

Esses componentes principais e alguns dos trabalhos mencionados são abordados posteriormente nas Partes 2 (Intervenções em grupo) e 3 (Exemplos de casos clínicos). Continuaremos aqui com nossa descrição do processo de reabilitação, começando com a avaliação.

Avaliação e procedimentos de reabilitação

Após o encaminhamento (que geralmente é feito por um médico, psicólogo, terapeuta ocupacional, fonoaudiólogo ou advogado[3]), os clientes comparecem para uma

---

[3] N.T.: No original, foi utilizado o termo *personal injury lawyer*, que se refere a um profissional da advocacia especializado em representar os indivíduos que se envolvem em um acidente causado por terceiros, ajudando-os a obter indenizações, reabilitação e orientação médica necessária para sua recuperação. Tendo em vista a enorme diferença entre o ordenamento jurídico brasileiro e inglês, optou-se por traduzi-lo como "advogado".

avaliação preliminar de um dia. A maioria dos clientes é acompanhada por um familiar. Tanto o cliente quanto o familiar são entrevistados por dois membros da equipe (juntos e separadamente) e respondem a alguns questionários. Apenas o cliente, entretanto, faz alguns testes padronizados. Ele, o familiar e a equipe se reúnem no final do dia para discutir os resultados e decidir se devem ou não passar para a próxima etapa: a avaliação detalhada de duas semanas. Temos que sentir que podemos ajudar o cliente com seus problemas e ele tem que estar disposto a participar e trabalhar em prol de algumas metas mutuamente acordadas que serão determinadas em uma etapa posterior.

A avaliação detalhada de duas semanas inclui testes padronizados adicionais, avaliação funcional, entrevistas e questionários, bem como a participação em alguns grupos (a serem descritos nos Capítulos 14 a 19) e a análise de possíveis metas. Em geral, na avaliação detalhada, é incluído um membro de cada uma das quatro principais áreas: psicologia clínica, terapia ocupacional, fonoaudiologia e fisioterapia. Cada área realiza suas avaliações, observa como os clientes se relacionam com outros indivíduos no OZC, identifica como eles enfrentam situações difíceis em grupos e em determinadas atividades funcionais, e analisa se eles se beneficiarão do programa completo. O processo formal de estabelecimento de metas começa durante esse período. O propósito desse estabelecimento de metas e da especificação de como estas serão alcançadas é proporcionar um direcionamento claro para o programa de cada cliente e ajudar a todos a monitorá-lo. As metas apropriadas são identificadas por meio de discussões com o cliente, familiares/parceiros e membros da equipe. Se necessário, essas metas são ampliadas ou ajustadas durante o programa, mas as metas iniciais são negociadas no final do período de avaliação detalhada.

Cada cliente possui um CPI. Qualquer membro permanente e profissionalmente qualificado da equipe pode assumir essa função e tentamos nos certificar de que não exista, em momento algum, mais do que dois clientes designados para qualquer membro da equipe. Um segundo CPI é escolhido para oferecer um apoio adicional ou cobrir a ausência do primeiro, quando solicitado. Uma vez que os clientes ingressam no programa, após a avaliação de duas semanas, eles se reúnem com seu CPI para assegurar que este seja conduzido de modo a atender às necessidades individuais. O CPI atua como um elo entre o cliente e outros membros da equipe, familiares, parceiros e quaisquer agências envolvidas no programa.

Há uma reunião inicial para confirmar e, se necessário, ajustar as metas. Estas são monitoradas e revisadas semanalmente pelo CPI e quinzenalmente pela equipe. Os clientes recebem cópias das metas estabelecidas e do progresso feito para que elas sejam mantidas em seus arquivos pessoais. Os relatórios são escritos após: (1) a avaliação inicial de 1 dia; (2) a avaliação de 2 semanas; (3) a parte intensiva do programa; (4) o fim do programa; e (5) as reavaliações realizadas em um período de 3, 6 e 12 meses.

Cerca de 60% dos nossos clientes são assistidos pela própria autoridade de saúde local (ou seja, de sua área de residência permanente) e cerca de 40% por advogados. Os únicos indivíduos que arcam com os próprios custos são geralmente aqueles que vêm do exterior. Apesar de não encorajarmos a participação de clientes estrangeiros devido às dificuldades em assegurar que a fase de integração seja bem-sucedida, há momentos em que a aceitação não representa um problema significativo. Logo, temos eventualmente indivíduos de outros países, sobretudo, se um familiar puder acompanhá-los ou se eles possuírem familiares no Reino Unido. Oferecemos também aconselhamento sobre onde buscar ajuda aos indivíduos que não são considerados adequados após as avaliações preliminares ou detalhadas.

O dia do cliente começa às 10h da manhã e termina às 4h da tarde. A pontualidade é um requisito para a equipe, bem como para os clientes (para os quais também pode ser uma meta da reabilitação). Todos têm um cronograma individual que é reavaliado semanalmente. Um exemplo de cronograma comum de cliente pode ser visto no Quadro 4.1.

Quadro 4.1 - Exemplo de cronograma de cliente

Hora	Segunda-feira	Terça-feira	Quarta-feira	Quinta-feira
10:00 às 10:20	Reunião com a Comunidade	Reunião com a Comunidade	Reunião com a Comunidade	Reunião com a Comunidade
10:20 às 10:50	Coordenador de Programa Pessoal (CPI) (Donna)	Grupo de habilidades funcionais	Metas de trabalho (Donna)	Grupo Cognitivo
10:50 às 11:20				
11:20	Café Área comum	Café Área comum	Café Área comum	Café Área comum
11:40 às 12:10	Grupo de Apoio Psicológico		Reabilitação Cognitiva (Fergus)	Psicoterapia (Siobhan)
12:10 às 12:40				
12:40	ALMOÇO	ALMOÇO	ALMOÇO	ALMOÇO
13:40 às 14:10	Grupo Cognitivo	Trabalho de Comunicação Individual (Leyla)	Grupo de Gerenciamento de Humor	Sessão Independente
14:10 às 14:40				
14:40	LANCHE	LANCHE	LANCHE	LANCHE
15:00 às 15:30	Grupo CLE	Grupo de Aplicação de Estratégias	Metas de habilidades de vida independente (Jacqui)	Reavaliação Semanal
15:30 às 16:00				

Como o programa não é residencial, alguns clientes viajam de carro, ônibus ou trem no dia específico do tratamento. É oferecido um transporte de ida e volta para a estação. Para os outros que moram muito distante do OZC, ajudamos na acomodação em pousadas ou pequenos hotéis locais (isso é visto como parte da reabilitação). Eventualmente, um cliente fisicamente dependente ou amnésico ficará em alguma parte do hospital ou se mudará com um familiar para um apartamento alugado e ficará nele por alguns meses. Às vezes, um cuidador pode ser designado para auxiliar os clientes em algo específico fora do horário de funcionamento do programa. Muitas vezes, esse apoio é de natureza social ou emocional, mas também se destina às dificuldades práticas, tais como preparar refeições ou dar orientações a respeito da região. A maioria dos clientes que necessita de acomodação durante a semana volta para casa nos finais de semana.

Conteúdo do programa

Sessões individuais

As sessões individuais diárias são planejadas de acordo com as necessidades de cada cliente. As sessões de terapia ocupacional podem abordar habilidades, tais como gerenciamento da fadiga ou desenvolvimento de técnicas de memória e planejamento, além das principais áreas de participação social, tais como se organizar para uma experiência de trabalho na segunda etapa do programa. Da mesma forma, as sessões de fonoaudiologia podem abordar dificuldades elementares de comunicação social, receptiva ou expressiva, ou iniciar a partir de áreas funcionais, tais como a atividade de lazer social. As sessões de fisioterapia geralmente se concentram na organização de programas de exercícios e, na medida do possível, os clientes recebem ajuda para acessar os recursos da comunidade a fim de trabalhar as áreas físicas. As sessões de psicologia clínica abrangem a reabilitação cognitiva, bem como a psicoterapia. Quando as intervenções são baseadas em protocolos, os assistentes de reabilitação podem conduzir a atividade de reabilitação. Há algumas semelhanças entre as profissões no que diz respeito ao que é oferecido, embora os psicólogos tenham uma responsabilidade específica de auxiliar e desenvolver formulações para orientar a intervenção da equipe e abordar os distúrbios emocionais. As sessões estão interligadas por meio de experimentos e projetos descritos anteriormente no capítulo. O trabalho interdisciplinar é alcançado mediante o desenvolvimento e manutenção do entendimento compartilhado, conforme descrito anteriormente.

Sessões em grupos

Como mencionado acima, todos os clientes fazem terapia individual e em grupo. A maioria das sessões de grupo é realizada em formato de seminário. O líder do grupo geralmente tem um folheto e apresenta informações em um quadro branco, *flip-chart* ou *slides* em PowerPoint. Os clientes tomam notas, fazem perguntas, compartilham experiências relacionadas ao tópico e oferecem explicações uns aos outros. A informação é associada a exercícios para ajudar a praticar as habilidades, desenvolver a percepção ou testar as previsões por meio de pequenos experimentos comportamentais. No início de cada semana, na reunião com a comunidade, a equipe disponibiliza uma prévia dos tópicos que estão surgindo nos grupos e os clientes escolhem quem fará as anotações. Assim, o indivíduo responsável pelas anotações auxilia na discussão em uma reunião no final da semana na qual os principais pontos de aprendizagem e reflexões desse período são identificados e discutidos. Pode ser solicitado a esse indivíduo que faça um resumo no final de uma sessão e informe ao grupo quais foram os principais pontos da sessão anterior. Todos os clientes participam da maioria dos grupos.

Também podemos fazer alterações nos grupos se acharmos que podemos melhorá-los. Por exemplo, costumávamos começar o dia com um Grupo de Estratégias Cognitivas, cujo objetivo era auxiliar os clientes a perceber seus problemas cognitivos, tais como memória, atenção, velocidade de pensamento e processamento visual, e a descobrir como isso poderia afetar o funcionamento em uma série de tarefas verbais e escritas. Os clientes aprendiam acerca de várias estratégias compensatórias relevantes para suas necessidades e tinham a oportunidade de praticá-las. Eles também eram encorajados a relacionar as tarefas realizadas dentro do Grupo de Estratégias Cognitivas com as atividades do dia a dia. Logo, se alguém tivesse dificuldade com uma tarefa de escaneamento visual, poderíamos perguntar a ele/ela como isso possivelmente o afetaria no supermercado ou na cozinha. Durante o segundo ano de funcionamento, no entanto, reconhecemos que os clientes se esforçavam para generalizar a aprendizagem dessas sessões e, portanto, concordamos que o foco deveria estar mais em tarefas funcionais. Identificamos que havia uma necessidade de auxiliar mais ativamente os clientes em seu planejamento e organização e, então, começamos o dia com um Grupo de Agenda Diário por meio do qual todos os clientes revisavam seus planos para o dia e se certificavam de que tinham uma técnica para recordar o que fazer e quando fazer.

Atualmente, pretendemos aplicar o modelo de aprendizagem experiencial em todo o programa, incluindo os grupos. Por exemplo, agora incluímos grupos funcionais, tais como o "Grupo de Aplicação de Estratégias", que fornece ao grupo de clientes projetos nos quais eles trabalham juntos. Essa atividade é empregada como um meio para desenvolver a percepção e as oportunidades a fim de testar estratégias. Damos uma ênfase maior à aprendizagem experiencial nos grupos cognitivos e emocionais. Dessa forma, apresentamos e discutimos a informação, fazemos um exercício e uma reflexão. Os membros da equipe podem recorrer às experiências em grupo com o cliente para facilitar o trabalho funcional, cognitivo, comunicacional ou psicoterapêutico individual.

Uma vez que tentamos seguir um estilo de trabalho interdisciplinar e diluir as fronteiras entre as diferentes profissões (mesmo que ainda utilizemos nossa *expertise* profissional), a maioria dos nossos grupos pode ser conduzida por qualquer membro da equipe profissional. As exceções são o Grupo de Apoio Psicológico, que é sempre conduzido por dois psicólogos clínicos qualificados, e o Grupo de Comunicação, que é sempre orientado por um dos fonoaudiólogos. No passado, ministramos um Grupo de Habilidades de Vida Independente, liderado por um dos terapeutas ocupacionais, e um Grupo de Preparação Física, dirigido por um fisioterapeuta. Todos os outros grupos podem ser conduzidos por qualquer membro treinado da equipe e regularmente fazemos um rodízio entre os líderes do grupo. Os princípios de vincular informação, atividade e significado, bem como o conteúdo específico (habilidades e tópicos abordados) são considerados essenciais para facilitar o processo "Y" de mudança descrito acima. Os principais grupos ministrados no programa (descritos na Parte 2 deste livro) são:

- Reunião com a Comunidade;
- Reavaliação Semanal;
- Grupo de Compreensão sobre a Lesão Encefálica;
- Grupo Cognitivo 1 (Atenção e Estabelecimento de Metas);
- Grupo Cognitivo 2 (Memória);
- Grupo de Apoio Psicológico;
- Grupo de Gerenciamento de Humor;
- Grupo de Projetos/Aplicação de Estratégias;
- Grupo de Comunicação e Habilidades Sociais;
- Grupo de Familiares e Cuidadores;
- Grupo de Usuários.

Experiência de trabalho

Durante a parte intensiva do programa, os clientes são incentivados a pensar em seus planos futuros após a conclusão da reabilitação atual. Se o retorno ao trabalho remunerado for uma opção, uma oportunidade de experiência de trabalho pode ser, então, organizada para ocorrer durante a fase de integração do programa. O ideal é quando um empregador mantém o posto de trabalho estável, embora isso seja raro na prática. Nesse caso, o terapeuta ocupacional (TO) entra em contato com o empregador, identifica as tarefas e habilidades específicas necessárias para o trabalho e como as consequências da lesão podem afetá-las. Além disso, ele trabalha com o cliente e a equipe na identificação de estratégias compensatórias para otimizar as habilidades e comportamentos relacionados ao trabalho. Se o posto de trabalho do cliente não é mantido pelo empregador, uma experiência de trabalho voluntário é detectada, se possível, em uma determinada área de interesse vocacional. Uma vez que uma colocação profissional específica tenha sido confirmada, o TO tentará entrar em contato com o responsável, conduzirá uma avaliação de risco e elaborará um acordo trabalhista para esclarecer as funções e expectativas entre o OZC, o cliente e o responsável por essa oportunidade. Os formulários de avaliação são preenchidos separadamente pelo empregador e pelo cliente e, posteriormente, comparados e discutidos com a equipe (ver Capítulo 12). O TO monitora a experiência de trabalho por meio de um contato periódico com o empregador e utiliza o *feedback* a fim de auxiliar o cliente a fazer um plano de ação vocacional realista para o período posterior ao programa. As agências de apoio[4] na comunidade são identificadas, permitindo que seja dada a continuidade a esse plano.

A experiência de trabalho pode ser utilizada a fim de avaliar o potencial de um cliente para um emprego, bem como dar a ele a oportunidade de generalizar as estratégias aprendidas durante as sessões individuais e em grupo no OZC. Essa experiência torna-se um novo contexto para o cliente testar estratégias e habilidades e pôr em prática sua aprendizagem experiencial iniciada no OZC durante a fase intensiva, permitindo assim a continuidade do processo de mudança. Dar um *feedback* de boa qualidade é essencial nesse processo. Se for preciso, o cliente pode ser acompanhado por um membro da equipe com o objetivo de ver quais habilidades são necessárias para o emprego ou ele pode acompanhar um colega de trabalho para ver como as tarefas são feitas. Inicialmente, é provável que os clientes participem da experiência de trabalho enquanto frequentam o OZC, por exemplo, dois dias neste e dois dias no local de trabalho. No OZC, os clientes têm a oportunidade de discutir quaisquer dificuldades vocacionais e praticar quaisquer habilidades que precisem ser desenvolvidas para tornar a experiência mais bem-sucedida. Às vezes, podemos ministrar um Grupo de Habilidades de Trabalho antes de os clientes começarem a buscar uma colocação profissional (consulte o Capítulo 12).

Outras atividades no OZC

Em geral, temos um visitante do exterior no OZC para aprender acerca de nossa abordagem. Nosso primeiro visitante foi um neurologista da Itália que permaneceu por um ano. A maioria dos visitantes permanece por cerca de três meses e temos terapeutas e estudantes do Japão, Alemanha, Dinamarca, Tailândia, China,

---

[4] N.T: No original, foi utilizado o termo *support agencies*, que se refere às instituições públicas ou privadas no Reino Unido que prestam diferentes tipos de assistência a indivíduos com dificuldades na área da saúde, educação, trabalho etc.

Suíça e Argentina, apenas para citar alguns. Estamos também muito envolvidos em pesquisas. Temos a oportunidade de aplicar as últimas descobertas destas, bem como desenvolver novos procedimentos de avaliação e tratamento. Uma de nossas séries de estudos mais bem-sucedida foi o trabalho sobre o NeuroPage, descrito no Capítulo 2. Outros projetos de pesquisa incluem a investigação de novas técnicas e estratégias de tratamento, tais como a comparação entre diferentes estratégias de treinamento de atenção, o acompanhamento a longo prazo de nossos clientes, a comparação entre os diferentes tipos de dispositivos de memória, a compreensão e tratamento das alterações na emoção e senso de *self*, a avaliação clínica e gestão da comunicação social, e o desenvolvimento de novos procedimentos padronizados de avaliação.

Conclusão

Não há dúvida de que unidades como o OZC são extremamente necessárias em todo o mundo. Pouquíssimos indivíduos que sobrevivem à lesão encefálica têm a oportunidade de participar desse tipo de reabilitação. Como Greenwood e McMillan (1993) disseram em um relatório solicitado pelo Departament of Health "[...] a ausência de um serviço de reabilitação especializado para vítimas de lesão encefálica tem sido a regra" (p. 250). Eles ainda afirmaram que essa situação é "lamentavelmente inadequada", apesar do fato de que há um número de evidências cada vez maior a respeito da eficácia clínica e econômica da reabilitação, como assinalamos no Capítulo 2.

Uma revisão sobre a recuperação do funcionamento cognitivo após a lesão encefálica não progressiva (Wilson, 1998) sugeriu que a reabilitação poderia melhorar o funcionamento cognitivo (Ponsford, 1995; Merzenich *et al.*, 1996; Tallal *et al.*, 1996; Katz; Wertz, 1997; Robertson, 1999; Wilson, 1999). Os programas de reabilitação podem funcionar, auxiliando os indivíduos a compensarem suas dificuldades (Wilson; Watson, 1996) ou a alcançarem a restauração total/parcial de seu funcionamento por meio da plasticidade e de exercícios. Robertson (1999) sugere que a restauração pode ser possível após pequenas lesões, enquanto os processos compensatórios são mais prováveis na recuperação de lesões maiores. Kolb (1995) acredita que as habilidades de linguagem mostram uma maior propensão à recuperação do que outras funções cognitivas. Os déficits de atenção também podem responder ao treinamento específico em certas circunstâncias (Sturm *et al.*, 1997), particularmente em relação à negligência unilateral (Robertson *et al.*, 1995). No entanto, para atender às necessidades dos clientes e suas famílias que enfrentam os múltiplos desafios da vida após a lesão encefálica, mais do que apenas uma reabilitação cognitiva é necessária.

Neste capítulo, descrevemos a evolução e adaptação de uma abordagem holística consagrada consistente com os princípios fundamentais descritos por

Yehdua Ben-Yishay. Incorporamos intervenções de pesquisas recentes e *insights* de uma série de teorias psicossociais para abordar complexas necessidades funcionais, cognitivas, emocionais e de interações sociais, bem como desafios organizacionais. Entretanto, mais pesquisas são necessárias a fim de investigar a interação entre as mudanças emocionais e cognitivas, o contexto social e o processo de mudança na reabilitação. Além disso, a identificação dos "princípios ativos" da intervenção holística poderia contribuir para a oferta de programas baseados na comunidade com maior custo-benefício e clinicamente eficazes, assim como está sendo explorado pelo OZC e por outros.

Referências

Bennett-Levy, J., Butler, G., Fennell, M. et al. (eds.) (2004). *Oxford Guide to Behavioural Experiments in Cognitive Therapy*. Oxford: Oxford University Press.

Ben-Yishay, Y. (ed.) (1978). *Working Approaches to Remediation of Cognitive Deficits in Brain Damaged Persons*. Rehabilitation Monograph No. 59. New York: New York University Medical Center.

Ben-Yishay, Y. (2000). Post-acute neuropsychological rehabilitation: a holistic perspective. In A. L. Christensen and B. P. Uzzell, eds., *Critical Issues in Neuropsychology, International Handbook of Neuropsychological Rehabilitation*. New York: Kluwer Academic/Plenum Publishers, pp. 127–36.

Ben-Yishay, Y. and Prigatano, G. (1990). Cognitive remediation. In E. Griffith, M. Rosenthal, M. R. Bond and J. D. Miller eds. *Rehabilitation of the Adult and Child with Traumatic Brain Injury*. Philadelphia: FA Davis, pp. 393–409.

Bergquist, T. F. and Jacket, M. P. (1993). Awareness and goal setting with the traumatically brain injured. *Brain Injury*, **7**(3), 275–282.

Butler, G. (1998). Clinical formulation. In A. S. Bellack and M. Hersen, eds., *Comprehensive Clinical Psychology*. New York: Pergamon Press, pp. 1–24.

Cantor, J. B., Ashman, T. A., Schwartz, M. E. et al. (2005). The role of self-discrepancy theory in understanding post-traumatic brain injury affective disorders: a pilot study. *Journal of Head Trauma Rehabilitation*, **20**(6), 527–43.

Christensen, A. L. and Teasdale, T. (1995). A clinical and neuropsychological led post-acute rehabilitation programme. In M. A. Chamberlain, V. C. Neuman and A. Tennant, eds., *Traumatic Brain Injury Rehabilitation: Initiatives in Service Delivery, Treatment and Measuring Outcome*. New York: Chapman and Hall, pp. 88–98.

Cicerone, K. D., Dahlberg, C., Malec, J. F. et al. (2005). Evidence-based cognitive rehabilitation: updated review of the literature from 1998 through 2002. *Archives of Physical Medicine and Rehabilitation*, **86**(8), 1681–92.

Conway, M. A. (2005). Memory and the self. *Journal of Memory and Language*, **53**(4), 594–628.

Department of Health (2005). *The National Service Framework for Long Term Conditions*. London: DoH.

Goldstein, K. (1959). Notes on the development of my concepts. *Journal of Individual Psychology*, **15**, 5–14.

Greenwood, R. J. and McMillan, T. M. (1993). Models of rehabilitation programmes for the brain-injured adult - II: Model services and suggestions for change in the UK. *Clinical Rehabilitation*, **7**, 346–55.

Katz, R. C. and Wertz, R. T. (1997). The efficacy of computer-provided reading treatment for chronic aphasic adults. *Journal of Speech and Language Hearing Research*, **40**(3), 493–507.

Kolb, B. (1995). *Brain Plasticity and Behaviour*. Hillsdale, NJ: Lawrence Erlbaum.

Mason, B. (1993). Towards positions of safe uncertainty. Human. *Systems*, **4**, 189–200.

McGrath, J. and Adams, L. (1999). Patient-centred goal planning: a systemic psychological therapy? *Topics in Stroke Rehabilitation*, **6**, 43–50.

McGrath, J. and King, N. (2004). Acquired brain injury. In J. Bennett-Levy, G. Butler, M. Fennell et al., eds., *Oxford Guide to Behavioural Experiments in Cognitive Therapy*. New York: Oxford University Press, pp. 331–48.

Merzenich, M. M., Jenkins, W. M., Johnston, P. et al. (1996). Temporal processing deficits of language-learning impaired children ameliorated by training. *Science*, **271**(5245), 77–81.

Mooney, K. A. and Padesky, C. A. (2000). Applying client creativity to recurrent problems: constructing possibilities and tolerating doubt. *Journal of Cognitive Psychotherapy*, **14**(2), 149–61.

Nochi, M. (1997). Dealing with the "Void": traumatic brain injury as a story. *Disability & Society*, **12**(4), 533–55.

Nochi, M. (1998). "Loss of self" in the narratives of people with traumatic brain injuries: a qualitative analysis. *Social Science & Medicine*, **46**(7), 869–78.

Nochi, M. (2000). Reconstructing self-narratives in coping with traumatic brain injury. *Social Science & Medicine*, **51**(12), 1795–1804.

Oddy, M. and Herbert, C. (2003). Intervention with families following brain injury: evidenced-based practice. *Neuropsychological Rehabilitation*, **13**(1/2), 259–73.

Ponsford, J. (1995). Mechanisms, recovery and sequelae of traumatic brain injury: a foundation for the REAL approach. In J. Ponsford, S. Sloan and P. Snow, eds., *Traumatic Brain Injury: Rehabilitation for Everyday Adaptive Living*. Hove: Lawrence Erlbaum Associates, pp. 1–31.

Prigatano, G. P. (2000). Rehabilitation for traumatic brain injury. *The Journal of the American Medical Association*, **284**, 1783.

Prigatano, G. P. (2008). Neuropsychological rehabilitation and psychodynamic psychotherapy. In Morgan, J. E., and Ricker, J. H. *Textbook of Clinical Neuropsychology*. New York: Taylor & Francis, pp. 985–95.

Prigatano, G. P., Fordyce, D. J. and Zeiner, H. K. (1986). Edwin A. Weinstein's contribution to neuropsychological rehabilitation. *Neuropsychological Rehabilitation*, **6**(4), 305–26.

Robertson, I. H. (1999). Theory-driven neuropsychological rehabilitation: the role of attention and competition in recovery of function after brain damage. In D. Gopher and A. Koriat, ed., Attention and Performance XVII: *Cognitive Regulation of Performance: Interaction of Theory and Application*. Cambridge: MIT Press, pp. 677–96.

Robertson, I. H., Tegnér, R., Tham, K., Lo, A. and Nimmo-Smith, I. (1995). Sustained attention training for unilateral neglect: theoretical and rehabilitation implications. *Journal of Clinical and Experimental Neuropsychology*, **17**, 416–30.

Sarajuuri, J. M., Kaipio, M. L., Koskinen, S. K. et al. (2005). Outcome of a comprehensive neurorehabilitation program for patients with traumatic brain injury. *Archives of Physical Medicine and Rehabilitation*, **86**(12), 2296–302.

Silver, A., Surawy, C and Sanders, D. (2004). Physical illness and disability. In J. Bennett-Levy, G. Butler, M. Fennell et al., eds., *Oxford Guide to Behavioural Experiments in Cognitive Therapy*. New York: Oxford University Press, pp. 310–27.

Sturm, W., Willmes, K., Orgass, B. and Hartje, W. (1997). Do specific attention deficits need specific training? *Neuropsychological Rehabilitation*, **7**, 81–103.

Tallal, P., Miller, S. L., Bedi, G. et al. (1996). Language comprehension in language-learning impaired children improved with acoustically modified speech. *Science*, **271** (5245), 81–4.

Teasdale, J. D. and Barnard, P. J. (1993). *Affect, Cognition and Change: Re-modelling Depressive Thought*. Hove: Lawrence Erlbaum Associates.

Tiersky, L. A., Anselmi, V., Johnston, M. V. et al. (2005). A trial of neuropsychological rehabilitation in mild-spectrum TBI. *Archives of Physical Medicine and Rehabilitation*, **86**, 1565–74.

Tyerman, A. and Humphrey, M. (1984). Changes in self-concept following severe head injury. International *Journal of Rehabilitation Research*, **7**(1), 11–23.

Vygotsky, L. S. (1960/1978). Internalisation of higher psychological functions. In M. Cole, V. John-Steiner, S. Scribner and E. Souberman, eds., *L. S. Vygotsky Mind in Society: The Development of Higher Psychological Processes*. Cambridge MA: Harvard University Press, pp. 52–7.

Webb, P. M. and Glueckauf, R. F. (1994). The effects of direct involvement in goal setting on rehabilitation outcome for persons with traumatic brain injury. *Rehabilitation Psychology*, **39**, 179–88.

Williams, M. (2003). Neuro-rehabilitation and cognitive behaviour therapy for emotional disorders in acquired brain injury. In B. A. Wilson, ed., *Neuropsychological Rehabilitation: Theory and Practice*. Lisse: Swets and Zeitlinger, pp. 115–36.

Wilson, B. A. (1998). Recovery of cognitive functions following non-progressive brain injury. *Current Opinions in Neurobiology*, **8**, 281–7.

Wilson, B. A. (1999). *Case Studies in Neuropsychological Rehabilitation*. New York: Oxford University Press.

Wilson, B. A. (2003). Goal planning rather than neuropsychological tests should be used to structure and evaluate cognitive rehabilitation. *Brain Impairment*, **4**(1), 25–30.

Wilson, B. A. and Watson, P. C. (1996). A practical framework for understanding compensatory behaviour in people with organic memory impairment. *Memory*, **4**, 465–86.

Yeates, G., Henwood, K., Gracey, F. and Evans, J. (2007). Awareness of disability after acquired brain injury (ABI) and the family context. *Neuropsychological Rehabilitation*, **17**(2), 151–73.

Ylvisaker, M. and Feeney, T. (2000). Reconstruction of identity after brain injury. *Brain Impairment*, **1**, 12–28.

Ylvisaker, M., Feeney, J. and Feeney, T. J. (1999). An everyday approach to long--term rehabilitation after traumatic brain injury. In B. S. Cornett, ed., *Clinical Practice Management for Speech Language Pathologists*. Gaithersburg: Aspen Publishers, pp. 117–61.

PARTE 2

Intervenções em grupo

CAPÍTULO 5

O Grupo de Compreensão sobre a Lesão Encefálica (Grupo CLE)

Barbara A. Wilson, Andrew Bateman e Jonathan J. Evans

Introdução

Podemos afirmar que o Grupo de Compreensão sobre a Lesão Encefálica ou Grupo CLE é o grupo mais importante do programa no Oliver Zangwill Centre (OZC). Ele é, talvez, a principal maneira de auxiliar os clientes a entenderem o que aconteceu com eles, como foram afetados por sua lesão encefálica e que tipo de recuperação esperar. Essas informações formam a base de uma crescente percepção e autoestima, e contribuem significativamente para o processo de desenvolvimento de um "entendimento compartilhado", bem como de um "contexto terapêutico" seguro, conforme descrito no Capítulo 4. Embora as consequências da lesão encefálica (por exemplo, memória, atenção e problemas emocionais) sejam abordadas com mais detalhes em outros grupos, sem o conhecimento e a aceitação que tentamos incutir no Grupo CLE, acreditamos que os outros grupos tenham uma menor probabilidade de sucesso.

Oferecer aos clientes, sempre que possível, a oportunidade de desenvolver uma percepção adequada de seus pontos fortes e fracos e de aprender a se autodefender é fundamental para a filosofia do OZC. A lesão encefálica pode ser uma experiência desorientadora, principalmente no que diz respeito aos comprometimentos cognitivos, tornando mais difícil perceber, entender ou responder aos problemas. Para a maior parte dos clientes, o conhecimento sobre a lesão encefálica e suas consequências é limitado à sua experiência anterior. Um dos objetivos do Grupo CLE é alterar as consequências da lesão encefálica. O modelo educacional, em forma de seminários, é utilizado para descrever como o encéfalo funciona e como ele pode ser afetado pela lesão. Em vez de confrontar diretamente os clientes com as consequências desta, esse modelo transmite a sensação de que há muitas consequências possíveis das lesões encefálicas, e eles têm a oportunidade de reconhecer e aprender sobre quais os afetam. A discussão em grupo também é utilizada como um meio para os clientes formularem um processo de descoberta e percepção de outras consequências. Isso segue a abordagem cíclica de aprendizagem do "modelo Y", descrita no Capítulo 4, em que, nas etapas iniciais da reabilitação, os clientes frequentemente são motivados a explorar e a refletir acerca de novas informações em um ambiente seguro a fim de começar a imaginar novas possibilidades (experimentos comportamentais baseados em "informações"). Os clientes muitas vezes comentam quando reconhecem uma dificuldade por eles enfrentada (por exemplo, dificuldades de atenção). Outro objetivo do grupo é explicar e desmistificar um pouco da linguagem técnica associada à lesão encefálica. Os clientes podem ter lido os próprios relatórios, mas não compreendido completamente seu conteúdo. A terminologia pode não ter sido explicada a eles anteriormente. Um objetivo do grupo é, portanto, possibilitar que os clientes, sempre que possível, se sintam confortáveis com a linguagem associada a esse tipo de lesão. Ainda há um estigma relacionado ao fato de ter uma "lesão encefálica" ou comprometimentos cognitivos. Outro objetivo do grupo é permitir que os clientes compreendam a relação entre a lesão e os comprometimentos, bem como as dificuldades que estão enfrentando.

Embora os clientes muitas vezes comecem a participar do Grupo CLE durante sua avaliação detalhada de 2 semanas com o objetivo de entender o que está acontecendo e ter uma noção do grupo, o programa de estudos realmente tem início quando eles começam a fazer a versão completa da reabilitação. É exigido que todos os clientes participem do Grupo CLE e sua duração é, em geral, de aproximadamente 8 semanas, com 1 sessão semanal de 1 hora. No entanto, dependendo dos estilos e capacidades de aprendizagem dos participantes, também organizamos sua distribuição de forma diferente. Por exemplo, incluímos as reuniões do Grupo CLE 4 vezes por semana, sendo 30 minutos para cada sessão. A estrutura depende, de certa forma, das necessidades e da velocidade de trabalho dos clientes, porém, em ambos os casos, o grupo pode ser ministrado durante toda a fase intensiva de 12 semanas, se necessário. O grupo é geralmente formado por 4 a 6 clientes e 2 membros da equipe de áreas distintas. O trabalho em grupo é reforçado nas sessões individuais durante as quais os clientes começam a construir seu portfólio pessoal. Sugerimos um modelo para esse portfólio no Apêndice 5.1.

No início de cada sessão, o líder do grupo dá as boas-vindas a todos e solicita que alguém resuma o que foi dito da última vez. As informações de cada sessão são muitas vezes apresentadas por meio de um projetor. Discussões e perguntas são incentivadas a todo o momento, principalmente quando algo apresentado se relaciona à própria experiência do cliente. Além dos *slides*, há sempre um modelo do encéfalo no grupo e outros recursos audiovisuais, tais como exemplos gravados em vídeo. Há também exercícios em grupo, se necessário. Às vezes, a sessão termina com um *quiz* a fim de tentar reforçar as informações aprendidas. O material da sessão, compilado em forma de apostila, é dado a cada cliente para seja que colocado em suas pastas.

Programa de estudos

No programa de estudos, há três partes principais: neuroanatomia, mecanismos de lesão e de recuperação. Dessa forma, é possível que duas sessões sejam ministradas acerca da neuroanatomia, três acerca dos mecanismos de lesão e três acerca dos mecanismos de recuperação. Encorajamos os participantes a escolherem tópicos de interesse pessoal, e alguns grupos pediram informações adicionais sobre uma série de tópicos. Por exemplo, grupos recentes solicitaram sessões a respeito de "traumatismo cranioencefálico e risco de demência", "alterações no sono e sonhos" e "percepção auditiva e sensibilidade ao barulho".

Apresentamos agora alguns exemplos de planos individuais de sessão para esse grupo, embora desejemos reiterar que estamos sempre preparados para ser flexíveis, aumentar ou reduzir o número de sessões, se necessário, trabalhar no ritmo mais adequado para cada cliente e adicionar ou adaptar o material, quando solicitado.

Sessão 1: desenvolvendo a motivação para a aprendizagem

O material desta sessão está disponibilizado no Apêndice 5.1. Ela foi planejada para desenvolver a motivação de forma que o cliente possa participar do grupo e elucidar os resultados da aprendizagem. Os participantes são encorajados a discutir as razões pelas quais desejam aprender acerca da lesão encefálica. Destinamos parte da sessão para a aplicação de um questionário, cujo objetivo é reconhecer as prioridades e apresentar alguns resultados da aprendizagem para o grupo. O objetivo das tarefas/lições de casa após essa sessão é identificar os tópicos que não foram listados no programa de estudos previamente elaborado ("Por favor, reflita, por alguns minutos, sobre a sessão e complete a frase: 'o que eu quero descobrir sobre minha lesão encefálica é...?'").

Sessões 2 e 3: neuroanatomia

Os clientes são recebidos no grupo, a tarefa de casa da última sessão é discutida e, em seguida, os principais objetivos da sessão são descritos em linhas gerais. Esses objetivos são os primeiros a apresentar a anatomia do encéfalo e a familiarizar os indivíduos com a terminologia utilizada. No segundo objetivo, os clientes aprendem como diferentes tipos de lesão e doença podem comprometer o funcionamento cerebral (por exemplo, traumatismo cranioencefálico, acidente vascular encefálico e encefalite). O terceiro objetivo é desenvolver uma compreensão dos mecanismos de recuperação da lesão encefálica e o quarto é aprender acerca das consequências desses comprometimentos em diferentes áreas do cérebro. Uma vez levantadas quaisquer questões e discussões, uma ilustração da anatomia do encéfalo e do crânio é mostrada para descrever a posição e as funções da caixa craniana, córtex cerebral, cerebelo, tronco encefálico, medula espinhal e líquido cefalorraquidiano. Tudo isso é feito tendo, como referência, os modelos do encéfalo que estão sempre acessíveis aos clientes (há vários modelos úteis de alta qualidade disponíveis em Adam, Rouilly – www.adam-rouilly.co.uk/). Perguntas e respostas são encorajadas a todo o momento e cabe repetir aqui que os clientes recebem todas as informações compiladas em apostilas, além de serem incentivados a fazer anotações.

Existem alguns recursos muito bons disponíveis na internet para auxiliar na educação da anatomia. Por exemplo, *The Whole Brain Atlas* (Johnson; Becker, 1995-1999) disponibiliza imagens simultâneas de ressonância magnética transversal, sagital e coronal com setas claras que auxiliam na identificação das características individuais. Também acreditamos que empregar imagens disponíveis em periódicos médicos recentes seja eficaz. Por exemplo, Nakayama *et al.* (2006) utilizaram a ressonância magnética por tensor de difusão para examinar os indivíduos com traumatismo cranioencefálico fechado. Consideramos o artigo e suas imagens úteis ao permitir que os clientes entendam mais a respeito dos tratos da substância branca. Além disso, os autores concluíram que as tomografias de rotina dos clientes às vezes não revelam mudanças significativas, podendo ser visíveis apenas com o emprego de novas técnicas de imagem (um *slide* em PowerPoint das imagens utilizadas no artigo está disponível no site do periódico http://jnnp.bmj.com/).

Nos últimos anos, os clientes conseguiram obter, de seu hospital de referência, uma cópia das imagens digitalizadas de seu encéfalo em um CD-ROM. Em geral, examinamos as imagens e o relatório do neurorradiologista em uma sessão individual. Selecionamos uma imagem, a imprimimos e identificamos suas principais características. Esta é mais uma oportunidade para explorar a relação entre as regiões do encéfalo que podem estar lesionadas e a compreensão atual de suas funções. Tal abordagem encontrou respaldo em pesquisas recentes, tais como em um estudo sucinto de Roberts *et al.* (2006) que demonstrou uma melhora na percepção e uma redução da ansiedade e depressão após uma intervenção breve e semelhante.

Folha de resumo para permitir a recuperação espaçada de informações

Na reunião com a comunidade, no início de cada semana, um cliente se oferece como voluntário para reportar-se ao grupo. A codificação e a recuperação das informações são auxiliadas por meio da disponibilização, para todos os grupos, de "folhas de resumo" que podem ser usadas especificamente para *feedback* na reavaliação semanal. Essas folhas são utilizadas no final de cada sessão. O grupo é incentivado a ajudar o voluntário a decidir quais serão os principais pontos a serem recordados na reavaliação semanal.

Sessões 4 e 5: mecanismos de lesão

Esta parte começa com uma discussão sobre 5 tipos de lesão encefálica, sendo estes os mais prováveis de serem encontrados pelos clientes atendidos no OZC. São eles: (1) traumatismo cranioencefálico; (2) lesões vasculares (acidente vascular encefálico, incluindo hemorragia subaracnóidea e aneurismas rotos); (3) infecções (geralmente encefalite); (4) hipóxia (dano encefálico devido à falta de oxigênio no encéfalo); e (5) tumores encefálicos. Entretanto, reservamos um tempo maior para o entendimento do traumatismo cranioencefálico, pois cerca de 70% de nossos clientes sofreram tal lesão.

O grupo aprende sobre a frequência do traumatismo cranioencefálico leve, moderado e grave, e outras estatísticas são disponibilizadas quando solicitadas. Os membros também aprendem acerca da classificação do traumatismo cranioencefálico: abertos e fechados. Uma ilustração das áreas do encéfalo mais frequentemente comprometidas após uma lesão fechada é mostrada, e os clientes são encorajados a falar sobre como compreendem seus ferimentos.

Sessão 6: gravidade da lesão e experiência com cuidados intensivos

A próxima sessão enfoca as diferentes maneiras de classificar a gravidade da lesão e as duas mais comuns são apresentadas, resumindo a forma como os médicos avaliam a profundidade e a duração do coma, assim como a duração da amnésia pós-traumática (APT). Descobrimos que alguns clientes ficam ansiosos para revisar suas anotações acerca dos cuidados intensivos e entender o que lhes aconteceu. Eventualmente, se um diário foi mantido por familiares ou enfermeiros próximo ao leito durante o período de internação, é possível comparar os fragmentos de memória que um indivíduo possui a respeito desse período com os prontuários no trabalho de projeto individual. Nós certamente gostaríamos de encorajar nossos colegas do setor de terapia intensiva a promover a manutenção desse tipo de diário.

O grupo reflete sobre a patologia e fisiologia dos traumatismos cranioencefálicos. O objetivo é auxiliar na compreensão das investigações e intervenções que foram documentadas. Para alguns indivíduos, o nível de detalhes solicitados inclui a revisão do histórico de medicamentos e a identificação de quando, onde e por quem foram tomadas várias decisões acerca de seus cuidados.

Outros tipos de traumas encefálicos são discutidos. Uma vez que os clientes se tornam de algum modo *experts* ao aprendê-los, seu *feedback* tem indicado que eles passam a valorizar a capacidade de se comunicar com outros indivíduos que encontram no OZC ou no Headway[1], compreendendo também os problemas de seus colegas.

Sessões 7 e 8: mecanismos de recuperação

As sessões finais do Grupo CLE se preocupam com os mecanismos de recuperação. Isso é examinado a partir de tópicos, tais como recuperação neurológica, coma, saída do coma, recuperação da APT, gravidade das lesões e duração da recuperação, desenvolvimento da percepção e mudança, gerenciamento da percepção, e seguindo adiante. Os recursos que ilustram esses tópicos, incluindo os estudos científicos atuais, são considerados eficazes.

Sessão 9: "Como os outros entenderam sua lesão encefálica?"

Esta sessão é utilizada para iniciar o processo no qual os clientes decidem acerca do trabalho que desejam realizar de forma independente e que pode ser alcançado nos próximos meses. Alguns clientes acharam útil assistir a um filme sobre a experiência de um indivíduo com lesão encefálica. Um desses filmes foi exibido pela BBC Four[2], em agosto de 2004, intitulado *Storyville: who am I now?* (David, 2003). Este é um documentário sobre as mudanças após a lesão de uma conhecida jornalista da British Broadcasting Corporation (BBC), no Reino Unido, Sheena McDonald, que sofreu um traumatismo cranioencefálico. Ela desafia o senso comum de que "ela deve ser diferente" e mostra, por meio de entrevistas com os familiares e médicos que cuidaram dela durante sua recuperação, sua compreensão acerca do impacto da lesão encefálica sobre ela e aqueles ao seu redor. Conforme esperado, alguns de nossos clientes acharam o filme difícil de assistir, pois este evocou um grande número de reações emocionais (por exemplo, raiva, compaixão, frustração e gratidão). Entretanto, em geral, acreditamos que isso é um exercício útil por inúmeras razões, incluindo chamar a atenção dos clientes para a forma como eles gostariam de compreender a si no futuro. A análise da natureza do "experimento comportamental" que está sendo realizada ao se propor o filme em contato com o psicólogo clínico, que conduz a psicoterapia, pode auxiliar na antecipação e preparação do cliente para assisti-lo, tendo em mente um ponto específico de aprendizagem. Devido à multiplicidade de reações dos clientes em relação ao filme, é necessário tempo depois deste para ter a possibilidade de examiná-lo com eles. Isso pode ser acompanhado individualmente na psicoterapia ou em outras sessões relevantes, se utilizado como um experimento comportamental.

---

[1] N.T.: Headway é uma organização britânica sem fins lucrativos que auxilia pessoas com lesão encefálica.
[2] N.T.: BBC Four é um canal estatal de televisão no Reino Unido.

Embora o desenvolvimento do "entendimento compartilhado" para alguns clientes possa ser obtido a partir do trabalho com as informações factuais sobre a lesão ou a criação de uma linha do tempo com eventos, isso pode ser muito complexo ou inadequado para outros, tendo em vista suas metas. O desenvolvimento de representações metafóricas como um meio de simplificar e transmitir informações complexas tem sido defendido na formulação da terapia cognitiva padrão e utilizado espontaneamente por muitos de nossos clientes em sua construção de sentido após a lesão. Reunimos exemplos de projetos de arte de ex-clientes que optaram por fazer trabalhos como esse que diferiu do nosso portfólio básico. Dedicar algum tempo para examiná-los tem sido fonte de inspiração para muitos clientes. Por exemplo, um cliente, Richard, utilizou as letras de seu nome para criar um painel sobre variadas situações/circunstâncias – uma montagem com fotografias de diferentes fases de sua vida, antes, durante e depois de sua hospitalização devido a uma hemorragia subaracnóidea (ver Figura 5.1).

Figura 5.1 Explorando, por meio da arte, "quem sou eu?" Richard criou uma linha do tempo utilizando as letras de seu nome para mapear os eventos significativos em sua vida antes e depois da LEA. Esta figura mostra uma parte de seu trabalho. Cada letra tinha aproximadamente 1m de altura. Obra de Richard Harrison, com a permissão do autor para reprodução.

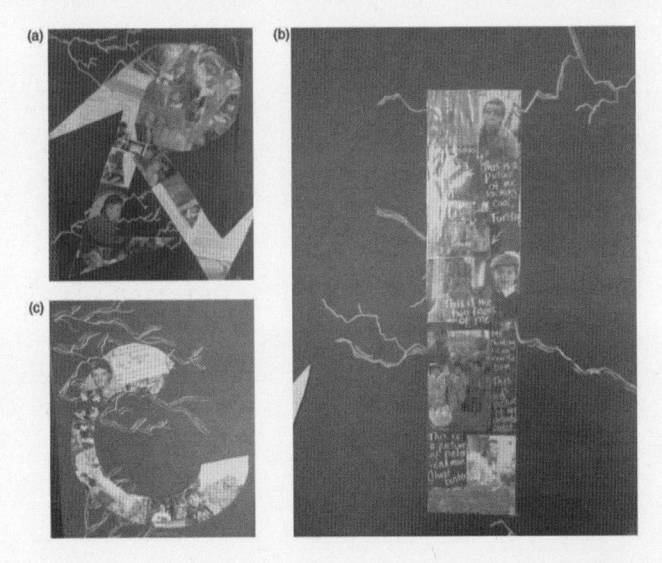

A capa da edição inglesa deste livro apresenta outro exemplo de arte de um cliente. Stuart enfrentou problemas significativos de memória e planejamento. Associados a eles, havia barreiras cognitivas e motivacionais para refletir acerca do futuro como alguém com deficiência cognitiva. Inicialmente, ele havia pensado em três partes para seu projeto CLE, apresentando uma descrição de si antes, durante e após a doença que causou sua lesão encefálica. No entanto, em relação ao trabalho desenvolvido na psicoterapia, isso era visto como algo que provavelmente permitiria a manutenção da autodiscrepância e evitação de ameaças associadas à reflexão sobre o futuro de uma forma precisa, realista e eficaz. Isso foi ponderado com Stuart e, assim, seu projeto CLE surgiu como um experimento para refletir sobre o *self* passado e futuro de uma única vez (já que acreditamos que isso seja necessário para promover o ajustamento emocional). Anteriormente, Stuart pensara em descrever seus *selfs* anteriores e posteriores à lesão como árvores e foi, então, acordado que ele tentaria utilizar apenas uma árvore para representar a si. Assim como em qualquer experimento comportamental, isso foi inserido de maneira exploratória e com um senso de curiosidade e descoberta, e não de maneira prescritiva. Stuart se engajou rapidamente no projeto. Ele utilizava "mapas mentais" (ver Capítulo 7, Grupo de Memória) como uma estratégia de memória para uma meta relacionada ao estudo, sendo capaz de ampliar essa habilidade de desenvolvimento. Ele identificou suas raízes como os principais fatos de sua história relacionados a ele mesmo, tais como seus sentidos, emoções e personalidade (confiança, determinação e humor). Suas realizações foram representadas como frutos (seus certificados do exame do ensino médio) que ele descreveu como "frutos que nunca apodrecem", sendo realizações permanentes, "sempre frescas", apesar da lesão encefálica. Alguns galhos (sem folhas) representavam perdas temporárias e outros mostravam quando ele reconheceu que a poda (sua lesão) alterou suas capacidades, embora muitas vezes novos brotos estivessem surgindo. Stuart também conseguiu falar sobre como diferentes condições afetavam o crescimento e descreveu o que a luz do sol, a chuva e o solo representavam em sua vida. Essas ideias o ajudaram a discutir o uso futuro de estratégias, bem como a assistência (em relação aos indivíduos, habilidades, situações) sobre os quais ele, conforme esperado, se sentia ambivalente. O projeto CLE com o "tema árvore", portanto, ajudou Stuart a perceber que ele tinha muitas conquistas em sua vida das quais ele ainda poderia se orgulhar e que elas não foram perdidas em virtude da lesão. Ao mesmo tempo, a noção de um novo e contínuo crescimento lhe permitiu utilizar essa metáfora para começar a ter discussões mais profícuas e concretas acerca do futuro em outros aspectos de seu programa.

Sessões supervisionadas e independentes

Portfólio ou outro trabalho criativo individual

Como mencionado acima, cada cliente constrói seu portfólio para explicar o que aconteceu com ele/ela e as consequências da lesão, doença ou trauma. A preparação e conclusão do portfólio é feita em sessões individuais e independentes, e é um reforço para o Grupo CLE. Apresentamos no Apêndice 5.1 alguns modelos em branco, tendo em vista as várias formas de completar o portfólio. Existem quatro seções principais e nem todos os clientes as completam integralmente. Quando concluídos, os clientes, dependendo de suas metas de reabilitação, o apresentam a um familiar, empregador, colega ou membro da equipe para auxiliar outros indivíduos no entendimento dos efeitos da lesão encefálica. Essa é muitas vezes uma das metas que esperamos que o cliente alcance como parte do programa de reabilitação (por exemplo, "X será capaz de explicar com precisão ao seu empregador a natureza e as consequências de sua lesão encefálica conforme avaliado por seu coordenador de programa individual ou CPI). À medida que o programa prossegue e avança para a fase de integração com a comunidade, a aprendizagem das informações e sua associação às habilidades em desenvolvimento, percepção e senso de identidade atualizado tornam-se um recurso importante para o cliente, a equipe e outros indivíduos envolvidos, uma vez que o cliente amplia seu entendimento compartilhado para contextos novos e existentes. Isso pode assumir a forma de uma "caixa de ferramentas" personalizada de estratégias (ver Yusuf, Capítulo 16), metáforas, tais como a árvore de Stuart, formulações positivas mais detalhadas (ver Judith, Capítulo 17) ou entendimento compartilhado e recomendações de apoio para implementar mudanças ambientais e contextuais (como em nosso trabalho com Simon, Capítulo 18, e Adam, Capítulo 19).

Conclusões

Esse grupo aborda todos os outros elementos do programa e fornece o ponto de partida para a integração entre o conhecimento e a aplicação de estratégias no cotidiano do participante, conforme descrito na "junção" do Y no modelo Y. Como uma vertente do programa, planejada para desenvolver a confiança no conhecimento dos participantes sobre si e sua condição, ela está em consonância com o Departament of Health (2006) e alinhada à abordagem do *Expert Patient Programme (EPP)*"[3]. No presente momento, o grupo difere do *EPP* porque não é dirigido por indivíduos leigos ou por pacientes. Entretanto, é possível que uma participação mais ampla em tal grupo possa ser viabilizada por meio do treinamento de participantes para auxiliar futuros grupos.

A avaliação sistemática do grupo de forma isolada, utilizando mudanças nos escores registrados no formulário sugerido para uso na Sessão 1 (ver Apêndice 5.1), ainda não foi realizada e é um objetivo para pesquisas futuras. Uma investigação preliminar desses formulários aponta que, até a 12ª semana do programa, os clientes

---

[3] N.T.: O *Expert Patient Programme* é um programa de autogerenciamento dirigido por leigos e desenvolvido especificamente para indivíduos com doenças crônicas. Lançado pelo Ministério da Saúde na Inglaterra em 2001, seu objetivo é apoiar esses indivíduos a fim de que eles aumentem sua confiança, melhorem sua qualidade de vida e gerenciem melhor sua doença.

em geral se sentiram mais confiantes sobre seus conhecimentos. Um importante desafio é determinar se a redução da autodiscrepância ou discrepância em relação a outros indivíduos e o melhor desempenho nas áreas das metas relacionadas à participação social, de fato, dependem da participação nesse grupo.

Concluindo, este grupo enfatiza a necessidade de se explorar os detalhes da lesão encefálica de um indivíduo como parte do desenvolvimento de um entendimento compartilhado (Capítulo 4). Os materiais empregados nesse grupo também são utilizados em um *workshop* sobre a compreensão da lesão encefálica para cuidadores e familiares que ministramos no OZC quatro vezes por ano (como parte de nosso componente principal "trabalhar com famílias e cuidadores" – consulte o Capítulo 10). Este é um caminho para ampliar o entendimento compartilhado fora do OZC.

Apêndice 5.1 – Exemplos de apostilas utilizadas na Sessão 1 do Grupo CLE: desenvolvendo a motivação para aprender sobre a lesão encefálica

Curso sobre a compreensão da lesão encefálica

O objetivo deste documento é ajudar a resumir algumas das opções para este programa de aprendizagem.

Histórico

A compreensão sobre a lesão encefálica (Grupo CLE) refere-se a nossa abordagem para:

a) compartilhar nosso conhecimento (e a falta dele) sobre o encéfalo e o impacto da lesão;
b) conhecer a patologia (os processos de adoecimento);
c) conhecer as consequências cognitivas;
d) conhecer as consequências emocionais.

A opinião da equipe do OZC é que compartilhar essa informação pode ajudar na adaptação, bem como na construção de sentido.

Logo no início, é apropriado preocupar-se com o risco de um foco negativo – enumerando todos os possíveis problemas – ou sentir-se sobrecarregado pelo programa de estudos possivelmente extenso.

No entanto, os objetivos gerais estão relacionados à autodefesa – ser capaz de explicar a natureza e as consequências da lesão encefálica – e para que os clientes demonstrem sua compreensão acerca dos tipos de consequência por meio do uso espontâneo ou estimulado de estratégias em determinadas situações, além de entenderem quem são, seus sentimentos sobre si e descobrirem coisas novas no programa de reabilitação em geral.

Métodos de aprendizagem

- Apresentações de seminário;
- Elaboração do portfólio;
- Apresentação aos pares – por meio de um cartaz ou oral;
- Elaboração de um trabalho artístico ou de um vídeo;
- Criação de uma linha do tempo;
- Descoberta de metáforas a partir de filmes ou ficção;
- Leitura guiada;
- Resultados de avaliações anteriores;
- Trabalho com as varreduras cerebrais do cliente.

As metas do Grupo CLE

As metas do Grupo CLE variam de indivíduo para indivíduo.

Proposta de programa de estudos

1. O que é o Grupo CLE? Visão geral
2. Anatomia
3. Outras informações gerais, tais como tipos de lesão (ferimentos fechados, abertos etc.), gravidade da lesão (Escala de Coma de Glasgow, amnésia pós-traumática etc. – podem ser necessárias duas sessões) etc.
4. Assistir ao filme *Storyville: who am I now?*

As próximas quatro semanas oferecem aos clientes oportunidades para falar especificamente sobre suas experiências, bem como disponibilizam informações. Encorajar uma compreensão compassiva de si e correlacionar com outros grupos.

5. Síndrome pós-concussional
6. Hemorragia subaracnóidea
7. Infecção – Encefalite
8. Resumo, qualquer outra informação que precise ser disponibilizada, reflexão sobre o que os indivíduos aprenderam e definição da agenda para os projetos individuais

Opções adicionais podem incluir:

a) investigação acerca dos processos de recuperação, cansaço ou outros sintomas não planejados para serem abordados em outros grupos;
b) mitos e riscos;
c) pesquisas atuais ou futuras;
d) fisiologia, bioquímica e medicação.

[...]

Resultados da aprendizagem

Uma série de possíveis resultados de um curso CLE está listada abaixo:

a) compreensão sobre a lesão encefálica demonstrada por meio da mudança de comportamento e utilização de estratégias;
b) percepção de várias estratégias possíveis;
c) capacidade de buscar e compreender as informações sobre a lesão encefálica;
d) aplicação das informações à vida diária;
e) ter opiniões variadas sobre as informações.

[...]

Metas	O quanto você está satisfeito com seu conhecimento atual?	O quanto isso é importante para você?
Aprender sobre a lesão encefálica para que, em até 12 semanas,		
a) eu possa me entender melhor e porque as coisas dão errado;		
b) eu possa me ser mais tolerante comigo mesmo;		
ci) eu possa explicar às pessoas no Oliver Zangwill Centre o que aconteceu;		
cii) eu possa explicar as coisas para minha família;		
d) eu possa explicar para as pessoas que não me conhecem;		

Metas	O quanto você está satisfeito com seu conhecimento atual?	O quanto isso é importante para você?
e) eu tenha informações às quais recorrer no futuro;		
f) eu saiba onde descobrir/ aprender mais no futuro;		
g) eu possa preparar um cartaz/ artigo/parágrafo no meu CV;		
h) eu possa entender meu prontuário hospitalar;		
i) eu possa estar ciente das pesquisas mais recentes;		
j) eu possa ser capaz de fazer sugestões aos pesquisadores;		
k) eu possa ajudar outras pessoas com lesão encefálica;		
l) eu possa contribuir com o *site*/ livro do Oliver Zangwill Centre;		
m) eu possa falar em uma reunião do Headway;		
n) quaisquer outras metas.		

Modelos para a preparação do portfólio (exemplos)

1a) As consequências cognitivas da minha lesão encefálica

Tenho problemas com (p. ex., memória, atenção, linguagem etc.)	Isso significa que	Um exemplo prático de quando surge este problema é

1b) As consequências emocionais/comportamentais da minha lesão encefálica

Tenho problemas com (p. ex., raiva, ansiedade, depressão etc.)	Isso significa que	Um exemplo prático de quando surge este problema é

1c) As consequências físicas da minha lesão encefálica

Tenho problemas com (p. ex., movimentos limitados, dor, fatiga etc.)	Isso significa que	Um exemplo prático de quando surge este problema é

2) Quadros de estratégias: para as minhas dificuldades, sou capaz de utilizar uma série de estratégias que podem ser aplicadas isoladamente ou em conjunto com outras estratégias.

Tenho problemas com, p. ex., memória, atenção etc. (observe dificuldade separadamente)	Estratégias que posso utilizar	Um exemplo prático de quando utilizei estas estratégias cada este problema é

3) Quadros de estratégias específicas situacionais

Situação:

As exigências cognitivas/emocionais/físicas (p. ex., memória, irritabilidade, fadiga, ansiedade, planejamento etc.)	Estas são as estratégias que usei (p. ex., dispositivos de memória, *mindfulness*, verificação mental, ritmo etc.)

4) Quadros de estratégias específicas por área

4a) As estratégias que uso para gerenciar as tarefas e atividades relacionadas ao lar/vida doméstica são:

Tarefa, atividade ou área de necessidade	As estratégias que eu deveria estar utilizando

4b) As estratégias que uso para gerenciar as tarefas e atividades relacionadas ao trabalho/estudo são:

Tarefa, atividade ou área de necessidade	As estratégias que eu deveria estar utilizando

4c) As estratégias que uso para gerenciar as tarefas e atividades relacionadas à minha vida social são:

Tarefa, atividade ou área de necessidade	As estratégias que eu deveria estar utilizando

4d) As estratégias que uso para gerenciar as tarefas e atividades relacionadas ao meu lazer são:

Tarefa, atividade ou área de necessidade	As estratégias que eu deveria estar utilizando

SESSÃO 9: como os outros entenderam sua lesão encefálica?

O Grupo CLE

A tarefa consiste em assistir ao filme da BBC *Storyville: who am I now?*, tendo em mente as seguintes perguntas:

1. Como Sheena iniciou sua Compreensão sobre a Lesão Encefálica?
2. Você acha que ela foi bem-sucedida?
3. O que ela aprendeu?

4. Qual parte do filme você mais gostou?
5. Qual parte do filme você poderia excluir?
6. Qual parte do filme teve mais a ver com você?
7. O que você gostaria de fazer no seu projeto CLE – se o filme lhe deu alguma ideia ou se você tem outras ideias sobre como você pode mostrar que melhorou sua compreensão sobre a lesão encefálica?

Ideias de trabalho para o projeto individual

Portfólio do Grupo CLE: dicas de informações circunstanciais

O que aconteceu comigo e quando isso aconteceu?

Que tipo de lesão eu tive (por exemplo, traumatismo cranioencefálico, acidente vascular encefálico etc.)?

Quais áreas do meu encéfalo foram lesionadas e como foram lesionadas (por exemplo, contusão nos lobos frontais)?

O que aconteceu comigo enquanto eu estava no hospital (por exemplo, cirurgias, procedimentos de monitoramento etc.)?

Por quanto tempo eu fiquei no hospital?

Qual foi o meu escore na Escala de Coma de Glasgow, duração do coma e da amnésia pós-traumática (se relevante). O que isso significa?

Por qual intervenção eu passei desde a minha lesão (por exemplo, reabilitação de pacientes institucionalizados, intervenção para pacientes ambulatoriais, Headway etc.)?

Referências

David, C. (2003). Who am I now? BBC Four Storyville. Available at: www.bbc.co.uk/bbcfour/documentaries/storyville/who-am-i.shtml (accessed April 2008).

Department of Health (2006). *Our Health, Our Care, Our Say: a New Direction for Community Services.* CM6737. London: HMSO.

Johnson, K. A. and Becker, J. A. (1995–1999). *The Whole Brain Atlas.* Available at: www.med.harvard.edu/AANLIB/home.html (accessed April 2008).

Nakayama, N., Okumura, A., Shinoda, J. et al. (2006). Evidence for white matter disruption in traumatic brain injury without macroscopic lesions. *Journal of Neurology, Neurosurgery, and Psychiatry,* **77**, 850–5.

Roberts, C. B., Rafal, R. and Coetzer, B. R. (2006). Feedback of brain-imaging findings: effect on impaired awareness and mood in acquired brain injury. *Brain Injury,* **20**(5), 485–97.

CAPÍTULO 6

O Grupo Cognitivo – Parte 1: atenção e gerenciamento de metas

Jonathan J. Evans

Introdução

A memória, a atenção e os déficits executivos são os comprometimentos cognitivos mais comuns nos clientes encaminhados para a reabilitação neuropsicológica no Oliver Zangwill Centre (OZC) e, portanto, são o foco do Grupo Cognitivo. O objetivo desse grupo é ajudar os clientes a desenvolverem uma melhor percepção sobre suas dificuldades nessas áreas, bem como adquirirem conhecimento e experiência com estratégias que possam ser utilizadas para gerenciar esses problemas cognitivos. Assim como no Grupo de Compreensão sobre a Lesão Encefálica (Grupo CLE), descrito no Capítulo 5, o formato desse grupo permite que os clientes aprendam com os facilitadores e uns com os outros por meio de discussões acerca de seus problemas e de estratégias que eles julguem ser eficazes.

O grupo começa abordando a atenção e o funcionamento executivo (mencionado por meio da utilização de termos como gerenciamento de metas ou resolução de problemas) e, em seguida, examina a memória. Este capítulo descreverá a Parte 1 do grupo, explorando a atenção e o gerenciamento de metas (A & GM) em conjunto, uma vez que esses conceitos e as dificuldades cotidianas a eles associadas estão extremamente imbricados. Começaremos analisando as evidências que se referem à eficácia dos tratamentos para os comprometimentos na atenção e nas funções executivas.

Evidências sobre a reabilitação da atenção e das funções executivas

As evidências relacionadas à reabilitação da atenção e das funções executivas são relativamente escassas. Existem algumas evidências de que treinar funções atencionais específicas utilizando programas de treinamento cognitivo computadorizado pode ser eficaz (Sturm *et al.*, 2002), embora haja menos evidências de que tais programas de treinamento generalizem para o desempenho em atividades funcionais. As evidências sobre os benefícios do treinamento no uso de estratégias para gerenciar ou compensar problemas de atenção são mais robustas (Cicerone *et al.* 2005). Uma meta-análise de Park e Ingles (2001) sugeriu que há evidências significativas que corroboram a hipótese de que, em atividades funcionais, o desempenho dos indivíduos com comprometimentos de atenção pode ser melhorado por meio do treinamento. Ao trabalhar diretamente em atividades funcionais, os pacientes podem desenvolver estratégias para compensar as dificuldades de atenção ou, em alguns casos, se tornar habilidosos em uma tarefa específica de tal modo que ela requeira uma atenção menos consciente e esteja menos sujeita a erros causados por pouca atenção. Existem evidências de que a atenção sustentada pode ser treinada por meio da modelagem gradual em tarefas funcionais específicas – consulte Manly (2004) para uma revisão. No Grupo A & GM, a parte destinada à atenção tem por objetivo ajudar os clientes a desenvolverem uma melhor compreensão desta, bem como uma melhor percepção de suas dificuldades em relação a ela e à concentração. Posteriormente, os clientes aprendem como as estratégias para gerenciar a atenção podem ser aplicadas às situações cotidianas.

Diversos estudos relatam o sucesso na melhoria dos aspectos do funcionamento executivo utilizando uma abordagem de treinamento de habilidades baseada em grupo e recorremos a essa literatura para planejar a estrutura do Grupo A & GM. Por exemplo, von Cramon *et al.* (1991) e von Cramon e Matthes-von Cramon (1992) descreveram uma abordagem baseada em grupo a qual denominaram terapia de resolução de problemas (TRP). Eles ressaltaram que o objetivo desta era permitir que os pacientes se tornassem mais eficientes em resolver problemas, adotando uma estratégia de processamento gradual, lenta e controlada, em contraste com a estratégia impulsiva mais comum. Essa terapia utilizava claramente o referencial teórico da resolução de problemas de D'Zurilla e Goldfried (1971), que a empregaram para ensinar os adultos com problemas de saúde mental a serem mais eficazes no gerenciamento do humor. O objetivo específico do grupo de tratamento era melhorar a capacidade dos pacientes de realizarem cada uma das diferentes etapas da resolução de problemas. As tarefas foram planejadas para praticar habilidades relacionadas:

a) à identificação e análise de problemas;
b) à seleção de informações importantes para resolver um problema;
c) ao reconhecimento da relação entre diferentes itens relevantes de uma informação, combinando-os, se necessário;
d) à produção de ideias/soluções;

e) à utilização de diferentes representações mentais para resolver um problema;

f) ao monitoramento da implementação de soluções e da avaliação destas.

Von Cramon *et al.* (1991) compararam um grupo de pacientes que recebeu TRP com outro que recebeu uma terapia de memória para grupo controle. Eles mostraram que os pacientes submetidos a TRP apresentaram melhora em testes de inteligência geral e resolução de problemas quando comparados aos participantes do grupo de memória. Embora não mencionassem as evidências relacionadas à generalização de situações do dia a dia, von Cramon *et al.* (1991) demonstraram uma generalização de habilidades de resolução de problemas para tarefas de teste sem treinamento.

Rath *et al.* (2003) compararam o resultado de 27 pacientes que fizeram um treinamento de resolução de problemas com um grupo controle de 19 pacientes que foi submetido ao que descreveram como tratamento "convencional". O tratamento convencional combinou treinamento de remediação cognitiva geral com trabalho psicossocial e envolveu 24 sessões com um contato de 2 a 3 horas por semana. O grupo de resolução de problemas também envolveu 24 sessões de 1 a 2 horas por semana. Nas 12 sessões iniciais, o foco foi o que Rath *et al.* descreveram como "orientação de problemas". Nessa fase, eles trataram de questões sobre as reações afetivas, atitude e motivação para lidar com os problemas que surgem em decorrência da lesão encefálica. Na fase posterior, as 12 sessões focaram um treinamento de resolução de problemas mais específico, abordando suas várias etapas, assim como no grupo de von Cramon descrito anteriormente. O impacto do grupo foi medido por uma série de testes neuropsicológicos, questionários e por um *role-play* com uma situação envolvendo a resolução de problemas, que foi julgada por avaliadores independentes. Rath *et al.* descobriram que o grupo de treinamento de resolução de problemas melhorou (ao contrário do grupo) no desempenho do *Teste de Classificação de Cartas de Wisconsin*, nas classificações de autoavaliação das habilidades de resolução de problemas, pensamento racional/pragmático e regulação emocional e, talvez, o mais importante: nas classificações dos observadores acerca da situação encenada. A melhora também foi mantida no acompanhamento de 6 meses.

Há, portanto, evidências positivas para a eficácia de uma abordagem baseada em grupo que enfoca cada uma das etapas do processo de resolução de problemas, incentivando os participantes a adotarem uma abordagem sistemática a fim de resolver os problemas cotidianos.

Também incorporamos ao Grupo A & GM o conceito de lousa mental como uma metáfora para a memória operacional, que é fundamental no processo de resolução de problemas ou no gerenciamento de metas. Levine *et al.* (2000) descreveram a utilização de uma técnica de treinamento em gerenciamento de objetivos (TGO), idealizada por Robertson (1996). A técnica TGO foi derivada do conceito de "negligência de objetivos" de Duncan (1986). A tese é que os pacientes com comprometimento no lobo frontal não conseguem criar listas de objetivos (ou subobjetivos) de como resolver problemas (e alcançá-los) e/ou podem não conseguir monitorar o progresso para alcançar os objetivos principais ou secundários. A lousa mental é utilizada para ilustrar como as tarefas e subtarefas são escritas na memória operacional. Porém, elas também são vulneráveis ao apagamento, resultando em uma falha para atingir os objetivos pretendidos. O treinamento possui várias etapas, sendo inicialmente definidas para o paciente como: (1) pare, pergunte-se "o que estou fazendo" e verifique a lousa mental; (2) defina a tarefa ou objetivo principal a ser alcançado; (3) liste os passos ou etapas necessárias para atingir o objetivo; (4) aprenda os passos; (5) realize os passos; (6) verifique – continue examinando a lousa mental e se perguntando "estou fazendo o que planejei fazer". Levine *et al.* (2000) apresentaram evidências para a eficácia do TGO em um grupo de indivíduos com traumatismo cranioencefálico e em um estudo de caso único de uma mulher com encefalite por herpes simplex.

No Grupo A & GM do OZC, combinamos as abordagens de gerenciamento de objetivos e TRP.

Descrição do grupo

O Grupo Cognitivo é ministrado durante as 12 semanas iniciais do programa de reabilitação. A 1ª metade do grupo aborda a atenção e gerenciamento de metas e, a 2ª metade deste, a memória. No entanto, o número exato de sessões destinadas para cada tópico é flexível e depende da velocidade com que os clientes progridem no grupo. O Grupo Cognitivo se reúne 1 vez por semana, por até 2 horas, e inclui intervalos. O grupo geralmente é auxiliado por 1 psicólogo e por 1 psicólogo assistente. Cada cliente tem pelo menos 1 sessão individual adicional de 40 minutos a cada semana para revisar os materiais do grupo, desenvolver a compreensão de como os tópicos nele discutidos são relevantes para ele/ela e identificar como aplicar as estratégias discutidas em seu dia a dia.

O resumo geral da parte sobre atenção e gerenciamento de metas do conteúdo do grupo é disponibilizado abaixo e é apresentado em seis sessões, embora, conforme observado, o material possa ser apresentado mais rapidamente ou mais lentamente de acordo com as necessidades de clientes específicos. A maioria das sessões inclui: (1) educação/informações; e (2) uma tarefa prática para ilustrar algum aspecto da atenção ou gerenciamento de metas. Algumas sessões também envolvem uma tarefa do tipo "lição de casa", estipulada para ser concluída antes da sessão seguinte. As partes educacionais utilizam um conjunto de transparências, apoiadas pela discussão do facilitador.

Reconhecemos que nem todos os clientes têm dificuldades com todos os aspectos de atenção ou gerenciamento de metas e, portanto, alguns desses aspectos do grupo serão menos relevantes do que outros. Além disso, é possível que haja clientes que saibam lidar bem com algumas de suas dificuldades decorrentes do comprometimento da atenção ou das funções executivas. A grande vantagem do grupo, entretanto, é que esses clientes são capazes (provavelmente) de aprovar as estratégias apresentadas pelos facilitadores do grupo.

O programa do grupo começa enfocando a atenção e, em seguida, passa a discutir o funcionamento executivo, com destaque para a confluência entre as duas áreas. Assim como em todos os grupos, há uma grande ênfase em facilitar a discussão entre os clientes participantes.

Sessão 1

Educação

- Introdução e objetivos do grupo.
- O que é atenção?
  - Como as pessoas entendem o termo "atenção"?
  - Definições de atenção.

- Funções da atenção:
  - Estrela da Atenção – uma ilustração visual das muitas funções cognitivas que requerem atenção.

- Que fatores podem interferir na atenção?
  - Fatores gerais que podem afetar a atenção;
  - Como a lesão encefálica pode afetar a atenção.

- Exemplos de problemas comuns com a atenção após a lesão encefálica.
- Tipos de atenção:
  - Seletiva;
  - Sustentada.

O objetivo da primeira semana do grupo é fazer com que os clientes comecem a entender mais sobre a atenção e a saber que existem vários tipos de atenção que podem ser afetados pela lesão encefálica de diferentes maneiras. Eles também começam a entender como a lesão encefálica e aspectos mais gerais (por exemplo, fadiga, ambiente, estresse, dor etc.) podem afetar a atenção. Essas informações são elaboradas a fim de justificar o estudo do gerenciamento da atenção.

Tarefas práticas

Uma série de tarefas práticas é realizada para ilustrar os diferentes tipos de atenção. Os exemplos incluem fazer uma tarefa computadorizada de atenção sustentada, conversar com alguém enquanto outros indivíduos também estão falando (atenção seletiva), distribuir cartas de baralho enquanto se mantém uma conversa (atenção dividida) e encontrar lugares selecionados em um mapa (atenção seletiva).

Lição de casa

O *Quiz* sobre a Atenção (ver Apêndice 6.1) – os participantes recebem um breve questionário sobre várias situações, perguntando se eles sentem nelas quaisquer dificuldades e que tipo de atenção é necessária, por exemplo:

> Você acha difícil ouvir uma pessoa que está conversando com você se você estiver em uma multidão barulhenta? Sim/Não
> *Qual tipo de atenção você acha que é a mais exigida?* _____
>
> Você acha que sua mente divaga quando você está assistindo a um filme ou lendo um livro? Sim/Não
> *Qual tipo de atenção você acha que é a mais exigida?* _____

Apresentação das agendas de automonitoramento

Como parte de seu trabalho individual, pedimos que os clientes preencham uma folha de monitoramento impressa que os orienta a registrar exemplos de quando perceberam um problema com a atenção ou resolução de problemas/gerenciamento de metas. O objetivo é começar a aumentar a percepção dos clientes sobre sua atenção/resolução de problemas no dia a dia e identificar as situações em que algum tipo de estratégia poderia ser útil.

Sessão 2

Revisão da lição de casa

O grupo começa com uma revisão do *Quiz* sobre a Atenção, dado como lição de casa. Em geral, isso resulta em uma discussão complementar acerca dos tipos de atenção e das maneiras pelas quais ela se torna mais difícil após a lesão encefálica. Isso contribui para a parte referente à educação, que foca brevemente a neuroanatomia da atenção e enfatiza novamente como a lesão encefálica pode trazer dificuldades.

Educação

- Anatomia da atenção;
- Relacionando a lesão encefálica aos problemas atencionais;
- Introduzindo o conceito de lousa mental;
- Utilizando a lousa mental;
- Escrevendo na lousa mental;
- Verificando a lousa mental.

A parte acerca da anatomia apresenta algumas ideias simples que ilustram que as diferentes partes do encéfalo têm funções distintas em relação à atenção. Presume-se que a maioria dos clientes não se recordará de todos os detalhes, mas espera-se que esse trabalho reforce a ideia de que existem diversos tipos de atenção que podem ser afetados de maneira diferente por uma lesão encefálica e, portanto, uma série de estratégias pode ser necessária. O grupo é, então, apresentado ao conceito de lousa mental, derivado do TGO de Robertson (1996). Esse é um conceito realmente útil, de fácil entendimento para os clientes e é utilizado para relacionar a atenção ao gerenciamento de metas. A lousa mental é, sobretudo, uma analogia para a memória operacional, ou seja, o espaço para o trabalho mental. A atenção sustentada é apresentada aos clientes como aquela que mantém um objeto na lousa mental. A atenção seletiva, por sua vez, é aquela que coloca um objeto na lousa e mantém outros fora dela. Já a atenção dividida é aquela que coloca mais de um objeto na lousa e se alterna entre eles.

Essa analogia inclui os problemas com a atenção. As dificuldades com a atenção seletiva significam que muitos objetos chegam à lousa e é difícil se concentrar em apenas um deles. As dificuldades com a atenção sustentada significam que um objeto na lousa é apagado, sendo geralmente substituído por outro objeto. O conceito também é usado para ilustrar a maneira como muitas situações exigem que várias tarefas sejam gerenciadas na lousa mental. Um exemplo utilizado para demonstrar essa multitarefa é preparar uma refeição. Para melhor exemplificar isso, é realizada uma tarefa prática intitulada *Empresa Surpresa de Chocolate*.

Tarefa prática

Empresa Surpresa de Chocolate. Esta tarefa tem a duração de 20 a 30 minutos. A situação é a seguinte: os clientes são todos funcionários de uma empresa de chocolate. Cada indivíduo recebe uma persona (vendedor, contador, gerente de pessoal etc.) e uma série de tarefas (escrever cartas, reunir/organizar dados, fazer um telefonema, verificar os números de telefone dos fornecedores etc.) que precisam ser concluídas durante o período do exercício. Após a tarefa, há uma discussão sobre como os clientes foram bem-sucedidos ao realizar as tarefas, além de relacionar isso à ideia de uma lousa mental e destacar as estratégias utilizadas espontaneamente (por exemplo, usar um plano escrito).

Lição de casa

Pedimos que os clientes anotem e tragam para o grupo, na semana seguinte, um exemplo de situação em que eles utilizaram sua lousa mental. Isso é explicado como um exemplo de multitarefa, na qual eles realizaram uma tarefa com várias subtarefas.

Sessão 3

Revisão da lição de casa

O grupo começa com uma discussão sobre a lição de casa. Pedimos que os clientes descrevam um exemplo de multitarefa da semana anterior. Exemplos típicos incluem preparar uma refeição, fazer compras, arrumar as crianças para a escola e, para alguns, dirigir um veículo.

- Educação
- Introdução de estratégias de gerenciamento da atenção;
- Ambiente externo;
- Ambiente interno;
- Gerenciamento da fadiga/sono;
- Despertando interesses (por exemplo, veja o *PQRST* abaixo).

Esta parte do programa apresenta ideias para gerenciar as dificuldades com a atenção. Ela começa com o foco no ambiente externo, visando incentivar os clientes a gerenciar melhor possíveis distrações, tais como aquelas relacionadas a ruídos (TV, rádio, pessoas etc.) e distrações visuais (bagunça, algo que precisa ser colocado em ordem etc.). Os clientes são encorajados a organizar o trabalho/estudo e os ambientes domésticos para auxiliar a concentração. Um objetivo é dar também aos clientes confiança para que eles gerenciem as situações, sendo mais assertivos do que normalmente costumavam ser, se necessário. Pede-se que os clientes deem exemplos de quando fizeram isso a fim de apoiar uns aos outros. A título de ilustração, um cliente relatou no grupo que ele havia feito uma avaliação pericial e pediu que um ventilador barulhento fosse desligado, visto que este estava dificultando sua concentração. Para o cliente em questão, ter a confiança de fazer esse pedido foi uma grande conquista e isso foi possível devido a uma melhor compreensão da relação entre o traumatismo cranioencefálico, as dificuldades de concentração e o conhecimento das estratégias de gerenciamento.

No que se refere à atenção e concentração, as estratégias relacionadas ao ambiente interno destacam a importância do humor e da saúde física (por exemplo, a dor). São feitas associações com o trabalho que está sendo realizado no Grupo de Gerenciamento de Humor. Uma área de particular relevância aqui é o gerenciamento do sono e da fadiga. Os clientes aprendem os princípios básicos de uma boa "higiene do sono". Da mesma forma, o princípio do ritmo como uma abordagem de gerenciamento da fadiga é enfatizado. Isso está relacionado à ideia de definir horários para tarefas após um intervalo e ter a oportunidade de revisar se deve ou não retornar à tarefa de imediato ou posteriormente. Há uma discussão sobre o desafio de manter a atenção em tarefas que não são interessantes e isso é ilustrado pela tarefa prática descrita abaixo. Por meio dela, a ideia de se tentar gerenciar o nível de interesse em uma tarefa é apresentada. Um exemplo de técnica para fazer isso em uma situação específica é a *PQRST*. Essa técnica é, sobretudo, uma estratégia de memória (Wilson, 1987) que pode ser aplicada em situações de estudo, embora também a tenhamos utilizado para auxiliar os clientes a recordarem os detalhes das notícias de jornal a fim de manterem conversas do dia a dia. A sigla significa *Preview* (prever – ler o texto rapidamente apenas para detectar o assunto geral, sem se preocupar com os detalhes), *Question* (perguntar – identificar algumas questões a serem respondidas ao ler o texto), *Read* (ler – ler o texto), *State* (dizer – responder às perguntas) e *Test* (testar – testar a memória a respeito do texto). Uma maneira de entender essa tarefa é que ela representa uma técnica para tentar aumentar a pertinência do texto a ser lido.

Tarefa prática

São exibidos dois trechos de um vídeo para os clientes: um tedioso (utilizamos um trecho de um vídeo no qual há um gravador tocando um som) e o outro é mais interessante ou, pelo menos, chama a atenção (por exemplo, um trecho de um filme como *Star Wars*). Pede-se que os clientes comentem sobre a experiência de assistir aos dois trechos em relação às exigências de concentração e aos níveis de vigilância.

Lição de casa

Os clientes recebem dois artigos de jornal. Um é considerado monótono (por exemplo, um artigo sobre a política financeira do governo) e outro mais interessante (por exemplo, um artigo sobre um homem se recuperando de uma lesão cranioencefálica). Pedimos que os clientes leiam os artigos e reflitam novamente sobre como sua capacidade de concentração varia entre as tarefas e o quanto eles se recordam de cada artigo.

Sessão 4

Revisão da lição de casa

A tarefa do artigo monótono *versus* interessante é revisada, resultando em uma discussão complementar sobre a importância de como uma tarefa é pertinente em relação à atenção e concentração. Há outra discussão sobre como tornar as tarefas mais pertinentes, incluindo o uso de técnicas como *PQRST* para situações muito específicas, tais como estudar.

Educação

- Treinamento da atenção:
  - Atenção sustentada;
  - Atenção dividida.

- Explicando os problemas de atenção aos outros.

A parte educativa enfoca primeiro uma discussão sobre o "treinamento" da atenção. A ideia que queremos passar é que pode ser possível treinar a habilidade de manter a atenção nas tarefas. Porém, a melhor forma de fazermos isso é treinando para tarefas específicas de interesse. Por exemplo, para tentarmos melhorar a habilidade de ler por mais tempo, é melhor treinarmos por meio de tarefas de leitura, em vez de, por exemplo, treinarmos por meio de jogos de computador, esperando que isso se generalize para a leitura de livros. A questão principal é que uma melhor habilidade de concentração (em uma tarefa específica) pode ser alcançada por meio do aumento gradual do tempo em uma tarefa. Um conceito-chave aqui está relacionado ao aumento da percepção da atenção de maneira que o tempo em uma tarefa seja ampliado em parte, ficando mais rápido perceber que a atenção foi desviada e que ela pode ser retomada nessa tarefa. A atenção pode ser desviada com a mesma frequência, mas o tempo na tarefa é melhorado ao reduzirmos seu intervalo, retomando-a de forma mais rápida. Acreditamos que muito do trabalho educativo geral nesse grupo contribui para um maior nível de percepção da atenção ou, em outras palavras, para uma melhora nas habilidades metacognitivas. Essas ideias são apresentadas no grupo e são mais detalhadas em relação a cada cliente em suas sessões individuais.

No que se refere à atenção dividida, sugerimos novamente focar situações com tarefas específicas relevantes na vida de cada cliente. A principal estratégia apresentada é começar com uma tarefa e aumentar o nível de destreza antes de introduzir gradualmente uma segunda tarefa. A ideia é que aumentar o nível de destreza em uma tarefa reduz suas demandas atencionais, permitindo assim, de fato, uma liberação de recursos que estarão disponíveis para uma segunda tarefa que pode ser gradualmente introduzida. O caso de David, descrito mais adiante neste capítulo, ilustra esse princípio com muita clareza.

Uma parte complementar examina a melhor forma de lidar com a compreensão de outros indivíduos acerca dos problemas de atenção. Essa parte está novamente associada, até certo ponto, ao gerenciamento do ambiente externo por ser decisiva em relação às distrações. Isso às vezes exige que uma explicação seja dada a outros indivíduos e, consequentemente, uma boa compreensão da relação entre lesão encefálica, atenção e estratégias para gerenciar a atenção é fundamental. A tarefa prática para essa sessão é um *role-play* em que os clientes praticam a explicação sobre a natureza de seus problemas de atenção a alguém.

Tarefa prática

Role-play em pares, invertendo os papéis. Pede-se que cada cliente explique ao colega a natureza de suas dificuldades com a atenção/concentração. O *feedback* é dado por este, bem como pelo facilitador, que vai até cada dupla.

Sessão 5

Educação

- Introdução ao conceito de "funcionamento executivo";
- Anatomia do funcionamento executivo – os lobos frontais;
- Problemas comuns após a lesão encefálica;
- Introdução ao referencial teórico sobre o gerenciamento de metas (GM);
- Quando utilizar o referencial teórico;
- Etapa 1 do gerenciamento de metas: identificando a meta principal.

As funções executivas são introduzidas a partir de duas metáforas, cuja natureza é semelhante àquela de um diretor-executivo de uma empresa ou de um maestro. Pode-se dizer que ambos têm um papel de direção, planejamento e estratégia, em vez de estarem diretamente envolvidos nas tarefas básicas de rotina (da empresa ou da orquestra). Ambos estão envolvidos em atividades de monitoramento e são responsáveis por alcançar as principais metas da empresa ou orquestra, diagnosticando a origem dos problemas ou resolvendo-os, se necessário. Por meio dessas analogias, a sessão se concentra em ideias de gerenciamento de metas e resolução de problemas. A discussão acerca da anatomia do funcionamento executivo é limitada ao ponto em que os lobos frontais são importantes nessa tarefa e que eles são comumente comprometidos por uma lesão encefálica. Há, então, uma discussão sobre as dificuldades mais comuns no funcionamento executivo, enfatizando: (1) o monitoramento ineficiente (abordado em relação a não perceber um problema ou não perceber que o que está fazendo não vai ajudar a alcançar as metas); e (2) a falta de planejamento, resultando em uma dificuldade para iniciar um comportamento orientado para metas (ou seja, não conseguir fazer algo a fim de resolver os problemas) ou uma tendência a ser impulsivo, "agindo sem pensar".

O referencial teórico do GM foi desenvolvido para dar aos clientes uma estrutura de apoio na resolução de problemas. Isso é mostrado na Figura 6.1.

Figura 6.1 O referencial teórico do gerenciamento de metas (resolução de problemas) (Evans, 2003). Reprodução autorizada pelo autor.

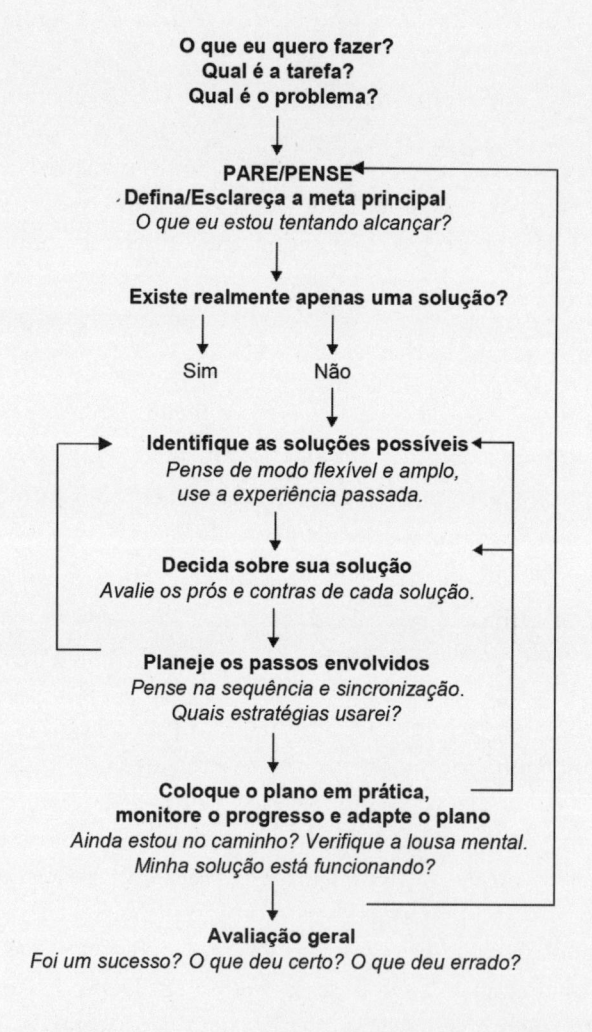

O que eu quero fazer?
Qual é a tarefa?
Qual é o problema?

PARE/PENSE
Defina/Esclareça a meta principal
O que eu estou tentando alcançar?

Existe realmente apenas uma solução?

Sim   Não

Identifique as soluções possíveis
Pense de modo flexível e amplo, use a experiência passada.

Decida sobre sua solução
Avalie os prós e contras de cada solução.

Planeje os passos envolvidos
Pense na sequência e sincronização. Quais estratégias usarei?

Coloque o plano em prática, monitore o progresso e adapte o plano
Ainda estou no caminho? Verifique a lousa mental. Minha solução está funcionando?

Avaliação geral
Foi um sucesso? O que deu certo? O que deu errado?

Os clientes também recebem cópias de um modelo em branco que é utilizado na conclusão de várias tarefas práticas durante as sessões seguintes e aplicado por eles na identificação de problemas em suas sessões individuais. Isso é ilustrado na Figura 6.2.

Figura 6.2 Um modelo utilizado pelos clientes para praticar a aplicação do referencial teórico do gerenciamento de metas em problemas hipotéticos e, em seguida, da vida real.

1. Meta principal: _____

2. Soluções alternativas	3. Prós	3. Contras

3. Decisão: _____

4. Plano

                                           Sucesso   Fracasso

Passo 1 _____

Passo 2 _____

Passo 3 _____

Passo 4 _____

Passo 5 _____

Passo 6 _____

5. 6. Lembre-se de monitorar e avaliar!
As coisas estão dando certo? Se não estão, você precisa mudar seu plano?

O referencial teórico do GM é fornecido de forma impressa e para todas as sessões subsequentes em grupo e individuais. Ele é mencionado para auxiliar os clientes a desenvolverem uma boa compreensão de como pode ser utilizado. Em uma discussão sobre quando empregá-lo, enfatiza-se que isso pode ser feito em situações de resolução de problemas com várias soluções possíveis a serem consideradas, bem como em situações em que poderia se pensar apenas na conclusão das tarefas, em especial daquelas que envolvem várias etapas. A questão é que o GM não se destina apenas aos grandes problemas da vida, mas também e principalmente às tarefas do dia a dia. Ao longo das sessões seguintes, há um foco em cada uma das etapas envolvidas, começando nesta sessão pela primeira etapa, que trata da identificação da meta principal, algo que é ilustrado com algumas tarefas práticas a partir de situações hipotéticas.

Tarefa prática

Identificando a meta principal. O propósito deste exercício é enfatizar a importância tanto de reconhecer que existe algum tipo de problema quanto de especificar claramente a meta principal oriunda deste. Uma série de situações hipotéticas é disponibilizada e, com a utilização do modelo em branco de gerenciamento de metas, pedimos que os clientes se concentrem na identificação da meta principal que surge dos problemas apresentados. A seguir, um exemplo de situação-problema:

> Você é responsável por organizar o transporte para um time de futebol juvenil. No sábado, a equipe deve jogar em um campo que está localizado a aproximadamente 97 quilômetros de distância. Vocês costumam ir de ônibus. O jogo começa às 15:00. Todos sabem que devem se encontrar em seu campo de futebol local às 12:00. É sexta-feira à noite e a empresa de ônibus acaba de telefonar dizendo que todos os seus motoristas estão em greve.

Outros exemplos de situações são disponibilizados no Apêndice 6.2.

Lição de casa

Pedimos que os clientes utilizem o modelo de gerenciamento de metas em relação a um problema com o qual estão lidando em suas vidas, identificando a meta principal para esse problema. Pedimos também que utilizem sua sessão individual para discutir essa tarefa, se necessário.

Sessão 6

Revisão da lição de casa

Pedimos para que os clientes discutam os problemas e as principais metas que eles identificaram. A importância de ser objetivo em relação à meta principal e de ter isso em mente a todo o instante é enfatizada.

Educação

- Etapas 2 a 5 do gerenciamento de objetivos:
    - Identificar as possíveis soluções;
    - Avaliar os prós e contras;
    - Tomar uma decisão;
    - Monitorar e avaliar o progresso.
- Relacionar com a lousa mental.

Nesta sessão, o foco é inicialmente ajudar os clientes a serem mais eficazes em refletir acerca de um conjunto de possíveis soluções para os problemas, evitando uma abordagem mais impulsiva. A utilização do referencial teórico do GM é ilustrada com situações e, posteriormente, os clientes podem praticar com o auxílio desse referencial em duplas, trabalhando a partir de situações hipotéticas.

A ideia de uma rotina de verificação mental, utilizando novamente o conceito da lousa mental, é discutida relacionando a manutenção da atenção à meta e às etapas para alcançá-la. Os clientes aprendem a desenvolver uma rotina de verificação mental, baseada no TGM descrito por Levine *et al.* (2000), utilizando:

- PARE!
- PENSE;
- VERIFIQUE A LOUSA MENTAL.

Tarefa prática

Praticar as situações em pares usando o referencial teórico.

Lição de casa

Pede-se que os clientes utilizem o referencial teórico do GM para alcançar a meta de fazer algo que nunca fizeram antes.

Sessão 7

Revisão da lição de casa

Pedimos para que os clientes apresentem ao grupo o que fizeram para enfrentar o desafio de realizar algo totalmente novo. Isso, muitas vezes, leva a uma discussão sobre a importância de ser muito objetivo em relação à meta principal. Em geral, os clientes recebem a instrução, entendendo que o que eles devem fazer é algo necessariamente dramático ou difícil de alcançar (por exemplo, saltar de paraquedas) e, depois, se esforçam para identificar algo que possam fazer em uma semana. Outros realizam bem a tarefa, identificando uma ação ou atividade mais comum que nunca fizeram antes. Isso oferece uma boa oportunidade para enfatizar a importância de identificar a meta principal e criar soluções (*brainstorming*). Da mesma forma, os clientes podem relatar que não conseguiram cumprir a meta ou completar as etapas e, novamente, a ideia de utilizar a rotina de verificação mental "pare e pense" é enfatizada.

O conteúdo desse grupo se desenvolveu de forma diacrônica e, sem dúvida, continuará a se desenvolver. De certa forma, as alterações foram feitas gradualmente em resposta ao *feedback* do cliente e à experiência dos facilitadores do grupo. Além disso, à medida que mais evidências surgiram na literatura com relação às estratégias e abordagens para gerenciar a atenção e as dificuldades executivas, esse conhecimento, por conseguinte, também fez com que o grupo fosse adaptado.

Evidências para a eficácia do grupo

O grupo é eficaz? Como parte de um programa holístico de reabilitação neuropsicológica, é difícil isolar o efeito de um único grupo para determinar se ele é eficaz (além de outros componentes do programa). Um estudo recente de Miotto *et al.* (no prelo), no entanto, envolveu uma avaliação desse tipo de grupo, ministrado como uma intervenção independente para clientes com indícios de comprometimento das funções executivas. Essa avaliação comparou três grupos de participantes. O primeiro grupo foi submetido ao programa de atenção e gerenciamento de metas durante um período de dez semanas. O segundo grupo recebeu um folheto que continha informações sobre a lesão encefálica, abordando as consequências cognitivas, comportamentais e sociais, e que sugeria exercícios cognitivos utilizando a lousa mental e o referencial teórico da resolução de problemas com apenas uma instrução: ler o folheto o mais cuidadosamente possível e tentar aplicar os exercícios em casa. O terceiro grupo recebeu apenas um tratamento tradicional (por exemplo, fisioterapia), se necessário. Esse estudo mostrou que apenas o Grupo A & GM melhorou de forma significativa em uma série de medidas de eficácia do funcionamento executivo, incluindo avaliações neuropsicológicas padronizadas, uma atividade mais prática com múltiplas tarefas e o Questionário Disexecutivo, que ilustra as dificuldades executivas cotidianas. Esse estudo se soma às evidências de que as intervenções baseadas em grupo que focam estratégias de ensino para aprimorar a resolução de problemas/gerenciamento de metas podem ser eficazes na melhora do funcionamento executivo.

À medida que a fase de atenção e gerenciamento de metas do Grupo Cognitivo chega ao fim, a ênfase muda para o gerenciamento de problemas de memória, que é descrito no Capítulo 7.

Exemplo clínico: David

O exemplo de caso a seguir descreve David, um cliente que participou do Grupo A & GM como parte de seu programa, e ilustra como as estratégias para gerenciar a atenção e as dificuldades executivas foram aplicadas em relação às suas metas específicas. Aos 34 anos, David sofreu um acidente vascular encefálico (AVE), resultando em um infarto da cápsula interna direita. Ele era engenheiro químico. Após um período em uma unidade de terapia intensiva e, em seguida, um período de reabilitação durante a internação, ele voltou para casa cerca de 4 meses depois do AVE. Ele não conseguiu voltar ao trabalho e foi aposentado por invalidez, sendo encaminhado ao OZC 11 meses após a lesão. Os principais problemas relatados incluíam:

a) cansaço mental;
b) dificuldade em fazer mais de uma tarefa ao mesmo tempo;
c) dificuldade em manter sua concentração (seja por distrair-se muito facilmente ou por ficar totalmente focado e preso a algo);
d) esbarrar em algo à esquerda;
e) percepção deficitária da passagem do tempo;
f) dificuldade em antecipar ou organizar algo;
g) dificuldade em iniciar algo (pretende fazer algo, mas não o faz).

A avaliação neuropsicológica revelou habilidades de raciocínio verbal e não verbal, bem como de memória, em geral, satisfatórias. Havia indícios de negligência persistente, embora se manifestasse, com frequência, em ambientes visualmente poluídos e movimentados. Havia, entretanto, indícios de problemas muito significativos de atenção que afetavam os testes de atenção visual seletiva, dividida e sustentada. Ele também tinha dificuldades nos testes de planejamento e aplicação de estratégias. Em um teste prático de planejamento e preparação de uma refeição desconhecida, ele completou a tarefa, mas demonstrou indícios de dificuldades com a atenção (não conseguindo perceber um item que estava procurando) e resolução de problemas (por exemplo, respondendo de maneira ineficaz quando não conseguia localizar um item ou quando percebia que um ingrediente não estava cozinhando rápido o suficiente). Um de seus *hobbies* era pintar figuras militares em miniatura, que ele gostava de fazer enquanto ouvia o rádio. Desde o AVE, no entanto, ele achava impossível realizar essas duas tarefas ao mesmo tempo e, desanimado com sua performance na tarefa de pintura após várias tentativas, ele parou de pintar. Ele estava frustrado com sua situação e não tinha confiança em si. Isso também impactou seu relacionamento com a esposa. A falta de iniciativa e a pouca confiança de David significavam que o relacionamento com sua esposa não tinha reciprocidade.

Em conjunto com David e sua esposa, a equipe elaborou as seguintes metas do programa:

a) David demonstrará uma compreensão precisa das consequências de sua lesão encefálica de acordo com seu relatório de avaliação detalhado de 2 semanas;
b) David relatará uma compreensão precisa do efeito de sua lesão em seu relacionamento com a esposa, identificando estratégias que ele poderia utilizar para gerenciá-lo de maneira mais eficaz;
c) David demonstrará o uso eficaz de estratégias de resolução de problemas em situações sociais e funcionais avaliadas por ele mesmo, sua esposa e a equipe clínica;
d) David demonstrará o uso eficaz de estratégias de atenção em situações sociais e funcionais avaliadas por ele mesmo, sua esposa e a equipe clínica;
e) David gerenciará os pensamentos automáticos negativos em uma série de situações familiares, sociais e recreativas, e se avaliará como confiante em determinadas situações;
f) David planejará sua programação semanal de forma independente e concluirá 80% das atividades com sucesso e sem reportar fadiga excessiva;
g) David assumirá a responsabilidade pelo orçamento doméstico e permanecerá dentro de um orçamento mensal acordado;
h) David participará de um período de experiência de trabalho voluntário e terá um plano de desenvolvimento pessoal;
i) David participará de uma atividade recreativa física 2 vezes por semana.

As metas refletem os processos de desenvolvimento de *insight*/percepção, gerenciamento de humor e ajustamento psicológico, desenvolvimento de estratégias compensatórias para os comprometimentos cognitivos e aplicação de estratégias em situações funcionais da "vida real". Como parte de seu programa, David frequentou o Grupo CLE e trabalhou em conjunto com seu coordenador de programa individual (CPI) a fim de desenvolver um relatório pessoal de sua lesão encefálica, consequências e estratégias utilizadas para compensar suas dificuldades cognitivas. No caso de David, as 2 principais áreas de comprometimento cognitivo eram atenção e funcionamento executivo. Ele frequentou o grupo descrito anteriormente e trabalhou com um psicólogo para desenvolver estratégias pessoais relevantes. Foram utilizadas 2 abordagens para os problemas de atenção. Uma delas era usar estratégias específicas para compensar os déficits e a outra era treinar o desempenho em tarefas específicas a fim de reduzir a demanda de atenção dessas tarefas. Para compensar as dificuldades com a atenção sustentada, David aprendeu a gerenciar melhor seu ambiente a fim de reduzir as distrações. Um exemplo funcional foi quando, durante a visita de amigos, ele escolheu uma música (por exemplo, ambiente e baixa) apropriada. Ele também desenvolveu uma rotina mental para verificar sua atenção e, se necessário, redirecioná-la para a tarefa que estava fazendo. Para desenvolver essa rotina, ele inicialmente utilizou um despertador que ele programou com intervalos de 15 minutos.

Um bom exemplo de semelhança entre as estratégias cognitivas e de gerenciamento de humor era quando ele assistia a filmes. Antes da lesão, assistir a filmes com a esposa era um de seus maiores prazeres. No entanto, após a lesão, isso demandava um grande esforço. Ele descobriu que, depois de 20 minutos ou mais, era difícil se concentrar. Ele, então, se envolvia em uma batalha mental consigo, tentando "se forçar" de fato a permanecer assistindo ao filme. Porém, essa batalha em si era uma distração que criava ainda mais dificuldades, de modo que ele quase sempre desistia de assistir e sentia-se mal. A abordagem utilizada aqui foi a verificação mental após 15 minutos para perguntar a si: "ainda estou me concentrando? Se não, quero voltar a focar minha atenção ou fazer uma pausa?" Ele também usava mais filmes gravados. Assim, ele podia pausar e voltar a um filme se quisesse. Entretanto, o que ele descobriu, em geral, foi que, ao dar a si permissão para fazer uma pausa, na maioria das vezes, ele surpreendentemente escolhia simplesmente reorientar sua atenção. Para algumas atividades, ele estava ciente de que ele estava propenso a ficar "preso" à tarefa. Isso acontecia com mais frequência quando jogava *games* no computador. Aqui, a dificuldade parecia estar relacionada a um problema de dupla tarefa, na qual ele não conseguia monitorar os estímulos periféricos e, consequentemente, a passagem do tempo de maneira eficaz. Nessas situações, ele contou com a ajuda de um alarme externo (um organizador eletrônico).

David identificou duas situações específicas como difíceis devido aos problemas envolvendo tarefas concomitantes que ocorriam durante uma partida de *badminton*[1] e na pintura de suas miniaturas. Quando jogava *badminton*, ele achava difícil acertar a peteca com a raquete e se mover em antecipação ao seu retorno. Ele também achava difícil jogar e acompanhar a pontuação. Essas tarefas simultâneas eram feitas com facilidade antes da lesão. Nesse caso, presumiu-se que o processo físico de acertar a peteca com a raquete estava agora demandando mais recursos cognitivos (não era tão automático quanto tinha sido e requeria mais atenção consciente). A solução aqui foi um tanto simples. David foi simplesmente encorajado a se concentrar no processo de acertar a peteca com a raquete e praticar regularmente a fim de reestabelecer seu nível de habilidade na tarefa física. Assim, quando seu desempenho físico melhorou, ele foi capaz de gradualmente introduzir as tarefas de tentar pensar mais em antecipar as jogadas e em acompanhar a pontuação. Uma abordagem semelhante foi adotada para

---

[1] N.T.: Esporte semelhante ao tênis. Porém, em vez de uma bola, usa-se uma pequena peteca.

que ele voltasse a pintar suas miniaturas. Ele começou pintando durante períodos curtos em ambientes muito tranquilos e fortalecendo suas habilidades físicas. De forma muito gradual, a música clássica foi, então, introduzida. Em seguida, a música com letras também foi introduzida e, posteriormente, os programas de rádio no estilo *talk show*.

Com relação à resolução de problemas ou gerenciamento de metas, havia várias áreas de dificuldade. Embora tenha sido identificada uma relacionada ao planejamento nas avaliações padronizadas, havia indícios de que ele conseguia identificar soluções para os problemas na maioria das situações práticas. Entretanto, ele não tinha confiança em sua capacidade e sentia grande dificuldade em iniciar as ações pretendidas. David foi, portanto, treinado no uso do referencial teórico do GM, o qual praticou com problemas hipotéticos e, em seguida, problemas pessoalmente relevantes que surgiram durante o programa. David relatou que achou a abordagem estruturada do referencial teórico (que ele poderia fazer mentalmente, em vez de precisar escrever) útil. Parecia que a formalidade do processo o ajudava a desenvolver a confiança de que as soluções que ele encontrava provavelmente seriam razoáveis. Ele demonstrou o uso do referencial teórico para lidar com problemas, tais como perder seu organizador eletrônico e descobrir que, ao planejar um fim de semana fora com sua esposa, a reserva não foi efetuada e o hotel estava cheio. Para compensar suas dificuldades com o início da tarefa, adotou-se uma abordagem autoinstrucional. David usava uma frase que ele dizia a si: "apenas faça". Isso parecia dar uma "sacudida" atencional suficiente para que ele conseguisse realizar um número muito maior de tarefas. Mais uma vez, a questão principal era o papel dos fatores de humor que agravavam o efeito do comprometimento cognitivo. Munido de estratégias, as ferramentas de enfrentamento, sua confiança aumentou e isso, por sua vez, foi um aspecto significativo para facilitar o início das ações.

Em conjunto com o desenvolvimento de estratégias, David também estava focado nas metas funcionais. Logo, à medida que ele aumentou sua confiança na aplicação de estratégias, ele foi capaz de utilizá-las em diversas situações. Ele iniciou um trabalho voluntário no Heritage Trust[2]. Ele desenvolveu um sistema de planejamento utilizando seu organizador eletrônico a fim de agendar atividades com um ritmo mais apropriado. Ele assumiu o papel de pôr em prática o orçamento familiar e se engajou em apenas uma atividade de lazer física por semana. Seu maior nível de confiança na resolução de problemas e na iniciação de tarefas significava que ele se sentia menos dependente de sua esposa, o que lhe permitia ter um relacionamento mais adulto e equilibrado com ela.

---

[2] N.T.: No Reino Unido, o Heritage Trust é uma organização sem fins lucrativos que recupera edifícios históricos.

Em resumo, David desenvolveu déficits atencionais e executivos relativamente circunscritos, o que teve um efeito drástico em seu funcionamento cotidiano. No que diz respeito ao modelo de sistema atencional supervisor de Shallice e Burgess (1996), os principais comprometimentos de David poderiam estar relacionados à implementação de planos, bem como ao monitoramento da atenção e ação. Esse conhecimento levou ao desenvolvimento de estratégias focadas na melhora da iniciação de tarefas (por exemplo, a estratégia "apenas faça") e do monitoramento (por exemplo, a rotina de verificação mental). Ele tinha menos dificuldades com o planejamento real, embora não tivesse confiança nisso. Logo, a utilização do referencial teórico da resolução de problemas pareceu ser eficaz no desenvolvimento de sua confiança a esse respeito.

Apêndice 6.1 – *Quiz* de Atenção

- Você acha difícil ouvir alguém que está conversando com você quando você está assistindo à TV ou ouvindo música ao mesmo tempo? Sim/Não
  Qual tipo de atenção você acha que é a mais exigida? _____

- Você acha difícil ouvir alguém e escrever ao mesmo tempo? Sim/Não
  Qual tipo de atenção você acha que é a mais exigida? _____

- Você acha difícil ouvir uma pessoa que está conversando com você, se você estiver em uma multidão barulhenta? Sim/Não
  Qual tipo de atenção você acha que é a mais exigida? _____

- Você acha difícil conversar com alguém ao telefone enquanto você assiste à televisão? Sim/Não
  Qual tipo de atenção você acha que é a mais exigida? _____

- Você acha que sua mente divaga quando você está assistindo a um filme ou lendo um livro? Sim/Não
  Qual tipo de atenção você acha que é a mais exigida? _____

- Você perde o raciocínio do que está dizendo no meio de uma frase? Sim/Não
  Qual tipo de atenção você acha que é a mais exigida? _____

- Você acha difícil encontrar um número de telefone em uma lista telefônica? Sim/Não
  Qual tipo de atenção você acha que é a mais exigida? _____

Apêndice 6.2 – Exemplos de situações-problema hipotéticas utilizados no Grupo de Atenção e Gerenciamento de Metas

1. É início da noite. Você tem um grupo de amigos vindo para o jantar. Você gastou o dinheiro das compras semanais nessa refeição. Você começa a prepará-la e descobre que o fogão não funciona. O proprietário que aluga o imóvel para você disse que substituiria o fogão na semana seguinte. Os convidados chegam em uma hora.

2. Uma instituição de caridade local quase tem o dinheiro suficiente para comprar alguns computadores novos para uma escola. Eles precisam de apenas mais £ 200. Esse dinheiro tem que ser arrecadado a partir da venda de livros e fitas. Há um *car boot sale*[3] na sexta-feira. Você não quer se desfazer de seus livros e fitas, mas prometeu ajudar.

3. Atualmente, você está alugando uma casa com 3 amigos na mesma região em que seus pais moram. O contrato de aluguel da casa termina em breve e o proprietário se recusa a renovar o contrato, dando-lhe até o final do mês para sair. Você e seu parceiro têm férias previamente agendadas para passar 15 dias no Peak District[4] em pouco mais de 1 semana. Uma vaga foi anunciada internamente no trabalho, o que significaria uma promoção e um aumento de salário. Isso significaria também mudar para um escritório em uma cidade diferente.

4. Você se encontrou com um amigo para irem juntos à cidade e passarem o dia fazendo compras. Depois de uma manhã inteira de compras e do almoço, você percebe que está começando a se sentir cansado e que não está ouvindo o que seu amigo está dizendo, desejando que ele/ela pare de falar.

5. Seu filho e a esposa estão trazendo seus netos para a passar o dia em sua casa. Você planejou fazer várias atividades em família, tais como jogar *rounders*[5], montar a piscina inflável e fazer um piquenique juntos. Entretanto, na metade da manhã, você percebe que o barulho e o ritmo das atividades estão se tornando excessivos – você se vê irritado com o

---

[3] N.T.: Atividade muito comum no Reino Unido, o *car boot sale* é uma venda de objetos usados. Estes ficam expostos no porta-malas dos carros estacionados em uma área pública.

[4] N.T.: Fundado em 1951, o Peak District foi o primeiro parque nacional da Inglaterra. Localizado ao sul dos montes Peninos, é uma região que recebe milhões de turistas todos os anos, sendo muito procurada pela sua beleza natural e histórica, bem como pela diversidade de atividades oferecidas para todas as idades.

[5] N.T: Esporte semelhante ao beisebol.

barulho que seus netos estão fazendo. Você quer aproveitar o resto do dia com eles e não quer aborrecê-los.

6. Todo ano, eu celebro meu aniversário com Julie, uma amiga da escola que faz aniversário no mesmo dia. Nós geralmente saímos para beber ou comer com outros amigos da escola. Este ano, eu realmente gostaria de convidar também alguns dos meus novos amigos. Eu já falei sobre meu aniversário para a maioria deles. No entanto, Julie realmente quer que a gente passe o fim de semana fora e em grupo neste ano. Parece uma boa ideia para mim, mas eu realmente quero passar meu aniversário com meus novos amigos também.

Referências

Cicerone, K.D., Dahlberg, C., Malec, J.F. et al. (2005). Evidence-based cognitive rehabilitation: updated review of the literature from 1998 through 2002. *Archives of Physical Medicine and Rehabilitation*, **86**, 1681–92.

Duncan, J. (1986). Disorganisation of behaviour after frontal lobe damage. *Cognitive Neuropsychology*, **3**, 271–90.

D'Zurilla, T. J. and Goldfried, M. R. (1971). Problem solving and behaviour modification. *Journal of Abnormal Psychology*, **78**(1), 107–26.

Evans, J. J. (2003). Rehabilitation of executive deficits. In B. A. Wilson, ed., *Neuropsychological Rehabilitation: Theory and Practice*. Lisse: Swets & Zeitlinger, pp. 53–70.

Levine, B., Robertson, I. H., Clare, L. et al. (2000). Rehabilitation of executive functioning: an experimental-clinical validation of goal management training. *Journal of the International Neuropsychological Society*, **6**(3), 299–312.

Manly, T., Heutink, J., Davison, B. et al. (2004). An electronic knot in the handkerchief: 'content free cueing' and the maintenance of attentive control. *Neuropsychological Rehabilitation*, **14**(1–2), 89–116.

Miotto, E., Evans, J.J., Souza, M.C. and Scaff, M. (in press) Rehabilitation of executive functioning: a controlled cross-over study of an attention and problem-solving group intervention. *Neuropsychological Rehabilitation*.

Park, N. and Ingles, J. L. (2001). Effectiveness of attention rehabilitation after acquired brain injury: a meta-analysis. *Neuropsychology*, **15**(2) 199–210.

Rath, J.F, Simon, D., Langenbahn, D. M.,- Cherr, R. L. and Diller, L. (2003). Group treatment of problem-solving deficits in outpatients with traumatic brain injury: a randomised outcome study. *Neuropsychological Rehabilitation*, **13**(4), 461–88.

Robertson, I. H. (1996). *Goal Management Training: A Clinical Manual*. Cambridge: PsyConsult.

Shallice, T. and Burgess, P. (1996). The domain of the supervisory process and temporal organisation of behaviour. *Philosophical Transactions: Biological Sciences*, **351**, 1405–12.

Sturm, W., Fimm, B., Cantagallo, A. et al. (2002). Computerised training of specific attention deficits in stroke and traumatic brain injury patients: a multicentre efficacy study. In M. Leclecq and P. Zimmerman, eds. *Applied Neuropsychology of Attention*. Hove, UK: Psychology Press, pp. 365–80.

von Cramon, D. M. and Matthes-von Cramon, G. (1992). Reflections on the treatment of brain-injured suffering from problem- solving disorders. *Neuropsychological Rehabilitation*, **2**(3), 207–29.

von Cramon, D. M., Matthes-von Cramon, G. and Mai, N. (1991). Problem-solving deficits in brain-injured patients: a therapeutic approach. *Neuropsychological Rehabilitation*, **1**(1), 45–64.

Wilson, B. A. (1987). *Rehabilitation of Memory*. New York: Guilford Press.

CAPÍTULO 7

O Grupo Cognitivo – Parte 2: memória

Jonathan J. Evans

Introdução

Os problemas de memória, decorrentes da lesão encefálica adquirida (LEA), estão entre os déficits cognitivos mais comumente relatados. Qualquer condição que afete a integridade física ou funcional do cérebro provavelmente terá impacto em algum aspecto da capacidade de recordação de um indivíduo, visto que essa capacidade, quando bem-sucedida, envolve muitos sistemas cognitivos diferentes que interagem entre si, incluindo a atenção, a memória e as funções executivas. Além disso, os transtornos do humor, tais como ansiedade ou depressão, que prejudicam a concentração, também reduzem a eficiência da memória.

Dificuldades de memória prejudicam a capacidade de participar efetivamente de atividades da vida diária, bem como de atividades sociais, vocacionais e recreativas. Para alguns, os problemas de memória serão leves e causarão apenas pequenos contratempos no dia a dia. Para outros, como aqueles com a síndrome amnéstica que acompanha a disfunção nas estruturas do sistema límbico, pode haver uma grave incapacidade devido a seu comprometimento de memória. Os indivíduos esquecem de fazer tarefas (por exemplo, tomar remédios, desligar o fogão, pagar contas, comparecer a compromissos, encaminhar mensagens etc.), do que lhes foi dito, do nome dos indivíduos e onde deixaram algo (por exemplo, as chaves, o carro no estacionamento etc.). Elas acham difícil recordar rotas ou aprender novos procedimentos e têm dificuldade em recordar experiências pessoais etc. Tais problemas levam à frustração, à redução da autoconfiança e à dependência de outros indivíduos.

O que as evidências sugerem em relação à reabilitação da memória? Algo que tem sido frequentemente postulado é que a memória parece não melhorar em decorrência dos exercícios de "repetição e prática" (Sohlberg; Mateer, 2001; CICERONE *et al.*, 2005). Simplesmente exercitar a memória não resulta em uma melhora no funcionamento diário. Várias revisões sistemáticas de literatura sobre a reabilitação cognitiva nos últimos anos concluíram que o uso de estratégias que compensam os déficits de memória é a abordagem mais eficaz para gerenciar os problemas desta e aprimorar o desempenho no dia a dia (Cicerone *et al.*, 2000, 2005; Cappa *et al.*, 2005). Existem vários tipos de estratégias compensatórias, mas elas podem ser mais facilmente divididas em estratégias "internas" e "externas". As estratégias internas são aquelas utilizadas para potencializar a capacidade residual de aprendizagem do cliente e incluem estratégias para melhorar a codificação de informações na memória, bem como técnicas mnemônicas. As estratégias externas incluem ajudas de dispositivos externos (por exemplo, agendas, agendas eletrônicas, NeuroPage etc.) e modificações no ambiente. Replicando um estudo anterior de Wilson e Watson (1996), Evans *et al.* (2003) pesquisaram cerca de 100 indivíduos com problemas de memória decorrentes de lesão encefálica e descobriram que as estratégias mais comumente utilizadas eram os dispositivos externos, tais como calendários, listas, cadernos e agendas, sendo que a estratégia mnemônica utilizada com mais frequência era o rastreio mental das etapas (tentar recordar onde um objeto perdido, tal como chaves, foi deixado). Cabe ressaltar a descoberta de que havia um uso limitado de outras estratégias "internas" e, naquela ocasião, de qualquer maneira, o acesso aos dispositivos de lembretes eletrônicos era restrito.

Problemas de memória e estabelecimento de metas

No programa de reabilitação neuropsicológica do Oliver Zangwill Centre (OZC), os clientes podem ter uma meta relacionada especificamente ao gerenciamento de problemas de memória na vida cotidiana. Em consonância com o enfoque funcional das metas estabelecidas com os clientes, estas geralmente se referem a indivíduos que realizam, de forma bem-sucedida, a maior parte de suas tarefas diárias (por exemplo, usar um sistema de memória e planejamento para realizar atividades de vida independente com êxito em pelo menos 80% das ocasiões). Uma meta como essa permite que o cliente e a equipe se concentrem em identificar as tarefas específicas que ele deve realizar diariamente (focando naquelas em que ele tem dificuldade). A menção a um sistema de memória e planejamento destaca o fato de que, para muitos clientes, haverá uma série de estratégias ou dispositivos utilizados para gerenciar muitas tarefas de recordação do dia a dia diferentes.

Kime (2006) contribui com um relato muito útil e prático de como auxiliar os indivíduos a compensarem os déficits de memória. Sua abordagem é a mesma adotada no programa do OZC: as necessidades de recordação do cliente são primeiramente estabelecidas e, em seguida, um sistema de memória é desenvolvido com ele para atender a essas necessidades. No OZC, é mais frequente que um terapeuta ocupacional se encarregue dessa meta, mas vários membros da equipe podem contribuir. O objetivo é destacar as demandas atuais para recordar tarefas cotidianas, enfocando particularmente aquelas que são específicas e com as quais o cliente encontra dificuldades. Além disso, haverá um foco nas demandas de recordação associadas a outras metas, tais como aquelas relacionadas às atividades vocacionais, sociais e recreativas, bem como a outras atividades do dia a dia. Para alguns clientes, o sistema de estratégias e dispositivos se desenvolverá conforme o programa avança, tendo em vista o aumento da conscientização e das demandas à medida que o cliente começa a participar de atividades mais complexas.

Grupos de memória

Um número de pesquisadores tem discutido os possíveis benefícios de se fazer a reabilitação da memória em um contexto grupal. Mais recentemente, Craik *et al.* (2007) descreveram a utilização de um formato de grupo para reabilitação cognitiva em idosos. Esse estudo envolveu vários módulos cognitivos, incluindo um módulo de memória realizado com grupos de cinco a seis participantes. Os outros módulos enfocaram o gerenciamento de metas e o treinamento psicossocial. O foco do módulo de treinamento mnemônico foi descrito como "aprender uma série de estratégias e técnicas para melhorar as habilidades organizacionais e de memória" (Craik *et al.*, 2007, p. 133). As sessões incluíram educação sobre a complexidade da memória e sua relação com a função cerebral. Os participantes aprenderam sobre diferentes tipos de memória e os fatores que afetam a recordação e o esquecimento. Houve uma ênfase no desenvolvimento da percepção dos lapsos individuais de memória, no uso de dispositivos externos e, posteriormente, nas estratégias internas relacionadas à codificação de informações de maneira profunda e significativa. Tarefas, tais como lições de casa, foram utilizadas para estimular a prática no uso de estratégias e dispositivos. Craik *et al.* (2007) encontraram evidências de que o programa do grupo cognitivo, em geral, resultou em ganhos para alguns aspectos da memória de longo prazo e do processamento estratégico.

Esse tipo de grupo, que combina a educação com foco em estratégias internas e externas, também foi descrito por Wilson e Moffat (1984), Berg *et al.* (1991) e Evans e Wilson (1992). O grande benefício desse grupo é que ele oferece a oportunidade para que os clientes desenvolvam a conscientização dos problemas, além de estratégias, aprendendo com seus pares. Em relação ao desenvolvimento dessa conscientização, a oportunidade de ouvir outros indivíduos falarem acerca de problemas do dia a dia estimula alguns clientes a pensarem nas próprias dificuldades. Além disso, para alguns clientes, ouvir os pares aceitando que têm dificuldades pode facilitar o reconhecimento dos próprios problemas. Da mesma forma, no que diz respeito ao uso de estratégias, ouvir outro cliente discutindo sobre o quanto uma determinada estratégia ou dispositivo é útil pode convencê-los a experimentar um dispositivo pelo qual tenham possivelmente mais resistência por se tratar apenas de uma recomendação de um profissional. Também pode haver um elemento de *feedback* específico dos colegas que facilite a conscientização, bem como um incentivo ou insistência por parte destes para experimentar algo, o que pode ser útil.

Logo, tendo em vista as evidências relacionadas a quais abordagens de reabilitação de memória são mais eficazes para os indivíduos com LEA, o foco abrangente do OZC em aumentar a participação em atividades cotidianas importantes e o indício de que as organizações grupais podem ser uma estratégia funcional para a reabilitação cognitiva, um tipo de grupo de memória foi desenvolvido e tem sido implementado desde que a instituição foi fundada.

O Grupo de Memória do OZC

Como discutido no Capítulo 6, o Grupo de Memória é definido segundo um contexto cuja ideia sobre um "grupo cognitivo" é mais ampla. O Grupo de Memória combina três componentes amplos: a educação acerca da memória e dos problemas a ela relacionados; as estratégias internas; e os dispositivos externos. O grupo normalmente é ministrado uma vez por semana por até duas horas, por um período de aproximadamente seis semanas, embora isso seja flexível, dependendo das necessidades dos participantes e de outras restrições de horário. Cada cliente tem pelo menos uma sessão complementar individual de uma hora a cada semana para revisar os materiais do grupo, desenvolver a compreensão sobre como os tópicos discutidos em grupo são relevantes para ele/ela e identificar como aplicar as estratégias nele discutidas em seu cotidiano.

Na primeira sessão, os objetivos do grupo são apresentados aos clientes, a saber:

a) aprender sobre a memória e desenvolver uma compreensão acerca dos próprios problemas a ela relacionados;
b) entender o propósito de algumas das avaliações que eles podem ter feito;
c) discutir as diferentes estratégias de memória;
d) praticar as estratégias de memória;
e) aplicar e avaliar as estratégias de memória em relação aos próprios problemas.

No final de cada sessão, pede-se um voluntário ao grupo para que este faça um breve resumo do material abordado no início do próximo encontro. Os clientes recebem apostilas em branco para fazer anotações complementares.

Educação sobre a memória

O componente educacional pode ser ministrado inicialmente segundo um contexto mais amplo, com sucessivos tópicos sendo abordados semana após semana, ou pode ser dado sessão após sessão para cada tópico específico. Dessa forma, para alguns grupos de clientes, cada semana é constituída por componentes educacionais, experienciais (testando nossas estratégias) e reflexivos (discussão em grupo). Isso varia, dependendo dos tipos de cliente que estão participando, ou seja, dependendo da gravidade do comprometimento cognitivo dos participantes. Aqui, descrevemos cada componente como se fosse ministrado semanalmente. Os diferentes tipos de memória são apresentados aos clientes, incluindo memória de curto prazo ou operacional e memória de longo prazo. As diferenças entre as memórias semântica e episódica, implícita e explícita, e retrospectiva e prospectiva são explicadas. Além disso, as diversas modalidades sensoriais de memória (visual, verbal, olfativa, gustativa e cinestésica) são descritas. As partes do cérebro envolvidas nos diferentes tipos de memória são explicadas a partir de ilustrações simples. Os diferentes estágios da recordação são discutidos, isto é, codificação, armazenamento e recuperação. Os participantes são, então, apresentados aos diferentes distúrbios de memória e a terminologia é explicada (por exemplo, amnésia, amnésia pós--traumática, amnésia anterógrada, amnésia retrógrada, confabulação etc.).

A parte seguinte do grupo discute como a memória é avaliada. É dada uma explicação de como os diferentes tipos de memória são avaliados por vários testes. Isso é feito apenas com os clientes que já passaram por avaliações (para não prejudicar o processo de testagem). Logo, o objetivo é ajudá-los a desenvolver uma melhor compreensão do conteúdo do seu relatório de avaliação detalhada.

As causas dos problemas de memória são descritas. Além disso, a forma como os diferentes tipos de LEA (por exemplo, traumatismo craniano, acidente vascular encefálico, anóxia, encefalite, tumor etc.) podem resultar em um comprometimento da memória é ilustrada. Posteriormente, os diversos fatores que podem afetar a recordação em conjunto com a LEA são discutidos, incluindo:

a) atenção e concentração;
b) velocidade de processamento de informações;
c) planejamento e organização de informações;
d) habilidades visuoespaciais e perceptivas;
e) linguagem;
f) frustração/pensamentos negativos;
g) estresse/ansiedade;
h) fadiga;
i) drogas/álcool etc.;

j) motivação;
k) ambiente.

Os tipos mais comuns de problemas de memória após uma lesão encefálica são descritos (por exemplo, dificuldades para recordar algo após uma interrupção e aprender tarefas novas), mas também há ênfase naqueles tipos de memória que estão normalmente intactos (por exemplo, recordar como fazer algo e recordar fatos/informações/eventos de um passado mais distante). Isso acarreta uma discussão acerca das manifestações cotidianas mais comuns e específicas dos problemas de memória, incluindo:

a) esquecer o que foi dito;
b) fazer as mesmas perguntas repetidas vezes;
c) repetir histórias ou atividades;
d) esquecer nomes;
e) esquecer onde algo foi deixado;
f) aprender novas rotas e se perder;
g) esquecer de fazer algo;
h) esquecer uma alteração na rotina;
i) não planejar ou seguir com os planos até finalizá-los;
j) ser desorganizado;
k) ter dificuldade em perceber ou recordar suas dificuldades de memória.

Os clientes são encorajados a descrever suas dificuldades de memória no contexto grupal. Para facilitar isso, eles são convidados a preencher um "*Quiz* de Memória", que é um questionário no qual pede-se para identificar quais tarefas eles têm dificuldade e dizer, em linhas gerais, se eles fazem algo para tentar auxiliá-los na recordação de fatos/informações/eventos. O questionário inclui:

a) a data;
b) o mês;
c) os nomes dos indivíduos que eles conhecem há muito tempo;
d) os nomes dos indivíduos com que eles se encontraram uma ou duas vezes;
e) os rostos de indivíduos que eles conhecem há muito tempo;
f) os rostos de indivíduos com que eles se encontraram uma ou duas vezes;
g) como chegar a algum lugar que eles conhecem bem;
h) como chegar a algum lugar em que eles já estiveram uma ou duas vezes;
i) onde eles colocaram algo;
j) o que lhes foi dito;

k) o que eles leram;
l) tomar a medicação;
m) algo que eles têm que fazer (em geral);
n) algo que eles têm que fazer (compromissos);
o) outros problemas.

Um elemento fundamental do processo de desenvolvimento de uma melhor compreensão acerca das dificuldades de memória (e outras dificuldades cognitivas) é o trabalho que os clientes realizam como parte do Grupo de Compreensão sobre a Lesão Encefálica ou Grupo CLE (Capítulo 5). Este, por sua vez, é auxiliado pelas sessões individuais com um membro da equipe. Eles recebem folhas de automonitoramento e pede-se para que tentem registrar exemplos dos problemas que surgem, observando o tipo de problema. Pede-se também que eles tentem entender que tipo de comprometimento (por exemplo, memória, atenção, planejamento etc.) pode ter contribuído para que o problema surgisse. Isso nem sempre é fácil para os clientes, mas às vezes eles podem receber ajuda para recordar a situação e refletir mais acerca dos fatores que contribuíram para que ela acontecesse.

Ao final do componente educacional geral, o foco se volta para o tópico sobre como gerenciar problemas de memória. O fato de que a memória não parece ser como um músculo que pode ser exercitado para tornar-se mais forte é discutido. Isso conduz a um resumo das principais maneiras por meio das quais os clientes podem gerenciar melhor os problemas de memória no dia a dia, incluindo:

a) entender seus problemas de memória por meio da educação e do monitoramento efetivo;
b) servir-se dos pontos fortes de seu sistema de memória para superar quaisquer pontos fracos;
c) encontrar e usar estratégias que funcionem para si de forma consistente;
d) adaptar o ambiente;
e) ser organizado e utilizar rotinas;
f) seguir seu ritmo para evitar a fadiga.

Jogos de memória podem ser úteis, não no sentido de exercitar a memória, mas com o propósito de ilustrar seus diferentes aspectos e estimular a discussão a respeito da aplicação de estratégias. Jogos como o jogo de *Kim*, no qual os objetos são colocados em uma bandeja, vistos por um curto período de tempo e, em seguida, esta é coberta e os participantes têm que recordar o que nela estava, ou o *Pairs/Pelmanism*, um jogo de cartas no qual um baralho é espalhado com a face voltada para baixo e os jogadores tentam encontrar pares com o mesmo símbolo, podem ser úteis. É possível utilizar ambos os jogos para ilustrar como as estratégias podem ser aplicadas para melhorar o desempenho, reforçando a mensagem principal do grupo de que a maneira mais eficaz de lidar com os problemas de memória é empregando estratégias que compensem aquela que está comprometida. No grupo descrito por Evans e Wilson (1992), os participantes muitas vezes comentavam que gostavam dos jogos e que ter determinado sucesso ao desafiar as tarefas de memória (melhorando nos jogos durante o programa do grupo) estimulava sua confiança.

O restante do grupo está focado em analisar as estratégias que podem ser aplicadas em diversas situações, começando pelas estratégias "internas" e, posteriormente, discute-se os dispositivos externos e as modificações no ambiente.

Estratégias internas

A segunda fase do Grupo de Memória concentra-se nas estratégias internas de memória. Estas são introduzidas como técnicas que podem, em algumas situações, ajudar a codificar as informações de forma mais eficaz, facilitando sua posterior recuperação. É enfatizado que, para serem úteis, tais técnicas precisam ser utilizadas com regularidade e dedicação. Algumas delas refletem princípios mais gerais de aprendizagem (por exemplo, fazer associações) e podem ser aplicadas em muitas situações diferentes, mas outras são muito específicas, sendo úteis apenas em situações de aprendizagem muito particulares (por exemplo, a técnica *PQRST*). As técnicas são brevemente descritas a seguir, com informações sobre o porquê de serem incluídas e com referência às evidências de sua eficácia, quando estas se encontram disponíveis.

Fazendo associações

Um dos resultados mais robustos das pesquisas acerca da memória é que quanto mais significativa for a informação, mais fácil esta será recordada (Craik; Lockart, 1972; Baddeley, 1999). "Significativo" é entendido como algo relevante para o indivíduo e é facilmente relacionado ou associado a algum conhecimento prévio. Este princípio geral para melhorar a memória, tornando a informação mais significativa e tentando ativamente associá-la ao conhecimento prévio, é descrito. Exemplos práticos incluem:

a) lembrar de realizar uma nova atividade, relacionando-a a uma rotina existente. Por exemplo, tomar a medicação com os horários das refeições;
b) aprender o nome de um indivíduo que acabou de conhecer pensando em alguém que já conheceu com o mesmo nome (um amigo ou astro de cinema);
c) deixar as botas de caminhada ao lado da porta para lembrar que irá caminhar com um amigo hoje;

d) a técnica *PQRST* (descrita posteriormente) é um meio de aprofundar o nível de processamento das informações, estabelecendo um conjunto de perguntas a serem respondidas durante a leitura da informação.

Recursos visuais

Referem-se a melhor utilização possível das habilidades residuais a partir de modalidades sensoriais múltiplas para auxiliar a recordação (extremamente importante se a memória verbal estiver comprometida). Muitos dos estudos mencionados acima a respeito da relevância mostraram que a informação que é prontamente visualizada é recordada com muito mais facilidade do que aquela que é puramente verbal ou abstrata. Portanto, se um sistema estiver danificado ou se a memória verbal e visual estiverem comprometidas, tentar utilizar ambos os sistemas com o auxílio de recursos visuais, quando possível, é uma abordagem eficiente. Exemplos práticos incluem:

a) aprender nomes, por exemplo, de indivíduos ou ruas – aprender os nomes dos indivíduos é uma tarefa difícil porque envolve a formação de uma associação entre dois conjuntos de informações únicas e arbitrárias (um rosto e um nome). Os recursos visuais podem ser utilizados de várias maneiras. Por exemplo, associar uma característica da aparência do indivíduo ao nome deste pode ser, de alguma forma, possível. Clare *et al.* (2003) utilizaram essa técnica em conjunto com outras para ensinar um homem com doença de Alzheimer a aprender os nomes dos indivíduos em seu grupo social;

b) rotas – as estratégias mais elementares de orientação incluem o uso de pontos de referência e a formação de um "mapa cognitivo" (um mapa mental da rota). Os indivíduos que se orientam bem fazem uso de ambas as estratégias (Kato; Takeuchi, 2003). Embora essas estratégias básicas provavelmente sejam familiares para a maioria dos indivíduos, é possível que alguns não prestem muita atenção a essa questão antes de sua lesão, bem como podem não pensar em utilizá-las de maneira consciente depois desta. No entanto, um estudo recente de Lloyd (2006) descobriu que encorajar os pacientes a utilizarem um ponto de referência ou mapa cognitivo não ampliou os ganhos obtidos a partir de uma abordagem de aprendizagem sem erros para direcionar a instrução (veja abaixo uma discussão sobre a aprendizagem sem erros). Logo, pode ser que esse incentivo específico para utilizar estratégias da melhor maneira possível seja relevante apenas para alguns indivíduos. Para aqueles com comprometimento severo da memória, tais técnicas simplesmente não seriam apropriadas, pois eles não conseguiriam se lembrar da informação com ou sem o uso da estratégia;

c) algo para fazer – os indivíduos são encorajados, quando têm a intenção de fazer algo posteriormente (por exemplo, postar um cartão de aniversário a caminho das lojas), a empregar recursos visuais para tentar se imaginar fazendo essa tarefa. Uma tarefa-chave é tentar fazer uma associação entre uma pista (por exemplo, algo no ambiente, como uma caixa de correio) e a ação;

d) listas de compras – embora os recursos visuais possam ser utilizados para auxiliar na recordação de itens que precisam ser comprados, geralmente aconselhamos que uma lista escrita seja usada.

Chunking (Agrupamento)

Este é o princípio segundo o qual a memória operacional funciona de forma mais eficiente quando as informações são "agrupadas" (por exemplo, um número de telefone é melhor lembrado como 781 267 do que 7 8 1 2 6 7).

Rastreio mental

É refazer, em sequência, movimentos, atividades e pensamentos mentalmente, em geral, com a finalidade de recordar onde você colocou algo. Exemplo:

> Onde eu deixei minha agenda? Antes de chegar a esta sala, fiz o *check-in* na recepção. Antes disso, eu estava no carro. Eu deixei minha agenda na recepção? Não, eu assinei o livro e ela não estava lá comigo. Eu deixei minha agenda no carro? Não consigo me lembrar se eu a levei para o carro. Ok, onde eu estava antes do carro? Eu estava no meu apartamento. Lembro-me de que peguei minha agenda, tranquei a porta e ela estava na minha mão enquanto descia as escadas. Coloquei-a no banco do passageiro quando entrei no carro. Minha agenda está no carro.

Aprendizagem sem erro

Observa-se que os indivíduos tradicionalmente dizem que aprendemos com os nossos erros e que, se você cometer um, você se lembrará dele e, da próxima vez, é menos provável que cometa o mesmo erro novamente. Entretanto, um número considerável de pesquisas mostrou que, para os indivíduos com déficits de memória, é melhor tentar evitar os erros quando se aprende algo – consulte Kessels e DeHaan (2003) para uma meta-análise dessa pesquisa. Isso ocorre porque, para alguém com comprometimentos de memória, é possível que os erros não sejam lembrados e, de fato, uma vez cometidos, é mais provável que eles ocorram novamente como resultado de um *priming* não intencional. Exemplos práticos incluem:

a) ter instruções detalhadas ao aprender uma nova tarefa ou como utilizar uma nova tecnologia e segui-las até que se tornem automáticas;

b) quando encontrar uma rota para um novo destino, sempre que possível, tenha alguém com você nas primeiras vezes e anote os pontos de referência significativos.

PQRST

Esta é uma técnica de estudo que pode ser útil em algumas circunstâncias específicas, tais como em ambientes de estudo tradicionais (por exemplo, ter que lembrar o conteúdo de um capítulo ou artigo) e em situações mais informais, tais como lembrar artigos de jornais para conversas em um ambiente social. As letras dessa sigla significam:

- *Preview* (prever) – examine as informações rapidamente; elas são sobre o quê?
- *Question* (perguntar) – quais perguntas você espera responder lendo essas informações?
- *Read* (ler) – leia!
- *State* (dizer) – diga as respostas para suas perguntas;
- *Test* (testar) – quantas informações do artigo você se lembra bem?

Se essa técnica for provavelmente eficaz para um cliente, ele será, então, treinado para empregá-la. Descobrimos que a técnica não é apropriada para a maioria dos clientes, porém, para um pequeno subgrupo, ela provou ser muito eficaz. Um exemplo foi o de um homem que estava estudando em uma universidade e sofreu uma anóxia durante a recuperação da anestesia – ele havia sido submetido a uma cirurgia ortopédica. Sua memória foi severamente comprometida, mas, por outro lado, seu intelecto estava relativamente intacto. Ele estava determinado a voltar para a universidade, embora seu antigo curso de graduação fosse considerado muito difícil. Ele se matriculou em um curso de graduação diferente e descobriu que a técnica *PQRST* era muito útil para aprender os conteúdos das provas. Ele foi bem-sucedido ao conseguir seu primeiro diploma de graduação e, posteriormente, de mestrado.

Mapas mentais

Esta é outra técnica que também é basicamente uma técnica de estudo, mas que pode ser igualmente aplicada a outras situações. Um mapa mental implica, sobretudo, em colocar as informações a serem lembradas em uma folha, utilizando uma representação em forma de "árvore", com palavras, imagens e cores e, em seguida, lembrar-se desse mapa mental (com memória verbal e visual) a fim de lembrar-se do conteúdo das informações. O objetivo é usar múltiplas modalidades sensoriais (verbal, visual e espacial) para representar as informações e, assim, torná-las mais fáceis de serem lembradas. O ato de criar um mapa mental em si significa que o material é processado de um modo "mais profundo", isto é, mais significativo. Alguns exemplos de como os mapas mentais são utilizados pela população em geral podem ser encontrados no *website* de Tony Buzan, a quem o desenvolvimento dessa técnica está mais associado (www.buzanworld.com). Em nossa experiência, os mapas mentais são, como a maioria dos mnemônicos, inadequados para utilização por parte dos indivíduos com um comprometimento significativo de memória na maioria das tarefas de recordação do dia a dia. No entanto, para aqueles que estão retornando à educação ou em uma situação de trabalho, em que novas informações precisam ser aprendidas, eles podem ser úteis. Assim como no *PQRST*, o uso principal dos mapas mentais é em situações de estudo nas quais um grande volume de informações sobre um tópico precisa ser lembrado para uma prova. Entretanto, eles também servem para aprender informações acerca de notícias ou mesmo procedimentos e, poderiam, em tese, ser empregados em uma ampla variedade de situações.

Outros mnemônicos

Há uma série de outras técnicas mnemônicas que tem o uso relativamente limitado, embora possam ser eficazes para aprender informações muito específicas. Alguns dos exemplos discutidos no grupo incluem:

a) transformar números em letras. Por exemplo, a senha 1852 – **U**m **Ó**timo **C**irurgião **D**entista (a primeira letra de cada palavra corresponde à primeira letra de cada número – **U**m **O**ito **C**inco **D**ois) – ou 2535 (o número de letras nas palavras corresponde aos números da senha – **um porão tem ratos**);

b) rimas mnemônicas. Por exemplo, para lembrar o que acontece quando os relógios são alterados – "avance na primavera, recue no outono"[1];

c) mnemônico com a primeira letra. Por exemplo, a linha de uma pauta musical E, G, B, D, F (*Every Good Boy Deserves Favour* ou *Todo Menino Bom Merece um Presente*) ou de legumes/verduras que você precisa comprar – **C**enoura, **A**lface, **R**epolho, **N**abo, **E**spinafre (**CARNE**);

d) criar uma história para recordar palavras/itens/ortografia. Por exemplo, para uma lista de compras, incluindo Shreddies[2], açúcar, café e pasta de

---

[1] N.T.: Essas alterações estão relacionadas ao Reino Unido, mas assemelham-se ao horário de verão brasileiro, no qual adianta-se e atrasa-se o relógio em uma hora.

[2] N.T.: Este é o nome de um cereal matinal feito de trigo integral.

dente, você pode criar uma história como: "de manhã, eu me levanto e como Shreddies, com açúcar, e tomo uma xícara de café. Depois, eu escovo meus dentes".

Dispositivos de memória externa

A terceira fase do grupo concentra-se em dispositivos externos de memória. Observa-se que a maioria dos indivíduos, com lesão encefálica ou não, utiliza dispositivos externos de memória, tais como calendários e agendas, para lembrá-los de compromissos e listas de compras. Há frequentemente uma discussão sobre o fato de que os indivíduos relacionam o uso de dispositivos de memória, tais como agendas e listas de tarefas, ao ambiente de trabalho e, às vezes, aqueles que utilizavam regularmente esses dispositivos antes da lesão, nesse contexto, não o fazem espontaneamente após esta, embora possa haver uma maior necessidade. No entanto, sabemos por meio do estudo de Evans *et al.* (2003) que aqueles indivíduos que utilizavam dispositivos de memória antes da lesão tendem a utilizá-los ainda mais após esta. Isso sugere que a familiaridade com os dispositivos de memória e, talvez, a sensação de que seu uso é "normal" facilitam sua utilização após a lesão.

Contudo, para alguns indivíduos, parece que, devido ao comprometimento de memória, as responsabilidades pela recordação são, de fato, retiradas e há muito pouca expectativa ou demanda para que eles lembrem algo. Isso significa que eles têm pouco a lembrar e, com isso, não usam um dispositivo de memória. Porém, a falta de uso deste significa que eles provavelmente não conseguirão lembrar-se das tarefas, reforçando a suposição de que não devem receber a responsabilidade de lembrar-se de algo. Essa situação "do ovo e da galinha" tem que ser abordada, encorajando e auxiliando os clientes para que eles desenvolvam o uso dos dispositivos de memória. Para alguns, isso pode ser feito selecionando um dispositivo e pensando como ele poderia ser utilizado, mas, para a maioria, a abordagem deve ser aquela em que os clientes recebem ajuda a fim de identificar algo que eles queiram se tornar mais independentes ao lembrar-se (por exemplo, tomar a medicação, compromissos, algo para fazer, tarefas de trabalho, refeições para preparar, pegar as crianças na escola, enviar mensagens e alimentar os animais de estimação). Os clientes são encorajados a pensar em si desenvolvendo um "sistema de memória" que pode ter uma série de elementos diferentes que lhes permitam lembrar várias atividades. Assim, uma gama de dispositivos de memória diferentes é apresentada a eles, incluindo:

a) agendas/cadernos – observa-se que uma agenda pode funcionar como um diário ou como uma agenda de compromissos. As agendas vêm em diferentes tamanhos e estilos, e os clientes são encorajados a refletir sobre qual delas melhor se adequará às suas necessidades. Um caderno simples pode ser utilizado para registrar, durante o dia, anotações que podem ser transferidas para uma agenda;

b) Filofax[3] – um Filofax ou organizador pessoal combina agenda, lista de tarefas, caderneta de endereços e várias outras funções;

c) calendário, pôster/quadro ou organizador – são úteis se você passa muito tempo em um lugar específico (casa ou trabalho). Eles têm a vantagem de serem visíveis e, assim, as informações ficam facilmente acessíveis. Uma grande desvantagem é que eles não são portáteis;

d) alarmes básicos – podem ser encontrados em telefones celulares, despertadores, relógios de pulso, temporizadores/cronômetros de cozinha etc. Eles são úteis para lembretes regulares (por exemplo, verificar sua agenda ou lista de tarefas) ou lembretes pontuais caso você consiga se lembrar do conteúdo das informações (por exemplo, lembrar-se de parar no caminho do OZC para casa a fim de comprar leite);

e) *post-it* – são úteis para anotações rápidas que podem ser colocadas em locais visíveis, funcionando como lembretes, mas é preciso ter cuidado para que um número excessivo não seja utilizado simultaneamente, pois eles podem se tornar desorganizados;

f) porta-comprimidos ou porta-comprimidos organizador – esquecer de tomar a medicação é uma queixa comum entre os indivíduos com comprometimentos de memória. Para alguns, o problema não é apenas deixar de tomar a medicação, mas pode ser também esquecer que a medicação já foi tomada, correndo o risco de tomá-la novamente. Um dispositivo útil é o porta-comprimido, às vezes conhecido como porta-comprimido organizador. Este, geralmente, é uma caixa de plástico rígido ou uma caixa contendo compartimentos com janelas de plástico transparentes rotuladas com os dias da semana. Uma dose de comprimidos é colocada em cada compartimento, permitindo que o cliente e a família saibam se as doses foram tomadas ou não. Uma limitação dos porta-comprimidos é que eles podem apenas funcionar como um lembrete se eles estiverem à vista e, assim, para alguns indivíduos, será necessário combiná-los com um alarme (por exemplo, alarme de relógio de pulso) ou associar a medicação a um aspecto de sua rotina (as refeições ou a hora de dormir são as mais comuns);

---

[3] N.T.: A Filofax é uma empresa sediada no Reino Unido que produz diferentes tipos de agendas, organizadores pessoais etc.

g) *dictaphones* (gravadores) – um gravador de áudio portátil que pode ser utilizado como um "caderno falado", isto é, pode ser carregado no bolso e as informações/fatos/eventos podem ser gravados nele à medida que acontecem. Eles são úteis para indivíduos que têm dificuldade em escrever algo rapidamente. Wilson *et al.* (1997) descrevem o uso que JC, portador de uma síndrome amnéstica em decorrência de um acidente vascular encefálico na área do retrosplênio, fez de vários dispositivos de memória, incluindo um *dictaphone*, um *Filofax* e um alarme de relógio de pulso. Ao longo do dia, ele registrava as anotações para si, descrevendo as atividades que realizou ou compromissos futuros e, em seguida, transferia essas anotações para seu *Filofax* no final de cada dia;

h) lista de tarefas – uma lista simples com tarefas diárias a serem feitas pode ser muito útil para ajudar no gerenciamento destas;

i) organizadores eletrônicos – agora existe uma ampla gama de organizadores eletrônicos ou assistentes digitais pessoais comercialmente disponíveis. Eles são particularmente úteis para aqueles que os utilizavam antes de sua lesão ou têm a capacidade residual de aprender a usá-los. Alguns são muito complicados, com múltiplas funções, o que pode desmotivar alguns clientes. É importante pensar com cuidado sobre quais funções são necessárias e garantir que o organizador selecionado inclua apenas essas funções, se possível;

j) NeuroPage – este é um sistema que utiliza um *pager* para alertar o usuário, enviando uma mensagem com um lembrete geralmente relacionado a uma tarefa que deve ser feita em um horário específico. Esse sistema foi amplamente avaliado. Wilson *et al.* (2001) mostraram, em um ensaio clínico randomizado controlado, que o NeuroPage foi eficaz em aumentar a capacidade dos indivíduos com comprometimento de memória e das funções executivas, decorrentes de uma ampla gama de condições neurológicas, de realizarem tarefas diárias que eram, em condições normais, frequentemente esquecidas. A partir de um estudo de delineamento experimental de caso único, Evans *et al.* (1998) demonstraram que o NeuroPage foi altamente eficaz em melhorar o desempenho de uma mulher (RP) com atenção e disfunção executiva severa, mas com o funcionamento normal da memória. RP achava difícil iniciar ações e manter a atenção em uma tarefa e, portanto, distraía-se muito facilmente. O NeuroPage foi altamente eficaz em melhorar sua capacidade de iniciar e concluir as atividades no momento certo. No Reino Unido, um serviço NeuroPage foi implementado e disponibiliza lembretes para os indivíduos com comprometimento de memória em todo o território (consulte www.neuropage.nhs.uk);

k) NeuroText – o serviço NeuroPage está disponível em formato de texto *SMS*, por meio do qual os lembretes são enviados para um telefone celular em vez de um *pager*;
l) telefones celulares – geralmente podem ser configurados para disponibilizar um alarme e um lembrete;
m) organização do ambiente e uso de uma rotina – alguns indivíduos são capazes de viver de forma bem-sucedida em um ambiente confuso e desorganizado, mas fazer isso dessa maneira requer uma boa memória de onde os objetos foram colocados e de quando as tarefas precisam ser feitas. Por exemplo, se você tiver que pagar uma conta e ela não estiver facilmente acessível (inclusive visível) ou se você não tiver outro lembrete para pagá-la, ela pode deixar de ser paga se a sua memória estiver ruim. Da mesma forma, se você está acostumado a colocar suas chaves em qualquer lugar da casa, a menos que se lembre todas as vezes onde as deixou, você provavelmente as perderá regularmente se estiver com comprometimento de memória. Diante disso, ser organizado com seus arquivos ou com a forma que os objetos são guardados, tais como contas a serem pagas, é muito importante para os indivíduos com prejuízos mnemônicos. Uma estratégia muito simples para objetos, tais como chaves ou uma carteira/bolsa, é mantê-los sempre no mesmo lugar. Embora o uso de uma rotina não seja realmente um dispositivo externo, é uma maneira de interagir com o ambiente que reduz as exigências de recordação. Tomar sempre a medicação com uma refeição permitirá que o indivíduo aprenda essa associação. Assim, uma vez que uma refeição é automaticamente lembrada (pelo tempo ou por sentir fome), então, a medicação também pode ser mais facilmente lembrada.

Desenvolvendo um sistema de memória individualizado

Como os clientes estão participando do Grupo de Memória, eles também trabalham em conjunto com os membros da equipe para estabelecer quais poderiam ser suas necessidades atuais e futuras. O termo "necessidades" aqui está relacionado ao que o cliente está tentando alcançar com a interferência de seus problemas de memória. Ao estabelecer as "necessidades", reconhece-se que não é possível antecipar todas as situações em que um indivíduo possa ter problemas. Em vez disso, as prioridades devem ser identificadas, sendo estas as tarefas fundamentais para alcançar as metas atuais do cliente. Uma vez que essas necessidades são claramente identificadas, o cliente trabalha com a equipe para construir um sistema de dispositivos e estratégias. De fato, às vezes, é apenas um dispositivo, mas frequentemente há mais de um dispositivo ou estratégia a serem utilizados.

Reconhece-se também que as necessidades podem mudar durante ou após o término do programa reabilitação. Parte da função do Grupo de Memória é, portanto, disponibilizar aos clientes uma maneira de abordar as tarefas no futuro. De certa forma, eles recebem uma "caixa de ferramentas" de estratégias que podem vir a utilizar futuramente. Por outro lado, o grupo visa a simplesmente reforçar a mensagem de que a tarefa, para eles, é estar ciente do que precisam se lembrar e de suas dificuldades de memória, antecipar os problemas específicos que eles possam ter em situações práticas, e identificar e implementar as estratégias apropriadas para atender às suas necessidades. É claro que alguns clientes podem usar o grupo dessa maneira, enquanto outros sempre precisam de auxílio para se adaptar a novas situações à medida que elas surgem.

Um exemplo de alguém para quem uma série de estratégias foi desenvolvida é o de Mark. Ele sofreu um grave traumatismo cranioencefálico, decorrente de um acidente de *mountain bike* no qual ele caiu cerca de 305 metros de uma montanha na Suíça. Ele tinha 30 anos na época do acidente. Uma tomografia computadorizada (TC) inicial apontou um edema e um hematoma subdural. Ele também desenvolveu meningite enquanto estava no hospital. Após a estabilização, ele foi transferido para Londres, onde foi submetido à reabilitação de pacientes institucionalizados e, depois, de pacientes ambulatoriais. Ele melhorou fisicamente e foi capaz de ter novamente uma vida independente. Sete meses após a lesão, ele foi encaminhado ao OZC. Naquela ocasião, ele não havia retornado ao trabalho e havia uma grande preocupação de que os comprometimentos de memória persistentes afetariam sua capacidade de lidar de maneira eficaz com as adversidades no ambiente laboral. Uma avaliação detalhada revelou um comprometimento significativo da memória verbal e visual que ficou evidente nos testes de recordação e reconhecimento. Havia dificuldades mais leves em relação à atenção (ignorar a distração). O desempenho em testes de funções executivas estava alterado, mas acreditava-se que isso seria resultante de seus problemas de memória. Havia dificuldades moderadas de comunicação de alto nível em que às vezes ele se desviava do assunto na conversa. As metas de Mark para a reabilitação foram:

a) demonstrar consciência de suas potencialidades e dificuldades de forma escrita, em consonância com seu perfil neuropsicológico, e ser capaz de descrever como esses problemas poderiam impactar sua vida pessoal, social ou profissional;

b) identificar se ele poderia retornar ao trabalho anterior;

c) demonstrar competência em habilidades de negociação quando avaliado por si ou por um colega de trabalho;

d) gerenciar suas questões financeiras de forma independente;

e) desenvolver uma série de interesses por atividades de lazer.

A meta mais importante para Mark era voltar ao trabalho. Antes do acidente, ele trabalhava como corretor de seguros de propriedades internacionais para uma grande seguradora sediada em Londres. Esse era um trabalho que envolvia uma grande responsabilidade financeira. Os empregadores de Mark deram muito apoio e estavam dispostos a ajudá-lo a voltar ao trabalho, mas também estavam preocupados em ter certeza se ele era capaz de desempenhar o trabalho de forma eficaz. No programa, Mark começou a ocupar-se da meta do CLE ao participar do referido grupo e a trabalhar com seu coordenador de programa individual a fim de desenvolver seu portfólio. Ao mesmo tempo, Mark frequentou o Grupo de Memória e recebeu apoio para começar a apreciar a natureza de suas dificuldades de memória. Este foi um processo emocionalmente difícil – quando ele entendeu suas dificuldades, sua preocupação com as implicações em relação ao retorno ao trabalho aumentou. Mark recebeu apoio para criar uma descrição detalhada do trabalho e definiu-se, para ele, a meta de identificar de que maneira suas dificuldades de memória poderiam afetar seu trabalho. Isso revelou que, embora seu trabalho tivesse responsabilidades significativas, uma grande vantagem era que grande parte dele era feito em ocasiões curtas e relativamente breves, exigindo pouco do aspecto da memória de Mark que estava comprometido.

Os agentes vieram até ele com a intenção de comprar um seguro (por exemplo, para uma grande fábrica ou refinaria de petróleo). Um preço foi negociado e, uma vez acordado, a documentação foi assinada imediatamente. Mark identificou que seu conhecimento acerca dos riscos (por exemplo, quais países ou empresas tinham um risco demasiadamente alto) era o aspecto mais importante de seu trabalho sobre o qual os problemas de memória poderiam impactar. Ele identificou ainda que suas habilidades sociais eram um dos fatores que o tornavam bem-sucedido no seu trabalho – Mark tinha um bom relacionamento com os indivíduos e, parte disso, era sua capacidade de lembrar-se de algum fato/informação a respeito daqueles com os quais ele fazia negócios. Para abordar a primeira questão, a equipe criou com Mark um banco de dados no qual ele registrou detalhes sobre as perdas com seguros publicadas no jornal das indústrias. Parecia que o ato de ler o jornal e registrar os detalhes das perdas auxiliava-o a consolidar seu conhecimento acerca de informações relevantes para avaliar riscos e, assim, tomar decisões sobre os seguros. Para abordar sua questão sobre o conhecimento dos agentes que o procuravam para fazer negócios, ele utilizou um sistema de cartão de registro de "contatos" que ele podia atualizar como e quando havia algo importante sobre alguém para registrar. Mark recebeu, então, apoio para identificar, com seu gerente, uma série de etapas em um processo de retorno ao trabalho. Elas foram planejadas para permitir que Mark e seu gerente ficassem confiantes de que ele seria capaz de executar com competência suas atribuições (sem colocar a empresa em grande risco financeiro).

As etapas envolviam inicialmente acompanhar um colega e ser capaz de demonstrar ao seu gerente que ele tinha um bom conhecimento sobre os fatores relevantes para as decisões de assinar os seguros. Em seguida, Mark recebeu uma autorização limitada para assinar os seguros (tais como poder concordar com alterações limitadas de médio prazo em uma apólice de seguro), mas toda a documentação dele também tinha que ser assinada por seu gerente. Depois, ele recebeu uma autorização para renovar as apólices e, posteriormente, assumiu uma nova atividade com a documentação novamente sendo assinada e, finalmente, recebeu total autorização para assinar os seguros. Mark retornou ao emprego remunerado em tempo integral e nele permanece há vários anos. Nem todos os empregadores são tão solícitos e flexíveis quanto os de Mark. No caso desse cliente, sua disposição em reconhecer tanto a potencialidade do impacto de seus problemas de memória quanto em seguir um processo de retorno ao trabalho, no qual ele teve que aceitar um nível de supervisão nunca antes exigido, foram fundamentais para o sucesso do programa de reabilitação. Isso não foi, de maneira alguma, fácil para Mark. O apoio psicológico da equipe e de seus pares no programa, assim como de sua família e colegas, mostraram-se decisivos para sua disposição em aceitar o que era uma ameaça considerável a sua autoimagem, ou seja, a possibilidade de ele não conseguir voltar ao trabalho de forma bem-sucedida.

Conclusão

Intervenções destinadas a abordar os comprometimentos de memória após a lesão encefálica devem ser definidas segundo o contexto das metas pessoais do indivíduo. Esse é o foco principal do Grupo de Memória – fornecer aos clientes as ferramentas para compensar os déficits de memória em situações cotidianas. O caso de Mark ilustra a importância de se verificar claramente como a memória (ou qualquer outro comprometimento cognitivo) tem impacto sobre o trabalho (ou outros aspectos da vida diária) e, em seguida, desenvolver um sistema de dispositivos e estratégias que efetivamente compensem as deficiências de um indivíduo. Porém, esse caso também destaca o fato de que tais estratégias práticas podem, do mesmo modo, exigir um trabalho considerável para auxiliar o indivíduo a entender suas dificuldades e aceitá-las, algo que pode demandar um grande apoio psicológico.

Referências

Baddeley, A. D. (1999). *Essentials of Human Memory*. Hove: Psychology Press.

Berg, I. J., Koning-Haanstra, M. and Deelman, B. G. (1991). Long-term effects of memory rehabilitation: a controlled study. *Neuropsychological Rehabilitation*, **1**, 91–111.

Cappa, S. F., Benke, T., Clark, S. *et al.* (2005). EFNS guidelines on cognitive rehabilitation: report of an Efns task force. *European Journal of Neurology*, **12**, 665–80.

Cicerone, K. D., Dahlberg, C., Kalmar, K. *et al.* (2000). Evidence based cognitive rehabilitation: recommendations for clinical practice. *Archives of Physical Medicine and Rehabilitation*, **81**, 1596–615.

Cicerone, K. D., Dahlberg, C., Malec, J. F. *et al.* (2005). Evidence-based cognitive rehabilitation: updated review of the literature from 1998 through 2002. *Archives of Physical Medicine and Rehabilitation*, **86**, 1681–92.

Clare, L., Wilson, B. A., Breen, K. and Hodges, J. R. (2003). Errorless learning of face-name associations in early Alzheimer's disease. *Neurocase*, **5**, 37–46.

Craik, F. I. M. and Lockart, R. S. (1972). Levels of processing: a framework for memory research. *Journal of Verbal Learning and Verbal Behavior*, **11**, 671–84.

Craik, F. I. M., Winocur, G., Palmer, H. *et al.* (2007). Cognitive rehabilitation in the elderly: effects on memory. *Journal of the International Neuropsychological Society*, **13**, 1, 132–42.

Evans, J. J. and Wilson, B. A. (1992). A memory group for individuals with brain injury. *Clinical Rehabilitation*, **6**, 75–81.

Evans, J. J., Emslie, H. and Wilson, B. A. (1998). External cueing systems in the rehabilitation of executive impairments of action. *Journal of the International Neuropsychological Society*, **4**, 399–408.

Evans, J.J., Needham, P., Wilson, B.A. and Brentnall, S. (2003). Which memory impaired people make good use of memory aids? Results of a survey of people with acquired brain injury. *Journal of the International Neuropsychological Society*, **9**, 925–35.

Kato, Y. and Takeuchi, Y. (2003). Individual differences in wayfinding strategies. *Journal of Environmental Psychology*, **23**, 171–88.

Kessels, R. P. C. and DeHaan, E. H. F. (2003). Implicit learning in memory rehabilitation: a meta-analysis on errorless learning and vanishing cues methods. *Journal of Clinical and Experimental Neuropsychology*, **25**, 805–14.

Kime, S. (2006). *Compensating for Memory Deficits: Using a Systematic Approach*. Bethesda, MD: AOTA Press.

Lloyd, J. (2006). An investigation into route learning strategies for people with acquired brain injury. Unpublished Ph.D. thesis, University of Birmingham.

Sohlberg, M. M. and Mateer, C. (2001). *Cognitive Rehabilitation: An Integrative Neuropsychological Approach*. New York: Guilford Press.

Wilson, B.A., J.C. and Hughes, E. (1997). Coping with amnesia: the natural history of a compensatory memory system. *Neuropsychological Rehabilitation*, **7**, 43–56.

Wilson, B. A., Emslie, H., Quirk, K. and Evans, J.J. (2001). Reducing everyday memory and planning problems by means of a paging system: a randomized control crossover study. *Journal of Neurosurgery, Neurology, and Psychiatry*, **70**, 477–82.

Wilson, B. A. and Moffat, N. (1984). Running a memory group. In B. A. Wilson and N. Moffat, Eds., *Clinical Management of Memory Problems*. London: Croom Helm, pp. 171–98.

Wilson, B. A. and Watson. P. C. (1996). A practical framework for understanding compensatory behaviour in people with organic memory impairment. *Memory*, **4**, 465–86.

CAPÍTULO 8
O Grupo de Gerenciamento do Humor

Kate Psaila e Fergus Gracey

Introdução

O Grupo de Gerenciamento de Humor é parte integrante do programa de reabilitação neuropsicológica no Oliver Zangwill Centre (OZC). Embora os clientes participem do Grupo de Apoio Psicológico e das sessões individuais de manejo de humor, é evidente que eles enfrentam sequelas emocionais comuns (Williams; Evans, 2003) que se beneficiam de uma abordagem grupal.

Enquanto o Grupo de Apoio Psicológico (Capítulo 9) oferece espaço e tempo seguros para os clientes se ajudarem, refletirem e aplicarem as habilidades cognitivas e de comunicação em um contexto grupal, o Grupo de Gerenciamento de Humor oferece uma abordagem com enfoque estratégico, psicoeducacional e "regulador". O processo grupal de compartilhar experiências e refletir sobre como a aprendizagem na reabilitação pode ser aplicada a si ou aos outros é importante. Entretanto, ele é menos importante do que no Grupo de Apoio Psicológico. Em termos práticos, o processo grupal permite que os profissionais compartilhem um maior número de informações com os clientes do que seria possível em sessões individuais. Logo, desse grupo, espera-se que os clientes tenham uma melhor compreensão de suas metas emocionais, desafios, pontos fortes e estratégias, assim como os dos outros, e possam compartilhar perspectivas e desenvolver a autoconsciência. Isso visa a empoderar os clientes individualmente, fazendo com que os membros do grupo possam se ajudar de forma mais eficaz.

Objetivos do grupo

Nos princípios e procedimentos do OZC, descrevemos o objetivo do grupo da seguinte forma:

O Grupo de Gerenciamento de Humor tem como objetivo oferecer aos clientes a oportunidade de desenvolver uma consciência dos problemas que possam ter no humor e comportamento, bem como o desenvolvimento de habilidades e estratégias para lidar com tais problemas.

Isso é feito disponibilizando informações, apoiando a construção de sentido e auxiliando os clientes a desenvolverem habilidades a fim de lidar com as mudanças em suas experiências e na expressão de suas emoções. Isso também é feito:

a) regulando as reações emocionais, particularmente como resultado da lesão encefálica, e mostrando que essas reações são compreensíveis;
b) permitindo que os clientes formulem a própria compreensão sobre suas reações à sua lesão encefálica, o que pode, por si só, acarretar mudanças;
c) encorajando a discussão com outros clientes e compartilhando as experiências;
d) disponibilizando uma "caixa de ferramentas" de estratégias a fim de proporcionar aos clientes o conhecimento prático para experienciar maneiras diferentes de lidar com os desafios emocionais;
e) empoderando e encorajando a escolha dos clientes quanto às estratégias de reabilitação.

Organização e estrutura

O Grupo de Gerenciamento de Humor consiste em 12 sessões semanais de 1 hora de duração. O grupo é facilitado (preferencialmente) por 2 membros da equipe de psicologia: psicólogos clínicos e/ou assistentes supervisionados ou estagiários de psicologia. A estrutura e o ritmo do grupo são flexíveis e determinados pelas necessidades dos clientes e do ambiente com um todo. Por exemplo, com a admissão de 1 indivíduo, o relaxamento foi praticado semanalmente na sessão por 10 minutos.

As sessões de grupo consistem em 10 minutos no início para revisar a lição de casa/recapitular a semana anterior, 40 minutos para abordar a apresentação dos tópicos principais (por exemplo, o cérebro e as emoções ou o processo de ajustamento), discussão em grupo, prática com o apoio de exercícios (por exemplo, técnicas de relaxamento diferentes, *mindfulness*, controle da atenção, resolução de problemas emocionais etc.) e aplicação em exemplos da vida real, com 10 minutos para recapitular e resumir os pontos de aprendizagem no final. A reflexão pessoal é facilitada por meio de perguntas, tais como "qual foi o aprendizado que mais fez sentido para você?" E "qual é o próximo passo para desenvolver isso?" Os clientes são incentivados a utilizar uma folha de resumo (ver Apêndice 8.1) para apoiar e estruturar essa reflexão, bem como para auxiliar na generalização. O grupo é baseado em um modelo cognitivo-comportamental geral e em técnicas a ele relacionadas, encorajando os clientes a desenvolverem a consciência, as habilidades de resolução de problemas emocionais e a habilidade reflexiva, além de abordarem significados inúteis associados às consequências emocionais de sua lesão. Há uma série de pontos educacionais que os facilitadores visam a elucidar para os clientes em cada sessão. No entanto, esse grupo também tem um forte componente de discussão e incentiva a aprendizagem dos clientes entre si, testando as estratégias dentro e fora do grupo. Eles participam do Grupo de Gerenciamento de Humor ao mesmo tempo que participam das sessões individuais de psicoterapia.

As informações são apresentadas por meio de apostilas e/ou *slides* em PowerPoint, dependendo das preferências e habilidades do cliente. Os clientes recebem cópias de todos os *slides* para cada sessão, com espaço para fazer anotações. Os *flip-charts* ou lousas são frequentemente utilizados para fazer anotações das discussões e dar exemplos. Há uma semelhança com os conteúdos de outros grupos. Por exemplo, o Grupo de Compreensão sobre a Lesão Encefálica (Grupo CLE) também aborda um pouco sobre como o cérebro gerencia as emoções e o Grupo Cognitivo abrange a resolução de problemas ou o gerenciamento de metas, também utilizados como uma abordagem para o enfrentamento emocional. Os clientes são encorajados a relacionar seu trabalho individual e em grupo. Isso é feito especificamente nas primeiras semanas: "Isso se relaciona com outras áreas de trabalho das quais você está participando na reabilitação no momento, por exemplo, no Grupo Cognitivo?" Ou ainda "como isso se relaciona com as metas para os quais você está trabalhando?" O progresso alcançado no grupo em relação às metas acordadas de cada cliente é realimentado na equipe em cada reunião de planejamento de metas dos clientes.

Programa de estudos

O grupo é dividido em 3 partes principais: (1) semana 1 – introdução e tópicos de interesse, socialização com o grupo e descoberta do que eles querem aprender com ele; (2) semanas 2 a 5 – informações e formulações sobre o que afeta o humor e as emoções; e (3) semanas 6 a 12 – estratégias e técnicas, resolução de problemas e experimentos. Essas partes têm sido apresentadas em série e nessa ordem, mas, às vezes, quando os clientes têm dificuldades com o tipo de seminário em grupo, mais ênfase é dada à prática de estratégias de modo que a parte 3 é ministrada em todos os grupos depois que a introdução ao tópico é abordada. Sempre que possível, são apresentadas técnicas relacionadas ao tópico. Eventualmente, uma lição de casa é dada e, com frequência, envolve o automonitoramento, a identificação dos diferentes estilos de enfrentamento utilizados, a observação das respostas emocionais de outros indivíduos e se os clientes são bem-sucedidos ou não. Entretanto, como eles têm um número significativo de lições de casa das sessões individuais em outras partes do programa, isso não é tão enfatizado quanto seria caso o grupo fosse ministrado como um grupo ambulatorial independente.

Semana 1: introdução e tópicos de interesse

Os clientes recebem as boas-vindas ao grupo. O primeiro exercício é para descobrir o que eles gostariam que o grupo aprendesse. Isso geralmente é apresentado como um exercício de dez minutos, iniciando a discussão dos clientes acerca das emoções. Os objetivos padrão do grupo são, então, integrados em: aumentar a compreensão dos clientes acerca das consequências emocionais da lesão encefálica, aprender sobre os fatores que afetam o humor e as emoções, compreender melhor as próprias emoções e aprender maneiras de ajudar a gerenciar ou mudar as consequências emocionais.

O próximo tópico abordado é: "O que influencia o humor e o comportamento?" Uma discussão em grupo é encorajada. As contribuições são classificadas segundo as seguintes áreas:

a) tipo de lesão ou comprometimento;
b) "personalidade" antes e depois da lesão;
c) ajustamento às mudanças e perdas;
d) estilo de enfrentamento;
e) ambiente e gatilhos, incluindo papéis e relacionamentos.

Um *slide* em PowerPoint é utilizado para apresentar esses tópicos como um modelo biopsicossocial. Esse exercício prepara uma base para as próximas semanas, quando as áreas são discutidas com mais detalhes. Durante essa sessão, a emoção é regulada – é explicado que as mudanças emocionais e comportamentais são muito comuns após qualquer tipo de lesão encefálica, pois o cérebro é o centro de controle de nossas emoções.

O modelo cognitivo é utilizado nesse grupo para auxiliar os clientes a refletirem acerca dos processos emocionais. Ele é fácil de conceituar, facilita o uso de estratégias e há um número crescente de evidências a respeito de sua eficácia após a lesão encefálica (Alderman, 2003; Khan-Bourne; Brown, 2003; Williams *et al.*, 2003a, 2003b; McGrath; King, 2004; Tiersky *et al.*, 2005; Gracey *et al.*, 2006; Dewar; Gracey, 2007). Um ponto-chave aqui é que existe uma variabilidade na expressão emocional e comportamental dependendo da situação, e entender o que corrobora essa variação pode ajudar a prever, planejar e fazer mudanças para melhorar o humor e o resultado de situações específicas.

O modelo cognitivo-comportamental é apresentado (Greenberger; Padesky, 1995). O aspecto da cognição é adicionado a esse modelo para reconhecer o impacto da lesão encefálica nas experiências do cliente e de como estas podem afetar seus pensamentos, sentimentos, comportamento e respostas físicas. Em conjunto com o modelo biopsicossocial apresentado anteriormente, o modelo cognitivo da emoção fornece um conceito simples e fácil de lembrar de forma que os clientes refletem acerca de suas reações emocionais no momento. Isso é ilustrado a partir de um exemplo cotidiano.

Semana 2-5: o que afeta o humor e as emoções?

Tipo de comprometimento neurológico

A recapitulação de dez minutos da sessão anterior fornece uma introdução a esse tópico. Essa sessão inclui a apresentação e discussão de como o tipo de comprometimento neurológico afeta a emoção e o comportamento. O objetivo é disponibilizar algumas informações sobre a emoção normal e o controle cerebral sobre ela. Explica-se que o cérebro é a sede de nossas emoções e que as emoções são essenciais para a sobrevivência. Aborda-se especificamente como as áreas frontal, temporal e límbica interagem na experiência e expressão de respostas emocionais normais. Muitas vezes, utilizam-se conceitos evolutivos sobre os papéis de sobrevivência do medo, agressividade e depressão para facilitar a ideia de que as emoções são normais. Apresenta-se o impacto das dificuldades cognitivas (especialmente no funcionamento executivo, atencional e da memória) sobre a capacidade do cérebro de processar as emoções de forma eficaz. Um modelo deste é utilizado nessa sessão, assim como as imagens do Grupo CLE (Capítulo 5).

A influência do desenvolvimento dos lobos frontais em controlar nossas respostas comportamentais e emocionais é discutida, com mais detalhes, como uma habilidade que é aprendida durante toda a vida. Os clientes geralmente podem fazer uma relação com os processos pelos quais as crianças passam para aprender a iniciar ou inibir o comportamento. Isso fornece uma justificativa de que reaprender o controle das emoções fortes ou do comportamento impulsivo, bem como as maneiras socialmente apropriadas de expressar sentimentos ou as estratégias para entender os sentimentos de outros indivíduos podem ser necessários após uma lesão encefálica. São encorajadas discussões sobre as experiências dos indivíduos e é reconhecido o impacto indireto das dificuldades cognitivas no humor.

A "personalidade" antes e depois da lesão

O termo "personalidade" é empregado como um meio para discussão, pois, em nossa experiência, ele pode ser controverso. Conceitualmente, também consideramos as crenças acerca da mudança de personalidade inúteis para o cliente e para o profissional – consulte Yeates *et al.* (2008) para uma discussão mais aprofundada. Alguns indivíduos, com certeza, não sentem mudança naquilo que chamam de "personalidade". Alguns afirmam que ainda são os mesmos, apesar de certas características terem mudado. Outros, porém, descrevem uma mudança significativa. Fazer a pergunta "o que queremos dizer com o termo personalidade?", para alguns grupos mais aptos, é um ponto de partida interessante. Essa discussão é dividida em aproximadamente três áreas.

Desenvolvimento da personalidade

Após o resumo da semana anterior, os clientes são questionados sobre o que é personalidade e como eles imaginam que ela se forma. Eles são encorajados a refletir sobre o que nos torna quem somos e sobre como nossa personalidade é estável e capaz de variar e mudar de acordo com as experiências ao longo de nossas vidas. A metáfora de como as paisagens são formadas lentamente durante milhares de anos por processos, tais como a erosão por fatores climáticos, é utilizada. Com o tempo, uma paisagem pode mudar de várias formas, mas ainda assim pode ser reconhecida como a mesma área geográfica. A maneira pela qual a emoção e o comportamento após uma lesão encefálica podem ser moldados pela personalidade antes da lesão é estimulada. A metáfora pode ser ampliada, sugerindo que a lesão é como um terremoto que atinge a paisagem. Inicialmente, existem algumas características reconhecíveis da paisagem antiga, mas estas são muito menos visíveis do que os escombros. Com o passar do tempo, a paisagem é restaurada, não para sua forma original, mas para uma nova forma em que os recursos antes e depois do terremoto têm seu lugar, somando-se às características dessa paisagem. Este ponto é elaborado por meio da discussão de como, durante nossas vidas, nossa personalidade se desenvolve a partir das experiências que formam as "regras" acerca de nós mesmos, os outros e o mundo ao nosso redor, e nos ajudam a entender o que acontece conosco e orientam nosso comportamento. A questão é que nossa autoimagem e identidade estão sempre mudando lentamente e, com a lesão encefálica ou não, nenhum de nós pode voltar ao nosso antigo *self*.

Entendendo as crenças acerca da mudança de personalidade

Os clientes são, então, convidados a refletir a respeito do que aprenderam acerca dos comprometimentos neurológicos na semana anterior e como isso pode afetar as crenças sobre a mudança de personalidade, especialmente as crenças dos parceiros. Observa-se como os indivíduos podem ver algumas características, tais como "ser organizado", "ter uma boa memória" ou "ser muito sociável", enquanto aspectos da "personalidade". Essas características podem ser alteradas por várias razões após a lesão, mas o indivíduo com lesão encefálica frequentemente argumenta que ainda é o mesmo. Discute-se como os comprometimentos nos lobos frontais podem afetar as crenças acerca da mudança de personalidade. O ponto-chave a ser considerado aqui é que essas crenças podem ser construídas por nós e pelos outros por uma série de razões e isso é algo diferente da autoimagem ou do senso de identidade.

Os efeitos das regras antes da lesão e as suposições sobre como lidamos com os eventos traumáticos

São apresentadas informações sobre como os eventos traumáticos podem desafiar nossas regras anteriores acerca dos principais objetivos e valores pessoais ou de vida. Em geral, discutimos como as "regras" são formadas por nossas experiências de vida de acordo com o modelo cognitivo-comportamental. Por exemplo, muitos indivíduos podem acreditar que o mundo é geralmente seguro ou que estamos no controle de nossos destinos. Os eventos traumáticos, em geral, são inesperados, têm um grande impacto em nossas vidas e podem ser de difícil entendimento porque desafiam nossas regras anteriores. O aspecto principal aqui é que algumas reações emocionais podem ser compreensíveis no que diz respeito à dificuldade para entender a lesão, especialmente quando certas mudanças estão em conflito com as regras e valores relacionados à personalidade ou *self* do indivíduo.

Ajustamento para as mudanças e perdas

O objetivo principal desta sessão é que os membros do grupo compreendam seu processo de ajustamento emocional até certo ponto e foquem a atenção no processo de mudança em prol de um futuro mais positivo. Os diferentes tipos de possível reação de ajustamento emocional são descritos para discussão. Estes incluem choque, "negação", raiva, aceitação, tristeza ou pesar, ansiedade e esperança. Apresentamos isso como um estímulo para os indivíduos falarem sobre seu processo de adaptação até o presente momento e para se perguntarem o quanto seus desafios emocionais atuais podem ser formas compreensíveis de ajuste.

As situações que destacam as diferenças entre a vida de alguém antes e depois da lesão encefálica podem ser particularmente difíceis. O ponto-chave para discussão aqui é entender toda a história com o objetivo de auxiliar os indivíduos a perceberem que onde eles estão agora é diferente de onde estiveram e que eles podem esperar mudanças para o futuro. Outro aspecto central é que a mudança pode envolver um aumento das emoções negativas para muitos instigando, assim, os indivíduos a refletirem acerca das experiências na reabilitação que podem ser desafiadoras por esse motivo. São introduzidas discussões a respeito dos tipos de ajuda que os indivíduos solicitam quando lidam com a dificuldade de se ajustar ao que lhes aconteceu.

Estilo de enfrentamento

O objetivo desta sessão é conscientizar sobre os estilos de enfrentamento eficientes e ineficientes. Após o resumo da semana anterior, pede-se aos clientes que reflitam sobre como lidam com as situações difíceis. As estratégias de enfrentamento eficientes e ineficientes são, então, discutidas. A questão é que, depois de um evento traumático, os indivíduos podem confiar em velhas formas de enfrentamento ou desenvolver novas. Os comprometimentos cognitivos (por exemplo, na função executiva da resolução de problemas) podem significar que as antigas formas eficazes de enfrentamento não são mais eficazes ou não estão mais disponíveis para eles. Evitação, uso de álcool ou outras substâncias, dependência da ajuda de outros indivíduos, resistência para aceitar ajuda, negação das dificuldades, preocupação, ruminação e raiva são apresentados como respostas possivelmente comuns. As reações emocionais a eventos traumáticos são enfatizadas como normais. A questão, no entanto, é que depender de padrões ineficientes de comportamento pode não nos ajudar a aumentar nossa confiança, pois podemos desenvolver regras e crenças negativas sobre nós mesmos, os outros e o mundo ao nosso redor que podem perpetuar a baixa confiança ou eliciar sentimentos, tais como depressão ou ansiedade.

Sugere-se que ter uma ampla gama de estilos de enfrentamento é eficaz, provavelmente devido a uma série de tensões e problemas decorrentes da lesão encefálica. Os estilos de enfrentamento eficazes geralmente envolvem a resolução de problemas, a tentativa de lidar com o problema e desenvolver uma compreensão deste, a aprendizagem de habilidades para gerenciar as dificuldades e, quando necessário, a busca e aceitação de ajuda ou aconselhamento. Às vezes, os clientes discutem o próprio estilo de enfrentamento ou o facilitador que ministra o grupo apresenta exemplos para ilustrar como um determinado tipo de enfrentamento (por exemplo, a evitação) poderia ser ineficaz a longo prazo.

Ambiente e gatilhos

O principal objetivo desta sessão é aumentar a conscientização acerca do impacto do ambiente social ou funcional sobre o comportamento e as emoções. O tópico a respeito de como nossas reações emocionais podem ser bastante específicas para certos indivíduos, lugares ou tarefas é colocado em discussão. Se necessário, são dados exemplos dos tipos de desafios específicos criados em uma situação, tais como o impacto das demandas físicas e cognitivas, bem como um gatilho para a comparação das habilidades anteriores à lesão e demandas sociais ou interpessoais. O grupo é encorajado a discutir situações específicas que eles acreditam ser mais ou menos difíceis após a lesão. Os exemplos frequentemente incluem estar com grandes grupos em situações sociais, compras de supermercado, certas relações familiares ou sociais, barulho ou outros fatores que contribuem para a "sobrecarga" cognitiva ou sensorial.

Demandas físicas e cognitivas

A discussão deste tópico no grupo pode ajudar a promover a conscientização sobre o ambiente. Isso pode ocorrer devido a problemas cognitivos, físicos, dor e/ou sensibilidade ao ruído ou à luz. Logo, os ambientes de trabalho, residenciais ou sociais podem causar mais dificuldades do que antes da lesão encefálica.

A comparação do self antes e depois da lesão

As situações podem desencadear uma comparação entre o estado atual e anterior à lesão, levando o indivíduo a se lembrar de suas dificuldades, perdas ou mudanças. Isso pode ser emocionalmente difícil, ocasionando frustração, agressividade, tristeza ou ansiedade em tais situações. O grupo é incentivado a compartilhar exemplos desse tipo de situação desencadeante para discussão e formulação, bem como para identificar possíveis soluções.

Demandas sociais ou interpessoais

As dificuldades interpessoais comuns descritas após a lesão encefálica são apresentadas, tais como o difícil equilíbrio entre sentir-se ajudado e superprotegido ou sentir-se compreendido como alguém que, ao mesmo tempo, tem dificuldades e é confiável e valorizado. Os efeitos das reações de outros indivíduos às mudanças de comportamento e emoções também são discutidos como uma forma de refletir sobre como eles podem mudar seu modo de ser conosco. Os clientes frequentemente têm exemplos desse tipo de situação desencadeante e, às vezes, é útil dedicar mais tempo a um círculo interpessoal e possibilitar uma discussão a respeito do que pode ajudar a quebrar o "círculo vicioso".

Aprendendo a lidar com as demandas de situações específicas

A ênfase aqui é que, ao entender quais situações são difíceis e porquê, é possível desenvolver estratégias ou planos para gerenciá-las de maneira mais eficaz. O aspecto central é que há uma variabilidade na expressão emocional e comportamental, dependendo da situação, e compreender que o que corrobora essa variação pode ajudar a prever, planejar e fazer mudanças para evitar reações inadequadas.

Além disso, percepções gerais e negativas de si, das habilidades de um indivíduo ou da possibilidade de controlar o comportamento podem ser desafiadas observando os aspectos específicos de situações positivas e quais questões influenciam o resultado.

Semanas 6-12: estratégias para auxiliar no gerenciamento das consequências emocionais e comportamentais

Os fatores de vulnerabilidade discutidos anteriormente no grupo podem contribuir para uma série de resultados ou consequências emocionais/comportamentais. Pede-se para que os membros do grupo produzam o maior número possível de ideias acerca das consequências emocionais e comportamentais da lesão encefálica adquirida (LEA). A lista abaixo é, então, apresentada e quaisquer consequências não mencionadas são adicionadas à lista do cliente. As consequências emocionais e comportamentais são:

a) ansiedade, preocupação e sentimento de medo;
b) pensamentos negativos;
c) consciência;
d) raiva, irritação e frustração;
e) comportamento impulsivo;
f) falta de sensibilidade social;
g) tristeza, humor deprimido ou depressão;
h) dificuldades de relacionamento.

Pede-se que o grupo retorne às suas expectativas desde a primeira sessão e, dependendo das necessidades deste, dois ou mais tópicos são escolhidos para serem discutidos em detalhes. As ideias das sessões anteriores são utilizadas para auxiliar os clientes a tentarem entender os tópicos específicos em que eles estão interessados. Às vezes, isso envolve refletir acerca dos fatores ambientais, de enfrentamento, de ajustamento e orgânicos que contribuem para a área de dificuldade. Por outro lado, a formulação de pensamentos automáticos negativos (Greenberger; Padesky, 1995) é utilizada para ajudar a discutir e desfazer um ciclo inútil de pensamentos, sentimentos, comportamentos e respostas dos indivíduos que interagem entre si. Finalmente, os tópicos também são utilizados para introduzir e praticar estratégias específicas de gerenciamento de humor, incluindo diferentes tipos de estratégias de relaxamento, *mindfulness*, reavaliação cognitiva e gerenciamento de preocupações – veja Butler e Hope (1995).

As influências dos profissionais que ministram o grupo podem mudar o foco e as estratégias identificadas. No entanto, um conjunto básico de princípios e técnicas cognitivo-comportamentais é utilizado. Apresentamos aqui as bases de nossa abordagem para alguns dos tópicos comumente abordados no grupo.

Consciência

Com relação ao tópico da consciência, o grupo é apresentado ao modelo de Crosson *et al.* (1989), que identificaram diferentes tipos ou níveis de autoconsciência:

1) consciência intelectual – envolve ter uma compreensão racional dos comprometimentos e suas consequências;
2) consciência emergente – envolve perceber e reconhecer as dificuldades quando elas estão acontecendo;
3) consciência antecipatória – envolve antecipar as dificuldades que podem surgir no futuro; permite que o indivíduo "pense com antecedência" e planeje a utilização de estratégias; e é o mais alto nível de consciência.

No grupo, sugerimos que a consciência pode ser auxiliada por uma série de abordagens e encorajamos uma discussão acerca dos possíveis efeitos dessas estratégias:

a) informações precisas sobre os comprometimentos e pontos fortes;
b) entendimento do que pode e do que não pode ser feito;
c) pedido de esclarecimentos a outros indivíduos;
d) aprendizagem, com outros indivíduos, sobre o que e quando algo está dando errado;
e) *feedback* quando surgirem problemas;
f) estratégias *stop-think* (pare-pense) para melhorar o automonitoramento e diminuir a impulsividade;
g) gerenciamento de metas para antecipar as situações, planejar e preparar as estratégias;
h) compensação, considerando os tipos de comprometimento de memória e de atenção que podem impedir que alguém tenha acesso a novas informações acerca de si;
i) aprendizagem sistemática de habilidades de automonitoramento;
j) "experimentos comportamentais";
k) relacionamentos seguros e de apoio mútuo.

Gerenciando a frustração, irritabilidade e raiva

Apresentamos este tópico com uma discussão a respeito do que pode levar à raiva e à agressividade. A questão é que, às vezes, o comportamento agressivo pode ser erroneamente descrito como uma expressão de raiva quando ele pode ser, na verdade, uma resposta à ameaça (tal como na resposta de "luta ou fuga"). As causas da frustração e possíveis abordagens são discutidas. Frequentemente, é destacada a possível utilização de estratégias compensatórias cognitivas para melhorar a eficácia em uma tarefa ou de ritmo para abordar a fadiga ou negligência de metas. As técnicas de redução da agitação são, muitas vezes, praticadas na sessão. Quando se discute a raiva (*anger*, em inglês), uma estratégia fácil de se lembrar, descrita por Trevor Powell (1994) no guia prático do Headway[1] para traumatismo cranioencefálico, é apresentada ao grupo:

A – *antecipate* **(antecipar)** – pense na situação com antecedência, planeje para torná-la mais fácil;

N – *notice signs* **(observe os sinais)** – aprenda sobre como a raiva/frustração afeta você e os sinais físicos, tais como tensão ou sensação de rubor na face, bem como o que passa pela sua cabeça;

G – *go through a temper routine* **(supere uma atitude de fúria)** – faça algo prático que possa ajudá-lo a se acalmar, por exemplo:
- pare, pense!!!
- afaste-se mentalmente;
- use o relaxamento/respiração controlada para gerenciar os efeitos da adrenalina;
- use as estratégias cognitivas para gerenciar as demandas cognitivas;
- fale positivamente com você mesmo;
- diga à pessoa como você se sente (em vez de mostrá-la).

Quais dessas estratégias funcionam melhor para você?

E – *extract yourself from the situation* **(retire-se da situação)** – você pode precisar se retirar da situação para ajudar a se acalmar. Conversar com alguém sobre o que aconteceu, fazer exercícios físicos, praticar relaxamento ou ouvir música podem ajudá-lo nisso. Escolha o que você sente que melhor funciona para você!

R – *record how you coped* **(registre como você enfrentou o problema/dificuldade)** – é fácil esquecer ou não acreditar que você tem habilidades para gerenciar a raiva e a frustração. Manter um registro de como você enfrentou o problema/dificuldade pode ajudá-lo a se lembrar de seu progresso. Isso contribui para o desenvolvimento da confiança!

Gerenciando os problemas relacionados à ansiedade

Descreve-se uma série de diferentes tipos de problemas de ansiedade e pede-se que o grupo se concentre em um ou dois tipos específicos de ansiedade (por exemplo, preocupação, sentir medo de algo específico etc.). Mais uma vez, observamos que é importante compreender os fatores que contribuem para a

---

[1] N.T.: Headway é uma organização britânica sem fins lucrativos que auxilia pessoas com lesão encefálica.

ansiedade a fim de encontrar a melhor maneira de lidar com ela. Isso nos leva a trabalhar com um exemplo de problema específico com o grupo, utilizando a formulação de pensamentos automáticos negativos (estabelecer o gatilho, pensamentos, emoções, sintomas físicos e comportamento) ou com algum outro modelo cognitivo-comportamental e, a partir disso, examinamos as possíveis estratégias ou técnicas. Novamente, as estratégias de relaxamento ou de redução da agitação podem ser praticadas ou, então, o grupo pode trabalhar por meio da "árvore de decisão da preocupação", apresentada por Butler e Hope (1995).

Humor deprimido, tristeza ou depressão

Sentimentos como humor deprimido, tristeza ou depressão são comuns após a lesão encefálica. Se este for um tópico importante para os membros do grupo – muitos clientes consideram útil discutir as maneiras pelas quais a depressão pode afetar pensamentos, sentimentos, comportamento, cognição e processos fisiológicos, tais como fome, libido e sono –, ele é, então, discutido. Uma vez que a preocupação ou ruminação de nossos clientes parece ser comum, destacamos a discussão sobre a importância do agendamento de atividades para eventos prazerosos ou tarefas que dão uma sensação de controle. Encorajamos o grupo a discutir tais atividades positivas ou benéficas, e tentamos associar isso ao trabalho que eles possam estar fazendo em qualquer outra parte do programa relacionada ao desenvolvimento de um sistema eficaz de memória e planejamento. Também podemos introduzir e praticar o *mindfulness* como uma maneira de nos afastarmos dos pensamentos ruminativos problemáticos. Uma série de possíveis estratégias discutidas inclui:

a) planejar atividades que aumentem gradualmente a sensação de prazer e realização;
b) conversar com outros indivíduos que possam entender ou que tiveram experiências semelhantes;
c) identificar o que torna os sentimentos melhores e piores;
d) entender os fatores que afetam o humor;
e) reconhecer como os pensamentos, sentimentos, experiências e comportamentos passados podem estar interligados;
f) reconhecer "pensamentos automáticos negativos" ou previsões negativas e compreender como eles podem afetar a interpretação das situações;
g) sugerir pensamentos ou previsões alternativas para desafiar os pensamentos negativos;
h) aprender habilidades, tais como assertividade, a fim de ajudar a desenvolver mais confiança;

i) relaxar para ajudar a lidar com o estresse de começar a fazer algo de forma diferente quando há pouca confiança;
j) utilizar estratégias cognitivas para ajudar a melhorar o resultado de situações ou tarefas que são difíceis devido às demandas cognitivas;
k) reduzir a ruminação e aprender a se distanciar de pensamentos e sentimentos (por exemplo, usando o *mindfulness*);
l) medicação antidepressiva.

Resumo

O objetivo deste capítulo foi ilustrar os princípios e o amplo conteúdo do Grupo de Gerenciamento de Humor, ministrado na fase intensiva do programa. Mais informações foram abordadas neste capítulo do que seria possível abordar em sessões com 12 horas de duração. As informações e o modo de apresentação são adaptados a cada admissão de um cliente. O programa está sempre se desenvolvendo mais, sendo sutilmente modificado para atender às necessidades de diferentes clientes que ingressam no grupo e atualizado para refletir as descobertas recentes de pesquisas importantes, além do *feedback* dos clientes e de nossas experiências sobre o que funcionou bem. Entretanto, até o presente momento, essa intervenção grupal de base cognitivo-comportamental não foi avaliada.

Apêndice 8.1 – Folha de resumo do grupo

Data:
    Área de metas ou grupo:
    Tópico da sessão ou objetivo:
    No final da sessão, dedique algum tempo para anotar:
        Os principais pontos desta sessão:
        Meu "aprendizado pessoal" para esta sessão:
        O próximo passo para desenvolver isso:

Referências

Alderman, N. (2003). Contemporary approaches to the management of irritability and aggression following traumatic brain injury. *Neuropsychological Rehabilitation*, **13**(1/2), 211–40.

Butler, G. and Hope, T. (1995). *Manage your Mind: The Mental Fitness Guide*. Oxford: Oxford University Press.

Crosson, B., Barco, P. P., Velozo, C. A. et al. (1989). Awareness and compensation in postacute head injury rehabilitation. *Journal of Head Trauma Rehabilitation*, **4**(3), 46–54.

Dewar, B-K. and Gracey, F. (2007). 'Am not was': cognitive-behavioural therapy for adjustment and identity change following herpes simplex encephalitis. *Neuropsychological Rehabilitation*, **17**(4 & 5), 602–20.

Gracey, F., Oldham, P. and Kritzinger, R. (2006). 'Finding out if the "me" will shut down': successful cognitive- behavioural therapy of seizure-related panic symptoms following subarachnoid haemorrhage: a single case report. *Neuropsychological Rehabilitation*, **17**(1), 106–19.

Greenberger, D. and Padesky C. A. (1995). *Mind Over Mood: Change How You Feel by Changing The Way You Think*. New York: Guilford Press.

Khan-Bourne, N. and Brown, R.G. (2003). Cognitive behaviour therapy for the treatment of depression in individuals with brain injury. *Neuropsychological Rehabilitation*, **13**(1/2), 89–107.

McGrath, J. and King, N. (2004). Acquired brain injury. In J. Bennett-Levy, G. Butler, M. Fennell, A. Hackman, M. Mueller, eds. *Oxford Guide to Behavioural Experiments in Cognitive Therapy*. Oxford: Oxford University Press.

Powell, T. (1994). *Head Injury: A Practical Guide*. Bicester: Speechmark.

Tiersky, L., Anselmi, V., Johnston, M. et al. (2005). A trial of neuropsychologic rehabilitation in mild-spectrum traumatic brain injury. *Archives of Physical Medicine and Rehabilitation*, **86**(8), 1565–74.

Williams, W. H. and Evans, J. J. (2003). Brain injury and emotion: an overview to a special issue on biopsychosocial approaches in neurorehabilitation. *Neuropsychological Rehabilitation*, **13**(1/2), 1–11.

Williams, W. H., Evans, J. J. and Fleminger, S. (2003a). Neurorehabilitation and cognitive- behaviour therapy of anxiety disorders after brain injury: an overview and case illustration of obsessive-compulsive disorder. *Neuropsychological Rehabilitation*, **13**(1/2), 133–48.

Williams, W. H., Evans, J. J. and Wilson, B. A. (2003b). Neurorehabilitation for two cases of post-traumatic stress disorder following traumatic brain injury. *Cognitive Neuropsychiatry*, **8**(1), 1–18.

Yeates, G., Gracey, F. and Collicutt-McGrath, J. (2008). A biopsychosocial deconstruction of 'personality change' following acquired brain injury. *Neuropsychological Rehabilitation*, **18**(5), 566–89.

CAPÍTULO 9

O Grupo de Apoio Psicológico

Fergus Gracey, Giles Yeates, Siobhan Palmer e Kate Psaila

O ambiente terapêutico na reabilitação holística

A reabilitação holística visa a criar e orientar, no ambiente terapêutico, um contexto social de tratamento e apoio que é indicado para auxiliar o processo de mudança (Goldstein, 1942, 1959; Ben-Yishay, 1996, 2000). Ben-Yishay afirma que esse contexto social ajuda os clientes a desenvolverem seu senso de identidade e que eles podem posteriormente levá-lo para o mundo e para outros contextos sociais, tais como família, amigos e situações laborais e acadêmicas. Na reabilitação neuropsicológica do Oliver Zangwill Centre (OZC), assim como em outros programas holísticos, as práticas, tais como a reunião diária com a comunitária, e a ênfase na aprendizagem grupal contribuem para o ambiente terapêutico. Em alguns programas, a reunião com a comunidade é utilizada terapeuticamente como uma oportunidade para os clientes darem um *feedback* mútuo em relação aos comportamentos socialmente inadequados ou ao uso bem-sucedido de estratégias de enfrentamento (Prigatano, 1999; Daniels-Zide; Ben-Yishay, 2000). No OZC, o *feedback* entre e para os clientes é encorajado em sessões com grupos menores, tais como o Grupo de Comunicação e outros grupos funcionais, conforme descrito em outras partes deste volume. Eventualmente, uma discussão mais geral acerca das expectativas do comportamento mútuo pode ocorrer durante a reunião com a comunidade. No final da semana, a equipe e os clientes da fase intensiva se reúnem para revisar os pontos de aprendizagem dos grupos e os exercícios realizados durante a semana. O grupo também é encorajado a refletir sobre como os clientes estão se relacionando, dar *feedback* uns aos outros, e identificar e pensar acerca de quaisquer metas compartilhadas do grupo (por exemplo, ser capaz de ter um bom relacionamento, se comunicar e trabalhar em equipe).

Como uma equipe, muitas vezes discutimos o uso da reunião com a comunidade para o *feedback* pessoal e a terapia em grupo, assim como em outros programas holísticos. No entanto, concluímos que simplesmente não nos parece "correto" abordar algumas questões na reunião pública com a comunidade, visto que todos no OZC, inclusive os visitantes do dia, participam dela. Talvez isso reflita algo a respeito do contexto cultural britânico da instituição. Portanto, o *feedback* acerca dos comportamentos e estratégias pode ocorrer em determinados grupos específicos e sessões individuais, e a discussão sobre as questões que afetam o gerenciamento do dia a dia do OCZ ocorre na reunião com a comunidade.

Monitorar e avaliar o desenvolvimento e a manutenção do ambiente ocorre nas reuniões da equipe aproximadamente duas vezes por programa. Nessa reunião, os fatores que impactam o ambiente, incluindo a resposta emocional da equipe ao grupo de clientes, são formulados. Além disso, as ações mais apropriadas são identificadas. O Grupo de Apoio Psicológico, por sua vez, é o lugar para refletir acerca dos processos grupais e para os clientes explorarem sua identidade social nas interações com os pares. É esse grupo que permite a eles utilizarem e compartilharem suas experiências mútuas. Muitas vezes, esse grupo também proporciona um lugar onde os processos grupais podem ser abordados "com segurança" e os clientes podem refletir sobre seu progresso na reabilitação.

Nesta parte, descrevemos a evolução de nossa abordagem inovadora, integrando modelos de processos grupais com um modelo neuropsicológico cognitivo. Essa abordagem estabelece um contexto no qual os clientes trabalham para atingir duas metas principais: "dar e receber apoio mútuo" e, se isso não estiver acontecendo, "entender o porquê e abordar o problema".

O apoio psicológico na reabilitação holística

Os programas descritos por Prigatano (1999), Daniels-Zide e Ben-Yishay (2000), Christensen (2000) e outros incluem um grupo no qual tópicos relevantes relacionados aos estresses da vida após a lesão encefálica são trazidos para discussão e apoio mútuo (Klonoff, 1997). Inicialmente, uma abordagem semelhante foi adotada no OZC. Os Grupos de Gerenciamento do Humor e de Apoio Psicológico proporcionam, sob a orientação e organização de um psicólogo clínico, oportunidades para identificar, discutir e praticar estratégias a fim de gerir as consequências emocionais da lesão encefálica adquirida (LEA). Entretanto, no Grupo de Apoio Psicológico, que é menos estruturado, tornou-se evidente que a dinâmica grupal e o impacto dos comprometimentos cognitivos (especialmente das funções executivas) poderiam tornar a tarefa do psicólogo e do grupo de clientes mais difícil. O formato do grupo evoluiu e, então, foi formalmente alterado para reproduzir o processo grupal e abordar a influência de problemas relacionados às funções executivas ao mesmo tempo em que permite que os clientes utilizem seu conhecimento e experiência significativos para se apoiarem mutuamente. O Grupo de Gerenciamento de Humor tornou-se mais especificamente focado na psicoeducação e no desenvolvimento de estratégias, sendo descrito no Capítulo 8. Aqui, apresentaremos alguns antecedentes da bibliografia básica que permeia nossa abordagem do Grupo de Apoio Psicológico e descreveremos o modelo que desenvolvemos para orientar os facilitadores que trabalham com o grupo. Em seguida, daremos alguns breves exemplos clínicos e descrições de técnicas específicas utilizadas no grupo.

Bibliografia básica

A bibliografia básica do trabalho em grupo inclui descrições de:

a) uma mentalidade de grupo que possa refletir a meta comum deste, trabalhando em conjunto, ou uma mentalidade de grupo disfuncional para responder às ameaças e ansiedades percebidas (Bion, 1961);

b) atividades terapêuticas úteis ou "fatores curativos" em grupos (Yalom, 1975);

c) a noção de grupo enquanto uma entidade única, bem como de processos de formação e desenvolvimento grupais, implicando o estabelecimento inicial do grupo, negociação de problemas e engajamento na tarefa grupal, tal como em Schutz (1958) e Tuckman (1965);

d) as ideias de Foulkes (1964) sobre a tarefa terapêutica de estabelecimento, desenvolvimento e aprofundamento da "'teia hipotética de comunicação', que utiliza a vida passada, presente e futura dos membros individuais" (Nitsun, 1996, p. 21) no grupo;

e) a noção de Garland (1998) acerca do "grupo de adversidades", um tipo de grupo de trauma que se reúne apenas devido à experiência da mesma situação traumática, além das ideias psicoterapêuticas grupais relacionadas a essa noção, baseadas em Bion (1961) e Foulkes (1964);

f) esquemas narrativos sobre como a linguagem grupal permite a construção de histórias particulares a respeito do grupo e de seus membros (frente à supressão de outras) que possam ter uma relevância no modo como este enfrenta os desafios da vida após a lesão encefálica;

g) as ideias sistêmicas acerca do trabalho em diferentes âmbitos, explorando culturas, crenças e transições em relação ao contexto social no grupo e aos paralelos entre os processos grupais e sistemas mais amplos, tais como família, sistemas de saúde ou sociedade como um todo.

A noção de abordagem holística, tal como descrita por Goldstein (1959) e elaborada na reabilitação neuropsicológica holística por Ben-Yishay (1996, 2000), também é utilizada. Essa noção oferece um modelo para se pensar como o grupo contribui para o desenvolvimento de habilidades grupais sociais e de um senso de identidade consistente, minimizando a "labilidade emocional" e promovendo a autoaceitação por meio da segurança do ambiente. O mesmo princípio de "generalização" do ambiente para outros grupos sociais descrito por Ben-Yishay, como mencionado acima, é visto como relevante para o Grupo de Apoio Psicológico.

O trabalho terapêutico com os clientes afetados por LEA precisa considerar o padrão de pontos fortes e fracos em habilidades cognitivas e sociais. O conjunto mais comum de déficits enfrentados por eles no OZC são as habilidades executivas. Logo, a literatura neuropsicológica cognitiva é útil para entender e gerenciar os grupos. Há uma série de modelos e problemas associados à síndrome disexecutiva que não examinaremos aqui. No entanto, podemos dizer que os modelos de Luria (1966), Duncan (1986), Sohlberg et al. (1990) e Shallice e Burgess (1991) são particularmente úteis. Esses modelos enfatizam a capacidade de identificar uma meta e traçar um plano, mantê-los em mente enquanto trabalha-se para atingi-la, além do automonitoramento para ajustar o comportamento.

Os grandes desafios enfrentados por aqueles com síndrome disexecutiva são as habilidades metacognitivas, abstração, regulação das emoções, comportamento, habilidades sociais, capacidade de autorreflexão, bem como aprender a desenvolver e atualizar as autorrepresentações. Nos grupos, portanto, os clientes podem não conseguir se ater às tarefas ou tópicos, ser superficiais em sua fala, perder pistas sociais importantes (por exemplo, interpretar o humor de maneira errada, não perceber que o outro está aborrecido e descontente etc.) ou ter reações emocionais mais fortes ou mais fracas do que o habitual. A noção de Vygotsky (1960/1978) sobre como as funções cognitivas superiores emergem enquanto "processos mediados" a partir da interação entre o social e o orgânico nos permite pensar como o contexto social, a relação entre as pessoas e as ferramentas ou símbolos linguísticos podem ser internalizados para formarem a capacidade de autorregulação. Essa noção é reiterada por ideias contemporâneas acerca da reabilitação da função executiva e da psicoterapia – por exemplo, o treinamento autoinstrucional (Meichembaun; Goodman, 1971; Alderman; Burgess, 1990; Cicerone, 2002). Essas ideias são colocadas em prática no Grupo de Apoio Psicológico ao definir o papel dos facilitadores como sendo aqueles que servem de funções "metacognitivas", "atencionais e regulatórias" ou "executivas". O grupo recebe a atenção necessária para, em conjunto, resolver os problemas sociais ao definir sua "meta principal" contínua como "dar e receber apoio mútuo" e, a segunda, como "perceber se isso não está acontecendo e fazer algo a respeito". Dado o desafio para os clientes, os papéis dos facilitadores tornam-se claros:

a) definir e lembrar o grupo de sua(s) meta(s);
b) refletir sobre o progresso em relação à(s) meta(s);
c) dar *feedback* explícito e refletir acerca das atividades, sentimentos e temas em discussão no grupo;
d) destacar as atividades grupais que possam ir de encontro ou desviar a atenção da meta;
e) auxiliar na resolução de problemas por meio da promoção de uma forma diferente de pensar;
f) ser a "memória autobiográfica" do grupo, refletindo sobre quaisquer mudanças grupais, exemplos de resolução de problemas passados ou eventos grupais significativos, criando um senso de continuidade e coerência;
g) encorajar o grupo a pensar a respeito do futuro em relação às suas metas específicas, às mudanças que nele ocorrem e à generalização da sua aprendizagem para outros grupos;
h) ajudar o grupo de forma que ele desenvolva as condições necessárias para que esses processos ocorram (por exemplo, apoiar o desenvolvimento grupal e a coesão, se necessário).

Como as questões dos processos grupais ou emocionais são gerenciadas nesse formato? Essa descrição do funcionamento executivo do grupo, de certa forma, é vista em consonância com o modelo de processo grupal de Bion (1961). Ele sugere que os grupos podem se orientar por meio de uma "mentalidade grupal de trabalho" saudável ou por meio de uma "mentalidade de crenças elementares" inúteis. Em suma, Bion sugere que a última categoria pode ser reconhecida pelas tentativas grupais de se afastar da tarefa, colocar a responsabilidade em um membro específico ou agir de modo a encorajar a união entre dois membros do grupo. Bion também sugere que é a resposta às ansiedades no grupo, as tentativas de evitar algum tópico temido ou o aspecto de trabalhar em conjunto que leva ao afastamento da tarefa grupal principal. Assim, para citar apenas algumas possibilidades, a presença de um tópico ou uma questão difícil ou angustiante pode levar o grupo a passar o tempo discutindo assuntos banais, a ficar em silêncio ou a tentar envolver os facilitadores na discussão acerca de suas vidas a fim de evitar prováveis emoções desagradáveis.

A linguagem dos facilitadores aborda o grupo como uma "entidade responsável" e única para destacar a noção de que ele pode autorrefletir e gerenciar o próprio comportamento, bem como tem a responsabilidade de trabalhar para atingir as metas principais. Por exemplo, um facilitador pode fazer uma reflexão acerca de um ponto relevante: "Parece que o grupo *optou* por falar sobre o clima hoje – estou me perguntando como isso se encaixa na meta do grupo?" Isso pode estimular o grupo a se engajar em discussões a respeito do que foi decidido e, assim, ajudá-lo a trabalhar em conjunto para fazer uma escolha sobre o que discutir. Implícito nisso está a ideia de que os membros do grupo são responsáveis, de certa forma, pela capacidade mútua de beneficiar-se dele. Às vezes, as contribuições dos indivíduos podem ser enfatizadas ou destacadas por um facilitador em relação à tarefa grupal de trabalhar em prol de uma de suas metas. Um exemplo disso poderia ser uma reflexão, por parte do facilitador, tal como: "Hoje, o grupo trabalhou bem em relação à sua meta principal. Ouvimos uma série de sugestões para auxiliar Bill em situações de estresse em casa. Também estou ciente de que existe um membro do grupo de quem não ouvimos nada o dia todo".

Assim, com esse artifício terapêutico, os facilitadores podem refletir acerca dos processos grupais relacionados à vida emocional e à função do grupo, enquanto também ilustram o "funcionamento executivo" para ele. Por meio de conversas reflexivas entre os facilitadores, é possível comentar a respeito da discussão e dos sentimentos no grupo. Destacar, por meio dessas conversas, o que está indo bem ou apresentar novas ideias de maneira que não seja agressiva ou hostil pode auxiliar os membros do grupo a entenderem sua experiência grupal e proporcionar novas possibilidades ou ideias para discussão. Isso favorece a capacidade de o grupo apoiar-se mutuamente e, ao mesmo tempo, "compensar" suas dificuldades executivas. É este o princípio básico que constitui a pedra angular do grupo. Os facilitadores também podem utilizá-la mais ou menos em outras escolas de terapia e trabalhos grupais, como mencionado acima. Em linhas gerais, a mensagem do grupo é: "Apesar de sua lesão, você tem muito a oferecer a outras pessoas. Você pode ser um amigo, colega e fonte de apoio para elas. Sua vida e suas experiências antes e depois da lesão são válidas e apreciadas". Quando o grupo é mais bem-sucedido, os clientes percebem isso lentamente e, no final, eles inevitavelmente fazem reflexões muitas vezes a respeito do tema "tornar-se uma pessoa" novamente. Isso geralmente não ocorre sem dificuldades, tensões ou problemas que surgem no e para o grupo.

Uma descrição do Grupo de Apoio Psicológico

Participação no grupo

O Grupo de Apoio Psicológico é o único grupo ministrado ao longo dos seis meses do programa, envolvendo clientes nas fases intensiva e de integração da reabilitação. Há um rodízio a cada três meses, com parte do grupo deixando-o e parte passando de "novatos" para "veteranos", além da entrada de um novo membro. O grupo normalmente tem cerca de oito a dez clientes e dois facilitadores. Os critérios de exclusão são os mesmos do programa como um todo, garantindo a inclusão de todos os clientes. Cabe salientar que em duas ou três ocasiões nos últimos cinco anos do grupo, um membro optou por sair ou foi solicitado que o fizesse. No primeiro caso, isso ocorreu devido ao comportamento verbalmente agressivo relacionado às dificuldades de comunicação receptiva e expressiva e aos déficits no reconhecimento de emoções. O segundo caso se refere a um cliente que estava deprimido e se esforçava para participar do grupo, bem como achava o trabalho em outros aspectos do programa desafiador. Assim, com o apoio de seu coordenador de programa individual (CPI), a decisão de sair do grupo foi tomada em parceria com o cliente a fim de que ele se concentrasse em outras prioridades de seu programa. Nesses casos, o cliente recebeu apoio para compartilhar sua decisão com o grupo antes de sair. Outro caso diz respeito a um cliente que compartilhou a decisão de deixar o grupo e, depois, nele permaneceu. Esse cliente ficou preocupado com seus sintomas do transtorno de estresse pós-traumático (TEPT) e não discutiu isso com o grupo. Depois de compartilhar a decisão de sair e seus sentimentos relacionados aos sintomas do TEPT, o cliente descobriu que outro membro do grupo tinha sintomas semelhantes e o grupo foi capaz de discutir a melhor forma de responder às suas necessidades e, assim, o cliente decidiu nele continuar.

Os clientes com problemas de comunicação significativos ou distúrbios comportamentais mais graves, os quais eles são incapazes de controlar no ambiente de reabilitação, tais como a agressão, devem ser excluídos, pois o grupo pode não ser útil para eles e para os demais membros deste. Dito isso, os clientes com um comportamento menos diruptivo, mas ainda assim problemático, podem se beneficiar do *feedback* grupal, bem como espera-se que eles assumam a responsabilidade de dar apoio ao grupo. Quando todo o grupo é formado por clientes com comprometimentos de memória mais severos, podem ser necessárias estratégias alternativas. Os clientes podem receber apoio para dar apoio imediato mútuo no grupo, mas o facilitador pode precisar ser mais proativo ao sugerir estratégias, por exemplo, fazer anotações, liderar, recapitular a semana passada ou definir tópicos para a discussão. Em uma ocasião, em um grupo de quatro clientes com comprometimentos de memória e um com dificuldades emocionais e executivas, a cliente com problemas executivos ficou irritada depois das primeiras semanas de discussões um tanto vazias sobre férias, papéis laborais anteriores e bate-papo generalizado. Com raiva, ela interrompeu o grupo e chamou atenção para o fato de que eles estavam desperdiçando uma hora potencialmente útil do período de reabilitação e perguntou o que eles poderiam fazer sobre isso. Essa atitude estimulou o grupo a perceber que eles não sabiam ou não se lembravam muito um do outro e, nas sessões posteriores, criaram jogos para se conhecerem. Isso culminou em clientes trazendo lembranças pessoais para compartilhar algo de sua identidade com outros membros do grupo. Reunir clientes com comprometimentos de memória e outros problemas pode acarretar um melhor funcionamento grupal, mas às vezes cada cliente pode ainda precisar de apoio externo (por exemplo, nas sessões de comunicação, humor, cognitiva ou com o CPI) para pensar acerca da utilização de estratégias no grupo. O grupo tem sido utilizado como um contexto para "experimentos comportamentais", sendo realizados por clientes que trabalham com a comunicação e estratégias cognitivas ou que buscam descobrir se a visão de si é igual à dos demais.

Gerenciamento do grupo

Este é um trabalho clínico difícil para os facilitadores. Logo, ter tempo para discutir juntos, depois do grupo, o que aconteceu e como reagiram a ele é produtivo. Às vezes, utilizamos outras fontes de apoio que são incorporadas ao programa. Por exemplo, podemos compartilhar as principais questões do grupo com os colegas na reunião de "assuntos do dia" que ocorre no final do dia. A documentação deste é mantida como um registro contínuo e único, escrito por um dos facilitadores, após cada sessão em grupo, de maneira alternada para balancear o volume de trabalho. O método para escrever as anotações é a descrição da atividade grupal, evitando fazer outras interpretações, exceto aquelas relacionadas à descrição das reflexões feitas no grupo. Se ele precisar que algo seja adiado ou se houver outros planos de ação (por exemplo, os facilitadores disponibilizam um resumo escrito das regras do grupo), isso também será anotado. No final das anotações, os comentários sobre as reflexões pós-grupo dos facilitadores são adicionados como uma formulação em desenvolvimento do processo grupal.

O primeiro grupo

No início do primeiro grupo, a tarefa dos facilitadores é preparar o ambiente, definir as metas e ajudá-lo a se conhecer e compartilhar experiências. À medida que os facilitadores recuam a fim de permitir que o grupo encontre o próprio caminho ou seja mais proativo para se engajar/sugerir quebra-gelos depende da constituição deste, bem como de seus pontos fortes e fracos e de suas habilidades. No programa, os facilitadores são francos ao descrever este grupo como sendo diferente dos demais:

> Os outros grupos estão relacionados ao recebimento de informações, novas estratégias ou reaprendizagem/desenvolvimento habilidades. Compreendemos que, enquanto uma equipe, não sabemos tudo sobre as lesões encefálicas. Particularmente, não sabemos como de fato elas são; não as experimentamos diretamente. Este grupo é uma oportunidade para todos compartilharem e se beneficiarem da *expertise* e da experiência do outro em lesões encefálicas. Estamos aqui para apoiá-los nisso, ajudá-los a aproveitar ao máximo essa oportunidade e a resolver os problemas, se necessário. Entretanto, cabe principalmente a vocês o que fazer e como fazer. Tudo o que vocês precisam fazer é ter em mente as principais metas

do grupo. A primeira meta é 'dar e receber apoio mútuo' e a segunda é 'perceber se isso não está acontecendo e determinar o que fazer a respeito'.

Afirmamos abertamente que isso, no início, é uma tarefa mais difícil do que parece e que o grupo pode não fazer sentido nas primeiras semanas. Exemplos de tarefas realizadas por grupos anteriores também são compartilhados:

> Este grupo é realmente mais difícil do que parece. Porém, estamos aqui para apoiá-los. Nós também temos trabalhado com muitos outros grupos. Alguns grupos utilizaram-no como uma oportunidade para trazer e tocar CDs de música ou mostrar fotos/vídeos que são importantes para eles. Outros utilizaram jogos no grupo para ajudá-los a se conhecerem mutuamente. Alguns adotaram uma abordagem muito estruturada nas discussões e outros foram menos estruturados. Cabe a vocês encontrar as atividades que serão úteis. Lembrem-se apenas de que a meta principal é dar e receber apoio, e a segunda é entender a melhor maneira de fazer isso.

Os facilitadores e membros do grupo também podem descrever as regras deste. Existem, porém, algumas que não são negociáveis:

a) apenas uma pessoa fala de cada vez;
b) o que é discutido no grupo é confidencial;
c) os visitantes e os clientes da avaliação não participam do grupo;
d) os clientes devem mostrar respeito mútuo com a linguagem que utilizarem;
e) o comportamento ou a linguagem que incomodar o grupo em mais de três ocasiões e que não for abordada por ele ou pelo cliente, não será aceita e poderá fazer com que o membro o deixe.

As regras podem ser escritas e divulgadas ou lembradas verbalmente de acordo, mais uma vez, com as necessidades e preferências do grupo. Os membros podem adicionar as próprias regras ou formas de gerenciá-lo, compartilhando-as com os recém-chegados no primeiro grupo. Tais regras ou práticas podem ser perfeitamente renegociadas à medida que o grupo muda. Um procedimento repetido no grupo é iniciá-lo a cada semana a partir de um "círculo" para ouvir cada membro. Às vezes, isso é deixado em aberto e, às vezes, é pré-definido. Por exemplo, vários grupos consideraram "as boas e más notícias" ou "os altos e baixos" úteis. Nesse caso, cada membro relatou uma coisa boa e uma ruim da semana anterior. No entanto, outros grupos resistiram a essa estrutura, com níveis variados de sucesso. Alguns sugeriram tópicos de interesse mútuo para a discussão ou identificaram tópicos em discussão do grupo atual para os quais poderiam dedicar mais tempo em um grupo posterior proporcionando, assim, uma flexibilidade ao permitir que questões importantes surgissem, mas com a opção de se utilizar uma estrutura quando elas aparecessem.

Quando há uma nova admissão no grupo, os ex-clientes da fase intensiva também dão as boas-vindas aos recém-chegados. Normalmente, eles são encorajados a pensar em como poderiam fazer isso algumas semanas antes. Às vezes, o grupo fica curioso a respeito dos recém-chegados e começa a planejar a "iniciação" dos novos participantes. O que os clientes dizem depende muito do grupo e, por isso, é difícil relatar algo específico aqui, mas podemos tentar dar uma ideia, mencionando alguns exemplos gerais e específicos.

O quebra-gelo mais comum do primeiro grupo tem sido, para cada membro deste, contar sua "história". Esse quebra-gelo proporcionou, em geral, um bom meio para os clientes identificarem semelhanças mútuas, estimulando a discussão acerca de uma variedade de tópicos, tais como lesões, hospitais, reabilitação anterior, apoio e compreensão de outros indivíduos, processos médico-legais, impacto sobre os familiares, benefícios ao dirigir um veículo e do bem-estar. Yalom (1975) identificou essa atividade de compartilhamento e identificação de generalidades como um dos fatores curativos nos grupos. Eventualmente, os membros do grupo optaram por evitar esse tipo de autorrevelação no início, dizendo que poderia ser demais para os recém-chegados. Os membros do grupo podem decidir esperar até que os recém-chegados comecem e perguntem o que eles podem achar útil. Se o grupo não avança ao fazer planos para os recém-chegados, o papel dos facilitadores é apoiar a resolução de problemas sociais. Isso geralmente é feito incentivando o grupo a refletir sobre sua experiência ao começar a participar dele. Ao pensar acerca do que eles poderiam ter gostado e do que apreciaram ou não em sua primeira sessão, os membros do grupo podem receber apoio para dar exemplos de possíveis maneiras de dar as boas-vindas aos recém-chegados ou de estruturar a primeira sessão. Se o grupo fizer um plano e depois esquecer de implementá-lo quando os recém-chegados passam a fazer parte dele, o papel dos facilitadores é assinalar que eles decidiram não levar o plano adiante, lembrando-os sobre o que discutiram anteriormente.

Às vezes, os clientes utilizaram o primeiro grupo como uma chance de compartilhar suas experiências da parte inaugural do programa, dando dicas, fazendo comentários encorajadores ou falando sobre transporte, acomodação ou outras questões práticas. O grupo também tem se concentrado, às vezes, no próprio Grupo de Apoio Psicológico, dizendo como é difícil explicá-lo no início e que é necessário apenas participar para saber do que se trata. Em geral, os clientes dizem que o grupo inicialmente parece muito confuso e que não fica claro como ele está ajudando, mas que, com o tempo, ele se adapta e se torna uma fonte útil de apoio. Eventualmente, os clientes refletem sobre como seu papel ou experiência grupal muda quando membros influentes o deixam. Um cliente comentou no primeiro grupo, após uma alteração, que outro membro que acabara de sair tinha sido como um pai para o grupo e que agora sentia essa expectativa em si. Outro grupo antecipou como a saída de um membro teria impacto sobre ele. Nessa discussão, o grupo conversou sobre como o membro foi útil para mantê-lo alinhado e utilizou a noção de "âncora". Um membro a desenhou na lousa da sala para servir como um lembrete para o grupo a fim de ajudá-lo a ficar junto, ao mesmo tempo que seus membros reconheceram suas diferenças e relativa independência. No primeiro grupo com os recém-chegados, os membros já estabelecidos foram capazes de explicar o que haviam experimentado e como essa "âncora" era um lembrete, para eles, desse membro "ausente" que ajudara a mantê-los alinhados. Um exemplo final envolveu os comentários de um veterano sobre seu ajustamento. Ele disse para um grupo de recém-chegados que, desde sua conversa inicial no grupo, tudo em suas vidas era sobre a lesão encefálica; tudo o que eles pensavam e conversavam era sobre essa lesão. Era como se estivessem de frente para uma parede de tijolos alta e não conseguiam ver ou pensar em mais nada. Ele disse que, assim como ele mesmo estava começando a fazer, eles tinham que demolir "a parede", pois a lesão encefálica era apenas uma parte e não a única mais importante de suas vidas. Esse cliente desenhou, na lousa, uma parede de tijolos e setas, como se elas tentassem perfurá-la, enquanto explicava minuciosamente seu processo de ajustamento. Um dos novos clientes comentou que suas mãos estavam machucadas de tanto socar essa parede. O tema "parede" permaneceu no grupo, ficando escrito na lousa, e foi mencionado às vezes por membros e facilitadores que refletiam acerca do ajustamento e do progresso na reabilitação.

Em movimento: facilitando as sessões posteriores

O mais importante nas sessões posteriores é que os facilitadores se lembrem das duas metas principais do grupo. Mantê-las em mente, enquanto ouvem a discussão deste, auxilia na concentração do que ele está fazendo. Os facilitadores tentam ter em mente as seguintes questões:

1) Eles estão se apoiando mutuamente ou trabalhando em como ser solidários?
2) Como eles estão fazendo isso? (considerando os "fatores curativos" de Yalom (1975), as "mentalidades" de Bion (1961), as ideias sistêmicas de Foulkes (1964) sobre compartilhar, aprofundar e refletir a respeito da comunicação, as narrativas dominantes e opressivas de White e Epston (1990), e as habilidades sociais, cognitivas e comunicacionais).
3) Quais tarefas eficazes ou, talvez, não tão eficazes os membros do grupo estão fazendo?
4) Quais são os temas gerais que emergem da discussão?
    - Quais problemas ou questões relevantes para a lesão encefálica e para a reabilitação estão sendo discutidas?

- Como isso pode estar relacionado ao grupo neste momento e a quaisquer processos grupais?
- Como os temas podem se relacionar com a tarefa mais ampla de ajustamento e aceitação após a lesão ou onde os clientes estão em sua reabilitação/processos na abordagem holística?

5) Como o grupo se "sente" – por exemplo, o ritmo é lento, pesado e desanimador ou animador, amistoso e variável – e o que isso pode significar?
6) Quais processos grupais estão ocorrendo? (considerando novamente o modelo de Bion ou as ideias sistêmicas).

Os eventos do grupo podem posteriormente ser organizados de acordo com essas questões gerais. Há inúmeros exemplos para darmos aqui. No entanto, as descrições a seguir podem ajudar a dar uma ideia do que achamos que se encaixa nessa estrutura. Os três primeiros tópicos desta lista têm relevância direta com os escritos de Yalom (1975) sobre os fatores curativos em grupo. Estes incluem:

a) "injeção" gradual de esperança;
b) universalidade (ver que não está sozinho em suas dificuldades);
c) disponibilização de informações e compartilhamento de conhecimentos;
d) altruísmo (dar apoio de forma desinteressada);
e) desenvolvimento de técnicas de socialização;
f) comportamento imitativo;
g) aprendizagem interpessoal;
h) coesão grupal;
i) catarse – expressão de sentimentos reprimidos.

Esses tópicos proporcionam questões interessantes que podem ser utilizadas para melhor sistematizar a atividade no grupo, bem como podem ser pensados e devolvidos para ele em um momento relevante na sessão:

> Hoje, o grupo tem compartilhado suas experiências e descoberto como elas são semelhantes em muitos aspectos.
>
> Emocionado, Bill falou sobre a perda de sua função no trabalho e os outros membros do grupo compartilharam experiências semelhantes [...].
>
> Pete contou para Bill e Jane como ele tem discutido as opções de trabalho com um conselheiro vocacional e sugeriu a eles que fizessem um contato.
>
> O grupo conversou sobre se sentir julgado pela sociedade como 'mercadorias danificadas', mas que, em algumas situações, suas verdadeiras dificuldades não são reconhecidas, expressando raiva sobre esse dilema frustrante.

Ao mesmo tempo em que se observa a possível atividade de apoio do grupo, pode-se dar um *feedback* sobre como ele perseverou na tarefa. Isso pode ser feito durante a sessão (é mais provável quando os membros estão se dispersando da tarefa) ou no final, no resumo desta:

> Hoje, o grupo trabalhou muito em alguns tópicos difíceis. Os membros têm utilizado seus conhecimentos e habilidades para apoiar Bill e Jane, que tinham preocupações sobre a reabilitação e o retorno ao trabalho. O grupo se manteve na tarefa de dar e receber apoio.

Talvez seja preciso fazer uma reflexão acerca do trabalho dos grupos na segunda meta, isto é, tentar ser mais eficaz em relação à primeira. Por exemplo:

> Nesta semana, o grupo escolheu se organizar em círculo para garantir que todos tivessem a chance de falar. O grupo acredita que esta tem sido uma estratégia eficiente para a meta de dar e receber apoio mútuo? Como isso se compara à sessão da semana passada que não foi estruturada?

Como mencionado anteriormente, os facilitadores podem precisar agir como a memória autobiográfica do grupo e auxiliar na resolução de problemas se ele não estiver avançando. Isso pode implicar em compartilhar as experiências de grupos anteriores:

> Em um grupo anterior, eles sentiram que havia uma expectativa de que precisavam falar sobre situações emocionalmente "pesadas". Isso dificultou que eles começassem. Eles decidiram, então, iniciar o grupo, a cada semana, com cada cliente dizendo algo bom e algo ruim sobre a semana passada. Eles disseram que isso poderia ser algo pessoal, do noticiário, da música ou qualquer fato que quisessem trazer. Eu me pergunto se isso pode ser útil para o grupo hoje?

Os temas que parecem emergir das discussões, inicialmente extraídos das preocupações comuns da vida após a lesão encefálica, podem ser fascinantes, surpreendentes, pessoalmente significativos ou, muitas vezes, relevantes para o ajustamento após a lesão ou para o processo de reabilitação. A abordagem comum adotada pelos facilitadores é permitir que o grupo se inicie e, após um período de tempo, propor uma reflexão sobre quaisquer temas possíveis à medida que eles surjam. É difícil dizer quanto tempo esperar antes de fazer uma reflexão acerca de um tema, mas, em geral, isso pode durar de 15 a 30 minutos ou ocorrer após uma "rodada" de escuta de cada membro, caso o grupo tenha adotado essa estratégia. As reflexões dos facilitadores são vistas como formas de trazer à tona temas possivelmente relevantes, estimulando a autorreflexão, encorajando conversas a respeito do apoio mútuo ou do processo grupal e lembrando o grupo de suas metas. Há um elemento de construção ativa aqui. Ao escutar, o trabalho dos facilitadores é selecionar temas a partir de histórias ou discussões que reflitam sobre a vida após a lesão encefálica ou sobre os processos hipotéticos no grupo. Pode ser útil reformular positivamente as discussões (Vetere; Dallos, 2005) no que diz respeito à identificação das motivações positivas, do cuidado ou da preocupação expressa na discussão grupal. A reformulação oferece aos clientes a possibilidade de perspectivas alternativas e redefinição de problemas, criando oportunidades para manter uma nova posição em relação aos outros. Um exemplo geral pode ser os membros do grupo discutindo sobre viagens, aborrecimentos com o gerenciamento do transporte, incapacidade de dirigir, confiança nos indivíduos e fadiga. Pode-se refletir diretamente acerca desse tipo de discussão, como nos exemplos acima. No entanto, se os facilitadores estão cientes ou se o grupo já mencionou os desafios do ajustamento, pode-se fazer uma reflexão provisória alternativa:

> Estou apenas me perguntando como todos os aborrecimentos e esforços que o grupo está relatando sobre transporte e viagens também se encaixam no ajustamento após a lesão encefálica. As coisas não acontecem como planejado; ficamos decepcionados, não chegamos onde queremos chegar, nos perdemos, deixamos os outros decepcionados e ficamos cansados. Estou me perguntando se é assim que o grupo está se sentindo hoje?

O exemplo a seguir mostra como os problemas de ajustamento surgiram a partir de uma discussão superficial acerca de assuntos atuais. Em uma sessão grupal, pouco depois dos eventos do dia 11 de setembro de 2001, o grupo começou a discutir o terrorismo e seus impactos. Os facilitadores não fizeram quaisquer reflexões iniciais e o grupo prosseguiu com o tópico. Um dos membros do grupo trouxe à tona a questão sobre o que fazer com a perda do World Trade Center e a possível construção do "marco zero". Houve um programa de televisão a respeito desse tema e uma discussão em noticiários recentes. O grupo refletiu acerca dos méritos relativos de se tentar restaurar as Torres Gêmeas exatamente como eram antes, apenas deixar o local como estava, limpar e deixar um memorial ou construir algo novo. Enquanto a conversa prosseguia, tornaram-se óbvios os paralelos com a questão de como se ajustar à vida após a lesão encefálica (desconsiderar o passado, tentar reconstruí-lo exatamente como era etc.). Durante uma pausa natural na discussão, os facilitadores refletiram a respeito disso perguntando ao grupo se a questão sobre como abordar essa enorme perda se encaixava em suas histórias de ajustamento. Desta vez, o grupo continuou a discussão comovido, falando sobre suas tentativas de se ajustar, "reconstruir" e aceitar as mudanças e perdas. Foram tiradas conclusões acerca da inadequação de se tentar reconstruir algo exatamente como era, a necessidade de reconhecer e respeitar o passado, sem esquecê-lo, mas seguir adiante.

Muitas vezes, o grupo se envolve em um apoio mais prático trocando, em geral, informações sobre processos médico-legais, exames de direção, medicamentos, benefícios sociais e fontes complementares de apoio. Eventualmente, as informações podem ser solicitadas aos facilitadores e estas são dadas se forem apropriadas para a tarefa grupal naquele momento e se eles tiverem o conhecimento. Caso contrário, o grupo é direcionado para outras fontes de informação fora da sessão ou as questões específicas podem ser acompanhadas, após a sessão, pelo cliente e seu CPI.

Outro tipo de reflexão envolve observar a "atmosfera" no grupo – a sessão foi animada, reflexiva, emocionalmente difícil etc. Neste ponto, uma discussão reflexiva entre os facilitadores, na frente do grupo, pode ser útil. Caso contrário, propomos isso de maneira provisória, como se estivéssemos aconselhando um indivíduo, e convidamos o grupo a comentar acerca de sua experiência e reflexões dos facilitadores. Isso pode ou não resultar em mais discussões e, às vezes, parece suficiente para que o sentimento grupal seja observado. Mais uma vez, essa forma de reflexão pode ser pensada como uma atividade de validação ou de apoio emocional, bem como uma atividade metacognitiva ou de automonitoramento executivo.

Em nossa experiência, o grupo é intenso e frequentemente difícil. Ter dois facilitadores auxilia na supervisão e reflexão dos colegas. Ao refletir acerca dos processos grupais, são utilizadas as ideias de Bion (1961) sobre as mentalidades de suposições básicas, as ideias sistêmicas sobre a construção de significados por meio da linguagem, as narrativas dominantes e marginalizadas, e o papel da reflexão em grupo. As reflexões baseadas nas ideias de Bion, em geral, não se referem de forma explícita ou rígida às suas definições de mentalidades de suposições básicas. Em vez disso, se surge uma tendência grupal de submeter-se à responsabilidade de um "líder" ou de "fugir" de um tópico difícil, isso é comentado mais especificamente:

> Estou ciente de que, alguns instantes atrás, Bill mencionou que está passando por um momento particularmente difícil em casa agora. O grupo não pareceu responder a isso e simplesmente passou para outro tópico.
>
> O grupo demorou um pouco para começar hoje. Houve muitas brincadeiras e foi difícil entender o que ele estava fazendo. Jane parecia ser aquela que pedia ao grupo para se organizar.

Essas reflexões não visam a criticar, mas permitir que o grupo tenha uma discussão a respeito do que está acontecendo ou aconteceu nele. Dessa forma, os "processos" podem ser explicitados. Em resposta aos exemplos anteriores, o grupo pode "decidir", em conjunto, que precisa confiar nos apontamentos dos facilitadores caso ele não tenha observado ou respondido a um membro ou se é melhor que Jane assuma o comando a fim de ajudá-lo a começar. Nas próximas sessões, os facilitadores podem perguntar se o seu papel de fazer apontamentos ainda é necessário ou se a abordagem de Jane como "líder" ainda está funcionando ou se é eficaz.

Revisitando as ideias de Vygotsky (1960/1978) sobre os processos mediados, espera-se que os membros do grupo comecem a internalizar essas vozes por meio da presença intermitente dos comentários reflexivos dos facilitadores, dos comentários de apoio de seus pares ou discussões sobre a resolução de problemas sociais com estes e os facilitadores. Eventualmente, observa-se que isso ocorre durante o desenvolvimento do grupo, quando um ou dois membros começam a refletir ativamente com os demais acerca das duas metas principais ou observam questões sobre os processos, tais como um membro do grupo ser "excluído" da discussão, adotando assim um estilo semelhante ao dos facilitadores.

Finalizando os grupos e as transições

O grupo tem uma participação rotativa, logo, por si só, ele não tem fim. No entanto, obviamente, um número de clientes chegará ao ponto de deixar o grupo quando concluir o programa. Este ponto coincide com o processo de mudança para os ex-novatos, que se deslocam para uma fase diferente do programa, e com a chegada de novos participantes. Os aspectos práticos de como dar as boas-vindas aos novatos são abordados conforme descrito acima, no item "primeiro grupo". As questões relacionadas ao término da reabilitação, saída do grupo e início ou desenvolvimento de novas atividades e funções são, assim, combinadas a outras questões grupais. Esse processo de mudança ou evolução no grupo é muitas vezes vivido com ansiedade e incerteza, seja identificado de maneira explícita por ao menos alguns de seus membros, seja sugerido por tentativas crescentes do grupo de evitar as metas principais ou, talvez, se tornando cada vez mais desorganizado após um período de trabalho grupal eficaz. Normalmente, os facilitadores podem precisar identificar e classificar uma série de possíveis reações ou sentimentos contraditórios. A partir mais ou menos da sexta semana do ciclo de doze semanas, tentamos ficar atentos às falas sobre mudança, incerteza sobre o futuro ou próxima fase de reabilitação, ou ainda sobre outros temas em relação à incerteza. Se parecer apropriado, podem ser feitas reflexões a respeito:

> O grupo tem falado sobre os diferentes grupos sociais em que eles estiveram, como mudaram desde a lesão e novamente sobre estarem em reabilitação. Isso parece um assunto importante. Porém, também estou ciente de que esse grupo mudará em algumas semanas. Alguns de vocês sairão, outros avançarão para a próxima etapa, e novas pessoas se juntarão ao grupo.

Essa reflexão às vezes estimula discussões práticas sobre quem virá e quando, como aqueles que estão saindo planejam manter contato, quão grande ou pequeno o grupo se tornará, se o assento é confortável ou se o grupo deve ser renomeado. Com frequência, o grupo também reflete acerca de outros grupos que deixaram para trás, retornando à família ou às funções profissionais e aos grupos sociais. A tristeza ao partir, mas a esperança no futuro é geralmente mencionada. Eventualmente, as transições no grupo podem desencadear memórias de outras perdas significativas ou, talvez, uma transição anterior à lesão. Isso pode ocorrer especialmente no final do grupo, visto que a saída deste coincide com o término do programa de reabilitação. Os significados de perda ou mudança podem ser pensados em relação aos significados desenvolvidos por meio de histórias contadas a respeito das perdas ou transições passadas e, por meio delas, atribuem-se significados ao presente e ao futuro (White; Epston, 1990).

Nos modelos de Yalom (1975), Foulkes (1964) e Bion (1961), tais processos podem ser encenados no grupo de forma que um indivíduo possa antecipar ou experimentar uma emoção negativa insuportável ou um comportamento doloroso de rejeição por parte dos outros. Em resposta a isso, o comportamento do indivíduo terá impacto sobre o grupo e é esperado que alguém se sinta dessa maneira, tentando engajar o grupo em discussões ou atividades que minimizem os resultados temidos ou o sofrimento associado. No Grupo de Apoio Psicológico, a ocorrência de transições neste, antes de os indivíduos deixarem o programa, ajuda a disponibilizar informações sobre como os membros do grupo e o grupo como um todo podem reagir. O papel do facilitador de antecipar as próximas transições é importante para a resolução de problemas no presente. Se os facilitadores organizarem o grupo de modo que este esteja engajado em processos que reduzam os efeitos positivos de uma meta de planejamento para os recém-chegados ou que gerenciem outros aspectos da transição devido às dolorosas perdas passadas, eles podem fazer reflexões focadas na possível ativação de antigas memórias de perda ou transição, avançando para a resolução de problemas:

> Hoje, o grupo começou a discutir as mudanças que nele acontecerão em breve: novas pessoas chegando e outras saindo. Parece que isso tem sido difícil, pois a discussão em grupo passou rapidamente de um tópico para outro. Transições como essa são difíceis para muitas pessoas, independentemente da lesão encefálica. Entre nós, vivenciamos muitas perdas e transições, tais como sair de casa, terminar relacionamentos e luto. Gostaria de saber quais ideias o grupo tem de experiências anteriores que poderiam ajudá-lo na tarefa atual.

Tais reflexões são um meio de auxiliar os clientes a classificarem de maneira clara e precisa sua experiência de concluir a reabilitação ou deixar o grupo como algo equivalente a deixar a escola/faculdade ou concluir um curso. Um cliente descreveu sua experiência no programa para um novato como "ir à faculdade para fazer um curso sobre seu '*self*'". A analogia com as aulas de direção também foi mencionada: a reabilitação fornece os fundamentos básicos ("passar no teste de direção") a partir dos quais os clientes desenvolvem e aplicam suas habilidades posteriormente, ou seja, após a reabilitação ("as muitas rotas a serem seguidas, as muitas viagens a serem feitas"). Quando um cliente descreve com clareza o sentimento de angústia pelo término e, talvez, esteja fazendo previsões negativas de isolamento social ou de retorno à vida anterior à reabilitação, a meta do grupo não é diferente: ele permanece solidário, oferecendo apoio mútuo nisso. Entretanto, em relação ao final do grupo, a questão de quem dá esse apoio após o programa também pode ser mencionada. Os membros do grupo frequentemente discutem suas redes de apoio familiar, social etc., as habilidades e estratégias aprendidas por meio da reabilitação, a esperança no futuro em relação às novas oportunidades sociais, de estudo ou de trabalho, e lembram uns aos outros de que eles planejam manter contato. Para tanto, eles verificam se possuem os dados para fazer esse contato. Os membros do grupo podem lembrar uns aos outros ou ser lembrados pelo fórum dos ex-clientes (ver Capítulo 22).

Desta forma, a dinâmica grupal revela processos amplamente semelhantes aos estágios tradicionalmente reconhecidos na literatura sobre o trabalho em grupo (Tuckman, 1965):

a) desenvolver a coesão do grupo por meio do compartilhamento de histórias, explicação de sua tarefa, negociação e elucidação papéis;
b) lidar com problemas e resolver problemas sociais com os indivíduos, descobrir diferenças, discordar e elucidar divergências;
c) aplicar habilidades e conhecimentos, desenvolver papéis para realizar a tarefa principal do grupo, bem como atividades terapêuticas, tais como a catarse e a busca ativa por ajuda e apoio;
d) refletir sobre o futuro e planejar a generalização de tais habilidades e experiências para grupos não relacionados ao programa de reabilitação.

A continuidade do contato entre os pares da reabilitação é uma parte importante da experiência do programa dos clientes. Recentemente, a formação de um grupo de usuários do OZC disponibilizou meios mais formais para os clientes manterem contato uns com os outros (ver Capítulo 22).

Resumo

Este modelo inovador de trabalho em grupo na reabilitação neuropsicológica traz uma validade aparente ao combinar processos grupais e abordagens neuropsicológicas cognitivas. Na experiência dos facilitadores e no *feedback* e comentários dos clientes, esse modelo parece ter um papel importante no programa holístico ao facilitar o ajustamento, praticar habilidades e ter um papel social valioso com os pares, bem como nas questões a serem identificadas ou abordadas na abordagem holística. É talvez o grupo mais desafiador e isso pode torná-lo um gatilho particularmente eficaz para alguns clientes. É possível que haja muitos indivíduos afetados pela lesão encefálica para os quais este grupo seria muito difícil. Entretanto, um grupo como esse não foi avaliado e, por isso, não sabemos se é eficaz por si só fora de um programa de reabilitação. Contudo, ele claramente oferece, para nossos clientes de reabilitação, algo que eles não receberiam de outras sessões das quais eles participam aqui. Terminamos este capítulo com alguns comentários feitos por um grupo em sua sessão final.

Membros de um grupo refletindo sobre o próprio grupo

"Ao longo do tempo, você percebe que as outras pessoas estavam sofrendo com os mesmos problemas que você estava sofrendo."

"Se você não tem a resposta, alguém do grupo pode ter uma que você pode tomar para si."

"O grupo é útil porque [...] embora os problemas de todos sejam diferentes, é incrível quantos paralelos podem ser traçados."

"O grupo não leva embora os problemas ou os torna mais fáceis, mas ele realmente torna mais fácil saber que você não está passando por tudo sozinho [...]; não é como um problema 'só meu'!"

"Você percebe que seu problema não era tão ruim quanto você pensava."

"Nós nos conhecemos, ficamos mais confortáveis [...]. Se você não quer dizer alguma coisa, você não precisa."

"Toda semana, temos a oportunidade de falar sobre as coisas que aconteceram que são boas e ruins."

"Para uma pessoa normal, o grupo não significaria muito, mas aqui (no grupo), você pode compartilhar e ficar animado com isso: 'fiz isso muito bem', 'bom para você'. [...] no dia a dia, as pessoas podem não perceber isso."

"Acontece que os problemas que você acha que são devido à lesão encefálica podem ser apenas problemas cotidianos."

"Por meio do grupo, eu tenho uma melhor compreensão do que foi minha lesão encefálica."

"Nas sessões individuais, você pode sentir que é o centro das atenções [...]. Aqui, o foco está no grupo e não em um indivíduo. [...] essa visão simplesmente não está lá."

> Às vezes, você sente que as pessoas estão procurando problemas com a lesão encefálica [...]. No grupo, as pessoas nem tentam entender; elas simplesmente aceitam e parecem tranquilas, em vez de tentar identificar os problemas. [...] há de fato um sentimento real de aceitação.

"E isso permite que você faça perguntas [...] pode ser este o problema que tenho."

Nós fomos confrontados com o fato de ter que concordar, discordar [...], aprender a ser capaz de sentar e ver os pontos de vista de outras pessoas [...] você pode estar na defensiva sobre isso e não querer aceitar a opinião de alguém [...]. Uma vez que você se distancia, você pode então ver sob uma perspectiva diferente.

"Certificar-se de que todos tiveram a chance de falar, de estar envolvidos, em vez de ignorar ou se concentrar muito em alguém [...]; ficamos de olho uns nos outros."

Eu fiquei no banco de trás porque era eu que geralmente começava as conversas. [...] porque eu não estava falando, as pessoas cometeram o erro de me ignorar [...]; nós nos certificamos de que isso não aconteceria na semana seguinte [...], nós nos tornamos conscientes de que não é justo ignorar alguém [...] e criamos uma estratégia: prestamos atenção no grupo e perguntamos uns aos outros.

Referências

Ben-Yishay, Y. (1996). Reflections on the evolution of the therapeutic milieu concept. *Neuropsychological Rehabilitation*, **6**(4), 327–43.

Ben-Yishay, Y. (2000). Postacute neuropsychological rehabilitation: a holistic perspective. In A. L. Christensen and B. P. Uzzell, eds., *Critical Issues in Neuropsychology, International Handbook of Neuropsychological Rehabilitation*. New York: Kluwer Academic/Plenum Publishers, pp. 127–36.

Bion, W. R. (1961). *Experiences in Groups*. London: Tavistock.

Burgess, P. W. and Alderman, N. (1990). Integrating cognition and behaviour. In R. L. Wood and I. Fussey, eds., *Cognitive Rehabilitation in Perspective*. London: Taylor and Francis, pp. 204–28.

Christensen, A.-L. (2000). Neuropsychological post-acute rehabilitation. In A.-L. Christensen and B. P. Uzzell, ed., *Critical Issues in Neuropsychological Rehabilitation*. New York: Kluwer Academic/Plenum Publishers, pp. 183–94.

Cicerone, K. (2002). The enigma of executive function. In P. J. Eslinger, ed., *Neuropsychological Interventions: Clinical Research and Practice*. New York: Guilford Press, pp. 246–65.

Daniels-Zide, E. and Ben-Yishay, Y. (2000). Therapeutic milieu day program. In A.-L. Christensen and B. P. Uzzell, eds., *Critical Issues in Neuropsychology, International Handbook of Neuropsychological Rehabilitation*. New York: Kluwer Academic/Plenun Publishers, pp. 183–94.

Duncan J. (1986). Disorganisation of behaviour after frontal lobe damage. *Cognitive Neuropsychology*, **3**(3), 271–90.

Foulkes, S. H. (1964). *Therapeutic Group Analysis*. London: Karnac.

Garland, C. (1998). *Understanding Trauma: A Psychoanalytical Approach (Tavistock Clinical Series)*. London: Routledge.

Goldstein, K. (1942). *After-Effects of Brain Injuries in War: Their Evaluation and Treatment.* New York: Grune & Stratton.

Goldstein, K. (1959). Notes on the development of my concepts. *Journal of Individual Psychology*, **15**, 5–14.

Klonoff, P. S. (1997). Individual and group psychotherapy in milieu-orientated neuro-rehabilitation. *Applied Neuropsychology*, **4**(2), 107–18.

Luria, A. R. (1966). *Higher Cortical Functions in Man.* New York: Basic Books.

Meichenbaum, D. H. and Goodman, J. (1971). Training impulsive children to talk to themselves: a means of developing self-control. *Journal of Abnormal Psychology*, **77**(2), 115–26.

Nitsun, M. (1996). *The Anti-Group: Destructive Forces in the Group and Their Creative Potential.* London: Routledge.

Prigatano, G. P. (1999). *Principles of Neuropsychological Rehabilitation.* New York: Oxford University Press.

Schutz, W. (1958). *FIRO: A Three Dimensional Theory of Interpersonal Behaviour.* New York: Holt, Reinhart and Winston.

Shallice, T. and Burgess, P. W. (1991). Deficits in strategy application following frontal lobe damage in man. *Brain*, **114**, 727–41.

Sohlberg, M. M., Mateer, K. and Stuss, D. (1990). Contemporary approaches to the management of executive control dysfunction. *Journal of Head Trauma Rehabilitation*, **8**(1), 45–58.

Tuckman, B. W. (1965). Developmental sequences in small groups. *Psychological Bulletin*, **63**, 384–99.

Vetere, A. and Dallos, R. (2003). *Working Systemically with Families: Formulation, Intervention and Evaluation.* London: Karnac Press.

Vygotsky, L. S. (1960/1978). Internalisation of higher psychological functions. In M. Cole, V. John-Steiner, S. Scribner and E. Souberman, eds. *L. S. Vygotsky – Mind in Society: The Development of Higher Psychological Processes.* Cambridge MA: Harvard University Press, pp. 52–7.

White, M. and Epston, D. (1990). *Narrative Means to Therapeutic Ends.* London: Norton Professional Books.

Yalom, I. (1975). *Theory and Technique of Group Psychotherapy.* New York: Basic Books.

CAPÍTULO 10

Trabalhando com famílias na reabilitação neuropsicológica

Giles Yeates

Introdução

Ao ler o título deste capítulo, quem você esperaria encontrar como tema? Quem você deveria incluir na sua noção de "família"? Cônjuges, companheiros(as), pais, irmã(o)s ou filhos(as)? O indivíduo com lesão encefálica adquirida (LEA) poderia estar em sua família? Você esperaria que ela estivesse envolvida em todas as discussões familiares ou que houvesse uma separação entre a reabilitação neuropsicológica individual e a intervenção focada nos familiares? Por fim, para quem você define os limites de prestação de serviços no âmbito de suas atribuições essenciais, tal como em um serviço de reabilitação neuropsicológica, seja em uma situação real, seja em uma situação hipotética?

Questões desse tipo influenciaram o desenvolvimento de uma perspectiva particular no trabalho com as famílias, bem como a participação sistemática destas e dos cuidadores como um componente central do programa de reabilitação neuropsicológica do Oliver Zangwill Centre (OZC) (ver Apêndice 10.1). Não é o foco, deste capítulo, o trabalho com os cuidadores profissionais que não sejam membros da família, embora muitas das ideias discutidas terão alguma relevância para eles. Entretanto, um ponto fundamental para o entendimento do presente capítulo é a promoção de *conversações* úteis entre os arranjos familiares e os indivíduos a eles conectadas, os quais constituem relações peculiares após a LEA (incluindo os familiares, o indivíduo com LEA e, evidentemente, os serviços).

Por meio de um breve resumo das necessidades mais importantes da família após a LEA, um contexto para essa abordagem é organizado, priorizando o trabalho familiar na reabilitação neuropsicológica. Posterior a isso, são feitas reflexões acerca das complexidades nas relações em questão. Uma perspectiva teórica e epistemológica é, então, sintetizada com base em uma integração entre as ideias da terapia familiar sistêmica e da neuropsicologia. É proposto um amplo conhecimento desta perspectiva a fim de responder às necessidades e complexidades familiares, bem como aplicável a todos os aspectos do trabalho com as famílias e cuidadores. Finalmente, essa base teórica é ilustrada por meio de sugestões específicas de intervenção dentro de um programa mais amplo da reabilitação. Os procedimentos específicos que são utilizados para o envolvimento dos familiares e para a implantação de grupos de familiares no OZC não são detalhados, embora os pontos principais sejam apresentados nos Quadros 10.1 e 10.2. Um excerto de nosso procedimento para engajar as famílias e os cuidadores está incluído no Apêndice 10.1.

As necessidades das famílias após a LEA

A literatura sobre as consequências psicossociais após a LEA tem repetidamente chamado a atenção para uma descrição das variadas e importantes necessidades dos familiares. Estudos longitudinais e transversais demonstraram, nos familiares, níveis crescentes de humor deprimido (Rosenbaum; Najenson, 1976; Gillen et al., 1998) e pressão/estresse ou sobrecarga (Bond et al., 1979; Brooks et al., 1987; Mazaux et al., 1997), além de níveis clínicos de sofrimento psíquico (Kreutzer et al., 1994; Perlesz et al., 2000). Em conjunto com esses estudos, vários autores identificaram consequências comuns tanto para os familiares quanto para os indivíduos com LEA, tais como desafios associados ao ajustamento conjugal e psicológico (Blais; Boisvert, 2005), dificuldades sexuais e de relacionamento (Gosling; Oddy, 1999; Oddy, 2001; Ponsford, 2003), e tensão conjugal e término do relacionamento (Peters et al., 1990; Moore et al., 1993; Kreutzer et al., 1994, 2007; Wood; Yurdakul, 1997; Gosling; Oddy, 1999). Outra consequência comum para a qual se observa certo aumento gradual (Bond et al., 1979; Brooks, et al., 1987) é o isolamento social do indivíduo com LEA e de seus familiares (Elsass; Kinsella, 1987; Kinsella et al., 1989). Finalmente, outra dificuldade compartilhada e vivida pelos indivíduos com LEA e seus familiares é a construção de sentido, o acesso às informações e a compreensão (Sinnakaruppan; Williams, 2001; Yeates et al., 2007).

A complexidade e diversidade nas famílias, cuidadores e serviços

Concomitantemente à identificação dessas necessidades nas pesquisas acerca das consequências psicossociais, as questões relacionadas à complexidade e diversidade são levantadas quando as famílias estão vivenciando e reconhecendo as dificuldades. Alguns estudos sugerem que as relações entre as sequelas da LEA e as consequências familiares não são lineares, mas são, de fato, influenciadas por uma série de aspectos psicossociais familiares. Por exemplo, o sofrimento e a sobrecarga do cuidador podem ser influenciados pelo apoio social por ele observado (Leach *et al.*, 1994; Ergh *et al.*, 2002, 2003).

Além disso, uma revisão da literatura sobre as consequências da LEA identificou um grande número de preditores psicossociais dos efeitos nos casais após a referida lesão (Perlesz *et al.*, 1999), incluindo idade (Vanderploeg *et al.*, 2003; Kreutzer *et al.*, 2007), gênero (Gervasio; Kreutzer, 1997), cultura (Vanderploeg *et al.*, 2003) e duração do relacionamento antes da lesão (Wood; Yurdakul, 1997; Kreutzer *et al.*, 2007). Outros preditores incluem: as dificuldades relacionadas à saúde mental presentes no relacionamento antes da lesão; o *status* laboral do sobrevivente da LEA (Vanderploeg *et al.*, 2003); a presença de filhos na família (Thomsen, 1984); as dificuldades financeiras (Peters *et al.*, 1990; Moore *et al.*, 1993; Hall *et al.*, 1994); a diminuição da união conjugal e o aumento dos conflitos (Maitz, 1990, 1991); a perda do relacionamento baseado no apoio dos pares (Panting; Merry, 1972; Kreutzer *et al.*, 1994); e as mudanças de papel (Rosenbaum; Najenson, 1976; Thomsen, 1984; Henry *et al.*, 1985), principalmente se o indivíduo com LEA for pai antes desta (Peters *et al.*, 1990; Moore *et al.*, 1993).

Em outros estudos na literatura sobre a LEA, o conceito de relações circulares entre as variáveis familiares tornou-se cada vez mais proeminente. As pesquisas que enfocam a LEA infantil têm utilizado desenhos de estudo e procedimentos estatísticos sofisticados para demonstrar empiricamente as influências causais recíprocas nas famílias após a lesão (por exemplo, Taylor *et al.*, 2001). Na literatura sobre a LEA em adultos, o número de publicações mapeando as influências específicas, não-lineares e cumulativas nas famílias está cada vez maior (Thomsen, 1974; Carnwath; Johnson, 1987; Krefting, 1990; Moore *et al.*, 1993; Pessar *et al.*, 1993; Johnson; McCown, 1997; Flanagan, 1998; Sander *et al.*, 2002; Yeates *et al.*, 2007).

Se uma característica da complexidade é a interação cumulativa das variáveis familiares e dos membros da família, então, outra é a diferença familiar. Características gerais da diferença entre as famílias destacadas pelos pesquisadores incluem a diversidade cultural (Horan, 1987; Cavallo; Saucedo, 1995; Johnson; McCown, 1997) e o contexto socioeconômico (Smart; Smart, 1992). Outros estudos destacaram a diversidade das dificuldades vivenciadas nas famílias. Alguns estudos descobriram que os pais de adultos com LEA relataram diferentes níveis ou períodos de estresse, tensão ou sobrecarga quando comparados àqueles relatados pelos cônjuges (Panting; Merry, 1972; Thomsen, 1974, 1984; Rosenbaum; Najenson, 1976; Kreftin, 1989; Hall *et al.*, 1994; Kreutzer *et al.*, 1994; Gervasio; Kreutzer, 1997). Outros identificaram respostas singulares de irmãos (Orsillo *et al.*, 1993; Pessar *et al.*, 1993; Perlesz *et al.*, 2000) e familiares masculinos de mulheres com LEA (Kay; Cavallo, 1994; Gervasio; Kreutzer, 1997; Gosling; Oddy, 1999; Perlesz et al., 1999).

Consideradas por muitos autores como um subgrupo familiar que tem sido negligenciado de forma mais excessiva em relação às próprias necessidades, as crianças foram identificadas como aquelas que vivenciam uma série de dificuldades emocionais e comportamentais compartilhadas e únicas após a lesão de um dos pais (Pessar et al., 1993; Urbach et al., 1994; Butera-Prinzi; Perlesz, 2004). Os estudos destacam um contexto multifatorial e relacional em torno do ajustamento das crianças. Os autores descobriram que o gênero do genitor lesionado é preditivo para as consequências em crianças, além das relações influentes, recíprocas e circulares entre o estilo parental dos genitores lesionados e não lesionados, depressão no genitor não lesionado e problemas emocionais e comportamentais nas crianças (Pessar et al., 1993).

Finalmente, as consequências psicossociais negativas para as famílias após a LEA não são, em geral, inevitáveis e talvez sejam, em parte, reflexos do foco nos problemas que prevalecem na investigação científica. Por outro lado, alguns autores reconhecem as consequências positivas e as competências fundamentais em algumas famílias após a LEA (Kravetz et al., 1995; Adams, 1996).

Dados esses diferentes aspectos na e entre as famílias, talvez seja inevitável que as percepções dos familiares acerca dos problemas após a lesão muitas vezes divirjam significativamente em relação às percepções dos profissionais (Sunderland et al., 1984; Sherer et al., 1998). Esse aspecto específico da diferença é frequentemente caracterizado pela frustração de todos os envolvidos, enfraquecimento das oportunidades de colaboração e identificação de problemas familiares (ou famílias problemáticas) pelos profissionais. Na verdade, muitas vezes são as complexidades no relacionamento família-serviço que surgem nas discussões da equipe. Em nosso trabalho, no OZC, a noção de discrepância nos contextos intrapessoal e interpessoal, descritos no Capítulo 4, pode oferecer um ponto de partida útil, pois promove um senso de curiosidade na equipe acerca das diferenças entre o cliente e sua família, entre os familiares, entre a família e as perspectivas do serviço etc. Como descrito mais adiante neste capítulo, o reconhecimento e envolvimento na reflexão a respeito de tais diferenças podem levar um sistema a começar a fazer mudanças.

Uma resposta sistêmica à complexidade e diversidade das famílias

A diversidade e complexidade dessas experiências familiares são significativas, conforme observado em uma revisão recente de literatura sobre famílias com LEA. Oddy e Herbert (2003) identificaram uma ausência considerável de intervenções familiares orientadas teoricamente e baseadas em evidências. Ao selecionar uma abordagem para direcionar o trabalho familiar na reabilitação neuropsicológica, certos critérios são, portanto, defendidos como parâmetros necessários. A abordagem deve ser: (1) baseada em fundamentos teóricos extraídos da literatura sobre a LEA e a intervenção familiar mais ampla; (2) fundamentada também em um referencial teórico que estabeleça de modo satisfatório uma conexão com as questões anteriormente mencionadas a respeito da complexidade e diversidade não linear nas e entre as famílias (e suas relações com os serviços); e (3) embasada em evidências.

Uma abordagem geral acerca do trabalho familiar aqui defendida e que atende a esses critérios é a *terapia familiar sistêmica contemporânea*. Apresentações detalhadas sobre o trabalho familiar sistêmico são fornecidas por outros estudos, tais como, Boscolo *et al.* (1987) e (Jones, 1993), e um breve comentário sistêmico a respeito da literatura sobre famílias com LEA é feito por Yeates (2007). As principais características da abordagem sistêmica serão resumidas abaixo, propondo uma adequação do modelo para os critérios acima mencionados. Essa abordagem está predominantemente associada às publicações relevantes de um grupo de terapeutas de Milão (Selvini Palazzoli *et al.*, 1979, 1980; Boscolo *et al.*, 1987; Cecchin, 1987) e às abordagens conceitualmente formativas ou sequenciais, tais como a cibernética (Bateson, 1972), o construcionismo social (Gergen; Davies, 1985) e a terapia narrativa (White; Epston, 1990).

Ao utilizar essas abordagens em conjunto, os problemas e questões, levantados pelas famílias nas discussões com os serviços, são definidos como sendo apenas passíveis de compreensão nos contextos sociais em que ocorrem. Tais contextos são caracterizados pelos aspectos da complexidade e diversidade interacional. Essa complexidade é entendida em relação aos processos de retroalimentação, positivos e negativos, que operam nos sistemas, resultando no desenvolvimento ou na manutenção dos fenômenos vividos por aqueles que neles estão. Essas influências são consideradas sociocomunicativas (verbais e não verbais), e a linguagem, bem como a comunicação são definidas enquanto construtoras de realidades singulares para os membros do sistema. Esses significados sociais são muitas vezes caracterizados pela diversidade nas e entre as famílias. Certas linguagens ou conversações são entendidas como sendo intrinsicamente mais poderosas e influentes do que outras, tanto na família quanto em contextos sociais mais gerais.

Por fim, o conceito de sistema familiar não é mais estudado para representar um grupo fechado que pode ser avaliado e sistematizado por um serviço profissional, tendo pouca influência em sua pré-intervenção. Seguindo o pensamento da cibernética de segunda ordem e de todos os desenvolvimentos posteriores (Von Foerster, 1982; Boscolo *et al.*, 1987; Cecchin, 1987), os "sistemas observados" foram substituídos pela ideia de "sistemas em observação". Este último refere-se às famílias em contato com os serviços. A experiência familiar e os problemas identificados nas discussões são inevitavelmente determinados e influenciados pela presença do envolvimento profissional, privilegiando certos tópicos e explicações em detrimento de outros.

Como essas ideias e posições epistemológicas podem, então, ser aplicadas de maneira eficaz na reabilitação neuropsicológica? Um indício da importância do pensamento sistêmico para essa área é dado por meio de um número crescente de artigos de revisão sobre sistemas familiares e análises de terapia de caso único na literatura sobre a LEA (Williams; Kay, 1991; Gan *et al.*, 2006). Além disso, certos autores destacaram particularmente a contribuição singular das ideias sistêmicas do Grupo de Milão e "pós-Milão" no trabalho sobre a LEA (Gan; Schuller, 2002; Laroi, 2000, 2003; Yeates, 2007) – consulte também o Capítulo 18 –, enquanto outros usaram as principais ideias dessa tradição em análises de pesquisas (Krefting, 1990; Yeates *et al.*, 2007). As evidências da terapia familiar sistêmica em outros grupos clínicos incluem estudos "padrão-ouro" de classe I (American Psychiatric Association, 1996) – consulte Carr (2000a, 2000b) –, mas atualmente faltam estudos dessa categoria na literatura sobre a LEA. No entanto, maiores evidências para a abordagem em questão justificam esforços complementares na aplicação dessas ideias no trabalho com esse tipo de lesão.

Ao fazer isso, os serviços podem começar a definir a intrincada teia de influências contextuais nas famílias e entre estas e os próprios serviços, independente da forma de contato após a lesão. Além disso, a diversidade nos contextos familiares, enquanto produto das diferenças sociais intrínsecas e da complexidade idiossincrática nas relações familiares, seria esperada e priorizada como uma fonte de reflexão para os serviços. Em consonância com as consequências positivas acima mencionadas para as famílias e o pensamento pós-moderno de não priorizar uma realidade ou padrão específico para todas as famílias, as forças e recursos singulares inerentes a uma determinada família podem ser abordados em uma conversação terapêutica. Isso vai de encontro a uma posição que foca o déficit, suposições de um modelo de "resposta-dosada" ou outros esquemas de interações baseadas em uma noção de "intervenção feita por um especialista".

Por fim, uma abordagem sistêmica oferece um conjunto de recursos teóricos para elaborar as experiências dos indivíduos com LEA segundo um quadro contextualizado. Ao fazê-lo, é possível, então, afastar-se da "fragmentação" comum das experiências e necessidades dos familiares e dos indivíduos com LEA que muitas vezes ocorre na literatura, bem como na organização e prática dos serviços clínicos (Yeates, 2007).

Integrando a neuropsicologia ao trabalho familiar sistêmico

Para alcançar tais objetivos com o trabalho familiar sistêmico nos serviços de LEA, a neuropsicologia deve desempenhar um papel fundamental caso o indivíduo com LEA seja incluído (Johnson; McCown, 1997; Laroi, 2000, 2003). A linguagem dos sistemas neurológicos, as consequências psicológicas e funcionais correspondentes, e as influências dos comprometimentos neuropsicológicos precisam ser estendidos conceitualmente para além do organismo individual e em direção ao campo psicossocial. Entretanto, para produzir um relato biopsicossocial consoante a posição sistêmica, a natureza construtiva e cumulativa dos processos psicossociais deve ser priorizada como um aspecto significativo no qual o comprometimento neurológico objetivo torna-se uma realidade subjetiva para o indivíduo com LEA, sua família e os serviços envolvidos.

Consequentemente, as questões iniciais para uma formulação sistêmica das experiências familiares com LEA incluem: como os comprometimentos neuropsicológicos específicos prejudicam ou influenciam os principais processos psicossociais e, assim, mantêm os problemas enfrentados em um sistema? E como esses comprometimentos podem ser evitados/compensados a fim de enriquecer/fortalecer uma conversação/história ou processo de mudança específico (seja em uma sessão familiar com os serviços, seja em casa)?

Exemplos específicos de tais questões incluem o papel das dificuldades de linguagem expressiva/receptiva ou problemas de codificação, armazenamento ou recuperação de memórias. Essas dificuldades ou problemas podem limitar o acesso e a participação de um indivíduo no desenvolvimento de certas conversações e na manutenção social de determinados significados e memórias coletivas (Edwards; Middleton, 1986; Middleton; Edwards, 1990; Sabat; Harré, 1992; Harré, 2002). Refletir acerca da função de um comprometimento em um contexto social específico pode resultar em questões de empoderamento para o familiar com LEA que estão relacionadas à sua capacidade de influenciar o que é dito e lembrado em conjunto, quais os significados e explicações dados e priorizados para os fatos/situações e, consequentemente, como essa posição pode, por sua vez, influenciar respostas familiares mais amplas.

Outros exemplos incluem a definição de mediação social do funcionamento executivo (Luria, 1961, 1968, 1976) nos contextos familiares específicos, além do aspecto interpessoal dos déficits de cognição social (Brothers, 1997). As dificuldades visuoespaciais podem estar associadas às realidades compartilhadas ou divergentes nas famílias e às posições relacionais decorrentes destas (por exemplo, isolamento e desconfiança) para cada membro – um recurso teórico útil pode ser encontrado em Gibson (1979).

Ao empregar essas ideias para localizar o comprometimento neuropsicológico nos processos psicossociais ativos nas famílias, os profissionais podem, então, começar a considerar o papel das estratégias específicas de reabilitação cognitiva como um componente central da consulta familiar. No entanto, uma perspectiva sistêmica recomendaria cautela quanto à expectativa de uma relação dose-resposta linear ao considerar a diversidade familiar, bem como os significados de uma intervenção de reabilitação específica que são "comunicados" por especialistas em lesão encefálica para uma determinada família. Consequentemente, um aspecto complementar para seleção, organização e uso de uma intervenção de reabilitação para uma família seria a observação de como o significado socialmente construído dessa intervenção seria útil ou não para cada membro da família, independentemente do principal argumento neuropsicológico.

Trabalhando de forma sistêmica na reabilitação neuropsicológica

As principais ideias da terapia familiar sistêmica e suas práticas podem ser integradas, em suma, às perspectivas neuropsicológicas a fim de expressar a complexidade, identificar as influências circulares recíprocas e manter a sensibilidade à diferença e diversidade nas famílias após a LEA. Além disso, essa perspectiva é encorajada por favorecer a autorreflexão em relação às influências inevitáveis do envolvimento de um serviço neuropsicológico na vida familiar ao responder às questões e aos problemas identificados.

Tais pontos centrais podem ser utilizados como base para as conversações iniciais entre as famílias e os serviços, as quais se espera que sejam úteis para abordar a natureza das experiências familiares após a LEA. Os tópicos dos encontros e das conversações que são relevantes para/entre as famílias e os serviços no período após a fase aguda incluem: contato inicial; *feedback* sobre os dados das avaliações; reavaliações na fase inicial, intermediária, final e após o programa de reabilitação; conversações acerca do estabelecimento de metas; sessões terapêuticas e educacionais formais com os familiares; conversações a respeito dos familiares nas sessões individuais do cliente; conversações sobre os clientes em grupos formados por familiares; e conversações acerca das famílias durante a comunicação entre os serviços em conjunto com as questões que envolvem os contatos telefônicos ou presenciais durante os momentos inesperados de crise.

No OZC, desenvolvemos um procedimento detalhado para engajar e trabalhar com as famílias e cuidadores, baseado na literatura e em nossa experiência clínica e de pesquisa junto a esse público. Alguns excertos estão incluídos no Apêndice 10.1 para ilustrar a aplicação desse referencial teórico na prática. Exemplos das diferentes maneiras em que a questão dos comprometimentos nos contextos sociais influenciou a reabilitação e a consulta familiar no OZC são descritos brevemente no Capítulo 19, com mais detalhes no caso de Simon (Capítulo 18) e em nosso trabalho com VO (Dewar; Gracey, 2007), que apresentava amnésia retrógrada significativa, prosopagnosia e déficits adquiridos de inferência social, cujos significados variavam entre os membros de sua família.

Em nossa experiência, diferentes famílias ou familiares apontaram, como relevantes, períodos de contato distintos, independentemente dos objetivos iniciais pretendidos de tais reuniões nos sistemas mais amplas de atendimento. Enquanto prestadores de serviço, assegurar a oferta dos mais variados tipos e objetivos de contato, portanto, torna-se importante. Mapeamos os possíveis períodos de contato entre as famílias/cuidadores e o OZC, conforme apresentado nos quadros 10.1 (contatos anteriores ao programa) e 10.2 (contatos durante o programa e na fase de acompanhamento após o programa).

Quadro 10.1 Períodos de contato da equipe do OZC com cuidadores e familiares escolhidos antes da reabilitação. Observação: "AP" significa avaliação preliminar, "AD" significa avaliação detalhada e "CPI" significa coordenador de programa individual.

Período de contato	Responsável	Forma de contato	Motivo do contato
Anterior à AP	CPI	Por carta e telefone	Esclarecer o encaminhamento e a participação na AP.
Na AP	CPI	Entrevista presencial	Colher informações sobre a percepção das dificuldades do cliente, suas metas, as questões sobre a reabilitação e os serviços anteriores.
		Questionários de eficácia	Reunir avaliações de eficácia e informações das avaliações dos familiares.
		Relatório	Informar sobre os resultados das avaliações e fazer recomendações.
Anterior à AD	CPI	Por telefone ou por escrito	Confirmar acomodação e preparativos de suporte.
Durante a AD	CPI	Por telefone ou presencial	Colher informações sobre as metas dos familiares para o cliente, suas necessidades, a percepção de pontos fortes e fracos, as dificuldades funcionais atuais e o engajamento dos serviços locais.
	CPI	Questionários de eficácia	Colher dados da avaliação de eficácia dos familiares.

Período de contato	Responsável	Forma de contato	Motivo do contato
Próximo ao fim da AD	Psicólogo clínico	Presencial (com o cliente se apropriado) ou por telefone	Reunir informações sobre as características anteriores à lesão, as habilidades cognitivas e o estilo de enfrentamento do cliente, e fatores desenvolvimentais. Compartilhar e elaborar a formulação como um componente do contexto familiar, incluindo as respostas e o estilo de enfrentamento de outros indivíduos. Discutir como os familiares percebem a reabilitação, suas reflexões sobre as experiências com os serviços até o presente momento e suas expectativas com este serviço.
Ao final da AD	CPI	Resumo da reunião de feedback das avaliações	Apresentar e discutir a formulação biopsicossocial e as recomendações. Refletir com os familiares e o cliente sobre o impacto emocional e o significado da formulação. Discutir as metas para a reabilitação caso retorne ao programa. Esclarecer o engajamento dos cuidadores durante o programa (questões sobre a confidencialidade), a frequência do contato, suas possíveis necessidades de apoio e engajamento no grupo de familiares. Discutir o tipo e a frequência das visitas domiciliares.
		Relatório da avaliação detalhada	Resumir a formulação por escrito em conjunto com os detalhes da avaliação e fazer uma síntese dos principais pontos da discussão e recomendações.
Anterior ao programa	CPI	Por telefone e por escrito	Esclarecer os preparativos para o início do programa.

Quadro 10.2 Períodos de contato da equipe do OZC com os cuidadores e familiares escolhidos durante a reabilitação. Observação: "AP" significa avaliação preliminar, "AD" significa avaliação detalhada e "CPI" significa coordenador de programa individual.

Período de contato	Responsável	Forma de contato	Motivo do contato
Durante o programa	CPI	Contato inicial por telefone ou presencial	Identificar as preocupações dos familiares/cuidadores e elaborar um plano de contato (frequência, participação no grupo de familiares, forma e motivo do contato).
	Vários membros da equipe clínica	Visita domiciliar	Uma visita domiciliar é feita (por volta da 6ª semana) durante a fase intensiva para identificar e abordar quaisquer dificuldades e reforçar o uso de estratégias no ambiente domiciliar.
	CPI	Reavaliação da fase intermediária (depois de 6 semanas)	Dar uma oportunidade para familiares, clientes, gerentes de caso e membros da equipe de reavaliar o progresso junto às metas, resolver problemas iniciais que possam surgir e reavaliar as necessidades de cuidados de longo prazo.
		Reunião para discutir o progresso do cliente (depois de 12 semanas)	Disponibilizar informações sobre o progresso do cliente em relação à consecução de metas, questões atuais e planos para a fase de integração, incluindo o contato com os cuidadores durante a fase de integração e o engajamento no monitoramento. Identificar o possível engajamento dos cuidadores e serviços locais. Disponibilizar informações sobre o progresso do cliente e recomendações.
		Reunião para discutir a eficácia (depois de 24 semanas)	Reavaliar o progresso e a mudança. Revisar a consecução de metas. Discutir os planos posteriores ao programa.

Período de contato	Responsável	Forma de contato	Motivo do contato
		Relatório dos questionários de eficácia	Colher dados padronizados sobre a opinião dos familiares relacionada ao funcionamento psicossocial do cliente e do estresse do cuidador (na 1ª, 12ª e 24ª semana).
	Psicólogo clínico	Grupo de Familiares	Convidar para o Grupo de Familiares a cada 6 semanas (preferencialmente na 1ª, 6ª, 12ª, 18ª e 24ª semana do programa). Apoio dos pares e educação geral sobre reabilitação da lesão encefálica. O grupo de apoio para a juventude também é oferecido aos familiares jovens.
	Equipe clínica	*Workshop* do Grupo de Compreensão sobre a lesão Encefálica (Grupo CLE)	Convidar familiares, cuidadores e amigos para participar de um *workshop* educativo, com duração de um dia, sobre os mecanismos e consequências da lesão encefálica. O *workshop* educativo também é oferecido para as crianças.
		Membros importantes da equipe clínica se reúnem com a família	Conforme acordado em contato prévio.
Reavaliações após o programa	CPI	Reunião presencial	Esclarecer o progresso desde a alta do cliente, questões atuais, identificar necessidades de apoio e renegociar metas, se necessário.
		Relatório	Resumir o que foi dito acima e fazer recomendações.
		Questionários de eficácia	Reavaliar o progresso e a mudança.

Várias sugestões específicas para a prática podem ser feitas em relação a esses diferentes períodos de contato com a família durante a reabilitação neuropsicológica. As reuniões familiares iniciais, independentemente do propósito, podem ser importantes para uma família que previamente vivenciou um contexto de pouco envolvimento do serviço. Para o serviço, essas reuniões podem fornecer um grande volume de informações que serão fundamentais para orientar todos os contatos futuros. Uma abordagem sistêmica para tratar essas informações pode ser utilizada a partir das sugestões de Anderson *et al.* (1986), que defendem o mapeamento das ideias dominantes e da linguagem presentes no diálogo familiar à medida que os problemas são identificados e descritos por diferentes membros da família. Observando quem participou das sessões, quem está ausente (por exemplo, as crianças são frequentemente excluídas) (Daisley; Webster, 2008), as definições dominantes do problema e as explicações a elas associadas, em conjunto com as exceções sutis e variações daquelas conversações dominantes, servem como fundamentos para uma formulação inicial do contexto familiar. Essas questões ajudam a orientar um mapeamento atual de como os membros da família estão organizados de acordo com essas ideias e a identificar as relações de poder constituídas por meio dessas construções.

Cecchin (1987) e Hoffman (1990) priorizam a reflexão dos profissionais acerca de como eles mesmos se posicionam e influenciam esse processo de investigação. Refletir a respeito da influência dos pedidos feitos pela família em certos relatos da vida familiar e não em outros, as suposições e premissas subjacentes a tais pedidos, o momento dos pedidos de intervenção profissional e como o engajamento dos serviços influenciam mutuamente a manutenção das explicações dominantes serão úteis para revelar a interação dos profissionais e familiares, bem como o significado das intervenções específicas para a família.

Um aspecto integrante desse mapeamento é descobrir a linguagem da lesão encefálica em conjunto com as consequências do uso desta para cada familiar. Isso pode envolver perguntas, tais como:

> Esse problema é resultado da lesão encefálica ou de algum outro motivo? Esse problema é por causa da pessoa que ela era antes da lesão? Se esse problema foi por causa de x, y, ou z, como você reagiria a ele(a) em cada caso e onde isso coloca cada membro da família? Quem concorda e quem discorda dessas explicações e como elas fazem cada um de vocês se sentirem? Isso é um problema o tempo todo ou existem exceções? Nessas situações, o que cada pessoa está fazendo e o que acontece com a lesão encefálica nesses momentos? Quando é que ele(a) está mais ou menos afetado(a) pela lesão encefálica?

As informações obtidas a partir dessas perguntas podem permitir que o profissional mapeie a continuidade dos significados anteriores à lesão encefálica em relação à nova linguagem desta (importante para a variabilidade nas experiências familiares de "mudança de personalidade") (Oddy, 1995; Yeates *et al.*, 2007) e às interações das subjetividades dos diferentes membros da família nessas linguagens.

Isso pode ser representado visualmente a partir de um genograma, com linguagens concorrentes localizadas entre os diferentes membros da família – um exemplo é dado no Capítulo 18. Além disso, as diferentes relações entre a família e todos os serviços envolvidos também podem ser representadas dessa maneira (Hartman, 1995). Esse genograma é útil para localizar o serviço de reabilitação neuropsicológica dentro de um contexto mais amplo de engajamento profissional, bem como para identificar lacunas de prestação de serviços mais gerais para cada membro da família (por exemplo, apoio escolar, serviços de saúde mental familiar e infantil, orientação jurídica e auxílio habitacional para adultos) ou fontes futuras de colaboração entre o indivíduo com LEA e outros serviços em resposta conjunta às experiências familiares.

Essas questões são, por si só, suficientemente diferentes para gerar mudanças nas famílias à medida que novas conversações são formadas e os membros da família são nelas reconfigurados dissolvendo, assim, as distinções entre avaliação e intervenção. Esses tipos de perguntas são exemplos de "questionamento circular", extraídos dos trabalhos de autores sistêmicos, tais como Cecchin (1987) e Tomm (1987, 1988). Vários tipos de perguntas circulares são sugeridos, incluindo (no caso hipotético de Sam):

a) perguntas para adivinhar o que outro está pensando ("O que você acha que ela diria à pergunta que acabei de fazer a você? O que o velho Sam teria dito em relação a isso? O que ele acha que você responderia a essa pergunta?);
b) perguntas sobre intensidade e diferença ("Quem percebe primeiro/tem mais certeza de que a lesão encefálica está presente na vida familiar?");
c) perguntas sobre relacionamento ("Quando Sam está mais afetado pela lesão encefálica, como a esposa e o filho dele se sentem?"); e
d) perguntas de *feed-forward*[1] ("Como cada um de vocês saberá quando houver uma melhora? Se o velho Sam começar a voltar, quem iria perceber o quê?").

Os objetivos dessas perguntas são obter informações a respeito dos relacionamentos, enfatizar a união dos membros da família, desenvolver a riqueza e diversidade nas construções familiares, e encorajar a mudança. Elas podem ser empregadas de maneira eficaz (mas com cuidado) em qualquer conversação relacionada à reabilitação (por exemplo, definição de metas, reunião de reavaliação e

---

[1] N.T.: *Feed-forward* ou *feedforward questions*, em linhas gerais, são perguntas dirigidas para o que está acontecendo no aqui e agora, bem como para o que está por vir. Elas têm como objetivo valorizar as potencialidades do ser humano, tanto no campo pessoal quanto profissional, buscando fortalecer o que se tem, reconhecer e orientar as habilidades/competências que ainda precisam ser desenvolvidas e encorajar positivamente a reflexão sobre o futuro.

sessão de apoio familiar) e podem orientar a decisão por estratégias específicas a serem utilizadas para determinados fins e com vistas a um progresso maior. Essas perguntas, no entanto, devem sempre ser orientadas pela formulação das interações familiares, estando em consonância com ela.

Outras técnicas para fomentar a riqueza e diversidade nas construções familiares de problemas e mudanças podem ser realizadas por meio do auxílio de dois ou mais profissionais. Quando se considera inútil agir a partir de uma posição de "especialista" (por exemplo, proporcionando formas específicas de aconselhamento), a utilidade da incerteza e das múltiplas perspectivas podem ser ativamente comunicadas pelos profissionais. Isso pode ser feito por meio do uso de "conversações reflexivas" (Andersen, 1987) entre estes na presença da família, oferecendo todas as perspectivas que foram previamente discutidas (incluindo aquelas que podem ter se perdido sob vozes mais dominantes) e mantendo-as lado a lado enquanto não se valida uma em detrimento da outra. Além disso, as reflexões de discordância e incerteza entre os profissionais podem ser úteis para as famílias que estão presas à ideia de que existe uma única solução de difícil alcance para seus problemas.

Ao ouvir as conversações dos profissionais e fazer escolhas a partir de possíveis construções oferecidas e da retroalimentação, a família se reorganiza como um todo, em vez de ficar fragmentada devido aos desentendimentos entre os membros. O processo de resumir isso faz parte das conversações reflexivas e tem benefícios neuropsicológicos adicionais óbvios. Durante essas conversações, a presença e a energia de uma família grande às vezes podem ser muito opressivas e o(s) profissionais(s) envolvido(s) pode(m), em geral, se esforçar para responder rapidamente, mantendo as hipóteses sistêmicas atuais. É importante ressaltar que a estrutura de uma sessão sistêmica tradicional (Selvini Palazzoli *et al.*, 1979) é constituída por cinco partes: (1) um levantamento de hipóteses anteriores à sessão; (2) a primeira parte da sessão é realizada com a família; (3) uma pausa no meio da sessão na qual o(s) profissionais(s) deixa(m) a família e reflete(m) sobre o conteúdo da sessão até aquele momento; (4) um retorno junto à família com qualquer informação acerca das reflexões que foram feitas; e (5) uma discussão posterior à sessão. A utilização de, no mínimo, uma pausa em qualquer reunião familiar é defendida como uma experiência útil para a família, bem como para os profissionais.

A presença de perspectivas múltiplas e diversas pode sempre ser tomada como um recurso terapêutico. O uso da metarreflexão, perguntas de leitura mental, técnicas da cadeira vazia e dicas para analisar as perspectivas mantidas por aqueles que não estão presentes podem ser úteis mesmo se houver apenas um membro da família ou um terapeuta (Boscolo; Bertrando, 1996). Da mesma forma, diferentes arranjos familiares nas sessões podem ser acordados de forma colaborativa com vistas a diferentes resultados.

Sugere-se que *esta* é a razão pela qual se decide organizar ou não uma sessão familiar com todos os presentes, com a ausência do indivíduo com LEA, com arranjos familiares específicos ou com um grupo formado apenas por membros de diferentes famílias. Essa tomada de decisão colaborativa envolvendo todos os membros da família pode ser contrastada com a frequente decisão dos serviços de estabelecer, de maneira arbitrária, formatos predefinidos para a participação da família. Todos esses diversos arranjos podem levar a conversações úteis, mas diferentes em momentos distintos. Sugere-se que, quando os recursos permitem, todas essas opções sejam disponibilizadas para que as famílias escolham o que buscar durante o contato com os serviços de reabilitação de LEA.

Outra recomendação que pode ser feita acerca da prática sistêmica está relacionada a forma como as intervenções educacionais a respeito da LEA destinadas às famílias são estruturadas e examinadas pelos profissionais. Embora as posições profissionais de incerteza supracitadas tenham seu valor em determinadas situações, em outras, certas formas de informação podem ser transformadoras quando comparadas a outras formas de construção de sentido, tendo em vista a desorientação e o isolamento de uma família (Yeates et al., 2007). Entretanto, uma posição sistêmica recomendaria cautela quanto às expectativas de resultados dose-resposta universais e lineares ao se disponibilizar informações. Ela também destacaria a necessidade de organizar tais informações de forma que elas sejam perfeitamente congruentes com os próprios significados de cada família. Essas observações são importantes para o profissional (geralmente um psicólogo clínico), visto que um dos dois tipos de grupos de familiares é ministrado no OZC (ver Apêndice 10.2).

Diferentes grupos de familiares de clientes do programa são convidados a se reunir, em média, uma vez a cada seis semanas. O grupo é, às vezes, formado por familiares dos atuais clientes do programa – há alguns membros da família que participaram regularmente por períodos mais longos e, às vezes, muitos anos depois que seu familiar com lesão encefálica concluiu o programa. Os grupos de familiares podem incluir, a pedido daqueles que dele participam, a disponibilização de informações por parte de um "especialista" (embora geralmente os familiares possam obter informações por meio do dia CLE). Em geral, esses grupos são simplesmente uma oportunidade para receber o apoio dos pares, bem como compartilhar histórias e linguagem com vistas à construção de sentido após uma lesão encefálica.

Conforme observado acima, uma consideração final a ser feita relacionada a todas essas atividades diz respeito ao fato de como a compreensão neuropsicológica e a prática da reabilitação cognitiva são integradas de maneira eficiente a fim de promover conversações úteis entre todos os membros da família, incluindo o indivíduo com LEA. Baseadas em uma formulação de como determinadas dificuldades neuropsicológicas estão inter-relacionadas com os processos interacionais circundantes, as intervenções sistêmicas específicas podem ser recomendadas dentro de uma lógica contextualizada e neuropsicológica.

Isso inclui reagir às dificuldades de memória ou de linguagem expressiva: (1) atendendo e respondendo a processos familiares de reparo conversacional; (2)

oferecendo outras conversações ou pontos de vista relatados por outros indivíduos em situações semelhantes; (3) organizando itens em um formato de múltipla escolha; e (4) instigando perguntas que não dependem de recordação episódica (por exemplo, "como você normalmente se sentiria em tais situações?" ou "qual conselho você daria para outras pessoas em situações parecidas?"). Além disso, a lembrança mútua pode ser facilitada por meio da identificação e utilização de pistas explícitas nos pontos principais de um relato familiar atual (útil para trabalhar principalmente as dificuldades de memória operacional). É possível que a comunicação e expressão sejam menos focadas no meio verbal e, em vez disso, as discussões "visuais" sejam incentivadas. A prática da "escultura familiar" da escola de terapia familiar sistêmica estrutural (Minuchin, 1974) pode ser útil nesse caso.

No caso das dificuldades nas funções executivas, a apresentação de situações externas de resolução de problemas pelos profissionais, organizadas "para todos os membros da família", pode ser uma resposta eficiente aos esforços bem-intencionados dos familiares. Entretanto, elas podem ser vivenciadas com desdém ou como uma fraqueza pelo indivíduo com LEA. Da mesma forma, se for sugerido que outros indivíduos deem pistas ou *feedback*, então, a identificação estratégica de quem na família melhor dará tal *feedback* é um pré-requisito necessário (Yeates *et al.*, 2007). É possível que a organização cuidadosa e o uso de *pagers* ou alertas (Wilson *et al.*, 2001; Fish *et al.*, 2006) no trabalho funcional e psicoterapêutico (Yeates *et al.*, 2008) possam ser as únicas formas de dar pistas consideradas viáveis interpessoalmente (Yeates *et al.*, 2007).

Uma técnica complementar pode ser valiosa para as famílias quando um problema de consciência for identificado. Utilizado no trabalho da terapia narrativa com famílias, o emprego da "externalização" (White; Epston, 1990) envolve o reposicionamento conversacional do problema fora de determinados indivíduos, os quais são vistos como uma fonte de dificuldade que afeta a todos os envolvidos. O resultado dessa reconstrução é que dois ou mais indivíduos, que inicialmente discordavam devido à localização do problema em um familiar, podem, assim, colaborar simultaneamente contra algo externo a eles mesmos.

As conversas externalizantes podem ser úteis para discussões mais gerais acerca do efeito da lesão encefálica em todos os membros de uma família e como eles podem se unir a fim de recuperar aspectos familiares a partir dessa lesão. No entanto, essa técnica pode ter um valor peculiar para as dificuldades de consciência, nas quais a conversação familiar pode ser estruturada a partir de como os membros da família podem responder de forma colaborativa à ameaça externa de "discordância" e à influência desta na comunicação familiar (Yeates *et al.*, 2007). Em uma interessante conexão entre a terapia familiar e a neurociência, tal técnica também é apoiada por estudos neuropsicológicos experimentais que mostram que os indivíduos com dificuldades de consciência são mais capazes de identificar um problema se ele é estruturado de forma externa, utilizando a terceira pessoa em uma descrição, ou com referência a outro indivíduo (Reisberg *et al.*, 1985; Marcel *et al.* 2004; McGlynn; Kasniak, 1991).

Resumo

Na literatura sobre a LEA, existem divergências entre os diferentes níveis de intervenção familiar, tais como uso de familiares como coterapeutas, disponibilização de informações, apoio geral, aconselhamento familiar e terapia familiar convencional (Tyerman; Booth, 2001). Defende-se aqui que as principais ideias do campo da terapia familiar podem ser aplicadas a todas as formas de contato com os familiares. Ao fazê-lo, é possível trabalhar em direção ao objetivo pós-moderno de promover uma conversação familiar úteis, independentemente da intervenção, ao passo que se evita a divisão entre familiares e indivíduos com LEA que é muitas vezes perceptível na literatura e nas estruturas do serviço. A epistemologia e as práticas sistêmicas são destacadas como apropriadas para responder à complexidade, bem como à diversidade das experiências familiares após a LEA, sendo sugeridas algumas aplicações específicas. Essa orientação pós-moderna, por definição, não prioriza uma perspectiva em detrimento de outra e, como tal, embora as técnicas de questionamento circular e narrativas tenham sido descritas aqui, uma série de intervenções pode ser utilizada de forma apropriada. Por fim, a integração entre a teoria sistêmica e a neuropsicologia é defendida como um pré-requisito necessário para promover o surgimento de conversações familiares úteis para todos os membros, incluindo o indivíduo com LEA.

Apêndice 10.1 – Excertos do procedimento do OZC para o envolvimento de familiares e cuidadores no processo de reabilitação e participação nos grupos de familiares

1) Contexto: as dificuldades das famílias após a LEA

As dificuldades das famílias no momento em que se engajam nos serviços de LEA após a fase aguda incluem:

1.1) desorientação, incerteza e busca de sentido;
1.2) pressão, sobrecarga, problemas emocionais clínicos e subclínicos;
1.3) isolamento de fontes mais amplas de apoio;
1.4) mudanças, tensões e rupturas nas relações familiares.

Além disso, essas experiências estão em interação mútua com as referidas dificuldades e vivências apresentadas pelo próprio membro da família com LEA, estando sujeitas à intervenção da reabilitação neuropsicológica.

2) Tipos de contato com o familiar/cuidador

Tyerman (1999) destaca a necessidade de serviços de LEA baseados na comunidade após a fase aguda que se ocupem de três formas de contato com o familiar:

2.1) colaborar com as famílias em relação à reabilitação neuropsicológica centrada no cliente (incluindo o processo de estabelecimento de metas);

2.2) disponibilizar informações à família, educar sobre a LEA e promover a construção de sentido (para dar auxiliar no desenvolvimento de uma compreensão compartilhada);

2.3) apoio familiar e, se necessário, terapia familiar convencional.

3) Objetivos do contato com os familiares e cuidadores

O engajamento dos familiares pode ter uma série de objetivos:

3.1) manter um enfoque psicossocial contextualizado para o estabelecimento de metas e para a reabilitação;

3.2) potencializar os resultados sociais dos clientes e das famílias;

3.3) auxiliar nas necessidades práticas e emocionais dos familiares e cuidadores – conforme identificado na avaliação preliminar e detalhada, esclarecido no início do programa, revisado durante o programa e no período de reavaliação;

3.4) coletar informações, sobretudo, sobre os clientes e familiares/cuidadores;

3.5) educar sobre o programa e a lesão encefálica;

3.6) disponibilizar informações específicas sobre o progresso de um cliente;

3.7) identificar fatores ambientais que afetam as necessidades emocionais do cliente, o ajustamento e sua aplicação, e a manutenção do uso de estratégias;

3.8) permitir que apoiem seu familiar com lesão encefálica quando apropriado;

3.9) manter relações terapêuticas;

3.10) abordar quaisquer queixas informais ou *feedback* como parte do procedimento de reclamações.

4) **Disponibilização de apoio familiar no programa (ver Quadros 10.1 e 10.2)**

   4.1) O tipo exato de apoio a ser disponibilizado à família e aos cuidadores é baseado em uma formulação sistêmica da equipe para cada família, incluindo o cliente com LEA e a relação entre a família e o serviço, embora todas as formas de apoio sejam oferecidas e negociadas com cada família;

   4.2) A construção de sentido e o apoio à família podem ser proporcionados por meio de combinações específicas de atividades de contato familiar no OZC:
   - contato durante as avaliações preliminares (AP) e detalhadas (AD);
   - contato semanal por telefone com o coordenador de programa individual (CPI);
   - contato familiar durante o estabelecimento de metas, progresso, resultados e reuniões de reavaliação;
   - dias dedicados à educação do Grupo de Compreensão sobre a Lesão Encefálica (Grupo CLE);
   - grupos de familiares;
   - sessões familiares organizadas para objetivos específicos da reabilitação;
   - sessões de terapia familiar.

Apêndice 10.2 – Síntese do convite e da participação dos grupos de familiares (novamente a partir do procedimento do OZC para o envolvimento de famílias e cuidadores)

Oferecemos dois tipos de grupo de familiares:

a) para familiares, amigos e cuidadores dos clientes atualmente no programa ou que concluíram o programa nos últimos seis meses. Esse grupo se reúne a cada seis semanas;

b) para familiares, amigos e cuidadores dos clientes que concluíram o programa a mais de seis meses ou que não participaram do programa de reabilitação. Esse grupo se reúne a cada seis meses.

Para o primeiro grupo, os convites são enviados aos familiares dos clientes que estão prestes a participar do programa. Para o segundo grupo, os convites são enviados para aqueles que manifestaram interesse em participar, por exemplo, após a avaliação de seu familiar com lesão encefálica no OZC, mas que não está participando de um programa intensivo. A seguir, reproduzimos um excerto desse convite:

Qual a função do grupo de familiares/cuidadores? As sessões são compartilhadas com outros familiares e têm vários objetivos:

- o primeiro deles é dar a você a oportunidade para fazer perguntas ou dar um *feedback* sobre o programa de reabilitação que ministramos aqui;
- o segundo é dar a você a oportunidade para fazer perguntas sobre a natureza e as consequências da lesão encefálica. Como você sabe, enfatizamos muito, em nosso programa, o fato de ajudarmos os clientes a desenvolverem uma boa compreensão sobre sua lesão encefálica. Também acreditamos que é extremamente útil para você, familiar, ter essas informações. Logo, você terá a oportunidade para fazer qualquer pergunta que possa ter sobre a lesão encefálica;
- o terceiro objetivo principal é dar também a oportunidade para conversar com outros familiares e compartilhar experiências com outros indivíduos que estejam em uma situação semelhante à sua.

A participação nessas sessões é totalmente opcional e vir a uma sessão não o obriga a participar de sessões futuras. Estamos cientes de que, devido à distância e outros compromissos, talvez não seja possível para você participar. Além disso, alguns familiares e cuidadores preferem ter essas discussões em família a compartilhar as experiências com outros indivíduos. Podemos organizar sessões familiares individuais se eles assim o preferirem. Outras formas de apoio aos familiares incluem dias com programas educativos sobre a lesão encefálica, cujos detalhes serão disponibilizados separadamente.

Acreditamos que todas as formas de apoio têm suas vantagens e encorajamos os familiares a experienciar tudo isso em algum momento durante o programa.

Referências

Adams, N. (1996). Positive outcomes in families following traumatic brain injury (TBI). *Australian and New Zealand Journal of Family Therapy*, **17**(2) 75–84.

American Psychiatric Association (1996). *Practice Guidelines*. Washington DC: APA.

Andersen, T. (1987). The reflecting team: dialogue and meta-dialogue in clinical work. *Family Process*, **26**(4), 415–28.

Anderson, H., Goolishian, H. and Windermand, L. (1986). Problem–determined systems: toward transformation in family therapy. *Journal of Strategic and Systemic Therapies*, **3**(4), 1–14.

Bateson, G. (1972). *Steps to an Ecology of Mind*. London: Paladin.

Blais, M.C. and Boisvert, J.M. (2005). Psychological and marital adjustment in couples following a traumatic brain injury (TBI): a critical review. *Brain Injury*, **19**(14), 1223–35.

Bond, M.R., Brooks, D.N. and McKinlay, W. (1979). Burdens imposed on the relatives of those with severe brain damage due to injury. *Acta Neurochirurgica*, **28**, 124–5.

Boscolo, L. and Bertrando, P. (1996). *Systemic Therapy for Individuals*. London: Karnac.

Boscolo, L., Cecchin, G., Hoffman, L. and Papp, P. (1987). *Milan Systemic Family Therapy: Conversations in Theory and Practice*. New York: Basic Books.

Brooks, N., Campsie, L., Symington, C., Beattie, A. and McKinlay, W. (1987). The effects of severe head injury on patient and relative within several years of injury. *Journal of Head Trauma Rehabilitation*, **2**, 1–13.

Brothers, L. (1997). *Friday's Footprint: How Society Shapes the Human Mind*. New York: Oxford University Press.

Butera-Prinzi, F. and Perlesz, A. (2004). Through children's eyes: children's experience of living with a parent with acquired brain injury. *Brain Injury*, **18**(1), 83–101.

Carnwath, C.M. and Johnson, D.A.W. (1987). Psychiatric morbidity among spouses of patients with stroke. *British Medical Journal*, **294**, 409–11.

Carr, A. (2000a). Evidence-based practice in family therapy and systemic consultation I. *Journal of Family Therapy*, **22**, 29–40.

Carr, A. (2000b). Evidence-based practice in family therapy and systemic consultation II. *Journal of Family Therapy*, **22**, 273–95.

Cavallo, M.M. and Saucedo, C. (1995). Traumatic brain injury in families from culturally diverse populations. *Journal of Head Trauma Rehabilitation*, **10**(2), 66–77.

Cecchin, G. (1987). Hypothesizing, circularity, and neutrality revisited: an invitation to curiosity. *Family Process*, **26**(4), 405–13.

Daisley, A. and Webster, G. (2008). Familial brain injury: impact on and interventions with children. In A. Tyerman and N. King, eds., *Psychological Approaches to Rehabilitation After Traumatic Brain Injury*. Oxford: BPS Blackwell, pp. 475–507.

Dewar, B-K. and Gracey, F. (2007). "Am not was": cognitive behavioural therapy for adjustment and identity change following herpes simplex encephalitis. *Neuropsychological Rehabilitation*, **17**(4/5), 602–20.

Edwards, D. and Middleton, D. (1986). Joint remembering: constructing an account of shared experience through conversational discourse. *Discourse Processes*, **9**, 423–59.

Elsass, L. and Kinsella, G. (1987). Social interaction following severe closed head injury. *Psychological Medicine*, **17**(1), 67–78.

Ergh, T.C., Rapport, L.J., Coleman, R.D. and Hanks, R.A. (2002). Predictors of caregiver and family functioning following traumatic brain injury: social support moderating caregiver distress. *Journal of Head Trauma Rehabilitation*, **17**(2), 155–74.

Ergh, T.C., Hanks, R.A., Rapport, L.J. and Coleman, R.D. (2003). Social support moderates caregiver life satisfaction following traumatic brain injury. *Journal of Clinical and Experimental Neuropsychology*, **25**(8), 1090–101.

Fish, J., Evans, J.J., Nimmo, M. et al. (2006). Rehabilitation of executive dysfunction following brain injury: "Content-free cueing" improves everyday prospective memory performance. *Neuropsychologia*, **45**(6), 1318–30.

Flanagan, D.A.J. (1998). A retrospective analysis of expressed emotion (EE) and affective distress in a sample of relatives caring for a traumatically brain-injured family member. *British Journal of Clinical Psychology*, **37**(4), 431–9.

Gan, C. and Schuller, R. (2002). Family system outcome following acquired brain injury: clinical and research perspectives. *Brain Injury*, **16**(4), 311–22.

Gan, C., Campbell, K.A., Gemeinhardt, M. and McFadden, G.T. (2006). Predictors of family system outcome after brain injury. *Brain Injury*, 20(6), 587–600.

Gergen, K.J. and Davies, K.E. (1985). *The Social construction of the Person*. New York: Springer-Verlag.

Gervasio, A.H. and Kreutzer, J.S. (1997). Kinship and family members' psychological distress after traumatic brain injury: a large sample study. *Journal of Head Trauma Rehabilitation*, **12**(3), 14–26.

Gibson, J.J. (1979). *The Ecological Approach to Visual Perception*. Boston: Houghton Mifflin.

Gillen, R.H., Tennen, H., Affleck, G. and Steinpreis, R. (1998). Distress, depressive symptoms and depressive disorder among caregivers of patients with brain injury. *Journal of Head Trauma Rehabilitation*, **13**(3), 31–43.

Gosling, J. and Oddy, M. (1999). Rearranged marriages: marital relationships after head injury. *Brain Injury*, **13**(10), 785–96.

Hall, K.M., Karzmark, P., Stevens, M. et al. (1994). Family stressors in traumatic brain injury: a two year follow-up. *Archives of Physical Medicine and Rehabilitation*, **75**: 876–84.

Harré, R. (2002). *Cognitive Science: A Philosophical Introduction*. London: Sage.

Hartman, A. (1995). Diagrammatic assessment of family relationships. *Families in Society: The Journal of Contemporary Human Services*, **February**, 111–123.

Henry, P.W., Knippa, J. and Golden, C.J. (1985). A systems model for therapy with brain injured adults and families. *Family Systems Medicine*, **3**, 427–39.

Hoffman, L. (1990). Constructing realities: the art of lenses. *Family Process*, **29**(1), 1–12.

Horan, K.T. (1987). Effects of head injury on the educational and vocational potential of American Indians. *Rural Special Education Quarterly*, **8**(1), 19–22.

Johnson, J. and McCown, W. (1997). *Family Therapy of Neurobehavioral Disorders: Integrating Neuropsychology and Family Therapy*. New York: Haworth Press.

Jones, E. (1993). *Family Systems Therapy: Developments in the Milan Systemic Therapies*. Chichester: John Wiley.

Kay, T. and Cavallo, M. (1994). The family system: impact, assessment and intervention. In J. Silver, S. Yudofsky and R. Hales, eds., *Neuropsychiatry of Traumatic Brain Injury*. New York: Oxford University Press, pp. 198–222.

Kinsella, G., Ford, B. and Moran, C. (1989). Survival of social relationships following head injury. *International Disability Studies*, **11**(1), 9–14.

Kravetz, S., Gross, Y., Weiler, B., et al. (1995). Self-concept, marital vulnerability and brain damage. *Brain Injury*, **9**, 131–9.

Krefting, L. (1989). Reintegration into the community after head injury: the results of an ethnographic study. *Occupational Therapy Journal of Research*, **9**(2), 67–83.

Krefting, L. (1990). Double bind and disability: the case of traumatic head injury. *Social Sciences and Medicine*, **30**(8), 859–65.

Kreutzer, J.S., Gervasio., A.H. and Camplar, P.S. (1994). Primary caregiver's psychological status and family functioning after traumatic brain injury. *Brain Injury*, **8**(3), 197–210.

Kreutzer, J.S., Marwitz, J.H., Hsu, N., Williams, K. and Riddick, A. (2007). Marital stability after brain injury: an investigation and analysis. *NeuroRehabilitation*, **22**, 53–9.

Laroi, F. (2000). Treating families of individuals with traumatic brain injury:

presentation of clinical cases approached from a structural therapy perspective. *Journal of Family Psychotherapy*, **11**(4), 69–78.

Laroi, F. (2003). The family systems approach to treating families of persons with brain injury: A potential collaboration between family therapists and brain injury professionals. *Brain Injury*, **17**(2), 175–187.

Leach, L.R., Frank, R.G., Bouman, D.E. and Farmer, J. (1994). Family functioning, social support and depression after traumatic brain injury. *Brain Injury*, **8**, 599–606.

Luria, A.R. (1961). *The Role of Speech in the Regulation of Normal and Abnormal Behaviour*. Oxford: Liveright.

Luria, A.R. (1968). The directive function of speech in development and dissolution. I: Development of the directive function of speech in childhood. II: Dissolution of the regulative functions of speech in pathology of the brain. In E. Millar, ed., *Foundations of Child Psychiatry*. Oxford and New York: Pergamon Press, pp. 273–282, 282–284.

Luria, A.R. (1976). *Cognitive Development: Its Cultural and Social foundations*. Oxford: Oxford University Press.

Maitz, E.A. (1990). The psychosocial sequelae of a severe closed head injury and their impact upon family systems. Unpublished doctoral dissertation, Temple University, Philadelphia.

Maitz, E.A. (1991). Family systems theory applied to head injury. In J.M. Williams and T. Kay, eds., *Head Injury: A Family Matter*. Baltimore: P.H. Brookes Publishing, pp. 65–79.

Marcel, A.J., Tegnér, R. and Nimmo-Smith, I. (2004). Anosognosia for plegia: specificity, extension, partiality and disunity of bodily unawareness. *Cortex*, **20**, 19–40.

Mazaux, J.M., Masson, F., Levin, H.S. *et al.* (1997). Long-term neuropsychological outcome and loss of social autonomy after traumatic brain injury. *Archives of Physical Medicine and Rehabilitation*, **78**(12), 1316–20.

McGlynn, S.M. and Kaszniak, A.W. (1991). Unawareness of deficits in dementia and schizophrenia. In G.P. Prigatano and D.L. Schacter, eds., *Awareness of Deficit After Brain Injury: Clinical and Theoretical Issues*. New York: Oxford University Press, pp. 84–110.

Middleton, D. and Edwards, D. (1990). *Collective Remembering*. London: Sage.

Minuchin, S. (1974). *Families and Family Therapy*. Cambridge, MA: Harvard University Press.

Moore, A., Stambrook, M. and Peters, L. (1993). Centrepital and centrifugal family life cycles factors in long-term outcome following traumatic brain injury. *Brain Injury*, **7**(3), 247–55.

Oddy, M. (1995). He's no longer the same person: how families adjust to personality change after head injury. In N.V.T. Chamberlain, ed., *Traumatic Brain Injury Rehabilitation*. London: Chapman and Hall, pp. 167–80.

Oddy, M. (2001). Sexual relationships following brain injury. *Sexual Relationship Therapy*, **16**(3), 247–59.

Oddy, M. and Herbert, C. (2003). Interventions with families following brain injury: evidence-based practice. *Neuropsychological Rehabilitation*, **13**(1–2), 259–73.

Orsillo, S.M., McCaffrey, R.J. and Fisher, J.M. (1993). Siblings of head–injured individuals: a population at risk. *Journal of Head Trauma Rehabilitation*, **8**(1), 102–15.

Panting, A. and Merry, P.H. (1972). The long term rehabilitation of severe head injuries with particular reference to the need for social and medical support for the patient's family. *Rehabilitation*, **38**, 33–7.

Perlesz, A., Kinsella, G. and Crowe, S. (1999). Impact of traumatic brain injury on the family: a critical review. *Rehabilitation Psychology*, **44**(1), 6–35.

Perlesz, A., Kinsella, G. and Crowe, S. (2000). Psychological distress and family satisfaction following traumatic brain injury: injured individuals and their primary, secondary and tertiary carers. *The Journal of Head Trauma Rehabilitation*, **15**(3), 909–30.

Pessar, L.F., Coad, M.L., Linn, R.T. and Willer, B.S. (1993). The effects of parental traumatic brain injury on the behaviour of parents and children. *Brain Injury*, **7**(3), 231–40.

Peters, L.C., Stambrook, M., Moore, A.D. and Esses, L. (1990). Psychosocial sequelae of closed brain injury: effects on the marital relationship. *Brain Injury*, **4**, 39–47.

Ponsford, J. (2003). Sexual changes associated with traumatic brain injury. *Neuropsychological Rehabilitation*, **13**(1/2), 275–89.

Reisberg, B., Gordon, B., McCarthy, M. and Ferris, S.H. (1985). Clinical symptoms accompanying progressive cognitive decline and Alzheimer's disease. In V.L. Melnick and N.N. Duber, eds., *Alzheimer's Dementia*. Clifton: Humana Press, pp. 295–308

Rosenbaum, M. and Najenson, T. (1976). Change in patterns and symptoms of low mood as reported by wives of severely brain-injured soldiers. *Journal of Consulting and Clinical Psychology*, **44**(6), 881–8.

Sabat, S.R. and Harré, R. (1992). The construction and deconstruction of self in Alzheimer's disease. *Ageing and Society*, **12**, 443–61.

Sander, A.M., Caroselli, J.S., High, W.M. et al. (2002). Relationship of family functioning to progress of post-acute rehabilitation programme following traumatic brain injury. *Brain Injury*, **16**(8), 649–57.

Selvini Palazzoli, M., Boscolo, L., Cecchin, G. and Prata, G. (1979). *Paradox and Counterparadox: A New Model in the Therapy of the Family in Schizophrenic Transaction*. New York and London: Aronson.

Selvini Palazzoli, M., Boscolo, L., Cecchin, G. and Prata, G. (1980). A ritualized prescription in family therapy: odd days and even days. *Journal of Marital and Family Therapy*, **6**, 3–9.

Sherer, M., Boake, C., Levin, E. et al.(1998). Characteristics of impaired awareness after traumatic brain injury. *Journal of the International Neuropsychological Society*, **4**(4), 380–7.

Sinnakaruppan, I. and Williams, D.M. (2001). Family carers and the adult head-injured: a critical review of carer's needs. *Brain Injury*, **15**, 653–72.

Smart, J.F. and Smart, D.W. (1992). Cultural issues in the rehabilitation of Hispanics. *Journal of Rehabilitation*, **58**, 29–37.

Sunderland, A., Harris, J.E., and Gleave, J. (1984). Memory failures in everyday life following severe head injury. *Journal of Clinical Neuropsychology*, **6**, 127–42.

Taylor, H.G., Yeates, K.O., Wade, S.L. et al. (2001). Bidirectional child-family influences on outcomes of traumatic brain injury in children. *Journal of the International Neuropsychological Society*, **7**, 755–67.

Thomsen, I.V. (1974). The patient with severe head injury and his family. *Scandinavian Journal of Rehabilitation Medicine*, **6**, 180–3.

Thomsen, I.V. (1984). Late outcome of very severe blunt head trauma: a 10–15 year second follow-up. *Journal of Neurology, Neurosurgery, and Psychiatry*, **47**, 260–8.

Tomm, K. (1987). Interventive interviewing: II. Reflexive questions as a means to enable self-healing. *Family Process*, **26**, 167–83.

Tomm, K. (1988). Interventive interviewing: III. Intending to ask, circular, strategic or reflexive questions? *Family Process*, **27**, 1–15.

Tyerman, A. (1999). Outcome measurement in a community head injury service. *Neuropsychological Rehabilitation*, **9**(3/4), 481–91.

Tyerman, A. and Booth, J. (2001). Family intervention after traumatic brain injury: a service example. *Neurorehabilitation*, **16**: 59–66.

Urbach, J.R., Sonenklar, N.A. and Culbert, J.P. (1994). Risk factors and assessment in children of brain-injured parents. *Journal of Neuropsychiatry*, **6**(3), 289–95.

Vanderploeg, R.D., Curtiss, G., Duchnick, G.C. and Luis, C.A. (2003). Demographic, medical, and psychiatric factors in work and marital status after mild head injury. *Journal of Head Trauma Rehabilitation*, **18**, 148–63.

Von Foerster, H. (1982). *Observing Systems*. Seaside, CA: Intersystems Publications.

White, M. and Epston, B. (1990). *Narrative Means to Therapeutic Ends*. New York: Norton.

Williams, J.M. and Kay, T. (1991). *Head Injury: A Family Matter*. Baltimore: P.H. Brookes publishing.

Wilson, B.A., Emslie, H., Quirk, K. and Evans, J.J. (2001). Reducing everyday memory and planning problems by means of a paging system: a randomized control crossover study. *Journal of Neurology, Neurosurgery, and Psychiatry*, **70**, 477–82.

Wood, R. L. and Yurdakul, L. K. (1997) *Change in relationship status following traumatic brain injury*. **11**(7), 491–502.

Yeates, G.N. (2007). Avoiding the skull reduction in acquired brain injury (ABI) services: individualist invitations and systemic responses. *Clinical Psychology Forum*, **175**, 33–6.

Yeates, G.N., Henwood, K., Gracey, F. and Evans, J.J. (2007). Awareness of disability and the family context. *Neuropsychological Rehabilitation*, **17**(2), 151–73.

Yeates, G.N., Hamill, M., Sutton, L., et al. (2008). Dysexecutive problems and interpersonal relating following frontal brain injury: formulation and compensation in Cognitive-Analytic Therapy (CAT). *Neuropsychoanalysis*, **10**(1), 43–58.

CAPÍTULO 11

O Grupo de Comunicação

Clare Keohane

Introdução

Atualmente, reconhece-se amplamente que as dificuldades de comunicação vivenciadas após um traumatismo cranioencefálico (TCE) são fundamentalmente distintas daquelas associadas a síndromes afásicas e, consequentemente, demandam diferentes tipos de avaliação e intervenção (Holland, 1982). Milton e Wertz (1986, p. 223) destacam essas diferenças, sugerindo que "os indivíduos com afasia geralmente se comunicam melhor do que falam enquanto que os pacientes com TCE frequentemente falam melhor do que se comunicam". A etiologia da lesão mais comum dos clientes que participam da reabilitação neuropsicológica do Oliver Zangwill Centre (OZC) é o TCE. Logo, é mais frequente que os clientes apresentem esse tipo de comprometimento da comunicação cognitiva, em vez de síndromes afásicas mais específicas. Trabalhar com esses clientes requer consciência da interação entre as deficiências no processamento psicolinguístico e outros domínios cognitivos em relação à comunicação.

Os distúrbios da comunicação cognitiva observados nos clientes do OZC são caracterizados pelas dificuldades:

- no processamento da linguagem, particularmente com a linguagem inferencial ou metafórica;
- com o discurso – por exemplo, inclusão de informações, produção tangencial, respostas irrelevantes, incapacidade de manter um tópico, dificuldade de alternância de turno durante uma conversa, aumento da autorrevelação e redução da iniciativa de começar uma conversa;

- pragmáticas, tais como a dificuldade para adaptar a linguagem a diferentes ambientes e indivíduos, ou seja, redução da flexibilidade para adaptar a linguagem;
- de nomeação.

É comum que os clientes se apresentem socialmente isolados, com dificuldades para se relacionar com outros indivíduos e manter um bom trabalho ou relações sociais. Acredita-se que isso reduz significativamente a satisfação com a vida (Dahlberg *et al.*, 2006).

Embora a maioria dos problemas comunicacionais dos clientes que frequentam o OZC se enquadre em uma categoria geral de dificuldades de "comunicação cognitiva", uma parte apresenta dificuldades disártricas e, com menos frequência, problemas de natureza afásica.

Um grande número de clientes apresenta dificuldades disléxicas. Estas são, em geral, abordadas em sessões individuais e por meio da identificação de uma meta funcional relacionada, por exemplo, ao estudo, à leitura com as crianças ou ao fato de ter que lidar com a correspondência.

Recentemente, houve um desenvolvimento significativo do conhecimento na área de processamento socioemocional/comunicação social – por exemplo, MacDonald e Flanagan (2004). Essa área se refere à capacidade de um indivíduo de entender não somente a própria emoção e comportamento, como também de poder regular as emoções e entender as emoções e os comportamentos de outros indivíduos. A avaliação dessas habilidades e o impacto dos déficits nas interações sociais são examinadas em conjunto a partir dos referenciais teóricos da fonoaudiologia e da psicologia clínica, refletindo a necessidade de se recorrer a uma série de importantes modelos de comunicação cognitiva social e empregar as habilidades clínicas de ambas as profissões.

Inclusão no Grupo de Comunicação

O processo de abordagem das dificuldades de comunicação inicia-se durante a avaliação detalhada dos clientes, examinando a habilidade destes por meio de testes padronizados de habilidades de comunicação cognitiva. Durante esse período, todos os clientes são submetidos à *Avaliação da Habilidade Cognitivo-Linguística – AHCL* (Ellmo *et al.*, 1995). Se necessário, avaliações específicas de nomeação de objetos também são utilizadas, tais como o *Teste de Nomeação de Boston* (Kaplan *et al.*, 1983) e o *Graded Naming Test*[1], publicado pela primeira

---

[1] N.T.: *Graded Naming Test* é um instrumento que tem sido amplamente utilizado na neuropsicologia cognitiva para avaliar a capacidade de nomeação dos objetos.

vez em 1983 (McKenna; Warrington, 2007). A introdução do *The Awareness of Social Inference Test – TASIT* (MacDonald *et al.*, 2002), que avalia a percepção das emoções faciais e a capacidade de fazer inferências apropriadas da comunicação facial e vocal de outros indivíduos, provou ser eficiente na detecção das áreas de déficit na comunicação social. Os resultados dessa avaliação são examinados em conjunto com outras avaliações importantes para a comunicação social, tais como a *Bangor Gambling Task*[2] (Bowman; Turnbull, 2004) e o *Reading the Mind in the Eyes Test*[3] (Baron-Cohen *et al.*, 2001). O objetivo é esclarecer se a comunicação funcional e as dificuldades de interação estão relacionadas a comprometimentos cognitivos gerais, tais como a inibição e velocidade de processamento, ou se são atribuídas a déficits específicos no processamento social, tais como a identificação de emoções, inferência social, teoria da mente, tomada de decisão baseada em emoções, conhecimento social ou semântica da emoção.

Como descrito em outra seção, devido à natureza interativa das dificuldades dos clientes, qualquer informação é compartilhada com a equipe no resumo da avaliação e as relações com outras funções cognitivas ou questões de humor e linguagem são discutidas, tais como as dificuldades de atenção que afetam a compreensão da linguagem e a ansiedade que afeta a capacidade de nomeação das palavras.

Muitas vezes, uma formulação das dificuldades do cliente incluirá uma descrição de que ele não tem "competência comunicativa". Esta é definida como um conhecimento de como conversar com diferentes parceiros e em diferentes contextos, bem como um conhecimento dos direitos, obrigações e expectativas inerentes à manutenção do discurso (Chapey, 1986). Essa competência depende de uma relação dinâmica entre processos cognitivos, linguísticos, ambientais e psicológicos (Beukelman; Yorkston, 1991). Ela é o ponto central para o trabalho comunicacional no programa de reabilitação e quaisquer déficits nesse domínio levariam à participação no Grupo de Comunicação.

O Grupo de Comunicação

O Grupo de Comunicação é ministrado durante a fase intensiva do programa e se inicia com uma sessão educacional relacionada à compreensão dos clientes sobre sua lesão encefálica. São feitas relações específicas entre as seções acerca da anatomia do Grupo de Compreensão sobre a Lesão Encefálica ou Grupo CLE (Capítulo 5) e as discussões pormenorizadas a respeito das áreas envolvidas

---

[2] N.T.: *Bangor Gambling Task* é um teste simples de tomada de decisão baseada na emoção.

[3] N.T.: *Reading the Mind in the Eyes Test* é um instrumento utilizado para avaliar a percepção da emoção.

na linguagem. Uma visão geral dos tipos de dificuldades de linguagem que os clientes possam enfrentar após qualquer lesão é dada pela equipe e os clientes são encorajados a discutir as próprias experiências, bem como a razão pela qual eles possam ter vivenciado certas dificuldades. Os clientes também são encorajados a explorar como seus problemas comunicacionais podem estar relacionados a outras dificuldades cognitivas por meio de discussões e associações com outros grupos.

Na sessão inicial do Grupo de Comunicação, discute-se a importância de obter informações acerca das opiniões de outros indivíduos. Além disso, busca-se um acordo para obter informações de familiares a respeito da percepção de quaisquer mudanças ou dificuldades nas habilidades de comunicação do cliente. Isso é feito, em geral, por meio de discussões presenciais ou por telefone com os familiares ou cuidadores. Elaboramos um questionário de habilidades comunicacionais relacionado à área de comunicação social, o qual é aplicado regularmente com os familiares, permitindo examinar os estilos de comunicação pré-mórbidos de forma mais objetiva (ver Apêndice 11.1).

Na segunda semana, apresenta-se uma pergunta aos clientes para a qual solicita-se um *brainstorm*: "O que é comunicação?" Em seguida, vários princípios acerca da comunicação são elencados para debate (McGann *et al.*, 1997 – ver Apêndice 11.2). Esses princípios são propostos de modo que se tornem "constantes, existindo independentemente das habilidades pessoais e das capacidades de comunicação", além de "servirem como preceitos universais que fundamentam a comunicação humana". Reconhece-se que os clientes desenvolveram, antes de sua lesão, um conjunto de regras, crenças e atitudes que definiam como eles interagiam com aqueles ao seu redor e que este não será o mesmo entre eles. Com o tempo, os clientes começam a reconhecer como a comunicação pode diferir entre os indivíduos, sendo ainda assim considerada "normal", e como ela é afetada pela cultura, ambiente e crenças.

Discute-se também como as habilidades comunicacionais podem ser afetadas por uma lesão cerebral e como os comportamentos comunicacionais podem, então, não estar de acordo com os princípios da comunicação. Se, por exemplo, um cliente apresenta comportamentos de interrupção, isso pode ser examinado tendo em vista o princípio de que "a comunicação é uma experiência compartilhada" em conjunto com uma discussão sobre como a interrupção pode afetar tal princípio. A discussão pode então enfocar por que os comportamentos interruptivos podem estar ocorrendo e quais dificuldades cognitivas podem estar contribuindo para isso. Nesse ponto, o termo "flexibilidade comunicativa" é introduzido como uma habilidade ideal para permitir que ajustes na comunicação sejam feitos dependendo da situação em que os clientes estão ou dos indivíduos com os quais eles estão interagindo. Isso geralmente resulta em uma discussão sobre como as sessões remanescentes do grupo serão utilizadas e como elas se relacionarão com o trabalho que está sendo realizado nas sessões individuais (para detalhes, veja abaixo). Os clientes concordam com os objetivos do grupo e a forma como o *feedback* é usado no contexto grupal. O *feedback* em formato de vídeo é considerado a ferramenta mais eficiente para obter a conscientização acerca das dificuldades, bem como as formas de aprendizagem para gerenciá-las. Solicita-se aos clientes que assinem um termo de consentimento para que o vídeo seja utilizado em seu tratamento.

Ao longo dos anos, o Grupo de Comunicação se concentrou em diferentes aspectos da comunicação, dependendo das necessidades dos clientes. Os temas mais frequentes abordados foram o trabalho com as habilidades de assertividade e de conversação, bem como a resolução de problemas sociais. As áreas temáticas comumente trabalhadas no módulo de habilidades de assertividade têm explorado os diferentes tipos de comportamento (passivo, agressivo, indiretamente agressivo e assertivo) e as principais crenças associadas a comportamentos assertivos (Holland; Ward, 1990). Os *role-plays* e as discussões acerca de cenários da vida real são fundamentais para esse trabalho e tanto a equipe quanto os clientes participam dessas atividades em conjunto. Esse tipo de trabalho, em geral, conduz a tópicos abordados no módulo de resolução de problemas sociais. No início desse módulo, os clientes trazem um problema da vida real vivenciado em um ambiente social e exploram formas alternativas de lidar com ele, integrando assim a comunicação, as habilidades cognitivas e a discussão sobre o impacto emocional que certas situações podem ocasionar.

O módulo de habilidades conversacionais inclui um trabalho com as habilidades de escutar, iniciar, alternar o turno, manter o diálogo e corrigir algo que foi dito. Ele também trabalha os efeitos da interrupção, fala tangencial e passividade nas interações. Em algumas ocasiões, sessões com debates têm sido utilizadas para focar estilos comunicacionais específicos e dificuldades no automonitoramento e na organização do discurso. Em outras ocasiões, o foco tem sido a comunicação no local de trabalho ou em entrevistas, muitas vezes incorporadas ao Grupo de Habilidades Vocacionais (ver Capítulo 12). Os objetivos/metas específicos do grupo são sempre enfatizadas, sendo que os objetivos de cada cliente são associados ao trabalho realizado nas sessões individuais de terapia. A avaliação do grupo é feita por meio da reaplicação de escalas e da consecução de metas. Recentemente, passamos a utilizar o *La Trobe Communication Questionnaire*[4] (Douglas *et al.*, 2000) para nos ajudar a avaliar o progresso. Exemplos dos objetivos **gerais** dos grupos têm sido:

a) identificar os comportamentos comunicacionais e como eles se diferem nos variados papéis em que o indivíduo se encontra;
b) identificar e compreender os princípios da comunicação;
c) melhorar a flexibilidade comunicativa;

---

[4] N.T.: O *La Trobe Communication Questionnaire* (LCQ) é um instrumento que avalia a capacidade comunicação.

d) aplicar o conhecimento acerca da comunicação às situações em que o indivíduo se encontra;

e) dar oportunidades para praticar e utilizar habilidades comunicacionais eficazes.

Estrutura das sessões

O Grupo de Comunicação é sempre um grupo interativo que utiliza *role-plays* e *feedback* de vídeo/áudio a fim de auxiliar os clientes a avaliar seu desempenho. Todas as sessões começam com uma reflexão a respeito dos tópicos abordados na semana anterior e de qualquer tarefa atribuída como lição de casa. Inicialmente, o foco está na observação dos clientes acerca da comunicação de outros indivíduos – solicita-se que os clientes relatem exemplos de quando/onde observaram certos comportamentos destes, bem como suas consequências. À medida que o programa grupo avança, o foco muda para as habilidades comunicacionais dos clientes e estes são encorajados a buscar *feedback* mútuo antes mesmo que a equipe faça comentários ou dê seu *feedback*. Dessa forma, os pares geralmente destacam quaisquer áreas com problemas, o que para muitos clientes tem mais efeito do que se elas fossem destacadas pela equipe.

Relações com outras sessões

O trabalho implementado no Grupo de Comunicação precisa estar relacionado às sessões individuais de terapia que são realizadas no OZC. Conforme observado anteriormente, a interação entre os déficits na cognição e os comportamentos comunicacionais é uma área importante a ser enfatizada para o cliente.

Como parte dessas sessões, os questionários de comunicação mencionados anteriormente são discutidos. Isso é particularmente eficiente para os clientes que não têm consciência de suas dificuldades comunicacionais. Os questionários são comparados e as prioridades para terapia são identificadas. Esse processo requer sensibilidade por parte do terapeuta e as forças, bem como as fraquezas são sempre destacadas junto ao cliente.

Após a avaliação desses questionários, os clientes podem decidir monitorar um comportamento comunicacional específico por uma ou duas semanas e obter informações sobre a situação na qual o comportamento ocorreu, além dos fatores que podem ter afetado tal comportamento. Os clientes passam, então, para a discussão acerca das estratégias que podem auxiliá-los a melhorar as habilidades comunicacionais e a gerenciar determinados problemas de comunicação. Em seguida, os clientes são encorajados a praticar essas estratégias no Grupo de

Comunicação e em outras sessões específicas no OZC antes de passarem para estratégias generalizadoras relacionadas a contextos mais amplos. As metas específicas são acordadas e definidas durante essas sessões individuais e associadas ao trabalho em grupo. Existe, assim, a possibilidade de discutir, fora do contexto grupal, quaisquer questões delicadas que possam ter surgido.

Participação de familiares e de outros indivíduos

Obviamente, qualquer intervenção na área da comunicação após uma lesão cerebral deve considerar o desempenho comunicativo pré-mórbido. Muitas vezes, os clientes apresentarão um estilo de comunicação o qual eles descrevem como uma "parte deles" que sempre existiu. Para tanto, é fundamental que utilizemos as observações de familiares próximos e amigos para determinar metas comunicacionais apropriadas. Em geral, quando discutido com familiares, observa-se que um comportamento específico tem sido, de fato, parte da personalidade ou estilo de comunicação anterior, mas este pode ter se tornado exagerado. Os clientes são encorajados a buscar informações de familiares e amigos por meio de escalas de comunicação/questionários, conforme observado anteriormente, ou por meio de sessões conjuntas com o fonoaudiólogo. Durante a fase de integração do programa, na qual os clientes estão começando a empregar as estratégias, a participação dos colegas de trabalho, de um professor universitário ou de familiares/amigos é útil para dar um *feedback* acerca do desempenho.

Se um cliente retornou ao trabalho ou está participando de um estágio, as habilidades comunicacionais constituem um ponto central para *feedback* enquanto parte do formulário de avaliação do trabalho realizado. Da mesma forma, os clientes podem ter cônjuges que estejam participando regularmente de sessões de *feedback* específicas a fim de garantir que as estratégias sejam empregadas de forma eficaz ou ajustadas adequadamente.

Generalização

O programa do OZC é dividido em fase intensiva e fase de integração, o que permite o monitoramento contínuo de como as habilidades podem se generalizar para outros contextos durante a última parte da reabilitação e depois desta. Os clientes podem escolher situações específicas durante a fase de integração em que desejem avaliar o uso de estratégias ou habilidades desenvolvidas, bem como podem continuar a discutir quaisquer áreas de dificuldade em conjunto com essas estratégias/habilidades durante os dias em que ainda frequentam o OZC. As previsões dos clientes acerca do comportamento e das habilidades comunicacionais podem ser refletidas à luz de informações coletadas objetivamente sobre uma situação. Dessa forma, a conscientização e a generalização podem ser desenvolvidas por meio de ciclos de aprendizagem experiencial (ver Capítulo 4), e os clientes podem receber apoio para desenvolver perspectivas mais realistas, adaptativas e assertivas sobre sua comunicação. Em geral, eles são encorajados a continuar a obter *feedback* dos indivíduos em outras situações após a alta do programa e a respeito de quaisquer questões discutidas nas consultas de reavaliação 3, 6 e 12 meses após a sua conclusão.

Apêndice 11.1 – Escala de comunicação

Avalie, por gentileza, como você vê ... atuando nas áreas abaixo. Use a seguinte escala de classificação e registre suas respostas em cada espaço correspondente.

1 = Sem dificuldades; nunca há qualquer tipo de problema.
2 = Pequenas dificuldades; problemas ocasionais.
3 = Dificuldades moderadas.
4 = Problemas significativos observados por outras pessoas.
5 = Dificuldades contínuas; ocorre, pelo menos, todos os dias.

Circule o item apropriado.

Reflita se o que ele(a) diz é ou não compreendido pelo ouvinte. Com que frequência ele(a) precisa repetir o que disse?	1	2	3	4	5
O volume da fala está muito alto ou muito baixo?	1	2	3	4	5
Quão suave é a fala e ela é uniforme?	1	2	3	4	5
Ele(a) já teve dificuldade para encontrar a palavra correta?	1	2	3	4	5
Quão fácil é para ele(a) encontrar tópicos apropriados para uma conversa?	1	2	3	4	5
Quão fácil é para ele(a) introduzir novos tópicos em uma conversa?	1	2	3	4	5
Quão fácil é para ele(a) manter um tópico em uma conversa? Ele(a) perde o foco?	1	2	3	4	5
Quão equilibrada ou unilateral são as conversas?	1	2	3	4	5

Quão fácil é para ele(a) corrigir uma conversa ou um mal-entendido?	1	2	3	4	5
Reflita sobre quantas vezes ele(a) interrompe outro interlocutor.	1	2	3	4	5
Reflita sobre quão fácil é para ele(a) dar um *feedback* verbal e não verbal em uma conversa.	1	2	3	4	5
Reflita sobre quão bem ele(a) ouve os outros.	1	2	3	4	5
Reflita sobre quão fácil ele(a) acha dizer como está se sentindo.	1	2	3	4	5
Reflita sobre quão fácil ele(a) acha questionar fatos/informações ditas ou fazer perguntas espontaneamente.	1	2	3	4	5
Reflita sobre quão fácil é para ele(a) utilizar habilidades não-verbais, tais como contato visual, expressão facial e conversar.	1	2	3	4	5
Agradecemos o preenchimento deste questionário.					

Apêndice 11.2 – Grupo de Comunicação: princípios comunicacionais

1. A comunicação é uma experiência compartilhada;
2. A comunicação é um ato singular;
3. A comunicação reflete um conjunto de atitudes, valores, crenças e experiências;
4. A comunicação pode ter um impacto sobre o ambiente e vice-versa;
5. A comunicação está sujeita a interpretação.

Referências

Baron-Cohen, S., Wheelright, S., Hill, J., Raste, Y. and Plumb, I. (2001). The 'Reading the Mind in the Eyes' test revised edition: a study with normal adults, and adults with Asperger syndrome or high functioning autism. *Journal of Child Psychology and Psychiatry*, **42**, 241–51.

Beukelman, D. and Yorkston, K. (1991). *Communication Disorders Following Traumatic Brain Injury*. Austin: Pro-Ed.

Bowman, C. and Turnbull, O. (2004). Emotion based learning on a simplified card game: the Iowa and Bangor Gambling Tasks. *Brain and Cognition*, **55**, 277–82.

Chapey, R. (1986). *Language Intervention Strategies in Adult Aphasia*. Baltimore: Williams & Wilkins.

Dahlberg, C., Hawley, L., Morey, C. et al. (2006). Social communication skills in persons with post-acute traumatic brain injury: three perspectives. *Brain Injury*, **20**(4), 425–35.

Douglas, J., O'Flaherty, C. and Snow, P. (2000). Measuring perception of communicative ability: the development and evaluation of La Trobe communication questionnaire. *Aphasiology*, **14**, 251–68.

Ellmo, W., Graser, M., Krchnavek, E. A., Calabrese, D. B. and Hauck, K. (1995). *Measure of Cognitive Linguistic Ability*. Florida: The Speech Bin.

Holland, A. (1982). When is Aphasia Aphasia? The problems with closed head injury. *Aphasiology*, **12**, 345–59.

Holland, S. and Ward, C. (1990). *Assertiveness: A Practical Approach*. Oxon: Winslow Press.

Kaplan, E., Goodglass, H. and Weintraub, S. (1983). *The Boston Naming Test*. Philadelphia: Lea and Febiger.

MacDonald, S. and Flanagan, S. (2004). Social perception deficits after traumatic brain injury: interaction between emotion recognition, mentalizing ability, and social communication. *Neuropsychology*, **3**, 572–79.

MacDonald, S., Flanagan, S. and Rollins, J. (2002). *The Awareness of Social Inference Test (T.A.S.I.T.) from Pearson Assessment*. Oxford: Pearson-UK. www.pearson-UK.com/n=1316&s=1321&cat= 2004&skey=2833.

McGann, W., Werven, G. and Douglas, M.M. (1997). Social competence and head injury: a practical approach, *Brain Injury*, **11**(9), 621–9.

Milton, S.B. and Wertz, R.T. (1986). Management of persisting communication deficits with traumatic brain injury. In B.P. Uzzell and Y. Gross (eds.) *Clinical Neuropsychology of Intervention*. Boston: Martinuff Nijhoff Publishing, pp. 223–56.

CAPÍTULO 12
Os Grupos Baseados em Projetos Práticos

Donna Malley, Andrew Bateman e Fergus Gracey

Introdução

Os capítulos anteriores descreveram os princípios da reabilitação neuropsicológica, bem como resumiram o programa de reabilitação neuropsicológica do Oliver Zangwill Centre (OZC), descrevendo os grupos formados para abordar os tipos específicos de dificuldades enfrentados por muitos indivíduos após a lesão encefálica adquirida (LEA). Além disso, no ambiente holístico de reabilitação neuropsicológica, outros grupos podem ser ministrados de acordo com as necessidades compartilhadas dos indivíduos que participam do programa a todo momento. Este capítulo tem como objetivo identificar alguns tipos de grupos que foram utilizados e discute a estrutura, o conteúdo e as maneiras pelas quais esse trabalho em grupo pode ser integrado aos programas de reabilitação individuais. A participação no grupo é discutida e acordada como planos de ação direcionados às metas individualizadas do cliente, auxiliando na coordenação das atividades da equipe clínica.

Na sociedade, os indivíduos fazem parte de um grupo ou outro, em casa, no trabalho ou ainda por meio de interesses recreativos e sociais. Os grupos fornecem uma identidade e papéis compartilhados, além de apoio dos pares. Após uma lesão encefálica, muitos indivíduos experimentam a perda de um papel e propósito, bem como a sensação de isolamento. Klinger (2005 p. 14), ao resumir os resultados de um estudo qualitativo com participantes que sofreram traumatismo cranioencefálico, observou que "estes tiveram que aprender uma nova maneira de 'ser' antes de passar para uma nova maneira de 'fazer'." Um resultado semelhante é relatado por Gracey *et al.* (2008). Logo, a atividade em grupo é de suma importância para o programa, especialmente seu componente principal: o "ambiente terapêutico".

Os grupos podem ser classificados de várias maneiras, tais como grupos de atividades ou de apoio (Finlay, 1993) ou formais *versus* informais (Rogers, 2002). No programa de reabilitação baseado na abordagem holística do OZC, existem grupos que têm um viés educacional. Esses grupos possuem informações importantes para a maioria dos participantes que auxiliam na compreensão de sua lesão e as consequências destas, bem como apresentam estratégias e métodos gerais que podem ser utilizados para compensar as dificuldades. Além disso, existe um Grupo de Apoio Psicológico que oferece aos participantes a oportunidade de obter apoio por meio de experiências compartilhadas (ver Capítulo 9). Outros tipos de grupos ministrados no OZC incluem uma reunião com a comunidade, uma reunião semanal de reavaliação, grupos baseados em projetos ou "experimentais" e grupos orientados para habilidades funcionais. Esses últimos implicam na participação em atividades, proporcionando uma oportunidade para pôr em prática as habilidades. Esses grupos, portanto, oferecem oportunidades de aprendizagem experiencial e de mudança de acordo com o Modelo em Y, descrito no Capítulo 4. O estabelecimento de metas, o planejamento, a execução e a reflexão fornecem meios concretos para explorar a percepção das habilidades, a conscientização de pontos fortes e fracos, o registro das realizações e o *feedback* de outros indivíduos. Esses ciclos de aprendizagem experiencial ocorrem nos grupos e as oportunidades nestes podem ser utilizadas para experimentos comportamentais ou projetos organizados em sessões individuais de psicoterapia, de terapia cognitiva ou de comunicação. Um exemplo de folha de resumo de grupo é disponibilizado no Apêndice 12.1. Esta é utilizada em todos os grupos para auxiliar os clientes a memorizarem as informações aprendidas e relacioná-las a outras atividades e metas. Apresenta-se, a seguir, uma breve descrição desses grupos.

Reunião com a comunidade e reunião semanal de reavaliação

Reunião com a comunidade

Justificativa

A reunião com a comunidade tem como objetivo demonstrar o princípio do trabalho colaborativo entre a equipe e os clientes, influenciando a responsabilidade compartilhada e a resolução de problemas no OZC, e fornece, portanto, um elemento importante do ambiente terapêutico. No entanto, essa reunião não discute preocupações individuais, mas questões que podem afetar todos no OZC. Nesse sentido, ela difere da oportunidade contextual descrita por Prigatano *et al.* (1986) e Prigatano (1999). Uma das razões para isso pode ser cultural, pois os usuários do nosso serviço tendem a ser mais reservados e menos dispostos a discutir as dificuldades diante do que pode ser um grande grupo de pessoas (incluindo clientes, a equipe e, às vezes, os visitantes). As ocasiões para refletir acerca de questões gerais do OZC ou tópicos de interesse oferecem uma oportunidade alternativa "mais segura" para promover a interação entre os membros e criar a confiança e o apoio considerados como pré-requisitos para compartilhar informações mais pessoais e, em tese, emocionalmente desafiadoras em outras sessões. A participação nesta reunião também se mostrou eficiente para as pessoas que refletiram sobre o encaminhamento para o OZC, proporcionando-lhes uma oportunidade para conhecer a equipe e os atuais clientes, bem como observar o caráter colaborativo do programa em ação.

Objetivos

- Proporcionar aos participantes e à equipe uma oportunidade para trocar informações que possam afetar o funcionamento diário do OZC. Por exemplo, quem nele está naquele dia, compartilhando tarefas, tais como reciclagem de jornais, e discutindo quaisquer sugestões;
- Proporcionar uma oportunidade para "conhecer" um ao outro, conversando brevemente sobre um tópico de interesse ou uma notícia;
- Proporcionar uma oportunidade para demonstrar a abordagem colaborativa no OZC;
- Proporcionar uma oportunidade relativamente segura e solidária para os membros começarem a praticar as habilidades e estratégias que estão aprendendo antes de usá-las fora do OZC.

Estrutura e conteúdo

A reunião com a comunidade é realizada diariamente e envolve a equipe, os clientes e quaisquer visitantes do OZC. O grupo pode ser ministrado pela equipe e pelos clientes por meio de uma pauta, acordada e por escrito, que facilita esse processo. Todos são bem-vindos, novos indivíduos são apresentados e as ausências explicadas. Solicita-se que os voluntários cumpram tarefas cotidianas, tais como colocar pratos, talheres etc. na lava-louças ou buscar o leite, e isso é anotado, empregando um dispositivo visual (lousa) como lembrete. As questões para discussão podem ser levantadas "de imediato" ou com antecedência por meio de uma "caixa de sugestões", e os clientes recebem apoio para fazer isso, se necessário. Um tópico do noticiário ou de interesse pode ser discutido ou, então, uma atualização acerca do programa, tal como objetivos para a semana ou o conteúdo do grupo. Em geral, essa reunião dura de 15 a 20 minutos e é realizada no início do dia.

Prévias semanais e reuniões de reavaliação

Justificativa

Durante a fase intensiva, um grande número de informações é compartilhado com os clientes e há muitas discussões. Como *feedback*, eles diziam que isso às vezes era desanimador, o que tornava difícil associar esse trabalho às suas metas e ao processo de mudança contínuo por meio da reabilitação. Por esse motivo, acrescentamos uma prévia da semana seguinte à reunião com a comunidade de segunda-feira a fim de ajudar os clientes a antecipar as áreas que nela seriam focadas. Acrescentamos também uma sessão semanal de reavaliação específica no final da semana de reabilitação, em uma tarde de quinta-feira para que os clientes se recordem, discutam e reflitam a respeito de sua aprendizagem, metas e interações em grupo.

Objetivos

- Melhorar a codificação dos principais pontos de aprendizagem das sessões em grupo;
- Dar apoio aos membros do grupo para que eles assumam a responsabilidade de fazer anotações e dar *feedback* a outros clientes;
- Para que os clientes relacionem o trabalho com as metas individuais e o conteúdo dos grupos;
- Para que as questões relacionadas ao processo de aprendizagem grupal sejam levantadas e abordadas (por exemplo, como as interrupções impulsivas de um cliente podem afetar as sessões em grupo e como trabalhar em conjunto para gerenciar isso).

Estrutura e conteúdo

Pauta para a prévia semanal (como parte da reunião com a comunidade de segunda-feira):

1) Pergunte ao líder de cada um dos grupos: "O que está acontecendo no grupo nesta semana?"
2) Grupo de Aplicação de Estratégias – quem é o(a) secretário(a) (e quem faz as anotações) para o grupo nesta semana?
3) Entre os demais clientes, quem gostaria de ser um voluntário para fazer as anotações:
    - no Grupo de Compreensão sobre a Lesão Encefálica (CLE) e no Grupo de Gerenciamento do Humor?

- nos dois Grupos Cognitivos?
- no Grupo de Habilidades Funcionais e no Grupo de Comunicação?

Pauta para a discussão dos grupos na reavaliação semanal de quinta-feira:

1) Peça a cada responsável por fazer as anotações: "Lembre-nos de quais eram os pontos principais dos grupos (CLE, Humor, Cognitivo, Habilidades Funcionais e de Comunicação) nesta semana."
2) O responsável por fazer as anotações deve resumir brevemente a fim de auxiliar o grupo a se lembrar do que foi abordado.
3) Pergunte ao grupo de clientes: "Quais são as principais informações que as pessoas aprenderam nesta semana com este grupo?"
4) Ajude o grupo a discutir e refletir sobre o que aconteceu e o que aprenderam com isso.
5) Cuidado com o tempo! Existem seis grupos e é necessário tempo para a discussão, bem como para a reflexão.
6) Peça ao grupo que ajude a garantir que cada membro tenha a oportunidade de contribuir para a discussão.
7) Aproximadamente nos cinco minutos finais, faça perguntas ao grupo, aos clientes e à equipe a fim de promover a reflexão e discussão gerais do programa, por exemplo:
   - Em geral, como estão as coisas?
   - Como vocês estão trabalhando em grupo?
   - Como vocês estão se saindo com suas metas grupais?
   - Existe alguma preocupação ou pergunta?
   - Vocês acham que o trabalho que estão fazendo se encaixa nas metas que desejam alcançar?
   - Existem outras reflexões ou informações que vocês desejam levar consigo ou ter em mente até a próxima semana?

Grupos baseados em projetos ou "experimentais"

Justificativa

Uma importante oportunidade em grupo envolve o uso de uma atividade funcional específica. Essa atividade representa uma situação da vida real na qual realiza-se experimentos para testar hipóteses sobre certos comportamentos e suas consequências. Essa proposta de experimentação comportamental é oriunda de uma perspectiva da prática na terapia cognitiva comportamental após a lesão encefálica (McGrath; King, 2004) e favorece a criação de um ambiente seguro e solidário, permitindo que os indivíduos testem as estratégias que estão aprendendo nas sessões individuais, aplique-as em outras tarefas práticas e relacionem isso aos significados principais acerca das habilidades ou identidade. Um exemplo da folha de experimento comportamental que podemos utilizar com um cliente em sessões individuais e grupais é disponibilizado no Apêndice 12.1. Essa folha recorre aos princípios da aprendizagem experiencial e por descoberta, em vez de um estilo didático de dar informações (Rogers, 2002). Dessa forma, ela inclui a generalização de habilidades para diferentes situações e oportunidades de repetição, que também sabemos serem princípios robustos de aprendizagem. Os grupos que foram ministrados utilizando essa abordagem incluem o Grupo de Descobertas, o Grupo de Boletins de Informações, o Grupo de Aplicação de Estratégias e o Grupo de Projetos, havendo alguma semelhança entre os objetivos, a estrutura e o conteúdo destes. Um processo de planejamento de metas orientado para o cliente é necessário para garantir que as metas individuais sejam incorporadas aos grupos descritos e que a aprendizagem de um "experimento" ou projeto esteja diretamente relacionada às metas mais amplas do cliente.

Grupo de Descobertas

Objetivos

- A principal tarefa relacionada a este grupo é concluir uma excursão de acordo com restrições previamente acordadas e desempenhar determinadas funções com sucesso;
- Além disso, o objetivo deste grupo é proporcionar uma oportunidade para que os participantes obtenham um *feedback* acerca de suas capacidades ao trabalharem, como parte de uma equipe, em prol de uma meta comum, o que é útil considerando os futuros planos de ação vocacional e recreativa;
- Este grupo também oferece uma oportunidade para obter um *feedback* acerca de suas capacidades e demonstrar a aplicação das estratégias em um ambiente relativamente "seguro", antes que esse *feedback* ocorra em um contexto mais "real" fora do OZC.

Estrutura e conteúdo

Este grupo é ministrado semanalmente, por uma tarde, durante a fase intensiva do programa. Solicita-se aos participantes que planejem uma excursão, que é realizada na semana seguinte. O passeio deve ser concluído segundo certas restrições, tais como orçamento e tempo, incentivando uma aplicação do gerenciamento de metas à tarefa. Cada membro recebe uma função e tarefas específicas para executar como parte desta função (por exemplo, gerenciamento das finanças ou do tempo). A excursão é realizada e, então, na semana seguinte, avaliada de acordo com critérios de sucesso mutuamente acordados, incluindo se os participantes haviam desempenhado suas funções de forma eficaz (ver Apêndice 12.1). Isso proporciona aos participantes uma oportunidade para dar um *feedback* acerca do desempenho mútuo e desenvolver habilidades de automonitoramento. Além disso, oferece oportunidades para desenvolver habilidades de planejamento, trabalho em equipe, comunicação social, recordação e conclusão de tarefas, que são habilidades essenciais para muitas atividades vocacionais e de vida independente.

Grupo de Boletins de Informações

Objetivos

- A principal tarefa vinculada a este grupo é produzir um boletim informativo que atenda a certos critérios acordados previamente em um determinado período de tempo;
- Os outros objetivos deste grupo são os mesmos que o segundo e o terceiro objetivos do Grupo de Descobertas.

Estrutura e conteúdo

Este grupo também é ministrado semanalmente durante a fase intensiva do programa. Assim como no Grupo de Descobertas, os participantes dividem as responsabilidades em várias tarefas relacionadas à organização de um boletim informativo. Certos critérios são estipulados a fim de dar estrutura a esse projeto, tais como sugestões de conteúdo e extensão mínima. Produzir um boletim informativo é um projeto contínuo que se estende por várias semanas e, portanto, incorpora planejamento, organização, memória prospectiva, tempo e gerenciamento de metas, além de outras habilidades cognitivas, comunicacionais e psicológicas. Solicita-se aos membros que reflitam sobre o desempenho nas funções que lhes foram atribuídas, tais como presidente de uma reunião ou secretário(a), a rotatividade de papéis entre si para proporcionar diferentes oportunidades de autocontrole, a prática de habilidades e o desenvolvimento de estratégias. Os membros da equipe agem como facilitadores nesse grupo, em vez de liderar a organização da tarefa. O trabalho individual com os membros da equipe clínica é refletir acerca do *feedback* obtido durante o projeto, bem como discutir as estratégias a serem aplicadas às atividades que precisam ser realizadas.

Grupo de Projetos/Grupo de Aplicação de Estratégias

Às vezes, os Grupos de Descobertas e de Boletins Informativos são combinados entre si e chamados de Grupo de Projetos ou de Aplicação de Estratégias.

Os objetivos são os mesmos e a estrutura e o conteúdo são, em geral, similares, embora uma maior variedade de opções de projetos tenha sido proposta ao longo do tempo.

Estrutura e conteúdo

Esse grupo proporciona uma gama de experiências aos membros, e as funções podem ser, em tese, adaptadas em relação às habilidades e aos interesses individuais, se necessário. Ele propicia um meio direto para o automonitoramento e a aplicação de estratégias desenvolvidas em outras sessões de grupo e individuais, além de oportunidades para aumentar a conscientização sobre os pontos fortes e fracos. Logo, qualquer membro da equipe clínica poderia teoricamente ministrar esses grupos e tem sido útil associar duas áreas, incluindo a terapia ocupacional, a fonoaudiologia e a psicologia. Em geral, o grupo é ministrado por uma hora semanalmente durante um período de doze semanas. A cada semana, um momento individual extra é encorajado para a realização de tarefas designadas no grupo.

Discutiu-se sobre o quanto os membros da equipe deveriam participar desse grupo. Várias opções foram examinadas, tais como a equipe deve atuar apenas como um observador/facilitador, assumir um papel mais diretivo ou se tornar um membro do grupo em potencial. Esta última opção permite a modelagem de comportamentos desejáveis. Logo, as necessidades dos participantes são consideradas ao se examinar o envolvimento da equipe. Os participantes avaliaram seus pontos fortes e as áreas de relativa vulnerabilidade utilizando formulários de autoavaliação para demonstrar o progresso ao longo do período em grupo. Essa avaliação escrita pode ser feita por meio de perguntas ("Quais abordagens deram certo/não deram certo?"; "Como posso fazer isso de forma diferente da próxima vez?") ou de um formulário de avaliação dos comportamentos laborais (ver Apêndice 12.1) a fim de estabelecer relações específicas com as habilidades vocacionais. Essas avaliações são posteriormente discutidas durante as sessões individuais com os membros da equipe.

Grupos de Habilidades Funcionais

Os Grupos de Habilidades Funcionais foram incorporados ao programa intensivo de reabilitação em conjunto com outras sessões de terapia em grupo e individuais. Embora sejam planejados para aumentar a conscientização dos indivíduos acerca dos pontos fortes e das necessidades, bem como identificar estratégias compensatórias, esses grupos tendem a ser orientados às habilidades. Eles ensinam aos participantes, por exemplo, algumas das principais habilidades necessárias para lidar com problemas práticos compartilhados em casa, na comunidade local e no trabalho. Tais grupos oferecem um ambiente estruturado, solidário e com um grau de dificuldade progressivo no qual aprender ou reaprender habilidades requer a conclusão de tarefas cotidianas. Eles também oferecem oportunidades claras para testar as estratégias da forma como seriam aplicadas aos problemas e às situações da vida real. Os grupos ministrados com essa proposta incluem o Grupo de Habilidades de Vida Independente, o Grupo de Lazer, o Grupo de Habilidades Vocacionais e o Grupo de Habilidades de Estudo. As habilidades e estratégias apresentadas nesses grupos são posteriormente ainda mais desenvolvidas durante as sessões individuais de terapia.

No OZC, nosso papel implica em permitir que as pessoas realizem as atividades com mais competência, mais confiança e mais independência, sempre que possível. Um aspecto fundamental é a capacidade de generalizar as habilidades e estratégias para diferentes situações, tendo em vista as mudanças de papéis e demandas ao longo da vida. Para fazer isso, os clientes precisam ser capazes de identificar as exigências das tarefas, prever quando os problemas podem surgir e colocar as estratégias em prática antes e durante uma atividade, ou seja, ter uma consciência antecipada (Crosson et al., 1989). Nossa abordagem para todas as tarefas funcionais consiste, portanto, em fazer as seguintes perguntas:

- Quais são as atividades que você deseja ou precisa realizar (tendo em vista a vida independente e as atividades recreativas e vocacionais)?
- Quais são as etapas envolvidas nessas atividades?
- De quais habilidades você precisa para realizar essas atividades (cognitivas, comunicacionais, psicológicas e/ou físicas)?
- Quais fatores afetam essas atividades, tendo em mente seus pontos fortes e fracos (cognitivos, comunicacionais, psicológicos, físicos e/ou ambientais)?
- Quais estratégias precisam ser desenvolvidas para suas atividades escolhidas?
- Essas estratégias funcionam no contexto?
- De que apoio você precisa para manter sua capacidade de executar as tarefas após a alta?

As prioridades de intervenção são identificadas por meio de entrevista clínica estruturada utilizando a *Medida Canadense de Desempenho Ocupacional* ou *COPM*[1] (LAW et al., 1998) e do processo de planejamento de metas centrado no cliente. Essa entrevista foi selecionada porque se baseia em um modelo, o Modelo Canadense de Desempenho Ocupacional (Canadian Association of Occupational Therapists, 1997), considerado pelos terapeutas ocupacionais como estando em

---

[1] N.T.: *COPM* é a sigla em inglês para *Canadian Occupational Performance Measure*.

consonância com a abordagem interdisciplinar holística do OZC. Esse modelo identifica as tarefas funcionais que o cliente deseja abordar, avaliadas segundo sua relativa importância para ele, bem como inclui classificações das percepções dele acerca de seu desempenho e satisfação relacionados à capacidade atual. O *COPM* é utilizado para mensurar alterações sutis na autopercepção do desempenho ocupacional do cliente (por exemplo, a qualidade do desempenho percebida por ele) que são, entretanto, difíceis de representar, tornando-o útil como uma medida eficácia. As classificações do *COPM* são examinadas nas reuniões de planejamento de metas e utilizadas em conjunto com as informações da avaliação a fim de identificar metas de longo prazo realistas e mensuráveis para o programa. Em geral, essas metas incluem o desenvolvimento de habilidades e interesses em áreas recreativas, vocacionais e de vida independente e, consequentemente, a elaboração de materiais de grupo para abordar os interesses comuns.

Grupo de Habilidades de Vida Independente

Justificativa

Após a LEA, os clientes frequentemente relatam problemas em relação ao gerenciamento de atividades da vida diária. Esses problemas geralmente incluem planejar e organizar tarefas diárias, lidar com a correspondência, planejar as despesas (orçamento), fazer compras, preparar refeições e administrar as tarefas domésticas. Alguns clientes desenvolvem o conhecimento prático necessário, mas as interações entre suas alterações cognitivas e psicológicas (humor) dificultam a conclusão das tarefas com eficácia e, consequentemente, afetam a autoconfiança e a qualidade com que estas são concluídas. O uso da formulação para desenvolver uma compreensão compartilhada dos fatores que influenciam os indivíduos propicia um ambiente colaborativo para a intervenção em grupo e individual. Outra questão é que alguns indivíduos tiveram relativamente poucas oportunidades para desenvolver ou consolidar as habilidades nessas áreas, principalmente devido à idade ou fase da vida em que sofreram a lesão. Oportunidades para compartilhar experiências e conhecimentos, bem como para desenvolver estratégias a fim de melhorar a independência, o desempenho e a autoconfiança são necessárias e podem ser oferecidas no contexto de grupo e/ou por meio de sessões individuais de terapia. Essa oportunidade faz parte da abordagem do ambiente terapêutico, um dos principais componentes deste programa de reabilitação holística.

Objetivos

- Permitir que os participantes identifiquem as demandas relacionadas às habilidades de vida independente;

- Permitir que os participantes desenvolvam estratégias que os capacitem a concluir determinadas tarefas com maior eficácia, autoconfiança e satisfação.

Estrutura e conteúdo

Este grupo é ministrado por um terapeuta ocupacional uma vez por semana, na parte da manhã. Os participantes têm a oportunidade de identificar quais atividades têm maior dificuldade para realizar a partir de uma lista e, assim, podem decidir em que ordem desejam desenvolver as habilidades e estratégias. Inicialmente, os participantes revisam a sessão da semana anterior e, em seguida, o terapeuta ocupacional apresenta a atividade selecionada e garante que todos os membros tenham a oportunidade de participar. No final, há um resumo da sessão, refletindo sobre os principais pontos de aprendizagem para cada indivíduo. A cada semana, uma atividade é selecionada. O grupo se envolve diretamente na tarefa ou observa alguém que a conclua e, posteriormente, eles a fragmentam em itens e habilidades por escrito. São proporcionadas oportunidades para testar estratégias relevantes nessa tarefa de forma que os participantes possam comparar e contrastar o desempenho com o uso da estratégia a fim de fazer escolhas inteligentes e congruentes com uma abordagem colaborativa em vez de uma abordagem "prescritiva". Os clientes recebem uma tarefa de casa para identificar estratégias e questões adicionais específicas relacionadas à implementação desta na própria comunidade ou ambiente doméstico. Essas informações são mais elaboradas em sessões individuais para que o cliente crie um "caixa de ferramentas" de estratégias que possa ser utilizada quando ele receber alta. O grupo oferece oportunidades para atividades funcionais, sempre que possível, de forma que os participantes desenvolvam habilidades e estratégias por meio do envolvimento em uma tarefa real. Ao auxiliar os clientes a aplicarem seus conhecimentos às tarefas específicas em sua comunidade de origem durante a fase de integração do programa, que pode incluir intervenção baseada na comunidade e contato com os serviços de assistência locais, a generalização de habilidades e estratégias é encorajada.

A lista de habilidades funcionais geralmente incluídas nesse grupo é composta por:

a) compras;
b) preparação das refeições;
c) planejamento semanal;
d) gerenciamento das finanças;
e) acesso aos recursos da comunidade, incluindo lidar com situações de emergência;
f) localização de rotas e uso do transporte público;
g) lidar com a correspondência e o preenchimento de formulários.

Grupo de Lazer

Justificativa

Na avaliação, muitos indivíduos relatam uma redução de sua participação em atividades recreativas preferidas após a LEA. Essas atividades podem incluir a recreação física, tais como frequentar a academia ou praticar esporte, ou atividades sociais, tais como ir ao cinema ou se encontrar com os amigos. Há, evidentemente, uma variedade de fatores em interação que podem contribuir para uma redução na participação em tais atividades. Isso inclui falta de dinheiro, dificuldades de acessibilidade, perda da motivação, restrições físicas, além de questões sociais, emocionais e cognitivas comuns a esse grupo específico de clientes. Sabemos, entretanto, que a participação em atividades prazerosas mantém o humor e a autoestima, e é uma importante atividade humana. A inclusão de um grupo focado em atividades recreativas é, portanto, muitas vezes realizada na fase intensiva do programa de reabilitação.

Objetivos

- Para que os participantes compreendam o que é lazer e por que é importante dedicar tempo a ele a fim de manter o bem-estar;
- Para que os participantes adquiriram conhecimento sobre as atividades de lazer e os fatores relacionados a elas, incluindo:
  - preparo físico;
  - alimentação saudável;
  - vida saudável (tendo consciência dos problemas associados ao álcool e às drogas);
  - acesso às oportunidades de lazer;
  - habilidades sociais;
- Para que os clientes tenham a oportunidade de planejar e realizar atividades de lazer individualmente e em grupo.

Estrutura e conteúdo

Em geral, as sessões são ministradas semanalmente por uma hora na fase intensiva do programa. Os participantes recebem uma série de tópicos para as sessões de acordo com esses objetivos gerais e são convidados a escolher aqueles que consideram mais relevantes para seus interesses e necessidades ou a identificar tópicos alternativos de interesse. Palestras externas com outros profissionais, tais como nutricionista, consultor em dependência química ou terapeuta alternativo, podem ser organizadas quando estes são considerados especialistas em uma determinada área. Os tópicos discutidos incluem alimentação saudável, promoção da higiene do sono e relaxamento, interrupção do tabagismo, música, aromaterapia, arte, *tai chi* e realização de passeios de interesse em locais próximos ao OZC. O trabalho independente é encorajado para garantir que atividades significativas sejam realizadas pelos participantes entre as sessões de forma que eles possam praticar novas habilidades, consolidar novas informações e avaliar se desejam desenvolver ainda mais essa área durante a reabilitação. As sessões individuais também desenvolvem as áreas específicas de interesse e incentivam o acesso aos serviços e recursos locais na área residencial do participante com o objetivo de monitorar sua atividade durante a fase de integração do programa.

Os participantes são incentivados a irem a uma aula inaugural de ginástica na academia da comunidade local após a avaliação de um fisioterapeuta. No Reino Unido, o acesso com desconto às academias é permitido por meio de um sistema de encaminhamento. Os clientes são principalmente encorajados a buscar um programa de exercícios individualizado, caso este seja uma das metas estabelecidas na reabilitação. Inicialmente, é reservado algum tempo no programa do grupo e oferecido apoio para participar dessa atividade física, se necessário. Como muitos de nós nos deparamos com as resoluções de Ano Novo, a motivação para continuar participando de um programa de exercícios é, sem dúvida, reforçada pela pressão dos colegas!

Grupo de Habilidades Vocacionais

Justificativa

A maioria das pessoas que frequentam o OZC desejam recomeçar algum tipo de trabalho após a lesão a fim de proporcionar-lhes um propósito e um papel. Corr e Wilmer (2003) observaram a importância, dada pelos adultos, de retornar ao trabalho após o acidente vascular encefálico (AVE). O'Neill *et al.* (1998) examinaram as relações entre a obtenção de um emprego e a percepção de um indivíduo acerca de sua qualidade de vida e integração na comunidade. Eles concluíram que havia uma estreita relação entre essas variáveis e a obtenção deste. No entanto, um achado interessante foi que aqueles que trabalhavam meio período conseguiram ter uma maior percepção da qualidade de vida e integração na comunidade do que aqueles que conseguiram um emprego em período integral.

Objetivos

Os objetivos deste grupo variaram de acordo com o momento em que este foi ministrado no programa. Inicialmente, o grupo foi ministrado na fase de integração do programa, quando os clientes estavam fazendo um trabalho voluntário ou participando de um período de experiência de trabalho voluntário. Logo, um dos objetivos era a oportunidade de apoio para compartilhar experiências com os outros membros do grupo. Recentemente, o grupo foi ministrado durante a fase intensiva do programa e os objetivos eram, então, compatíveis com a meta de longo prazo, permitindo que os participantes identificassem planos de ação vocacional realistas até o final do programa. Dentro deste objetivo, os propósitos para o grupo incluíam os participantes que:

a) possuíam uma forma de avaliar suas habilidades atuais de trabalho;
b) demonstravam um conhecimento dos comportamentos laborais apropriados;
c) identificavam as estratégias que poderiam ser aplicadas no ambiente de trabalho;
d) recebiam ajuda dos pares em relação aos objetivos vocacionais escolhidos.

Estrutura e conteúdo

Os participantes do Grupo de Habilidades Vocacionais são aqueles que têm uma meta de longo prazo relacionada ao trabalho. Embora o grupo possa ser ministrado pela maioria dos profissionais qualificados, este tende a ser ministrado por um terapeuta ocupacional em conjunto com outros membros da equipe, coordenando tópicos específicos de interesse, se necessário. O grupo, em geral, é ministrado semanalmente por uma hora durante a fase intensiva. Este é estruturado de forma a revisar inicalmente a sessão da semana anterior e, em seguida, introduzir novos tópicos, garantindo a oportunidade de participação de todos os membros. No final, há um resumo da sessão, refletindo acerca dos principais pontos de aprendizagem para cada indivíduo. Espera-se que um participante faça um resumo da sessão e dê um *feedback* para os demais na semana seguinte – função essa que é alternada entre todos os membros do grupo. Os participantes são incentivados a utilizar estratégias para se lembrar de preencher os formulários individuais de *feedback*. Os participantes também podem receber apostilas por escrito, quando apropriado, para auxiliar suas anotações. Um dos pontos fortes desse grupo é que ele oferece uma oportunidade de revisitar informações disponibilizadas em outras sessões grupais aprimorando, assim, a associação e a consolidação de novas aprendizagens por meio da repetição. O grupo é avaliado em relação aos seus objetivos no final da fase intensiva, bem como em relação ao cumprimento das metas de longo prazo dos participantes.

Os tópicos para as sessões em grupo incluem:

a) qual é o meu objetivo profissional?
b) o que o trabalho envolve?

c) o que faz de um indivíduo um bom funcionário?
d) como os outros indivíduos me percebem?
e) o que posso fazer para me ajudar?
f) consultor de carreiras para pessoas com deficiência[2] – o que acontece após a reabilitação? Quem pode me ajudar? Benefícios e direitos;
g) candidatar-se às vagas de emprego, preencher formulários de inscrição e cartas de apresentação;
h) entrevistas – preparar-se e simular entrevistas (o que dizer, o que vestir, como se comportar e como se preparar);
i) o que dizer sobre a lesão encefálica no ambiente de trabalho – para os empregadores e colegas de trabalho;
j) etiqueta de trabalho – o que vestir, o que dizer e como se comportar;
k) análise do trabalho e identificação de estratégias;
l) implementação de estratégias no ambiente de trabalho;
m) resolução de conflitos no ambiente de trabalho;
n) comportamentos laborais e resolução de problemas no ambiente de trabalho – incluindo humor, pedir ajuda, solicitar folgas, receber críticas construtivas, receber *feedback* positivo e ser assertivo;
o) gerenciamento da ansiedade no ambiente de trabalho;
p) gerenciamento da raiva no ambiente trabalho.

Um dos métodos para promover uma maior conscientização dos pontos fortes e das dificuldades dos participantes é o formulário de avaliação de comportamentos laborais (ver Apêndice 12.1). Esse formulário foi elaborado para abranger habilidades laborais comuns necessárias em qualquer função, incluindo atitude no trabalho, habilidades interpessoais e produtividade. Ele também pode ser alterado para incluir áreas mais detalhadas, específicas para os indivíduos ou para as funções desejadas. O formulário traz uma escala *Likert* de cinco pontos para os participantes e um avaliador independente classificarem as habilidades atuais com base nas observações de determinados papéis e responsabilidades. Inicialmente, isso pode ser apresentado no Grupo de Habilidades Vocacionais ou no Grupo de Aplicação de Estratégias e empregado em tarefas relacionadas ao OZC. Entretanto, ele também pode ser utilizado posteriormente em ambientes de trabalho voluntário. A experiência de trabalho voluntário é realizada na segunda metade do programa, a partir de uma oportunidade de trabalho local ou em um cargo anterior dos

---

[2] N.T.: No original, foi utilizado o termo *disability employment advisor* (DEA). Este se refere, no Reino Unido, a um profissional que auxilia uma pessoa com deficiência (PDC) a encontrar trabalho ou a adquirir novas habilidades, mesmo que ela esteja desempregada há muito tempo ou tenha pouca/nenhuma experiência profissional. Em português, optou-se por uma tradução livre do termo.

participantes, se este ainda estiver disponível. As classificações e as possíveis discrepâncias entre as pontuações dos participantes e dos avaliadores independentes fornecem um ponto de partida eficaz para selecionar as áreas com problemas e avaliar a aplicação das estratégias. As informações oriundas desses formulários e a experiência de trabalho voluntário podem, então, auxiliar na elaboração de um *curriculum vitae* e na identificação de um plano de ação vocacional realista, que é desenvolvido nas sessões individuais de terapia. Grande parte desse trabalho pode ser considerada "pré-vocacional" e, assim, o contato com um especialista em vagas de emprego é realizado antes do final do programa a fim de garantir que o auxílio seja mantido para o cliente de forma que ele possa seguir com seu plano de ação vocacional após a alta.

Grupo de Habilidades de Estudo

Justificativa

Alguns dos participantes do programa de reabilitação desejam explorar oportunidades educacionais em vez de/como parte de um plano de ação vocacional. Eles precisam identificar como as consequências de sua lesão podem afetar sua capacidade de se engajar em um estudo formal. Isso, por sua vez, justifica a aprendizagem de estratégias compensatórias para lidar com as demandas a ele relacionadas. O estudo formal, como parte de um plano vocacional, geralmente consiste em palestras, aulas, leituras independentes, trabalhos em projetos e algum tipo de processo avaliativo. Consideram-se essas tarefas tendo em vista as dificuldades típicas vivenciadas pelos indivíduos com LEA e, consequentemente, pode-se apresentar habilidades de estudo adequadas. Enquanto participam da fase intensiva do programa de reabilitação, integrando o trabalho grupal, individual e independente, os participantes têm a oportunidade de refletir acerca de suas habilidades de estudo durante as sessões individuais, justificando assim a necessidade de um trabalho mais focado em estratégias para esse tipo de habilidade.

Objetivos

O Grupo de Habilidades de Estudo oferece uma oportunidade para:

- participar de atividades relacionadas ao estudo, tais como palestras e conclusão das tarefas de casa;
- refletir sobre como os pontos fortes e fracos podem influenciar essas tarefas;
- testar estratégias eficientes;
- elaborar um plano de ação educacional.

Estrutura e conteúdo

O grupo é ministrado durante a fase intensiva ou de integração do programa, uma vez por semana, durante uma hora. Nas primeiras sessões, os participantes são apresentados a uma gama de habilidades de estudo e às situações nas quais estas podem ser utilizadas, incluindo:

a) o que são habilidades de estudo?
b) anotações – por que fazê-las?
c) como fazer anotações – diferentes técnicas, abreviações e habilidades de escuta;
d) leitura – como ler, compreender as informações e fazer anotações – diferentes técnicas;
e) técnica PQRST (*Preview, Question, Read, State*) para recordar as informações escritas (ver Capítulo 6);
f) mapas mentais e diagramas;
g) redação e planejamento de tarefas escritas – como começar, tempestade de ideias[3]/mapas mentais, identificação de palavras-chave e definição de tópicos;
h) planejamento e organização do tempo de estudo de modo eficiente;
i) revisão e elaboração de anotações de estudo e preparação para exames.

Essas habilidades são testadas por meio de exercícios e uma série de tarefas de casa são dadas, proporcionando mais oportunidades para "testar" as estratégias. Uma referência bibliográfica importante para esse grupo é o *The Study Skills Handbook*[4] (Cottrell, 2003). As sessões posteriores oferecem uma oportunidade para testar estratégias por meio de um curso de curta duração. Este poderia ser um curso ministrado na comunidade local, tal como aulas em um programa de educação para adultos, uma vez por semana e por algumas horas. Como alternativa, um tutor externo realiza um curso de curta duração para os participantes do programa acerca de um tópico de possível interesse, tal como a história da arte. Ele ministra as sessões empregando um "estilo de palestrante" ou um formato de aula e, em seguida, define a tarefa de casa para cada semana. Solicita-se também ao tutor que defina um trabalho a ser realizado durante o curso, tal como um breve texto dissertativo, e aplique um "teste" no final para identificar quanto do conteúdo foi aprendido a partir da recordação e, depois, com acesso às anotações. Essas oportunidades proporcionam aos participantes exemplos concretos para

---

[3] N.T.: Também conhecida pelo termo em inglês *brainstorming*.
[4] N.T: Este é um guia de estudos que, em linhas gerais, mostra aos alunos como adaptar seu aprendizado às suas necessidades individuais.

refletirem sobre suas habilidades de estudo em sessões individuais. Isso, portanto, instrui acerca da escolha de futuros cursos externos e é realizado um contato com os departamentos de apoio à aprendizagem para garantir que o cliente seja assistido após a alta do programa.

Conclusão

Os grupos descritos aqui se desenvolveram a partir da necessidade de proporcionar oportunidades concretas e observáveis para os clientes e a equipe, visando a monitorar as habilidades e apresentar estratégias compensatórias em um ambiente acolhedor. Esses grupos disponibilizam os materiais para observação e reflexão a serem utilizados em outras sessões, abordando a conscientização, o ajustamento e as habilidades. Como eles fazem parte de um programa holístico e integrado de reabilitação neuropsicológica, é difícil avaliá-los em relação a sua contribuição específica para o alcance das metas individuais do cliente. Tendo em vista as metas e objetivos dos grupos, bem como o *feedback* do cliente, eles parecem oferecer uma oportunidade eficiente e prazerosa para explorar as habilidades. Os participantes relatam principalmente a valorização do trabalho em grupo que não parece ter como foco principal os "problemas" e a "lesão encefálica". Umas das vantagens de se apresentar estratégias em um grupo é "regular" o processo e utilizar os colegas para compartilharem habilidades e conhecimentos. Além disso, o princípio do trabalho em pequenos grupos e da teoria da aprendizagem de adultos sugere que essas experiências de fato cumprem um papel no processo de reabilitação colaborativa e orientada para o cliente.

Apêndice 12.1 – Exemplos de apostilas utilizadas nos Grupos Baseados em Projetos Práticos

Checklist de responsabilidades do Grupo de Descobertas

Nome:

Data	Responsabilidade	Autossuficiente	Com dicas	Assistência
	Gestão financeira: anotar a tarefa; estimar a quantia correta; pedir dinheiro ao administrador; pedir recibos, saldos e dinheiro em espécie.			

Data	Responsabilidade	Autossuficiente	Com dicas	Assistência
	Gestão do tempo: anotar a tarefa; usar um relógio; dar início ao plano com o grupo; ter capacidade para resolver problemas; ter flexibilidade.			
	Orientações: anotar a tarefa; conhecer as instruções; conseguir fazer um mapa claro e breve; conseguir escrever ou dar instruções verbais.			
	Chamadas telefônicas: anotar a tarefa; utilizar a lista telefônica; fazer perguntas apropriadas; anotar as informações; passar as informações ao grupo.			
	Habilidades de liderança: anotar a tarefa; dar início à tarefa utilizando o *checklist*; anotar as informações; delegar responsabilidades aos membros do grupo; dar um *feedback* para o Oliver Zangwill Centre na reunião com a comunidade; escolher um artigo escrito para o boletim informativo.			

Folha de resumo do grupo/sessão

Data: _____

Este grupo/sessão é sobre:
_____
_____

Resumo dos pontos principais:

1. _____
2. _____
3. _____

Tarefas de casa?
_____

Meu "aprendizado pessoal" para a sessão:
_____

O próximo passo para desenvolver isso:
_____

(Dica: Quem? O quê? Por quê? Quando? Onde? Como? As perguntas podem ajudá-lo a preencher este formulário)

Leve esse formulário à reunião de "reavaliação semanal" para auxiliar a todos a se lembrarem do que fizeram.

Formulário de avaliação dos comportamentos laborais

Nome do cliente: _____

Data: _____

Nome de quem está preenchendo este formulário: _____

Circule, por gentileza, a classificação do desempenho de acordo com a escala abaixo:

    1. inaceitável
    2. ruim
    3. satisfatório
    4. bom
    5. excelente
    N/A não se aplica

Baseie suas avaliações nas últimas duas ou três semanas e, se possível, dê exemplos.

Presença

Capacidade de chegar e sair no horário.   1 2 3 4 5

Exemplo: _____

Avaliação sobre quando fazer pausas/intervalos.   1 2 3 4 5

Exemplo: _____

Capacidade de informar, com antecedência, a ausência ao supervisor.   1 2 3 4 5

Exemplo: _____

Participação em geral.   1 2 3 4 5

Exemplo: _____

Produtividade

Capacidade de manter a concentração nas tarefas.   1 2 3 4 5

Exemplo: _____

Organização nas tarefas, incluindo priorizar de forma eficaz.   1 2 3 4 5

Exemplo: _____

Capacidade de finalizar as tarefas.   1 2 3 4 5

Exemplo: _____

Capacidade de iniciar uma nova tarefa quando a atual for concluída.   1 2 3 4 5

Exemplo: _____

Capacidade de executar fisicamente a tarefa.   1 2 3 4 5

Exemplo: _____

Capacidade de aprender uma nova tarefa.   1 2 3 4 5

Exemplo: _____

Capacidade de lembrar o que lhe é dito.   1 2 3 4 5

Exemplo: _____

Capacidade de seguir as instruções com precisão.   1 2 3 4 5

Exemplo: _____

Velocidade de desempenho em geral.   1 2 3 4 5

Exemplo: _____

Qualidade e precisão do trabalho em geral.   1 2 3 4 5

Exemplo: _____

Força/resistência em geral.   1 2 3 4 5

Exemplo: _____

Produtividade em geral.   1 2 3 4 5

Exemplo: _____

Atitude laboral

Disposição para assumir mais responsabilidades.   1 2 3 4 5

Exemplo: _____

Capacidade de lidar com as mudanças na rotina.   1 2 3 4 5

Exemplo: _____

Capacidade de automotivar-se.   1 2 3 4 5

Exemplo: _____

Iniciativa.   1 2 3 4 5

Exemplo: _____

Comportamentos laborais interpessoais (colegas)

Bom relacionamento com os colegas.   1 2 3 4 5

Exemplo: _____

Capacidade de evitar distrair os colegas.   1 2 3 4 5

Exemplo: _____

Capacidade de evitar a distração dos colegas.   1 2 3 4 5

Exemplo: _____

Capacidade de controlar o comportamento próximo aos colegas.   1 2 3 4 5

Exemplo: _____

Capacidade de lidar com os conflitos ou desentendimentos com os colegas. 1 2 3 4 5

Exemplo: _____

Adequação do comportamento e da comunicação social da pessoa. 1 2 3 4 5

Exemplo: _____

Comportamentos laborais interpessoais (supervisor)

Capacidade de aceitar a supervisão de outras pessoas. 1 2 3 4 5

Exemplo: _____

Resposta ao *feedback* sobre o desempenho. 1 2 3 4 5

Exemplo: _____

Capacidade de mudar o comportamento ao receber sugestões. 1 2 3 4 5

Exemplo: _____

Inicia pedindo ajuda quando necessário. 1 2 3 4 5

Exemplo: _____

Plano para as próximas semanas

Principais questões levantadas a partir do *feedback*:

Atividades a serem selecionadas nas próximas semanas e ações acordadas:

Assinatura: _____ (supervisor)

_____ (cliente)

Folha de experimento comportamental

Data da sessão:

Data/Hora	Situação/ Tarefa	Previsões ou ideias sobre a situação/tarefa	O que de fato aconteceu	O que eu aprendi sobre:	
				mim	habilidades/ estratégias

Data/Hora	Situação/ Tarefa	Previsões ou ideias sobre a situação/tarefa	O que de fato aconteceu	O que eu aprendi sobre:	
				mim	habilidades/ estratégias

PLANO – o que eu vou fazer depois?

Referências

Canadian Association of Occupational Therapists (1997). *Enabling Occupation: An Occupational Therapy Perspective*. Ottawa, ON: CAOT Publications ACE.

Corr, S. and Wilmer, S. (2003). Returning to work after a stroke: an important but neglected area. *British Journal of Occupational Therapy*, **66**(5), 186–92.

Cottrell, S. (2003). *The Study Skills Handbook*. London: Palgrave Macmillan Press Ltd.

Crosson, B., Barco, P. P., Velozo, C. A. *et al.* (1989). Awareness and compensation in post-acute head injury rehabilitation. *Journal of Head Trauma Rehabilitation*, **4**(3), 46–54.

Finlay, L. (1993). *Groupwork in Occupational Therapy*. London: Chapman & Hall.

Gracey, F., Palmer, S., Rous, B. *et al.* (2008) 'Feeling part of things': personal construction of self after brain injury. *Neuropsychological Rehabilitation*, **18**(5), 627–50.

Klinger, L. (2005). Occupational adaptation: perspectives of people with traumatic brain injury. *Journal of Occupational Science*, **12**(1), 9–16.

Law, M., Baptiste, S., Carswell, A. *et al.* (1998). *Canadian Occupational Performance Measure*. Ottawa, ON: CAOT Publications ACE.

McGrath, J. and King, N. (2004). Acquired brain injury. In J. Bennett-Levy, G. Butler, M. Fennell, A. Hackmann, M. Mueller and D. Westbrook, eds., *Oxford Guide to Behavioural Experiments in Cognitive Therapy*. Oxford: Oxford University Press, 331–48.

O'Neill, J., Hibbard, M.R., Brown, M. *et al.* (1998). The effect of employment on quality of life and community integration after traumatic brain injury. *Journal of Head Trauma Rehabilitation*, **13**(4), 68–79.

Prigatano, G.P. (1999). *Principles of Neuropsychological Rehabilitation*. Oxford: Oxford University Press.

Prigatano, G.P. Fordyce, D.J., Zeiner, H.K. *et al.* (1986). *Neuropsychological Rehabilitation after Brain Injury*. Baltimore: Johns Hopkins University.

Rogers, A. (2002). *Teaching Adults*, 3rd ed. Maidenhead: Open University Press.

PARTE 3

Exemplos de casos clínicos

CAPÍTULO 13

Peter: reabilitação bem-sucedida após uma lesão encefálica grave com complicações cerebrovasculares

Barbara A. Wilson e Jonathan J. Evans

Peter foi um dos primeiros clientes da reabilitação neuropsicológica do Oliver Zangwill Centre (OZC) e este capítulo descreve de forma ilustrativa o processo de avaliação e reabilitação de nossos clientes. Começaremos com um resumo do relatório de sua avaliação preliminar (de um dia), pois esta detalha seus principais problemas, as percepções dele e da esposa acerca de suas dificuldades em conjunto com a avaliação feita pela equipe.

Relatório da avaliação preliminar

Histórico da lesão

Peter se envolveu em um acidente de trânsito em julho de 1997, no qual sofreu um grave traumatismo cranioencefálico (TCE). Na época, ele tinha 33 anos. Ele foi levado para o hospital mais próximo e, posteriormente, transferido para a Unidade de Tratamento Neurointensivo Regional, onde permaneceu por 1 semana antes de ser novamente encaminhado para o seu hospital local, no qual esteve por 7 semanas. Não está claro quanto tempo ele permaneceu inconsciente, mas os registros da Unidade de Tratamento Intensivo (UTI) dizem que ele sofreu uma colisão frontal em uma área urbana. Sua pontuação na Escala de Coma de Glasgow no local do acidente era de 15. Porém, no dia seguinte, caiu para 11 e, depois, para 7. Tudo indicava que ele teria uma amnésia pós-traumática por cerca de 5 a 6 semanas. Entretanto, sua amnésia retrógrada durou apenas alguns segundos. Uma tomografia computadorizada (TC) de Peter mostrou áreas bilaterais de atenuação nas regiões temporoparietais consistentes com um acidente vascular encefálico (AVE). Posteriormente, verificou-se que isso era decorrente de uma dissecção bilateral da artéria carótida. Em outras palavras, Peter havia sofrido um traumatismo cranioencefálico (TCE) e um AVE.

De volta ao hospital local, era evidente que Peter não conseguia se comunicar por meio da fala ou gestos. Ele também tinha hemiparesia direita, mas seu lado esquerdo se movia livremente. Nesse hospital, ele foi examinado por um neuropsicólogo, um terapeuta ocupacional, um fonoaudiólogo e um fisioterapeuta. Após a alta do hospital, Peter foi submetido a uma reabilitação ambulatorial até dezembro de 1997. O neuropsicólogo desse hospital foi responsável pelo encaminhamento de Peter ao OZC.

Histórico social

Peter morava com sua esposa Linda e eles não tiveram filhos. Peter era sócio de uma pequena empresa de engenharia. Apesar de ser formado em engenharia, sua função na empresa era principalmente administrativa. Ele fazia a maior parte dos contatos com os clientes, bem como um número significativo de tarefas no computador. A empresa contratou alguém temporariamente para assumir as tarefas de Peter.

Apresentando a queixa do cliente

Peter identificou as seguintes áreas de dificuldade:

a) fala – ele tendia a balbuciar quando estava cansado;
b) horas – ele achava difícil ler as horas ao consultar um relógio;
c) memória – não era tão boa como antes;
d) mão direita – parecia dormente e pesada, e ele tinha dificuldade em detectar mudanças de temperatura;
e) leitura e escrita – ele estava muito mais lento agora;
f) orientação espacial – ele nem sempre enxergava algo à direita;
g) processamento de informações – ele estava mais lento para pensar e lidar com as informações.

Linda identificou as seguintes dificuldades que, de certa forma, eram as mesmas identificadas por Peter:

a) leitura – estava lenta e Peter esquecia algumas das informações que havia lido. Ele nem sempre lia até o fim de uma linha; ele tendia a saltar palavras e às vezes saltava uma linha, passando, assim, para a próxima e lendo uma frase de forma incorreta;

b) escrita – também estava lenta. Ele precisava aprender a escrever novamente. Ele escrevia com letras de forma em vez de usar letras cursivas. Algumas delas eram feitas de maneira incomum;

c) habilidades com o teclado – antes de seu acidente, Peter usava muito o computador no trabalho e em casa. Agora, ele se lembrava dos princípios básicos, mas havia perdido suas habilidades com o teclado. Ele estava recuperando-as gradualmente, mas utilizava-o de forma lenta;

d) horas – Peter tinha dificuldade em ler as horas, particularmente em qualquer tipo de relógio analógico. Em geral, ele confundia x horas e x minutos com x minutos para x horas;

e) orientação espacial – Peter tinha um problema com as direções. Ele confundia esquerda e direita, para cima e para baixo, e acima e abaixo;

f) matemática – embora fosse capaz de utilizar uma calculadora, Peter achava a matemática básica difícil, em especial a subtração;

g) alfabeto – ao escrever o alfabeto, Peter frequentemente alterava a ordem de algumas letras, colocando-as no final deste e, muitas vezes, omitia uma letra, em geral, o "w";

h) compreensão – eventualmente, Peter precisava que algo fosse explicado várias vezes a fim de entender o que era a ele solicitado;

i) retenção auditiva – Peter não se lembrava muito de um excerto do texto se este fosse lido para ele. Sua memória geral, no entanto, havia melhorado e esta era considerava razoável por Linda;

j) manipulação – Peter tinha dificuldade em amarrar os cadarços e pentear os cabelos.

k) orientação espacial – inicialmente, Peter tinha uma negligência espacial severa no lado direito, mas isso melhorou de forma significativa;

l) ortografia – às vezes, Peter omitia ou alterava a ordem das letras;

m) comportamento – Peter às vezes ria em momentos inapropriados e tinha uma grande dificuldade para parar. Linda acreditava que isso estava melhorando.

Metas do cliente

Peter disse que suas maiores preocupações eram com a leitura e a escrita, bem como as habilidades com o teclado. Ele acreditava que essas áreas de funcionamento seriam extremamente importantes se ele pudesse retornar ao trabalho. Sua meta era trabalhar novamente em sua empresa, embora reconhecesse que isso não poderia ser feito com a mesma capacidade de antes.

Linda acreditava que, se Peter pudesse assumir um maior controle de sua vida, as seguintes áreas seriam as mais importantes:

a) gerenciar seus compromissos;
b) falar por si;
c) melhorar suas habilidades de leitura e escrita.

Avaliação neuropsicológica

Apesar de Peter ter feito uma breve avaliação neuropsicológica durante a avaliação de um dia, não mencionaremos, por enquanto, esses resultados. Estes serão incluídos na avaliação neuropsicológica realizada durante a avaliação detalhada de duas semanas descrita abaixo.

Avaliação da fala e da linguagem

A fala de Peter era fluente, apesar de ser às vezes moderadamente gago. Ele fez um relato claro de sua percepção acerca das dificuldades de comunicação.

Linguagem receptiva

Peter não tinha dificuldade para acompanhar conversas e entender perguntas. Ele dizia que as dificuldades de memória afetavam sua capacidade de seguir instruções verbais. Ele conseguia acompanhar filmes e programas de televisão, mas, posteriormente, pouco se lembrava dos detalhes das informações. Ele também dizia que era mais difícil acompanhar as conversas em situações de grupo, visto que ele se distraía com mais frequência.

Peter acreditava que sua maior área de dificuldade estava relacionada à leitura; ele a achava extremamente árdua e lenta. Ele tinha que se concentrar em cada palavra e não conseguia relacionar duas ou mais delas. Consequentemente, ele achava difícil interpretar o que lia. Também ocorriam pequenos erros de pronúncia, a maioria dos quais ele corrigia com muita dificuldade.

Linguagem expressiva

Embora Peter relatasse dificuldades eventuais para encontrar palavras, ele acreditava que tinha consciência de quando isso ocorria e que poderia encontrar uma se desse tempo a si. Ele achava que, se usasse uma palavra errada, ela estaria muitas vezes associada, de alguma forma, à palavra-alvo.

Ele achava que sua fala piorava quando estava cansado ou em um ambiente com muito barulho. Isso também se aplicava à sua dificuldade para encontrar palavras. Peter acreditava que seu maior problema, no entanto, era com sua escrita e isso decorria, em grande parte, do funcionamento físico limitado de sua mão. Ele também parecia ter alguma dificuldade na construção de frases. Quando solicitado a dar um exemplo da linguagem escrita, Peter achava difícil e, embora fosse capaz de fazê-lo, sua escrita era extremamente árdua e muito lenta.

Peter sentia que não tinha dificuldades específicas de comunicação social, mas agora evitava as situações em que se sentia inseguro. Isso não ocorria antes do acidente.

Avaliação da capacidade física

Peter dizia que suas principais dificuldades físicas eram dormência e sensibilidade reduzida na mão esquerda, leve fraqueza e dor no pulso esquerdo, e redução generalizada do preparo físico e da força. Quando solicitado a dar exemplos de como esses comprometimentos afetavam sua vida cotidiana, Peter dizia que tinha dificuldade em amarrar os cadarços. Ele dizia ainda que isso estava mais relacionado às suas dificuldades visuoespaciais e de sequenciação do que à sua capacidade física restrita. Ele relatava que não tinha problemas com outras atividades que envolvessem a coordenação motora fina, tais como abotoar camisas e abrir fechos. Sua caligrafia, no entanto, era menos organizada e mais lenta do que costumava ser, e piorava se ele escrevesse por um longo período.

A principal meta física de Peter era recuperar completamente sua força física e melhorar sua resistência. Ele dizia estar frequentando uma academia regularmente com o intuito de alcançar essa meta.

Ao observá-lo, Peter era fisicamente independente em todo o OZC. Ao cumprimentá-lo, apertando sua mão, parecia haver um leve aumento do tônus muscular na mão direita. No entanto, quando questionado, ele relatava que não tinha consciência disso, bem como não tinha sensação alguma de aperto, rigidez ou movimento restrito em seu braço.

Acreditava-se que Peter se beneficiaria de uma avaliação mais detalhada de sua capacidade física. Além disso, ele poderia se beneficiar de conselhos acerca de seu treinamento físico.

Atividades da vida diária

Emprego

Antes de sua lesão, Peter era sócio de uma pequena empresa de engenharia. Seu sócio contratou alguém para ajudar nas tarefas de Peter. Como este trabalhava por conta própria, não havia um prazo para retornar ao trabalho. Ele percebia que, no momento, não estava fisicamente bem o suficiente para voltar e, de fato, afirmava que, quando estivesse pronto, pensaria em atuar em outras partes de seu trabalho, se necessário.

Percepção

Peter reconhecia que tinha problemas de orientação espacial e dava, como exemplo, esbarrar em algo com o seu lado direito. Ele dizia que isso havia melhorado, mas não conseguia dizer se ainda era um problema. Peter usava óculos para miopia. Quando perguntado sobre seus outros sentidos, ele não relatava dificuldades, apesar de estar ciente de que seu paladar era diferente, pois antes gostava de beber chá e agora não.

Transferências

Peter era independente para realizar todas as transferências funcionais, isto é, cadeira, cama, vaso sanitário, banho e carro. Ele tinha barras de apoio e um corrimão extra instalado em casa. Inicialmente, ele precisava utilizar uma cadeira de banho, mas agora era independente. Ele tinha o cuidado de não bater com a cabeça ao entrar e sair do carro.

Habilidades de autocuidado

Embora fosse independente para tomar banho e se vestir, Peter precisava da ajuda da esposa até cinco ou seis semanas antes de sua avaliação. Ele achava difícil amarrar os cadarços e abotoar algo. Ele escovava os dentes de forma independente. Nas últimas três semanas, ele fazia a barba de forma independente. Ele era capaz de lavar a cabeça e pentear os cabelos, mas achava este difícil, em especial quando penteava a parte posterior da cabeça, provavelmente em virtude da sensibilidade reduzida na mão direita.

Após o acidente, Peter precisava utilizar talheres adaptados para se alimentar, mas agora podia utilizar talheres normais de forma independente.

Atividades domésticas diárias

Antes do acidente, Peter e sua esposa dividiam as tarefas domésticas. Ele se encarregava mais do jardim, do carro e de atividades do tipo *DIY*[1], além de cozinhar e passar roupa.

Desde o acidente, porém, ele evitava as tarefas domésticas. Ele às vezes preparava uma bebida quente e, eventualmente, um sanduíche. Como ele acreditava que seus problemas físicos poderiam levá-lo a se cortar, ele raramente fazia isso.

---

[1] N.T.: *Do-it-yourself* significa "faça você mesmo". Este termo está relacionado, em geral, à realização de atividades domésticas, tais como pintar a casa, reformar um estofado etc., sem a ajuda de mão de obra especializa.

Ele tentou cultivar algumas plantas em um pote de plástico, mas percebeu que era muito lento. Isso o fez se sentir frustrado.

Atividades comunitárias

Transporte

Antes do acidente, o principal meio de transporte de Peter era seu carro. Desde o ocorrido, era sua esposa que dirigia. Ele nunca utilizou o transporte público.

Compras

Peter e Linda faziam as compras de supermercado, embora ele achasse difícil empacotá-las provavelmente devido aos problemas de planejamento.

Gestão financeira

Peter ainda recebia o salário de sua empresa. Ele também recebia o auxílio-doença. Linda estava atualmente lidando com as questões financeiras, apesar de Peter ter dito que gostaria de começar a assumir esse papel novamente se pudesse resolver seu problema com os números.

Uso de recursos da comunidade

Peter ia à academia com a esposa de duas a três vezes por semana. Ele não conseguia pensar em qualquer outro estabelecimento que pudesse frequentar.

Hobbies *e entretenimento*

Antes do acidente, Peter gostava de fazer atividades do tipo *DIY* e de pilotar um helicóptero de controle remoto. Ela desejava retomar ambas as atividades.

Resumo da avaliação e recomendações

Em suma, parecia que Peter tinha uma ampla gama de dificuldades cognitivas e físicas após sua lesão encefálica sofrida no ano anterior. Esses problemas estavam principalmente nas seguintes áreas:

a) raciocínio abstrato, particularmente para material visuoespacial;
b) memória para estímulos verbais e visuais;
c) velocidade de processamento;

d) ter a iniciativa de responder;
e) atenção, incluindo atenção/percepção espacial e orientação espacial;
f) cálculo;
g) leitura;
h) escrita;
i) diferenciação entre esquerda/direita;
j) problemas sensoriais e de coordenação do membro superior.

Apesar do considerável progresso feito desde a lesão, esses problemas continuaram a ter um grande impacto na vida de Peter, tanto em relação às atividades da vida diária quanto ao trabalho. Consequentemente, foi recomendado que ele retornasse ao OZC para uma avaliação detalhada de duas semanas a fim de identificar mais especificamente suas demandas de reabilitação e suas metas. Seria incluída, neste período de duas semanas, uma avaliação pormenorizada das seguintes áreas:

- funcionamento da memória;
- funcionamento da atenção;
- percepção (incluindo percepção espacial, de recursos visuais, rotação mental e ler as horas);
- resolução de problemas, planejamento e habilidades organizacionais;
- funcionamento da linguagem (avaliação complementar da leitura e da escrita a fim de estabelecer o grau de comprometimento da linguagem em conjunto com outros déficits cognitivos);
- habilidade matemática;
- comunicação social;
- investigação complementar acerca do impacto dos problemas físicos e cognitivos em atividades funcionais, incluindo atividades relacionadas ao trabalho;
- estabelecimento mais detalhado das suas metas de reabilitação de longo prazo;
- criação de oportunidades de retorno gradual ao ambiente de trabalho, se necessário;
- verificação de sua capacidade de participar do programa de reabilitação do OZC.

Peter e Linda ficaram entusiasmados com as recomendações. Conseguimos obter financiamento para a próxima etapa do programa, isto é, a avaliação detalhada de 2 semanas. Peter compareceu ao OZC no início de fevereiro de 1998. O Quadro 13.1 mostra o plano de avaliação realizado durante esse período.

Quadro 13.1 Plano da avaliação detalhada.

Data: 05/02/1998 – Plano de avaliação	
1.	Avaliação da capacidade do cliente de formular metas de longo prazo (coordenador de programa individual – CPI)
2.	Avaliação da disponibilidade de serviços locais apropriados na comunidade do cliente (CPI)
3.	Avaliação da casa e do ambiente de trabalho do cliente, quando apropriado (CPI e terapeuta ocupacional – TO)
4.	Avaliação da percepção do familiar/cuidador sobre as questões relacionadas à reabilitação e provável envolvimento no processo de reabilitação (CPI)
5.	Avaliação da capacidade do cliente de se envolver no programa intensivo de reabilitação (todos)
6.	Realização de Medidas de Avaliação de Resultado (CPI)
7.	Avaliação neuropsicológica da memória, atenção, percepção (incluindo rotação mental e leitura das horas), funcionamento executivo e habilidade matemática (psicólogos clínicos e assistentes de psicologia)
8.	Avaliação das funções superiores de linguagem (fonoaudiólogo)
9.	Avaliação da comunicação social (fonoaudiólogo/todos)
10.	Avaliação da capacidade de gerenciar questões financeiras – relacionada a problemas matemáticos (TO)
11.	Avaliação do humor (neuropsiquiatra e psicólogo clínico)
12.	Avaliação do funcionamento do membro superior (fisioterapeuta)
13.	Avaliação da necessidade de recomendações complementares acerca do treinamento físico (fisioterapeuta)
14.	Avaliação da capacidade em tarefas funcionais específicas – atividade a ser negociada com Peter (TO)
15.	Avaliação da mobilidade na comunidade (TO/ fisioterapeuta)

Avaliação detalhada

A avaliação foi realizada durante as sessões de terapia em grupo e individual com todos os membros da equipe multidisciplinar. Um resumo da avaliação pode ser visto no Quadro 13.2. Além disso, apresentamos o relatório da avaliação neuropsicológica realizado durante esse período de duas semanas.

Quadro 13.2 Resumo da avaliação de duas semanas.

Número da avaliação	Resumo da avaliação
1. Avaliação da capacidade do cliente de formular metas de longo prazo	Peter conseguiu identificar uma série de metas de longo prazo que incluíam: 1. Voltar ao trabalho (embora ele reconhecesse que poderia estar em uma função diferente daquela exercida anteriormente, pelo menos na fase inicial); 2. Reaprender a dirigir; 3. Ser capaz de resolver problemas relacionados ao trabalho; 4. Reaprender a pilotar seu helicóptero de controle remoto; 5. Fazer atividades do tipo *DIY*; 6. Aprimorar sua velocidade no computador; 7. Aprimorar sua escrita e ortografia, principalmente a velocidade; 8. Falar com mais clareza e confiança.
2. Avaliação da disponibilidade de serviços locais apropriados na comunidade do cliente	Peter reside cerca de dez minutos a pé do comércio e de seu local de trabalho.
3. Avaliação da casa e do ambiente de trabalho do cliente, quando apropriado	Peter foi observado em casa e solicitado a planejar e preparar uma refeição simples. Ele escolheu fazer uma omelete. Ele também foi avaliado fazendo compras. Ele conseguiu caminhar até as lojas de forma independente e sua forma de atravessar as ruas foi considerada segura. Ele precisava comprar apenas dois itens e, portanto, não foi necessário usar uma lista de compras. Ele conseguiu se lembrar dos itens e localizá-los. Ao pagar pelas mercadorias, ele disse que encontrou dificuldades para pegar o dinheiro no bolso devido à pouca sensibilidade de sua mão direita. Ao preparar a omelete, ele se organizou. Ele conseguiu quebrar os ovos. Ele a fez em fogo razoavelmente baixo, mostrando que tinha tempo para pensar no que estava fazendo. Ele encontrou dificuldades para manipular a espátula (devido aos problemas de sensibilidade na mão direita ou à dispraxia?). Ele pareceu esquecer que precisava adicionar o queijo, mas se lembrou quando o viu ao lado. Peter era independente ao preparar um lanche, porém, seria útil avaliar uma tarefa que solicitasse mais etapas desde que ele sinta que essa é uma atividade apropriada. Ao fazermos isso, poderíamos examinar suas habilidades de planejamento e organização.
4. Avaliação da percepção do familiar/cuidador acerca das questões relacionadas à reabilitação e provável envolvimento no processo de reabilitação	Lista fornecida originalmente pela esposa de Peter, Linda.

Número da avaliação	Resumo da avaliação
5. Avaliação da capacidade do cliente de se engajar em um programa de reabilitação intensiva	Muito bom engajamento em todos os aspectos do programa.
6. Aplicação das Medidas de Avaliação de Resultado	Concluída.
7. Avaliação neuropsicológica da memória, atenção, percepção (incluindo rotação mental e ler as horas), funcionamento executivo e habilidade matemática	A avaliação revelou déficits: no raciocínio abstrato, particularmente para informações visuoespaciais; na memória para informações verbais e visuais; na velocidade de processamento; iniciativa para dar respostas; na atenção, incluindo atenção/percepção espacial e orientação espacial; e no cálculo.
8. Avaliação das funções superiores de linguagem	Peter foi avaliado por meio da *Avaliação da Habilidade Cognitivo-Linguística – AHCL*, que tem como objetivo avaliar as habilidades linguísticas e o efeito de outros déficits cognitivos no funcionamento da linguagem. A avaliação apresentou os seguintes resultados: **Linguagem receptiva:** Peter apresentou dificuldades moderadas nas tarefas de compreensão de parágrafos auditivos e dificuldades severas nas tarefas de recordação de histórias. Considerou-se que seu desempenho nas tarefas de recordação de parágrafos foi afetado pelo seu déficit de memória, resultando em pequenos erros. O declínio no desempenho em tarefas que exigiam dele a recordação de detalhes das histórias ouvidas reflete essa dificuldade na memória. Peter também demonstrou ter problemas moderados em várias tarefas de raciocínio. **Linguagem expressiva:** (ver avaliação da disartria) Peter pontuou bem nas avaliações da fala e nas escalas de classificação pragmática. As amostras de linguagem expressiva demonstraram um uso adequado do vocabulário, da sintaxe e do volume de informações disponibilizadas. Ele conseguiu organizar bem sua linguagem e produziu frases coesas bem referenciadas tanto no discurso narrativo quanto processual. Não foram observadas dificuldades na conversação. Foram observados erros moderados em tarefas de nomeação por confronto visual, nas quais Peter necessitava de mais tempo para acessar algumas palavras. Ele tinha consciência de que havia cometido um erro. Por exemplo, *cufflinks* (em português, abotoaduras) em vez de *handcuffs* (em português, algemas); ele conseguia corrigir seus erros a tempo.

Número da avaliação	Resumo da avaliação
8. Avaliação das funções superiores de linguagem	**Leitura/escrita:** Peter descrevia essas áreas como aquelas de maior dificuldade para ele. A escrita era muito lenta e árdua e, além disso, ele relatou ter dificuldade em "pensar como escrever letras e palavras". Nas tarefas de leitura do *AHCL*, Peter conseguiu dar respostas corretas a partir de tarefas funcionais simples de leitura, mas era muito lento. Nos excertos com inferências, ele cometia alguns pequenos erros. Não se sabe ao certo se isso ocorre em virtude das dificuldades de compreensão ou de seu déficit de memória em conjunto com o processo cansativo e árduo de ler materiais complexos. Peter também foi avaliado por meio dos subtestes das *Provas de Avaliação da Linguagem e da Afasia* (*PALPA*) para determinar suas dificuldades específicas com a leitura e a escrita. Ele parecia ter uma associação de problemas disléxicos e dispráxicos que interferiam em sua capacidade de ler e escrever fluentemente. Nas tarefas de leitura, não havia um impacto evidente da extensão das palavras. Peter conseguia ler corretamente algumas palavras com seis letras, mas incorretamente algumas com quatro. Os efeitos da imaginabilidade e da frequência das palavras foram, portanto, investigados. O desempenho de Peter caía significativamente com palavras cuja imaginabilidade e frequência eram baixas (por exemplo, *miracle* e *wrath*[2]), em oposição às palavras cuja imaginabilidade e frequência eram altas (por exemplo, *coffee* e *hotel*). Além disso, ele tinha dificuldades para fazer julgamentos em tarefas de decisão lexical (ou seja, discriminar palavras reais e sem sentido). Sua leitura de palavras com grafia irregular era insatisfatória quando comparada àquelas com grafia regular. As tarefas de ortografia refletiam a mesma dificuldade frente às palavras com baixa imaginabilidade e frequência. Não houve impacto da extensão das palavras na ortografia. As palavras com grafia irregular eram mais difíceis para Peter, apesar de seu desempenho em palavras com grafia regular não ser perfeito. Enquanto participava de tarefas escritas, parecia que Peter tinha certa dificuldade em decidir como segurar o lápis ao escrever, sugerindo dispraxia, pois ele obviamente conseguia visualizar o som alvo, mas não conseguia reproduzi-lo no papel. Peter evidenciou problemas de inversão de letras; ele geralmente conseguia inibir ou corrigir isso, mas era, consequentemente, lento.
9. Avaliação da comunicação social	Peter evidenciou poucas dificuldades nessa área. Ele relatou que se percebia bocejando mais do que estava acostumado e se preocupava com a possibilidade de ser interpretado como mal-educado ou entediado. Ele não acreditava que isso era em decorrência dos níveis de cansaço, pois ele observava isso acontecendo enquanto estava muito atento. Ele também percebia que tinha, às vezes, uma tendência a rir inadequadamente e isso era difícil de inibir. Ele percebeu que esse comportamento havia melhorado muito ultimamente. As observações apontaram para apenas um episódio com esse comportamento.
10. Avaliação da capacidade de gerenciar as questões financeiras (associado aos problemas matemáticos)	Solicitou-se a Peter que calculasse um saldo bancário. Com o uso de uma calculadora, que ele normalmente utilizava, ele conseguiu concluir a tarefa com sucesso. Em casa, ele e a esposa eram responsáveis por cuidar das questões financeiras. Eles tinham um programa de controle financeiro no computador, que era relativamente novo e exigia que Peter aprendesse suas ferramentas. Linda, em geral, lia o que havia sido gasto e Peter digitava no computador. Eventualmente, ele procurava orientação acerca de certos aspectos da digitação das informações. Peter estava ansioso para começar a assumir a responsabilidade de gerenciar o dinheiro deles, bem como estava gradualmente assumindo mais essa responsabilidade, mas, no momento, era importante para eles continuarem fazendo isso juntos de forma que Linda pudesse monitorar seu progresso.

[2] N.T.: As palavras *miracle e wrath* significam, respectivamente, milagre e ira em português.

Número da avaliação	Resumo da avaliação
11. Avaliação do humor	Peter se manteve disposto de maneira positiva, alegre e aparentemente calma durante todo o período de testes. Nenhuma indicação de transtorno de humor significativo.
12. Avaliação do funcionamento do membro superior	Peter relatou que não tinha limitações quanto ao uso funcional do membro superior, apesar de estar ciente de que seu braço estava "um pouco mais fraco do que antes". A única atividade funcional com o membro superior que ele tinha consciência de certa dificuldade era a caligrafia, a qual relatou estar mais relacionada às suas dificuldades nos processos de pensamento associados à escrita e ao planejamento da tarefa do que à dificuldade com o movimento da mão ou do braço. Ao ser observado, o uso de uma caneta havia melhorado, ou seja, estava mais rápido e suave quando lhe pediram para copiar figuras/formas em vez de escrever palavras. Isso foi aprimorado ainda mais quando ele pôde ver o espaço no qual sua caneta estava se movendo e quando lhe pediram para produzir uma figura/forma qualquer em vez de copiar. Ele não tinha dificuldade em levantar a caneta da página ou soltá-la. Sua cópia de linhas melhorou com o tempo. Na avaliação, Peter geralmente apresentava tônus muscular baixo em todo o membro superior direito, com algum aumento moderado deste na forma de reações associadas, detectáveis na mão. Ele tinha sensibilidade e propriocepção reduzidas na mão de modo distal. Os movimentos de coordenação motora fina da mão estavam intactos, mas houve certa lentidão nos movimentos alternados rápidos de oposição do polegar e dos dedos. Ele também tinha geralmente tônus muscular baixo em todos os outros membros e no tronco, e era moderadamente atáxico em seus movimentos. No entanto, em relação à função, parecia haver um impacto relativamente limitado e ele certamente relatou não haver restrição funcional. Peter poderia se beneficiar da prática de movimentos de coordenação motora fina dos dedos e foi instruído quanto a isso.
13. Avaliação da necessidade de conselhos adicionais relacionados ao treinamento físico	Peter frequentava regularmente uma academia de ginástica toda semana e estava otimista com relação aos exercícios que estava fazendo. Para tanto, ele não precisou de conselhos adicionais nessa área. Ele recebeu conselhos acerca de um exercício para aumentar a força muscular da panturrilha (gastrocnêmio), mas não precisou de outros conselhos.
14. Avaliação da capacidade em tarefas funcionais específicas (atividade a ser negociada com Peter)	Veja acima – avaliação em casa. Quase finalizamos a *Bateria de Avaliação Neuropsicológica para Terapia Ocupacional de Chessington – COTNAB*. Na percepção visual (*Imagens Sobrepostas*, Figura-Fundo e Sequenciamento), suas habilidades estavam dentro dos limites normais, mas ele estava abaixo da média/na faixa deficitária quanto ao tempo necessário para concluir as tarefas. Os resultados das tarefas construtivas foram os mesmos (*2D, 3D, Construção com Blocos*). A habilidade motora sensorial estava dentro dos limites normais (estereognosia, destreza, coordenação), mas dentro da faixa deficitária em relação ao tempo. Ele não conseguia concluir as instruções escritas – ele fazia a leitura destas, mas não conseguia agir com base nas informações. Quando lhe pediram para explicar o motivo disso, ele percebia que às vezes não conseguia entender como executar as tarefas e, à medida que as instruções se tornavam mais complicadas e mais extensas, ele descobriu que não conseguia se lembrar da primeira parte das instruções. Ao seguir as instruções visuais, ele conseguia concluir a tarefa com apenas um pequeno erro e seu tempo estava logo abaixo da média. Ao seguir as instruções verbais, sua habilidade estava logo abaixo da média, mas sua velocidade estava dentro da na faixa deficitária, fazendo com que seu desempenho geral também ficasse dentro da na faixa deficitária. Em suma, exceto ao seguir instruções, a capacidade de Peter estava dentro dos limites normais para sua faixa etária; seu principal problema era em relação ao tempo, ou seja, a velocidade de processamento. Ao seguir instruções, ele tinha mais êxito quanto estas eram verbais. Se ele realmente precisasse seguir instruções escritas, elas deveriam ser concisas e, de preferência, com as próprias palavras.

Número da avaliação	Resumo da avaliação
15. Avaliação da mobilidade na comunidade	Ele foi observado andando de casa para as lojas e isso foi totalmente satisfatório. Ele fez julgamentos apropriados acerca da segurança.
16. Avaliação da disartria	Peter tinha reflexos de tosse e deglutição reduzidos, que o afetavam ao comer e beber. Ele tinha dificuldade principalmente em beber líquidos finos, tais como água, e utilizava uma estratégia de empurrar o queixo para baixo ao beber a fim de proteger as vias aéreas. Esta parecia ser uma estratégia eficaz no momento. Ele tinha um padrão superficial de respiração que às vezes era inadequado para dar suporte a fala. Isso exigia que ele respirasse com frequência. Sua voz desaparecia no final das frases por causa do padrão de respiração inadequado. Ele também demonstrava movimentos descoordenados dos lábios e da língua, afetando sua inteligibilidade. Ele tinha os movimentos da laringe reduzidos, o que afetou sua capacidade de variar o volume e tom da fala. No entanto, ele tinha consciência de seus problemas de fala e tentou compensá-los, diminuindo a velocidade e ganhando tempo para articular. Durante a avaliação, ele também demonstrou dispraxia oral com dificuldade para imitar os movimentos.

Relatório neuropsicológico

Peter foi avaliado durante um período de 2 semanas, entre os dias 9 e 23 de fevereiro. Abaixo estão os resultados de seus testes neuropsicológicos.

Cognitivo geral

Peter foi avaliado em oito subtestes da *Escala de Inteligência Wechsler para adultos - Revisada – WAIS-R*, tendo realizado três deles em sua avaliação preliminar de um dia.

Os resultados indicaram um Quociente de Inteligência (QI) verbal de 79, um QI de execução de 80 e um QI total de 77, colocando-o na faixa "limítrofe". Dadas as conquistas ocupacionais de Peter até o presente momento, esses resultados representam claramente um declínio significativo de seu nível de funcionamento antes da lesão. Além disso, tendo em vista a natureza de sua profissão e escolaridade (Peter saiu da escola aos 16 anos), era possível prever que, antes da lesão, seu QI de execução teria sido superior ao seu QI verbal.

A análise dos resultados do subteste verbal de Peter mostrou que no subteste *Informação* seu escore foi significativamente inferior aos outros. Isso sugere uma dificuldade na recuperação de informações, embora também possa refletir seu nível de escolaridade.

Na escala de execução, Peter obteve um escore na faixa deficitária, bem como um desempenho particularmente ruim no subteste *Códigos*. Este desempenho rebaixado pode refletir uma lentidão na velocidade de resolução de problemas, a qual é muito evidente em uma observação informal. O subteste *Códigos* explora a velocidade visomotora, a memória visual, a coordenação e a capacidade de aprendizagem de estímulos não verbais. Durante o teste, percebeu-se que Peter se esforçava para reproduzir os números da forma correta, embora soubesse o que deveria fazer. Isso sugeria uma possível dispraxia, ou seja, uma incapacidade de formular e executar um plano de ação motora com sucesso. Mais evidências para tal conclusão foram fornecidas devido à sua incapacidade de representar, por meio de mímica, ações cotidianas (por exemplo, tirar uma foto) na ausência de estímulos reais.

Memória

Testes anteriores utilizando a *Escala de Memória de Wechsler - Revisada – WMS-R* apontaram problemas severos com memória lógica (informações verbais apresentadas oralmente). Durante a avaliação detalhada, Peter foi avaliado por meio do *Teste de Memória Comportamental de Rivermead – RBMT* (Versão B), *Doors and People Test*[3] e *Teste de Reconhecimento de Warrington*.

No *RBMT*, Peter obteve um escore padronizado de 17, colocando-o na categoria "memória inferior", e um escore de triagem de 6, sugerindo um comprometimento "moderado". Ele era, sobretudo, completamente incapaz de recordar um nome e sobrenome apresentados oralmente. Quando foi solicitado a Peter que se lembrasse de uma rota, ele também demonstrava uma tendência para realizar apenas partes da ação solicitada, sugerindo uma dificuldade de sequenciamento das ações. Ele não demonstrava problema algum com informações mais "automáticas" (por exemplo, "em que ano você nasceu?"), mas se esforçava muito quando era necessário recuperar informações que exigiam alguma manipulação sutil (por exemplo, "quantos anos você tem?"). Isso sugeria problemas com a memória operacional e a evocação.

No *Doors and People Test*, Peter demonstrou:

a) memória visual na faixa média (acima do percentil 50);
b) memória verbal na faixa inferior (percentil 10);
c) evocação geral na faixa inferior (percentil 10);
d) reconhecimento geral na faixa média (acima do percentil 50)
e) escore de esquecimento verbal na faixa muito inferior (menor que o percentil 5);
f) escore de esquecimento visual na faixa média (percentil 50).

Essas observações sugerem que a memória visual de Peter estava muito mais preservada do que sua memória verbal. Seu escore de esquecimento verbal resultava

---

[3] N.T.: *Doors and People Test* é um instrumento que avalia a memória de longo prazo.

de sua incapacidade de memorizar informações necessárias na codificação inicial. De fato, ele parecia ter grande dificuldade em codificar informações verbais apresentadas oralmente com dicas visuais, tais como uma fotografia. Sua capacidade de reconhecer informações verbais apresentadas anteriormente era relativamente melhor e compatível com sua capacidade de reconhecer itens apresentados visualmente. Isso sugeria novamente uma dificuldade com tarefas que exigiam maior controle consciente da cognição do que de respostas mais automatizadas.

No *Teste de Reconhecimento de Warrington*, Peter obteve um percentil 50 para rostos e palavras.

As observações informais das imediações do OZC durante esse período de duas semanas mostraram que Peter conseguia se lembrar de pequenas informações apresentadas oralmente. Por exemplo, ele se lembrou de trazer itens para o Grupo de Memória e de pedir informações à equipe. Logo, é possível que a dificuldade de Peter esteja no gerenciamento do volume de informações em situações formais de teste. Por outro lado, Peter pode ter se beneficiado da repetição das informações.

Atenção

Peter foi avaliado por meio do *Test of Everyday Attention – TEA*[4]. Embora fosse capaz de concluir as subtarefas de atenção seletiva visual com precisão, seu desempenho era lento. É possível que esta tarefa tenha "sobrecarregado" Peter e/ou ele não tenha conseguido armazenar as informações na memória operacional na presença de outras adicionais e distratoras. Da mesma forma, embora ele pudesse alternar a atenção (em uma tarefa de contagem), ele era lento ao fazer isso.

Processos executivos

No teste de *Avaliação Comportamental da Síndrome Disexecutiva – BADS*, o escore de Peter indicou comprometimento. Ele teve um desempenho inferior em uma tarefa que envolvia planejamento e execução de ações (*Tarefa de Mudança de Regras*). Ele foi capaz de dizer "sim" para um cartão vermelho e "não" para um preto. No entanto, quando solicitado a dizer "sim" se o cartão tivesse a mesma cor que o último e "não" se a cor fosse diferente, ele era impreciso e extremamente lento. Ele também teve dificuldades em outra tarefa que envolvia planejamento e execução de ações (*Mapa do Zoológico*). Ele teve um início promissor e preciso, mas isso acarretou uma longa pausa e, depois, ele parecia incapaz de lidar com as dificuldades; ele parecia ter esquecido as regras básicas. Seu desempenho melhorou

---

[4] N.T.: *Test of Everyday Attention* é um instrumento que avalia a atenção seletiva, atenção sustentada e alternância atencional.

consideravelmente quando ele recebeu as instruções por escrito, as quais seguia marcando cada linha com um pedaço de papel. Em outros testes, tais como o *RBMT* e o *Teste de Reconhecimento de Warrington*, foi possível observar que Peter se desviava um pouco das instruções apresentadas verbalmente. Isso corroborou a conclusão de que ele tinha dificuldades para sequenciar ações e, até certo ponto, para seguir instruções. Ao receber uma estratégia verbal para seguir, sua precisão melhorou.

Habilidades perceptuais

Apesar de Peter ter relatado uma perda no campo visual direito concomitante à fraqueza generalizada do seu lado direito, ele obteve um resultado insatisfatório em apenas um subteste da *Bateria de Percepção de Objeto Visual e Espaço – VOSP* (*Silhuetas Progressivas*), sugerindo que não havia déficits significativos nessa área. No entanto, em uma observação informal, percebeu-se que Peter perdia as informações à sua direita várias vezes. Por exemplo, no *Teste Modificado dos Seis Elementos* da *BADS*, ele errou por completo a sexta tarefa posicionada à extrema direita e, em uma ocasião, observou-se que ele bateu fortemente o lado direito no batente da porta.

Durante as Sessões de Estratégia Cognitiva, ele foi capaz de realizar as tarefas de rotação mental de modo que pudesse fazer discriminações esquerda-direita com um bom grau de precisão. Ele também foi avaliado por meio do *Manikin Test*[5], no qual não cometeu erros, embora tenha sido mais lento ao responder quando a tarefa envolvia um maior grau de processamento/rotação mental. Ele explicou que havia desenvolvido uma estratégia para lidar com a diferença entre esquerda e direita. Essa estratégia consistia em se sentar com as mãos fisicamente separadas sobre as coxas. Ele acreditava que "a separação física auxiliava na separação mental" e, se ele tivesse que se sentar com as mãos cruzadas, a tarefa seria muito mais difícil para ele.

Peter foi avaliado em três dos subtestes convencionais do *Teste de Desatenção Comportamental – BIT*[6], a saber, *Corte de Linhas*, *Cancelamento de Letras*, *Cancelamento de Estrelas*. Ele obteve o escore máximo em todos esses testes e, portanto, não demonstrou negligência.

Seu desempenho nas tarefas em que precisava ler as horas foi muito interessante. Ele sabia ler com rapidez e precisão as horas apresentadas no formato digital, mas rapidamente encontrava dificuldades com o formato analógico. Seus erros incluíam:

---

[5] N.T.: O *Manikin Test* é um instrumento que avalia as habilidades gerais de rotação mental.
[6] N.T.: O *Behavioural Inattention Test* ou *BIT* é um instrumento que avalia a negligência unilateral.

a) confundir os ponteiros das horas e dos minutos de modo que ele lia 7h10 como 1h35. Quando foi dito que ele havia respondido incorretamente, ele tentou 2h10 e, finalmente, 7h10;
b) erros que sugeriam dificuldade rotacional, tais como, começando lendo 10h15 em vez de 9h10, bem como se esforçando, por cerca de 40 segundos, para se reorganizar antes de se corrigir;
c) constante substituição de "x horas e x minutos" por "faltam x minutos para x horas" e vice-versa.

Peter expressou surpresa por ter confundido os ponteiros das horas e dos minutos, afirmando que sua dificuldade habitual estava na dúvida entre "e"/"para"[7]. Entretanto, ele repetiu esse erro quando lhe foi mostrado 10h35, lendo como 6h55. Além disso, ele acreditava que podia processar de maneira rápida e precisa "x horas em ponto", "x horas e 15 minutos" e "faltam 15 minutos para x horas". Os testes, porém, sugeriam que ele não era tão competente quanto pensava com relação ao ¼ de hora ou 15 minutos, como demonstrado pela velocidade dele e pelos erros cometidos. Peter disse que, se ele percebesse que havia cometido um erro, este seria corrigido de imediato, mas nem sempre ele tinha consciência disso e procurava pistas no avaliador para verificar se suas respostas estavam corretas.

A avaliação mostrou que era mais provável que Peter fosse bem-sucedido quando nomeava as horas antes dos minutos. Quando isso foi dito a ele, este não tinha consciência disso, mas posteriormente concordou, achando essa estratégia útil. Não parecia haver uma diferença no desempenho quanto ao envolvimento do lado direito ou esquerdo do relógio.

Afeto

Peter manteve-se disposto de forma positiva, alegre e aparentemente calma durante todo o período de testes. A *Escala de Depressão Hospitalar e de Ansiedade – HADS* foi usada para confirmar essa observação, bem como o relato verbal de Peter de que ele não apresentava sintomas de depressão ou ansiedade. As respostas à *Escala de Impacto de Eventos – IES* indicavam que ele parecia não apresentar sintomas de transtorno de estresse pós-traumático (TEPT) relacionados ao seu acidente. Em uma conversa, Peter foi realista e comedido acerca do que lhe aconteceu. Ele ficou satisfeito, por exemplo, com o fato de o motorista, que o feriu e que, na

---

[7] N.T.: Em inglês, as horas podem ser lidas utilizando-se as preposições *past* e *to*. Assim, dez e quinze seria lida como *a quarter past ten*, ou seja, em termos literais, "um quarto passado das dez". Com relação à dez e quarenta e cinco, por exemplo, esta seria lida como *a quarter to eleven*, isto é, "um quarto para as onze".

ocasião do acidente, estava proibido de dirigir e embriagado, ter sido condenado à prisão, pois acreditava que ele, dessa maneira, ficaria fora do caminho de outros motoristas inocentes. Ele também reconhecia que isso por si só não tinha impacto direto nos problemas que estava vivenciando. Ele estava certo de que o que havia acontecido não podia ser mudado, pois guardar rancor não lhe seria útil e, de fato, poderia desviá-lo de sua reabilitação.

Peter foi, de certa forma, preciso ao reconhecer seis emoções do *Teste de Reconhecimento de Emoções Faciais* de Ekman e Friesen, com exceção do "medo", o qual não reconheceu em nenhuma das dez fotos que descreviam essa emoção. Em geral, ele confundia medo com raiva ou surpresa. Observou-se também que ele tinha uma resposta de susto peculiar.

Resumo

Em suma, Peter demonstrava dificuldades significativas em várias áreas, incluindo:

a) funcionamento cognitivo geral – principalmente na recuperação de informações e nas habilidades visomotoras;
b) memória – especialmente a memória verbal, mas também a memória operacional;
c) atenção – em particular, a atenção seletiva visual e a velocidade com que era capaz de alternar a atenção;
d) problemas executivos – seguir instruções, planejar e executar ações.

Parecia haver um componente dispráxico latente no desempenho e na apresentação das testagens de Peter, conforme demonstrado em suas ações de sequenciamento e controle consciente do movimento.

Programa de reabilitação

Após a avaliação de duas semanas, foi oferecida uma vaga no programa de reabilitação a Peter. O plano era que ele passasse 10 semanas, estando presente 5 dias por semana e mais 50 dias em meio-período distribuídos ao longo de vários meses. Peter e Linda estavam ansiosos para fazê-lo.

Em março de 1998, Peter entrou para o programa. Como todos os clientes do OZC, ele seguia um cronograma diário, participando de algumas sessões em terapia individual e outras em grupo. Esse cronograma pode ser visto na Tabela 13.1.

Tabela 13.1 Cronograma semanal de Peter (N.B.: cada sessão tem a duração de 30 minutos, exceto a reunião com a comunidade, que tem a duração de 15 minutos).

	Número médio de sessões por semana
Sessões individuais	
Fonoaudiologia	6
Psicologia	4
Terapia Ocupacional	2
Fisioterapia	2
Tarefas no computador	2
Sessões em grupo	
Grupo Cognitivo	4
Grupo de Compreensão sobre a Lesão Encefálica	3
Grupo de Memória	3
Grupo de Apoio Psicológico	2
Plano semanal	1
Sessões adicionais	
Reunião Diária com a Comunidade	5 (reuniões de 15 minutos cada)
Tarefas sem assistência	2

Peter e Linda concordaram com os membros da equipe de reabilitação acerca das seguintes metas de longo prazo. Estas eram um pouco diferentes daquelas cogitadas no final da avaliação de duas semanas. Segundo essas metas, Peter:

a) aprimorará a inteligibilidade da fala;
b) aprimorará a velocidade da escrita;
c) aprimorará a velocidade da leitura;
d) soletrará com mais precisão;
e) decidirá se ele poderá voltar ao seu emprego anterior, se engajando nele ou em outra atividade em meio-período;
f) decidirá se ele poderá voltar a dirigir;

g) voltará a pilotar seu helicóptero de controle remoto;
h) aprimorará a velocidade de uso do teclado do computador;
i) gerenciará suas questões financeiras de forma eficaz;
j) desenvolverá um método para lembrar e agendar as atividades cotidianas;
k) melhorará sua precisão ao ler as horas a partir de um relógio analógico;
l) não precisará de ajuda para colocar suas lentes de contato.

Para cada meta de longo prazo, foram definidas metas de curto prazo em conjunto com um plano de ação para cada uma destas. Por exemplo, uma meta de curto prazo para aprimorar a velocidade da escrita era melhorar seu desempenho, por cerca de 20%, em uma tarefa de cópia de letras para a semana seguinte. O plano de ação para Clare, a fonoaudióloga de Peter, era organizar as sessões práticas e o material. Havia vários tipos de metas, algumas relacionadas aos déficits e limitações (por exemplo, leitura e ortografia) e outras relacionadas às dificuldades e incapacidades ou às atividades e participação (por exemplo, gerenciar suas finanças de maneira eficaz e se lembrar das atividades cotidianas).

Peter alcançou todas as suas metas. Apresentaremos um breve resumo de cada uma destas a seguir.

Meta 1: Aprimorar a inteligibilidade da fala

Peter: (1) trabalhou os padrões respiratórios e os efeitos da respiração na fonação; (2) praticou exercícios para melhorar a força, a coordenação e a velocidade dos movimentos da língua e dos lábios; (3) identificou os fatores que contribuíram para a redução da inteligibilidade, tais como níveis de ruído e fadiga; e (4) organizou seu horário de trabalho para que as situações que exigiam dele verbalmente fossem realizadas pela manhã, quando estava menos cansado. As principais medidas de eficácia aqui foram as classificações da esposa de Peter acerca da inteligibilidade de seu discurso e a facilidade com que ele podia ser entendido por outras pessoas.

Meta 2: Aprimorar a velocidade da escrita

A dispraxia parecia ser a principal causa das dificuldades de escrita de Peter. Ele parecia incapaz de saber como copiar figuras/formas e letras e, por isso, exercícios de habilidades de pré-escrita foram elaborados para aumentar a velocidade. Foi traçada 1 linha de base da velocidade e da qualidade do desempenho de 1 tarefa de pré-escrita, bem como foram elaborados exercícios práticos para Peter fazer diariamente. Isso exigia dele ouvir 1 fita com instruções verbais, solicitando que desenhasse uma série de traços horizontais e verticais, além de fileiras de figuras/formas com um nível gradual de complexidade. Peter levou 24,17 segundos para concluir isso. Após 1 mês, a linha de base inicial foi repetida. A velocidade de Peter aumentou em 20%. Além disso, seus traços eram agora mais suaves, indicando mudanças tanto qualitativas quanto quantitativas. Outra linha de base foi feita a partir da cópia de letras. Inicialmente, uma letra tinha que ser descrita para Peter antes que ele pudesse concluir a tarefa, tal como "desenhe 1 linha reta de cima para baixo, encontre o meio" etc. Ele foi encorajado a adotar essa estratégia quando praticava os exercícios. Ele realizou, mais uma vez, os exercícios diariamente e, após 2 semanas, melhorou sua velocidade em 20% a partir de 1 linha de base de 24,43 segundos.

Outras metas de curto prazo foram estabelecidas e alcançadas. Peter não conseguia assinar seu nome desde o acidente e isso continuou até o final de maio de 1998. Assinar seu nome era uma das metas de curto prazo. Ele aprendeu a fazer isso e, inicialmente, precisava de 23 segundos para assinar seu 1° e 2° nomes. Isso foi reduzido para 6 segundos no momento da alta (e para 4 segundos no acompanhamento). Peter precisou entrar em contato com o banco novamente para registrar a assinatura, uma vez que ele não conseguia emitir cheques desde o acidente. Logo, ele começou a assinar cheques novamente. Essa meta também fazia parte da meta 9 – gerenciar suas questões financeiras – e, como veremos mais adiante, Peter aprendeu a gerenciá-las com o auxílio de sua esposa.

Meta 3: Aprimorar a velocidade da leitura

Peter não tinha dificuldades de compreensão. Seus problemas de leitura estavam em grande parte relacionados à velocidade. Peter praticou a leitura de trechos de diferentes extensões e complexidades. Sua velocidade média nos excertos do *AHCL* aumentou em 26% no período de 1 mês, mas grande parte do trabalho de leitura foi realizado na meta 4.

Meta 4: Soletrar com mais precisão

Não foram relatadas dificuldades ortográficas pré-mórbidas. Nas sessões terapêuticas, Peter inicialmente aprendeu a identificar todas as letras do alfabeto por nome e representações fônicas. Em seguida, pediu-se para que ele identificasse a diferença entre consoantes e vogais, bem como suas características e, posteriormente, como os sons das vogais poderiam ser representados por diferentes combinações de letras. O próximo passo foi identificar as combinações de consoantes comuns que não poderiam ser interpretadas por meio da fonética. Depois, ele aprendeu a reconhecer os fonemas nas posições inicial, central e final das palavras dadas de forma auditiva para assim aumentar em 50% sua velocidade de identificar a posição das letras no alfabeto. No início, Peter levava em média 11,23 segundos para determinar o que vinha antes ou depois de uma determinada letra. Após o tratamento, isso diminuiu para uma média de 5,7 segundos. A próxima meta de curto prazo era identificar representações comuns para todos os sons das vogais. Solicitou-se então que Peter: (1) demonstrasse a ortografia correta de palavras inexistentes, que eram apresentadas oralmente por meio de uma abordagem fônica; (2) soletrasse com precisão palavras relacionadas ao trabalho, que eram apresentadas oralmente por meio do mesmo método; e (3) demonstrasse uma maior velocidade na utilização do dicionário para verificar a ortografia. Ele alcançou todas essas metas, embora algumas delas exigissem um pouco mais de tempo do que o planejado originalmente. Isso demonstrou que não éramos realistas com nossos prazos, esperando demais de Peter dentro do período de tempo permitido. Quando recebia um tempo extra, no entanto, ele era capaz de atingir as metas.

Meta 5: Identificar as tarefas laborais e avaliar se Peter poderia voltar ao trabalho

No início do programa, a capacidade de Peter de utilizar um computador, que era decisivo para o seu trabalho, foi avaliada. Alguns *softwares* eram usados com frequência na empresa de Peter e ele utilizava todos regularmente antes de sua lesão. Ele começou a trabalhar com os *softwares* usados com mais frequência antes de prosseguir para aqueles usados com menos frequência. Na linha de base, ele acertava 60% naqueles usados com mais frequência e em torno de 20% naqueles usados com menos frequência. As técnicas de recuperação espaçada e de aprendizagem sem erros foram empregadas para ensiná-lo a usar os *softwares*. No final de junho, Peter conseguia identificar os menus apropriados com praticamente 100% de precisão.

Lidar com chamadas telefônicas foi outra área problemática identificada (descrita na meta 10 abaixo). Peter identificou um conjunto de 23 tarefas principais (incluindo o computador e as chamadas telefônicas) exigidas dele no trabalho. Ele começou passando 1 dia por semana no trabalho durante a fase de meio período do programa. Posteriormente, isso aumentou para 3 dias por semana. As tarefas a serem evitadas eram aquelas que envolviam muita escrita, pois consumiam um tempo excessivo. Peter voltou a trabalhar em meio período. O sócio de Peter valorizava seu conhecimento, sentia que podia "trocar ideias" com ele e admirava seu retorno ao trabalho, embora estivesse claro que este não seria capaz de retornar ao seu nível de responsabilidade ou volume de trabalho anterior.

Meta 6: Voltar a dirigir

Peter frequentou um centro especializado em avaliação de condutores com deficiência. A avaliação incluiu vários testes cognitivos breves em conjunto com uma avaliação prática de direção em um curso especialmente adaptado. Ele passou na avaliação e gradualmente voltou a dirigir de forma independente. Embora a meta não tenha sido alcançada no OZC, auxiliamos na avaliação da autonomia e estávamos preparados para trabalhar em metas de curto prazo para permitir que Peter voltasse a dirigir. Felizmente, isso não foi necessário.

Meta 7: Pilotar um helicóptero de controle remoto

Peter comprou um simulador de helicóptero a fim de praticar as habilidades necessárias para pilotá-lo. O principal problema parecia ser em virtude de seus déficits nas habilidades visomotoras. Ele confundia a esquerda com a direita (uma dificuldade presente em outras situações, tais como ler as horas) e, consequentemente, muitas vezes pilotava o helicóptero na direção errada. Os dados iniciais da linha de base indicaram que Peter concluía com êxito todas as viagens de ida, mas as viagens de volta tinham êxito em apenas 19% das vezes. Um programa de treinamento foi introduzido e este incluía a utilização de adesivos com dicas tanto na tela quanto no controle remoto, indicando esquerda e direita. Foram feitos 40 testes, sendo 10 testes no máximo por sessão. Uma 2ª linha de base, após esse treinamento, mostrou que ele concluiu com êxito 94% das viagens de ida e 82% das viagens de volta. Outro período de treinamento se seguiu, enfatizando em especial o planejamento de quando reduzir a velocidade e a altura do helicóptero. Novamente, houve 40 testes, com um máximo de 10 por sessão. Uma 3ª linha de base mostrou que 100% das viagens de ida foram bem-sucedidas em conjunto com 87,5% de êxito nas viagens de volta.

Meta 8: Aprimorar a velocidade de uso do teclado do computador

Um *software* registrou o tempo que Peter levava para encontrar cada uma das teclas do teclado. Embora ele não apresentasse uma distinção entre as letras à esquerda e à direita do teclado, Peter tinha muita dificuldade com algumas delas e era lento. Apesar de ter melhorado quando solicitado a dizer em voz alta o nome da letra que ele procurava, isso parecia resultar da prática, pois não havia uma diferença significativa na taxa de mudança entre a linha de base e a introdução de uma estratégia verbal [$F(1, 24) = 0{,}002$, $P > 0{,}9$]. Ele continuou a praticar até alcançar um platô na velocidade.

Peter também praticava a digitação de excertos. Embora ainda fosse lento, sua digitação era funcional. No trabalho, porém, ele precisava delegar parte da digitação para economizar tempo.

Meta 9: Gerenciar as questões financeiras de forma eficaz

Peter foi avaliado em casa para observar sua capacidade de usar *softwares* de gerenciamento financeiro doméstico no computador. Ele conseguia utilizá-los de modo que nenhum trabalho complementar foi considerado necessário nessa área.

Meta 10: Desenvolver um método para lembrar e agendar as atividades cotidianas

Desde o acidente, Peter contava com a esposa para marcar consultas e evitava telefonar. Apesar de não termos dados formais acerca do sucesso por meio de uma linha de base, esta pareceria próximo a zero devido à evitação de Peter quanto a essas tarefas.

Peter recebeu um organizador eletrônico no início do programa. O uso do organizador e a prática no agendamento de consultas foram demonstrados e praticados no Grupo de Memória. Ele logo se adaptou a isso e, desde o início, utilizou o organizador regularmente e de forma eficaz. Além disso, um bloco de anotações para mensagens telefônicas foi introduzido como parte de sua meta de retorno ao trabalho (meta 5). O bloco continha dicas e tópicos específicos a fim de estimular Peter a solicitar as informações necessárias durante uma ligação telefônica. Ele também comprou um dispositivo para gravar as ligações telefônicas para poder reproduzi-las posteriormente, se necessário.

Meta 11: Melhorar a precisão ao ler as horas

Os principais problemas de Peter eram: (1) a área do relógio contendo os números de 4 a 8; e (2) saber se eram x horas e x minutos ou x minutos para x horas. Os dados da linha de base indicaram que 65% de suas tentativas ao ler as horas estavam corretas. Peter aprendeu uma estratégia para permitir que ele identificasse as laterais do relógio. A estratégia consistia no uso de dois mnemônicos verbais. Estes deveriam lembrá-lo que, quando o ponteiro grande está no lado esquerdo do relógio, ele representa os minutos "para" x horas e, quando está no lado direito do relógio, ele representa os minutos que "se passaram" de x horas. Peter criou duas frases curtas a fim de ajudá-lo a se lembrar disso: "Dois (para) o pé esquerdo" e "Passar direto por". Sua precisão melhorou 100% em conjunto com sua confiança de modo que agora ele lia as horas corretamente.

Meta 12: Colocar as lentes de contato de forma independente

A dispraxia parecia ser a principal razão da dificuldade de Peter com suas lentes de contato. Antes do tratamento, ele não conseguia colocar suas lentes de contato. Uma estratégia de mediação verbal foi utilizada na qual Peter explicava minunciosamente as ações específicas que estava tentando executar. Essa estratégia foi descrita com outras pessoas – consulte, por exemplo, Wilson (1999). Além disso, adesivos foram colocados em seu rosto, próximo aos olhos, para ajudar a guiar suas mãos para a posição correta. Em menos de cinco tentativas, Peter se tornou independente para colocar suas lentes de contato.

Em suma, todas as metas foram alcançadas até Peter receber alta. As metas abrangeram uma série de problemas práticos e estes foram adaptados às suas necessidades específicas, permitindo que ele fosse mais independente em casa e retornasse ao trabalho em meio período.

Progresso desde a alta

Peter foi observado, entrevistado e reavaliado em dezembro de 1998, março de 1999 e agosto de 1999. Além disso, ele fez uma avaliação neuropsicológica com um neuropsicólogo independente. Embora poucos dos testes fossem iguais àqueles que administramos, o mesmo padrão de déficits cognitivos foi identificado. No *WAIS-R*, seu QI verbal e de desempenho foram estimados em 84 (escore médio inferior e quase idêntico aos nossos resultados). No *National Adult Reading Test*[8] – *NART*, o QI previsto de 95 foi idêntico nas 2 ocasiões. A recordação de Peter das histórias no *WMS-R* foi um pouco maior (11 pontos para evocação imediata e 8 para evocação tardia em 1999, em comparação aos 8 pontos para evocação imediata e 1 ponto para evocação tardia em 1998). Peter também mostrou um discreto aumento da fluência verbal de 11 para 19, embora ainda fosse muito deficiente. Esses resultados sugerem que ocorreu pouca recuperação espontânea de suas habilidades cognitivas. Portanto, as alterações funcionais provavelmente eram em virtude do programa de reabilitação e não de sua recuperação natural.

Peter e sua esposa relataram que, apesar de sua fala não ser como era antes do acidente, eles estavam satisfeitos com ela e disseram que esta era facilmente entendida por outras pessoas. O cansaço ainda o afetava e, por isso, ele ainda organizava as reuniões ou telefonemas durante a parte da manhã.

A velocidade da escrita alcançada durante o programa foi mantida, mas não aumentou, à exceção da assinatura, que era concluída em 4 segundos. Verificou-se o mesmo para a leitura e a ortografia de Peter. Essas áreas permaneceram no nível alcançado durante o programa. Peter comentou que, se precisasse ler documentos longos (algo que tentava evitar), ele encontraria um ambiente silencioso para fazê-lo.

---

[8] N.T.: O *National Adult Reading Test* é um instrumento que avalia o QI pré-mórbido dos falantes de língua inglesa.

Embora Peter tenha permanecido no trabalho e esteja confiante quanto à utilização dos *softwares*, ele percebeu que seu sócio havia se tornado a "força motriz" da empresa. Peter limitou seu tempo de trabalho, fazendo a maior parte deste pela manhã, mas continuava se cansando facilmente. Como ele havia se tornado pai recentemente, os cuidados com o filho podem ter contribuído para isso.

Peter ainda estava dirigindo, mas havia mudado para um carro automático. Ele não dirigia longas distâncias e compartilhava a direção com a esposa. Ele também estava pilotando seu helicóptero de controle remoto, mas por períodos mais curtos. Antes do acidente, ele passava de duas a três horas nessa atividade, ao passo que agora passava cerca de uma hora. Ele estava feliz com isso.

A velocidade do teclado era praticamente igual à do final do programa, ou seja, funcional, mas ainda lenta. Peter havia aprendido a usar um novo pacote de *softwares*, além daquele com o qual trabalhou no centro de reabilitação. Peter e sua esposa gerenciavam suas questões financeiras. Eles faziam isso juntos e, se Peter assumisse a responsabilidade por algo sozinho, Linda geralmente verificava. Peter continuou a utilizar seu organizador eletrônico para compromissos domésticos e de trabalho. Ele também utilizava um telefone celular com uma lista de números armazenada a fim de não precisar se lembrar deles.

Não havia problemas reais para ler as horas por meio de um relógio analógico, embora ele às vezes confundisse x horas e 25 minutos com 25 minutos para x horas quando estava cansado. Ele conseguia superar isso caso se concentrasse. No seu dia a dia, ele usava um relógio digital para facilitar a vida.

Por fim, Peter ainda era capaz de colocar suas lentes de contato sem ajuda. Entretanto, como esta era uma tarefa demorada, ele geralmente usava óculos.

Peter era um paciente particularmente fácil de lidar. Ele trabalhava por conta própria e era sócio na própria empresa e, por isso, não tivemos problemas com os empregadores. Ele tinha um relacionamento forte e próximo com uma esposa compreensiva e, assim, não precisamos enfrentar questões acerca de problemas relacionados às dinâmicas familiares. Ele não apresentava distúrbios de humor ou emocionais pelo que pudemos perceber e certamente nada foi identificado durante a avaliação. Logo, mais uma vez, não precisamos abordar esses aspectos no programa de reabilitação. Por fim, como Peter era financeiramente estável, ele e sua esposa estavam livres de grandes problemas financeiros. No entanto, ele tinha comprometimentos cognitivos e funcionais severos que causavam muitos problemas no dia a dia e o programa de reabilitação foi capaz de permitir que Peter os superasse e levasse uma vida significativa e produtiva.

Referências

Wilson, B. A. (1999). *Case Studies in Neuropsychological Rehabilitation*. New York: Oxford University Press.

CAPÍTULO 14

Lorna: aplicando modelos de linguagem, cálculo e aprendizagem na reabilitação holística – da disfasia e acalculia à independência para cozinhar e viajar

Leyla Prince, Clare Keohane, Fergus Gracey, Joanna Cope, Sarah Connell, Carolyne Threadgold, Jacqui Cooper, Kate Psaila, Donna Malley and Barbara A. Wilson

Introdução

No capítulo 1, apresentamos um modelo de reabilitação que evidencia uma série de teorias que pode ser utilizada com o objetivo de auxiliar a identificação e elaboração de intervenções para as várias consequências de uma doença ou lesão encefálica. O caso apresentado aqui destaca, na prática, como a *intervenção* neuropsicológica cognitiva, assim definida por Coltheart (2005), pode ser integrada à *reabilitação* neuropsicológica com ênfase na comunicação e no senso numérico. A importância do método de aprendizagem também é abordada tanto em relação à aprendizagem de habilidades/informações específicas quanto à generalização funcional.

Descrevemos nosso trabalho com Lorna como mais um exemplo de nossa abordagem interdisciplinar, na qual os membros da equipe trabalharam de maneira integrada com o cliente em busca de metas funcionais comuns. É importante ressaltar que o nível de comunicação de Lorna foi inicialmente visto como um possível obstáculo para sua capacidade de se beneficiar dos grupos e participar integralmente do processo holístico terapêutico. Posteriormente, essas preocupações pareceram totalmente infundadas.

Mais uma vez, uma abordagem baseada na formulação proporcionou um meio de integrar os resultados da avaliação, desenvolver um entendimento colaborativo acerca das necessidades do cliente e construir um ponto de partida no qual isso é abordado com toda a equipe. O caso destaca intervenções específicas e bem-sucedidas para as dificuldades de nomeação e senso numérico, bem como o desenvolvimento de estratégias compensatórias aplicadas em conjunto a fim de aumentar a participação em atividades significativas como parte do programa de reabilitação integrado.

Histórico da lesão

Lorna foi acometida por uma lesão encefálica em maio de 1999 enquanto vivia e trabalhava no exterior. Ela sofreu um ferimento por projétil de arma de fogo na cabeça, o qual entrou pela margem orbital lateral esquerda e saiu pela região parieto-occipital esquerda. Um laudo da tomografia computadorizada (TC) inicial indicou um edema extenso na região temporoparietal esquerda, bem como perda de massa encefálica devido ao ferimento. Ela foi submetida a uma craniotomia para a remoção de tecido cerebral e fragmentos ósseos, além de mais duas cirurgias para drenagem de abscessos sob o retalho ósseo. Há relatos de uma extensa gliose nos lobos temporofrontal e temporoparietal esquerdo. Acredita-se que ela ficou inconsciente por aproximadamente duas semanas. Não há registros de amnésia pós-traumática provavelmente devido a um comprometimento significativo da linguagem nos estágios iniciais. Há, porém, registros de uma hemiparesia direita. Em decorrência da lesão, Lorna tinha epilepsia, que era controlada por meio de medicação. Ela também tinha um déficit no campo visual direito.

Histórico social

Após o tratamento médico-hospitalar inicial, Lorna retornou à Inglaterra para morar com os pais. Inicialmente, ela precisou do apoio incondicional destes, mas posteriormente seu nível de independência melhorou devido à assistência dos serviços terapêuticos locais. Assim que Lorna recebeu alta desses serviços, ela e seus pais queriam mais intervenções para maximizar seu potencial. Posteriormente, Lorna decidiu morar com seu novo parceiro. Na avaliação inicial, ela estava desempregada e pensava em procurar um emprego voluntário. Antes de sua lesão, Lorna ocupava um cargo de executiva de *marketing* em uma grande empresa – um cargo alto dentro da hierarquia desta, que exigia um bom nível de comunicação e habilidades matemáticas.

Avaliação Anterior

Lorna foi avaliada pelos serviços locais ao retornar à Inglaterra aproximadamente um ano após a lesão. Eles identificaram dificuldades no funcionamento visuoespacial, memória, iniciação, resolução de problemas, raciocínio e disfasia receptiva e expressiva (que também afetava a leitura e a escrita). Outros testes neuropsicológicos não foram realizados devido à gravidade da disfasia. Foram identificados problemas com o gerenciamento do humor, incluindo flutuações deste, controle da frustração e expressão da raiva. A observação funcional sugeriu erros dispráxicos que afetavam as habilidades motoras e de linguagem. Uma hemiparesia direita inicial parecia, no entanto, resolvida. Nessa época, ela era independente em relação aos cuidados pessoais, mas necessitava de supervisão, lembretes verbais e assistência física para a maioria das outras tarefas funcionais.

Avaliação detalhada

Lorna foi avaliada no Oliver Zangwill Centre (OZC) há mais de 5 anos após sua lesão. Depois de uma avaliação preliminar de um dia, ela retornou para uma avaliação detalhada, realizada ao longo de 2 semanas. As áreas abordadas na avaliação interdisciplinar foram as mesmas descritas nos Capítulos 13 e 15 a 21, bem como incluíram as discussões com o cliente e familiares, identificando os pontos fortes, fracos e possíveis metas para a reabilitação.

Autorrelato de Lorna sobre problemas e metas

Na avaliação preliminar, Lorna estava muito preocupada com suas dificuldades de comunicação. Com apoio durante a avaliação detalhada, ela identificou as seguintes metas:

a) Falar e ser capaz de escrever melhor;
b) Encontrar formas alternativas de se comunicar com as pessoas;
c) Cozinhar mais;
d) Controlar de alguma forma as flutuações de humor;
e) Aprender a relaxar.

Entrevista com a família

A mãe de Lorna disse que gostaria que sua filha tivesse a própria casa e vivesse de forma independente, bem como fosse capaz de se comunicar melhor, ler e escrever e que, em algum momento, pudesse voltar a trabalhar. Sua mãe também sugeriu metas para: (1) enfrentar as flutuações de humor; (2) permitir que a filha se acalmasse; (3) lembrar onde ela deixou algo; e (4) entender que as pessoas não a achavam estúpida, pois estas não sabiam que ela tinha dificuldades para se comunicar.

Avaliação neuropsicológica

As dificuldades de comunicação e a hemianopsia contribuíram para um padrão de desempenho em alguns testes que afetaram a confiança com a qual seria possível tirar algumas conclusões. Lorna participou de forma adequada do processo de avaliação, esforçando-se para ter o melhor desempenho possível, embora às vezes se sentisse um pouco frustrada por achar as tarefas difíceis. As dificuldades de comunicação de Lorna sugeriam que ela necessitava de informações verbais e, eventualmente, visuais para compreender as instruções da tarefa. Os resultados da avaliação cognitiva e de comunicação estão resumidos na Tabela 14.1.

Tabela 14.1 Escores da avaliação cognitiva e de comunicação.

Teste	Subteste	Escore
Teste de Memória Comportamental de Rivermead, versão estendida – RBMT-E	Reconhecimento de Figuras	3/4
	Reconhecimento de Faces	1/4
	Caminho (Recuperação imediata)	1/4
	Caminho (Recuperação tardia)	1/4
	Mensagens (Recuperação Imediata)	1/4
	Mensagens (Recuperação Tardia)	0/4
Bateria de Avaliação Comportamental da Síndrome Disexecutiva – BADS	Teste das Cartas de Alternar Regras	1/4
	Teste de Procurar Chaves	4/4
Teste de Antecipação Espacial de Brixton	Antecipação espacial	1 (comprometido)
Test of Everyday Attention – TEA[1]	Busca no Mapa 1	7 (médio inferior)
	Busca no Mapa 2	2 (comprometido)
	Contagem - Elevador	6 (limítrofe)
	Contagem - Elevador com Distratores	7 (médio inferior)
Behavioural Inattention Test - BIT	Cancelamento de Estrelas	53/54
	Bissecção de linhas	9/9
Bateria de Percepção de Objeto Visual e Espaço – VOSP	Teste de rastreio	16/20 (satisfatório)

---

[1] N.T.: Test of Everyday Attention é um instrumento que avalia a atenção seletiva, atenção sustentada e alternância atencional.

Teste	Subteste	Escore
	Letras Incompletas	20/20 (satisfatório)
	Decisão de Objeto	19/20 (satisfatório)
	Contagem de Pontos	10/10 (satisfatório)
	Discriminação de Posição	20/20 (satisfatório)
Teste de Reconhecimento de Emoções Faciais de Ekman e Friesen	Alegria	10/10 (satisfatório)
	Tristeza	7/10 (satisfatório)
	Raiva	2/10 (comprometido)
	Aversão	7/10 (satisfatório)
	Medo	1/10 (comprometido)
	Surpresa	7/10 (satisfatório)
Teste de Reconhecimento Facial de Benton	Escore da versão estendida	46/54 (satisfatório)
Bateria de Avaliação Neurológica para Terapia Ocupacional de Chessington – COTNAB (tela incluindo todos os seguintes subtestes de instruções)	Percepção visual – Figuras Sobrepostas	Habilidade = limítrofe Tempo = médio inferior Desempenho geral = limítrofe
Psycholinguistic Assessments of Language Processing in Aphasia – PALPA[2]	Emparelhamento Palavra Falada/Imagem	36/40 (4 erros semânticos próximos)
	Emparelhamento Palavra Falada/Palavra Escrita	(a) 5/15 (4 erros sinonímicos e 4 erros semânticos) (b) 9/15 (6 distratores sem relação)
	Compreensão Oral de Verbos e Adjetivos Compreensão Oral de Relações Locativas	23/41 e 26/41 5/24
	Emparelhamento Palavra Escrita/Imagem	23/40 – Erros variados

[2] N.T: Psycholinguistic Assessments of Language Processing in Aphasia é um instrumento que avalia as habilidades de processamento de linguagem em pessoas com afasia.

Teste	Subteste	Escore
	Emparelhamento Frase Oral/Imagem	31/60 – Erros: 11 de ordem inversa, 8 sublexicais e 6 de verbos lexicais
	Emparelhamento Frase Escrita/Imagem	25/6 – Erros: 7 de ordem inversa e 9 de verbos lexicais
	Nomeação Oral de Imagem	0/20
	Escrita por Ditar	0/20
Pyramids/palm trees - 3 picture version[3]		45/52
Classificação	Capacidade Construcional – Construção 2D	H = médio inferior
H = Habilidade		T = (comprometido)
T = Tempo		D = (comprometido)
D= Desempenho geral	Capacidade para Seguir Instruções Instruções Visuais	H = médio inferior T = (comprometido) D = (comprometido)

Funcionamento cognitivo geral

Foram aplicados três subtestes da *Bateria de Avaliação Neurológica para Terapia Ocupacional de Chessington – COTNAB* (sigla em inglês): *Figuras Sobrepostas, construção em 2D* e *Seguir Instruções Visuais*. Os escores refletiram certa lentidão para concluir as tarefas dadas e capacidade abaixo da média. Os resultados demonstraram comprometimentos persistentes no processamento visual de conceitos espaciais. Qualitativamente, Lorna parecia ter perseveração em suas respostas motoras. A incerteza quanto à possibilidade de isso ser decorrente das dificuldades em mudar o padrão mental ou das dificuldades visuais da memória operacional evidenciou a necessidade de mais investigações que serão descritas abaixo.

Memória

O desempenho de Lorna no *Teste de Memória Comportamental de Rivermead, versão estendida*, ou *RBMT-E* (sigla em inglês), indicou uma capacidade acima da

---

[3] N.T.: O T*este Pirâmides e Palmeiras a*valia a habilidade de acessar representações semânticas detalhadas de palavras por meio de figuras.

média no subteste de *Reconhecimento de Figuras*, mas uma capacidade inferior no subteste de *Reconhecimento de Faces*. Ela demonstrou dificuldades para se lembrar do caminho exato percorrido na sala imediatamente e após a passagem do tempo (*Recordação do caminho*), bem como para se lembrar das instruções (*Mensagens*). No entanto, o desempenho de Lorna nos subtestes de *Reconhecimento Visual* (Portas) e *Recordação Visual* (Formas) ficou na faixa média.

Atenção

Em um teste de atenção seletiva visual (*Busca no Mapa*), Lorna pontuou na faixa média no primeiro minuto, mas seu escore, no segundo minuto, ficou na faixa inferior. Essa diminuição no desempenho sugeriu uma dificuldade em manter a atenção ao longo do tempo, estando relacionada ao seu desempenho no subteste de *Contagem - Elevador*, que ficou na faixa limítrofe. Em um teste de atenção seletiva auditiva (*Contagem - Elevador com Distratores*), ela pontuou na faixa média. Nesses dois últimos subtestes, Lorna contou as cores com os dedos e mostrou quantas existiam após cada sequência apresentada. O uso dessa estratégia desafiou a validade dos resultados sendo, portanto, interpretado com cautela. Isso, entretanto, evidenciou uma abordagem estratégica para a resolução de problemas.

O desempenho de Lorna nos subtestes de *Cancelamento de Estrelas* e *Bissecção de linhas* do *Teste de Desatenção Comportamental* ou *BIT* (sigla em inglês) não indicou negligência ou desatenção, apesar de ela ter relatado que muitas vezes esbarrava nos objetos com o lado direito.

Funcionamento executivo (planejamento e resolução de problemas)

Lorna foi capaz de fazer um plano de ação eficaz e eficiente e de monitorar sua implementação no subteste de *Procurar Chaves* da *Bateria de Avaliação Comportamental da Síndrome Disexecutiva – BADS* (sigla em inglês). Esse resultado estava de acordo com seu comportamento em outras esferas da avaliação. No entanto, seu desempenho foi ruim no subteste de *Cartas de Alternar*. Ao examinar os resultados, era notório que Lorna usara a primeira regra durante a segunda tentativa. Não ficou claro se isso ocorreu devido a um mal-entendido acerca das instruções e, assim, esse resultado foi dúbio. Ela também apresentou dificuldade em identificar os padrões e pontuou na faixa indicando comprometimento no *Teste de Antecipação Espacial de Brixton*. Embora as dificuldades de compreensão possam ter influenciado o desempenho de Lorna nessas tarefas, as observações feitas durante a aplicação da *COTNAB* corroboram a conclusão de alguma dificuldade executiva com a formação e mudança do "padrão mental".

Percepção visuoespacial

Como mencionado anteriormente, Lorna relatou esbarrar constantemente nos objetos com o lado direito. Embora seu desempenho fosse satisfatório nos subtestes do *BIT*, sendo capaz de direcionar voluntariamente os olhos para a direita, ela parecia ter uma hemianopsia direita acentuada, afetando a detecção de alvos próximos da linha média em um teste experimental mais rigoroso. Um teste de rastreio utilizando itens selecionados da *Birmingham Object Recognition Battery*[4] não evidenciou dificuldades nos subtestes *Unusual Views Matching*[5] *Visual Object Decision*[6] ou *Association Matching*[7].

Lorna passou em todos os subtestes aplicados da *Bateria de Percepção de Objeto Visual e Espaço, VOSP* para a sigla em inglês (*Letras Incompletas, Decisão de Objeto, Contagem de Pontos* e *Discriminação de Posição*), sugerindo não haver grandes dificuldades visuoespaciais. Ao copiar a *Figura Complexa de Rey*, seu desempenho ficou na faixa normal. No entanto, ao desenhar um relógio analógico de memória, observamos que Lorna completou essa tarefa sem planejar totalmente os espaços necessários entre os números. Percebemos alguns erros no lado esquerdo do relógio, com o número "9" repetido duas vezes e grandes espaços entre os números "6" e "7" e "11" e "12". Nessa época, pensávamos que isso refletia as dificuldades executivas ou os problemas relacionados com o conhecimento numérico. Ela estava ciente disso no resultado final e indicou onde os números deveriam estar. Uma segunda tentativa, nessa tarefa, demonstrou uma melhora em seu desempenho. Ela encontrou dificuldades significativas em desenhar um avião de memória, levando aproximadamente 10 minutos e optando por desenhar uma figura simplificada. Ela não conseguiu desenhar uma bicicleta de memória, mas conseguiu desenhar uma flor e um cachorro. Esses resultados sugeriam possíveis dificuldades nos aspectos representacionais de sua cognição e um comprometimento no acesso às informações estruturais ou semânticas.

No *Teste de Reconhecimento de Emoções Faciais de Ekman e Friesen*, seus escores ficaram na faixa normal para todas as emoções, exceto raiva e medo.

Em geral, além da anomia severa, os resultados da avaliação neuropsicológica sugeriam que as principais dificuldades de Lorna eram a memória (semântica), formação e mudança do padrão mental, atenção sustentada e reconhecimento de emoções.

---

[4] N.T: A *Birmingham Object Recognition Battery* (BORB) é um instrumento que avalia os distúrbios neuropsicológicos do reconhecimento de objetos visuais.

[5] N.T.: *Unusual Views Matching* é um subteste do *BORB* no qual o mesmo objeto é apresentado a partir de duas perspectivas diferentes. O indivíduo deve, então, dizer se é o mesmo objeto ou não.

[6] N.T.: *Visual Object Decision* é um subteste do *BORB* que avalia o conhecimento perceptivo da forma visual dos objetos.

[7] N.T.: *Association Matching* é um subteste do *BORB* no qual o indivíduo deve avaliar relações funcionais entre dois objetos.

Avaliação do humor, ajustamento emocional e comportamento

Lorna relatou que a raiva era seu maior problema. Ela estava angustiada com isso e com seu impacto em outros indivíduos. Ela afirmou que gostaria de "seguir em frente", deixando de ficar com raiva, descobrir mais sobre o que a deixava assim e aprender algumas estratégias para gerenciá-la. A raiva de Lorna parecia estar muitas vezes associada à avaliação que ela fazia das respostas de outros indivíduos ou à frustração com as dificuldades de comunicação. Ela também tinha sintomas de ansiedade moderada e se descrevia como uma pessoa "extremamente preocupada". Esses fatores poderiam resultar em uma exacerbação da raiva ou avaliação imprecisa das reações de outros indivíduos que se perpetuada, talvez, devido às suas dificuldades em reconhecer as emoções faciais. Lorna procurava se manter ocupada, limpando a casa na ausência de outras tarefas, o que era entendido como uma maneira de lidar com a ansiedade/preocupação. Isso foi considerado uma estratégia de enfrentamento, consoante a um padrão mais amplo de enfrentamento relacionado à esquiva.

Avaliação da linguagem e comunicação

Lorna relatou que seus problemas de comunicação estavam principalmente relacionados a não ser capaz de "pronunciar uma palavra" e, em seguida, não ser capaz de "ouvir" os sons desta. Apesar de suas dificuldades, ela se comunicava bem utilizando uma combinação de comunicação verbal e não verbal.

O tipo de comprometimento decorrente da lesão, em conjunto com o autorrelato de Lorna e os resultados da avaliação linguística cognitiva, indicaram disfasia receptiva e expressiva. No nível neuropsicológico cognitivo, a avaliação por meio de subtestes selecionados das *Psycholinguistic Assessments of Language Processing in Aphasia – PALPA* (KAY et al., 1992) revelou dificuldades na compreensão de palavras isoladas, cometendo erros semânticos No *Emparelhamento Palavras Faladas/Imagens*. Na *Emparelhamento Palavras Faladas/Palavras Escritas*, foram novamente observadas dificuldades moderadas na semântica. Também ocorreram erros na compreensão de verbos, adjetivos e relações locativas, embora o último parecesse resultar de suas dificuldades com a inversão e não com a compreensão de preposições. Conforme esperado, foram observados erros em todas as tarefas que avaliavam a compreensão no nível da sentença.

Em termos expressivos, Lorna era incapaz de falar de forma espontânea, exceto contar de um até sete. Ela relatou que costumava contar até dez e não sabia ao certo por que isso não era mais possível. A tentativas nas tarefas de *Nomeação Verbal* não foram bem-sucedidas, embora ela pudesse dizer a funcionalidade de uma figura ou item. Nos testes que exploravam sua capacidade de soletrar ou ditar, ela foi capaz de dizer quantas letras tinha uma determinada palavra em várias ocasiões, mas, não obstante, seu desempenho foi ineficiente.

Lorna, em geral, se comunicava bem, apesar de utilizar pouquíssimos substantivos, além de gestos, expressão facial, desenhos e, eventualmente, soletração de parte de uma palavra-alvo.

Em situações contextuais e em ambientes comunicacionais da "vida real", ela utilizava as habilidades de comunicação no sentido mais amplo da palavra. Em suma, Lorna apresentou, portanto, déficits severos na linguagem expressiva e receptiva, mantidos pela dispraxia verbal e dificuldades de processamento auditivo.

Avaliação das habilidades de vida independente

Lorna acreditava ter um bom desempenho, embora continuasse frustrada com suas dificuldades comunicacionais que claramente influenciavam certos aspectos de seu dia a dia, tais como lidar com a correspondência, ler placas úteis, quadros de horário e receitas, e solicitar informações específicas. Nessa época, ela utilizava uma série de estratégias, mas não se sabia ao certo se outras intervenções poderiam melhorar sua independência, eficácia ou eficiência em determinadas tarefas. O preparo de refeições era uma área de interesse e exigia um maior apoio, talvez por meio do uso de fotografias ou cartões de sequenciamento visual para auxiliar o planejamento e a conscientização de normas de segurança. Avaliar o acesso aos recursos da comunidade, incluindo as atividades recreativas e a utilização de estratégias de memória, também foi identificado como algo a ser trabalhado na a intervenção.

Resumo da avaliação

Os resultados da avaliação são apresentados na Figura 14.1. O resumo da formulação da avaliação baseou-se no referencial teórico da Classificação Internacional de Funcionalidade, Incapacidade e Saúde (CIF) da Organização Mundial da Saúde – OMS (2001).

Programa de reabilitação de Lorna

Após a avaliação de 2 semanas, Lorna retornou para um programa intensivo de reabilitação de 24 semanas. Durante as 12 semanas iniciais, ela participou do programa intensivo no OZC, 4 dias por semana, a fim de desenvolver uma maior conscientização acerca de seus pontos fortes e dificuldades, bem como aprender maneiras de gerenciá-los de forma mais eficaz. Em seguida, houve um período de integração de 12 semanas na comunidade, que incluía menos tempo no OZC e mais tempo participando de atividades comunitárias para ajudar a garantir uma generalização efetiva dos ganhos. Neste capítulo, focamos especificamente o trabalho com a comunicação e o comprometimento cognitivo, vinculando-o de maneira sucinta à reabilitação funcional relacionada ao preparo de refeições e ao uso do transporte público.

Figura 14.1 Resumo interdisciplinar inicial da formulação da avaliação de Lorna.

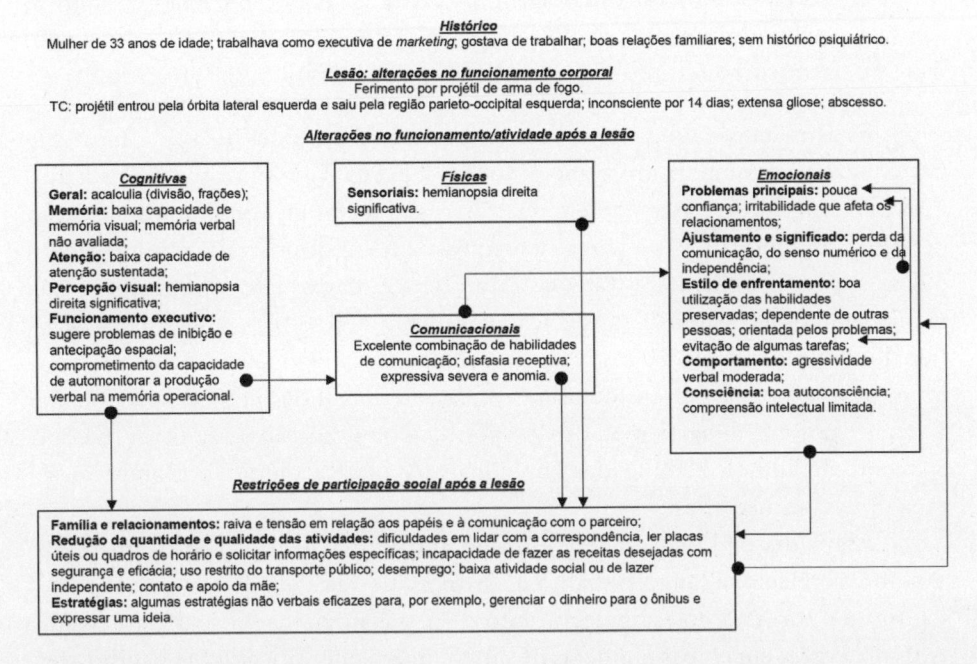

Histórico
Mulher de 33 anos de idade; trabalhava como executiva de *marketing*; gostava de trabalhar; boas relações familiares; sem histórico psiquiátrico.

Lesão: alterações no funcionamento corporal
Ferimento por projétil de arma de fogo.
TC: projétil entrou pela órbita lateral esquerda e saiu pela região parieto-occipital esquerda; inconsciente por 14 dias; extensa gliose; abscesso.

Alterações no funcionamento/atividade após a lesão

Cognitivas
Geral: acalculia (divisão, frações);
Memória: baixa capacidade de memória visual; memória verbal não avaliada;
Atenção: baixa capacidade de atenção sustentada;
Percepção visual: hemianopsia direita significativa;
Funcionamento executivo: sugere problemas de inibição e antecipação espacial; comprometimento da capacidade de automonitorar a produção verbal na memória operacional.

Físicas
Sensoriais: hemianopsia direita significativa.

Comunicacionais
Excelente combinação de habilidades de comunicação; disfasia receptiva; expressiva severa e anomia.

Emocionais
Problemas principais: pouca confiança; irritabilidade que afeta os relacionamentos;
Ajustamento e significado: perda da comunicação, do senso numérico e da independência;
Estilo de enfrentamento: boa utilização das habilidades preservadas; dependente de outras pessoas; orientada pelos problemas; evitação de algumas tarefas;
Comportamento: agressividade verbal moderada.
Consciência: boa autoconsciência; compreensão intelectual limitada.

Restrições de participação social após a lesão

Família e relacionamentos: raiva e tensão em relação aos papéis e à comunicação com o parceiro;
Redução da quantidade e qualidade das atividades: dificuldades em lidar com a correspondência, ler placas úteis ou quadros de horário e solicitar informações específicas; incapacidade de fazer as receitas desejadas com segurança e eficácia; uso restrito do transporte público; desemprego; baixa atividade social ou de lazer independente; contato e apoio da mãe;
Estratégias: algumas estratégias não verbais eficazes para, por exemplo, gerenciar o dinheiro para o ônibus e expressar uma ideia.

Estabelecimento de metas

As metas foram estabelecidas em conjunto com Lorna em duas grandes áreas: a primeira relacionada à participação social ou atividades funcionais significativas (por exemplo, utilizar o transporte público) e a segunda relacionada às habilidades e conhecimentos fundamentais (por exemplo, a capacidade cognitivo-linguística, compreensão e aceitação de sua lesão encefálica). As metas específicas estabelecidas no início do programa foram:

a) Lorna será capaz de preparar uma refeição noturna de sua escolha de forma segura e independente, utilizando os cartões com dicas visuais três vezes por semana;

b) Lorna demonstrará o uso regular de uma estratégia específica de planejamento a fim de monitorar o que ela precisa fazer;

c) Lorna será capaz de pegar um trem de Cambridge para Peterborough de forma independente a fim de visitar sua família e retornar empregando, para isso, estratégias específicas;

d) Lorna ampliará sua linguagem expressiva da(s) seguinte(s) maneira(s):

- utilizando substantivos não empregados antes do programa;
- utilizando um dispositivo de comunicação assistiva;
- utilizando uma estratégia de comunicação aumentativa ou comunicação não verbal;

e) Lorna relatará uma maior compreensão acerca de sua lesão encefálica, incluindo por que ela consegue realizar algumas tarefas e outras não, bem como ter informações que ela possa consultar no futuro.

Essas metas de longo prazo foram posteriormente divididas em metas de curto prazo pela equipe e em colaboração com a Lorna. Conforme mencionado nos capítulos anteriores, o trabalho em relação a essas metas incluiu uma combinação de sessões individuais e em grupo que consistiam em disponibilizar informações e desenvolver habilidades/estratégias a fim de abordar os fatores específicos que mantinham os obstáculos à consecução das metas. Nas sessões individuais, Lorna trabalhou a reabilitação cognitiva para problemas atencionais, executivos e comunicacionais e, nas sessões de psicoterapia, ela trabalhou questões relacionadas à raiva. Ela também participou dos grupos de Comunicação, Cognitivo, Gerenciamento de humor, Habilidades Funcionais, Apoio Psicológico e Compreensão sobre a Lesão Encefálica.

Além disso, Lorna recebeu apoio individual ininterrupto em metas funcionais relacionadas ao trabalho e às atividades da vida diária. Essas sessões seguiram o formato do estabelecimento de metas inicial, análise de tarefas (dividindo a meta em etapas ou metas de curto prazo), identificação de habilidades, estratégias ou recursos necessários, os quais foram confrontados com o entendimento de Lorna acerca de sua lesão e, posteriormente, o desenvolvimento de estratégias para compensar as dificuldades a fim de alcançar as metas de curto prazo. Essas etapas foram desenvolvidas em contato com outros profissionais da equipe de modo que a identificação de habilidades e estratégias, bem como de métodos de aprendizagem e mudança comportamental foram realizadas como um exercício interdisciplinar.

Nas seções a seguir, descrevemos em detalhes a reabilitação dos principais déficits de comunicação e senso numérico que têm por objetivo as atividades funcionais significativas. O objetivo é destacar: (1) como o resumo inicial da formulação da avaliação (Figura 14.1) fundamentou outras formulações baseadas em modelos específicos e testes de hipóteses em relação às deficiências principais; (2) a importância dos métodos de aprendizagem; e (3) como esse trabalho foi integrado àquele direcionado às metas funcionais significativas. Não são descritas aqui a psicoterapia para gerenciar a raiva e a baixa confiança, o trabalho de compreensão sobre a lesão encefálica, o desenvolvimento de uma estratégia de memória e planejamento, e os detalhes das metas de reabilitação funcional referentes às ações de cozinhar e viajar.

Reabilitação neuropsicológica cognitiva das habilidades de comunicação e senso numérico

Comunicação

Conforme concluímos na avaliação, Lorna apresentava uma dificuldade de comunicação persistente e complexa. Ela fora dispensada dos serviços anteriores de fonoaudiologia e não se esperava que fizesse qualquer outro progresso. Entretanto, ela continuava determinada a aprimorar suas habilidades de comunicação. Acreditava-se que seria possível ensinar Lorna a falar um número maior de palavras, embora houvesse dúvidas quanto à sua capacidade de generalizar qualquer nova aprendizagem realizada em seu dia a dia. A intervenção de Lorna foi, portanto, totalmente experimental, o que incluía alternar e combinar diferentes métodos e intensidades de tratamentos durante seu programa de reabilitação. Além da intervenção, examinamos o uso de um dispositivo de comunicação assistiva como uma alternativa, apesar de Lorna posteriormente ter recusado essa sugestão.

Abordagens para a reabilitação da afasia

Durante a avaliação, a abordagem neuropsicológica cognitiva foi eficaz para determinar os comprometimentos nos processos cognitivos. Isso estava principalmente relacionado à identificação de áreas de dificuldade, reveladas na avaliação formal a partir de um modelo de processamento de linguagem, e à possibilidade de formular hipóteses acerca das interações entre os diferentes processos. No entanto, para abordar a questão de *como* reabilitar, foi necessário examinar a literatura sobre as atuais abordagens de reabilitação para a afasia. Logo, as intervenções com Lorna foram baseadas nas abordagens existentes para o tratamento da afasia em conjunto com alguns dos princípios e técnicas sistematizados nas abordagens para o tratamento da dispraxia (Rosenbek, 1984). As abordagens para a afasia de particular relevância no trabalho com Lorna foram a terapia por contenção induzida para afasia (TCIA), que é relativamente nova, e a abordagem por estimulação de Schuell, que é mais tradicional (Duffy, 1986).

A TCIA foi descrita inicialmente por Pulvermuller *et al.* (2001) como uma técnica terapêutica que contribui para melhorar a linguagem oral dos pacientes com afasia crônica em um período de tempo relativamente curto. A técnica foi baseada nos princípios da prática intensiva, utilizando contenções a fim de forçar o paciente a executar as ações que ele geralmente evita e, assim, modelar. Meinzer *et al.* (2005) posteriormente replicaram este estudo e demonstraram que os resultados da TCIA poderiam ser generalizados para o dia a dia.

Em contrapartida, a abordagem por estimulação de Schuell poderia ser considerada mais tradicional, visto que é mais conhecida e tem sido aplicada por fonoaudiólogos com frequência desde seu início. Essa abordagem emprega a estimulação auditiva intensiva do sistema simbólico comprometido como a principal ferramenta para facilitar e potencializar a reorganização e a recuperação da linguagem do paciente. Os princípios gerais da reabilitação incluem uma estimulação auditiva intensiva por meio de estímulos adequados, repetição, evocação de respostas, oportunidades para o maior êxito possível, *feedback* sobre a precisão da resposta, intervenções sistemáticas e intensivas, e tarefas com um grau de dificuldade progressivo. Todos esses princípios foram aplicados na intervenção em um momento ou outro, em maior ou menor grau (Duffy, 1986). Os princípios das técnicas de terapia verbal de Rosenbek (1983) para a dispraxia foram aplicados concomitantemente com a abordagem por estimulação de Schuell. A intervenção foi desenvolvida durante o programa de reabilitação e dividida em três períodos de tratamento, os quais são discutidos a seguir em conjunto com os resultados obtidos após cada um desses períodos. Um princípio fundamental incorporado a cada tratamento foi o da intensidade deste. Isso estava em consonância com a abordagem da TCIA de Pulvermuller, sendo também destacado na revisão sistemática de Bhogal *et al.* (2003) sobre as relações entre a intensidade do tratamento e os resultados.

Tratamento 1: terapia por contenção induzida para afasia (TCIA)

A terapia por contenção induzida para afasia (TCIA) foi selecionada com base em estudos anteriores, como os mencionados acima (Pulvermuller *et al.*, 2001; Meinzer *et al.*, 2005), que utilizavam a TCIA com pacientes afásicos crônicos e obtiveram uma melhora significativa em um curto período de tratamento intensivo. O procedimento realizado com Lorna foi baseado naquele utilizado nesses estudos. Ela recebeu 15 horas de TCIA durante um período de 8 dias, com um intervalo de 3 dias após os 4 dias iniciais, recebendo no máximo 2 horas diárias de TCIA (uma média de 1,8 horas por dia). O tratamento seguia o formato de um jogo de comunicação, que incluía pares de cartas com fotografias de objetos distribuídas entre os jogadores (terapeuta, cliente e assistente). Os objetos utilizados incluíram 12 nomes de objetos que foram classificados de acordo com sua frequência e familiaridade e selecionados por Lorna devido à sua importância funcional em seu dia a dia. As interações exigiam fazer e reagir às solicitações. Foram colocadas telas entre os jogadores para impedir que estes vissem as cartas uns dos outros e usassem gestos não verbais. A tarefa conferida à Lorna era solicitar um cartão específico pelo nome e responder a um pedido de outro jogador com uma única palavra. Se ela não conseguisse nomear o cartão, uma alternativa forçada era apresentada a ela (por exemplo, "você quer uma colher ou um pão?"), encorajando-a a repetir as alternativas quando necessário. As técnicas de modelagem e repetição também foram empregadas quando uma resposta incorreta era dada a uma solicitação. Foi proibido o uso de frases estereotipadas e de comunicação não verbal.

Resultados 1

Após a seleção das palavras-alvo e uma vez iniciada a intervenção, era evidente que Lorna conseguia dizer uma das palavras da lista. Apesar disso, prosseguimos utilizando a lista existente e realizamos a intervenção. No final de duas semanas de aplicação da TCIA, Lorna conseguiu produzir outras duas palavras da lista original. Ela também conseguiu produzir os primeiros sons de outras nove palavras da lista.

Discussão 1

A resposta de Lorna a esse impulso inicial da terapia instilou nela e nos terapeutas um grau de otimismo, mas com certa cautela. Seu desempenho indicou que ela era capaz de aprender palavras novas quando apresentadas em uma intensidade adequada. O *feedback* recebido de seu parceiro foi obtido por meio do preenchimento de um formulário de monitoramento semanal no final do período de tratamento. Este revelou que as palavras recém-adquiridas foram utilizadas em seu ambiente doméstico, bem como fora das sessões de tratamento e do OZC, fornecendo algumas evidências do início de sua generalização. Se foi a técnica do TCIA ou a intensidade do tratamento que influenciou qualquer alteração é algo ainda a ser respondido. Logo, o próximo passo sensato na intervenção parecia ser testar essa hipótese.

Tratamento 2: TCIA e terapia tradicional

Concordou-se, portanto, que a segunda fase da intervenção teria por objetivo dois grupos adicionais de palavras classificadas de acordo com a frequência e familiaridade. Essas palavras foram novamente selecionadas por meio de discussões com Lorna e seu parceiro em função da possibilidade de provocar mudanças funcionais em sua capacidade de comunicação. Foram selecionadas 18 palavras, divididas em 2 grupos. O primeiro grupo de palavras foi trabalhado utilizando a abordagem da TCIA, conforme descrito acima. O segundo grupo de palavras foi obtido utilizando a abordagem terapêutica mais "tradicional" de Schuell, incluindo a divisão de palavras e sílabas, exercícios de discriminação auditiva, exercícios de repetição articulatórios com combinações de consoantes e vogais, baseadas na palavra-alvo, e *feedback* visual, tátil e auditivo. Ambos os conjuntos de palavras foram trabalhados na mesma sessão de 1 hora, 1 ou 2 vezes por dia, com a mesma duração para cada abordagem durante 1 sessão. O objetivo desse tratamento foi distinguir com mais clareza se um aumento na capacidade de nomeação era independente da técnica de terapia utilizada, sendo, então, um resultado da intensidade da própria terapia.

Resultados 2

O resultado após duas semanas foi que Lorna não adquiriu nenhuma das nove palavras utilizadas na intervenção com a TCIA e foi capaz de aprender sete dos nove sons iniciais. O resultado foi semelhante àquele obtido com as técnicas terapêuticas tradicionais. Ela conseguiu aprender os sons iniciais de todas as nove palavras.

Discussão 2

O fraco desempenho em ambas as abordagens após essa segunda fase levou à conclusão de que nenhuma das terapias foi eficaz em relação à intensidade utilizada. Isso dificultava avaliar se as alterações anteriores na nomeação de Lorna resultavam da intensidade do estímulo ou do método de tratamento. Entretanto, dado o nível de desempenho após a primeira fase da intervenção, este sugeriu a possibilidade de que a intensidade do tratamento poderia ter um efeito. Acreditava-se que isso permanecia como uma questão relevante, a qual precisava ser ainda mais explorada e esclarecida por meio da verificação da eficácia da terapia tradicional quando aplicada na mesma intensidade que a TCIA na primeira fase do tratamento. O próximo estágio da intervenção, portanto, envolveu a aplicação de métodos terapêuticos mais tradicionais, conforme descrito na segunda fase de tratamento, na mesma intensidade que a TCIA, descrita na primeira fase deste.

Tratamento 3: terapia tradicional intensiva

No tratamento 3, Lorna recebeu novamente a terapia tradicional intensiva (descrita acima) por um período de 2 semanas. Lorna e seu parceiro, mais uma vez, selecionaram 12 palavras e classificaram-nas de acordo com a frequência e familiaridade em conjunto com o primeiro grupo de palavras utilizado na fase de TCIA do tratamento. Ela recebeu, então, 15 horas de terapia tradicional por um período de 8 dias, com um intervalo de 3 dias após os 4 dias iniciais e com, no máximo, 2 horas diárias (uma média de 1,8 horas por dia). Na semana inicial, foram selecionadas 6 palavras, 3 na primeira sessão e 3 na segunda sessão de cada dia, e 6 palavras na semana seguinte da mesma maneira. A justificativa para tanto era simular a exposição de Lorna ao mesmo número de palavras novas utilizadas com a TCIA na primeira fase do tratamento. As técnicas terapêuticas tradicionais novamente empregadas incluíram exercícios de repetição, *feedback* tátil e visual (espelhamento), divisão de palavras em sons e sílabas, uso de símbolos para representar sons e *feedback* auditivo por meio de fitas de áudio e pares mínimos. Além disso, Lorna foi encorajada a utilizar as palavras de forma isolada, bem como nos níveis da sentença e conversacional por meio de tarefas cujo objetivo era fazer perguntas e completar frases. Seu parceiro, mais uma vez, preencheu os formulários de monitoramento para cada semana, observando se essas palavras recém-adquiridas eram empregadas na comunicação do dia a dia.

Resultados 3

Na fase final de intervenção, na qual foram utilizadas as técnicas terapêuticas tradicionais, Lorna demonstrou uma melhora significativa. Antes de iniciar a intervenção, ela não conhecia nenhuma das 12 palavras selecionadas para o tratamento. No final do período de 2 semanas, ela adquiriu todas as 12 palavras-alvo e era capaz de empregá-las em resposta às perguntas, bem como em tarefas de completar frases e em frases curtas.

Discussão 3

Os resultados sugerem que a abordagem de tratamento tradicional intensiva se mostrou mais eficiente para Lorna, apesar do tempo transcorrido após a lesão. Isso estava em consonância com os relatos na literatura (Poeck et al., 1989). As implicações para a prática clínica são discutidas em conjunto com os aspectos da abordagem de reabilitação holística que influenciaram o desempenho.

Discussão geral

Apesar dos resultados bem-sucedidos com os clientes com disfasia, no caso de Lorna, a TCIA não se mostrou eficaz para provocar mudanças na produção oral. Ela respondeu melhor às técnicas terapêuticas tradicionais durante os períodos apropriados de tratamento e, quando isso foi oferecido com a mesma intensidade que a TCIA na primeira fase, o resultado também foi melhor do que aquele obtido com a TCIA. As observações de Lorna, bem como seus comentários sugeriam que os métodos tradicionais eram favorecidos porque ela conseguia participar mais das sessões de tratamento. O tratamento tradicional exigia escuta ativa, desenvolvendo habilidades de processamento auditivo e produção nos níveis de som, sílaba e palavra. O sucesso foi talvez mais fácil de ser identificado, porque, mesmo que parte da palavra-alvo fosse produzida corretamente para Lorna, isso significava progresso. Na TCIA, o sucesso foi mais difícil de se alcançar, pois eram aceitas como bem-sucedidas apenas as palavras-alvo. A severidade do problema de Lorna significava que ela precisava trabalhar mais para obter sucesso e inevitavelmente achava a tarefa mais frustrante. As interações na tarefa da TCIA também eram mais restritas, visto que somente fazer solicitações e responder a elas eram aceitas. Isso, de certo modo, limitou o tipo e a qualidade da interação entre o cliente e o terapeuta. Ser proibida de usar a comunicação não verbal e reduzir o contato visual restringiram ainda mais as interações. Isso, por sua vez, era contrário ao estilo natural e preferido de comunicação de Lorna, que também pode ser visto como um ponto forte relativo, já que se tratava de uma estratégia de comunicação simples. Logo, a TCIA limitou a capacidade de Lorna de empregar essas habilidades, mesmo que fosse apenas para se engajar no processo de tratamento de uma forma mais descontraída.

Também é possível que o sucesso da Lorna após a terceira fase de tratamento possa ser atribuído em parte à influência do restante do programa de reabilitação holística, no qual a terapia de comunicação ocorreu. Embora não avaliado formalmente, é interessante refletir sobre até que ponto as melhoras no ajustamento emocional, o aumento do afeto positivo e a autoconfiança puderam atuar como um catalisador para provocar mudanças no funcionamento cognitivo, que são o objetivo de uma reabilitação orientada para a compensação. Isso também pode ter sido um processo bidirecional, pois Lorna conseguiu generalizar suas conquistas na comunicação para outras áreas da reabilitação. Por exemplo, as palavras-alvo das intervenções de comunicação foram parcialmente selecionadas com base em seu uso em atividades funcionais significativas, especificamente nas atividades de vida diária, tais como cozinhar e viajar. Isso não apenas consolidou a aprendizagem, mas facilitou a generalização das palavras aprendidas no contexto de treinamento para essas atividades funcionais. Não foi observada uma generalização de habilidades cognitivo-linguísticas fundamentais para a produção de palavras não selecionadas no treinamento. Lorna não foi capaz de generalizar em um nível sonoro ou silábico. As reavaliações formais mostraram que não houve uma melhora geral da capacidade de linguagem expressiva ou receptiva. No entanto, durante todo o período de intervenção, Lorna demonstrou a capacidade de aprender, apesar do tempo transcorrido após a lesão.

No final do programa, acreditava-se, portanto, que ainda era possível avançar. Lorna foi posteriormente encaminhada para os serviços locais e, talvez o mais importante, foi que sua mãe foi instruída quanto aos princípios gerais da técnica terapêutica tradicional. Ela conseguiu continuar trabalhando com Lorna depois que esta concluiu seu programa de reabilitação. Uma reavaliação posterior do progresso de Lorna revelou que ela continuava aprendendo, com o apoio da mãe, outras palavras importantes para ela em seu dia a dia, tais como os nomes dos familiares.

O senso numérico de Lorna

Durante uma avaliação do preparo de refeições/alimentos, observou-se que Lorna tinha dificuldade para entender as frações. Logo, várias avaliações foram realizadas para investigar seu senso numérico. O objetivo da avaliação era determinar até que ponto sua dificuldade com os números resultava de suas dificuldades de linguagem ou de um déficit adquirido no processamento numérico e, assim, planejar uma reabilitação adequada.

A acalculia é um distúrbio das habilidades de processamento numérico e de cálculo que pode ser adquirido após uma lesão encefálica (Van Harskamp; Cipolotti, 2001). Caporali *et al.* (2000) investigaram a acalculia em pacientes com lesões vasculares no hemisfério esquerdo. Eles descobriram que uma recuperação parcial poderia ocorrer nos primeiros meses após o acidente vascular encefálico (AVE), atingindo posteriormente uma estabilidade ou declínio. Eles verificaram que essa recuperação não dependia da gravidade inicial. Eles também relataram que a recuperação dos distúrbios de cálculo se correlacionava com a recuperação da compreensão auditiva. Foi sugerido que os problemas aritméticos eram comuns após uma lesão encefálica, pois as habilidades numéricas eram extremamente sensíveis às disfunções (Girelli; Seron, 2001). Os mesmos autores observaram que a reabilitação de distúrbios aritméticos exigia um diagnóstico detalhado, baseado na avaliação teórica das habilidades do paciente. Resumimos brevemente aqui as publicações relevantes para a avaliação e reabilitação.

Antecedentes da avaliação da acalculia

Modelos

O modelo de processamento numérico e cálculo de McCloskey *et al.* (1985), apresentado na Figura 14.2, sugere que existem mecanismos diferentes para a compreensão e produção dos números. Os componentes de processamento são muito específicos, possuindo diferentes mecanismos que processam os algarismos arábicos e verbais. O processamento lexical no sistema verbal também é subdividido para elucidar os componentes de processamento fonológico e grafêmico.

McCloskey *et al.* (1985) descrevem como o cálculo pode ser iniciado, se necessário, após a compreensão do número (ver Figura 14.3). Eles sugerem que o sistema de cálculo possui três componentes principais (Figura 14.4). O primeiro é a capacidade de processar o símbolo da operação (ou seja, +, -, ×, ÷), que permite a identificação do cálculo a ser realizado. O segundo é a recuperação dos fatos aritméticos básicos – respostas a problemas aritméticos elementares que são armazenadas como fatos e, portanto, requerem representações em nossa memória semântica (Hittmair-Delazer *et al.*, 1994). O terceiro é a capacidade de executar os procedimentos de cálculo, tais como aqueles necessários para resolver corretamente os problemas com vários dígitos.

Figura 14.2 Representação esquemática dos processos numéricos envolvidos na divisão entre os subsistemas de compreensão numérica e produção de números, baseada naquela apresentada por McCloskey *et al.* (1985, p. 174) e reimpressa com permissão de Elsevier.

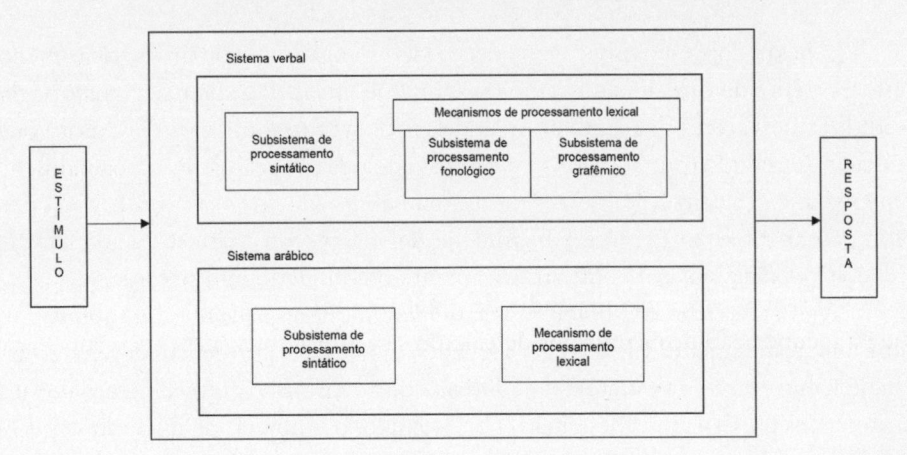

Figura 14.3 Representação esquemática dos subsistemas de compreensão numérica, produção de números e cálculo, baseada em McCloskey *et al.* (1985, p. 173) e reimpressa com permissão de Elsevier.

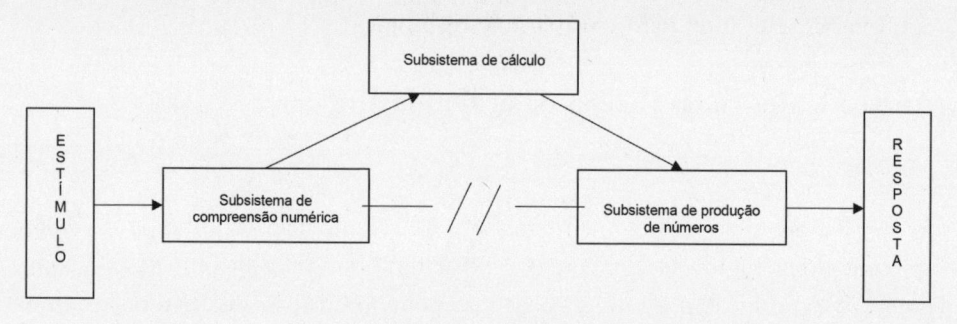

Algumas evidências têm sido apresentadas para corroborar esse modelo de cálculo (McCloskey *et al.*, 1985; Cipolotti; Costello, 1995; Delazer *et al.*, 1999; Sandrini *et al.*, 2003; Basso *et al.*, 2005).

Avaliação

Levin (1979) descreve uma abordagem para a avaliação da acalculia, baseada em Benton (1963), que consiste em testes breves comparando as formas auditivas e escritas de apresentação e resposta. Os testes visam à compreensão numérica, apresentada de diferentes formas (verbal auditiva ou verbal visual, algarismos arábicos ou pontos), à capacidade de contagem e aos cálculos aritméticos. Esse método de avaliação possibilita a identificação de habilidades específicas que, ao serem associadas ao modelo de McCloskey *et al.* (1985) apresentado acima, permite uma avaliação clínica em relação aos componentes específicos preservados e comprometidos do referido modelo.

Reabilitação da acalculia

Apesar do desenvolvimento de modelos cognitivos de aritmética, menos esforços têm sido direcionados a uma reabilitação eficaz da acalculia. A maioria dos estudos atuais acerca da reabilitação tende a focar a transcodificação numérica ou o cálculo (Girelli; Seron, 2001). As estratégias adotadas na reabilitação normalmente envolvem a "substituição" (utilizando uma habilidade cognitiva preservada para compensar internamente uma habilidade deficitária) ou práticas e exercícios de repetição exaustivos para ensinar novamente o conhecimento perdido.

Van Harskamp e Cipolotti (2003) sugerem que os pacientes que apresentam um comprometimento seletivo para a recuperação de fatos aritméticos devem receber apoio na utilização de estratégias de *backup* que envolvam o conhecimento de fatos aritméticos preservados. Eles citam, por exemplo, o emprego de uma estratégia de adição para compensar o comprometimento na recuperação de fatos da multiplicação. Van Harskamp e Cipolotti (2003) também descrevem uma intervenção baseada em treinamento realizada por Deloche *et al.* (1989). O treinamento envolvia ensinar novamente o passo a passo de regras explícitas de transcodificação por meio do uso de dicas coloridas e quadros com vocabulário a fim de auxiliar o paciente a converter os numerais arábicos em numerais verbais escritos. Essa intervenção foi considerada bem-sucedida após o treinamento e após sete semanas de acompanhamento.

Girelli e Seron (2001) apresentam dados de sua eficácia sugerindo que, embora os pacientes não tivessem uma completa recuperação, eles demonstravam os benefícios do treinamento. Eles também observam que os efeitos do treinamento foram mantidos e, em alguns casos, generalizados espontaneamente. Uma vez que a reabilitação deve ter como objetivo ajudar os clientes a melhorar sua participação social, a generalização formal dos ganhos em situações funcionais não deve ser ignorada. Para esse fim, Girelli e Seron (2001) sugerem que a reabilitação do conhecimento numérico deve tentar incluir tarefas mais ecologicamente válidas, dadas as dificuldades que as pessoas enfrentam no dia a dia após perderem as habilidades numéricas (por exemplo, manusear dinheiro).

Realizamos nossa avaliação do senso numérico de Lorna segundo os modelos apresentados acima. O primeiro objetivo era entender as dificuldades funcionais com os números à luz de um modelo basilar de capacidade de cálculo, bem como considerar as alternativas adequadas para a reabilitação, incluindo as estratégias de treinamento e compensação, quando oportunas. Nosso segundo objetivo era contribuir para a generalização dessas habilidades por meio da integração de áreas de metas funcionais.

Avaliação da acalculia de Lorna

Método

Conforme descrito acima, o modelo de McCloskey *et al.* (1985) foi utilizado para orientar a avaliação. As tarefas de Levin (1979), por sua vez, foram empregadas para avaliar a capacidade de acordo com os aspectos específicos do modelo supracitado. Em relação à compreensão numérica, foram utilizadas as tarefas de 1 a 6 de Levin (ver Tabela 14.2), que abordam as apresentações auditivas e visuais. O sistema de cálculo, segundo o modelo de McCloskey, destaca três processos principais, conforme descrito na Figura 14.4.

O processamento do símbolo da operação foi avaliado por meio da comparação da capacidade de Lorna nas quatro operações aritméticas (+, -, ×, ÷) na tarefa 10 de Levin, as quais foram representadas por algarismos arábicos e pontos, conforme descrito por McCloskey e Macaruso (1995). As tarefas 9, 11 e 12 de Levin não foram aplicadas devido às dificuldades de comunicação de Lorna. A recuperação dos fatos

Figura 14.4 Sistema de cálculo, baseado naquele apresentado por McCloskey *et al.* (1985) e reimpresso com permissão de Elsevier.

Sistema de cálculo

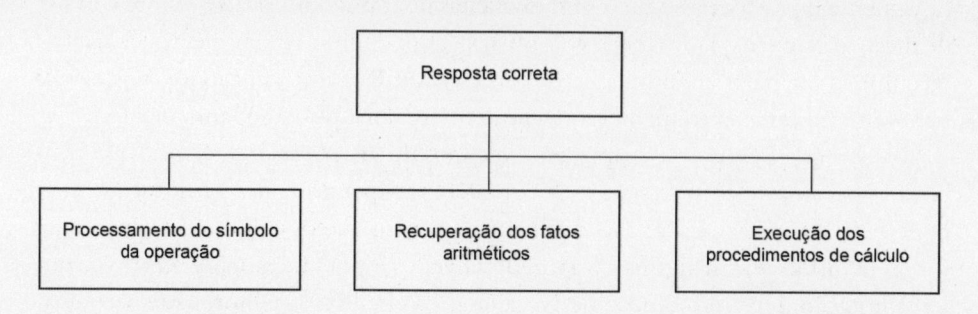

```
                    ┌─────────────────┐
                    │ Resposta correta│
                    └─────────────────┘
          ┌────────────────┼────────────────┐
┌───────────────────┐ ┌──────────────────┐ ┌──────────────────┐
│ Processamento do  │ │ Recuperação dos  │ │   Execução dos   │
│ símbolo da operação│ │ fatos aritméticos│ │ procedimentos de │
│                   │ │                  │ │      cálculo     │
└───────────────────┘ └──────────────────┘ └──────────────────┘
```

aritméticos foi avaliada por meio de tarefas como aritmética simples, recordação da tabuada e contagem (simples, inversa e de dois em dois), conforme descrito nas tarefas 7 e 8 de Levin. Um conjunto de tarefas complementares (ver Tabela 14.3) foi elaborado para avaliar a compreensão da fração, visto que esse tipo de dificuldade foi observado em uma atividade funcional e não está incluído nas abordagens de Levin ou McCloskey. As frações foram apresentadas em algarismos arábicos. Dois tipos de modalidade de resposta foram representados nas tarefas: questão de múltipla escolha, na qual se associa uma fração numérica a uma figura sombreada, e sombrear uma fração em círculo para representar uma determinada fração numérica.

Durante toda a avaliação, Lorna desenhava o número na palma da mão ou levantava os dedos para representar a resposta quando não conseguia responder oralmente.

Resultados

Compreensão e expressão numérica

O desempenho de Lorna na avaliação de processamento numérico (ver Tabela 14.2) revelou uma grande dificuldade em compreender os números apresentados de forma auditiva e um acentuado comprometimento na produção oral dos números, consoante aos comprometimentos de comunicação descritos anteriormente. Entretanto, ela conseguiu copiar os números escritos, reconhecer qual entre dois números era o maior quando estes eram apresentados na forma numérica visual, e contar de "um" até "oito".

Contagem e recuperação dos fatos numéricos

Lorna conseguiu contar até o número oito na ordem direta quando solicitada, começando a partir do "um". Ela foi incapaz de contar de dois em dois ou na ordem inversa. Seu desempenho na contagem inversa, na contagem de dois em dois e nas tarefas de cálculo também destacou alguns déficits na recuperação dos fatos numéricos.

Cálculo

Lorna foi avaliada em cálculos aritméticos básicos representados por meio de algarismos arábicos (por exemplo, "3 + 1") e pontos (por exemplo, "••• + •"). Verificou-se que ela não teve dificuldade na multiplicação simples representada por ambas as modalidades de estímulo. Ela cometeu 1 erro na subtração devido à resposta que exigia um número negativo ("3 - 4 = -1"), não conseguindo realizar essa tarefa. Nos cálculos envolvendo a adição, 3 erros foram cometidos em 12 perguntas, sendo que 2 estavam no formato de pontos e 1 no formato de algarismo arábico, no qual a resposta necessária se encontrava na casa das centenas. Contrastando com as dificuldades muito moderadas na adição, subtração e multiplicação, Lorna demonstrou uma dificuldade acentuada com as questões de divisão, respondendo corretamente a 2 dos 10 problemas apresentados por meio de pontos e numerais.

Conhecimento sobre frações

Observou-se que Lorna teve uma grande dificuldade nas tarefas envolvendo frações, as quais exigiam que ela sombreasse as frações escritas ou associasse uma fração numérica a uma figura sombreada. A Tabela 14.3 mostra seu desempenho em ambas as questões, "colorindo" e "associando as frações".

Discussão

A partir dos resultados de nossa avaliação inicial da capacidade de processamento numérico de Lorna, podemos dizer que ela tinha algum déficit no processamento numérico auditivo consoante às dificuldades de comunicação. Seu desempenho sugeria que ela ainda possuía um grau de conhecimento numérico, o qual era evidente caso as perguntas fossem apresentadas em uma modalidade que se adaptasse aos déficits de sua linguagem (por exemplo, copiar números e reconhecer qual entre dois números era o maior, quando apresentados visualmente).

Lorna tinha déficits na recuperação de fatos numéricos observados em algumas avaliações. Apesar das dificuldades de linguagem, ela conseguia contar até oito, embora não pudesse contar de dois em dois ou na ordem inversa dentro desse intervalo numérico. Isso poderia sugerir um déficit no conhecimento conceitual numérico, pois a contagem inversa e a contagem de dois em dois seriam representadas pelo conhecimento semântico.

Em suas habilidades de cálculo, foi encontrado um comprometimento seletivo para os cálculos de divisão simples em conjunto com alguma dificuldade moderada em outras áreas.

Lorna demonstrou uma dificuldade peculiar na avaliação de fração. Ela somente conseguia responder de maneira correta e segura às perguntas que descrevessem um todo, uma metade ou um quarto. Seu escore foi um pouco melhor em uma tarefa com respostas de múltipla escolha, porém, seu desempenho era irregular.

A partir da avaliação, a dificuldade de Lorna com os números pode ser mapeada segundo o modelo de processamento numérico de McCloskey *et al.* (1985): primeiro, há uma clara discrepância entre a compreensão e expressão do algarismo em sua forma auditivo-verbal e arábico. Lorna tinha, especificamente, dificuldade para produzir e entender os números orais (processamento fonológico) consoantes às suas dificuldades de comunicação.

De acordo com o modelo de cálculo, Lorna parecia ter dificuldade com alguns aspectos da recuperação de fatos numéricos. Ele apresentava um comprometimento seletivo para os cálculos de divisão e frações. Outras funções de cálculo foram consideradas preservadas.

A reabilitação dos déficits específicos de senso numérico e cálculo de Lorna

Lorna fez sessões de fonoaudiologia para aumentar sua produção oral de números, conforme descrito anteriormente neste capítulo. Em relação ao déficit de cálculo, sua meta era recuperar o entendimento das frações e se sentir mais confiante com os números. Também foi considerada a possibilidade da aplicação de quaisquer habilidades adquiridas em situações funcionais relacionadas ao preparo de refeições/alimentos e ao uso do transporte público. Dessa forma, o trabalho descrito aqui contribuiu para os planos de ação nessas áreas de metas funcionais mais amplas.

Método

Um estudo de caso único anterior/posterior à intervenção foi utilizado para avaliar a eficácia do programa de treinamento. Dada a identificação de déficits no processamento numérico relacionados ao cálculo (divisão) e a relevância funcional da compreensão de frações, principalmente para cozinhar, o foco do treinamento foi recuperar o conhecimento de frações elementares. Refletiu-se também acerca dos métodos de aprendizagem e, seguindo as recomendações de Girelli e Seron (2001), adotou-se uma abordagem sem erros. No entanto, uma vez que o aumento da codificação ou do processamento poderia aumentar a memorização das informações-alvo, a condição para a aprendizagem sem erros precisava envolver um processamento que exigisse mais esforço na tarefa de treinamento.

As avaliações anteriores e posteriores à intervenção consistiram na reavaliação das habilidades descritas acima.

Na intervenção de treinamento, Lorna foi apresentada às frações numéricas e a uma figura dividida por linhas possibilitando a representação visual das frações (por exemplo, um quadrado dividido em quatro células). Foi mostrada a ela qual figura sombreada correspondia à fração-alvo. Para potencializar a aprendizagem dessas informações por meio de um processamento sem erros, Lorna foi instruída a sombrear na área apropriada a fim de que esta coincidisse com a fração-alvo. Após algumas sessões com essa abordagem, era notório que ela estava conseguindo associar espontaneamente a figura sombreada à fração escrita. Ela perguntou se o significado dos números na fração escrita poderia ser explicado. Logo, as sessões de reabilitação focaram a explicação do significado do numerador e do denominador. A abordagem dessas sessões permitiu que Lorna dividisse diferentes figuras de acordo com o denominador e sombreasse a quantidade indicada pelo numerador. Era notório, no início dessas sessões, que ela estava começando a recuperar sua confiança nos números e gostava do treinamento, pedindo que fossem dadas tarefas mais desafiadoras.

Resultados

No final do programa de treinamento, o conhecimento de Lorna sobre as frações, seu processamento numérico e o cálculo foram reavaliados. Esses dados são apresentados na Tabelas 14.2 e 14.3.

Tabela 14.2 Resultados da avaliação do processamento numérico antes e após o treinamento, seguindo o método de Levin (1979), baseado em Benton (1963), com modificações feitas para explicar as dificuldades de comunicação de Lorna.

Tarefa	Estímulos	Antes do treinamento	Após o treinamento
Processamento numérico			
1. Reconhecer qual entre dois números é o maior	Visual – algarismo	6/6	6/6
2. Reconhecer qual entre dois números é o maior	Auditivo	0/6	4/6
3. Ler os números em voz alta	Visual – algarismo	8/10	10/10
4. Apontar para os números escritos a partir de uma apresentação oral	Auditivo	3/9	5/9
5. Escrever os números a partir de um ditado	Auditivo	2	13

Tarefa	Estímulos	Antes do treinamento	Após o treinamento
6. Copiar	Visual – algarismo	12/12	12/12
Capacidade de contagem/ recuperação dos fatos numéricos			
7. Contar de 1 a 20	Instrução verbal	8/20	10/20
Contar em ordem inversa	Instrução verbal	0/20	20/20
Contar de 2 em 2	Instrução verbal	0/10	10/10
8. Contar uma sequência de pontos	Visual (pontos)	8/12	10/12
Cálculos/operações			
9. Cálculo aritmético oral	Verbal	Não aplicada	
10. Cálculo aritmético escrito	Visual – algarismo	Total	Total
Adição	Algarismo	6/7	7/7
	Pontos	3/5 9/12	5/5 12/12
Subtração	Algarismo	4/5	5/6
	Pontos	5/5 10/11	5/5 10/11
Multiplicação	Algarismo	6/6	6/6
	Pontos	4/4 10/10	4/4 10/10
Divisão	Algarismo	1/6	5/6
	Pontos	1/4 2/10	4/4 9/10
Total		31/43	41/43
11. Capacidade de raciocínio aritmético		Não aplicada	
12. Memória imediata para cálculos		Não aplicada	

Tabela 14.3 Desempenho de Lorna na avaliação de frações antes e após o treinamento. Observação: (★) significa que não há resultado, pois Lorna não conseguiu concluir os testes devido ao grau de dificuldade.

Fração-alvo	Modalidade de resposta	Antes do treinamento	Após o treinamento
	Colorir		
1		√	√
$1/2$		√	√
$1/3$		x	√
$1/4$		√	√
$1/5$		x	√
$2/3$		x	√
	Associar a figura à fração		
$1/1$		√	√
$1/2$		√	√
$1/3$		√	√
$1/4$		x	√
$2/5$		★	√
$4/6$		★	√
$4/10$		★	√
$2/8$		★	√
Cálculos com frações	Escrever ou desenhar		
$1/2 + 1/2$		★	√
$1/4 + 1/4$		★	√
$1/3 + 2/3$		★	√
$1 - 1/4$		★	√
$1/2 - 1/4$		★	√
$3/4 - 1/4$		★	x
$6/8 - 2/8$		★	x

Lorna foi capaz de reconhecer as frações, incluindo metades, terços, quartos, quintos, sextos, oitavos e décimos. Nessa ocasião, ela também foi apresentada a cálculos simples com frações. Ela foi capaz de resolver as questões de adição e subtração quando as frações eram apresentadas por meio de figuras. Entretanto, ela não conseguiu responder corretamente quando as perguntas estavam em algarismos arábicos (ver Tabela 14.3).

O desempenho da Lorna na avaliação de frações antes e após o treinamento, bem como sua capacidade de executar cálculos aritméticos simples melhorou quando testada novamente. O resultado é categórico ao sugerir que o treinamento que Lorna recebeu no reconhecimento, entendimento e cálculo de frações generalizou sua capacidade de usar a divisão. Uma melhora no processamento numérico também foi evidente, indicando um progresso na compreensão numérica, na recuperação de fatos numéricos ou na reaprendizagem. É possível que o avanço obtido por ela nessas áreas tenha ocorrido em decorrência da reabilitação da comunicação. Em termos funcionais, próximo ao final do programa de treinamento, observou-se que, durante as sessões de preparo de refeições/alimentos, Lorna melhorara ao dizer palavras como "meio" e "quarto" enquanto cortava uma omelete e uma pizza, demonstrando alguma generalização da aprendizagem desses conceitos, embora isso não tivesse sido avaliado formalmente.

Discussão

Comparado aos resultados da avaliação inicial, parecia haver uma melhora no processamento numérico (compreensão e produção). Nossas análises específicas destacaram melhoras significativas na capacidade de cálculo antes e após do treinamento.

Alguns avanços pareciam estar presentes em relação ao processamento numérico de Lorna, mais precisamente em relação ao processamento fonológico dos números. De acordo com o modelo de cálculo, foi observada uma melhora na recuperação de fatos numéricos e na contagem, bem como nos cálculos de divisão.

É provável que as mudanças na compreensão e produção numérica estejam relacionadas à intervenção na comunicação que se ocupou especificamente com a reabilitação dessas habilidades, além do automonitoramento do estímulo e resposta verbais. O progresso na capacidade de cálculo foi principalmente associado àquele obtido na divisão. Esse resultado é interessante, pois o conhecimento da divisão não era o foco direto da intervenção, embora o entendimento dela possa ter sido aprimorado por meio da reabilitação do conhecimento de frações e do desenvolvimento da compreensão do numerador e denominador.

A capacidade de Lorna de processar os números orais parecia ter melhorado, conforme demonstrado pela sua capacidade de reconhecer qual entre dois números era o maior e de escrever os números a ela ditados. Sua recuperação de fatos numéricos em uma tarefa de contagem regressiva, a partir de 20, e de 2 em 2, que antes ela era incapaz de realizar, melhorou significativamente. Como essa área não era o foco do treinamento de frações e de sua comunicação, é difícil explicar esse resultado. É possível que Lorna não tenha realizado a tarefa na avaliação inicial devido à baixa confiança e que a mudança nesta tenha sido fundamental para o que parece ser uma mudança no senso numérico.

Conclusão

Lorna apresentava déficits específicos no senso numérico que foram avaliados sistematicamente e os resultados dos testes foram interpretados de acordo com um modelo. Isso permitiu a identificação de dificuldades com a operação de divisão. A observação clínica e funcional destacou como essa dificuldade era visível na compreensão e no cálculo das quantidades (frações ou proporções) ao cozinhar. O modelo sugeria um déficit no conhecimento de frações (para além de frações mais simples, tais como uma metade), bem como déficits no conhecimento de regras para o cálculo de frações (importantes para a divisão e a compreensão de frações complexas). Além do modelo de processamento numérico e cálculo, também foram necessários modelos de aprendizagem para a reabilitação. Isso permitiu: (1) a identificação de uma área específica para a intervenção clínica (frações e divisões); (2) uma meta para a intervenção (conhecimento semântico de frações e métodos de cálculo); e (3) uma abordagem (tarefas sem erros, porém que exigissem certo esforço). Foi realizada uma avaliação sistemática do treinamento e os resultados indicaram melhoras significativas na meta da intervenção (conhecimento de frações) e generalização dessa capacidade para a operação de divisão.

A abordagem adotada aqui, combinando a aprendizagem sem erros, mas com certo esforço, permitiu que Lorna recuperasse o conhecimento perdido mesmo após mais de seis anos desde suas lesões. A generalização funcional não foi rigorosamente avaliada. Entretanto, foi observada uma melhora na capacidade de gerenciar as quantidades ao cozinhar. Lorna adotara as estratégias compensatórias para gerenciar o dinheiro ao fazer compras e ao usar o transporte público e, portanto, a generalização desse trabalho não foi estendida para essas áreas de metas funcionais. Cabe ressaltar o efeito positivo desse trabalho na confiança e na autoestima de Lorna. Ela mesma relatou como estava satisfeita por ter recuperado seu conceito de frações: "isso é uma grande surpresa; sinto que meu corpo está acordando – é como se ele estivesse dormindo esse tempo todo".

Resultados funcionais

Lorna também colaborou com a equipe no desenvolvimento e aplicação de habilidades para cozinhar pratos específicos e reaprender a usar o trem para viajar regionalmente a fim de visitar a família e participar da reabilitação de forma independente. Com o desenvolvimento da comunicação e do senso numérico, conforme descrito acima, estas habilidades eram utilizadas especialmente para ajudar no desempenho de atividades na comunidade, quando necessário. Entretanto, outras abordagens, tais como análise de tarefas, desenvolvimento de habilidades por meio de uma hierarquia gradual de dificuldade, reaprendizagem semântica de informações (por exemplo, como pegar um trem) e resolução de problemas (por exemplo, o que fazer se o trem for cancelado) contribuíram para este trabalho. Além disso, estratégias compensatórias práticas (tais como cartões com dicas para receitas e carregar um bilhete antigo a fim de comprar outro, sem depender da comunicação verbal, para fazer a viagem de trem por ela pretendida) foram importantes para facilitar os ganhos funcionais. Além dos resultados relatados acima, referentes às mudanças no desempenho em déficits específicos, as mudanças no desempenho funcional também foram avaliadas por meio da consecução de metas e do preenchimento de questionários de autoavaliação e de avaliação por parte de seu cuidador.

Consecução das metas

No final do programa, Lorna atingira parcialmente sua meta de longo prazo: preparar uma refeição noturna de sua escolha três vezes por semana. Isso ocorreu em parte devido às circunstâncias sociais e à negociação de mudanças de papel, pois ela relatou que seu parceiro continuava a cozinhar a maior parte do tempo no ambiente doméstico. Entretanto, a confiança de Lorna para cozinhar melhorou significativamente. Ela alcançou sua meta de longo prazo de poder pegar o trem para visitar sua família de forma independente. Ela parecia confiante em sua capacidade de concluir essa tarefa e foi capaz de generalizar tal aprendizagem para outras rotas. Os escores de autoavaliação de seu desempenho na *Medida Canadense de Desempenho Ocupacional* também melhoraram no final do programa.

Resumo e conclusões

Este capítulo descreve a reabilitação de Lorna, uma mulher que, seis anos após suas lesões, apresentava um grau acentuado de disfasia, problemas físicos, cognitivos e emocionais, os quais constituíram o foco de seu programa de reabilitação, de acordo com a abordagem holística seguida no OZC. O programa interdisciplinar da Lorna ilustra como os modelos de funcionamento cognitivo, particularmente os modelos de cálculo, linguagem e aprendizagem, funcionaram como pontos de partida associados a outros modelos e abordagens a fim de produzir estratégias e desenvolver habilidades voltadas diretamente para as consequências funcionais de sua lesão encefálica.

Após uma avaliação detalhada dos níveis de funcionamento, atividade, participação social e contextual, à luz desses modelos, Lorna e a equipe estabeleceram metas para orientar sua reabilitação. A consecução das metas é uma das principais medidas de eficácia utilizadas no OZC para avaliar os resultados e cinco metas específicas foram estabelecidas para serem alcançadas até o final do programa.

Os problemas significativos de comunicação de Lorna foram identificados por meio de um modelo de linguagem e duas estratégias de tratamento, com alguma evidência de sua possível eficácia, foram utilizadas e comparadas. Essas estratégias foram a TCIA e uma terapia mais convencional, seguindo um planejamento orientado para a prática. A segunda estratégia foi mais bem-sucedida quando aplicada com um alto nível de intensidade. Além disso, as novas palavras aprendidas foram empregadas em situações da vida real, tais como cozinhar e viajar de trem. A mãe de Lorna foi instruída segundo os princípios gerais do programa de comunicação e pôde ajudá-la após a alta do programa a fim de garantir que o progresso continuasse. A fonoaudiologia foi outro componente do programa holístico com o qual Lorna esteve engajada. Devido a uma intervenção psicoterapêutica específica, bem como os efeitos gerais da potencialização da independência funcional, sua confiança e autoestima melhoraram.

O tratamento para as dificuldades de cálculo da Lorna é uma ilustração excepcional de um modelo cognitivo utilizado para planejar o tratamento. Após o conhecimento adquirido em pesquisas na área, foi utilizado um estudo de caso único para avaliar a eficácia do tratamento, e ela aprendeu a reconhecer as frações. Esse conhecimento generalizou para uma melhora significativa com os cálculos envolvendo a divisão, uma operação que não fora ensinada diretamente.

Logo, em termos funcionais, essa mulher muito debilitada, seis anos após suas lesões (quando alguns clientes relutam, até mesmo, em considerar a possibilidade de uma reabilitação), alcançou a maioria de suas metas. A avaliação e o tratamento, ao considerar o conhecimento fornecido pelos modelos e pesquisas, reuniram uma série de abordagens diferentes, conforme recomendado por Wilson (2002), e focaram as dificuldades da vida real. O histórico ou referencial teórico cognitivo, aliado às estratégias apropriadas, contribuiu para o sucesso da reabilitação.

Referências

Basso, A., Caporali, A. and Faglioni, P. (2005). Spontaneous recovery from acalculia. *Journal of the International Neuropsycholgical Society*, **11**, 99–107.

Bhogal, S. K., Teasell, R. W., Foley, N. C. and Speechley, M. R. (2003). Rehabilitation of aphasia: more is better. *Topics in Stroke Rehabilitation*, Summer, **10**(2), 66–76.

Benton, A. L. (1963). *Assessment of Number Operations*. Iowa City: University of Iowa Hospitals, Department of Neurology.

Caporali, A., Burgio, F., and Basso, A. (2000). The natural course of acalculia in left-brain-damaged patients. *Neurological Sciences*, **21**, 143–9.

Cipolotti, L. and Costello, A. (1995). Selective impairment for simple division. *Cortex*, **31**, 433–49.

Coltheart, M. (2005). Cognitive neuropsychological rehabilitation. In P. W. Halligan and D. T. Wade, eds., *Effectiveness of*

Rehabilitation for Cognitive Deficits. Oxford: Oxford University Press, pp. 31–42.

Delazer, M., Girelli, L., Semenza, C. and Denes, G. (1999). Numerical skills and aphasia. *Journal of the International Neuropsychological Society*, **5**, 213–21.

Duffy, R. (1986). Schuell's stimulation approach to rehabilitation. In R. Chapey, ed., *Language Intervention Strategies in Adult Aphasia*, 2nd ed. Baltimore, MD: Williams and Wilkins.

Girelli, L. and Seron, X. (2001). Rehabilitation of number processing and calculation skills. *Aphasiology*, **15**, 695–712.

Hittmair-Delazer, M., Semenza, C. and Denes, G. (1994). Concepts and facts in calculation. *Brain*, **117**, 715–728.

Kay, J., Lesser, R. and Coltheart, M. (1992). *Psycholinguistic Assessments of Language Processing in Aphasia*. East Sussex: Psychology Press.

Levin, H. S. (1979). The acalculias. In K. M. Heilman and E. Valenstein, eds., *Clinical Neuropsychology*. Oxford: Oxford University Press, pp. 128–39.

McCloskey, M. and Macaruso, P. (1995). Representing and using numerical information. *American Psychologist*, **50** (5), 351–63.

McCloskey, M., Caramazza, A. and Basili, A. (1985). Cognitive mechanisms in number processing and calculation: evidence from dyscalculia. *Brain and Cognition*, **4**, 171–96.

Meinzer, M., Djundja, D., Barthel, G., Elbert, T. and Rockstroh, B. (2005). Long-term stability of improved language functions in chronic aphasia after constraint-induced aphasia therapy. *Stroke*, **36**(7) 1462–6.

Poeck, K., Huber, W. and Willmes, K. (1989). Outcome of intensive language treatment in aphasia. *Journal of Speech and Hearing Disorders*, **54**, 471–9.

Pulvermuller, F., Neininger, B., Elbert, T. *et al.* (2001). Constraint induced therapy of chronic aphasia after stroke. *Stroke*, **32**, 1621–6.

Rosenbek J. (1983). Treatment of apraxia of speech in adults. In W. Perkins, ed., *Dysarthria and Apraxia*. New York: Thieme-Stratton, pp. 49–58.

Sandrini, M., Miozzo, A., Cotelli, M. and Cappa, S. F. (2003). The residual calculation abilities of a patient with severe aphasia: evidence for a selective deficit of subtraction procedures. *Cortex*, **39**, 85–96.

Van Harskamp, N. J. and Cipolotti, L. (2001). Selective impairment for addition, subtraction and multiplication: implications for the organisation of arithmetic facts. *Cortex*, **37**, 363–88.

Van Harskamp, N. J. and Cipolotti, L. (2003). Assessment and treatment of calculation disorders. In P. W. Halligan, U. Kischka and J. C. Marshall, eds., *Handbook of Clinical Neuropsychology*, Oxford: Oxford University Press, pp. 353–67.

Wilson, B. A. (2002). Management and remediation of memory disorders. In A. D. Baddeloy, M. Kopelman and B. A. Wilson, eds., *The Handbook of Memory Disorders*, 2nd edn. Chichester: John Wiley, pp. 617–54.

World Health Organization (2001). *International Classification of Functioning, Disablity and Health*. Geneva: WHO Marketing and Dissemination.

CAPÍTULO 15

Caroline: tratamento do transtorno de estresse pós-traumático após um traumatismo cranioencefálico

Jonathan J. Evans e W. Huw Williams

Introdução

A maioria dos indivíduos que sofrem traumatismos cranioencefálicos (TCE) graves tem um período de perda de consciência e amnésia pós-traumática, o que significa que, em geral, eles não se lembram do momento da lesão. Eles também podem ter uma lacuna na memória que se estende desde algum tempo antes do ferimento até algum tempo após este. Portanto, apesar de passar pela experiência traumática de um acidente automobilístico, agressão física ou queda, o indivíduo pode não se lembrar do incidente. O transtorno de estresse pós-traumático (TEPT) é um transtorno de humor caracterizado pela experiência recorrente (flashbacks, pesadelos etc.), evitação e sintomas de agitação, tais como hipervigilância em relação ao fato de ter vivenciado, testemunhado ou sido confrontado por um evento que envolve morte ou lesão grave, resultando em sentimentos de medo, desamparo ou apreensão (American Psychiatric Association, 2000). Em situações de amnésia em decorrência de um evento traumático, a questão se o TEPT pode ou não ocorrer após o TCE tem sido discutida (Sbordone; Liter, 1995; Bryant *et al.* 2000; Williams *et al.* 2002; Sumpter; McMillan, 2006). Em geral, entretanto, é aceito atualmente que o TEPT possa ocorrer após o TCE por meio de vários mecanismos diferentes (Bryant, 2001). Alguns indivíduos que sofrem um ferimento fechado na cabeça recordam parcialmente do incidente (Creamer *et al.*, 2005), sendo que alguns destes vivenciam "ilhas" específicas de memória para eventos traumáticos (King, 1997). Para os indivíduos que sofrem ferimentos abertos na cabeça, no qual o crânio é penetrado, por exemplo, por tiros ou objetos cortantes, pode haver lesões gravíssimas, mas sem perda de consciência, pelo menos inicialmente. Nesse caso, pode haver uma lembrança completa do próprio incidente do ferimento. Neste capítulo, descrevemos o programa de reabilitação realizado com Caroline, que desenvolveu um TEPT grave após um ferimento na cabeça devido a uma agressão física. Detalhes deste caso foram descritos anteriormente em um artigo de Williams *et al.* (2003).

Histórico da lesão

Antes da lesão, Caroline era artista plástica e trabalhava na área de educação artística. Aos 24 anos, ela foi agredida fisicamente enquanto viajava de trem. Ela foi apunhalada na cabeça com uma faca que penetrou o crânio desde a região parietal direita até a região frontal. Durante a agressão, ela não perdeu a consciência e foi capaz de relatar detalhadamente o incidente:

> Havia muitas pessoas [no trem]. Elas desceram e eu fiquei sozinha. Eu estava imersa em um livro. [...] Vi um homem passar [...], ele sorriu e foi para o próximo vagão. Ele voltou dois minutos depois [...] [e passou]; depois de 30 segundos, senti uma dor na cabeça e um peso, como se o vagão tivesse caído sobre mim; levantei e percebi que algo terrível havia acontecido [...]. Fui para outro vagão. [...] Um homem me disse para sentar e que ele iria buscar ajuda. Ele disse para eu ficar parada. Eu ergui minha mão e senti a faca. Eu perguntei se eu iria morrer. Ele disse que não e que conseguiria ajuda. Na parada seguinte, uma ambulância chegou e me levou para o hospital.

Caroline foi submetida a uma cirurgia para remoção da faca. A trajetória desta, no encéfalo, não atingiu nem os principais vasos sanguíneos, nem áreas do tronco encefálico. A tomografia computadorizada (TC) mostrou infarto subcortical da substância branca na região temporoparietal direita e aumento do ventrículo lateral direito. Ela recebeu alta e foi para casa duas semanas após a cirurgia. Na época, ela foi descrita com hemianopsia homônima esquerda, nistagmo optocinético à direita (a lesão estava localizada no córtex parietal direito), ansiedade significativa e nenhuma outra anormalidade neurológica (Hart; Casey, 1997).

Caroline foi encaminhada para a reabilitação neuropsicológica do Oliver Zangwill Centre (OZC) dois anos depois. Ela era atendida mensalmente por um psiquiatra, uma vez a cada duas ou três semanas por um psicólogo clínico e semanalmente por um terapeuta ocupacional. Por ter desenvolvido TEPT grave, prescreveram-lhe medicação antidepressiva e sedativa. Ela não conseguiu retornar ao trabalho.

Na avaliação inicial, Caroline relatou sentir-se deprimida, com medo de outras pessoas, sozinha e isolada pelos amigos e familiares. Ela relatou dificuldades de concentração, memória e organização. Disse que estava com raiva, mas guardava isso para si, e sentia-se irritada e impaciente. Sentia um cansaço excessivo. Sentia-se também tensa e inquieta. Dormia mal e tinha dificuldades para dormir e acordar cedo, bem como pensamentos e imagens intrusivas, além de pesadelos de natureza violenta pelo menos uma vez por semana e, às vezes, com mais frequência. Sentia-se insegura. Relatou que achava difícil confiar nos outros. Tinha problemas de visão (hemianopsia homônima esquerda), o que afetou sua leitura e a levou a esbarrar nos objetos.

Avaliação neuropsicológica

Caroline submeteu-se a uma avaliação neuropsicológica como parte de sua avaliação detalhada do programa de reabilitação neuropsicológica. Essa avaliação revelou que, embora ela não tivesse um grave comprometimento cognitivo, havia evidências de redução da velocidade de processamento de informações, demonstradas por meio do *Speed and Capacity of Language Processing Test – SCOLP*[1] (Baddeley et al., 1992). Havia evidências de algumas dificuldades de atenção/concentração e, em especial, ao lidar com a distração e ao alternar tarefas, demonstradas por meio do *Test of Everyday Attention*[2] (Robertson et al., 1994). Caroline tinha dificuldades moderadas de memória, evidenciadas pelo *Teste de Memória Comportamental de Rivermead – RBMT* (Wilson et al., 1985). Sua capacidade intelectual geral, demonstrada por meio de seu desempenho na *Wechsler Adult Intelligence Scale - Revised – WAIS-R* (Weschler, 1981), estava intacta e em consonância com as estimativas da capacidade pré-mórbida. Considerou-se que provavelmente as dificuldades de humor estavam afetando o desempenho cognitivo. Contudo, havia evidências de algum comprometimento cognitivo decorrente da lesão neurológica.

Avaliação do Humor

Antes da agressão física, Caroline não tinha histórico de problemas psiquiátricos ou psicológicos. Na avaliação, ela relatou sintomas de TEPT e, assim, a escala *CAPS (Clinician Administered Post Traumatic Stress Scale)* foi utilizada (Turner; Lee, 1998). A *CAPS* fornece uma escala abrangente da frequência e intensidade de cada uma das principais áreas sintomáticas associadas ao TEPT. Caroline relatou ataques de pânico e hipervigilância significativos, sentindo-se assustada, com o coração acelerado, náusea e sensação de calor e frio diariamente. Muitas vezes, sentia-se claustrofóbica e tinha medos sociais exacerbados – ficava hipervigilante quanto ao

---

[1] N.T.: O *Speed and Capacity of Language Processing Test* é um instrumento que avalia a velocidade de processamento em indivíduos com lesão cerebral.

[2] N.T.: O *Test of Everyday Attention* é um instrumento que avalia a atenção seletiva, a atenção sustentada e a alternância atencional.

perigo em relação a si e tinha medos relacionados aos danos que poderiam atingir os outros. Ela relatou imagens intrusivas, desencadeadas principalmente quando estava em espaços fechados, viajava ou estava em meio a multidões. As imagens intrusivas, descritas como reais no momento em que eram vivenciadas, eram de pessoas sendo esfaqueadas.

Caroline relatou dormir apenas três ou quatro horas por noite, acordando com frequência devido aos pesadelos e encontrando dificuldades significativas para voltar a dormir. Tinha períodos de ideação suicida e evitava situações que a lembravam de seu trauma. Não viajava de trem desde a lesão. Ela havia viajado de ônibus, mas sentia uma angústia excessiva mesmo em viagens curtas. Evitava lugares movimentados e, assim, não ia a restaurantes ou ao cinema. Ela ia às lojas apenas nos horários em que não havia movimento.

Caroline não retornou a nenhuma atividade ocupacional. Ela tinha suporte de sua família e de um grupo de amigos.

Formulação

Por ter sofrido uma agressão física traumática que estava fora de sua experiência cotidiana e que envolvia uma ameaça à sua vida, Caroline tinha um TEPT grave, com intrusões (*flashbacks*, imagens intrusivas e pesadelos) e evitação (de lembranças do ferimento). Ela apresentava um comprometimento cognitivo, caracterizado por uma redução na velocidade do processamento de informações, atenção/concentração e memória. Presumiu-se que seu transtorno de humor contribuía para as dificuldades cognitivas. Por exemplo, parecia plausível que os pensamentos/imagens intrusivas e a hipervigilância à ameaça percebida afetavam ainda mais a concentração, bem como a memória e as habilidades planejamento. Com relação às consequências funcionais de suas dificuldades, concluiu-se que o TEPT era o principal responsável pelas limitações nas atividades sociais, de lazer, domésticas e ocupacionais, mas os problemas relacionados à lesão encefálica, tais como a velocidade do processamento de informações, atenção e memória, também tornariam a abordagem destes mais difícil.

Caroline participou do programa de reabilitação durante a fase intensiva de 14 semanas (5 dias por semana), seguida por um período de 20 semanas, cuja participação foi se reduzindo de forma gradual.

Metas da reabilitação

Durante a avaliação detalhada e a fase inicial do programa de reabilitação de Caroline, foi estabelecido um conjunto de metas. Em linhas gerais, suas metas eram sentir-se menos no controle e angustiada, vivenciar menos imagens intrusivas e ter menos pesadelos, ser capaz de ir e de sentir-se segura nos lugares que estava evitando, e retornar ao seu trabalho com a arte. Com base nesses objetivos, estabeleceram-se metas específicas com Caroline focando, em parte, o gerenciamento dos sintomas característicos do TEPT e, em parte, as atividades funcionais da vida diária, em conjunto com as atividades sociais e vocacionais. Essas metas eram:

a) demonstrar um entendimento preciso das consequências de sua lesão encefálica, do impacto destas em sua vida cotidiana e das estratégias que ela poderia utilizar para gerenciá-las;
b) reduzir a intensidade dos pensamentos/imagens intrusivas diárias (de moderada a leve, utilizando a classificação da *CAPS*);
c) reduzir a frequência dos sonhos desagradáveis (de severa a moderada, utilizando a classificação da *CAPS*);
d) classificar-se como "à vontade" em mais de 70% de suas interações em relacionamentos pessoais;
e) classificar-se como "esperançosa" em mais de 50% do tempo;
f) usar um sistema de memória e planejamento para realizar as atividades de vida independente com sucesso em pelo menos 80% das ocasiões;
g) utilizar estratégias para manter a atenção durante as atividades cotidianas a fim de se concentrar nelas com sucesso em mais de 70% das ocasiões;
h) ser capaz de participar de maneira confortável em determinadas atividades que ela anteriormente evitava, incluindo:
    - viajar de trem de forma independente em pelo menos uma rota familiar curta;
    - ir às compras em um horário moderadamente movimentado;
    - sentir-se à vontade em um bar ou restaurante desconhecido;
    - sentir-se à vontade em um cinema;
i) participar de uma atividade física de lazer semanalmente;
j) realizar um curso profissionalizante e ter um plano claramente detalhado para retornar ao emprego remunerado.

Programa de reabilitação e intervenções específicas

O programa de reabilitação de Caroline era composto por três partes. A primeira era compreender melhor sua lesão encefálica e as consequências desta em relação aos comprometimentos cognitivos e ao TEPT. A segunda incluía o desenvolvimento de estratégias para lidar com as consequências cognitivas e emocionais de sua lesão. A terceira envolvia a aplicação dessas estratégias em situações cotidianas a fim de alcançar suas metas funcionais pessoais.

Para desenvolver sua compreensão acerca das consequências de sua lesão, Caroline participou do Grupo de Compreensão sobre a Lesão Encefálica (Grupo CLE) e trabalhou com seu coordenador de programa individual (CPI) para concluir um portfólio relacionado à sua lesão. Com o apoio da equipe, ela foi capaz de rever os relatórios e exames a fim de entender (e de anotar com as próprias palavras) a natureza de sua lesão inicial, bem como suas consequências. Ela foi capaz de utilizar o portfólio para registrar o trabalho que estava fazendo em relação às outras metas específicas, tais como o gerenciamento da memória, da atenção e das dificuldades emocionais.

O foco central no programa de Caroline foi o manejo do TEPT. Utilizou-se a abordagem da terapia cognitivo-comportamental (TCC) – consulte Harvey *et al.* (2003). As intervenções da TCC para o TEPT possuem quatro elementos principais: psicoeducação, exposição, reestruturação cognitiva e treinamento para controlar a ansiedade. Cada um desses elementos foi incorporado ao programa mais amplo de reabilitação neuropsicológica.

O trabalho que Caroline fez para entender as consequências de sua lesão envolveu a reexposição ao evento traumático: falar sobre esse incidente e de seus efeitos sobre ela. Isso foi ainda mais elaborado no trabalho que ela fez ao desenvolver estratégias para lidar com os problemas cognitivos e de humor. Caroline participou do Grupo Cognitivo, Grupo de Gerenciamento do humor e Grupo de Apoio Psicológico.

Nas sessões individuais com um psicólogo clínico, Caroline trabalhou no desenvolvimento de estratégias para lidar com as imagens intrusivas. Ela aprendeu estratégias de relaxamento baseadas na respiração a fim de controlar as reações fisiológicas. Ela também trabalhou na manipulação de imagens intrusivas em sua mente para reduzir a sua natureza assustadora e para ter uma sensação de controle sobre elas. Por exemplo, ela imagina seu agressor atacando-a, bem como atacando outras pessoas. Ela desenvolveu uma estratégia na qual tornava a imagem do homem menor, transformando-o em um personagem de desenho animado. Da mesma forma, ela imaginava várias facas em sua cabeça, mas era capaz de transformá-las em uma imagem na qual calmamente retirava-as da cabeça. Foram também disponibilizadas sessões para que Caroline falasse a respeito de seus medos em relação à própria segurança, a de sua família e de outras pessoas. Ela tinha pensamentos superintrusivos, principalmente em relação às ameaças de danos aos familiares, recebendo ajuda para testar as evidências a favor e contra esse estilo de pensamento.

Caroline reconheceu que achava difícil se concentrar em várias situações. Ela observou que tinha dificuldades particularmente quando tentava ler livros ou jornais, e achava difícil participar de conversas quando havia um grupo de pessoas presentes. Sua distração, em virtude dos pensamentos ansiosos e imagens, era um dos principais problemas que afetavam sua concentração. O trabalho para lidar com esse problema descrito anteriormente foi, portanto, em geral, mais relevante para melhorar sua capacidade de concentração. Da mesma forma, as técnicas para gerenciar a fadiga (por exemplo, imprimir um ritmo sobre si de forma mais eficiente utilizando o sistema de planejamento descrito mais adiante) tiveram um efeito positivo em sua capacidade de concentração. Além disso, à medida que seu humor melhorava, Caroline relatou que se sentia capaz de "olhar menos para seu interior" e de se interessar mais pelos objetos, o que melhorava sua capacidade de se concentrar em algo, tais como jornais e romances. Em relação a lidar com situações envolvendo conversas em grupo, foi desenvolvido um conjunto de estratégias, tais como:

a) esteja "presente", isto é, participe do que está acontecendo;
b) observe e participe da conversa quando estiver pronta;
c) use o diálogo interno:
   - "não preciso ouvir *todas* as palavras";
   - "respire e relaxe";
   - "tenha confiança";
d) escolha uma pessoa e converse apenas com ela;
e) faça pausas;
f) peça para que algo seja repetido;
g) faça perguntas quando quiser que o foco fique longe de si;
h) pratique ignorar as preocupações.

Com o tempo, Caroline relatou o uso dessas estratégias em várias situações sociais e sentiu que sua capacidade para lidar com elas havia melhorado um pouco. Entretanto, estava ciente de que alguns problemas persistiam, especialmente ao lidar com o ruído de fundo e ao acompanhar conversas que fluíam rapidamente.

Caroline também aprendeu a utilizar um sistema de organização pessoal para auxiliar sua memória e planejamento. Isso envolvia o uso de uma agenda (para eventos), lista de tarefas e esquemas de planejamento. Este último consistia em listar as tarefas que ela precisava realizar nas atividades comuns a fim de ajudar a guiá-la por meio de um planejamento detalhado para essas atividades, bem como fornecia uma estrutura a ser seguida para concluí-las. Caroline usou os esquemas de planejamento para ajudá-la na conclusão de tarefas específicas que faziam parte da terceira fase de seu programa. Isso implicava em trabalhar utilizando uma hierarquia de atividades que conduzia à conclusão das tarefas que compunham suas metas funcionais do programa (por exemplo, fazer compras em horários relativamente movimentados, ir a um bar ou restaurante ou fazer uma viagem de trem).

Por exemplo, em relação à meta de fazer uma viagem de trem sozinha, foi desenvolvida uma hierarquia de atividades que incluía:

1) viajar acompanhada de ônibus do hospital para a cidade;
2) ser acompanhada à distância no ônibus para a cidade;
3) ir sozinha de ônibus para a cidade;

4) fazer uma viagem de ônibus mais longa sozinha;
5) visitar a estação ferroviária – isso implicava em colher informações sobre os horários dos trens;
6) sentar-se em um vagão enquanto o trem estiver na estação – como alguns trens ficavam parados na plataforma por um longo período, era possível, a princípio, simplesmente andar pelo vagão e, em seguida, sentar-se brevemente nele;
7) viajar acompanhada de trem – com uma parada (5 minutos);
8) fazer uma viagem de trem sozinha – com uma parada (5 minutos);
9) fazer uma viagem de trem sozinha (25 minutos).

Enquanto trabalhava nessa hierarquia de atividades, Caroline recebeu apoio *in vivo* por uma pessoa que a acompanhava a fim de aplicar tanto as técnicas de relaxamento com base na respiração para controlar as reações fisiológicas quanto as técnicas de gerenciamento de imagens descritas acima. Hierarquias semelhantes foram estabelecidas para ir às compras, ao cinema etc. Caroline empregou sua lista de verificação de planejamento para ajudá-la a programar o tempo das viagens, rotas e custos. Por exemplo, em relação a ir às compras, ela faria um planejamento do que comprar, em quais lojas ela poderia precisar ir, quando e onde ela poderia fazer uma pausa, a quantia de dinheiro que ela poderia precisar e os preparativos para o deslocamento, incluindo um telefone para chamar um táxi. Ela manteve a lista de verificação em sua agenda a fim de ter o planejamento por escrito para consultar caso ficasse ansiosa enquanto estivesse fora. Ela relatou exemplos de situações em que seu planejamento foi prejudicado por algum motivo, porém, ao reservar tempo para revê-lo, Caroline foi capaz de controlar a ansiedade, revisá-lo e completar as tarefas pretendidas. Ela gradualmente reduziu o tempo que precisava para consultar o planejamento, visto que sua autoconfiança havia aumentado.

Caroline tinha como meta retomar o trabalho com a arte e, como ela havia se tornado mais confiante em sua capacidade de tolerar viagens e estar em lugares relativamente movimentados, ela foi capaz de começar a frequentar duas aulas de arte. Mais uma vez, ela utilizou sua agenda e seus esquemas de planejamento para auxiliá-la a chegar e a sair das aulas com sucesso, algo que implicava em viajar em transportes públicos.

Resultados

Ao final de seu programa, Caroline havia alcançado quase todas as metas estabelecidas. Ela viajava de forma mais independente e estava mais confiante em situações em público. Com o tempo, seus escores na escala *CAPS* mudaram significativamente e estes são mostrados na Figura 15.1.

Figura 15.1 Escores de Caroline na escala *CAPS* na avaliação inicial, na metade do seu programa de reabilitação após a fase intensiva e, em seguida, no final do programa (observe que a hipervigilância não foi registrada na metade do programa).

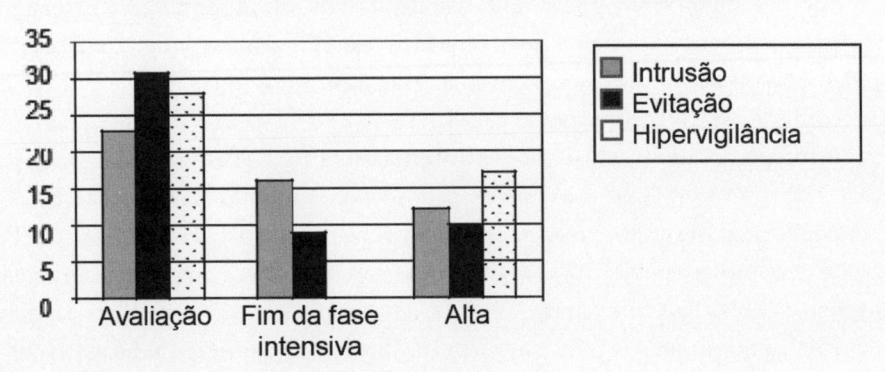

No momento da alta do programa, Caroline estava engajada em sua arte ao frequentar as aulas, embora não tivesse progredido de modo a apresentar um plano específico para retornar a um trabalho remunerado. Durante um período após a alta, no entanto, ela foi capaz de voltar a trabalhar como artista plástica. Após a alta do programa de reabilitação, ela voltou para casa e recebeu apoio dos serviços locais (psiquiatria, psicologia clínica e terapia ocupacional) para continuar a fazer o trabalho que tinha assumido.

Caroline em nada se assemelha às pessoas que sofreram uma lesão encefálica. Entretanto, no caso dela, embora o TEPT fosse claramente o principal fator incapacitante, limitando sua habilidade de executar atividades normais da vida diária e impedindo-a de retornar ao trabalho, nossa formulação era de que as dificuldades cognitivas sofridas em decorrência da lesão também estavam contribuindo para sua dificuldade em superá-la. É impossível ter certeza das contribuições relevantes e específicas do humor e dos problemas cognitivos nas dificuldades cotidianas, bem como a natureza da interação entre elas. No entanto, parece prudente tentar abordar ambas as questões simultaneamente e foi isso o que aconteceu nesse caso: uma vertente do programa de Caroline enfocou diretamente o manejo dos sintomas de TEPT e a outra enfocou o uso de estratégias, tais como o uso de uma agenda e esquemas de planejamento, além de estratégias para gerenciar as dificuldades de concentração. Essas estratégias tiveram como objetivo auxiliá-la a concluir as tarefas funcionais do dia a dia, compensando suas dificuldades de memória, atenção e velocidade do processamento de informações. Conforme observado por Bryant (2001, p. 941), o comprometimento da memória e da atenção "podem limitar a capacidade do paciente com TCE de empregar estratégias de enfrentamento que gerenciem de modo eficaz o estresse pós-traumático".

Discussão geral

A maioria das pessoas com TCE não sofre de TEPT extremo. Conforme discutido brevemente no início deste capítulo, existem algumas controvérsias a respeito da incidência de TEPT após uma lesão encefálica. Isso se deve, em parte, a problemas metodológicos associados ao uso de alguns dos testes mais comuns para os sintomas de TEPT. Sumpter e McMillan (2006) descobriram que, com base no autorrelato de um questionário de sintomas de TEPT (*Post-traumatic Diagnostic Scale* – Foa *et al.*, 1997), 59% dos entrevistados relataram níveis de sintomas na faixa de incidência. Entretanto, ao empregar a entrevista estruturada da escala *CAPS*, a incidência foi de apenas 3%. Para explicar a discrepância entre as estimativas, Sumpter e McMillan afirmaram que as pessoas às vezes: (1) cometiam erros ao preencher os questionários; (2) atribuíam erroneamente a questão a outros eventos (e não ao acidente em si); ou (3) faziam interpretações mais específicas das questões, relacionando-as aos comprometimentos cognitivos decorrentes do TCE em vez dos sintomas de TEPT relacionados ao humor. Isso destaca o quanto é importante ser cauteloso com relação ao uso e à interpretação dos questionários de humor com pessoas com lesão encefálica. Essa questão tem sido destacada no que se refere a outros questionários de humor mais gerais, tais como a comumente utilizada *Escala de Ansiedade e Depressão Hospitalar* – *HADS* (Snaith; Zigmond, 1994), que possui vários itens (por exemplo, "eu me sinto lento", "posso desfrutar de um bom livro ou programa de rádio ou televisão" etc.) que podem ser defendidos como decorrentes de problemas cognitivos ou motores após a lesão encefálica em vez de consequências do transtorno do humor (Dawkins *et al.*, 2006). Para avaliar o TEPT e, de fato, qualquer outro transtorno de humor em situações de lesão encefálica, os questionários podem fornecer um ponto de partida útil, mas devem sempre estar acompanhados de uma entrevista clínica a fim de determinar a natureza específica dos problemas. Entrevistas estruturadas, tais como a escala *CAPS*, proporcionam um referencial útil para examinar o TEPT, mas, ainda assim, é importante ter certeza de que o cliente compreende o sentido exato das perguntas.

Apesar de os estudos baseados em questionários poderem superestimar a prevalência de TEPT após um TCE, agora é, até certo ponto, amplamente reconhecido que, mesmo em situações de perda de consciência, os principais sintomas associados ao TEPT podem se desenvolver após um TCE leve ou grave. Sugere-se que o perfil sintomático em indivíduos com TEPT após um TCE pode ser diferente daquele em indivíduos com TEPT que não sofreram um TCE (Bryant, 2001). Os pacientes com TCE podem, principalmente experienciar memórias menos intrusivas e pesadelos, mas atendem aos critérios de revivê-los, visto que eles apresentam sofrimento psicológico em relação às lembranças do trauma. Esclarecer esse problema é mais do que apenas uma questão de conveniência dos rótulos diagnósticos, pois, se houver um perfil sintomático diferente, pode haver implicações no tratamento, fazendo-se necessárias mais pesquisas. É possível que, em virtude da perda de consciência e da amnésia pós-traumática, a lembrança explícita dos eventos seja menos provável, mas alguma lembrança implícita em resposta aos gatilhos específicos seja viável. Bryant (2001) observa que uma implicação ao se tratar isso é que pode ser imperativo administrar o tratamento de exposição por meio da evocação da ansiedade relacionada ao trauma, expondo o cliente às principais lembranças desse evento em vez de depender de sua lembrança espontânea.

Relevante para essa questão, Williams *et al.* (2003) relataram o caso da KE, outro cliente que participou do programa de reabilitação no OZC. Ele sofreu um TCE grave em um acidente de trânsito à noite. A namorada dele, que estava como passageira, morreu no acidente. Ele ficou em coma por dois dias e teve uma amnésia pós-traumática por cerca de uma semana. KE sofreu fraturas múltiplas no crânio, bem como lesões faciais e ortopédicas. Ele tentou voltar ao trabalho, mas não conseguiu. Ele tinha explosões de raiva e apresentava níveis moderados de comprometimento na velocidade do processamento de informações, memória e atenção. KE tinha uma ilha de memória para o evento do trauma, lembrando-se de estar preso no carro, sentindo que ia morrer, recorrendo à namorada e percebendo que ela estava morta. Não foi possível determinar a veracidade dessa memória e se ela foi ou não construída a partir das informações recebidas após o evento. No entanto, lembrar-se disso causava-lhe angústia. Da mesma forma, situações específicas poderiam causar-lhe angústia, tais como dirigir à noite na chuva; ele ficava sufocado com a sensação de que o evento estava acontecendo novamente, tendo que parar o carro.

KE participou do programa de reabilitação e, assim como Caroline, este focou tanto o gerenciamento do humor quanto a aprendizagem do uso de estratégias que compensariam as dificuldades de memória e de atenção. As metas do programa negociadas com KE se concentravam em: (1) planejar e executar atividades específicas da vida diária (cuidar das crianças e reformas) em casa; (2) gerenciar a raiva, o álcool e os sintomas do TEPT afim de reduzir completamente a frequência de grandes discussões (definidas como agressão verbal extrema) com sua nova namorada por, pelo menos, um período de um mês; e (3) conseguir um emprego de meio horário.

KE aprendeu a usar um organizador eletrônico (*Personal Digital Assistant* – PDA[3]) para auxiliá-lo a planejar e gerenciar suas atividades diárias. Ele agendava

---

[3] N.T.: O *Personal Digital Assistant* ou *Palmtop* é um pequeno dispositivo móvel que possui recursos semelhantes ao de um computador.

tarefas e utilizava alarmes para lembrá-lo de finalizá-las e passar para outras (por exemplo, concluir uma tarefa de *DIY – do-it-yourself*[4] – a fim de fazer algo com os filhos). O trabalho de gerenciamento de humor concentrou-se em parte no gerenciamento da ingestão de álcool, que havia se tornado um problema, sono e raiva, bem como posteriormente nos sintomas do TEPT de forma específica. O trabalho de exposição envolveu sessões nas quais solicitou-se que ele falasse acerca das atuais experiências recorrentes de trauma enquanto era estimulado a utilizar estratégias de relaxamento. Por exemplo, em uma ocasião, ele ficou angustiado enquanto assistia a um drama policial na televisão, sentindo-se sem ar e agitado. Na sessão, ao descrever isso, ele também relatou ter problemas para respirar, sentindo uma pressão no peito semelhante a que sentiu no acidente quando ficou preso pelo volante. Ele também sentiu o cheiro de sangue e fumaça. Inicialmente, ele ficava agitado na sessão, porém, com a orientação sobre uso de técnicas de relaxamento, KE gradualmente conseguiu se recordar dessa ilha de memória sem o aumento repentino da ansiedade. O trabalho de gerenciamento da raiva resultou em uma melhora no relacionamento com sua nova namorada.

Durante o curso de seu programa, KE também se empenhou para retornar a um trabalho remunerado e, após várias colocações temporárias, ele conseguiu um de meio período em uma loja de *DIY*.

Conclusões

Uma parcela significativa das pessoas que sofre uma lesão encefálica sentirá angústia em resposta às lembranças ou memórias de seu evento traumático. As memórias podem ser ilhas contendo experiências durante o trauma ou podem ser construídas com base nas informações relatadas. Devido ao condicionamento de medo ou a outros processos implícitos de memória, a angústia pode ocorrer em resposta às situações ou lembranças relacionadas ao trauma. Para algumas pessoas, como Caroline, pode haver uma lembrança completa do evento traumático, resultando no perfil sintomático comum de TEPT.

Em virtude da sobreposição entre as consequências cognitivas comuns de uma lesão encefálica e os sintomas de TEPT, é importante ter cautela quanto ao diagnóstico deste após uma lesão encefálica. Os questionários acerca dos sintomas podem ser úteis, mas o TEPT não deve ser diagnosticado apenas com base nas respostas a esses questionários.

---

[4] N.T.: *Do-it-yourself* significa "faça você mesmo". Este termo está relacionado, em geral, à realização de atividades domésticas, tais como pintar a casa, reformar um estofado etc., sem a ajuda de mão de obra especializa.

Os comprometimentos cognitivos podem interferir na capacidade de gerenciar os sintomas e de se engajar de forma bem-sucedida em atividades diárias, o que, em geral, contribuiria para melhorar o TEPT. Os casos descritos neste capítulo destacam como um programa de reabilitação que aborda simultaneamente as dificuldades cognitivas e de humor pode ser eficaz no tratamento do TEPT em situações de lesão encefálica.

Referências

American Psychiatric Association (2000). *Diagnostic and Statistical Manual of Mental Disorders*, 4th ed. Washington DC: American Psychiatric Association.

Baddeley, A., Emslie, H. and Nimmo-Smith, I. (1992). *The Speed and Capacity of Language Processing Test*. Bury St Edmunds: Thames Valley Test Company.

Bryant, R.A. (2001). Posttraumatic stress disorder and traumatic brain injury: can they coexist? *Clinical Psychology Review*, **21**(6), 931–48.

Bryant, R.A., Marosszeky, J.E., Crooks, J. and Gurka, J.A. (2000). Posttraumatic stress disorder after severe traumatic brain injury. *American Journal of Psychiatry*, **157**, 629–31.

Creamer, M., O'Donnell, M.L. and Pattison, P. (2005). Amnesia, traumatic brain injury and posttraumatic stress disorder: a methodological enquiry. *Behaviour Research and Therapy*, **43**, 1383–9.

Dawkins, N., Cloherty, M., Gracey, F. and Evans, J.J. (2006). The factor structure of the Hospital Anxiety and Depression Scale in acquired brain injury. *Brain Injury*, **20**(12), 1235–9.

Foa, E., Cashman, L., Jaycox, L. and Perry, K. (1997). The validation of a self-report measure of posttraumatic stress disorder: The Posttraumatic Diagnostic Scale (PDS). *Psychological Assessment*, **9**, 445–51.

Hart, A. and Casey, A. (1997). Minerva. *BMJ*, **315**, 756 (20 September).

Harvey, A.G., Bryant, R.A. and Tarrier, N. (2003). Cognitive behaviour therapy for posttraumatic stress disorder. *Clinical Psychology Review*, **23**, 501–22.

King, N.S. (1997). Posttraumatic stress disorder and head injury as a dual diagnosis: islands of memory as a mechanism. *Journal of Neurology, Neurosurgery and Psychiatry*, **62**, 82–4.

Robertson, I.H., Ward, A., Ridgeway, V. and Nimmo-Smith, I. (1994). *The Test of Everyday Attention*. Bury St Edmunds: Thames Valley Test Company.

Sbordone, R.J. and Liter, J.C. (1995). Mild traumatic brain injury does not produce post-traumatic stress disorder. *Brain Injury*, **9**, 405–12.

Snaith, R.P. and Zigmond, A.S. (1994). *Hospital Anxiety and Depression Scale*. Windsor: NFER-Nelson.

Sumpter, R.E. and McMillan, T.M. (2006). Errors in self-report of post-traumatic stress disorder after severe traumatic brain injury. *Brain Injury*, **20**, 93–9.

Turner, S. and Lee, D. (1998). *Measures in Post Traumatic Stress Disorder: A Practitioners Guide*. Windsor: NFER Nelson.

Weschler, D. (1981) *WAIS-R Manual*. London: Psychological Corporation.

Williams, W.H., Evans, J.J., Needham, P. and Wilson, B.A. (2002). Neurological, cognitive and attributional predictors of posttraumatic stress symptoms after traumatic brain injury. *Journal of Traumatic Stress*, **15**, 397–400.

Williams, W.H., Evans, J.J. and Wilson, B.A. (2003). Neurorehabilitation for two cases of post-traumatic stress disorder following traumatic brain injury. *Cognitive Neuropsychiatry*, **8**, 1–18.

Wilson, B.A., Cockburn, J. and Baddeley, A.D. (1985). *The Rivermead Behavioural Memory Test*. Bury St Edmunds: Thames Valley Test Company.

CAPÍTULO 16

Reabilitação vocacional interdisciplinar voltada à dor, fadiga, ansiedade e impulsividade: Yusuf e suas "novas regras" para os negócios e a vida

Fergus Gracey, Donna Malley e Jonathan J. Evans

Para ilustrar nossa abordagem em desenvolvimento para a reabilitação interdisciplinar, descrevemos nosso trabalho com Yusuf. Ele foi um dos primeiros clientes para o qual foi organizado um trabalho em equipe acerca de uma série de comprometimentos, atividades e situações que contribuíram, por sua vez, para o aumento da participação social em uma parte da meta principal. O trabalho também ilustra bem a reabilitação baseada na formulação, propiciando um meio de integrar os resultados da avaliação e desenvolver um "entendimento compartilhado" entre a equipe e o cliente. Desde o nosso trabalho com Yusuf, procuramos desenvolver esses princípios para se tornarem aspectos padronizados do programa de reabilitação, conforme descrito nos "componentes principais" (Capítulo 4) e, em mais detalhes, em nosso trabalho com Judith (Capítulo 17). O caso também destaca, como parte do programa de reabilitação integrado, intervenções interdisciplinares bem-sucedidas específicas para dor e fadiga.

Histórico da lesão

Yusuf se envolveu em um acidente de carro em maio de 1998. Ele ficou em coma por uma semana e há relatos de que a amnésia pós-traumática durou cerca de um mês, indicando um grave traumatismo cranioencefálico (TCE). As tomografias computadorizadas (TC), na época da lesão, identificaram um hematoma subdural frontotemporoparietal esquerdo, que estava causando efeito de massa no hemisfério cerebral esquerdo e no ventrículo lateral esquerdo.

Histórico social

Yusuf era um homem de 35 anos (32 na época da lesão) que morava com a esposa e três filhos pequenos. Na ocasião do acidente, ele administrava a própria empresa de importação/exportação. Desde o acidente, ele havia desistido de tudo, exceto de um dos aspectos dessa empresa. O irmão de Yusuf percebeu as preocupações da família acerca do andamento dos negócios e disse que este dependia muito de "alguns clientes fiéis e de um fornecedor muito tolerante". Yusuf também estava tentando desenvolver algumas ideias de negócios baseadas na internet.

Avaliação detalhada

Yusuf foi avaliado no Oliver Zangwill Centre (OZC) na primavera de 2001, quase três anos após a lesão. Depois de uma avaliação preliminar de um dia, Yusuf retornou para a avaliação detalhada, realizada ao longo de duas semanas. As áreas examinadas foram as mesmas descritas no caso de Peter (Capítulo 13) e não serão repetidas aqui. Em suma, a avaliação incluiu discussões com o cliente e seus familiares, identificando os pontos fortes e fracos, bem como as possíveis metas para a reabilitação. A avaliação interdisciplinar também abrangeu a consciência, o humor e o comportamento, o funcionamento neuropsicológico e físico, a comunicação e as áreas de dificuldade funcional em casa, no trabalho e no lazer.

Dificuldades identificadas a partir da entrevista com Yusuf e família

Yusuf relatou uma longa lista de problemas, especialmente de natureza física e emocional. Isso se reflete em suas elevadas autoclassificações de problemas no *Questionário Europeu de Lesão Cerebral – EBIQ* (Teasdale et al., 1997), no qual seu escore foi 137 (máximo possível de 183, mínimo de 61). Este foi corroborado por sua esposa, cujas classificações na mesma avaliação foram 144 e 152 em duas ocasiões anteriores ao início da reabilitação. As principais áreas de dificuldade autorreferidas são apresentadas no Quadro 16.1. Embora uma "capacidade de compreensão limitada" tenha sido observada por Yusuf e sua família, a consciência intelectual (Crosson et al., 1989) dos problemas cognitivos era relativamente baixa em comparação à consciência das alterações físicas, emocionais e sociais. Cabe ressaltar a percepção de deterioração por parte de Yusuf em relação ao seu estado físico e, talvez, um aumento da atenção a essas dificuldades. O irmão de Yusuf comentou, sobretudo, sobre a tomada de decisão ineficaz de seu irmão no trabalho, a resistência a aceitar conselhos e o fato de não discutir as decisões com outras pessoas.

Quadro 16.1 Áreas de dificuldade identificadas por Yusuf e seus familiares na avaliação inicial.

	Yusuf	Família (esposa e irmão)
Alterações físicas	• Surdez no ouvido direito; • Diplopia; • Muita fraqueza no lado direito; • Sensibilidade tardia à temperatura no lado direito; • Problemas de coordenação no lado esquerdo; • Problemas de equilíbrio; • Tontura; • Facilidade para se cansar; • Dor ininterrupta em todo o corpo; • Dificuldade para andar e não conseguia correr; • Não conseguia permanecer em pé por mais de 2 a 3 minutos; • Sua condição se deteriorou ao longo do tempo (ele conseguiu caminhar por alguns quilômetros após a lesão, mas agora não conseguia fazer algo semelhante).	• Os membros da família confirmaram todos esses problemas e acrescentaram que Yusuf também havia ganhado peso.
Alterações emocionais e comportamentais	• Agitação, raiva e irritabilidade, principalmente quando estava cansado; • Falta de consciência e compreensão; • Labilidade emocional; • Autocentrismo; • Depressão; • Ansiedade; • Inflexibilidade e obsessão; • Dificuldade em lidar com situações conflituosas.	• Os membros da família relataram maior irritabilidade e frustração em Yusuf, bem como capacidade de compreensão limitada, dificuldade para interagir com outras pessoas e evitação de interações sociais; • Eles também perceberam autocrítica e mau humor.

	Yusuf	Família (esposa e irmão)
Alterações cognitivas	Baixa velocidade de raciocínio; Capacidade de memória de curto prazo rebaixada; Impulsividade e desinibição; Capacidade de raciocínio "multifuncional" rebaixada (entendida por Yusuf como tomada de decisão e multitarefa); Confusão mental em ambientes novos.	Os familiares identificaram baixa capacidade de concentração, problemas de memória de curto prazo e dificuldades na tomada de decisões.

A esposa de Yusuf foi entrevistada e confirmou muitas das áreas de dificuldade destacadas anteriormente. Ela observou que uma das mudanças mais significativas em seu marido foi o fato de ele agora não conseguir mais fazer algo deixado para o último minuto. Ela também destacou que ninguém podia apressá-lo e que ele tinha que trabalhar de acordo com o próprio ritmo; quando ele esquecia algo, ele muitas vezes se tornava extremamente autocrítico e geralmente ficava de mau humor. Ela relatou que ele era incapaz de lidar com as crianças e as tarefas domésticas, bem como estava suscetível à irritabilidade.

Resumo das limitações na participação social

Essa combinação singular de comprometimentos, restrições de atividades e circunstâncias pessoais e sociais (ver Figura 16.1, resumo da formulação da avaliação) contribuiu significativamente para as seguintes limitações na participação social:

a) dificuldade para concluir de forma eficaz as funções vocacionais desejadas;
b) redução da quantidade e qualidade dos relacionamentos interpessoais;
c) redução da quantidade e qualidade das atividades;
d) períodos de repouso irregulares e flutuação dos níveis de energia;
e) redução da confiança e nas habilidades de comunicação.

Relacionadas a isso, as metas de Yusuf para a reabilitação eram as seguintes:

a) ser capaz de trabalhar com mais facilidade e eficiência;
b) reduzir os sintomas físicos de dor e de fadiga;
c) melhorar as capacidades de memória e concentração;
d) ser capaz de ajudar mais em casa, incluindo família e comunidade local;
e) sentir-se menos irritado.

Observação e monitoramento durante o período de avaliação

Durante o período de avaliação detalhada, foi realizado um monitoramento diário por parte de Yusuf e da equipe. Ele destacou a influência da dor e da fadiga durante o período em que esteve no OZC. Isso se tornou ainda mais evidente com o uso de pausas frequentes e descansos mais longos após o almoço. Os membros da equipe muitas vezes precisavam interromper o descanso dele a fim de chamá-lo para as sessões. Yusuf andava lentamente e com esforço pelo OZC, sempre com o auxílio de uma bengala, e se distraía durante as sessões de avaliação devido à dor.

Avaliação neuropsicológica

Os resultados identificaram reduções significativas na velocidade do processamento de informações, memória verbal imediata e tardia (talvez decorrente de outras influências, tais como atenção, baixa velocidade de processamento e dificuldades executivas na codificação), memória operacional verbal e atenção (sustentada e dividida). Foram identificadas também dificuldades executivas para inibir uma resposta dominante, elaborar ideias novas e automonitorar o desempenho. Não foram observadas dificuldades significativas com habilidades visuoespaciais.

Avaliação do humor, do ajustamento emocional e do comportamento

Yusuf participou adequadamente do processo de avaliação, demonstrando boa consciência de suas emoções. Em uma escala de ansiedade e depressão, a *Escala Hospitalar de Ansiedade e Depressão – HADS* (Zigmund; Snaith, 1983), seu escore para a ansiedade foi alto no nível clínico, ao passo que, para a depressão, esse resultado não foi encontrado. Ele relatou pensamentos negativos acerca de si, que estavam em consonância com baixa autoestima, embora isso não tenha sido avaliado formalmente. No *Questionário de Saúde Geral*, versão com 28 itens – *GHQ-28* (Goldberg; Williams, 1988), suas classificações de itens na subescala somática foram elevadas, assim como nos itens de um questionário de agressividade relacionado à hostilidade, raiva e agressão verbal, sendo 1 o desvio padrão acima das normas para uma amostra masculina sem lesão encefálica. Ele relatou incidentes com altos níveis de frustração 1 ou 2 vezes por dia.

Yusuf relatou preocupação com a dor, pois havia recebido informações conflitantes sobre suas possíveis causas. O *Questionário de Dor de McGill – QDM* (Melzack, 1975) foi utilizado para avaliar os aspectos psicológicos da dor. A escala envolve a identificação de áreas de dor e a escolha, a partir de uma extensa lista de adjetivos, daqueles que melhor descrevem a experiência desta. Yusuf confirmou muitos dos itens e escolheu aqueles que indicavam uma experiência extremamente negativa, atribuindo altas classificações de intensidade da dor. Ele relatou que se sentia ansioso em situações futuras nas quais ele poderia não ser capaz de controlá-la. A hipervigilância ou atenção seletiva aos sintomas físicos foi significativa. A avaliação do estilo de enfrentamento a partir da observação e da entrevista destacou a fuga e a esquiva como estratégias dominantes, incluindo algumas tentativas ineficazes de resolver os problemas e "racionalizar" ou encontrar uma explicação para um problema, pensando em todas as possibilidades. Yusuf também relatou uma tendência a refletir acerca das frustrações e irritações, contribuindo para aumentar o humor rebaixado. Foi sugerido que a redução das habilidades executivas de flexibilidade cognitiva e inibição estavam influenciando sua capacidade de lidar com os problemas de forma eficaz, de gerenciar a atenção seletiva quanto às "ameaças" (sintomas físicos e pensamentos ruminativos) e de inibir reações emocionais.

Avaliação da linguagem e da comunicação

Yusuf foi avaliado por meio da *Avaliação da Habilidade Cognitivo-Linguística – AHCL* (Ellmo et al., 1995).

Linguagem receptiva

Yusuf tinha dificuldades para lembrar detalhes da informação verbal. Nas atividades de compreensão de leitura, seu desempenho ficou dentro dos limites normais para tarefas funcionais e moderadamente comprometido em passagens contendo informações inferenciais. O tempo necessário para concluir as tarefas foi significativamente mais lento do que o esperado. Yusuf relatou que, em situações do dia a dia, ele lia incorretamente as palavras, bem como precisava voltar e verificar. Nas tarefas de raciocínio abstrato verbal, ele demonstrou certa dificuldade para interpretar os significados abstratos, sem exceção.

Linguagem expressiva

Yusuf relatou que o português era sua língua materna, embora sua língua principal fosse o gujurati. Ele se tornou fluente em inglês no início da adolescência e, na época da avaliação, morava no Reino Unido há 20 anos. Ele ficou surdo do ouvido direito em decorrência do acidente. Ele também relatou dificuldades para encontrar palavras, confirmadas pelos testes, incluindo baixo desempenho em uma tarefa de nomeação por confronto visual. Nas tarefas escritas, Yusuf produziu um texto bem elaborado, com sentenças estruturadas e pontuação corretas. Entretanto, ele observou que precisava verificar sua comunicação escrita e que havia erros frequentes mesmo nos *e-mails* que já havia verificado.

Avaliação do funcionamento físico

Os principais traumas físicos de Yusuf, durante seu acidente, incluíam uma fratura na clavícula esquerda, cortes e contusões e, é claro, uma lesão encefálica. Yusuf disse que sua recuperação física, após o acidente, foi boa e que ele conseguia andar facilmente por uma hora ou mais. Ele descreveu suas dificuldades em relação à dor e à diminuição de função. Ele disse que sua condição física começou a se deteriorar nos últimos 18 meses. Devido às dificuldades de equilíbrio, ele começou a usar uma bengala. Ele também disse que, no momento, estava criando um ambiente razoavelmente seguro a fim de reduzir as exigências que poderiam influenciar a dor ou outros aspectos do funcionamento físico tanto em casa quanto no trabalho.

Visão

Yusuf sofria de diplopia. Ele foi submetido a uma cirurgia para tentar melhorar isso e, como o resultado foi insatisfatório, ele usava óculos com lentes opacas para compensar.

Equilíbrio

O equilíbrio de Yusuf foi rapidamente examinado por meio do *Teste da Cegonha*. Ele conseguiu ficar em pé, apenas com a perna direita, por 6 segundos e, apenas com a esquerda, por 3 segundos, demonstrando desequilíbrio em ambas as pernas. Enquanto caminhava, ele perdia o equilíbrio facilmente e precisava de uma bengala para auxiliá-lo. Ele relatou que achava muito mais difícil caminhar e manter o equilíbrio quando estava tentando conversar.

Sensação

A *Rivermead Somatosensory Assessment Battery*[1] – *RASP* (Winward; Halligan; Wade, 2002) foi realizada com Yusuf. Esta indicou um comprometimento na discriminação de temperatura, de dois pontos e de nitidez e opacidade ao longo de todo o lado afetado (direito).

Resumo da avaliação

Os resultados das avaliações foram agrupados em um amplo quadro teórico baseado na *Classificação Internacional de Funcionalidade, Incapacidade e Saúde* da

---

[1] N.T.: *Rivermead Somatosensory Assessment Battery* é um instrumento utilizado para avaliar o funcionamento somatossensorial após distúrbios neurológicos, tais como acidente vascular encefálico, neuropatias periféricas, traumatismo cranioencefálico e lesão medular.

Organização Mundial da Saúde – *CIF* (Organização Mundial de Saúde, 2001). Esta relaciona o histórico do cliente (contexto) e o trauma (corpo) às forças, fraquezas (comprometimentos, desempenho e atividades), ajustamento emocional (contextos pessoal e social) e apoio/recursos (contextos físico e social) a fim de fornecer um relato ou formulação das dificuldades funcionais e dos obstáculos presentes para alcançar as metas (participação social). Apresentamos aqui este resumo em forma de diagrama (Figura 16.1), com base na formulação desenvolvida pela equipe após a avaliação detalhada.

Figura 16.1 "Resumo da formulação avaliativa" interdisciplinar de Yusuf, amplamente baseada na Classificação Internacional de Funcionalidade (CIF) da Organização Mundial da Saúde (OMS), conforme descrito mais detalhadamente no Capítulo 2. Observação: "AT" corresponde à acidente de trânsito e "APT" corresponde à amnésia pós-traumática.

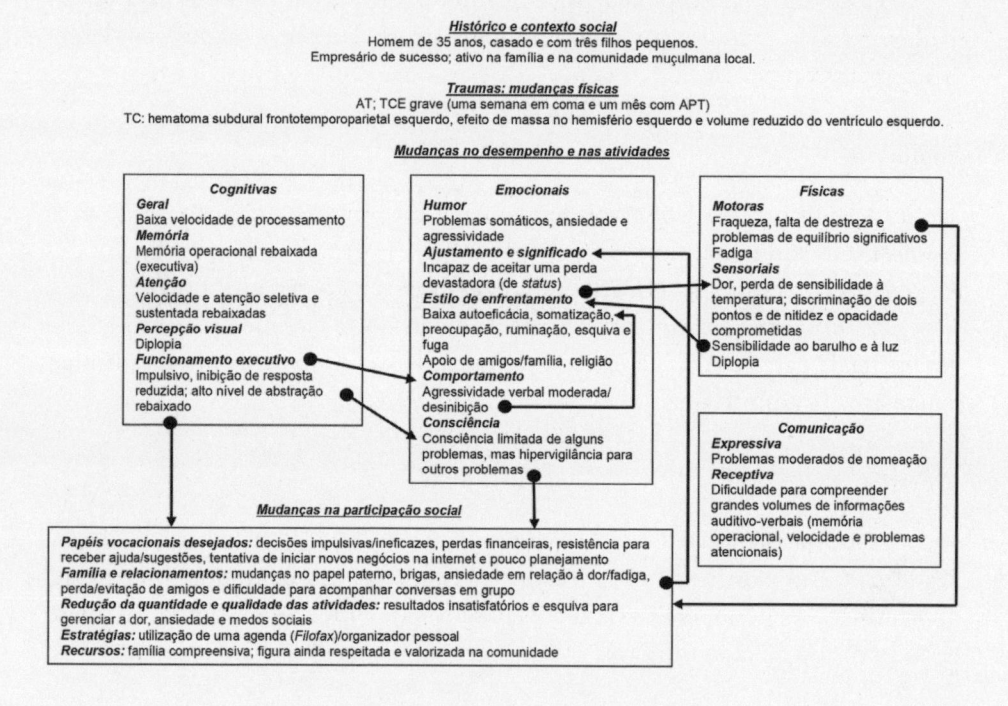

Histórico e contexto social
Homem de 35 anos, casado e com três filhos pequenos.
Empresário de sucesso; ativo na família e na comunidade muçulmana local.

Traumas: mudanças físicas
AT; TCE grave (uma semana em coma e um mês com APT)
TC: hematoma subdural frontotemporoparietal esquerdo, efeito de massa no hemisfério esquerdo e volume reduzido do ventrículo esquerdo.

Mudanças no desempenho e nas atividades

Cognitivas
Geral
Baixa velocidade de processamento
Memória
Memória operacional rebaixada (executiva)
Atenção
Velocidade e atenção seletiva e sustentada rebaixadas
Percepção visual
Diplopia
Funcionamento executivo
Impulsivo, inibição de resposta reduzida; alto nível de abstração rebaixado

Emocionais
Humor
Problemas somáticos, ansiedade e agressividade
Ajustamento e significado
Incapaz de aceitar uma perda devastadora (de *status*)
Estilo de enfrentamento
Baixa autoeficácia, somatização, preocupação, ruminação, esquiva e fuga
Apoio de amigos/família, religião
Comportamento
Agressividade verbal moderada/desinibição
Consciência
Consciência limitada de alguns problemas, mas hipervigilância para outros problemas

Físicas
Motoras
Fraqueza, falta de destreza e problemas de equilíbrio significativos
Fadiga
Sensoriais
Dor, perda de sensibilidade à temperatura; discriminação de dois pontos e de nitidez e opacidade comprometidas
Sensibilidade ao barulho e à luz
Diplopia

Comunicação
Expressiva
Problemas moderados de nomeação
Receptiva
Dificuldade para compreender grandes volumes de informações auditivo-verbais (memória operacional, velocidade e problemas atencionais)

Mudanças na participação social
Papéis vocacionais desejados: decisões impulsivas/ineficazes, perdas financeiras, resistência para receber ajuda/sugestões, tentativa de iniciar novos negócios na internet e pouco planejamento
Família e relacionamentos: mudanças no papel paterno, brigas, ansiedade em relação à dor/fadiga, perda/evitação de amigos e dificuldade para acompanhar conversas em grupo
Redução da quantidade e qualidade das atividades: resultados insatisfatórios e esquiva para gerenciar a dor, ansiedade e medos sociais
Estratégias: utilização de uma agenda (*Filofax*)/organizador pessoal
Recursos: família compreensiva; figura ainda respeitada e valorizada na comunidade

Em suma, a formulação destaca como os significados "catastróficos" específicos relacionados à perda de papéis e *status* nas esferas familiar, vocacional e social em conjunto com a capacidade de realizar várias tarefas concomitantes e de alcançar as metas com o mínimo de planejamento antes da lesão, bem como as limitações nas habilidades cognitivas e físicas após a lesão podem explicar a dificuldade de Yusuf para lidar com os problemas, a tomada de decisão impulsiva, a resistência a aceitar ajuda ou pôr em prática estratégias/conselhos e o fracasso em realizar as tarefas planejadas. A interação entre estilo de enfrentamento, ajustamento emocional e funcionamento físico insatisfatórios, decorrentes da dor e da fadiga, foi vista como decisiva para a deterioração do funcionamento físico.

Programa de reabilitação

Após a avaliação de 2 semanas, Yusuf retornou para um programa de reabilitação intensivo de 20 semanas. Nas 10 semanas iniciais, Yusuf participou do programa intensivo no OZC, 3 vezes por semana. Isso foi seguido por um período de integração comunitária de 10 semanas, que incluía menos tempo no OZC e mais tempo em atividades comunitárias (especialmente no local de trabalho).

Estabelecimento de metas

Nós traduzimos as metas identificadas por Yusuf como metas "*SMART*"[2]a fim de permitir a avaliação da consecução destas. Essas metas eram:

a) Yusuf implementará as estratégias a fim de concluir determinadas tarefas vocacionais de forma eficaz (conforme avaliado por ele e seu irmão);
b) Yusuf demonstrará o uso de um determinado sistema de memória e de planejamento para que ele possa concluir pelo menos 70% das atividades planejadas semanalmente sem relatar fadiga excessiva;
c) Yusuf demonstrará o emprego de estratégias, de forma eficaz a fim de gerenciar o estresse, a ansiedade e a raiva em situações específicas dentro e fora do OZC;
d) Yusuf demonstrará o uso de estratégias adaptativas para o gerenciamento da dor e se classificará como mais confiante em lidar com ela em situações específicas dentro e fora do OZC.

Como parte integrante do programa, os clientes recebem apoio para desenvolver a própria compreensão acerca de sua lesão, conforme descrito no Capítulo 5. Assim, uma quinta meta também foi estabelecida: Yusuf relatará, por escrito, sua compreensão exata acerca da natureza e das consequências de sua lesão encefálica de acordo com seu relatório de avaliação detalhada.

O trabalho em relação a essas metas envolveu uma combinação de sessões individuais e em grupo, fornecendo informações e maneiras de abordar os fatores específicos que corroboravam as barreiras para alcançá-las. Nas sessões individuais,

---

[2] N.T.: A palavra *Smart*, neste contexto, poderia ser entendida como inteligente.

Yusuf trabalhou com a reabilitação cognitiva para atenção e problemas executivos. A terapia cognitivo-comportamental (TCC) foi apresentada a Yusuf para lidar com a baixa autoestima e os padrões inúteis de estilo de enfrentamento e de avaliações geradoras de ansiedade, bem como desenvolver habilidades, tais como relaxamento e *"mindfulness"*. Além disso, foram realizadas sessões individuais de reabilitação para trabalhar as habilidades de comunicação e o funcionamento físico. Yusuf também participou dos seguintes grupos: Comunicação, Memória, Atenção e Gerenciamento de Metas, Gerenciamento de Humor, Apoio Psicológico e Compreensão sobre a Lesão Encefálica.

Na seção seguinte, em vez de fornecer uma ampla descrição de tudo o que foi realizado com a Yusuf, focaremos no trabalho com a saúde física, o estilo de enfrentamento e a impulsividade em relação à área das metas vocacionais. O objetivo é destacar o papel da formulação colaborativa e como as intervenções específicas foram integradas para a consecução da meta funcional relacionada ao trabalho.

Formulação colaborativa

No início, as dificuldades apresentadas por Yusuf, incluindo baixa resistência física, ansiedade, irritabilidade e dor, eram evidentes e influenciavam significativamente seu programa de reabilitação. Yusuf às vezes se distraía nas sessões, queria fazer pausas ou chegava atrasado dos períodos de descanso. Dado o cronograma estruturado do programa, isso exigia atenção da equipe, sendo discutido na reunião de planejamento de metas e Yusuf. Foi elaborado um plano de ação que incluía um trabalho com ele para desenvolver uma formulação colaborativa de sua experiência de "sobrecarga" e que seria realizado por um dos terapeutas ocupacionais (TOs). Um relato dos fatores que afetavam a tolerância à dor e o estilo de enfrentamento foi desenvolvido em conjunto com o relato dos problemas relacionados ao humor, gatilhos externos e problemas físicos. Isso foi obtido pelo TO por meio de discussões com Yusuf em duas sessões e é apresentado na Figura 16.2. Os principais fatores incluíam estresse, fadiga, dor, tomada de decisão ineficaz, impulsividade e fatores ambientais, tais como barulho e distrações. Conforme sugerido na literatura acerca da formulação (Butler, 1998), o desenvolvimento colaborativo desta contribuiu para que Yusuf se sentisse menos devastado pelo sentimento de sobrecarga e mais esperançoso em relação à mudança. O processo de formulação também foi visto como crucial para o desenvolvimento de uma aliança de trabalho com ele.

Gerenciando a dor e a fadiga

Enquanto isso, nas sessões com um psicólogo clínico, Yusuf foi apresentado a um modelo biopsicossocial de dor – *Teoria do Portão* (Melzack; Wall, 1965). Yusuf disse que achava isso uma maneira aceitável de entender sua dor. Ele, então,

Figura 16.2 Formulação colaborativa desenvolvida entre Yusuf e a equipe no início do processo de reabilitação para ajudar na compreensão de sua experiência de "sobrecarga".

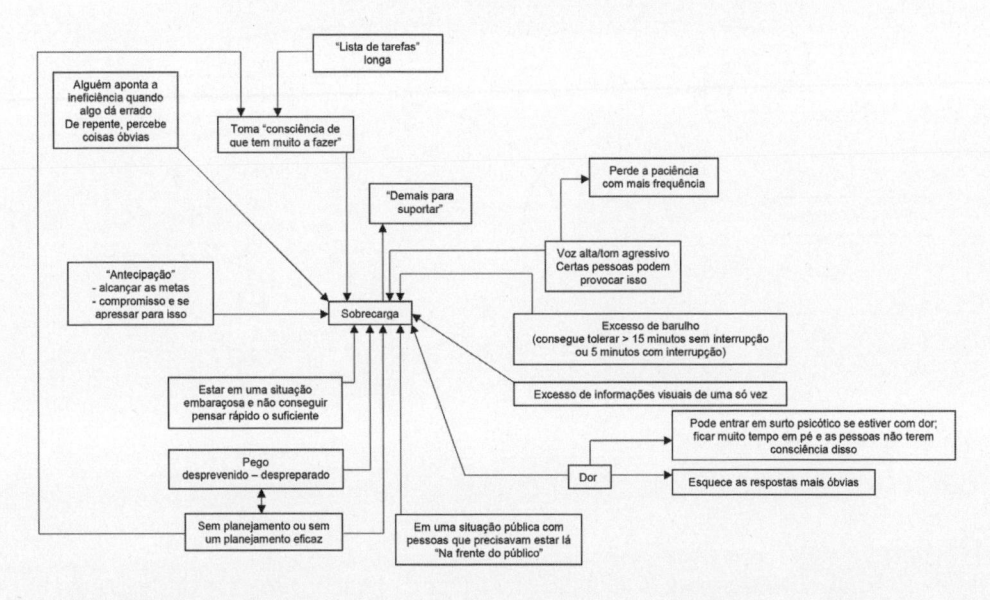

recebeu ajuda para monitorar os descansos ou "períodos de inatividade" por 2 semanas a fim de identificar o tempo médio de inatividade necessária por dia. Isso revelou períodos irregulares de inatividade, entre 30 minutos e 2 horas por dia, realizados em momentos diferentes. Ele também concluiu o monitoramento diário, estruturado para obter gatilhos, avaliações, sentimentos, comportamentos e resultados. A partir desse monitoramento e das discussões nas sessões individuais, ficou evidente que, enquanto Yusuf fazia pausas em ocasiões em que se sentia cansado ou com dor, ele também as fazia ao prever um possível aumento da dor. Isso demonstrou que Yusuf não estava empregando estratégias consistentes para gerenciar o estresse, a dor ou a fadiga.

Às vezes, ele passava o período de descanso se preocupando com as tarefas futuras, o que aumentava a sensação de fadiga e estresse. Eventualmente, Yusuf adormecia. Embora isso às vezes contribuísse para melhorar o humor, a fadiga e a tolerância à dor, em outras, isso não tinha o mesmo efeito. Seu padrão de hipervigilância à dor e à fadiga, pensamentos governados pelas emoções acerca do significado das sensações físicas e a grande expectativa quanto ao desempenho em relação à autocrítica do fracasso foram vistos como semelhantes a um modelo cognitivo de síndrome da fadiga crônica (Surawi *et al.*, 1995). Isso foi descrito como um modelo de "explosão-fracasso" e uma versão adaptada foi desenvolvida e utilizada em nosso trabalho com a Yusuf (ver Figura 16.3).

Figura 16.3 Formulação da fadiga de Yusuf baseada em uma adaptação do modelo cognitivo-comportamental de Surawy *et al.* (1995).

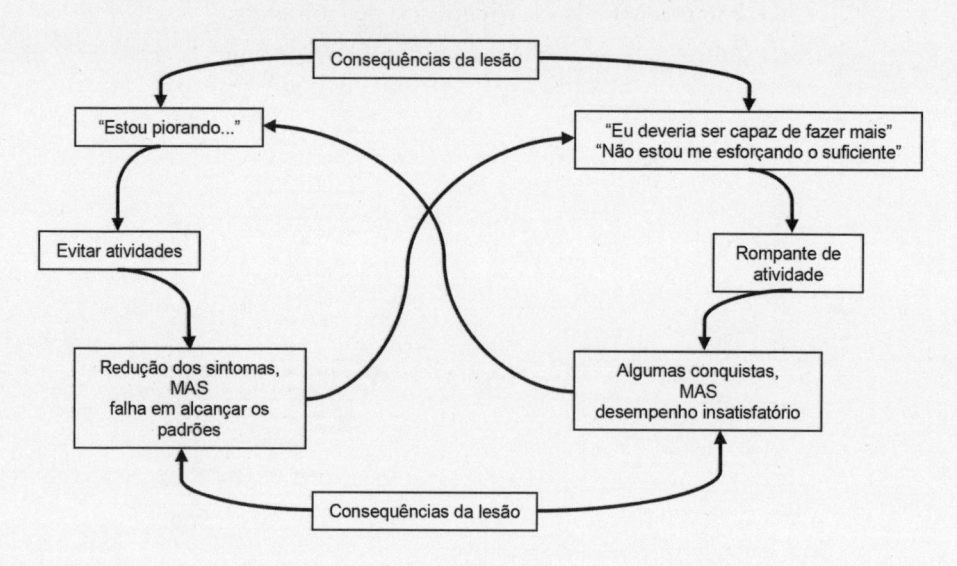

```
                    Consequências da lesão
         ┌──────────────────────────────────────┐
         ▼                                      ▼
  ┌──────────────┐                  ┌───────────────────────────┐
  │"Estou piorando..."│◄────────┐ ┌─►│"Eu deveria ser capaz de fazer mais"│
  └──────┬───────┘         │ │  │"Não estou me esforçando o suficiente"│
         │                  X                 └─────────┬─────────┘
         ▼                 ╱ ╲                          ▼
  ┌──────────────┐        ╱   ╲               ┌─────────────────┐
  │Evitar atividades│     ╱     ╲              │Rompante de atividade│
  └──────┬───────┘      ╱       ╲             └─────────┬─────────┘
         ▼                                              ▼
  ┌──────────────────┐                        ┌──────────────────┐
  │Redução dos sintomas,│                     │Algumas conquistas,│
  │       MAS          │                      │       MAS         │
  │falha em alcançar os│                      │ desempenho        │
  │     padrões        │                      │ insatisfatório    │
  └──────────┬─────────┘                      └─────────▲────────┘
             └──────────► Consequências da lesão ◄──────┘
```

Seguindo esse modelo, a intervenção incluía a quebra do ciclo de "explosão e fracasso", restringindo as pausas para o descanso a um padrão fixo a fim de ajudá-lo a desfazer a associação entre cognições relacionados à fadiga e comportamentos e, posteriormente, a desafiar ou responder às cognições de forma diferente. O tempo de inatividade monitorado durante 2 semanas foi somado e a média calculada em cerca de 50 minutos por dia. Assim, foi estabelecido um padrão definido de pausas para o descanso, totalizando 50 minutos por dia: 5 minutos no meio da manhã, 15 minutos após o almoço e 30 minutos no início da noite. Foram determinados horários específicos para essas pausas no OZC, no trabalho e em casa. Esse trabalho foi realizado em parceria com os TOs que auxiliavam Yusuf no desenvolvimento de técnicas eficazes para gerenciar as tarefas diárias segundo sua meta de memória e planejamento. Yusuf aprendeu a utilizar um organizador eletrônico da marca *Psion* como parte de sua meta de memória e planejamento a fim de se lembrar de fazer pausas para o descanso. Além disso, ele estava participando de sessões de fisioterapia na quais lhe aconselharam a não se sentar por períodos superiores a 30 minutos sem se levantar para se alongar. Logo, essa estratégia foi integrada ao programa.

A fim de empregar essas pausas para o descanso de forma mais eficiente, Yusuf foi encorajado a praticar relaxamento e meditação *mindfulness*. Uma técnica padrão de respiração controlada foi empregada para o relaxamento e uma fita cassete de meditação *mindfulness* guiada foi utilizada para a prática desta (Kabat-Zinn, 1994). Ele foi encorajado a usar esse tipo de meditação para se afastar e aceitar sua experiência e pensamentos emocionais acerca da dor e da fadiga. Ao empregar as técnicas de *mindfulness* nas suas pausas para o descanso e as técnicas de relaxamento na pausa para o descanso noturno, que era mais longo, foi registrada uma diminuição no "tempo de inatividade" durante um período de duas semanas. Yusuf relatou que sentia um controle maior dos sintomas e menos ansiedade. Nesta fase do programa, o autorrelato positivo e a observação do progresso no gerenciamento da dor e da fadiga não foram corroborados por avaliações padronizadas. Ele relatou um aumento da tolerância à dor e, em termos funcionais, melhorou significativamente seus padrões anteriormente irregulares de descanso e de participação nas sessões no OZC.

Gerenciamento de metas, memória e planejamento, e redução da impulsividade

Os padrões inúteis e ineficientes de atividade de Yusuf, vistos em parte como respostas emocionais às tentativas fracassadas de realizar as tarefas, também foram abordados por meio do desenvolvimento de métodos eficazes para a conclusão de atividades do dia a dia (habituais e não habituais), bem como reabilitação da tomada de decisão ineficaz e impulsividade. Além de sessões individuais e em grupo, facilitando a compreensão dessas áreas (ver Capítulo 6; Evans, 2003; Levine et al., 2000), Yusuf preencheu folhas de monitoramento a fim de registrar exemplos de lapsos de memória. O monitoramento desses lapsos permitiu que Yusuf tomasse consciência da variabilidade e da natureza dos problemas cotidianos de memória e planejamento, facilitando novamente seu engajamento no uso de estratégias compensatórias e destacando propósitos específicos. Ele foi auxiliado na aprendizagem de cada uma das funções específicas de seu organizador eletrônico, começando com a função "Agenda" para todas as atividades planejadas e com datas já definidas.

O plano de ação seguinte envolvia a aprendizagem do uso da função "Lista de tarefas" a fim de registrar as aquelas que exigiam agendamento. Isso permitiu que Yusuf alcançasse a meta de concluir com êxito 50% das atividades planejadas em casa e em sua vida social e comunitária no final da fase intensiva inicial do programa. Esse método foi adaptado para ser utilizado no local de trabalho com o apoio do TO responsável pela reabilitação vocacional. Yusuf elaborou uma rotina de trabalho diária que se iniciava com o planejamento do seu dia por meio do *Microsoft Outlook* em seu computador, "sincronizando-o" ao seu organizador *Psion*. Ele tinha pausas para o descanso programadas e reservava horários para as tarefas específicas relacionadas ao trabalho. Um desses horários era no final do dia para lidar com quaisquer tarefas ou questões complementares e não planejadas que nele surgissem. Listas de verificação específicas relacionadas ao local de trabalho e voltadas para o gerenciamento eficaz de tarefas de rotina foram resumidas e colocadas em quadros a fim de que Yusuf as aplicasse (ver Quadro 16.2).

Quadro 16.2 Resumo das estratégias relacionadas ao trabalho.

Tarefas envolvendo o comércio de aviamentos	Estratégias identificadas
AO FAZER O PEDIDO PARA O ESTOQUE	
• Verifique o *status* do estoque atual.	• Peça a um funcionário que apresente estatísticas semanais do estoque e as revise semanalmente – coloque isso na lista de tarefas do funcionário.
• Verifique ou faça uma projeção das vendas.	• A cada duas semanas ou uma vez por mês (dependendo da época do ano), verifique o estoque atual disponível e a projeção de vendas para decidir se é necessário fazer um pedido – lembrete no *Psion*.
• Verifique o *status* atual com os fornecedores.	• Verificar o *status* atual com o fornecedor semanalmente – lembrete no *Psion*.
• Fazer o pedido para assegurar a projeção das vendas.	• Verifique novamente os pedidos antes de serem enviados por *fax*.
• Receba a confirmação do pedido.	• Entre em contato com o fornecedor sobre o pedido após um dia – lembrete no *Psion*.
• Pegue os documentos no banco e os assine para garantir o pagamento.	• Entre em contato com o fornecedor para verificar se o pedido foi enviado após quatro semanas – lembrete no *Psion*.
• Receba as mercadorias.	• Procure o banco após seis semanas caso nenhum documento tenha sido recebido – lembrete no *Psion*.
• Pague.	• Verifique se o funcionário recebeu os documentos bancários, arquivou, registou no banco de dados, entregou no depósito e datou o estoque recebido - lembretes no *Psion* quando for necessário verificar.
• Monitore as vendas, comparando-as à projeção.	• Tenha um horário predeterminado a cada semana para verificar os itens acima – parte do plano diário/semanal.
	• Organizar o dia de trabalho – preencher o plano e a revisão diários.
	• Finalizar o trabalho relacionado aos aviamentos de manhã e o trabalho relacionado a *web* à tarde.
	• Planeje quando concluir as tarefas semanais, mensais, trimestrais e anuais.
FLUXOGRAMA DE VENDAS	
• Receba o pedido.	• Verifique se o funcionário preencheu o formulário do pedido.
• Preencha o formulário do pedido.	• Não pechinche – diga que você dará uma resposta a eles.

Tarefas envolvendo o comércio de aviamentos	Estratégias identificadas
FLUXOGRAMA DE VENDAS	
• Envie o formulário do pedido para o depósito por *fax*.	• Pondere sobre o uso de um bloco de papel para anotar todas as informações relacionadas ao pedido ao atender chamadas telefônicas.
• Aguarde a notificação de entrega.	• Preencha imediatamente o formulário do pedido e envie por *fax* ou coloque na lista de tarefas do funcionário.
• Faça e poste a fatura para o cliente.	• Entre em contato com a empresa de *factoring* regularmente – lembrete no *Psion*.
• Preencha o formulário e poste para a empresa de *factoring*.	• Organizar o dia de trabalho – preencha o plano e a revisão diários.
• Aguarde o pagamento da empresa de *factoring*.	• Finalize o trabalho relacionado aos aviamentos de manhã e o trabalho relacionado a *web* à tarde, com uma hora no final de cada dia para o que deve ser feito com urgência.
	• Planeje quando concluir as tarefas semanais, mensais, trimestrais e anuais.
Tarefas e situações gatilho	
• Examine a lista de tarefas e o planejamento no início do dia.	• Observe as "previsões negativas" sobre a própria capacidade, o tempo disponível etc. desencadeadas ao examinar os planos da manhã.
	• Assuma o controle da atenção, use o *mindfulness* para direcioná-la de volta à tarefa em questão e para se afastar das previsões negativas.
	• Finalize seus planos para a manhã
	• Diga a si mesmo: "assim que iniciar essas tarefas, me sentirei melhor".
	• NÃO DESCANSE, a menos que seja um horário de descanso predeterminado – ATENHA-SE AOS HORÁRIOS DE DESCANSO.
• "Exigências inesperadas".	• Mantenha-se na situação.
	• Recite um "zikr"[3] duas ou três vezes para se afastar de pensamentos negativos e manter sua atenção no presente.

---

[3] N.T.: O zikr é um ato devocional islâmico no qual se repete os nomes de Deus, súplicas, versos ou textos retirados de livros sagrados para os mulçumanos, tais como o Alcorão.

Tarefas envolvendo o comércio de aviamentos	Estratégias identificadas
Tarefas e situações gatilho	
	• Pare e pense.
	• Peça à pessoa que repita ou esclareça se você não entendeu totalmente o que ela disse.
	• Seja assertivo na sua resposta.
	• Se necessário, agende quaisquer tarefas complementares que surjam durante o dia para um horário ao final deste.
	• Demonstre seu *status* dizendo: "estou ocupado agora, mas posso entrar em contato com você depois das 15h.

O trabalho individual acerca do funcionamento executivo foi desenvolvido com base na estratégia "pare-pense" para reduzir a impulsividade. Para tanto, uma justificativa para empregar essa estratégia foi dada a Yusuf. Além disso, ele praticou o gerenciamento de metas em relação aos problemas habituais nas sessões do OZC com base nos exercícios realizados no Grupo de Atenção e Gerenciamento de Metas. Apesar do apoio, Yusuf, a princípio, não generalizou o emprego dessa estratégia para outras situações e continuou a responder impulsivamente. A análise das situações em que isso ocorreu e a reflexão acerca da formulação colaborativa ajudaram a esclarecer a contribuição de fatores, tais como níveis de estresse, frustração ou ansiedade, bem como fatores ambientais e avaliações cognitivas. Esse trabalho de reabilitação cognitiva foi, então, integrado ao trabalho acerca do estilo de enfrentamento emocional. Uma investigação mais minuciosa acerca das cognições associadas ao ajustamento emocional destacou pensamentos automáticos negativos relacionados ao medo do fracasso, alimentando uma resposta mais impulsiva. Em novas descobertas guiadas nas sessões de TCC, Yusuf identificou as suposições subjacentes associadas a esses pensamentos automáticos, as quais estavam associadas a um sentimento inerente de perda de *status* aos olhos de outras pessoas que encontrava em situações sociais, familiares e de trabalho. Ao focar em situações vocacionais, foram identificadas regras ineficientes, mas compreensíveis para preservar a identidade anterior à lesão. Estas estão resumidas abaixo:

> As coisas não estão indo bem, então eu deveria: (1) aproveitar enquanto é tempo; (2) agir agora antes que eu me esqueça; (3) tomar uma decisão rápida e confiante para ser visto como um bom empresário; e (4) tomar uma decisão rápida para que eu não seja desafiado.

Essas regras foram vistas como tentativas compreensíveis de Yusuf para se proteger das ameaças à sua identidade anterior à lesão (um administrador bem-sucedido de empresas lucrativas, muito respeitado em sua comunidade). Elas foram vistas também como um conjunto de "metas quentes" automáticas e emocionalmente desencadeadas em situações específicas que "superavam" qualquer tentativa de se ater a uma meta intencional. Yusuf examinou os prós e contras dessas regras, bem como as "metas quentes" para alcançar as próprias metas, começando a entender como esses tipos de resposta, embora visassem a encobrir os problemas (preservar o *status*), conduziam-no a resultados insatisfatórios a longo prazo e, finalmente, à perda de *status*. A formulação colaborativa original foi assim desenvolvida com Yusuf a fim de mapear como os gatilhos (ameaças à identidade) eram avaliados de tal forma que contribuíam para o aumento do estresse e a ineficiência dos comportamentos de enfrentamento (ver Figura 16.4).

Figura 16.4 Formulação que vincula fatores cognitivos, emocionais e físicos que corroboram os padrões inúteis de resposta de Yusuf e destaca estratégias cognitivas e comportamentais que podem oferecer uma maneira mais adaptativa de responder.

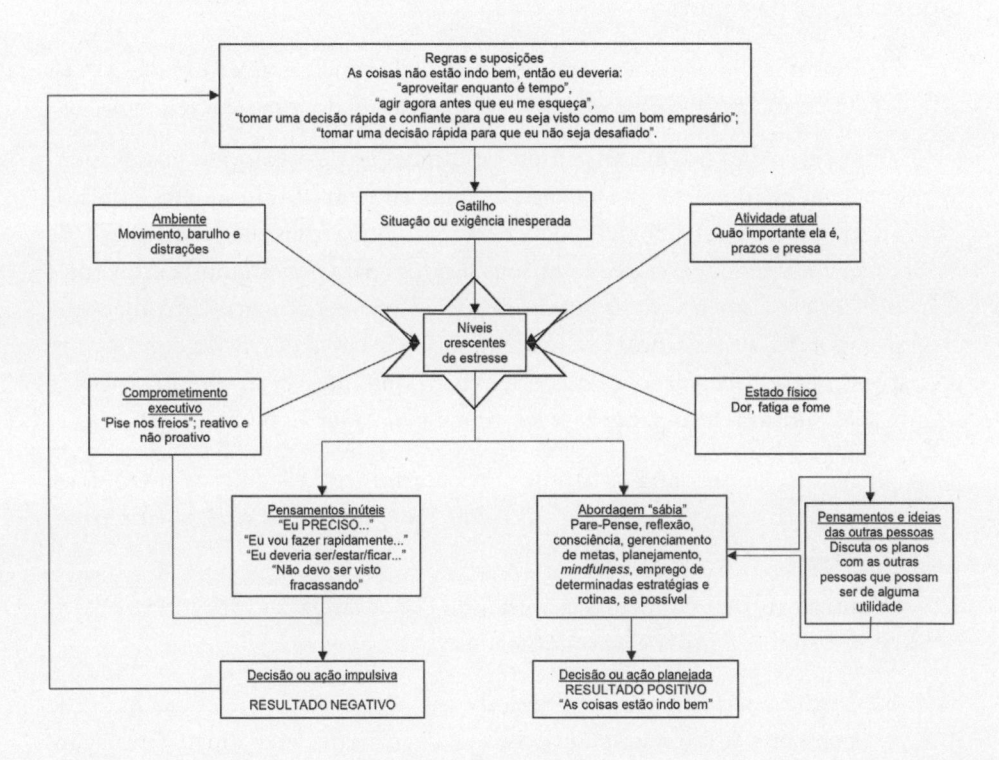

Outros fatores, tais como dor, fadiga, fome, ruídos e distrações ambientais também foram incluídos como fatores extras que contribuíam para o estresse. Foi sugerido que esses fatores aumentavam a probabilidade de uma resposta impulsiva. Portanto, além das rotinas e esquemas elaborados com os TOs para reduzir as

oportunidades de impulsividade e aumentar as de sucesso, a formulação cognitivo-
-comportamental permitiu a integração de estratégias adicionais a fim de desafiar
velhas regras e suposições, criando novas baseadas no emprego de estratégias e de
resultados positivos. Essas estratégias incluíam o relaxamento diário para gerenciar
os níveis gerais de estresse e o uso do gerenciamento de metas para solucionar
problemas, tomar decisões e manter o foco durante as tarefas. Yusuf também
criou uma abordagem prática de *"mindfulness"* baseada na prática muçulmana de
repetir uma oração privada ou *"zikr"* a fim de perceber e se afastar de pensamentos inúteis a tempo. Os alertas intermitentes no organizador *Psion*, sincronizados
com o *Outlook* em seu computador, foram utilizados inicialmente para auxiliar o
automonitoramento e a aplicação dessas estratégias no local de trabalho.

Resultados

Consecução das metas

1) Yusuf implementará as estratégias a fim de concluir determinadas tarefas vocacionais de forma eficaz (conforme avaliado por ele e seu irmão).

Yusuf alcançou essa meta aplicando as estratégias de memória e planejamento, gerenciamento de metas, *mindfulness* e gerenciamento do ritmo e da fadiga de
forma associada. Ele introduziu a ideia de alterar ainda mais sua rotina diária de
modo que, em vez de tentar expandir seus serviços para novos empreendimentos
sem sucesso, ele ergueu um "segundo negócio" tornando o primeiro mais eficiente (importação e atacado). Era evidente que ele havia desafiado com sucesso
suas suposições subjacentes sobre como ser visto como um "bom" empresário. Ele
relatou suas "novas regras para os negócios e a vida" (ver Apêndice 16.1).

2) Yusuf demonstrará o uso de um determinado sistema de memória e planejamento para que ele possa concluir pelo menos 70% das atividades planejadas semanalmente sem relatar fadiga excessiva

Yusuf alcançou essa meta, completando certas tarefas em atividades envolvendo o trabalho, a família e a comunidade.

3) Yusuf demonstrará o emprego de estratégias de forma eficaz a fim de gerenciar o estresse, a ansiedade e a raiva em determinadas situações dentro e fora do OZC.

Yusuf relatou um avanço nessas áreas no final do programa, especialmente
no local de trabalho. A família relatou um progresso nessas áreas em casa. Consoante a isso, as avaliações padronizadas revelaram uma visão heterogênea das
classificações feitas por ele e sua esposa (ver Figuras 16.7 a 16.9).

4) Yusuf demonstrará o uso de estratégias adaptativas para o gerenciamento da dor e se classificará como mais confiante em lidar com ela em situações específicas dentro e fora do OZC.

Essa meta foi claramente alcançada com uma remissão da deterioração física observada na avaliação inicial e no início de seu programa. Yusuf parou de usar a bengala, utilizou suas pausas para o descanso de uma forma muito mais eficaz e reduziu significativamente o uso inútil destas, que resultava em uma situação de "explosão" e "fracasso". Seus relatos e preocupação com a fadiga também diminuíram, embora o ritmo e outras técnicas de gerenciamento da fadiga continuassem sendo necessárias.

5) Yusuf relatará, por escrito, sua compreensão exata acerca da natureza e das consequências de sua lesão encefálica de acordo com seu relatório de avaliação detalhada.

Yusuf preparou um portfólio escrito detalhando a natureza e as consequências de sua lesão. Ele relatou que se sentia mais confiante para compartilhar a compreensão acerca desta com outras pessoas. Sobretudo, a consciência intelectual inicial de Yusuf se aproximou da consciência antecipatória como demonstrado pela introdução do uso de estratégias em sua vida cotidiana.

Medidas de avaliação de resultado

As autoavaliações e as avaliações feitas pela esposa de Yusuf por meio do *EBIQ* (Teasdale *et al.*, 1997) indicaram um grande avanço em todas as áreas ao longo do programa, com algumas variações após a conclusão deste (ver Figura 16.5). As áreas somática, comunicacional e cognitiva demonstraram uma melhora clara e consistente nas classificações acerca de si e em outras classificações. Um padrão semelhante foi observado no *Questionário Disexecutivo – DEX*, da *Bateria de Avaliação Comportamental da Síndrome Disexecutiva – BADS* (Wilson *et al.*, 1996 – ver Figura 16.6). Houve um progresso ao longo do programa e uma moderada deterioração no período de acompanhamento, sem retornar aos níveis anteriores à reabilitação.

As avaliações acerca do ajustamento emocional mostraram resultados mais variados. Na *HADS*, os níveis iniciais de ansiedade diminuíram no final do programa (Figura 16.7). O escore de depressão nessa avaliação aumentou durante o programa, em consonância talvez com o aumento da consciência e do ajustamento, e diminuiu no final deste, mas não para o nível inicial. A mudança positiva, avaliada por meio do *QSG-28* (Goldberg; Williams, 1988), foi mais clara (Figura 16.8), especialmente no que diz respeito à redução de sintomas somáticos, estando compatível com nossas observações, relatórios e subescala do *EBIQ*. Essas avaliações

Figura 16.5 Escores "totais" do *Questionário Europeu de Lesão Cerebral – EBIQ* de Yusuf (conforme avaliado por ele, em cinza escuro, e sua esposa, em cinza claro) para o programa e o período de reavaliação de um ano.

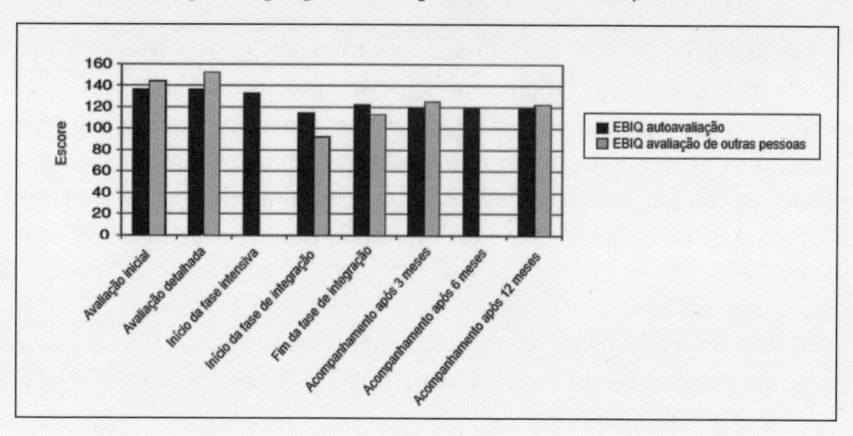

Figura 16.6 Escores do *Questionário Disexecutivo – DEX* de Yusuf (conforme avaliado por ele, em cinza escuro, e sua esposa, em cinza claro) para o programa e o período de reavaliação de um ano.

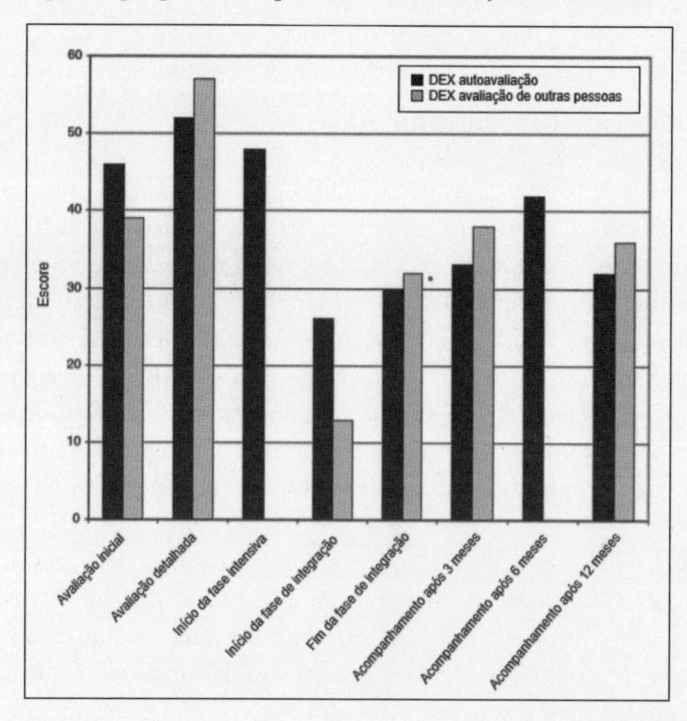

corroboram, portanto, pelo menos um ajustamento emocional parcial e uma redução ou gerenciamento eficaz de sintomas somáticos associados ao estresse, fadiga e dor. As avaliações por meio das subescalas do "questionário de agressividade" (Figura 16.9) destacaram uma redução na agressão física e verbal, bem como na raiva, mas pouca alteração quanto à autoavaliação dos sentimentos de hostilidade.

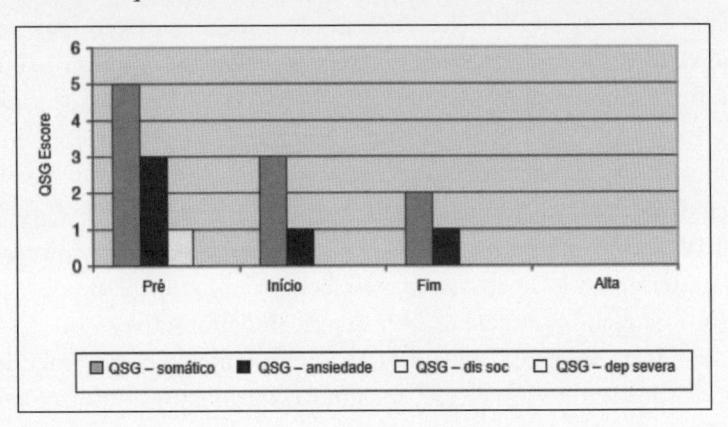

Figura 16.7 Alterações na ansiedade e depressão de Yusuf ao longo do programa, conforme avaliado pela *Escala Hospitalar de Ansiedade e Depressão HADS*. "HADS-A" corresponde à subescala de ansiedade, "HADS-D" corresponde à subescala de depressão, "Pré" corresponde à avaliação detalhada, "Início" corresponde ao início da fase intensiva, "Fim" corresponde à fase de integração e "Alta" corresponde à alta no final do período de acompanhamento de 12 meses. Observe que não foram feitas avaliações no momento da alta.

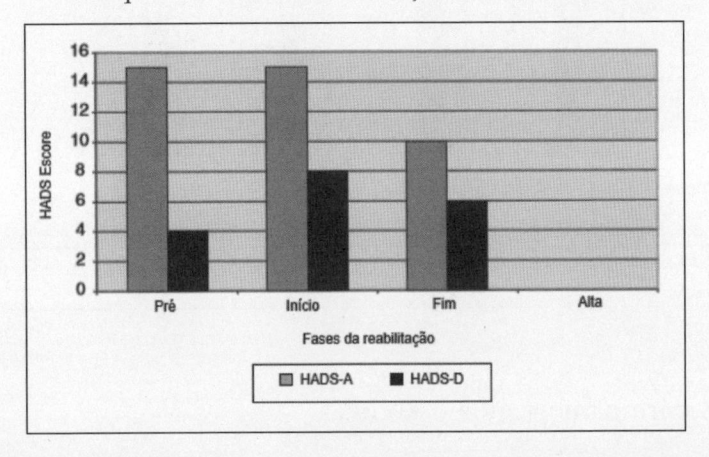

Figura 16.8 Alterações no funcionamento psicossocial de Yusuf ao longo do programa, conforme avaliado pelo *Questionário de Saúde Geral*, versão com 28 itens – QSG. "QSG – dis soc" corresponde à subescala de disfunção social, "GSG – dep severa" corresponde à subescala de depressão grave, "Pré" corresponde à avaliação detalhada, "Início" corresponde ao início da fase intensiva, "Fim" corresponde à fase de integração e "Alta" corresponde à alta no final do período de acompanhamento de 12 meses. Observe que não foram feitas avaliações no momento da alta.

Figura 16.9 Alterações na agressividade de Yusuf nas quatro subescalas do "questionário de agressividade" (os números entre parênteses mostram o intervalo médio para os entrevistados masculinos saudáveis em cada subescala). "Pré" corresponde à avaliação detalhada, "Início" corresponde ao início da fase intensiva, "Fim" corresponde à fase de integração e "Alta" corresponde à alta no final do período de acompanhamento de 12 meses. Observe que não foram feitas avaliações no momento da alta.

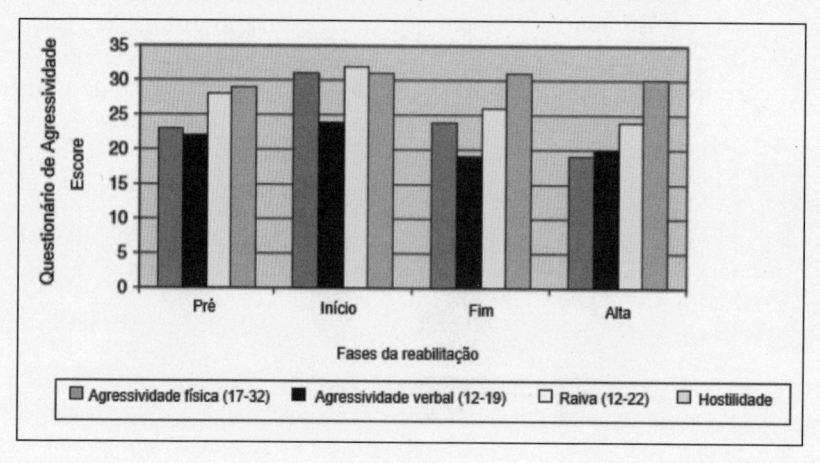

"Regras para os negócios e a vida"

Na primeira reunião de acompanhamento, Yusuf apresentou uma lista de "novas regras para os negócios e a vida" (ver Apêndice 16.1). Estas foram compiladas a partir de ditados populares e reflexões em consonância com os aspectos de sua crença e valores religiosos, carregando significados associados ao ajustamento adaptativo posterior à lesão, bem como transmitindo mensagens úteis para manter a utilização de estratégias.

Em resumo, este trabalho destaca como a promoção de um entendimento compartilhado entre o cliente e a equipe (neste caso, do que Yusuf descreveu como "sobrecarga") resultou no desenvolvimento de uma formulação mais elaborada, permitindo a identificação de estratégias. Os modelos de comportamento de dor, fadiga crônica e função executiva integrados a uma abordagem terapêutica cognitivo-comportamental foram extremamente importantes na organização do trabalho interdisciplinar. O reconhecimento dos aspectos psicológicos da dor e da fadiga, os experimentos para encorajar avaliações menos ansiosas e os estilos de enfrentamento mais adaptativos (incluindo a fisioterapia e as contribuições da TO) para esses difíceis sintomas posteriores à lesão ajudaram a estabelecer um sentimento de esperança e engajamento na reabilitação. Mais importante ainda foi, talvez, a necessidade de engajar o cliente na mudança de padrões de comportamento que foram criados para manter a identidade anterior à lesão, incluindo sentimentos de *status* e respeito da família e da comunidade em geral. Aqui, o papel da fonoaudiologia ao auxiliar uma comunicação eficaz em casa e no contexto social e vocacional foi extremamente pertinente. O desafio psicológico de abandonar o comportamento estabelecido que conferia segurança a curto prazo a fim de permitir a possibilidade de mudanças mais adaptativas foi significativo e é explorado em nosso trabalho com Judith (Capítulo 17). A integração entre as técnicas compensatórias gerais e específicas no contexto, desenvolvidas na terapia ocupacional, e as estratégias e habilidades comunicacionais foi uma parte fundamental do trabalho acerca da mudança psicológica. O programa de reabilitação e, posteriormente, o local de trabalho propiciaram ocasiões nas quais os experimentos comportamentais puderam ser realizados para desafiar avaliações ineficazes e elaborar regras, suposições e estratégias mais flexíveis, adaptativas e positivas. Para Yusuf, sua família e a comunidade foram capazes de auxiliá-lo nesse processo de mudança e em sua reabilitação. Além disso, ele foi capaz de recorrer às suas crenças e valores para ajudá-lo nas mudanças que eram importantes para sua reabilitação bem-sucedida. Esses recursos e valores, no entanto, nem sempre estão disponíveis após uma lesão encefálica e, para alguns, o "risco" de mudança em relação à identidade ameaçada é muito alto ou as complexidades no sistema mais amplo podem apresentar um desafio maior à mudança.

Apêndice 16.1 – As regras de Yusuf para os negócios e a vida

1) **Planejamento**

   Planeje cuidadosamente e tenha em mente uma estratégia clara o tempo todo. Uma agenda diária e uma lista de tarefas são obrigatórias.

2) **Siga seu ritmo**

   Não se apresse, pare, pense... depois, aja. Use o *mindfulness*. Controle o ambiente (barulho, assentos etc.).

3) **Informação é poder**

   Entenda seu produto – converse com os clientes e concorrentes. Vá a lugares diferentes. Seja prático. Se delegar algo – às vezes, tente fazer e observe você mesmo.

4) **Controle**

   Não perca a noção do dinheiro – revise regularmente as estimativas e os relatórios. Use a técnica *PQRST* (ver Capítulo 6).

5) **Seja proativo em vez de reativo**

   Não seja muito audacioso – seja diplomático e honesto, mas retire isso de sua rotina o mais rápido possível.

6) **Não fuja da luta**

   Há muitas armadilhas e obstáculos no caminho. Seja determinado – uma vez decidido, tenha força de vontade para ir até o fim.

7) **Foco**

   Mantenha o foco o tempo todo. Atenha-se a seus planos.

8) **Nenhum homem é uma ilha**

   Troque ideias. Mantenha contato com outras pessoas. Construa uma rede informal. Procure aconselhamento (sempre garantindo, ao mesmo tempo, confidencialidade e discrição).

9) **Não se apresse – Não deixe decisões importantes para depois**

   Faça perguntas diretas. Analise os pontos fortes e fracos, as oportunidades e as ameaças, bem como o fator tempo/dinheiro antes de decidir. Use a estratégia de gerenciamento de metas. Nunca apresente informações negativas.

10) **Por último, mas não menos importante**

    Afaste-se de situações potencialmente instáveis. Aprenda a dizer não. Aprenda a dizer o necessário a cada dia. Faça o seu melhor e confie no Todo-Poderoso.

Três regras para situações do dia a dia

- A preguiça é de Satanás. A pressa é de Satanás (do profeta Maomé).
- Prometa menos e faça mais, também espere menos; você nunca será decepcionado.
  - Na adversidade: o sábio faz no começo o que o tolo faz no fim (ou seja, ele recorre à paciência e aceita a realidade).

Referências

Butler, G. and Hope, T. (1995). *Manage your Mind: The Mental Fitness Guide*. Oxford: Oxford University Press.

Butler, G. (1998). Clinical formulation. In A.S. Bellack and M. Hersen, eds., *Comprehensive Clinical Psychology*. New York: Pergammon Press, pp. 1–23.

Crosson, B., Barco, P., Velozo, C.A., *et al.* (1989). Awareness and compensation in postacute head injury rehabilitation. *Journal of Head Trauma Rehabilitation*, **4**(3), 46–54.

Ellmo, W. Graser, M., Krchnavek, E.A., Calabrese, D.B. and Hauck, K. (1995). *Measure of Cognitive Linguistic Ability*. Florida: The Speech Bin.

Evans, J.J. (2003). Rehabilitation of the dysexecutive syndrome. In B.A. Wilson, ed., *Neuropsychological Rehabilitation: Theory* and Practice. Lisse: Swets and Zeitlinger, pp. 53–70.

Goldberg, D. and Williams, P. (1988). *A User's Guide to the General Health Questionnaire*. Windsor: NFER Nelson.

Kabat-Zinn, J. (1994). *Mindfulness Tapes: Series 2*. www.mindfulnesstapes.com

Levine, B., Robertson, I.H., Clare, L., *et al.* (2000). Rehabilitation of executive functioning: an experimental-clinical validation of goal management training. *Journal of the International Neuropsychological Society*, **6**(3), 299–312.

Melzack, R. (1975). The McGill Pain Questionnaire: major properties and scoring methods. *Pain*, **1**(3), 277–99.

Melzack, R. and Wall, P. D. (1965). Pain mechanisms: a new theory. *Science*, **150**, 971–9.

Surawy, C., Hackmann, A., Hawton, K. and Sharpe, M. (1995). Chronic fatigue syndrome: a cognitive approach. *Behaviour Research and Therapy*, **33**(5), 535–44.

Teasdale, T.W., Christesen, A., Willnes, K. *et al.* (1997). Subjective experience in brain-injured patients and their close relatives. A European brain injury questionnaire study. *Brain Injury*, **11**, 543–63.

Wilson, B.A., Alderman, N., Burgess, P., Emslie, H. and Evans, J.J. (1996). *The Behavioural Assessment of the Dysexecutive Syndrome*. Lutz, FA: Psychological Assessment Resources Inc.

Winward, C.E., Halligan, P.W. and Wade, D.T. (2002). The Rivermead Assessment of Somatosensory Performance (RASP): standardization and reliability data. *Clinical Rehabilitation*, **16**(5), 523–33.

World Health Organization (2001). *International Classification of Functioning, Disability and Health*. Geneva: WHO Marketing and Dissemination.

Zigmund, A.S. and Snaith, R.P. (1983). The Hospital Anxiety and Depression Scale. *Acta Psychiatrica Scandinavica*, **67**, 361–71.

CAPÍTULO 17

Judith: aprendendo a fazer as coisas "num piscar de olhos" – experimentos comportamentais para explorar e mudar o "significado" em atividades funcionais relevantes

Fergus Gracey, Susan Brentnall e Rachel Megoran

Introdução

As sequelas emocionais da lesão encefálica adquirida (LEA) estão agora bem documentadas e uma maior atenção à intervenção está sendo dada na literatura. Além disso, as pesquisas identificaram uma grande influência da LEA no senso de identidade (Tyerman; Humphrey, 1984; Nochi, 1998; Cantor *et al.*, 2005; Dewar; Gracey, 2007). Ylvisaker e Feeney (2000) apresentam uma técnica de reabilitação que envolve especificamente o desenvolvimento de "mapas de identidade" com os clientes, e McGrath e King (2004) descrevem como os experimentos comportamentais na terapia cognitivo-comportamental (TCC) podem abordar crenças e suposições sobre o *self* e as habilidades após a LEA. Conforme descrevemos nos capítulos anteriores – por exemplo, no Capítulo 4 –, esse trabalho é um componente fundamental da reabilitação neuropsicológica do Oliver Zangwill Centre (OZC).

No OZC, temos desenvolvido uma aplicação da TCC para além do tratamento do Eixo 1, transtornos emocionais após a LEA (Williams; Evans, 2003), a fim de explorar práticas que facilitem a aceitação e o ajustamento ao longo do processo de reabilitação holística. Este caso ilustra dois aspectos importantes dessa modificação inovadora da TCC: o uso de experimentos comportamentais em reabilitação (McGrath; King, 2004) e o desenvolvimento construtivo, o qual chamamos de uma "formulação positiva" para auxiliar na mudança de identidade e no ajustamento (Mooney; Padesky, 2000; Ylvisaker; Feeney, 2000). O capítulo mostra como essas práticas permitiram que Judith mudasse os significados associados às tentativas de se engajar em atividades funcionais relevantes por meio do programa, bem como algumas mudanças duradouras de comportamento que foram mantidas um ano depois.

Histórico da lesão

Judith era uma mulher de 31 anos que sofreu um acidente de trânsito 1 ano e meio antes do início da reabilitação. Antes do acidente, ela trabalhava para uma rede varejista como gerente, sendo responsável por "revirar" as lojas com problemas financeiros. O acidente ocorreu quando a pequena *van* que dirigia foi atingida por outro veículo que ficou sobre o teto dela. Judith não se lembrava do acidente. A amnésia retrógrada anterior ao trauma de aproximadamente 2 horas e a amnésia pós-traumática de aproximadamente 3 semanas indicavam um grave traumatismo cranioencefálico (TCE). Ela sofreu um hematoma subdural frontal esquerdo e traumas ortopédicos. Ela era fisicamente capaz, porém, desde o acidente, não trabalhava e recebia benefícios sociais. Sua vida social era restrita e ela havia perdido amigos. Ela continuava morando com Pete, seu compreensivo parceiro de quatro anos, embora eles tivessem se tornado menos íntimos em seu relacionamento desde o acidente.

Histórico social

Judith estava morando com Pete em um apartamento localizado sobre uma loja. Durante o dia, ela ficava no apartamento, exceto para descer até a loja e comprar um jornal. Ela não conseguia dirigir devido às convulsões. Judith relatou que não tinha uma vida social e que perdeu muitos amigos em decorrência do acidente. Sua família morava do outro lado do país e os relacionamentos com a mãe e o pai, que estavam separados, eram difíceis. Judith e Pete compartilhavam um amor por motocicletas.

Avaliação detalhada

Dificuldades e metas autorreferidas por Judith

Judith conseguia refletir acerca de seus pontos fortes e fracos, mostrando claras evidências da consciência de seus comprometimentos. Inicialmente, ela identificou uma série de metas, a saber:

a) como lidar com as finanças;
b) se seria possível estudar aromaterapia (essa meta era mais um desejo e dizia respeito à sua atitude positiva em relação ao futuro, em vez de uma meta a ser totalmente trabalhada por meio do plano vocacional);
c) ser capaz de gerenciar o humor para que possa lidar com o começo de uma família;

d) ser capaz de dirigir novamente;
e) gerenciar as dificuldades relacionadas à resolução de problemas, tomada de decisão, memória, comunicação, leitura, confiança e vida social.

Com relação ao ajustamento emocional, Judith fez os seguintes comentários:

- "Eu não quero ter que usar uma máscara ou fingir ser algo que não sou";
- "Parar de me criticar da forma que faço, pois isso não está contribuindo para minha confiança";
- "Ser capaz de controlar as fobias que tenho por estar fora de casa sozinha";
- "Estou em uma batalha constante comigo mesma".

Avaliação Neuropsicológica

A avaliação neuropsicológica padronizada da memória indicou comprometimentos na evocação visual e verbal imediata e tardia. Os testes de funcionamento executivo mostraram dificuldade com a manipulação de informações na memória operacional, o controle executivo da atenção (alternada, dividida e sustentada) e a inibição da resposta. As habilidades de planejamento não foram afetadas, embora problemas tenham surgido com a implementação de planos. O desempenho nos testes de reconhecimento de emoções e de tomada de decisão baseada nas emoções não indicava comprometimento. Em termos funcionais, esses déficits resultaram em dificuldades para concluir as tarefas do dia a dia sem se distrair (por exemplo, deixar a torneira da banheira aberta e o fogão ligado), codificar e reter informações, e manter a atenção (por exemplo, ser incapaz de acompanhar programas ou filmes de TV). Os problemas de memória foram formulados como oriundos da codificação reduzida secundária aos déficits de atenção.

Avaliação da linguagem e comunicação

A avaliação destacou dificuldades de comunicação decorrentes dos déficits cognitivos de Judith, incluindo:

a) compreensão limitada do significado abstrato/inferencial e tendência a ser concreta;
b) desinibição, resultando em um aumento de palavrões, e manutenção de tópicos insuficientes na comunicação social;
c) dificuldades cognitivas e emocionais (ansiedade), influenciando de forma moderada e variada a busca por palavras;
d) impulsividade, ansiedade e dificuldades de atenção, resultando em pressa para ler, e aumento da ocorrência de erros.

Avaliação da consciência, ajustamento emocional e comportamento

Judith apresentou um escore "severo" para ansiedade na *Escala Hospitalar de Ansiedade e Depressão – HADS* (Zigmund; Snaith, 1983) e no *Inventário de Ansiedade de Beck – BAI* (Beck; Steer, 1990). Embora tenha apresentado um escore "moderado" para depressão na *HADS*, este foi "severo" no *Inventário de Depressão de Beck – BDI-II* (Beck *et al.*, 1996) devido às pontuações em itens associados às consequências do TCE independentemente do humor (por exemplo, capacidade de concentração rebaixada, fadiga e sono agitado). Seus escores no *Culture Free Self-Esteem Inventory 2* – CFSEI-2[1] (Battle, 1992) indicaram baixa autoestima geral, social e pessoal. O *Social Cognitions Questionnaire – SCQ*[2] (Wells; Stopa; Clark, não publicado) e o *Questionário de Cognições Agorafóbicas – QCA* (Chambless *et al.*, 1984) identificaram altos níveis de crença em previsões específicas relacionadas à ansiedade.

A ansiedade ou pânico desencadeado em situações sociais, bem como em outros tipos de situação, e a evitação a ele associado, incluindo não sair sozinha, foram as principais dificuldades emocionais apresentadas. Os sintomas de depressão, verificação obsessivo-compulsiva e rigidez, baixa autoestima, irritabilidade e agressão verbal, e hipervigilância e hiperexcitação estavam presentes. Embora Judith não se lembrasse do acidente, parecia haver ocasiões específicas nas quais sua ansiedade se intensificava diante de gatilhos situacionais caracterizados por um ruído alto ou agudo e espaços fechados, que poderiam estar relacionados ao trauma. Esses sintomas não atendiam aos critérios do *Manual Diagnóstico e Estatístico de Transtornos Mentais, 4ª edição, Texto Revisado – DSM-IV TR* (American Psychiatric Association, 2000) para qualquer transtorno específico do eixo 1 deste, sendo classificados como transtorno de ansiedade não especificado (código 300.00) devido a uma condição médica não catalogada. No entanto, suas dificuldades emocionais eram significativas, angustiantes e, em conjunto com suas dificuldades cognitivas, exerciam uma enorme influência limitadora em sua participação social.

Resumo da avaliação e formulação inicial

Como descrito anteriormente, as informações da avaliação foram integradas a fim de fornecer uma ampla formulação das restrições da participação funcional/social tendo em vista os padrões subjacentes de forças e déficits relacionados ao funcionamento anterior à lesão, bem como ao estilo de vida e fatores sociais.

---

[1] N.T.: *Culture Free Self-Esteem Inventory 2* é um instrumento que consiste em uma série de escalas de autorrelato utilizadas para avaliar a autoestima em crianças e adultos.

[2] N.T.: *Social Cognitions Questionnaire* é um instrumento que avalia pensamentos automáticos acerca de situações sociais.

Um resumo visual disso não é apresentado, embora os principais fatores sejam descritos abaixo:

a) **limitações físicas/desempenho (comprometimentos):**
   - memória (codificação);
   - atenção (aspectos executivos);
   - função executiva (inibição da resposta e manutenção das metas);

b) **restrições na participação social (deficiências/dificuldades):**
   - perda da atividade vocacional;
   - perda da atividade social e de lazer;
   - alteração nos relacionamentos;

c) **fatores contextuais:**
   - altos níveis de ansiedade e rebaixamento do humor e da autoestima;
   - diminuição das redes de apoio social.

Os recursos específicos em prol de Judith incluíam sua relação duradoura e de apoio com Pete, autoconsciência e capacidade de refletir sobre si e sua situação, além de determinação para melhorar sua situação.

No início da reabilitação, foi desenvolvida uma formulação inicial segundo a influência subjacente de fatores psicológicos (ver Figura 17.1). Essa formulação foi baseada em modelos cognitivos de transtorno de estresse pós-traumático – TEPT (Ehlers; Clark, 2000) e ansiedade social (Clark; Wells, 1995). Tais modelos foram selecionados devido à extrema relevância das cognições relacionadas à "ameaça ao *self*" e ao "*self* como objeto social negativo", que pareciam melhor categorizados para descrever a vulnerabilidade inerente de Judith em relação às suas dificuldades emocionais após a lesão.

O tema central da ameaça contínua à identidade em conjunto com as regras para manter a "segurança" foi formulado com base em uma ampla gama de comportamentos que visavam a estabelecer e manter a segurança (Salkovski, 1996), cada um dos quais com um papel de evitar a invalidação de crenças ou de gerar outros sintomas que poderiam atuar como gatilhos. Os gatilhos que possuíam um significado de (potencial) ameaça à identidade (situações sociais, possíveis falhas ou problemas evidentes para os outros) resultavam em sintomas físicos avassaladores de excitação autonômica. A avaliação destes como sinais de perda iminente de controle e a atenção seletiva de si, do sintoma ou ameaça resultava em uma rápida exacerbação da ansiedade, completando um ciclo crescente de sensação de ameaça. No que diz respeito à elevação dos níveis de excitação, seu comprometimento do funcionamento executivo acarretava um aumento iminente da desinibição, também avaliado por Judith após o evento como inaceitável para si e para as outras pessoas. Após a fuga e agravada pela recordação reduzida e seletiva de eventos negativos, surgiam ruminações de culpa e autocrítica "explícita". Sua avaliação e tentativas de gerenciar tais sentimentos eram consideradas como formas de evitar a invalidação das avaliações de ameaça por meio de comportamentos de segurança baseados na esquiva. Sua ruminação e tentativas de controle mental poderiam ser um fator para evitar o ajustamento emocional e manter as dúvidas intrusivas (por exemplo, Ehlers e Clark, 2000).

Figura 17.1 Formulação de ansiedade social e pânico relacionados à sensação de ameaça à identidade, baseada em Clark e Wells (1995) e Ehlers e Clark (2000), reimpressa com permissão de Elsevier.

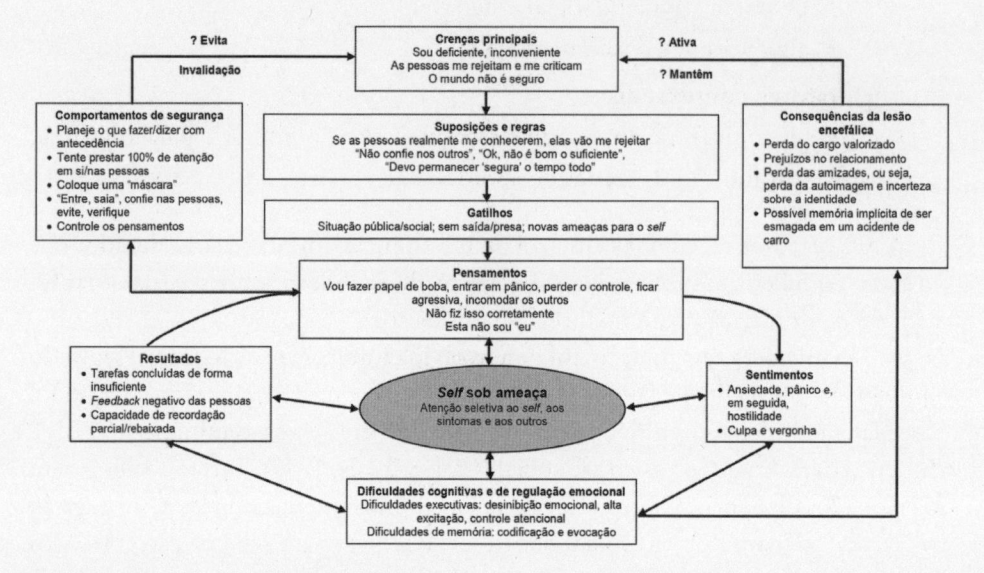

Programa de reabilitação

O programa

Judith participou do programa de seis meses, conforme descrito em outros capítulos. Durante os primeiros estágios da reabilitação, as metas iniciais de Judith foram revisadas a fim de identificar as metas específicas de reabilitação funcional (veja abaixo). O trabalho acerca do ajustamento emocional, estratégias e habilidades cognitivas e comunicação foi incluído nas áreas de metas funcionais. Por exemplo, as habilidades atencionais eram extremamente importantes para a meta de lazer relacionada a assistir aos filmes, enquanto as dificuldades executivas eram particularmente relevantes para a organização da rotina, bem como para as habilidades de compras e culinária. Em relação à emoção, os sintomas de pânico surgiam principalmente quando ela estava em público ou em situações sociais. O aumento do estresse e a excitação ansiosa afetavam o desempenho em tarefas práticas. Sua baixa autoestima e ansiedade social, além da desinibição, influenciavam as situações sociais. Logo, trabalhar no desenvolvimento da consciência e de habilidades para uma comunicação eficaz por meio de *role-plays* e *feedback* em vídeo foi um fundamento importante para as metas de relacionamento social e de lazer. Antes da reabilitação, foi sugerida a contratação de um cuidador a fim de auxiliar nas tarefas do dia a dia. Judith, no entanto, era ambivalente em relação a isso. Portanto, a capacidade de se autodefender e de buscar apoio adequado foi reforçada ao negociar as metas, se necessário. Estas, no início de seu programa, foram:

a) Compreensão acerca da lesão encefálica:
- Demonstrar uma compreensão da natureza e consequências da lesão encefálica, bem como um uso eficaz de estratégias a fim de ajudar a gerenciar as dificuldades.

b) Habilidades de Vida Independente:
- Identificar um sistema para monitorar o que precisa ser feito e o nível de apoio necessário para implementá-lo;
- Compreender a importância do gerenciamento do ritmo e da fadiga, bem como ser capaz de demonstrá-lo por meio de uma rotina semanal equilibrada de atividades, descanso e relaxamento;
- Identificar as etapas envolvidas na avaliação da capacidade de retornar à direção de um veículo;
- Decidir com Pete, no final da reabilitação (por meio do aprimoramento de habilidades e novas estratégias aprendidas), a possibilidade (com o devido apoio) de desempenhar com êxito o papel de mãe;
- Planejar as refeições semanalmente e formular um arquivo de receitas, incluindo as receitas que se sente confiante em preparar (conforme avaliado por ela).

c) Atividades recreativas:
- Participar de determinadas atividades físicas de lazer que atualmente não são realizadas regularmente.

Aceitação, ajustamento e compreensão

Ao trabalhar com Judith, nossas ideias embrionárias acerca da integração entre "significado" e "fazer" (conforme descrito no "modelo Y", Capítulo 4) foram posteriormente aplicadas e desenvolvidas. O processo de reabilitação diferiu significativamente daquele que poderia ser sugerido com base em uma abordagem na qual as metas emocionais, cognitivas e funcionais são trabalhadas de forma independente ou concomitante. Em geral, a forma tradicional envolveria o aumento da conscientização intelectual, a análise de tarefas para as principais metas funcionais, a identificação de estratégias e de apoio, o desenvolvimento hierárquico de habilidades, de aplicação de estratégias e de redução do apoio e, finalmente, o treinamento de generalização, quando apropriado. Em vez disso, para garantir que nossa atividade de reabilitação funcional tenha sido integrada à formulação psicológica de "ameaça ao *self*", foi utilizada a seguinte técnica:

a) trabalhar no desenvolvimento da formulação de "ameaça ao *self*" com Judith nas sessões de TCC e nas sessões conjuntas de TCC/Terapia Ocupacional (TO);

b) identificar, realizar e ampliar os experimentos colaborativos a fim de testar suposições por meio do abandono de "comportamentos de segurança":
- realizar os experimentos, bem como observar os comportamentos e resultados em tarefas ou sessões funcionais;
- refletir acerca dos resultados em relação às suposições e previsões inúteis nas sessões da TCC;
- revisar o uso de estratégias cognitivas compensatórias nas sessões de reabilitação cognitiva;
- coordenar o próximo experimento nas sessões com Judith e na reunião de planejamento de metas;
- realizar o próximo experimento etc.

c) criar novas autorrepresentações adaptativas, integrando as consequências do TCE e as estratégias:
- identificar as experiências passadas (antes e após a lesão, incluindo as sessões de reabilitação nas quais as estratégias foram efetivamente empregadas para obter resultados positivos) em consonância com os momentos em que Judith não sentiu sua identidade sob "ameaça" e com um significado contrário à visão inútil atual do *self*;
- recuperar lembranças sensoriais detalhadas dessas experiências relacionadas ao *self* e identificar cognições a elas associadas (tais como suposições acerca de si);
- construir uma "formulação positiva" ou um mapa de identidade em torno disso, relacionando as autorrepresentações às experiências concretas, ao emprego da estratégia e a outros recursos;
- identificar outros experimentos ou situações para consolidar autorrepresentações positivas ou afirmar crenças e suposições adaptativas;
- contribuir para a identificação do assistência necessária a fim de manter e ampliar os ganhos, aplicando a abordagem de reabilitação "tradicional" em conjunto com a análise de tarefas, a prática com grau de dificuldade progressivo, o uso de estratégias de apoio etc.

Essas etapas são agora descritas com mais detalhes.

Formulação colaborativa

A formulação inicial (apresentada na Figura 17.1) foi útil ao orientar a equipe na compreensão do mundo emocional de Judith. Entretanto, a formulação não foi construída com Judith e era muito complexa para ser a ela apresentada de maneira a promover seu entendimento. A terapeuta ocupacional que trabalhava com Judith no desenvolvimento de seu sistema de memória e planejamento para tarefas do dia a dia e organização diária relatou no planejamento de metas que Judith tinha algumas preocupações obsessivas acerca de sua capacidade de realizar tarefas, resultando em ansiedade e verificação de comportamentos na hora de dormir. O psicólogo clínico e o terapeuta ocupacional fizeram uma sessão em conjunto com Judith a fim de explorar essa questão e contribuir para o desenvolvimento de uma formulação colaborativa. O objetivo específico disso era descobrir qual a principal ansiedade inerente à Judith, esclarecer o papel dos possíveis "comportamentos de segurança" (tais como verificar) e descobrir a visão de Judith sobre os prós e contras de seu atual estilo de enfrentamento (Moorey, 1996). Utilizando a descoberta guiada, Judith explicou com que frequência ela se sentia ansiosa ao cometer erros. Ela não identificou uma única "cognição quente" subjacente à sua ansiedade. Porém, em vez disso, ela descreveu uma lista de resultados catastróficos, incluindo humilhação social, rejeição e o fato de sobrecarregar o parceiro. Uma crença subjacente sobre ser "inútil" e a regra "não há margem para erro" a ela relacionada foram identificadas como principais e, à medida que esses temas surgiam, eles eram explorados pelo terapeuta, como mostra a Figura 17.2 (o impacto das consequências cognitivas da lesão foi omitido da formulação com vistas à simplicidade e clareza). Judith observou como essa regra ("não há margem para erro") tinha como objetivo impedir que a "maldita lesão" controlasse sua vida. Ela descreveu uma série de comportamentos destinados a garantir que estava protegida de qualquer tipo de "erro". Quando lhe pediram que refletisse acerca dessa formulação, Judith reconheceu, com os olhos marejados, que seus comportamentos tinham uma influência tão grande que a "maldita lesão" estava controlando sua vida revelando, talvez, a "cognição quente" principal.

Por meio dessa descoberta guiada e da formulação colaborativa, Judith começou, então, a ver como havia uma mescla de prós e contras em seu estilo de enfrentamento atual e que, para avançar, poderia ser necessário "abandonar" alguns de seus comportamentos de segurança estabelecidos. Isso resultou precisamente na criação de experimentos comportamentais.

Fig. 17.2 Formulação colaborativa inicial desenvolvida com Judith acerca de sua atual ansiedade, estilo de enfrentamento e ambivalência com relação à mudança, e utilizada para desenvolver um "entendimento compartilhado" com a equipe.

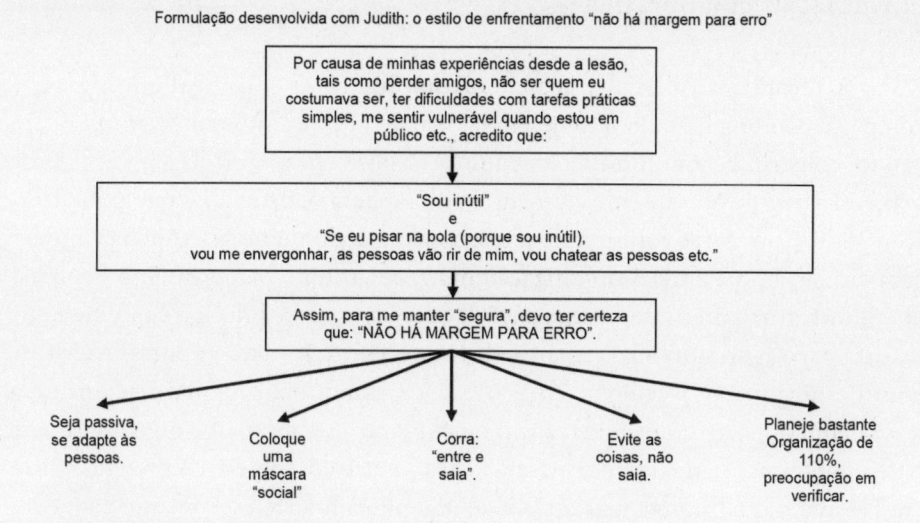

Formulação desenvolvida com Judith: o estilo de enfrentamento "não há margem para erro"

Por causa de minhas experiências desde a lesão, tais como perder amigos, não ser quem eu costumava ser, ter dificuldades com tarefas práticas simples, me sentir vulnerável quando estou em público etc., acredito que:

↓

"Sou inútil"
e
"Se eu pisar na bola (porque sou inútil), vou me envergonhar, as pessoas vão rir de mim, vou chatear as pessoas etc."

↓

Assim, para me manter "segura", devo ter certeza que: "NÃO HÁ MARGEM PARA ERRO".

- Seja passiva, se adapte às pessoas.
- Coloque uma máscara "social".
- Corra: "entre e saia".
- Evite as coisas, não saia.
- Planeje bastante Organização de 110%, preocupação em verificar.

Prós: segurança, controle, confiança, "maldita lesão que não controla minha vida" ajuda as dificuldades executivas.
Contras: falsa confiança, "maldita lesão que realmente controla minha vida", qualidade de vida reduzida, sem espontaneidade no relacionamento... Nunca sei que estou bem, que sou boa o suficiente!!!

Experimentos comportamentais

Os experimentos comportamentais foram utilizados como a principal técnica para a mudança cognitiva na terapia com Judith. Os principais experimentos criados em terapia estão resumidos na Quadro 17.1.

Quadro 17.1 Principais experimentos comportamentais que trabalham as cognições associadas a ameaças ao *self*, incluindo atenção autocentrada (experimento 1), avaliação social negativa (experimentos 2 e 4) e crenças sobre deficiências cognitivas e comportamento desinibido (experimentos 3 e 4).

	Experimento 1: mudando a atenção	Experimento 2: deixando a "máscara" cair	Experimento 3: desacelerando	Experimento 4: há margem para o erro?
Problema	Impacto da atenção autofocada na ansiedade.	Impacto dos comportamentos de segurança social descritos como utilizando uma "máscara".	Impacto da atitude de "entrar e sair" para fazer compras com ansiedade e distração.	Não saber, com antecedência, as consequências de cometer um erro devido aos altos níveis de planejamento obsessivo.

	Experimento 1: mudando a atenção	Experimento 2: deixando a "máscara" cair	Experimento 3: desacelerando	Experimento 4: há margem para o erro?
Cognição principal	"Devo prestar 110% de atenção em mim para manter o controle".	"Devo tentar agir de modo tagarela, engraçado, inteligente ou as pessoas vão ver que há algo errado comigo".	"Vou entrar em pânico e xingar as pessoas e, por isso, preciso sair rapidamente".	"Se eu não planejo, vou cometer erros, as pessoas vão pensar que sou sempre uma piada e isso prova que sou inútil".
Perspectiva alternativa	"Prestar atenção em mim torna mais difícil entender o que está acontecendo e, então, fico com raiva de mim e isso piora meus sintomas".	"Tentar ser algo que não sou me faz sentir menos do que realmente sou e mais preocupada com o fato da máscara cair, me deixando mais ansiosa".	"A afobação torna mais difícil focar o que estou fazendo e me faz sentir menos do realmente sou, mais ansiosa e com maior probabilidade de ficar desinibida".	"Os erros são aceitáveis; as pessoas não vão me julgar de forma cruel e me rejeitar, e isso não é um sinal de que sou inútil".
Previsão	"Se a crença for verdadeira, mudar a atenção vai me trazer problemas. Se a alternativa for verdadeira, vou me sentir menos ansiosa."	"Se a crença for verdadeira, com a "queda da máscara", vou fazer papel de boba. Se a alternativa for verdadeira, meu comportamento vai ficar *ok* e as pessoas não vão rir de mim."	"Se a crença for verdadeira, vou me comportar de maneira inadequada caso eu não fique afobada. Se a alternativa for verdadeira, não ficar afobada vai ajudar a diminuir a ansiedade e o comportamento desinibido."	"Se a crença for verdadeira, vou cometer erros e as pessoas vão me criticar caso eu faça algo sem planejar. Se a alternativa for verdadeira, vou cometer erros, mas as pessoas não vão me criticar e talvez eu aprenda algo útil com isso."
Experimento	Mude a atenção para o tópico da sessão quando estiver ansiosa. Tente isso quando sair com o parceiro.	Vá à academia sem agir como uma tagarela. Observe o comportamento das pessoas. Peça a um membro da equipe de reabilitação para monitorar seu comportamento social.	Vá ao supermercado com o terapeuta. Compare a atitude de "afobação" com a atitude de "lentidão". Observe os níveis de ansiedade, a capacidade de participar e a autoimagem.	Alguém vai lhe pedir que prepare uma refeição desconhecida "num piscar de olhos". Grave a tarefa, peça às pessoas para avaliá-la, identifique o que aprendeu sobre as dificuldades cognitivas e classifique como "margem para erro".

	Experimento 1: mudando a atenção	Experimento 2: deixando a "máscara" cair	Experimento 3: desacelerando	Experimento 4: há margem para o erro?
Resultados	Desviar a atenção de si impediu que a ansiedade aumentasse e o comportamento social foi bom. Isso não foi possível em um restaurante com muito barulho.	"Eu me senti e parecia mais calma e mais relaxada. Não fiz papel de boba. Não percebi as pessoas reagindo de forma negativa ou rindo."	Classificou-se com menos ansiedade, mais atenta e "brigou menos consigo" quando não se afobava. Quase falou de forma ríspida com alguém quando estava afobada.	Tarefa bem gerenciada, mas cometeu erros de acordo com suas dificuldades cognitivas. Os outros avaliaram o desempenho na tarefa positivamente; os pontos fortes e fracos específicos foram identificados para ajudar na reabilitação; aumento na classificação "há margem para erro".
Reflexão	Prestar 110% de atenção em si não ajuda, mas exacerba a ansiedade. Os déficits atencionais significam que é necessário um trabalho considerável no gerenciamento da atenção para aplicar isso em locais mais movimentados.	"Eu tento esconder minha lesão com a 'máscara', Talvez eu não tenha perdido meu *self*. Não preciso lutar contra isso (a lesão); não preciso fingir."	"Não preciso 'criar eventos em minha mente', mas focar no 'problema em questão'." Uma atitude mais lenta foi melhor. Percebeu-se com medo de ficar presa em um corredor movimentado e precisou continuar procurando a saída.	"É saudável cometer erros; tenho pontos fortes e fracos, mas estou bem." Preciso continuar trabalhando em "não há margem para erro" – novas metas: aumentar a classificação "há margem para erro" de 20% para 75% e "posso ser flexível ao planejar" de 5% para 65%.

O experimento inicial serviu em parte como um meio de familiarizar Judith ao modelo cognitivo, destacando a interação entre cognição, emoção e comportamento. Os experimentos subsequentes se desenvolveram à medida que a formulação do senso de identidade ameaçada de Judith se tornou mais clara. O experimento 3 identificou outros medos, tais como ficar presa, e a necessidade de procurar saídas o tempo todo, os quais não haviam sido previamente identificados.

Judith ampliou sua aprendizagem ao tentar outros experimentos com o apoio de Pete. Ela obteve um sucesso parcial na redução da ansiedade, afastando a atenção de si quando saía para fazer uma refeição com ele. Após o experimento do "supermercado", Judith se propôs a ir a um evento de Moto GP (corrida de motocicleta) com seu parceiro. Ela conseguiu fazer isso com sucesso, sem ter um ataque de pânico, reconhecendo as situações negativas criadas em sua mente, mas não deu atenção a elas. Ao refletir acerca disso, ela percebeu que sentia seu "antigo *self*" pela primeira vez desde o acidente. Isso era mais uma evidência contra a crença de que ela "o havia perdido completamente".

O experimento 4 foi de extrema relevância para a reestruturação da regra "não há margem para erro". Esse experimento foi construído e desenvolvido em conjunto com o terapeuta ocupacional, o qual trabalhava a meta de cozinhar, ao passo que o psicólogo trabalhava a reabilitação cognitiva. Ao desenvolver a formulação "não há margem para erro" para seu ajuste emocional, Judith concluiu em uma sessão posterior de TCC: "essa atitude de 'não há margem para erro' me passa uma falsa confiança". Quando perguntada sobre o quanto poderia progredir ao mudar isso, Judith sugeriu: "preciso fazer algo num piscar de olhos para descobrir se meus medos são verdadeiros".

Posteriormente, o psicólogo e o terapeuta ocupacional discutiram como organizar suas sessões de culinária a fim de propiciar meios para realização de tal experimento. Os ingredientes foram comprados, bem como uma receita foi escolhida e digitada para Judith, além de a cozinha da terapia ocupacional ser disponibilizada para coincidir com a sessão de TCC. No início da sessão seguinte, o terapeuta ocupacional e Judith recapitularam a sessão anterior, por meio de anotações e da formulação, e ela reiterou sua conclusão relativa à necessidade de fazer algo "num piscar de olhos". O terapeuta ocupacional sugeriu que eles poderiam fazer isso naquele momento e, conforme esperado, Judith inicialmente parecia aterrorizada. Ele descreveu com calma o que havia sido planejado e esclareceu que isso não era uma obrigação, mas tão somente uma oportunidade de realizar o experimento se ela assim o desejasse. O fato de que esse trabalho certamente aumentaria a ansiedade antes de diminuí-la também foi esclarecido. Isso também ficou evidente na formulação a partir da qual o experimento foi planejado. Judith disse que ela realmente queria resolver isso e que tentaria, apesar de sua apreensão. A cognição principal e as perspectivas alternativas foram esclarecidas com Judith, os meios de coleta de dados foram discutidos (gravação em vídeo e avalição de observadores) e a avaliação das crenças "há margem para erro" e "sou capaz de ser flexível ao planejar" foram feitas. Como ocorre com frequência em experimentos elaborados para abordar previsões ansiogênicas, Judith realmente sentiu um aumento da ansiedade, especialmente no início. O resumo desse experimento (experimento 4) é apresentado na Tabela 17.1. Este destaca como ela foi capaz de aprender algo novo acerca de suas habilidades e, apesar de uma elevação inicial do nível de ansiedade, ela aprendeu a ter menos medo de uma catástrofe social, reduzindo-a na cozinha.

Em suma, esse experimento possibilitou que Judith utilizasse estratégias compensatórias baseadas de fato em uma avaliação precisa de suas dificuldades segundo sua experiência, em vez da aplicação excessivamente rígida de "estratégias" (destinadas a manter não a "segurança", mas a ansiedade) de forma obsessiva, visando a evitar alguma catástrofe temida. Após o *feedback*, Judith classificou novamente sua crença de que "há margem para erro" de 20%, antes da tarefa, para 80%. Entretanto, essa mudança ficou restrita especificamente à tarefa de cozinhar. Judith estabeleceu a meta de aumentar a classificação dessa crença de 20%, antes da tarefa, para 75% em todas as situações. A aprendizagem inesperada dessa tarefa foi que, em vez de tentar ansiosamente pensar e utilizar estratégias para tudo, sejam elas quais forem, Judith percebeu como poderia aprender mais sobre seus pontos fortes e fracos, assumindo "riscos". Tarefas práticas, tais como cozinhar, começaram a ser avaliadas por Judith como oportunidades de aprendizagem e não como potenciais ameaças a um senso de identidade vulnerável. Esses experimentos e a aprendizagem reflexiva a eles associada foram utilizados para auxiliar o desenvolvimento de uma formulação construtiva, adaptativa ou "positiva".

A "formulação positiva"

Conforme observado acima, Ylvisaker e Feeney (2000) descrevem uma abordagem construtiva de reabilitação que envolve a criação de "mapas de identidade" com os clientes, os quais podem ser utilizados para orientar o afeto, a comunicação e o comportamento em contextos, tarefas ou situações específicas. A abordagem que eles descrevem é semelhante a uma abordagem criativa, apresentada por Mooney e Padesky (2000), para trabalhar com clientes com problemas de saúde mental recorrentes. Ambas as abordagens incluem o uso de metáforas ou "ícones" conhecidos ("heróis" ou personagens admirados) a fim de caracterizar um conjunto de experiências passadas que carregam um significado contrário àquele que está associado ao estilo de enfrentamento desadaptativo. Por exemplo, Ylvisaker e Feeney (2000) descrevem o cliente "Jason" e como sua autoimagem negativa ("Jason como vítima") foi identificada e, posteriormente, como uma autorrepresentação alternativa ("Jason como Clint Eastwood") foi desenvolvida, reunindo características positivas/adaptativas e estratégias.

A abordagem da TCC de Mooney e Padesky (2000) tem como objetivo mudar suposições inerentes, rígidas/absolutas e inúteis, construindo suposições e regras novas e adaptáveis. Existem várias técnicas empregadas no processo, incluindo a identificação de uma experiência na qual o indivíduo se sentiu diferente ou sentiu que possuía qualidades opostas às representadas na formulação do problema. Quando os estados afetivos positivos são ativados, Mooney e Padesky (2000) sugerem imitar e exagerar o afeto positivo do cliente. Por exemplo, se o cliente se senta de frente e começa a sorrir quando descreve uma experiência boa, o terapeuta também se senta assim e se preocupa em explorar essa experiência positiva a fim de aprofundar o afeto e compartilhar o sentimento com o cliente. Os recursos visuais podem ser uma maneira poderosa de auxiliar os clientes para que eles acessem um relato mais rico e afetivamente "quente" de tais experiências. O próximo passo é trabalhar com ele na identificação de habilidades, significados e regras/suposições associadas a esse estado. Solicita-se ao cliente que dê um rótulo ou nome para esse estado ou aspecto de si. As perguntas sintetizadoras são utilizadas para ajudar o cliente a se perguntar como seria a situação-problema se tivesse que trazer para ela as regras, princípios, atitudes, sentimentos, suposições e comportamentos ou habilidades da pessoa que ele era em uma experiência positiva. Finalmente, a partir disso, o próximo passo é perguntar ao cliente como ele gostaria de testar as novas aprendizagens ou suposições. Os experimentos comportamentais positivos/construtivos que visam a criar o novo significado positivo/alternativo são, então, realizados a fim de consolidar esse novo aspecto da identidade por meio da atividade.

A partir da reabilitação e dos experimentos específicos descritos anteriormente, Judith começou a encontrar novas experiências e significados em situações previamente evitadas. Nesse estágio, em relação ao Modelo do Y apresentado no Capítulo 4, é possível afirmar que Judith alcançou um certo grau de segurança e estava começando a se aproximar de uma "integração" entre, pelo menos, algumas autorrepresentações anteriores e posteriores à lesão. No entanto, em nossa abordagem, o trabalho com a identidade requer suporte ativo para explorar, encontrar e criar novos significados e, em seguida, consolidá-los no dia a dia. Portanto, uma etapa adicional é necessária após o trabalho focado no problema. As experiências positivas antes e depois da lesão são utilizadas para criar novos significados emocionais e pessoais relevantes, representando uma continuidade do *self* anterior à lesão. Logo, elas foram utilizadas na consolidação de mudanças e na integração destas em um novo senso de identidade posterior à lesão.

Ao ser capaz de ir de forma bem-sucedida ao movimentado evento de Moto GP sem entrar em pânico, Judith conseguiu utilizar uma imagem de si nessa situação quando sentiu que lidava bem com isso como uma forma de "desafiar" suas imagens ansiosas e intrusivas em outras situações. Judith também "se arriscou" no programa, por exemplo, ao participar de um *role-play* no Grupo de Comunicação e ao desenvolver relacionamentos de apoio mútuo com seus colegas no ambiente do programa. Diante disso, nos concentramos na criação de um novo significado adaptativo. Quando lhe pediram para pensar em uma ocasião em que ela fez ou sentiu algo contrário ao seu atual estado de ansiedade, desconfiança, medo dos erros e da humilhação devido ao fracasso, Judith conseguiu se lembrar de um momento importante. Ao evocar a memória, ela começou a sorrir e explicou um incidente ocorrido durante suas aulas de direção de motocicleta. Quando ela estava praticando em uma motocicleta de grande porte, seu instrutor a provocou: por ser uma mulher um pouco gorda, ele acreditava que ela seria incapaz de fazer um retorno em uma rua estreita. Desafio feito, Judith contou como se concentrou, controlou a motocicleta e, então, triunfante, acelerou e fez um "v" da vitória, porém, com a palma da mão virada para si (um gesto não verbal popular no Reino Unido, visto como ofensivo e insolente) enquanto ia embora. Ao terminar a história, ela riu e exploramos a sensação de realização e conquista que ela teve.

Após esse trabalho, no qual se obteve uma descrição detalhada do sentimento, solicitou-se que Judith pensasse sobre onde esse sentimento se encaixaria em sua vida após a lesão. Ela conseguiu relacionar esse sentimento com algumas de suas experiências e modestos sucessos na reabilitação. A partir disso, começamos a construir uma formulação positiva que Judith optou por chamá-la de "abordagem do retorno", apresentada na Figura 17.3. O significado principal dessas experiências, consolidado em novas experiências e experimentos, era "afinal de contas, *sou alguém*". Ao provar que nem tudo estava perdido com a lesão, Judith tornou-se mais capaz de explorar sua consciência dos pontos fortes e fracos, bem como as estratégias e habilidades desenvolvidas em outros momentos da reabilitação, além de observar as dificuldades remanescentes e as formas de lidar com elas.

Figura 17.3 Formulação positiva desenvolvida com Judith para representar os aspectos alternativos e adaptativos de sua identidade e para auxiliar a consolidação de ganhos por meio de outros experimentos construtivos. Observação: treinamento de motocicleta *DAS*[3] (para a Carteira Nacional de Habilitação que permite a condução de motocicletas com mais de 500cc).

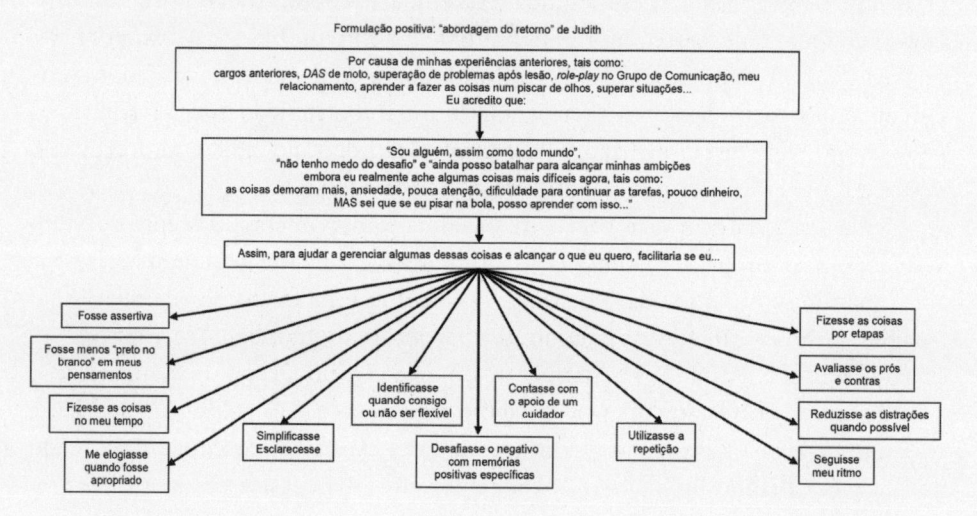

Dessa forma, ao final do programa, a compreensão de Judith acerca de sua lesão, a utilização de estratégias, o senso de identidade e a participação em atividades funcionais significativas haviam se ampliado significativamente. O desenvolvimento de um entendimento compartilhado, por meio de investigação e experimentos simplificados e colaborativos, garantiu que a reabilitação fosse

---

[3] N.T.: O *DAS* ou *Direct Access Scheme* é um treinamento que permite que os indivíduos acima de 24 anos e habilitados na categoria A2 conduzam qualquer tipo de motocicleta no Reino Unido. Para tanto, é necessário fazer esse treinamento, bem como passar nos testes.

sincronizada entre Judith e a equipe, e que as tarefas de reabilitação estivessem na "zona de desenvolvimento proximal". Judith conseguiu avançar em direção a um senso mais integrado de si, bem como aceitar o apoio necessário para manter e consolidar ganhos em sua comunidade após a reabilitação, o que incluía fazer preparativos para contratar um cuidador a fim de permitir que ela continuasse trabalhando para aumentar sua independência.

Resultados

Medidas de avaliação de resultado

O resultado psicossocial em relação à percepção do sintoma e à mudança de comportamento foi avaliado antes, durante e após a reabilitação por meio do *Questionário Europeu de Lesão Cerebral – EBIQ* (Teasdale et al., 1997), apresentado na Figura 17.4.

Figura 17.4 Alterações nas classificações dos sintomas e do comportamento de Judith feitas por ela e pelo seu parceiro, Pete, antes da reabilitação (DA – avaliação detalhada), no meio do programa (ou seja, após 12 semanas), no final do programa (ou seja, após 24 semanas) e em três momentos distintos no período de acompanhamento.

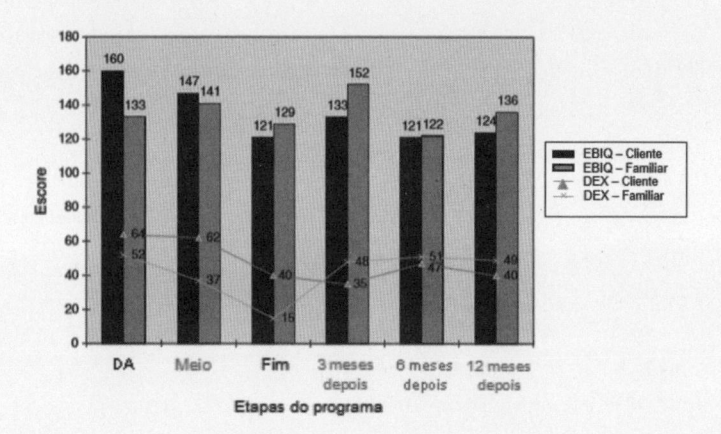

As autoavaliações mostraram uma clara diminuição na percepção da ocorrência de problemas durante o período de acompanhamento de um ano. Entretanto, as classificações de seu parceiro indicaram alguma retração nos primeiros três meses após a reabilitação.

Da mesma forma, as autoavaliações de problemas executivos por meio do *Questionário Disexecutivo – DEX*, da *Bateria de Avaliação Comportamental da Síndrome*

Disexecutiva – BADS (Wilson *et al.*, 1996), mostraram uma melhora efetiva durante o programa com alguma variabilidade ao longo de um ano após a reabilitação, embora pareça que alguns ganhos tenham sido mantidos. As classificações de seu parceiro foram menos positivas, indicando que a percepção da ocorrência de problemas executivos aumentou.

Consecução das metas

Judith alcançou ou alcançou parcialmente todos as suas metas de reabilitação. As seguintes metas são de extrema relevância para a avaliação do trabalho descrito neste capítulo:

a) demonstrar (por meio da autoavaliação e do abandono de comportamentos de segurança, tais como evitar e se apressar) que pode participar de quatro atividades funcionais específicas com níveis mínimos de ansiedade (incluindo compras em supermercados, culinária e transporte público) – essa meta foi alcançada ao final do programa de seis meses e, depois deste, Judith estabeleceu outras metas a fim de desenvolver as habilidades culinárias em casa.

b) planejar as refeições semanalmente e fazer um arquivo de receitas que inclua aquelas em que se sinta confiante durante a preparação (conforme avaliado por ela mesma) – essa meta foi atingida parcialmente ao final do programa de seis meses, pois Judith havia criado um arquivo, em formato de *checklist* adaptado, com algumas receitas, mas, em geral, não planejava todas as refeições semanalmente.

Ao reavaliar seu progresso no final do programa, Judith relatou que alcançou seus objetivos pessoais em relação ao ajustamento emocional e, portanto, sentiu que era capaz de:

a) "[...] não ter que usar uma máscara ou fingir ser algo que eu não sou";
b) "parar de me criticar da forma que faço";
c) "[...] controlar as fobias que tenho ao sair sozinha".

A partir de nossa análise da situação de Judith, há mais de um ano após o programa, observamos que ela manteve os ganhos funcionais nas áreas trabalhadas na reabilitação. Ela também continuou a ter uma orientação mais positiva em relação à sua identidade e potencial futuro. Nem todos esses ganhos foram efetivamente generalizados para outras áreas. Por exemplo, seus sintomas de TEPT persistiram e buscou-se uma psicoterapia complementar para abordá-los.

Conclusão

Judith recebeu apoio para descobrir e reavaliar sua poderosa autopercepção negativa, bem como previsões e suposições temerosas acerca de sua vida após a lesão por meio do desenvolvimento de um entendimento compartilhado e de experimentos comportamentais interdisciplinares. Esses experimentos associaram de forma sistemática o fazer ao significado em seu programa de reabilitação. Nas avaliações formais sobre a ocorrência de sintomas relacionados à lesão encefálica, as classificações de seu parceiro mostraram uma melhora inicial, com alguma retração no ano após o programa. Em nossa opinião e na de Judith, ela se tornou mais capaz de se ver após a lesão sem uma forte reação emocional, embora isso não tenha sido avaliado formalmente. Pode-se argumentar que ela tinha uma visão mais precisa e adaptativa de si no final do programa e, portanto, ela reduziu a autodiscrepância, ou seja, a sensação de "estar constantemente em uma batalha" consigo. As situações que anteriormente provocavam ansiedade agora eram vistas por Judith como oportunidades de aprendizagem. Em termos comportamentais, essa adaptação foi observada na consecução das metas funcionais específicas, na redução do comportamento verbalmente agressivo e desinibido durante a reabilitação, na adoção de estratégias apropriadas e na aceitação de um cuidador após o programa. A necessidade de um suporte de longo prazo para manter e generalizar os ganhos também foi destacada neste caso.

Referências

American Psychiatric Association (2000). *Diagnostic and Statistical Manual of Mental Disorders*, 4th edn., Text Revision. Arlington: American Psychiatric Association.

Beck, A. T. and Steer, R. A. (1990). *Manual for the Beck Anxiety Inventory*. San Antonio: Psychological Corporation.

Beck, A. T., Steer, R. A. and Brown, G. K. (1996). *Beck Depression Inventory Manual*, 2nd edn. San Antonio: Psychological Corporation.

Cantor, J. B., Ashman, T. A., Schwartz, M. E. et al. (2005). The role of self-discrepancy theory in understanding post-traumatic brain injury affective disorders: a pilot study. *Journal of Head Trauma Rehabilitation*, **20**(6), 527–43.

Chambless, D. L., Caputo, G. C., Bright, P. and Gallagher, R. (1984). Assessment of fear of fear in agoraphobics: the body sensations questionnaire and the agoraphobic cognitions questionnaire. *Journal of Consulting and Clinical Psychology*, **52**(6), 1090–7.

Clark, D. M. and Wells, A. (1995). A cognitive model of social phobia. In R. G. Heimberg, M. Liebowitz, D. Hope and F. Scheier, eds., *Social Phobia: Diagnosis, Assessment, and Treatment*. New York: Guilford Press, pp. 41–68.

Dewar, B. K. and Gracey, F. (2007). 'Am not was': cognitive-behavioural therapy for adjustment and identity change following herpes simplex encephalitis. *Neuropsychological Rehabilitation*, **17**(4/5), 602–20.

Ehlers, A. and Clark, D. M. (2000). A cognitive model of posttraumatic stress disorder. *Behaviour Research and Therapy*, **38**(4), 319–45.

McGrath, J. and King, N. (2004). Acquired brain injury. In J. Bennett-Levy, G. Butler, M. Fennell *et al.*, eds., *Oxford Guide to Behavioural Experiments in Cognitive Therapy*, New York: Oxford University Press, pp. 331–48.

Mooney, K. A. and Padesky, C. A. (2000). Applying client creativity to recurrent problems: constructing possibilities and tolerating doubt. *Journal of Cognitive Psychotherapy*, **14**(2), 149–61.

Moorey, S. (1996). When bad things happen to rational people: cognitive therapy in adverse life circumstances. In P. M. Salkovskis, ed., *Frontiers of Cognitive Therapy*. New York: Guilford Press, pp. 450–69.

Nochi, M. (1998). 'Loss of self' in the narratives of people with traumatic brain injuries: a qualitative analysis. *Social Science & Medicine*, **46**(7), 869–78.

Salkovskis, P. M. (ed.) 1996. *Frontiers of Cognitive Therapy*. New York: Guilford Press.

Teasdale, T. W., Christensen, A., Willmes, K. *et al.* (1997). Subjective experience in brain-injured patients and their close relatives. A European brain injury questionnaire study. *Brain Injury*, **11**, 543–63.

Tyerman, A. and Humphrey, M. (1984). Changes in self-concept following severe head injury. *International Journal of Rehabilitation Research*, **7**(1), 11–23.

Wilson, B. A., Alderman, N., Burgess, P., Emslie, H. and Evans, J. (1996). *The Behavioural Assessment of the Dysexecutive Syndrome*. Lutz, FA: Psychological Assessment Resources Inc.

Ylvisaker, M. and Feeney, T. (2000). Reconstruction of identity after brain injury. *Brain Impairment*, **1**, 12–28.

Zigmund, A. S. and Snaith, R. P. (1983). The Hospital Anxiety and Depression Scale. *Acta Psychiatrica Scandinavica*, **67**, 361–71.

CAPÍTULO 18

Simon: lesão encefálica e família – a inclusão dos filhos, familiares e sistemas mais amplos no processo de reabilitação

Siobhan Palmer, Kate Psaila and Giles Yeates

O trabalho com o cliente, Simon, e sua família é descrito aqui para ilustrar a importância de considerar o indivíduo no contexto de seus relacionamentos, sistemas familiares e sistemas mais amplos formados por instituições cujos clientes sofreram algum tipo de lesão encefálica. Essa perspectiva mais ampla contribui para a reabilitação de várias maneiras. A investigação desses fatores sistêmicos, tais como o impacto das mudanças alcançadas por meio da reabilitação nos familiares (Perlesz *et al.*, 1999; Laroi, 2003), bem como o envolvimento de outras instituições e o intercâmbio de informações entre elas são cada vez mais reconhecidos como aspectos fundamentais para a consecução das metas de reabilitação. Uma abordagem centrada no cliente é indispensável para o desenvolvimento de um relacionamento colaborativo com o portador de lesão encefálica e seus familiares (Sohlberg *et al.*, 2001). Além disso, compreender os contextos sociais e pessoais deste, incluindo a influência dos sistemas mais amplos, é importante para a formulação e o desenvolvimento de intervenções adequadas (WADE, 2005). Quando os parceiros apoiam o processo de reabilitação, isso reduz a probabilidade de desistência (Oddy; Herbert, 2003).

Ao relatar nosso trabalho com Simon, ilustramos como o entendimento de questões relacionais foi crucial para estipular o tempo e os tipos de intervenção oferecidos e, principalmente, para a viabilidade do trabalho realizado por ele em prol de suas metas relacionadas à parentalidade. O capítulo resumirá os problemas e resultados encontrados na avaliação detalhada antes de apresentar uma descrição e discussão da abordagem adotada neste trabalho, incluindo um relato da intervenção.

Introdução

Histórico de lesão

Simon foi encaminhado para reabilitação aos 37 anos. Ele foi internado em um hospital, 20 meses antes de iniciá-la, com um acidente vascular encefálico hemorrágico (AVEH) que se acreditava ser decorrente de uma condição hereditária, a telangiectasia hemorrágica. Após receber alta do hospital, Simon foi novamente internado 1 semana depois, quando um abscesso frontoparietal esquerdo foi descoberto. Esse abscesso foi drenado e Simon ficou em coma por 3 semanas. Ele finalmente recebeu alta e foi para casa 2 meses depois.

Histórico social

Antes da avaliação para a reabilitação, Simon e sua esposa, Jane, ficaram separados por um período. No entanto, no momento da avaliação, ele morava com Jane e seus três filhos, Ed, Toby e Fiona. Simon foi contratado como mestre de obras e *groundworker*[1] por uma empresa de engenharia civil, e supervisionava quatro funcionários. Quando avaliado no Oliver Zangwill Centre (OZC), ele ainda estava em licença médica do trabalho e sua vaga de emprego permanecia em aberto para ele. Ele gostava de se encontrar com os amigos em um bar local. Ele descreveu que, antes do AVEH, ele gostava de fazer reparos em casa e em carros de controle remoto, bem como sair com os amigos.

Processo de avaliação

Simon compareceu ao OZC para uma avaliação preliminar inicial de um dia e, posteriormente, para uma avaliação detalhada de oito dias. Quando Simon se apresentou para a avaliação preliminar, ele relatou problemas com leitura, escrita, memória, visão, concentração e fraqueza no lado direito. Nessa ocasião, sua esposa relatou que a "motivação" era outro problema, pois Simon raramente se envolvia em tarefas domésticas – algo que havia mudado devido à lesão.

Abaixo está um resumo dos resultados após a avaliação detalhada.

Metas iniciais

Simon identificou as seguintes metas que gostaria de alcançar:

---

[1] N.T.: *Groundworker* é um termo britânico que se refere a um trabalhador da construção civil responsável pela preparação de um terreno antes do início das obras. Cabe a ele remover esgotos, redirecionar cursos de água, concretar o local e colocar meio-fio e lajes.

a) melhorar a leitura e a escrita;
b) ser capaz de "se expressar";
c) voltar ao trabalho como mestre de obras e *groundworker*;
d) recuperar a carteira de motorista;
e) sentir-se mais parecido com seu "velho eu".

Avaliação neuropsicológica

Os testes identificaram várias áreas de comprometimento e dificuldade, bem como alguns pontos fortes. Simon teve um bom desempenho em vários testes de atenção, incluindo aqueles voltados para atenção dividida, sustentada e seletiva auditiva. Entretanto, a atenção seletiva visual estava comprometida. Simon tinha dificuldades para identificar objetos, reconhecer faces e emoções e fazer julgamentos sociais. Uma tendência para transferir o peso para o lado direito em tarefas construcionais era evidente. Os testes de função executiva identificaram dificuldades de planejamento, gerenciamento de metas e pensamento perseverativo. As dificuldades de memória em alguns contextos também tiveram um impacto no desempenho funcional. Nas avaliações de memória operacional, ele pontuou na faixa médio inferior.

Linguagem e comunicação

Simon tinha dificuldades significativas de fala e linguagem. Ele apresentava disartria moderada e dificuldades nas funções superiores de linguagem, incluindo dislexia, problemas para encontrar palavras e entender a linguagem escrita para além do nível da sentença. Suas dificuldades de memória e resolução de problemas também afetavam sua linguagem.

Ajustamento, humor e comportamento

Simon não identificou outras dificuldades emocionais além da ansiedade social em bares (ofender as pessoas se ele esbarrasse nelas), que era decorrente da hemianopsia. Uma forma encontrada para lidar com isso foi evitar ir aos bares sempre que possível. Ele percebeu alguns episódios de depressão, irritabilidade, mudanças de humor e diminuição da motivação desde a lesão, que foram controlados em parte com a medicação. Tanto ele quanto a esposa identificaram dificuldades no relacionamento como sendo uma questão relevante no passado. Isso resultou em uma separação de seis semanas. No entanto, quando Simon retomou o uso de sua medicação antidepressiva, Jane e ele começaram a viver juntos novamente. Ela, porém, percebeu que as mudanças emocionais eram uma fonte contínua de preocupação, que culminou em uma separação permanente após a avaliação detalhada e antes do início do programa de reabilitação.

Apesar das dificuldades no acesso à experiência emocional e na resolução de problemas futuros terem sido identificadas como desafios ao ajustamento emocional, Simon descreveu várias estratégias de enfrentamento.

Implicações funcionais

Embora Simon tenha relatado que sua memória não era tão boa quanto antes do AVEH, ele negou quaisquer consequências funcionais significativas e não previu dificuldades para retornar ao trabalho. Ele, porém, reconhecia que poderia se beneficiar de um retorno gradual.

A partir das observações e avaliações realizadas, foi sugerida a possibilidade de que Simon não previsse totalmente as prováveis consequências práticas dos comprometimentos e, portanto, não estava em condições de desenvolver as estratégias necessárias para gerenciá-las. Logo, o apoio assistencial foi recomendado para abordar as dificuldades funcionais no contexto doméstico e vocacional.

No final da avaliação de oito dias, a esposa de Simon, Jane, e sua sogra, Joyce, participaram do resumo da reunião de avaliação. O impacto dos comprometimentos neuropsicológicos, a diminuição da atividade vocacional, as mudanças no humor e nos relacionamentos familiares eram as principais preocupações. Jane e Joyce estavam determinadas a apoiar Simon, bem como participar da reabilitação. Elas também identificaram dificuldades específicas que surgiram como resultado da percepção limitada de Simon e estavam ansiosas para ajudá-lo a se adaptar à nova condição.

Resumo

A partir do resumo das avaliações acima, concluímos que as dificuldades persistentes de Simon eram as seguintes:

a) *comprometimentos:*
- déficit visual do lado direito e suspeita de negligência unilateral moderada à direita;
- redução da destreza no membro superior direito;
- percepção limitada dos comprometimentos cognitivos;
- redução na velocidade de processamento;
- dificuldade na compreensão da leitura e na escrita;
- comprometimento na memória imediata e tardia;
- comprometimento na atenção seletiva visual;
- dificuldade em identificar objetos, possivelmente em decorrência dos problemas de processamento visual e de acesso semântico;
- déficits na identificação de emoções (especialmente negativas) a partir das expressões faciais;

- comprometimento nas funções executivas, incluindo planejamento, implementação, automonitoramento e controle inibitório ineficazes.

b) *restrições de atividade e participação:*
- incapacidade para dirigir;
- incapacidade para trabalhar atualmente;
- dificuldade em interpretar situações sociais e fazer julgamentos sociais;
- dificuldade em planejar e tomar decisões em tarefas domésticas (por exemplo, fazer compras);
- dificuldade em lembrar e rastrear a localização de objetos;
- diminuição da confiança no ambiente social (por exemplo, um bar);
- dificuldade em manipular objetos frágeis com a mão direita;
- dificuldades de relacionamento;
- necessidade de antidepressivos para controlar o humor atualmente.

Formulação

Antes da lesão, Simon se descreveu como um sujeito descontraído, respeitado pelos amigos e empregadores, bem como por aqueles colegas de trabalho que ele supervisionava como mestre de obras. Ele explicou que, antes da lesão, para lidar com as emoções difíceis, ele se distraía com alguma atividade – uma estratégia que continuava a utilizar. Desde a lesão, sua esposa o descrevia como "Jekyll e Hyde"[2] em referência ao seu humor instável e explosivo, que ambos reconheciam. Cabe ressaltar que Simon tinha dificuldade em perceber o que precisava consentir e era ajudado por outras pessoas que chamavam sua atenção para essas questões.

Inicialmente, a labilidade emocional relatada foi formulada como um resultado direto da depressão em vez do AVEH. Durante os períodos de depressão, Simon relatou uma crescente indiferença em relação à esposa. Entretanto, quando sua esposa foi embora, ele relatou que sua partida o pegou completamente de surpresa e o fez sentir-se magoado e com raiva, corroborando a formulação de que ele precisava de ajuda para perceber os problemas ou antecipar as possíveis dificuldades. Foi sugerido que o conflito em andamento entre Simon e sua família relacionado à importância ou presença de dificuldades resultava em tensões nos relacionamentos, as quais eram difíceis de discutir ou resolver entre eles. As perdas significativas (do emprego e saúde), aliadas à incerteza acerca das habilidades (tais como leitura e resolução de problemas) e à esquiva, provavelmente manteriam a ansiedade e a irritabilidade.

---

[2] N.T.: Jekyll e Hyde são as personagens principais do livro *O Estranho Caso do Dr. Jekyll e Mr. Hyde*, escrita pelo escocês Robert Louis Stevenson no século XIX. Essa obra possui várias versões cinematográficas, tais como *O médico e o mostro* (1931).

A ansiedade, irritabilidade e esquiva de Simon poderiam ser formuladas segundo o que Ben-Yishay (2000) descreveu como uma "reação catastrófica" às ameaças à identidade e ao senso de autonomia decorrentes das mudanças nos papéis e habilidades, além da incerteza frente à redução do sucesso em atividades ou relacionamentos nos quais tais mudanças, que ele "não esperava", pareciam acontecer de repente. Em relação à reação catastrófica e aos relacionamentos que não pareciam mais seguros, foi sugerido que reconhecer as dificuldades era muito ameaçador para Simon. O entendimento inadequado acerca de sua lesão, que resultou em uma atribuição incorreta das causas de suas dificuldades, ou a relutância (ou incapacidade) em acessar a experiência emocional provavelmente mantinha a ansiedade e o senso de ameaça pessoal, bem como representava um desafio ao ajustamento. Consequentemente, quando as dificuldades surgiam ou havia sinais de mudança, Simon provavelmente ficava irritado ou com raiva.

Recomendações

Recomendou-se que Simon recebesse orientação da fonoaudiologia, psicologia clínica e terapia ocupacional no OZC e em seu ambiente. O objetivo dessa intervenção individual seria:

a) trabalhar as questões de relacionamento – discutir diferentes perspectivas e entender suas experiências desde o AVEH;
b) testar as estratégias cognitivas – descobrir as "maneiras de lidar com" as dificuldades, o que poderia tornar menos ameaçador reconhecê-las;
c) analisar as opções vocacionais e a avaliação do local de trabalho;
d) aumentar a compreensão de Simon acerca de sua lesão e suas consequências a fim de ajudá-lo a prever os possíveis desafios com antecedência.

Essas recomendações foram discutidas com Simon, que disse estar entusiasmado com essa orientação.

Metas após a avaliação

Após a avaliação detalhada, a situação da família de Simon mudou: ele e a esposa se separaram, influenciando as decisões sobre as metas que havia escolhido trabalhar durante a reabilitação. No início do programa, seis áreas-alvo foram selecionadas da seguinte maneira:

1) compreensão acerca da lesão e suas consequências, bem como o gerenciamento destas de forma eficaz;
2) habilidades de vida independente, tais como fazer orçamentos, planejar e gerenciar as correspondências e finanças;

3) definição de um plano de ação vocacional realista para os próximos 6 a 12 meses.

Além dessas áreas, Simon também estabeleceu três metas relevantes para a paternidade e os relacionamentos:

4) ter confiança em sua capacidade de ler contos para seus dois filhos mais novos, conforme avaliado por fonoaudiólogos, além de dois examinadores independentes;
5) assumir papéis parentais específicos de forma independente (incluindo ser "criativo" na organização das atividades diárias dos filhos, auxiliando-os na conclusão da lição de casa e participando de atividades de lazer);
6) interagir com mais êxito em relações sociais específicas, conforme avaliado por ele, seu cuidador e a equipe do OZC.

Após a avaliação, ele voltou para o programa de reabilitação de 24 semanas.

Programa de reabilitação

Durante as 12 semanas iniciais, Simon participou do programa intensivo no OZC 4 dias por semana. Nesse período, ele participou de diferentes grupos descritos em outros capítulos deste livro (Cognitivo, Compreensão sobre a Lesão Encefálica, Humor, Comunicação, Boletins de Informações, Lazer), além de sessões individuais com terapeutas ocupacionais, fonoaudiólogos, psicólogos clínicos e assistentes de reabilitação.

Na fase de integração do programa – as 12 semanas posteriores – Simon queria focar as metas relacionadas aos filhos e às habilidades de vida independente. Para ele, essas metas tinham prioridade máxima; ele realmente gostaria de focar as habilidades parentais e as atividades de lazer que envolviam seus filhos. Ele frequentava o OZC 2 dias por semana nessa fase. Os outros dias eram dedicados ao trabalho e às oportunidades de passar o tempo com seus filhos a fim de garantir uma generalização efetiva dos ganhos obtidos no OZC.

O objetivo deste capítulo é descrever as intervenções familiares e a abordagem a fim de refletir acerca da influência dos sistemas mais amplos que reconheceram e auxiliaram o trabalho de reabilitação. Como esse trabalho fez parte de um programa interdisciplinar, é importante estar ciente das outras áreas-alvo descritas acima, mas o trabalho nestas não será descrito em detalhes.

Trabalho com a família

Contexto e avaliação

A avaliação e o conhecimento do contexto foram encorajados durante todo o período em que Simon esteve em contato com o OZC. Sua situação familiar mudava com rapidez e isso influenciava constantemente o trabalho do qual participava na reabilitação. As informações sobre seu contexto foram coletadas por meio de discussões com Simon no OZC, conversas telefônicas frequentes com Kerry (cunhada de Simon), conversas telefônicas esporádicas com Jane e várias conversas telefônicas com um terapeuta familiar envolvido em seu tratamento, além das sessões em família no OZC. Ao longo do programa de Simon, havia um grande número de variáveis importantes a serem consideradas em relação à sua reabilitação.

Relacionamentos

Havia, em geral, uma série de conflitos e narrativas na família que influenciavam Simon durante sua reabilitação. Esses relacionamentos são ilustrados na Figura 18.1.

Figura 18.1 Genograma ilustrando as relações familiares significativas. Consulte também a seção com ilustrações em cores.

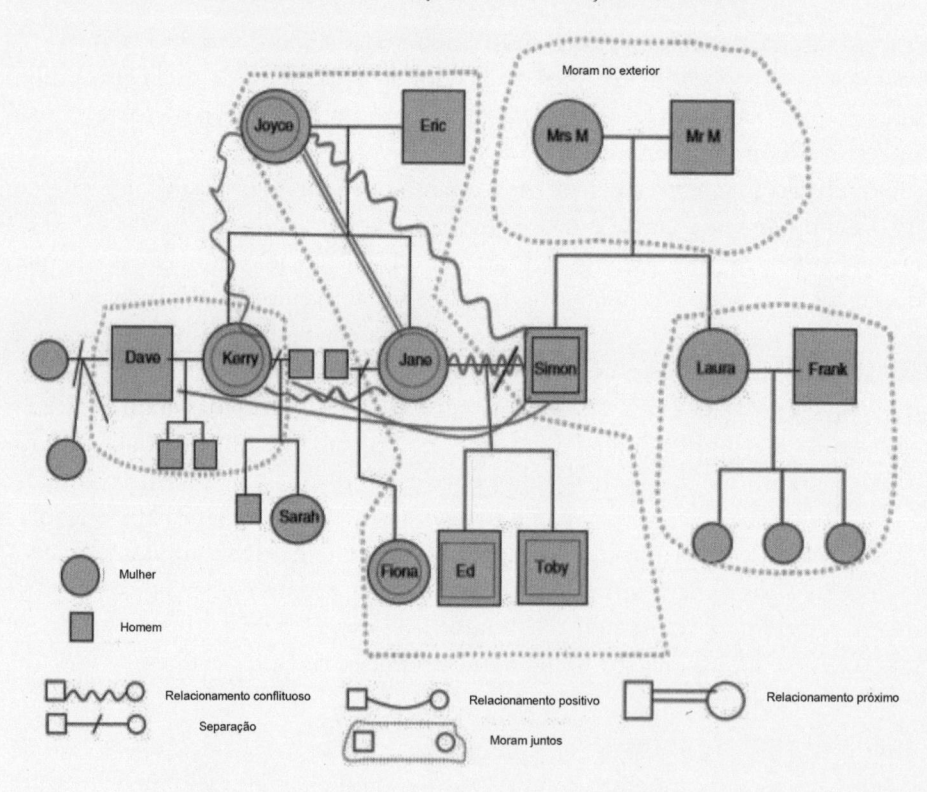

A recente separação de Simon e Jane não foi amigável: houve várias tensões e desentendimentos, principalmente em relação ao contato com os filhos, dinheiro e casa, bem como os documentos do divórcio e o novo parceiro de Jane. Jane disse que tinha achado a experiência em sua totalidade muito difícil. Ela relatou que tinha se despedido de Simon no hospital quando disseram que ele iria morrer. Quando ele voltou para casa, ela o achou irritado e agressivo, e disse que era difícil lidar com isso, principalmente porque estava preocupada com os filhos. Na avaliação detalhada, Jane relatou sentir vontade de se matar, embora não tivesse a intenção de fazer isso.

Joyce também expressou preocupação com a segurança das crianças, particularmente em relação ao fato de Simon esquecer o que elas estavam fazendo quando ele cuidava delas. Ela relatou que nunca apreciou muito as habilidades parentais de Simon e Jane antes da lesão encefálica. Ela os descreveu como "narcisistas" e sua opinião sobre isso permaneceu após a separação. Kerry assumiu o papel de cuidadora e Simon se mudou temporariamente para a casa dela. Joyce questionou os motivos da filha para "cuidar" do ex-cunhado e disse que não entendia por que ele precisava de qualquer tipo de ajuda. Kerry relatou que ela começou a cuidar de Simon porque ele não tinha mais ninguém e que era de sua natureza ajudar as pessoas necessitadas. Kerry e Joyce tinham um relacionamento conflituoso. Na opinião de Kerry, Joyce favorecia Jane e a "superprotegia". Ela também acreditava que a mãe "influenciava demais" o que acontecia com os filhos de Jane. Ela também descreveu estar chateada porque Joyce dava mais atenção aos filhos da irmã do que aos seus.

Havia uma tensão permanente entre Kerry e Jane. Infelizmente, elas tiveram um desentendimento e não conversavam mais devido a outro assunto de família por vários meses. Nessa época, o relacionamento entre Kerry e Joyce também se deteriorou ainda mais e Jane não queria que seus filhos tivessem contato algum com Kerry.

As perspectivas das crianças não foram bem descritas nas narrativas dos adultos. Havia, por parte de Jane e Joyce, certa preocupação com a segurança das crianças enquanto estas se encontravam sob os cuidados de Simon. Elas pediram ajuda para explicar a lesão encefálica de Simon às crianças. Elas esperavam, principalmente, explicar as razões pelas quais ele estava diferente.

Alojamento

Inicialmente, quando Simon e Jane se separaram, ele se mudou para a casa de Kerry. Eles concordaram em vender a casa da família para liquidar suas dívidas, embora houvesse a possibilidade de esta ser recuperada antes de ser vendida. Houve um período em que Simon voltou para a casa da família (sem o consentimento prévio de Jane) e Jane e os filhos foram morar com a mãe (Joyce). Pouco depois, enquanto Simon estava fora, Jane retirou todos os bens da casa da família, o que foi um choque para ele quando retornou. Após a venda dessa casa, Simon ficou sem um lugar para morar e lhe foi oferecido um lugar em uma pensão. Isso significaria mudar com frequência e interferiria ainda mais no contato com os filhos. Essa situação era inevitável e, embora o Serviço Habitacional tivesse sido avisado com antecedência, nada foi feito para evitar que ele ficasse de fato sem um lugar para morar. Logo, Simon voltou temporariamente para a casa de Kerry até que, no final do programa de reabilitação, ele foi transferido para um alojamento próprio na vizinhança.

Contato com os filhos

Simon e os filhos inicialmente se viam regularmente quando ele estava na casa de Kerry. Esta facilitava o contato ao pegar as crianças e conseguir um local para que eles se encontrassem. Depois, ela as deixava em casa novamente. Durante esse período, Jane e Simon não estavam conversando.

Durante o período em que Kerry e Jane não estavam conversando, Jane relatou que não queria que os filhos tivessem contato com Kerry. Apesar de Jane ter dito que estava feliz por eles verem o pai, isso era inviável em termos práticos, pois ele não tinha como se locomover sem o apoio de Kerry, bem como nenhum outro lugar para vê-los se não fosse na casa da família ou na casa da cunhada.

Quando Simon voltou para casa e Jane e os filhos foram morar com Joyce, ele não tinha nenhum contato com as crianças. A família recorreu a uma equipe de terapia familiar em um Serviço de Saúde Mental da Criança e do Adolescente devido aos problemas comportamentais de um dos filhos na escola.

Outros serviços

Simon também participava de outras instituições, conforme descrito abaixo.

Headway

Simon contou com a ajuda de uma funcionária de apoio à comunidade da Headway (a principal organização filantrópica de apoio aos indivíduos com lesão encefálica no Reino Unido). O papel principal desta era orientá-lo e auxiliá-lo a ter acesso aos serviços de que ele precisava. Ela estava a favor de Kerry e defendia sua opinião acerca da situação. Simon também participou de várias sessões na Headway.

Serviços Sociais

Um assistente social da Equipe de Deficiência Física foi designado para Simon. Um encaminhamento adicional aos Serviços Sociais foi feito para avaliar o risco em relação às crianças. Eles avaliaram a situação e não conseguiram propor nenhuma intervenção para as habilidades parentais, pois concluíram que elas não estavam em risco.

Advogado/consultor jurídico[3]

O advogado possuía dois papéis principais: o primeiro era em relação ao acordo de divórcio e o segundo era sobre o acesso aos filhos. Ambos os casos estavam em andamento durante nosso trabalho com Simon e sua família. O conhecimento de suas dificuldades cognitivas era essencial para que o advogado tivesse o embasamento necessário no tribunal, bem como a informação advinda da avaliação realizada em relação ao contato dele com os filhos.

Terapia familiar

Durante o período em que não estávamos trabalhando com a família de Simon e este a encontrava muito pouco, ele soube que ela estava fazendo sessões de terapia familiar em um Serviço de Saúde Mental da Criança e do Adolescente. Apesar de não estar presente nessas sessões, ele era mencionado com frequência e eles estavam interessados em sua participação em uma data futura.

Equipe do OZC

Havia certa frustração por parte da equipe, bem como de Simon e de sua rede de apoio pelo fato de ele não ter um ambiente que proporcionasse oportunidades para que progredisse em suas metas pessoais. As metas mais afetadas por essas limitações estavam na área das atividades de vida diária, incluindo a paternidade. Isso também afetou as metas de curto prazo, principalmente aquelas relacionadas ao seu trabalho cognitivo, que envolvia seu desejo de ajudar os filhos na lição de casa, além do trabalho com o humor e ajustamento, que envolvia as habilidades parentais.

Avaliação

Além da avaliação contínua menos formal da situação, foram organizados mais três períodos de avaliação formal. A primeira vez que Jane e Simon se encontraram após a separação foi em uma sessão de casal no OZC. Ambos relataram estar apreensivos em relação a isso. Um dos objetivos desta sessão era descobrir que tipo de trabalho com a família o casal desejava e quem deveria, na opinião deles, participar. Eles gostariam que a primeira reunião fosse sem os filhos a fim

---

[3] N.T.: No original, foi utilizado o termo *solicitor* que, no Reino Unido, é um advogado responsável por orientar e representar os clientes nas instâncias inferiores.

de que eles não fossem expostos aos problemas. Eles também afirmaram que não queriam nenhuma terapia de casal e que qualquer intervenção deveria focar os filhos. O casal discutiu como prosseguir com isso na sessão.

A segunda sessão de avaliação envolveu Jane, Simon e os três filhos – Fiona (12 anos), Ed (8 anos) e Toby (7 anos). O objetivo desta sessão era ouvir as opiniões das crianças e descobrir o que elas gostariam de saber, principalmente em relação às lesões encefálicas. Isso consistia em jogos educativos sugeridos anteriormente para o trabalho com lesão encefálica adquirida (LEA) em familiares em tenra idade (Webster *et al.*, 2003a).

Após essa sessão, houve um intervalo de cinco meses, no qual muitos aspectos mudaram, e a família havia participado dos serviços locais de terapia familiar infantil. Neste momento, a reavaliação da situação era fundamental. O terapeuta chefe entrou em contato com os serviços de terapia familiar inicialmente por meio de uma carta: (1) resumindo uma meta-perspectiva de colaboração entre os serviços; (2) reconhecendo a presença de pontos em comum em nossas respectivas conversações; e (3) fomentando o interesse em conversações úteis entre os serviços no futuro, com diferentes arranjos familiares nas sessões para auxiliá-las. O terapeuta chefe também conversou em particular com Joyce, Jane, Simon e Kerry antes que eles fossem convidados para uma reunião em família. Eles concordaram que era importante que todos fossem convidados para a sessão com as crianças.

Reformulação

As informações foram formuladas utilizando um modelo biopsicossocial em consonância com a abordagem descrita no Capítulo 1 (Evans, 2006; White, 2005) e atentando especialmente para a influência de fatores sistêmicos na manutenção das conversações (ver Figura 18.2). Durante todo o período de avaliação, foram observadas as diferentes opiniões de cada familiar. O compartilhamento destas entre alguns familiares destacou sua natureza divergente. Por exemplo, as crianças expressaram sua apreensão pelo fato de não se sentirem amadas quando Simon se esquecia de telefonar para elas. Joyce e Jane expressaram sua apreensão pelo fato de as crianças não estarem seguras sob os cuidados de Simon. Em resposta, foi destacada a opinião de Kerry e Simon de que isso era infundado. Algumas das opiniões compartilhadas pareciam ser mantidas pelas incertezas e mal-entendidos acerca das consequências da LEA.

Todos os adultos envolvidos pareciam estar preocupados com a maneira pela qual as crianças entendiam suas experiências. As mudanças comportamentais na escola estavam claramente associadas à preocupação deles. Elas mencionaram, principalmente, as experiências angustiantes de encontrar o pai no hospital e vê-lo em ventilação mecânica, bem como ser informadas de que ele poderia morrer e, posteriormente, senti-lo muito diferente. Uma esperança compartilhada de dar apoio às crianças e de considerar suas necessidades foi o único elemento que reuniu esse grupo de adultos que estava dividido entre tantas outras questões.

As crianças tinham opiniões diferentes acerca de como o pai ficou depois do período hospitalização. Toby afirmou que ele "melhorou muito". Fiona comentou que ele precisava de "alguns reparos". Ed disse que ele "não melhorou em nada". A "leitura" e "não ser desobediente" foram identificados como questões a serem trabalhadas em conjunto com um relato detalhado de Ed e Fiona sobre o pai gritando com a mãe e seu namorado em um bar. As crianças descreveram o pai em quatro estágios diferentes:

a) anterior à lesão;
b) no hospital;
c) Jekyll e Hyde;
d) agora.

Foi levantada a hipótese de que as histórias discrepantes contadas nessa família eram, em parte, consequência de um evento traumático que afetava todo o sistema familiar no qual havia uma cultura pré-mórbida de culpa e crenças sobre proteger as crianças de notícias ruins. Como sugerido anteriormente, as diferentes histórias poderiam ser de alguma forma mantidas por equívocos comuns acerca das lesões encefálicas (hux et al., 2006) e por um estilo de enfrentamento familiar predominantemente de esquiva. As consequências das dificuldades de Simon com a cognição social e o controle inibitório eram provavelmente mal compreendidas e atribuídas ao fato de ele ser uma pessoa "completamente diferente" em vez de consequências plausíveis de sua lesão. Além disso, é possível que a resposta da família às dificuldades adquiridas por Simon tenha perpetuado sua frustração e compreensão equivocada da situação, comprometendo ainda mais suas habilidades cognitivas. Foi sugerida a hipótese de que a emoção na família poderia ser expressa por meio do comportamento das crianças e é por isso que elas eram apresentadas como aquelas que mais precisavam de ajuda e apoio. Foi sugerida também a hipótese de que os serviços possuíam perspectivas distintas, o que poderia contribuir para a manutenção de conversações divergentes nos sistemas profissional e familiar. Isso é ilustrado na Figura 18.2.

Intervenção

O foco principal da intervenção foi construir um entendimento compartilhado das consequências da lesão encefálica e do impacto desta na família e nas histórias por ela contadas. Isso foi feito de várias maneiras por meio do trabalho de psicoeducação com as crianças e do compartilhamento de perspectivas entre os diferentes sistemas: (1) nos serviços e entre eles; (2) entre os serviços e a família; e (3) entre os adultos e as crianças da família. Um resumo das intervenções é apresentado no Quadro 18.1.

Figura 18.2 Genograma e ecomapa destacando o sistema de relacionamentos, comunicação e significados em torno de Simon.

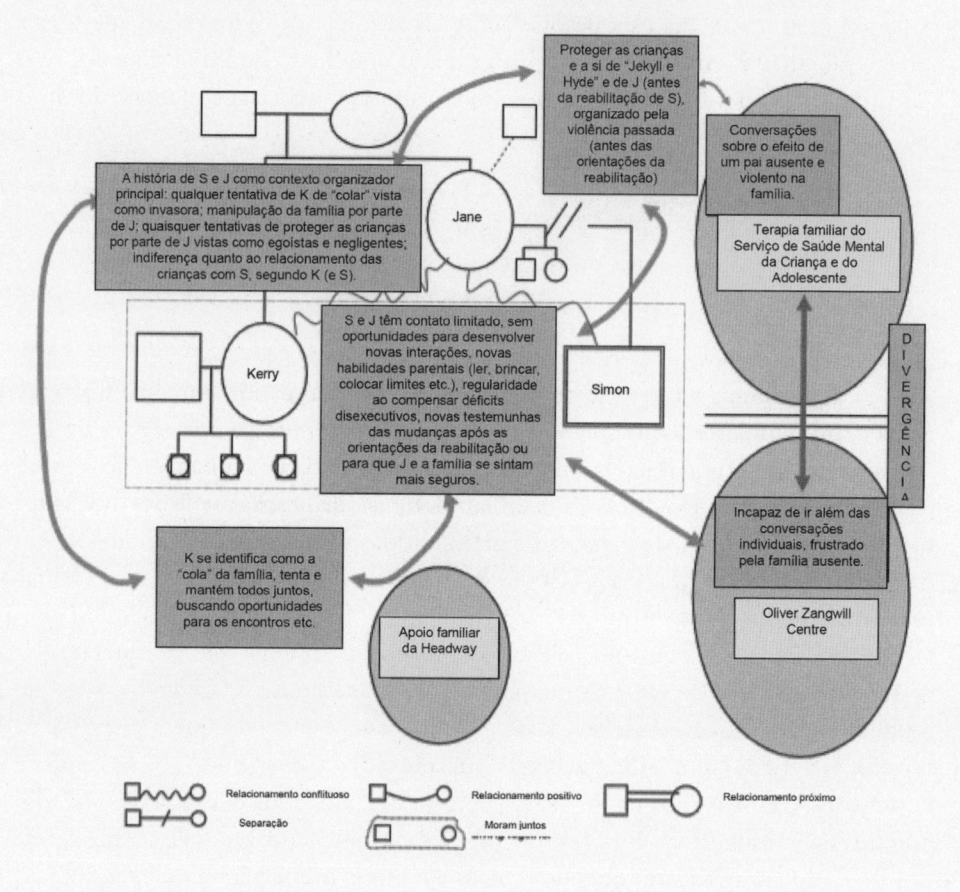

Quadro 18.1 Resumo das intervenções familiares.

Sessão	Tópico	Familiares presentes	Pontos principais
1	Avaliação do casal	Jane e Simon	• Definir interesses em comum; • Colocam-se como especialistas em parentalidade que propiciam um vínculo entre o OZC e as crianças; • J e S concordaram em falar com as crianças apenas sobre problemas recentes.

2	Avaliação da família e psicoeducação em relação à lesão encefálica Contato por telefone e conversa com o terapeuta familiar	Jane, Simon, Fiona, Ed e Toby	• Funções cerebrais (observar um modelo do encéfalo); • O que aconteceu com o papai? Desenhar; • O que as crianças querem saber? • Como o papai está fazendo algumas coisas de maneira diferente (LEA e estratégias de reabilitação); • O que o papai está fazendo no OZC? • Como ele está? • Compartilhar perspectivas; • Compartilhar informações sobre os resultados da lesão encefálica de Simon e do trabalho na reabilitação.
3	Intervenção familiar	Joyce, Toby, Ed, Fiona, Simon e Kerry	• Do que você se lembra da última vez? Desenhar Simon em diferentes estágios; • Perguntar por que isso aconteceu; • O que é importante para o papai se lembrar e como você pode ajudá-lo a se lembrar disso? • Iniciar um caderno de anotações.
4	Gerenciamento do comportamento	Kerry e Simon	• Gerenciamento do comportamento; • Habilidades parentais.
5	Intervenção familiar	Kerry, Simon, Ed, Toby e Fiona	• Olhar os cadernos de anotações; • Como o cérebro afeta nossas emoções.
6	Intervenção familiar	Kerry, Simon, Ed, Toby e Fiona	• Resolução de problemas familiares; Preocupações com a possibilidade de o pai ficar doente novamente.

As intervenções indiretas incluíram:

Mapeamento do(s) sistema(s) determinado(s) por problemas (Anderson et al., 1986) e mapeamento ecológico (Hartman, 1995)

O primeiro passo crucial e a primeira contribuição singular do OZC para o contexto mais amplo de Simon relacionado à experiência familiar e ao envolvimento dos serviços foram mapear todas as relações familiares, bem como as definições de problema nessas relações utilizando técnicas, tais como o genograma e a entrevista (Petry; McGoldrick, 2003). Isso também foi feito para os serviços remanescentes participantes e para a natureza e o foco do envolvimento destes com os diferentes familiares de Simon, além da elaboração explícita de significados, premissas e definições de problema inerentes nesses relacionamentos. As lacunas nos serviços foram propositalmente identificadas, seguindo as recomendações de Hartman (1995). Ao utilizar as perspectivas iniciais e as informações novas desse exercício, todas as intervenções recentes e disponíveis (individuais e familiares) de reabilitação puderam ser organizadas em esquemas de significado específicos e temporários para os diferentes membros do sistema.

Contato com outros serviços

A segunda intervenção foi o contato com o serviço de terapia familiar. Simon e Kerry foram os únicos dois membros da família com quem nos encontramos por vários meses, mantendo assim a divergência entre as conversações. Simon ficou sabendo pela primeira vez que o resto da família estava participando de sessões de terapia familiar quando foi convidado para uma delas. Em resposta, uma carta terapêutica foi escrita para o serviço e a família na qual se propunha um contato com a equipe de terapia familiar ou se unir à equipe por uma ou mais sessões. Esta carta foi enviada a todos os participantes.

A carta criou um diálogo profícuo entre nós e o serviço de terapia familiar, conforme reconhecido por todos os familiares envolvidos. Foi interessante ouvir as diferentes narrativas apresentadas. A questão de Simon não telefonar para os filhos foi discutida nas sessões de terapia familiar como se ele não estivesse interessado/não fosse um "pai adequado". Joyce relatou ao terapeuta familiar que tinha interesse no contato entre as crianças e o pai, mas que este fosse mantido por telefone. Ela disse que deu a ele um "sinal verde" para telefonar para elas a qualquer momento, bem como para vir visitá-las. Além dos problemas de memória, que sugeriam que Simon não conseguia se lembrar de telefonar, sua narrativa acerca dessa situação mencionava o advogado de Jane que havia escrito uma carta "ameaçando" a tomar medidas legais caso ele "incomodasse" e que ele estava conversando demais com ela logo no início do processo de separação. Simon também relatou que não se sentia confortável em telefonar para a casa de Joyce, principalmente por esse motivo, mas também quando ele tentava, ninguém atendia. Obter essas duas perspectivas foi útil.

Houve uma discussão com o terapeuta familiar sobre as dificuldades específicas de Simon em relação à memória, na qual ficou comprovado que seria difícil para ele lembrar do "sinal verde" para telefonar e que ter um registro e um lembrete por escrito seria útil. O terapeuta familiar entrou em contato com a família e um horário fixo foi combinado para que Simon telefonasse. As crianças tiveram a ideia de fazer um desenho de si, com um horário e um dia, para lembrá-lo de telefonar e o colocaram em uma lousa. Isso resultou em um contato regular e harmonioso entre os filhos e o pai, permitindo que eles desenvolvessem esse relacionamento e que outros familiares observassem isso em ação.

Próximo do final da orientação da terapia familiar, era notório que diferentes familiares começaram a conversar entre si. Isso indiretamente culminou em um contato regular de Simon com as crianças novamente. O entendimento da família acerca das dificuldades de Simon também retornou à pauta, especialmente para as crianças e, posteriormente, foi organizada outra sessão familiar no OZC;

Reavaliação e revisão

Como vários meses se passaram e a família havia participado de outro trabalho terapêutico, havia muitas informações para se ter em mente. Logo, uma reavaliação e uma revisão eram apropriadas. O terapeuta chefe conversou com todos os membros da família e com o terapeuta familiar. Joyce, Simon, Kerry, Jane, Fiona, Ed e Toby foram convidados para a sessão. Jane disse que não queria participar, mas gostaria de ser informada a respeito. A sessão foi uma revisão do trabalho anterior, bem como um planejamento do trabalho futuro, além de criar um ambiente onde as crianças pudessem fazer perguntas e resolver problemas. O foco permaneceu no compartilhamento de informações sobre a lesão encefálica e a reabilitação.

Intervenções diretas

Após a sessão de reavaliação, foram organizadas mais três sessões de terapia familiar. Embora essas não fossem sessões formais de "terapia familiar", havia uma série de técnicas terapêuticas semelhantes que foi utilizada nessas sessões.

Educação

Vários recursos foram empregados para facilitar a exploração do significado da LEA na família. Foi dada uma ênfase especial aos familiares que compartilhavam as informações que eles sabiam. Esses recursos incluíam:

a) observar um modelo de encéfalo, bem como desmontá-lo e montá-lo novamente – a determinação com a qual as crianças o montaram foi surpreendente;
b) desenhar e colorir o encéfalo de Simon, além de mostrar onde está a lesão;
c) discutir o que as diferentes partes do encéfalo fazem;
d) explorar a memória e as emoções por meio de brincadeiras, discussões e exemplos.

As crianças reuniram os cadernos com seus desenhos e as informações coletadas para formar um "Livro de Informações" (Daisley; Webster, 1999).

Questionamento circular (Tomm, 1985)

Essa técnica, na qual é simplesmente solicitado a um familiar que diga o que ele acha que a outra pessoa do sistema possa estar pensando/sentindo, foi utilizada em todas as reuniões com a família, especialmente para desenvolver uma experiência compartilhada dos eventos que ocorreram sem atribuir culpa, compartilhar opiniões e descobrir mais acerca da expressão e compreensão de cada um em relação à lesão encefálica. Isso permitiu que cada familiar falasse sobre o que pensavam estar acontecendo com o outro e, posteriormente, discutissem isso juntos.

Essas sessões foram uma oportunidade para que as preocupações das crianças fossem ouvidas, uma arena na qual foram encorajadas a expressar seus sentimentos, oferecendo um espaço seguro para fazerem perguntas. Todos esses são aspectos fundamentais do trabalho com as crianças cujos pais tiveram uma lesão encefálica (Webster *et al.*, 2003a).

As crianças perguntaram por que Simon teve um AVEH e se isso foi culpa de alguém (por exemplo, devido ao consumo de álcool de Simon). Elas perguntaram por que ele ficava nervoso antes de entrar no hospital. Nessa sessão, a família foi encorajada a discutir sua compreensão e suas memórias acerca desse evento. Foi construída uma narrativa compartilhada, que levou em consideração as diferentes experiências dos indivíduos. As crianças também fizeram perguntas sobre a raiva e fizemos alguns experimentos acerca da recuperação do encéfalo e das experiências de frustração. Elas tinham perguntas a todo o momento. Por exemplo, ao pensar no pai no hospital, havia perguntas sobre as diferentes cânulas.

Experimentos e metáforas

Os terapeutas propunham experimentos ou diferentes familiares davam sugestões de como ilustrar uma questão. Utilizamos alguns jogos para mostrar as diferenças entre a memória visual e verbal, principalmente porque Simon estava treinando sua memória visual. Kerry foi extremamente ativa e criativa ao pensar em maneiras de ajudar as crianças a desenvolverem uma compreensão de alguns dos aspectos da lesão encefálica, bem como ao responder a algumas das perguntas que elas tinham sobre o porquê de seu pai realizar determinadas ações. Por exemplo, Ed se lembrou que o pai achou difícil subir e descer as escadas e pegar pequenos objetos no chão quando ele voltou do hospital. Kerry pediu às crianças que se levantassem, girassem e tentassem pegar um centavo no chão a fim de ilustrar a desorientação.

Reflexão terapêutica

Sempre que possível, dois terapeutas participavam das sessões em família. Devido às restrições do serviço, nem sempre era possível ter os mesmos profissionais, porém, um deles era fixo durante todo o atendimento à família. A razão para se ter outro terapeuta era auxiliar na reflexão após a sessão, bem como observar e comentar o processo durante a sessão. Essa pessoa assumiu um papel semelhante ao de um coterapeuta (Vetere; Dallos, 2005).

Reenquadramento (Carr, 1995)

Essa técnica foi utilizada para apresentar múltiplas visões a partir das quais se reflete acerca das experiências. Um exemplo disso, dado por Fiona, foi quando Simon deu dinheiro a Toby e disse que o daria a Ed também quando fosse à loja para sacá-lo no caixa eletrônico. Simon voltou para casa sem o dinheiro de Ed, que consequentemente ficou chateado pelo fato de seu irmão ter sido favorecido em detrimento dele. Houve cautela para não suplantar a autoridade por meio da agressão, nem sugerir às crianças que elas tinham a responsabilidade de controlar a agressividade do pai, mas apresentar novas perspectivas para entenderem isso a partir da nossa compreensão sobre as consequências da lesão encefálica (Vetere; Cooper, 2003). As opiniões das crianças foram reconhecidas e anotadas, sendo disponibilizadas informações acerca dos processos de memória.

Essas técnicas também foram utilizadas para falar sobre os processos que poderiam estar acontecendo. Por exemplo, Kerry explicou às crianças acerca do coágulo alojado no encéfalo de Simon. Joyce disse que ela não acreditava que ele estava doente devido ao AVEH, mas devido ao abscesso. Foi feita uma reflexão na qual concluiu-se que isso deveria ser confuso para as crianças se os adultos também estivessem confusos.

O reenquadramento foi empregado como uma ferramenta para conservar sobre as questões que não estavam sendo abordadas. Ao se discutir as emoções, as crianças, que estavam desenhando seus sentimentos (principalmente em relação à preocupação de o pai ficar doente novamente), ficaram absortas na tarefa. A interação com os adultos diminuiu e elas estavam ansiosas para continuar desenhando em vez de discutir o assunto. Alguns adultos as descreveram como "malcriadas" e "surdas", o qual foi reenquadrado como um tópico que poderia ser de difícil discussão. Fiona concordou com essa visão.

Usando a linguagem e imagens para oferecer perspectivas diferentes

Baseado nas ideias utilizadas na terapia familiar focada na emoção (EFRON, 2004), foi sugerida uma combinação entre recursos verbais e visuais por meio dos quais as crianças e o sistema familiar pudessem expressar as emoções com segurança. As crianças desenharam suas experiências sobre o pai, conforme descrito na sessão de avaliação. Cada criança desenhou uma visão distinta do pai e Kerry desenhou Simon antes do acidente. Todos escolheram aspectos diferentes dele para desenhar. Fiona desenhou "Jekyll e Hyde", que era um desenho de Simon gritando. A definição de homens abusivos, tais como "Jekyll e Hyde", foi empregada em outros contextos a fim de desenvolver uma linguagem para se falar sobre as experiências e observações (Bernard; Bernard, 1984; Efron, 2004). Esse uso da linguagem foi considerado eficiente para o desenvolvimento de um entendimento compartilhado do problema, com alguma previsibilidade (ele é o Dr. Jekyll ou o Sr. Hyde), e seguro para conversar a respeito. Ed desenhou "papai agora", o qual tinha um rosto entristecido. Ele disse que o pai estava triste porque ele não via as crianças o suficiente. Toby desenhou "papai no hospital" e uma tomografia do encéfalo. As representações das crianças permitiram discussões acerca dos diferentes estágios da lesão encefálica. Ao fazer os desenhos, era mais fácil para elas se expressarem do que se estivessem conversando diretamente a respeito de Simon.

Desenhar experiências distintas do pai também fomentou novas conversações sobre ele. Isso parecia lhes proporcionar perspectivas um pouco diferentes, orientando-as para explicações e sentimentos diversos. Quando perguntadas, elas responderam que as diferenças entre "o papai de antes e o papai de agora" eram: "ele está mais calmo, se barbeia muito, dorme em uma cama, às vezes esquece as coisas (por exemplo, telefonar) e elas o veem com mais frequência". Esse uso da linguagem foi corroborado pelas cartas terapêuticas.

Cartas terapêuticas

Após cada sessão, o terapeuta escrevia uma carta a fim de resumir os pontos principais da sessão anterior e confirmar a data da próxima. A carta era, então, enviada a todos os familiares envolvidos, independentemente de terem participado ou não da sessão. O objetivo disso era incluir todos no compartilhamento de informações, no desenvolvimento da narrativa compartilhada (White; Epston, 1990) e, assim, começar a reduzir a discrepância entre as histórias contadas no sistema.

Resolução de problemas familiares

Na última sessão, a família solicitou que se discutisse um incidente recente no qual as crianças estavam preocupadas com a possibilidade de "Jekyll" voltar. A medicação antidepressiva de Simon estava sendo gradualmente diminuída quando ele viu o novo parceiro de Jane no carro, ficando irritado. As crianças relataram que enfrentaram isso de maneiras diferentes: Fiona e Toby correram para a casa de Kerry e Ed ficou perto do pai. A discussão seguinte foi sobre o que fazer se isso acontecesse novamente e por que isso aconteceu. As crianças disseram que estavam preocupadas com o fato de isso sugerir que o pai estava ficando doente mais uma vez.

As crianças fizeram desenhos para descrever como elas sabiam que ele estava "se transformando em Jekyll". Fiona disse que achava que fumar cigarros o fazia parecer com Dr. Jekyll porque "ele fumava mais quando era assim". Isso deu a Simon a oportunidade de tranquilizar os filhos e explicar que ele fumava para ajudá-lo a se acalmar quando estava estressado. Também conversamos sobre o efeito que a mudança na medicação poderia ter tido. Esta sessão destacou as preocupações das crianças de que fumar faria Simon adoecer novamente. Por isso, elas estavam ávidas para que ele parasse de fumar e continuavam tentando convencê-lo disso. Simon garantiu às crianças que os cigarros não faziam com que ele se tornasse o Dr. Jekyll. Ele comentou que também não gostava disso e que achava igualmente assustador quando Dr. Jekyll chegava. Simon e as crianças decidiram trabalhar juntos a fim de planejar o que fazer caso isso acontecesse outra vez.

Conhecendo as intervenções de reabilitação

Compartilhar as estratégias utilizadas por Simon e as razões pelas quais ele as utilizava foi uma parte importante dessas sessões (Webster *et al.*, 2003a). Após a disponibilização de informações acerca da lesão encefálica e os jogos de memória, o trabalho se concentrou em como as crianças poderiam usar as técnicas mnemônicas e apresentar ideias para ajudar. Isso está relacionado ao trabalho realizado em parceria com a Terapia Ocupacional (no OZC), no qual eles desenvolveram uma técnica: se as crianças desejassem que Simon entrasse em contato com elas por telefone, elas colocariam um símbolo ao lado do telefone. Elas começaram a usar a lousa na cozinha de Simon para anotar todas as informações ou atividades que ele precisava saber. Elas também a usaram para planejar atividades divertidas juntos. Conversamos com as crianças sobre utilizar figuras em vez de palavras ao escrever algo para Simon.

Treinamento de pais

Foi realizado um trabalho individual entre um dos psicólogos clínicos e Simon durante o período de contato limitado com as crianças. Este trabalho foi estruturado segundo a pirâmide de parentalidade (Webster-Stratton; Hancock, 1998), que auxiliou os profissionais a enfatizarem abordagens alternativas a fim de entender, responder e orientar o comportamento das crianças. Além disso, foi enfatizado a participação positiva, o tempo dedicado às crianças e às brincadeiras para eliminar a necessidade de estratégias disciplinares/comportamentais reativas em resposta aos comportamentos inadequados e para fortalecer os bons relacionamentos. Simon percebeu que os meios pictóricos e concretos dessa abordagem eram formas de compensação úteis para sua linguagem e déficits disexecutivos.

Resultado e reflexão

Consecução das metas

Ao final das intervenções familiares, Simon alcançou/parcialmente alcançou todas as metas relacionadas à independência e à paternidade (ver Quadro 18.2).

A maior parte do sucesso nessas metas foi possível devido às mudanças em sua situação. Inicialmente, Simon não teve a oportunidade de trabalhar nessas áreas porque tinha muito pouco contato com seus filhos. No entanto, uma vez que ele conseguiu um alojamento próprio e pôde ver os filhos com mais regularidade, ele foi capaz de trabalhar em prol dessas metas. O compartilhamento de informações em todo o sistema, seja entre os profissionais, seja entre os familiares, foi uma parte fundamental dessas mudanças.

Quadro 18.2 Resumo dos resultados (áreas-alvo).

Áreas-alvo	Resultado	Descrição
1. Compreensão de sua lesão encefálica	Parcialmente alcançado	Relatou uma maior compreensão de sua lesão, embora houvesse uma variabilidade na aplicação de estratégias.
2. Habilidades de vida independente	Alcançado	Desenvolveu e manteve estratégias eficientes para gerenciar as tarefas do dia a dia.
3. Profissão	Alcançado	Agora gosta de trabalhar como limpador de vidros e passar o tempo na Headway.
4. Leitura de contos	Parcialmente alcançado	Pode ler para os filhos quando eles querem que ele o faça, mas isso não acontece regularmente.
5. Parentalidade	Alcançado	As crianças e Simon planejam as atividades juntos; elas o ajudam na aplicação de estratégias escrevendo listas e usando uma lousa.
6. Interações sociais	Alcançado	Simon relatou sentir-se mais confortável em situações sociais e tem novos amigos.

A tabela 18.1 resume as mudanças nas avaliações do humor e ajustamento. Ela destaca uma redução geral da raiva e um aumento da autoestima. O aumento dos sintomas relatados no *Questionário Europeu de Lesão Cerebral – EBIQ* (Teasdale et al., 1997) pode ser explicado por uma crescente consciência acerca das dificuldades.

Tabela 18.1 Resumo dos resultados (questionários).

	Na avaliação	Após a reabilitação
Raiva: *Inventário de Expressão de Raiva como Estado de Traço – STAXI 2* (SPIELBERGER, 1999)	48	39
Autoestima: *Robson Self-Concept Questionnaire – RSCQ*[4] (ROBSON, 1989)	99	142
Questionário Europeu de Lesão Cerebral – EBIQ	76	88

[4] N.T.: O Robson Self-Concept Questionnaire é uma escala utilizada para avaliar a autoestima.

Discussão

Em nosso trabalho com o sistema mais amplo, havia uma série de questões a serem consideradas, principalmente em relação aos limites de nosso serviço – o que éramos ou não capazes de fornecer à família enquanto serviço, além de ter clareza acerca do que estávamos ou não fazendo nas sessões. Por exemplo, nosso papel era auxiliar no compartilhamento de informações entre os familiares e não oferecer terapia familiar, embora algumas técnicas de terapia familiar sistêmica tivessem sido utilizadas. Muitas vezes, os familiares solicitaram que disponibilizássemos uma gama muito maior de serviços, tais como mediação familiar. Outras questões estavam relacionadas ao delicado equilíbrio entre as necessidades dos indivíduos e as necessidades complexas do grupo, particularmente em relação ao trabalho individual com Simon.

Era importante estar ciente e ser respeitoso com o trabalho de terapia familiar que estava acontecendo paralelamente ao trabalho no OZC. Era necessário esclarecer a nós mesmos, a família, a equipe de reabilitação e a equipe de terapia familiar sobre como essa intervenção era diferente e o que especificamente estávamos oferecendo que não era oferecido em nenhum outro lugar. Nós mantivemos um compromisso mútuo de manter os familiares que estavam ausentes "presentes" em nossas respectivas conversações familiares, além de nos comunicar por meio dos serviços tanto quanto possível e permitido por todos os familiares. A orientação em relação ao ensino da lesão encefálica e ao foco no compartilhamento de informações sobre a reabilitação de Simon foram úteis para ilustrar essa distinção.

Levar em consideração todos os indivíduos foi um aspecto crucial do processo de reabilitação tanto em relação à ampliação do ambiente terapêutico para além do OZC quanto em relação à tentativa de entender e lidar com as influências dos sistemas mais amplos na participação de Simon na reabilitação. Entretanto, as reflexões dos terapeutas após as sessões incluíam abarcar as complexidades da dinâmica e do sofrimento familiar, bem com a importância de manter limites claros de nossa intervenção. Devido às dificuldades desse trabalho e à necessidade de ser imparcial frente às diferentes perspectivas, foi importante ter dois terapeutas no consultório.

Os psicólogos clínicos envolvidos nesse trabalho valorizaram em geral a utilização de ideias e métodos sistêmicos em sua prática. Ao aplicá-los para explorar processos dentro dos diferentes sistemas, foi possível realizar um trabalho clinicamente útil para a família. A importância de integrar a família ao processo de reabilitação tem sido enfatizada na literatura e é corroborada nesse caso clínico. Além disso, a importância de incluir familiares em tenra idade é uma área fundamental do desenvolvimento na reabilitação, pois permite a aplicação de estratégias desta em um contexto pessoal, além de auxiliar no processo de ajustamento emocional (Webster *et al.*, 2003b).

Conclusão

Neste caso clínico, o contato com a equipe de terapia familiar foi essencial para melhorar o relacionamento familiar por meio do compartilhamento de "perspectivas sobre a lesão encefálica". O trabalho foi realizado paralelamente à reabilitação de Simon e, em grande parte, não esteve relacionado a ele, mas teve influências significativas nos resultados de seu programa. Foi importante para a equipe de reabilitação estar ciente e ser sensível aos demais desafios que Simon estava enfrentando durante seu programa, bem como às razões pelas quais ele não conseguia trabalhar em prol de algumas de suas metas. Esse conhecimento permitiu que equipe fosse mais flexível com o programa e, assim, o ajudasse com maior êxito em momentos adequados.

Nas sessões em família, foram destacadas alguns dos principais equívocos acerca das lesões encefálicas. As crianças expressaram seu entusiasmo em descobrir as estratégias que Simon estava aprendendo e utilizando. Ao entendê-las, bem como as razões para utilizá-las, elas foram capazes de aplicá-las em situações que eram pessoalmente significativas para elas e o pai. Por exemplo, quando elas precisavam que Simon se lembrasse de que tinham que ir a algum lugar, elas anotavam na lousa.

Outros capítulos deste livro ilustram a eficácia do trabalho em uma equipe interdisciplinar. Esperamos que, com este capítulo, a importância de trabalhar com o sistema mais amplo, tais como familiares, cuidadores ou outros profissionais, tenha sido demonstrada.

Referências

Anderson, H., Goolishian, H. and Windermand, L. (1986). Problem-determined systems: toward transformation in family therapy. *Journal of Strategic and Systemic Therapies*, **3**(4), 1–14.

Bernard, J.L., and Bernard, M.L. (1984). The abusive male seeking treatment: Jekyll and Hyde. *Family Relations*, **33**(4), 543–7.

Ben-Yishay, Y. (2000). Post acute neuropsychological rehabilitation: a holistic perspective. In A.L. Christensen, and B. Uzzell, eds., *International Handbook of Neuropsychological Rehabilitation*. New York: Kluwer Academic/Plenum Publishers, pp. 127–35.

Carr, A. (1995). *Positive Practice: A Step-by-Step Approach to Family Therapy*. Reading, UK: Harwood.

Daisley, A. and Webster, G. (1999). Involving families in brain injury rehabilitation: children's information books. *Proceedings of the British Psychological Society*, **7**(1), 71.

Efron, D. (2004). The Use of Emotionally Focussed Family Therapy in Children's Mental Health Center, *Journal of Systemic Therapies*, **23**(3), 78–90.

Evans, J. (2006). Theoretical influences on brain injury rehabilitation. Presented at the Oliver Zangwill Centre 10th Anniversary Conference. Available at: www.ozc.nhs.uk/.

Hartman, A. (1995). Diagrammatic assessment of family relationships. *Families in Society: The Journal of Contemporary Human Services*, **76**(2), 111–23.

Hux, K., Schram, C.D. and Goeken, T. (2006). Misconceptions about brain injury: a survey replication study. *Brain Injury*, **25**, 547–53.

Laroi, F. (2003). The family systems approach to treating families of persons with brain injury: a potential collaboration between family therapist and brain injury professional. *Brain Injury*, **17**(2), 175–87.

Oddy, M. and Herbert, C. (2005). Intervention with families following brain injury: evidence-based practice. *Neuropsychological Rehabilitation*, **13**(1/2), 159–73.

Perlesz, A., Kimsella, G. and Crowe, S. (1999). Impact of traumatic brain injury on the family: a critical review. *Rehabilitation Psychology*, **44**(1) 6–35.

Petry, S.S. and McGoldrick M. (2003). Genograms in assessment and therapy. In G.P. Koocher, J.C. Norcross and S.S. Hill, eds., *The Psychologist's Desk Reference* 2nd edn. New York: Oxford University Press.

Robson, P. (1989). Development of a new self-report questionnaire to measure self--esteem. *Psychological Medicine*, **19**(2), 513–8.

Sohlberg, K.M., Mclaughlin, K.A., Todis, B., Larsen, J. and Glang, A. (2001). What does it take to collaborate with families affected by brain injury? A preliminary model. *Journal of Head Trauma Rehabilitation*, **16**(5), 498–511.

Spelberger, C. (1999). *STAXI-Z: Professional Manuals*. Lutz, FL: Psychological Assessment Resource.

Teasdale, T.W., Christensen, A-L., Willmes, K. et al. (1997). Subjective experiences in brain injured patients and their close relatives: a European Brain Injury Questionnaire study. *Brain Injury*, **11**(8), 543–63.

Tomm, K. (1985). Circular interviewing: a multifaceted clinical tool. In D. Campbell and R. Draper, eds., *Applications of Systemic Family Therapy: The Milan Approach*. London: Grune & Station, pp. 33–45.

Vetere, A. and Cooper, J. (2003). Setting up a domestic violence service. *Child and Adolescent Mental Health*, **8**(2), 61–7.

Vetere, A. and Dallos, R. (2008). *Working Systemically with Families: Formulation, Intervention and Evaluation*. London: Karnac Press.

Wade, D.T. (2005). Applying the WHO ICF framework to the rehabilitation of patients with cognitive deficits. In P. Halligan and D. Wade, eds., *Effectiveness of Rehabilitation for Cognitive Deficits*. New York: Oxford University Press, pp. 31–42.

Webster, G. Daisley, A. and Cardoso, K. (2003a). *Family Focused Rehabilitation in Brain Injury: Working with Child Relatives. A Resource Pack for Teams*. Oxford: Oxford Centre for Enablement.

Webster, G. Daisley, A. and Pill, A. brain injury: the missing link in the system? *Poster presentation at the 2nd International RCN*

Webster-Stratton, C. and Hancock, L. (1998). Training for parents of young children with conduct problems: content, methods, and therapeutic processes. In C. E. Schaefer and J.M. Briesmeister, eds., *Handbook of Parent Training*. New York: John Wiley, pp. 98–152.

White, P. D. (2005). Beyond the biomedical to the biopsychosocial: integrated medicine. In P. D. White, ed., *Biopsychosocial Medicine: An Integrated Approach to Understanding Illness*. Oxford: Oxford University Press, pp. 225–34.

White, M. and Epston, D. (1990). *Narrative Means to Therapeutic Ends*. New York: W.W. Norton and Company.

CAPÍTULO 19

Adam: ampliando o contexto terapêutico para a comunidade na reabilitação de um cliente com afasia severa e apraxia

Jacqui Cooper e Andrew Bateman

Introdução

Este capítulo descreve os ganhos significativos que ainda podem ser obtidos pelos clientes na reabilitação vários anos após uma lesão por meio de uma avaliação completa e uma intervenção personalizada. A avaliação interdisciplinar detalhada e a e formulação das dificuldades do cliente eram realizadas na reabilitação neuropsicológica do Oliver Zangwill Centre (OZC) antes da intervenção que, como nos casos de Malcolm (Capítulo 20) e Kate (Capítulo 21), não implicavam em participar do programa intensivo do OZC. Entretanto, no caso de Adam, quando este completou as avaliações em Ely, as quais incluíram um período de duas semanas de trabalho testando abordagens específicas de reabilitação, dois membros da equipe, um terapeuta ocupacional e um psicólogo clínico, agendaram as consultas em sua casa. Os terapeutas planejaram oito sessões individuais, visando às metas funcionais específicas por meio do uso do método de aprendizagem sem erros. Incluiu-se a descrição deste caso a fim de enfatizar também a perspectiva de que os principais componentes da reabilitação, descritos no Capítulo 4, podem ser recriados de forma menos intensiva e ter uma participação ativa da família e dos cuidadores na comunidade.

Histórico da lesão

Adam envolveu-se em um acidente de trânsito em 1999. O carro que dirigia foi atingido por outro veículo justamente no lado do motorista e, posteriormente, ele foi internado na Unidade de Terapia Intensiva (UTI). Ao dar entrada no hospital, sua Escala de Coma de Glasgow foi aferida em 3/15, indicando lesão encefálica grave. A tomografia computadorizada (TC) revelou uma hemorragia frontal esquerda e uma contusão no lado direito. Adam também sofreu múltiplas lesões ortopédicas secundárias. Ele foi transferido para uma Unidade de Neurocirurgia, onde foi submetido a uma craniotomia e remoção de um hematoma frontal esquerdo. No pós-operatório, Adam apresentou hemiplegia direita, disfasia, déficits cognitivos severos e epilepsia pós-traumática. Posteriormente, ele foi transferido para uma Unidade de Reabilitação Neurológica local, onde permaneceu internado de março a agosto de 2000.

Na alta da unidade de reabilitação, Adam estava executando tarefas de autocuidado com o auxílio de pistas verbais e era disciplinado. Ele se movia de forma independente e era capaz de andar aproximadamente 800 metros sob supervisão (necessária devido ao risco aparente de desorientação). A epilepsia pós-traumática havia se estabilizado com a medicação, mas ele continuava tendo dificuldades na comunicação, em virtude da disfasia expressiva, e na realização de tarefas de cuidados pessoais devido à dispraxia.

Histórico social

Adam mora com sua esposa Alison e seus 2 filhos em uma casa própria. Alison é professora e trabalha cerca de 40 a 50 horas por semana durante o período letivo. Enquanto ela trabalha, 3 cuidadores acompanham Adam por meio período a fim de ajudá-lo na realização de atividades funcionais, sociais e recreativas em sua comunidade, além de auxiliá-lo a gerenciar seu comportamento e ansiedade nessas situações. Antes de sua lesão, Adam era o principal responsável pelas crianças, trabalhava meio período e cursava o ensino superior. Ele era um ávido fotógrafo e músico amador; no passado, tocava trompete em uma banda de metais[1].

Avaliação detalhada

Adam foi encaminhado pelos seus advogados ao OZC, onde foi recebido para uma avaliação inicial em novembro de 2002, retornando no mês seguinte. Foi elaborado um resumo da formulação da avaliação, conforme descrito nos capítulos anteriores e, a partir desse resumo, foi desenvolvido um diagrama, posteriormente compartilhado com Adam e sua esposa. O retorno dele ao OZC incluía mais 2 semanas em abril de 2003. O objetivo era ter a oportunidade de tentar determinar quais estratégias seriam

---

[1] N.T.: Banda formada por instrumentos musicais de sopro, feitos de bronze, latão ou algum outro metal, tais como trompete, trompa etc.

mais eficazes para que ele aprendesse novas habilidades e compensasse suas dificuldades realizando, assim, tarefas funcionais específicas. Depois disso, foram definidos os profissionais que trabalhariam com ele, sua família e os cuidadores em casa.

Autorrelato dos problemas do cliente

Devido às dificuldades de comunicação, a esposa de Adam ajudava-o a identificar os problemas dele durante a avaliação. Nesse momento, eles relataram as principais dificuldades, a saber:

a) comunicação restrita;
b) fadiga;
c) resolução de problemas e processamento de informações;
d) agitação e frustração;
e) manejo de situações desconhecidas ou eventos imprevisíveis;
f) algumas dificuldades de memória;
g) dificuldades para concluir tarefas e seguir instruções (algumas dificuldades com preposições);
h) necessidade de ser mais independente.

Avaliação neuropsicológica

Adam participou de uma avaliação interdisciplinar detalhada de duas semanas. A testagem foi modificada tanto quanto possível a fim de levar em consideração as dificuldades com as tarefas que exigiam respostas verbais complexas ou a escolha de uma resposta a partir de uma gama de opções. Com relação ao funcionamento cognitivo geral, as avaliações indicaram que o desempenho de Adam estava na faixa limítrofe/inferior. Os resultados mostraram comprometimentos de memória, mas foi observado que ele se beneficiava da apresentação repetitiva de informações. Adam demonstrou comprometimento nos testes de atenção sustentada, seletiva e dividida. Suas dificuldades motoras e verbais pareciam afetar de forma significativa seu desempenho, especialmente em tarefas cronometradas e naquelas em que os estímulos eram apresentados com relativa rapidez. Ele não cometeu erros em um teste de negligência unilateral. Na avaliação do funcionamento executivo, Adam demonstrou pouco planejamento e monitoramento do comportamento, bem como dificuldades quando foi necessário alternar entre mais de uma tarefa. Ele demonstrou utilizar, de fato, instruções escritas com certa eficácia, porém, isso foi inconsistente. O desempenho de Adam no *Teste de Reconhecimento Facial de Benton* obteve um escore indicativo de comprometimento, enquanto seu desempenho em outras tarefas espaciais visuais obteve um escore médio. Em um teste de rastreio para dispraxia, foram observadas dificuldades específicas quanto às ações transitivas dos membros (isto é, gestos que envolvem fingir a utilização de um objeto), perseverações e dificuldades para fazer gestos com as mãos em resposta às instruções verbais.

Avaliação da consciência, ajustamento emocional e comportamento

Durante a avaliação detalhada, Adam relatou sentir-se, em geral, feliz. Ele disse que, às vezes, ficava estressado ou frustrado devido às dificuldades vivenciadas. Isso foi relatado como um sentimento breve, vivenciado durante a realização de uma tarefa ou durante um dia inteiro, sendo acompanhado por tristeza, além de problemas para dormir. Ele relatou ter adquirido sentimentos positivos a partir de várias fontes. Alison relatou dificuldades significativas com seus comportamentos repetitivos e rigidez (por exemplo, como algo foi colocado sobre a mesa de jantar). Foi observado que, às vezes, as tentativas dos cuidadores para lidar com tais desafios os levavam a "fazer por ele" em vez de auxiliá-lo no desenvolvimento de habilidades. Após outros contatos com Adam, sua família e cuidadores, elaborou-se uma formulação acerca disso, que é apresentada na Figura 19.1. O objetivo era promover uma compreensão compartilhada entre Adam e aqueles que estavam presentes em seu contexto doméstico e comunitário. Foi elaborada uma formulação de forma colaborativa com a esposa de Adam, Alison, que posteriormente a compartilhou com ele e seus cuidadores.

Figura 19.1 Formulação psicológica simplificada dos fatores que influenciavam o comportamento de Adam.

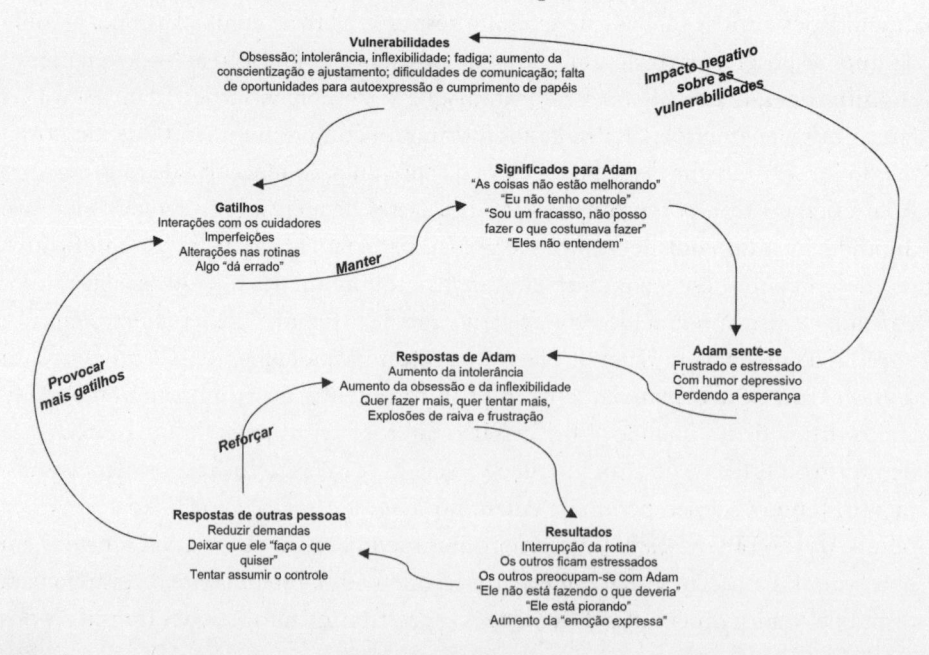

Vulnerabilidades
Obsessão; intolerância, inflexibilidade; fadiga; aumento da conscientização e ajustamento; dificuldades de comunicação; falta de oportunidades para autoexpressão e cumprimento de papéis

Impacto negativo sobre as vulnerabilidades

Significados para Adam
"As coisas não estão melhorando"
"Eu não tenho controle"
"Sou um fracasso, não posso fazer o que costumava fazer"
"Eles não entendem"

Gatilhos
Interações com os cuidadores
Imperfeições
Alterações nas rotinas
Algo "dá errado"

Manter

Adam sente-se
Frustrado e estressado
Com humor depressivo
Perdendo a esperança

Provocar mais gatilhos

Respostas de Adam
Aumento da intolerância
Aumento da obsessão e da inflexibilidade
Quer fazer mais, quer tentar mais,
Explosões de raiva e frustração

Reforçar

Respostas de outras pessoas
Reduzir demandas
Deixar que ele "faça o que quiser"
Tentar assumir o controle

Resultados
Interrupção da rotina
Os outros ficam estressados
Os outros preocupam-se com Adam
"Ele não está fazendo o que deveria"
"Ele está piorando"
Aumento da "emoção expressa"

Embora Adam parecesse ter alguma dificuldade para inibir as respostas comportamentais, não houve situações envolvendo comportamentos problemáticos, socialmente inadequados ou desinibidos durante a avaliação de duas semanas. Uma recordação de Adam, desde então apreciada pela equipe, foi a de um fato ocorrido no final de uma refeição de Natal (durante uma das séries de avaliação) entre o cliente e a equipe, quando esta precisou se reunir para tirar uma foto. Como todos se levantaram ao mesmo tempo, Adam os seguiu e se juntou a eles, se posicionando no meio para a fotografia. Isso pode ser interpretado como um episódio de impulsividade. No entanto, para a equipe, essa foto se tornou um símbolo de seu anseio de fazer com que os clientes se sintam aceitos como "parte da equipe", mesmo que eles frequentem o OZC apenas por alguns dias. Ela se tornou também um lembrete de que o cliente deve estar no centro de todas as atividades.

Avaliação da linguagem e da comunicação

As dificuldades de comunicação de Adam são complexas e parecem não estar totalmente relacionadas ao comprometimento da linguagem. As dificuldades dispráxicas, disléxicas, de perseveração e de atenção estariam provavelmente afetando suas habilidades de comunicação.

Avaliação das mudanças na participação social: habilidades de vida independente

Os comprometimentos cognitivos, físicos e perceptivos de Adam afetaram de forma significativa sua capacidade de realizar atividades domésticas e pessoais do dia a dia. Erros dispráxicos e perseverativos em suas ações e fala são as principais causas de suas restrições em muitas áreas relacionadas à atividade e participação. Conforme observado na formulação psicológica, as respostas das pessoas em casa podem ter contribuído para a restrição contínua de oportunidades de aprendizagem e independência.

Resumo da avaliação

De acordo com a Classificação Internacional de Funcionalidade da Organização Mundial da Saúde (OMS, 2001; Wade, 2005), os comprometimentos de Adam e as restrições nas atividades e participação decorrentes destes, na época da avaliação, eram:

1) **Comprometimentos**
   - Diminuição da amplitude de movimento no joelho direito;
   - Diminuição dos mecanismos de equilíbrio;

- Dificuldades significativas de linguagem receptiva e expressiva;
- Impulsividade;
- Diminuição da atenção;
- Perseveração motora e verbal;
- Dificuldades práticas, incluindo planejamento, sequenciamento e monitoramento;
- Redução da capacidade de resolução de problemas;
- Epilepsia pós-traumática.

2) **Restrições nas atividades e participação**
- Perda do emprego e incapacidade de retornar aos estudos;
- Incapacidade de realizar tarefas diárias de forma independente;
- Dificuldade para se comunicar com outras pessoas;
- Atividades restritas com seus filhos;
- Incapacidade de dirigir;
- Incapacidade de participar das atividades de lazer pregressas, tais como tocar trompete;
- Necessidade de supervisão por questões de segurança devido às dificuldades cognitivas;
- Necessidade de assistência para gerenciar e planejar a rotina diária;
- Dependente de Tegretol para controlar a epilepsia.

3) **Fatores contextuais, sociais e pessoais**
- Ansiedade ao participar de em tarefas especificadas;
- Frustração com o desempenho nas tarefas especificadas;
- Redução, às vezes, na qualidade das relações (com os cuidadores).

Antecedentes da escolha da intervenção

Reconheceu-se que Adam apresentava uma complexa gama de dificuldades e, portanto, era difícil determinar exatamente qual progresso poderia ser feito em relação às metas específicas. Entretanto, as pesquisas mostram que mesmo pacientes com graves problemas cognitivos e apraxia podem se beneficiar do treinamento de reabilitação de atividades da vida diária (Van Heugten *et al.*, 2000). Adam parecia estar determinado e motivado a continuar progredindo com o apoio de sua esposa. Devido à gravidade da comunicação de Adam e às dificuldades dispráxicas, foi definido que o programa holístico intensivo regular, ministrado pelo OZC, não seria adequado. Porém, a reabilitação acerca das metas específicas em seu ambiente doméstico parecia ser a abordagem mais apropriada. Os pacientes com dispraxia provavelmente gerenciam melhor as tarefas quando estas são realizadas em um momento adequado do dia e em um ambiente familiar (Edmans *et al.*, 2001). Além disso, as pesquisas sugerem que as variáveis relacionadas à gravidade da lesão e ao tempo pós-lesão não devem ditar a prestação de serviços de reabilitação a longo prazo (Devitt *et al.*, 2006), corroborando a visão de que era apropriado planejar uma intervenção para Adam.

Após outro período de avaliação, era evidente que Adam tinha dificuldade para aprender com o método de "tentativa e erro" e a equipe concluiu que a aprendizagem sem erros deveria ser utilizada. Há pouco publicado sobre abordagens baseadas em evidências para a reabilitação da dispraxia. No entanto, a aprendizagem sem erros, técnica originalmente elaborada para pacientes com amnésia, está recebendo crescente apoio nessa área (Goldenberg; Hagmann, 1998; Jackson, 1999). O princípio da aprendizagem sem erros é que o aprendizado de novas informações ou processos de codificação deve ocorrer sem que o paciente cometa erros (Wilson *et al.*, 1994). Foi observado que esta é uma técnica de reabilitação bem-sucedida no ensino de novas tarefas para pessoas com formas graves de comprometimento (Evans *et al.*, 2004). Para aplicá-la, os indivíduos recebem informações corretas durante cada etapa da aprendizagem a fim de evitar a chance de cometer e repetir os erros.

Em um estudo de caso de reabilitação profissional, Andrews e Gielewski (1999) ilustram o uso da aprendizagem sem erros em um paciente com lesão encefálica e amnésia grave. A repetição utilizando cartões de sinalização, pistas visuais e listas de verificação permitiu que uma mulher com déficits significativos de memória aprendesse a realizar as tarefas de um bibliotecário sem erros (Andrews; Gielewski, 1999). Isso mostra que mesmo os indivíduos com deficiências mais severas podem aprender a realizar novas atividades por meio da aprendizagem sem erros.

Dado os evidentes problemas de funcionamento executivo de Adam, a abordagem da aprendizagem sem erros foi considerada amplamente consistente com o aspecto de "aprender as etapas" do treinamento de gerenciamento de metas descrito por Levine *et al.* (2000) Os modelos de Duncan (1986) e Shallice e Burgess (1991, 1996) foram úteis para refletir acerca da natureza do comprometimento executivo de Adam e o que poderia ser eficaz na reabilitação a fim de contribuir para a manutenção do comportamento deste em relação à "meta principal" e às etapas a ela associadas. Além disso, Levine *et al.* (2000) descrevem uma reabilitação funcional bem-sucedida relacionada ao preparo de alimentos em uma mulher com comprometimento executivo corroborando, assim, ainda mais a aplicação dessa abordagem.

Donkervoort *et al.* (2001) apresentam evidências para o uso de cartões de sinalização com dicas visuais como estratégia na apraxia a partir de um ensaio clínico randomizado e controlado (ECRC). Nesse estudo, 113 pacientes com acidente vascular encefálico (AVE) no hemisfério esquerdo e apraxia foram alocados aleatoriamente em dois grupos de tratamento. O primeiro recebeu treinamento estratégico, que incluía sequências escritas ou ilustradas das atividades, e o outro grupo recebeu terapia ocupacional tradicional. Os pacientes com treinamento estratégico demonstraram melhoras significativas nas atividades da vida diária (AVD) em 8 semanas quando comparados àqueles que receberam uma intervenção tradicional de terapia ocupacional.

Levando em consideração esses antecedentes e a formulação cognitiva completa dos pontos fortes e fracos de Adam, acreditava-se que uma abordagem compensatória de aprendizagem sem erros, utilizando cartões personalizados de receitas com fotos, poderia ser benéfica para a aprendizagem de habilidades culinárias. Com o uso dessa abordagem, esperava-se que Adam reaprendesse as receitas e que elas se tornassem mais implícitas e automáticas. A partir desse momento, as dicas fotográficas poderiam ser, então, eliminadas gradualmente. O plano era que a reabilitação fosse realizada no ambiente doméstico de Adam para encorajar a generalização.

Um estudo realizado por Goldenberg e Hagmann (1998), utilizando treinamento sem erros para pacientes com apraxia, constatou que as melhoras eram mantidas por apenas seis meses naqueles que praticavam as atividades em casa. Logo, durante e após a realização da intervenção com Adam, Alison e os cuidadores foram informados e instruídos acerca das técnicas a fim de garantir a repetição contínua de determinadas estratégias.

Os métodos específicos de intervenção identificados para a reabilitação funcional de Adam foram predominantemente as dicas visuais e repetições por meio da técnica de aprendizagem sem erros. Entretanto, em consonância com os componentes principais descritos no Capítulo 4, a intervenção (abordar a "atividade funcional significativa" e "estratégias e habilidades de aprendizagem") não foi ministrada de forma prescritiva ou isolada de questões como ajustamento emocional, família, ambiente social e funcional. Uma compreensão compartilhada das questões cognitivas e emocionais foi desenvolvida com Adam, Alison e os cuidadores. Ele e sua esposa comentaram sobre como o ambiente do OZC teve um impacto positivo em Adam e como ele gostava de estar ali, sentindo-se compreendido e aceito. Outro objetivo do trabalho foi, portanto, contribuir para o desenvolvimento de um contexto no qual: (1) Adam se sentisse compreendido e apoiado; (2) a ameaça fosse reduzida; e (3) o potencial para bons relacionamentos interpessoais, aprendizagem e mudança fosse encorajado. Dessa forma, buscou-se estender a noção do ambiente terapêutico por meio do processo de compreensão compartilhada e trabalho colaborativo.

Metas para participação social e intervenções a elas relacionadas

O estabelecimento de metas com o envolvimento ativo do paciente e da família está bem documentado como sendo de suma importância para o processo de reabilitação (Wade, 2001; King; Tyerman, 2003 – ver Capítulo 3). Logo, foi feita uma entrevista inicial com Adam e sua esposa, com os quais foram estabelecidas as metas para o período de reabilitação. A intervenção foi realizada em 8 sessões, de 5 horas cada, em seu ambiente doméstico, e estava baseada nas metas de vida diária identificadas por Adam e Alison. De acordo com essas metas, Adam:

a) caminhará para e da loja da esquina de forma independente, enquanto seu cuidador espera em casa;
b) utilizará as funções básicas de sua câmera digital a fim de ser capaz de tirar fotos de diferentes situações e transferi-las para o computador;
c) planejará e preparará uma refeição noturna simples para a família semanalmente sob supervisão, empregando determinadas estratégias;
d) usará o celular dele a fim de telefonar para Alison e para casa de forma independente;
e) escovará os dentes de maneira eficaz, utilizando a escova de dentes elétrica.

Meta 1: Caminhará para e da loja da esquina de forma independente, enquanto seu cuidador espera em casa

Adam reconheceu que gostaria de ser capaz de ir e vir da loja da esquina para fazer compras de forma independente, enquanto seu cuidador esperasse em casa. Foi escolhida, para essa tarefa, a técnica da aprendizagem sem erros, sendo implementada por meio da repetição física. Na avaliação inicial, Adam parecia confiante com seu conhecimento acerca das orientações de como ir de sua casa até a loja. Ele demonstrou ser capaz de atravessar as ruas com segurança. Testes foram realizados com Adam andando até a loja junto ao terapeuta a fim de garantir que não fossem cometidos erros. Nos testes posteriores, o terapeuta foi se distanciando dele de forma gradual. Ele não interagia com Adam ao caminhar, a menos que este cometesse um erro. Nesse caso, ele era reorientado antes de fazer a curva errada. De uma maneira gradativa, Adam realizou isso com o cuidador e o terapeuta andando a um quarteirão atrás dele sem cometer erros.

Quando estava dentro da loja, era evidente que Adam precisava de uma lista para se lembrar do que precisava. Ao tentar isso, ele foi bem-sucedido, conseguindo apontar e utilizar, por exemplo, uma dica visual para solicitar os itens, caso não fosse possível se comunicar verbalmente. A única área de preocupação era como Adam lidaria e se comunicaria caso surgisse um problema. Logo, foi recomendado que ele portasse alguma identificação, isto é, um cartão explicando suas dificuldades ao iniciar esse processo desacompanhado. Essa meta foi parcialmente alcançada nesse período e repassada ao cuidador para que Adam continuasse a progredir por meio do distanciamento da supervisão.

Meta 2: Utilizará as funções básicas de sua câmera digital a fim de ser capaz de tirar fotos de diferentes situações e transferi-las para o computador

Adam havia comprado recentemente uma nova câmera digital e estava extremamente motivado para aprender a utilizar suas funções básicas. Assim, a segunda meta era que ele pudesse usar todas as funções básicas de sua câmera digital e tirar fotos de diferentes situações. Devido às dificuldades de comunicação verbal, era importante que ele fosse capaz de se comunicar por meio da fotografia. Ser capaz de tirar fotos também lhe permitiria começar a produzir as próprias instruções para novas tarefas. Instruções escritas simplificadas foram elaboradas a partir do manual de instruções da câmera com diagramas digitalizados a fim de garantir que Adam aprendesse a utilizar a câmera sem erros. Uma sessão de fotos, na comunidade local, foi realizada para avaliação – o objetivo era fotografar as flores da primavera. O terapeuta disponibilizou instruções verbais e, se necessário, orientação colocando suas mãos sobre as dele e repetindo as instruções, caso ele ficasse confuso. Ele parecia se beneficiar do uso repetido dessa técnica em uma mesma função a fim de consolidar a nova aprendizagem. Ao completar o período de intervenção, Adam conseguia tirar fotos usando o modo automático de forma independente. No entanto, ele precisava de instruções verbais acerca de como usar as outras funções, sendo incentivado a consultar os diagramas para orientação. Isso foi mostrado aos seus cuidadores de forma que ele continuasse a progredir em suas habilidades em relação a essa meta.

Meta 3: Planejará e preparará uma refeição noturna simples para a família semanalmente sob supervisão, usando determinadas estratégias

Como Adam ficava em casa durante o dia, ele gostaria de ser capaz de preparar semanalmente uma refeição noturna para sua esposa e filhos. Ele conseguia identificar algumas refeições simples que gostaria de aprender a preparar. As instruções da receita foram digitadas envolvendo Adam nas etapas necessárias. Para preparar os cartões de receita, foram tiradas fotografias digitais da sequência de etapas e estas foram baixadas em um documento "*Word*" (ver como isso foi aplicado, por exemplo, no preparo do molho à bolonhesa no Apêndice 19.1).

Adam inicialmente precisou de incentivo para passar de uma etapa para outra e permanecer na tarefa, marcando cada uma a fim de permitir que ele se lembrasse onde estava. Entretanto, com a repetição, ele foi capaz de continuar por meio da sequência de etapas. Eventualmente, a intervenção do terapeuta era necessária para impedir que ele cometesse erros, sendo encorajado a respirar fundo algumas vezes para controlar a ansiedade, conforme recomendado pelo psicólogo.

Essa meta foi alcançada e agora Adam possui uma pasta com cinco conjuntos de cartões de receita, aos quais seus cuidadores continuaram a fazer acréscimos. Ele relatou estar satisfeito por poder desempenhar esse papel novamente.

Meta 4: Usará o celular dele a fim de telefonar para Alison e para casa de forma independente

Adam tem um telefone celular o qual ele e sua esposa reconheciam que seria útil se ele pudesse usá-lo em caso de emergência. A quarta meta, portanto, era que Adam pudesse usar o telefone a fim de ligar para a esposa e para casa de forma independente. Mais uma vez, uma abordagem sem erros foi utilizada, sendo facilitada pela simplificação da tarefa e pelo fato de ter números predefinidos de modo que fossem necessários apenas dois botões no telefone. Vários testes foram realizados, nos quais ele telefonava para casa, quando ele saía, e que foram bem-sucedidos com o mínimo de estímulo verbal. Essa meta foi parcialmente alcançada durante o período de reabilitação, mas seus cuidadores continuaram a repeti-la para que Adam pudesse usar o celular em uma emergência.

Meta 5: Escovará os dentes de maneira eficaz, utilizando a escova de dentes elétrica

Alison reconheceu que, embora o marido escovasse os dentes de forma independente, ele frequentemente não o fazia com eficácia e isso foi, então, definido como uma meta. Ao observar Adam escovando os dentes, era evidente que ele repetia continuamente a escovação da mesma região, sem estar consciente disso, e não escovava as outras, A repetição e o uso dos cartões ilustrativos de dicas contendo as etapas fotografadas, afixados sobre o espelho do banheiro, ajudaram-no a ter mais consciência das etapas envolvidas nessa atividade. Alison relatou que o desempenho dele melhorou de modo que Adam conseguia escovar todos os dentes de forma independente.

Resumo

Adam tinha dificuldades cognitivas significativas após uma lesão encefálica grave que limitavam consideravelmente a capacidade de participação social e contribuíam para respostas emocionais negativas e interações ineficientes com os cuidadores. Entretanto, por meio, inicialmente, da avaliação sistêmica dos pontos fortes e fracos, bem como dos fatores emocionais e contextuais que influenciavam o desempenho, compartilhados posteriormente com Adam e aqueles que o ajudavam, foi criado um contexto social mais aceitável a fim de explorar possíveis intervenções. Alison auxiliou Adam a prever suas reações emocionais por meio do compartilhamento da formulação psicológica. Os cuidadores aprenderam técnicas a fim de permitir a independência de Adam, em vez de impedir a autoexpressão e independência por meio do "fazer algo por ele". Isso pode ser descrito como uma forma de replicar os estágios iniciais visados no programa intensivo que são contribuir para a segurança e o entendimento a fim de começar a reduzir as discrepâncias e explorar novas perspectivas, habilidades e tarefas em um ambiente experimental e colaborativo. Após uma avaliação complementar dos possíveis métodos de aprendizagem no OZC, uma abordagem de aprendizagem sem erros por meio da repetição sistemática, fotografias, diagramas e dicas escritas em sua comunidade foi elaborada e implementada. Dessa maneira, Adam fez um progresso significativo em relação às metas estabelecidas. O sucesso e progresso no restabelecimento de papéis significativos foram vistos como fatores que, em conjunto, contribuíram para um senso reduzido de autodiscrepância (tal como expresso por meio da redução dos níveis de frustração de Adam com as tarefas e pela melhora do humor) impactando, por sua vez, os relacionamentos em casa. Adam continuou a progredir ainda mais com a prática e o apoio contínuos de sua esposa e dos cuidadores. O sucesso da abordagem da aprendizagem sem erros foi demonstrado em pessoas com amnésia. Porém, este caso mostra que, ao trabalhar com indivíduos com uma combinação complexa de dificuldades cognitivas, incluindo comprometimento executivo e apraxia, parece ser eficaz assegurar que a sequência correta de etapas seja aprendida quando se realiza novas tarefa. São necessárias mais pesquisas a fim de determinar se a aprendizagem sem erros é a técnica recomendada para que pessoas com apraxia aprendam novas tarefas.

O sucesso deste caso demonstra como a ampliação dos princípios descritos nos Capítulos 1, 3 e 4 (incluindo atenção aos modelos de cognição, aprendizagem e ajustamento emocional, estabelecimento de metas, modelo em "Y" e componentes principais) foi eficaz em suscitar mudanças. Isso sugere que esses princípios são eficientes ao definir intervenções baseadas em grande parte na comunidade e direcionadas para os indivíduos, cujos comprometimentos e limitações são tão graves que impedem a participação em todo o programa holístico e intensivo de reabilitação. No entanto, a motivação de Adam e o apoio de sua esposa e cuidadores não devem ser subestimados em sua contínua reabilitação.

Apêndice 19.1 – Exemplos de algumas das instruções escritas usadas no cartão de receita de molho à bolonhesa

1) Pegue todos os ingredientes:
    - Carne moída bovina magra;
    - Pote de molho de tomate para massas;

- 1 cebola;
- Azeite.

b) **Pegue todos os utensílios:**
   - Caçarola ou panela grande com tampa;
   - Tábua de corte;
   - Faca afiada;
   - Colher de pau;
   - Colher de sopa.

c) **Descasque a cebola.**

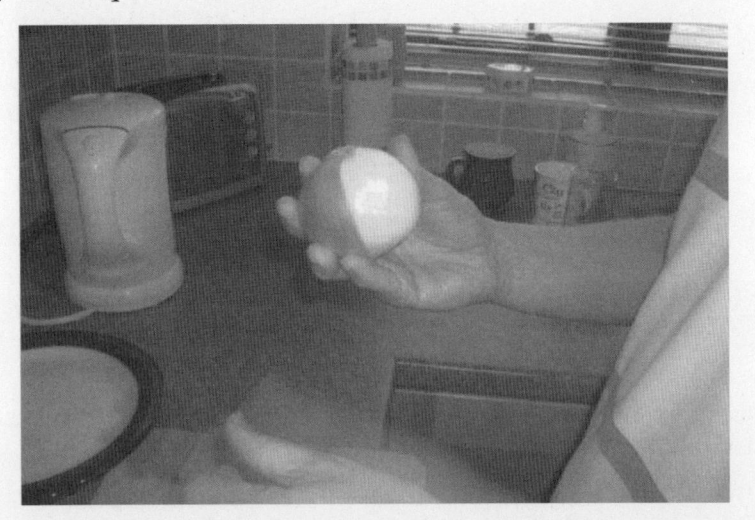

d) Pique a cebola sobre a tábua de corte.

e) Adicione duas colheres de sopa de óleo na panela.

Referências

Andrews, D. and Gielewski, E. (1999). The work rehabilitation of a herpes simplex encephalitis patient with anterograde amnesia. *Neuropsychological Rehabilitation*, **9**(1), 77–99.

Devitt, R., Colantonio, A., Dawson, D. *et al.* (2006). Prediction of long-term occupational performance outcomes for adults after moderate to severe traumatic brain injury. *Disability and Rehabilitation*, **28**(9), 547–59.

Donkervoort, M., Dekker, J., Stehman-Saris, F.C. and Deelman, B.G. (2001). Efficacy of strategy training in left hemisphere stroke patients with apraxia: randomized clinical trial. *Neuropsychological Rehabilitation*, **8**(2), 123–41.

Duncan, J. (1986). Disorganisation of behaviour after frontal lobe damage. *Cognitive Neuropsychology*, **3**, 271–90.

Edmans, J., Champion, A., Hill, L., *et al.* (2001). *Occupational Therapy and Stroke*. London: Whurr Publishers.

Evans, J., Levine, B. and Bateman, A. (2004). Research digest: errorless learning *Neuropsychological Rehabilitation*, **14**(4), 467–76.

Goldenberg, G. and Hagmann, S. (1998). Therapy of activities of daily living in patients with apraxia. *Neuropsychological Rehabilitation*, **8**(2), 123–41.

Jackson, T. (1999). Dyspraxia: guidelines for intervention. *British Journal of Occupational Therapy*, **62**(7), 321–6.

King, N.S. and Tyerman, A. (2003). Neuropsychological presentation and treatment of head injury and traumatic brain damage. In P.W. Halligan, U. Kischka and J.C. Marshall, eds., *Handbook of Clinical Neuropsychology*. Oxford: Oxford University Press, pp. 487–505.

Levine, B., Robetson, I.H., Clare, L. *et al.* (2000). Rehabilitation of executive functioning: an experimental-clinical validation of goal management training. *Journal of the International Neuropsychological Society*, **6**, 299–312.

Shallice, T. and Burgess, P.W. (1991). Deficits in strategy application following frontal lobe lesions in man. *Brain*, **114**, 727–41.

Shallice, T. and Burgess, P. (1996). The domain of the supervisory process and temporal organization of behaviour. *Philosophical Transactions: Biological Sciences*, **351**, 1405–12.

Van Heugten, C.M., Dekker, J., Deelman, B.G., Stehmann-Saris, J.C. and Kinebanian, A. (2000). Rehabilitation of stroke patients with apraxia: the role of additional cognitive and motor impairments. *Disability and Rehabilitation*, **22**(12), 547–54.

Wade, D. (1992). *Measurement in Neurological Rehabilitation*. Oxford: Oxford University Press.

Wade, D. (2001). Editorial: research into rehabilitation. What is the priority? *Clinical Rehabilitation*, **15**, 229–32.

Wade, D. (2005). Applying the WHO ICF framework to the rehabilitation of patients with cognitive deficits. In P. Halligan and D.T. Wade, eds., *Effectiveness of Rehabilitation for Cognitive Deficits*. Oxford: Oxford University Press, pp. 31–42.

Wilson, B.A., Baddeley, A.D., Evans, J.J. and Shiel, A. (1994). Errorless learning in the rehabilitation of memory impaired people. *Neuropsychological Rehabilitation*, **4**, 307–26.

CAPÍTULO 20

Malcolm: lidando com os efeitos da síndrome de Balint e a desorientação topográfica

Barbara A. Wilson

Os déficits cognitivos adquiridos podem se apresentar de várias maneiras e podem ser confusos para as pessoas afetadas, bem como para aquelas ao seu redor. Este caso ilustra a utilização de modelos cognitivos para compreender uma síndrome neuropsicológica rara que inicialmente não era observável.

Reunião inicial e antecedentes

Nosso primeiro contato com Malcolm foi na Headway House[1], em Cambridge, em 1991. Na época, acreditávamos que sua dificuldade com a localização dos objetos era decorrente de uma deficiência visual. Estávamos iniciando ali um grupo de memória e desejávamos aplicar vários testes em pessoas que nele chegavam. Um dos testes era as Matrizes Progressivas de Raven (Raven, 1960). Esse teste requer que o examinando observe uma matriz com uma casela em branco e, diante disso, escolha um dos seis ou oito estímulos na parte inferior da página que completa a matriz. Embora Malcolm fosse comunicativo e tivesse conhecimento geral acumulado, era logo evidente que ele tinha dificuldade com o teste de Raven. Ele parecia ter problemas para ver a parte que faltava na matriz e não conseguia apontar com precisão os estímulos na parte inferior da página. Ele frequentemente apontava para uma parte em branco desta ou, então, colocava o dedo sobre dois estímulos adjacentes. Dado que uma das principais características da síndrome de

[1] N.T.: Headway é uma organização britânica sem fins lucrativos que auxilia pessoas com lesão encefálica.

Balint (Balint, 1909) é a incapacidade de se localizar no espaço (ataxia óptica), cogitamos que essa seria a explicação para a ineficiência de Malcolm para apontar algo. Outras características incluem apraxia ocular (dificuldade para controlar o olhar) e simultagnosia (problemas para ver dois objetos simultaneamente). Organizamo-nos para recebê-lo e fazer uma avaliação mais detalhada, pois acreditávamos que ele realmente tinha a síndrome de Balint, assim como esperamos mostrar posteriormente. Para tentar ajudá-lo com alguns de seus problemas, bem como entender a natureza destes que eram muito incomuns, continuamos a recebê-lo após a avaliação inicial.

Malcolm tinha 34 anos quando a equipe o conheceu. Após uma adolescência turbulenta, muitas mudanças de emprego e um período nas Forças Armadas, ele tomou uma *overdose* de dextromoramida (*Palfium*) durante uma provável tentativa de suicídio aos 24 anos – o medicamento havia sido prescrito para alívio da dor. Na internação, há relatos de que ele estava em coma profundo e que ele havia sofrido repetidas paradas cardiorrespiratórias e infartos da medula espinhal. Ele foi descrito como portador de lesões graves no hemisfério bilateral. No entanto, não há registros de varreduras cerebrais nesse período.

Embora seu prontuário relatasse a existência de um histórico de problemas comportamentais na infância, um eletroencefalograma (EEG) realizado em Malcolm aos 10 anos não apontou anormalidades. Quando jovem, ele foi atendido em várias ocasiões após episódios de automutilação e abuso de substâncias. Certa vez, ele foi internado inconsciente e com hipotermia após um acidente durante um mergulho. Não havia, entretanto, relatos de danos antes da *overdose*. Malcolm jogou *rugby*, esteve no exército e não tinha deficiências físicas ou cognitivas conhecidas.

Em 1995, uma tomografia computadorizada (CT) revelou extensas lesões occipitoparietais bilaterais de baixa densidade, envolvendo a substância cinzenta e branca, que se estendiam do terceiro ventrículo às regiões parietais superiores, sendo que o lado esquerdo estava mais gravemente afetado. É importante ressaltar a degeneração do córtex visual primário e do lobo occipital medial. Essas alterações são características dos infartos observados no "limite" entre as áreas da artéria cerebral posterior e média decorrentes de hipotensão prolongada. Havia também evidências de dano isquêmico mais difuso na substância branca periventricular, envolvendo particularmente a região frontal direita. Os lobos temporais, por outro lado, pareciam normais.

As primeiras tentativas de reabilitação não tiveram êxito. Porém, antes de o conhecermos na Headway House, Malcolm morava, há três anos, em seu apartamento localizado em um conjunto habitacional funcional. Ele tinha mobilidade limitada em uma cadeira de rodas e frequentava o centro-dia do Headway local, onde participava de um programa de reabilitação e atividades sociais duas vezes por semana.

Avaliação neuropsicológica

Malcolm foi avaliado em várias ocasiões durante um longo período. Não foi fácil avaliá-lo em parte porque ele falava muito, principalmente quando solicitado a realizar tarefas visuoespaciais. Ele as achava difíceis e poderia estar tentado evitá-las e/ou mostrar que era inteligente, apresentando habilidades verbais, conhecimentos gerais e comentários rápidos e espirituosos.

Os principais resultados foram:

a) Na *Escala de Inteligência Wechsler Para Adultos - Revisada* (*WAIS-R*), o QI verbal de Malcolm, 92, estava na extremidade inferior da faixa média, sendo que os escores da faixa etária variam de 12 (máximo) em *Informações* até 8 (mínimo) em *Dígitos*, *Vocabulário* e *Aritmética*. Isso estava razoavelmente em consonância com seu provável nível pré-mórbido de funcionamento, conforme indicado por uma versão oral do *Spot-the-Word Test*[2] (Baddeley et al., 1992). Nesse teste, pares de palavras são apresentadas, nos quais uma é verdadeira e a outra sem sentido. A tarefa é identificar a palavra verdadeira em cada caso. Malcolm alcançou um escore 10 na escala para sua faixa etária nesse teste, isto é, médio. Ele não conseguiu realizar os subtestes de desempenho do *WAIS-R* devido à sua incapacidade de localizar objetos no espaço ou ver mais de um item por vez.

b) Nos testes de memória, a amplitude de memória verbal imediata de Malcolm era normal, com um escore 7 para *Dígitos na Ordem Direta* (e 4 para *Dígitos na Ordem Inversa*). Sua amplitude de memória espacial imediata, entretanto, não era passível de ser testada, pois ele não conseguia localizar um cubo e apontar para os quadrados da matriz de memória de curto prazo visual com precisão (Phillips, 1983). Sua memória cotidiana, avaliada pelo *Teste de Memória Comportamental de Rivermead* (Wilson et al., 1985), estava gravemente comprometida. O escore de Malcolm foi 2 (máximo de 12). O desempenho normal é de pelo menos 10/12.

c) A memória semântica de Malcolm estava aparentemente intacta. Ele possuía um conhecimento relativamente bom dos significados das palavras, conforme demonstrado pelo desempenho nos subtestes verbais do *WAIS-R* e pelo seu escore no *Spot-the-Word Test*. Ele também demonstrou um bom conhecimento acerca de personalidades famosas e foi capaz de dar as razões pelas quais elas eram conhecidas em 48 dos 50 nomes famosos apresentados a ele. Por exemplo, quando perguntado "quem é/foi Dwight Eisenhower?", Malcolm disse que era "um general

---

[2] N.T.: O *Spot-the-Word Test* é um instrumento que avalia as habilidades cognitivas pré-mórbidas.

americano da Segunda Guerra Mundial" e que "ele se tornou presidente após a guerra."

d) Nos testes de leitura, Malcolm conseguia ler letras isoladas, maiúsculas e minúsculas, com quase 100% de precisão, cometendo apenas 2 erros em 208 apresentações destas em tamanhos de 2,0 mm, 4,5 mm, 6,0 mm e 7,0 mm (os erros foram para a minúscula "o", de 4,5 mm, e para a maiúscula "J", de 6,0 mm). No entanto, apesar da boa leitura de letras isoladas, mesmo quando estas tinham apenas 2,0 mm, ele tinha dificuldades com a leitura e ortografia de palavras isoladas, não conseguindo ler frases e escrever.

e) As habilidades visuoespaciais de Malcolm estavam gravemente comprometidas. Conforme mencionado acima, ele não conseguiu concluir nenhum dos testes de desempenho do *WAIS-R*. Outras áreas de dificuldade incluíam problemas de representação espacial, varredura visual, correspondência visual e memória visual imediata. A representação espacial foi avaliada por meio do *Manikin Test*[3] (Ratcliff, 1979), no qual são mostradas imagens de um manequim segurando um círculo preto em uma das mãos e, às vezes, ele está voltado para frente, para trás, de cabeça para baixo e voltado para a frente, e de cabeça para baixo voltado para trás. A tarefa consiste em dizer ou indicar em que mão está o círculo preto. Malcolm obteve 50% nesse teste de rotação mental. Na tarefa de varredura visual do *Teste de Desatenção Comportamental* (Wilson et al., 1988), Malcolm obteve apenas 2/9 (gravemente comprometido). A correspondência visual foi avaliada por meio da versão de escolha forçada do *Teste de Retenção Visual de Benton* (Benton et al., 1983). Esse teste envolve a correspondência entre um padrão de referência e uma das 4 opções possíveis que variam tanto em seus elementos constituintes quanto nas posições relativas desses elementos. A memória visual de curto prazo de Malcolm estava gravemente comprometida, visto que seu escore foi apenas 3/24 no teste desenvolvido por Phillips (1983). Essa tarefa requer se lembrar do padrão de posições dos quadrados preenchidos em uma matriz 4x4. Naturalmente, isso pode ter sido uma consequência de suas habilidades de localização em vez de um simples déficit de memória de curto prazo visual.

f) Malcolm também foi avaliado por meio da *Bateria de Percepção de Objeto Visual e Espaço – VOSP* (Warrington; James, 1991). Esta contém quatro subtestes espaciais. No subteste *Contagem de Pontos*, é solicitado aos sujeitos que contem grupos de cinco a nove pontos posicionados de

---

[3] O *Manikin Test* é um instrumento que avalia as habilidades gerais de rotação mental.

forma aleatória. Para o subteste *Discriminação de Posição*, existem dois quadrados horizontalmente adjacentes, sendo um deles com um ponto posicionado exatamente no centro e outro com um ponto ligeiramente fora deste. A tarefa exige que se decida qual ponto está mais próximo do centro exato de seu respectivo quadrado. Para o subteste *Localização de Números*, utilizam-se dois quadrados posicionados verticalmente, havendo um ponto no quadrado inferior e vários dígitos de resposta no quadrado superior, no qual um destes corresponde exatamente à localização do ponto no quadrado inferior. A tarefa consiste em informar esse dígito. Para o subteste *Análise de Cubos*, deve-se contar o número de cubos desenhados sob a forma de pequenas pilhas. Os estímulos do teste apresentam um nível de dificuldade gradativo, aumentando o número de cubos de três para dez, além de incluir tijolos "ocultos" localizados atrás daqueles imediatamente visíveis que devem ser deduzidos.

g) Malcolm passou no *Teste de Rastreio de Detecção de Formas* da Bateria *VOSP* que requer a identificação da presença da letra fragmentada "X" em meio a um fundo visual confuso. Esse teste é utilizado por Warrington e James (1991) para indicar que não há um déficit severo no processamento sensorial visual. No entanto, surgiu um padrão diferente a partir dos quatro subtestes de percepção espacial. Malcolm não obteve êxito em nenhum deles e seus escores foram extremamente baixos. De fato, seu desempenho era 50%.

h) Os problemas visomotores também eram evidentes. O desempenho de Malcolm nos *Cubos de Corsi* foi significativamente insatisfatório de tal modo que ele não conseguiu tocar em um único cubo indicado pelo avaliador (amplitude 0). Entretanto, quando solicitado a tocar partes do corpo, ele conseguiu fazê-lo sem erros. Embora não fossem totalmente normais, seus movimentos direcionados ao corpo eram muito mais naturais do que seus movimentos ao executar a tarefa dos *Cubos de Corsi*, mostrando que seus problemas com tal tarefa não refletiam simplesmente uma deficiência no controle motor.

i) Os movimentos grossos dos olhos de Malcolm, por exemplo, quando solicitado a direcioná-los para diferentes cantos da sala, pareciam normais. No entanto, testes detalhados acerca do movimento ocular revelaram grandes dificuldades. Uma tentativa de registrar os movimentos oculares em provas visuais complexas teve que ser abandonada quando Malcolm mostrou-se incapaz de realizar a rotina de calibração de varredura de uma matriz 3x3 de áreas em uma ordem fixa (superior esquerda para inferior direita). Os registros dos movimentos sacádicos para alvos simples mostraram que Malcolm acreditava ser quase impossível manter uma fixação central precisa durante os 1500ms anteriores à apresentação do alvo.

Após a avaliação

Posteriormente, comparamos Malcolm a outro homem de mesma idade que havia sobrevivido a uma encefalite por herpes simplex. Ambos sofreram danos encefálicos com a mesma idade e desenvolveram problemas de leitura. Entretanto, eles eram muito diferentes em vários aspectos. Malcolm reconhecia **o que** eram os objetos, mas não **onde** estavam no espaço. O outro homem não tinha problemas para localizar os objetos: ele sabia **onde** estavam, mas não **o que** eram. Isso foi relatado em um artigo de nossa autoria intitulado *Saber onde e saber o quê: uma dupla dissociação*[4] (Wilson *et al.*, 1997).

Perguntamo-nos se Malcolm realmente tinha a síndrome de Balint. Acreditamos que, de fato, ele tinha esse distúrbio, pois o padrão de seus resultados descartava baixa visão ou agnosia visual como explicações para suas dificuldades (sua capacidade de reconhecer objetos apresentados visualmente era boa). É verdade que sua leitura era insatisfatória, mas isso poderia muito bem refletir os graves problemas no controle espacial dos movimentos oculares observados quando tentamos registrá-los formalmente. Da mesma forma, sua capacidade de varredura visual sistemática era deficiente mesmo que ele conseguisse identificar os objetos na cena. Malcolm também não parecia ter um distúrbio motor direto; ele era capaz de tocar partes do corpo sem dificuldade. Eram os movimentos visualmente direcionados para o espaço externo que lhe causavam problemas específicos. Uma vez que podíamos descartar essas causas para seus problemas, quais características ele apresentava para corroborar o diagnóstico da síndrome de Balint? Ele apresentava déficits no direcionamento do olhar, um campo limitado de atenção ao descrever cenas complexas e comprometimento de alguns movimentos manuais direcionados aos objetos realizados sob a orientação visual. Por outro lado, os movimentos que não requeriam orientação visual, tais como aqueles direcionados ao corpo, eram executados corretamente.

Um artigo clássico do início do século XX, além do caso relatado por Balint (1909), foi o de Holmes (1918) e, de fato, o distúrbio exibido por pessoas como Malcolm às vezes é chamado de síndrome de Balint-Holmes. Balint (1909) destacou os aspectos visomotores e atencionais do distúrbio, enquanto Holmes (1918) destacou os aspectos visuoespaciais e não os visomotores deste, visto que eles eram cometidos no movimento ou no relato verbal. Por exemplo, Holmes (1918) descreveu um caso no qual um soldado com lesão encefálica somente conseguia pegar uma caixa de fósforos em seu armário após tatear repetidamente. Ele observou que o soldado também achava difícil relatar verbalmente a localização dos objetos e, até mesmo, as posições de seus parentes. Malcolm mostrou o mesmo padrão de

---

[4] N.T.: O título original do artigo é *Knowing where and knowing what: a double dissociation*.

comportamento. Embora seu desempenho fosse muito insatisfatório em tarefas visomotoras, tais como nos *Cubos de Corsi*, seus déficits espaciais eram igualmente evidentes quando solicitávamos apenas um relatório verbal, tais como nos subtestes da *Bateria VOSP* (Warrington; James, 1991). Para uma revisão adequada e completa da síndrome de Balint, consulte Rizzo e Vecera (2002).

Intervenções terapêuticas para Malcolm

Gostaríamos de esclarecer desde o início que não conseguimos melhorar as dificuldades básicas de localização de Malcolm, apesar de muitas tentativas de tratamento e descrevemos algumas destas abaixo. Descobrimos que é possível ajudá-lo a compensar, em parte, esses problemas e fomos capazes de apoiá-lo continuamente. Ele gosta das visitas dos neuropsicólogos e discute suas inúmeras necessidades físicas e sociais. Em conjunto com os estagiários de psicologia clínica, encarregamo-nos de suprir as necessidades físicas de Malcolm (sua cadeira de rodas), bem como suas necessidades de acomodação e cuidados, que parecem ser uma das poucas fontes constantes de apoio em sua vida.

Os psicólogos geralmente não se envolvem em tais tarefas, mas nesse caso específico, optamos por fazê-lo em virtude da relação terapêutica estabelecida entre Malcolm e nosso departamento ao longo dos anos. Uma das primeiras fontes de ajuda que pudemos oferecê-lo foi explicar suas dificuldades. Avaliou-se que ele tinha baixa visão e recebemos essa informação quando o vimos pela primeira vez. As pessoas supunham que ele não pegava os objetos com precisão porque ele não podia ver. Da mesma forma, pensava-se que sua dificuldade de leitura era decorrente de problemas com a acuidade visual. Mostramos que não era esse o caso e que seus problemas se deviam a outros déficits. O próprio Malcolm gostava de ter um nome para dar a seu distúrbio. Ele dizia às pessoas que tinha a síndrome de Balint e que escreveram artigos sobre ele. Cada vez que os novos cuidadores se envolviam no trabalho com Malcolm, as informações deveriam ser dadas a eles novamente. Disponibilizamos um resumo das informações mais recentes aos seus cuidadores.

A quem possa interessar

Malcolm sofreu uma anóxia cerebral em 1981. Isso o deixou com problemas físicos e cognitivos. Estes últimos são incomuns e nem sempre fáceis de entender. Malcolm tem uma síndrome rara conhecida como síndrome de Balint. A principal característica dessa síndrome é a dificuldade de localizar os objetos no espaço. Malcolm consegue **vê-los** perfeitamente bem, mas ele tem dificuldade para pegá-los com precisão e, por isso, tende a tatear, tentando localizar o controle de sua cadeira de rodas ou o controle remoto da TV. No final, ele consegue, mas é mais difícil para ele do que para outras pessoas. Isso significa que é mais provável que ele tenha mais acidentes, tais como derramar café ou derrubar o telefone. Como Malcolm tem pouco conhecimento acerca da própria posição no espaço, é provável que ele se posicione de uma forma estranha na cadeira de rodas ou na cama. Outro problema é sua dificuldade para processar dois objetos ou letras que estão lado a lado. Ele prestará atenção apenas em uma delas (isso é conhecido como simultagnosia) e é por isso que ele tem problemas com a leitura: ele não consegue "ver" ou "prestar atenção" em mais de uma letra de imediato. Além disso, Malcolm se sente desorientado no espaço – ele acha difícil saber onde é um determinado lugar em relação a si. Por exemplo, ele reconhece determinados lugares em Cambridge, mas tem uma grande dificuldade em dizer como ir de um a outro. Em seu apartamento, ele consegue mais ou menos apontar onde estão os objetos se seus olhos estiverem abertos. Entretanto, quando seus olhos estão fechados, ele geralmente aponta para o lugar errado se questionado "onde está o banheiro/cozinha" etc. Verbalmente, Malcolm é muito bom e tem um grande conhecimento geral. Sua aparente falta de coordenação e dificuldade não se devem à falta de esforço ou porque ele não se incomode com isso. Ele realmente tem grandes problemas com tarefas visuoespaciais.

Assim como Kate, no capítulo 21, disponibilizar informações aos cuidadores é uma estratégia simples, barata e muitas vezes útil.

Tentativas para melhorar a capacidade de Malcolm de localizar objetos

A primeira tentativa para melhorar as habilidades de localização de Malcolm ocorreu em 1995 e foi realizada por Robyn Tate, de Sydney, durante seu período sabático de 6 meses em nossa unidade em Cambridge. A tarefa de treinamento foi baseada em quadrados de 2,8 por 2,8 centímetros desenhados em uma folha branca, isto é, o comprimento e a largura dos *Cubos de Corsi* usados na avaliação. Na linha de base, utilizamos: (1) quadrados individuais; (2) 3 quadrados em uma folha; e (3) 9 quadrados em outra. Os quadrados foram alinhados aleatoriamente. Malcolm recebeu uma caneta e solicitamos que ele fizesse uma marca dentro do(s) quadrado(s). Quando lhe mostramos os quadrados individuais, ele conseguiu fazer uma marca nestes em 6 das 7 ocasiões. Quando havia 3 quadrados na página, ele conseguiu marcar 2 dos 3 e, quando lhe apresentamos 9 quadrados, ele conseguiu marcar corretamente 6 dos 9. Observamos também que Malcolm não conseguiu alcançar as metas auditivas (ele não atingiu nenhuma das 6 metas apresentadas). Desejávamos saber também se algum progresso relacionado à localização dos quadrados seria generalizado para outras tarefas semelhantes, tais como a *Tarefa de Localização de Números* da *Bateria VOSP*, bem como para tarefas mais distintas, tais como a digitação em um computador e leitura. Prevíamos também que não haveria melhoria em tarefas não relacionadas, como uma tarefa de memória. Consequentemente, administramos 6 tarefas, tais como *Quadrados* (a tarefa de treinamento), *Cubos de Corsi*, *Localização de Números* da *Bateria VOSP*, *Palavras* do *Teste de Leitura de Palavras Graduais de Schonell* (Schonell; Schonell, 1963), além da digitação de 2 palavras no computador e de um teste de aprendizagem auditiva verbal.

No período de treinamento, Malcolm foi visto por 45 minutos em 9 sessões e, inicialmente, ensinou-se um mnemônico para auxiliá-lo a observar o que estava fazendo. Esse mnemônico foi o *GRASP FIRM*, que significa *Get Ready, Attend, Fixate, Scan* e *Move*[5], o qual foi aprendido por Malcolm com pouca dificuldade. Na segunda etapa, sua mão era guiada em direção ao quadrado pelo psicólogo. Na etapa três, Malcolm guiava a mão do psicólogo (sem permitir que se desviasse do alvo). Na etapa quatro, o dedo do psicólogo era colocado no quadrado e solicitava-se que Malcolm movesse o dedo em direção a ele. Lamentavelmente, os resultados não mostraram uma diferença significativa em nenhuma das tarefas, desde a linha de base até o final do tratamento. Acreditávamos que a tarefa de localizar uma posição no espaço fosse em geral automática, que não tivéssemos que pensar nela. Entretanto, tínhamos tentado colocar a localização sob o controle voluntário de Malcolm e, talvez, seja por isso que não obtivemos sucesso.

Na segunda tentativa de ajudar a melhorar sua localização, desejávamos verificar se as respostas automáticas eram melhores que as intencionais. Inicialmente, o psicólogo apontava para um quadrado e, em seguida, pedia a Malcolm que fizesse o mesmo assim que estivesse pronto. Novamente, não houve progresso. Entretanto, o que ficou claro foi que Malcolm sempre foi melhor com um quadrado do que com vários. Se mais de um quadrado lhe fosse apresentado, ele reclamava com frequência de diplopia e dizia que seria melhor se ele fechasse um olho. Posteriormente, testamos sistematicamente Malcolm com os quadrados e *Cubos de Corsi* sob quatro condições: com o olho direito coberto, com o olho esquerdo coberto, sem os olhos cobertos e com os dois olhos cobertos. Ele parecia ter um melhor desempenho com o olho esquerdo coberto, pois sua média aqui, em várias tentativas, foi tocar com precisão três cubos dos nove avaliados em cada uma dessas tentativas. Em cada uma das outras situações, seu escore foi em média uma resposta correta em nove em cada tentativa. Em seguida, investigamos se havia uma diferença entre apontar e pegar. Disponibilizamos nove objetos do dia a dia diferentes sobre a bandeja de sua cadeira de rodas (por exemplo, saleiro, lápis

---

[5] N.T.: Esse mnemônico poderia ser compreendido como "Prepare-se, Observe, Concentre-se, Examine e Mexa-se".

e pente) e solicitamos que ele apontasse para um objeto ao qual lhe dissemos o nome. Ele conseguia fazer isso sem erros. Diante disso, solicitamos que ele pegasse um objeto ao qual lhe dissemos o nome. Além de um pequeno constrangimento, ele conseguiu fazê-lo com precisão de modo que parecia não haver uma diferença entre sua capacidade de apontar para os objetos e sua capacidade de pegar os objetos – assim como é visto, às vezes, em pessoas com negligência unilateral (Harvey, 2001). Malcolm também conseguiu apontar com precisão para diferentes partes de seu corpo, tais como a parte inferior da orelha direita, a ponta do polegar esquerdo e o canto interno do olho direito.

Descobrimos, portanto, que Malcolm conseguia lidar com os objetos se estes fossem diferentes um do outro, mesmo quando havia uma série de nove deles apresentados em conjunto. Em seguida, colocamos nove colheres em sua bandeja, oito eram colheres de sobremesa e uma era uma colher de sopa. Ele conseguiu localizar com precisão a colher de sopa e pegá-la pelo cabo, que às vezes estava voltado para ele e às vezes não. Além disso, ele o fez de forma muito pouco desajeitada. Quando solicitado a selecionar uma colher (apontada por um de nós) entre uma variedade de colheres idênticas, no entanto, ele frequentemente selecionava a colher errada.

O próximo passo foi verificar se nós poderíamos melhorar o desempenho de Malcolm nos *Cubos de Corsi*, marcando-os de alguma forma. Se nós os numerássemos de 1 a 9 e pedíssemos para que ele apontasse para o número 6 (ou qualquer outro número), seu desempenho melhorava em mais de 90%. Colocamos então pequenos objetos sobre os cubos (um objeto diferente sobre cada cubo). Primeiro, o avaliador apontava o objeto e, depois, pedia a Malcolm para encontrá-lo. Em 1999, ele acertava em média 5 em 9 em cada tentativa, porém, em 2000, ele conseguiu realizar essa tarefa, obtendo em geral 100% nas quatro situações. Em uma ocasião posterior, tentamos colar papéis de diferentes cores sobre os cubos e isso também melhorou seu desempenho. Logo, não era que Malcolm não conseguisse localizar os objetos no espaço e sim que ele não conseguia discriminar espacialmente os objetos se estes fossem semelhantes. Isso poderia ocorrer devido à sua simultagnosia. Se ele pudesse observar apenas um objeto por vez, a apresentação de dois ou mais objetos semelhantes poderia representar uma distração. Entretanto, garantir uma série na qual os objetos fossem diferentes poderia reduzir essa distração. Esses avanços também eram mais satisfatórios quando Malcolm não estava cansado. Após várias tentativas, seu desempenho normalmente piorava.

Em suma, não conseguimos melhorar a capacidade de localização de Malcolm a partir de uma série de objetos idênticos ou muito semelhantes, mas conseguimos ajudá-lo a compensar isso ao: (1) apresentar apenas um objeto por vez; (2) fazer com que, em uma série, os objetos apresentados fossem diferentes uns dos outros; ou (3) marcar os objetos semelhantes com números para distingui-los.

Investigações acerca do conhecimento topográfico de Malcolm

Suspeitávamos que o problema que Malcolm tinha com a localização espacial incluía problemas mais gerais relacionados ao ambiente de forma que ele pudesse ter dificuldade em saber onde estava. Assim, iniciamos uma investigação acerca de seu conhecimento topográfico. Perguntamos a ele sobre as cidades de médio e grande porte que ele conhecia no Reino Unido e ele elencou 11. Mostramos, então, um mapa em branco do Reino Unido e solicitamos que ele as apontasse. À exceção de Cambridge, que estava próxima da localização correta no mapa, o desempenho de Malcolm foi muito insatisfatório. Obviamente, isso poderia ter ocorrido porque ele não conseguia apontar com precisão, e era possível que ele tivesse um bom conhecimento da localização desses lugares. Com a participação do professor Andrew Young e de vários estagiários de psicologia clínica, iniciamos uma investigação detalhada do conhecimento topográfico de Malcolm (Wilson *et al.*, 2005).

Embora os problemas para se encontrar um caminho sejam frequentemente chamados de "desorientação topográfica", pode haver diferentes tipos de desorientação topográfica e várias causas subjacentes a isso. Em 1999, Aguirre e D'Esposito sugeriram que havia 4 tipos de distúrbios topográficos: agnosia de ponto de referência, desorientação egocêntrica, desorientação exocêntrica e desorientação anterógrada. Eles acreditam que, para encontrar um caminho, é necessário ter a capacidade de reconhecer edifícios e pontos de referência familiares no ambiente, representar a própria posição (egocêntrica) em relação a qualquer ponto de referência que esteja presente, usar representações mais abstratas (exocêntricas) para se ter uma ideia da direção específica a ser seguida a fim de alcançar uma determinada meta, e aprender e atualizar informações em resposta a ambientes novos ou que sofreram alterações. O comprometimento de cada uma dessas habilidades resulta em agnosia de ponto de referência, desorientação egocêntrica, desorientação exocêntrica e desorientação anterógrada, respectivamente.

Na agnosia de ponto de referência, o principal déficit é a incapacidade de reconhecer características ambientais conhecidas e significativas de modo que os pontos de referência não podem ser usados para fins de orientação. Estes estão entre os casos mais bem estudados acerca da desorientação topográfica e fornecem evidências de que uma região cortical na área dos giros lingual e fusiforme está envolvida no reconhecimento de pontos de referência.

Os pacientes com desorientação egocêntrica apresentam lesão bilateral ou direita no lobo parietal e foram tradicionalmente rotulados como tendo desorientação topográfica. Os déficits não estão estritamente confinados à esfera topográfica, mas são vistos em uma ampla variedade de paradigmas visuoespaciais, incluindo rotação mental e tarefas de amplitude espacial (Aguirre; D´Esposito, 1999).

As pessoas com desorientação exocêntrica reconhecem os pontos de referência, mas não conseguem obter informações acerca da direção a partir deles. Elas parecem ter perdido o senso de direção exocêntrica ou "rumo" no seu ambiente. Muito poucos desses pacientes foram descritos e as observações são consideradas como tentativas. Acredita-se que a área anatômica envolvida seja a região cingulada posterior direita.

O último dos tipos de desorientação de Aguirre e D'Esposito é a desorientação anterógrada. Nos três tipos descritos até o presente momento, os pacientes têm problemas com ambientes novos e familiares. Nesse quarto tipo, no entanto, estão os pacientes cujos problemas estão relacionados principalmente a ambientes novos. Os ambientes conhecidos há pelo menos seis meses antes da lesão não devem lhes trazer dificuldades. A área responsável parece ser a região parahippocampal.

Acreditamos que Malcolm tenha desorientação egocêntrica. Como Aguirre e D'Esposito sugerem, esse não é apenas um problema para encontrar o caminho, mas resulta de uma falha mais geral para codificar as posições a partir das coordenadas centradas no corpo. Logo, a desorientação egocêntrica estará sempre relacionada a déficits em uma ampla gama de tarefas visuoespaciais. Alguns pacientes com esse distúrbio foram descritos. Cinco deles foram descritos no artigo de Aguirre e D'Esposito.

O primeiro foi um soldado ferido por um projétil de arma de fogo (metralhadora), que entrou na cabeça pelo lado direito e saiu pelo lado esquerdo. A principal área lesionada parecia estar no/ao redor do giro angular (Holmes; Horrax, 1919). Ele não conseguia se orientar com precisão em direção aos objetos que ele percebia e reconhecia. Ele frequentemente esbarrava nos objetos ao caminhar, apesar de vê-los. Ele tinha dificuldade para perceber mais de um objeto ao mesmo tempo. Sua leitura estava comprometida porque ele não conseguia ler as palavras na ordem correta. Embora conseguisse escrever, sua escrita era quase indecifrável, pois ele colocava as palavras irregularmente em uma folha e uma palavra, às vezes, era escrita sobre a outra. Ele não conseguia acessar memórias topográficas adquiridas no passado e aprender seu caminho em ambientes novos.

Em 1977, Kase *et al.* descreveram uma mulher de 63 anos que, no exame *post-mortem*, apresentava infartos bilaterais nos lóbulos parietais superiores. Quando examinada antes de sua morte, ela não conseguia localizar os objetos no espaço por meio da visão, bem como não conseguia se localizar adequadamente por meio do som (ao contrário do paciente de Holmes e Horrax). Ela não conseguia escrever, mas conseguia ler palavras isoladas e frases curtas. Ela não conseguia encontrar o caminho de volta ao hospital e localizar sua cama em uma enfermaria com seis camas. Além disso, ela achava muito difícil se deitar na posição correta. Ao tentar fazer isso, era possível que se deitasse atravessada na cama ou o fizesse de maneiras variadas, incluindo se deitar nos pés da cama. Ela achava difícil se sentar corretamente em uma cadeira. Ela se perdia na rua e, assim como o soldado descrito por Holmes e Horrax, esbarrava nos objetos que ela conseguia ver e reconhecer.

Levine *et al.* (1985) descreveram um homem de 43 anos com desorientação visual após lesões parietais bilaterais. Apesar de não haver problemas para identificar objetos, ele não conseguia dizer qual dos dois objetos estava mais próximo dele, bem como não conseguia alcançá-los com precisão, além de esbarrar neles ao caminhar. Ele tinha dificuldade para acompanhar objetos em movimento e para se fixar naqueles que estivessem parados. Ele conseguia ler algumas palavras isoladas em um parágrafo, mas de forma aleatória. Com frequência, ele ficava perdido na própria casa, não conseguia atravessar a rua, pois não conseguia julgar a velocidade e a distância dos veículos, e descrever como ir de sua casa ao supermercado da esquina. Ele havia feito esse trajeto várias vezes por semana durante cinco anos. Ele conseguia, no entanto, descrever a loja e o proprietário.

Aguirre e D'Esposito descreveram ainda outros dois pacientes: um que não conseguiu fazer o *Manikin Test* (Ratcliff, 1979) e outro que não conseguiu fazer os *Cubos de Corsi*. Ambos os testes foram dados a Malcolm, cujo desempenho foi extremamente insatisfatório.

Todos os cinco conseguiram reconhecer e nomear os objetos, tiveram dificuldade para encontrá-los no espaço e/ou julgar relações espaciais. A maioria teve problemas com a leitura, embora alguns pudessem ler palavras isoladas e frases curtas. Ler as palavras em ordem parecia ser a principal dificuldade. Os problemas com a escrita também foram descritos. Quatro dos cinco pacientes apresentavam lesão bilateral parietal ou occipitoparietal e, em um deles (Hanley; Davies, 1995), não havia relatos de área lesionada. Aguirre e D'Esposito também observaram que, embora o reconhecimento visual fosse descrito como relativamente bem preservado, nenhum desses pacientes foi testado especificamente em tarefas de reconhecimento visual que empregassem estímulos de "pontos de referência". Esses pacientes (ou alguns deles) poderiam ter tido a síndrome de Balint e há relatos de que as pessoas com essa síndrome têm dificuldade para encontrar o caminho de volta. Nós já afirmamos que Malcolm tem a síndrome de Balint. É possível que todas as pessoas com desorientação egocêntrica tenham isso?

Malcolm tem desorientação egocêntrica?

Malcolm possui muitas das características observadas nos cinco pacientes descritos no artigo Aguirre e D'Esposito. Ele: (1) apresenta lesões bilaterais no lobo parietal; (2) consegue reconhecer e nomear os objetos; (3) apresenta representação espacial insatisfatória, obtendo 50% no *Manikin Test* (Ratcliff, 1979); (4) tem problemas para ler e escrever; (5) não consegue pegar um objeto com precisão; e (6) é extremamente inábil no teste dos *Cubos de Corsi*. Logo, os problemas visuoespaciais de Malcolm são semelhantes aos observados em outros casos de desorientação egocêntrica. Porém, o que dizer de suas habilidades topográficas?

Como ele está em uma cadeira de rodas e necessita de ajuda em muitas tarefas, incluindo ir ao banheiro, vestir-se e tomar banho, além de nunca sair sozinho, não é possível afirmar com certeza que Malcolm se perde dentro ou fora de sua casa. O que está claro, no entanto, é que ele não consegue descrever rotas, mesmo aquelas que utiliza regularmente. Ele não consegue dizer a alguém como chegar ao centro-dia que frequentou duas vezes por semana durante vários anos (ele era levado por um carro especialmente adaptado) ou à faculdade onde ele faz aula de educação especial. Ao tentar descrever uma rota, ele fornece pouco ou nenhum detalhe sobre as distâncias ou direções. Entretanto, ele é capaz de descrever pontos de referência.

Em geral, Malcolm é capaz de localizar lugares no próprio apartamento. Por exemplo, quando solicitado a apontar para o quarto com os olhos abertos, ele aponta para a direção correta. Entretanto, quando seus olhos estão fechados, seu desempenho é extremamente insatisfatório. Logo, quando solicitado a apontar para a máquina de lavar, geladeira, computador etc., ele às vezes aponta para o lado errado do cômodo e nunca para um objeto situado em uma trajetória superior a aproximadamente um metro.

Posteriormente, avaliamos Malcolm a partir de um famoso teste de reconhecimento de pontos de referência desenvolvido por McCarthy *et al.* (1996). Seu escore foi 16/25 quando solicitado a nomear cada edifício ou ponto de referência famoso. A pontuação média de um grupo controle de 10 indivíduos pareados por idade foi de 15,2 (intervalo de 13-16; desvio padrão de 1,14), demonstrando que o desempenho de Malcolm não estava comprometido. Em outra ocasião, após mais ou menos 1 semana, solicitou-se que ele fornecesse informações de memória acerca de cada ponto de referência. Seu escore foi 23/25, demonstrando que o conhecimento semântico sobre marcos famosos estava intacto. Por exemplo, para a pergunta "o que são as pirâmides e onde elas estão?", Malcolm respondeu que elas foram construídas pelos faraós como tumbas para si – como um mausoléu – e que elas estavam no Egito.

Os Testes dos Pontos de Referência de Cambridge

No intuito de compreender melhor os problemas topográficos de Malcolm, construímos um conjunto de testes destinados a examinar as habilidades identificadas como importantes por Aguirre e D'Esposito (1999). Todos esses testes foram baseados em um conjunto de locais comuns em Cambridge, onde Malcolm tem passado grande parte de sua vida.

Nós fotografamos, a partir de 4 perspectivas diferentes, cada um dos 20 edifícios e pontos de referência em Cambridge que Malcolm disse que conhecia.

Essas 80 fotografias foram apresentadas para identificação a 12 pessoas que moravam em Cambridge por mais de 2 anos. Em seguida, verificamos os 12 pontos de referência com as maiores pontuações de reconhecimento entre os 12 sujeitos do grupo controle. Esses 12 locais foram utilizados para construir 4 testes de habilidades topográficas, sendo 2 baseados em fotografias e 2 administrados de maneira exclusivamente verbal. Aplicamos os testes em Malcolm e em 5 participantes que compunham o grupo controle, pareados por idade, que moravam em Cambridge há pelo menos 3 anos e que julgavam conhecer bem a cidade.

Teste 1 – Reconhecimento de pontos de referência

Partindo do pressuposto de que o reconhecimento dos pontos de referência não deve estar comprometido em pessoas com desorientação egocêntrica, mostramos 1 fotografia de cada um dos 12 locais a Malcolm e aos 5 participantes do grupo controle. Mostramos 1 fotografia por vez a eles, em uma ordem pseudoaleatória fixa, resultando em uma pontuação de 0 a 12 para o número de locais corretamente identificado. Aceitamos as informações de identificação se o nome correto não fosse conhecido (por exemplo, "a igreja na esquina da Rua Hills").

Teste 2 – Orientação em um contexto coordenado egocêntrico

Este teste utilizou 2 fotografias diferentes de 3 locais. Em cada tentativa, foi apresentada 1 fotografia sem informações de identificação ou indicação do local. Os participantes foram, então, questionados: "Se você estivesse de frente para o prédio mostrado nesta foto, você viraria à esquerda ou à direita para chegar a X?" ("X" era outro local pertencente ao conjunto de 12 locais). Cada uma das 6 fotografias foi usada 2 vezes e, em cada uma delas, foi usado um local de destino diferente para a pergunta de modo que a resposta correta fosse "esquerda" em 50% das tentativas e "direita" em 50% das tentativas. As 12 tentativas foram feitas em uma ordem pseudoaleatória fixa, resultando em uma pontuação entre 0 e 12 escolhas corretas de direção (probabilidade = 6/12 corretas). Previmos que se Malcolm tivesse desorientação egocêntrica, ele teria essa dificuldade, pois ele teria que saber onde cada um dos 2 locais estava em relação a si (uma tarefa egocêntrica).

Teste 3 – Utilizando uma representação exocêntrica

Este teste foi baseado nos nomes dos locais e não utilizou fotografias. Em cada uma das 12 tentativas, o participante foi questionado acerca de qual dos 2 possíveis locais estava mais próximo de 1 local de destino (por exemplo, "qual é o local mais próximo do Museu Fitzwilliam, do Hospital de Old Addenbrooke ou da Praça Guildhall?"). Os 12 locais conhecidos pelos residentes de Cambridge foram utilizados 1 vez como alvos, em ordem pseudoaleatória fixa, resultando em uma pontuação entre 0 e 12 para o número de respostas corretas (probabilidade = 6/12 corretas). Previmos que Malcolm conseguiria realizar essa tarefa, pois ela envolvia representações exocêntricas.

Test 4 – Conhecimento da rota

Esta foi a segunda tarefa verbal. Solicitamos uma descrição da rota entre 6 pares de locais (por exemplo, "como você vai de Browns ao Corpo de Bombeiros?"). Os 12 locais foram utilizados 1 vez cada a fim de criar os 6 pares empregados no teste. Para pontuar os itens deste, as respostas de Malcolm e dos 5 participantes do grupo controle às 6 perguntas acerca do conhecimento de rota foram transcritas literalmente e 3 pessoas locais foram solicitadas a classificá-las da melhor (classificação 5) a pior (classificado em 0), segundo cada pergunta. Houve, portanto, um escore máximo de 30 (a soma das classificações de 0 a 5 para cada uma das 6 perguntas) de cada avaliador. Previmos que Malcolm teria dificuldade, pois o teste envolvia representações exocêntricas e egocêntricas, de acordo com Aguirre e D'Esposito.

Resultados do teste

Aplicamos em Malcolm 4 tarefas das quais esperávamos que ele mostrasse um desempenho normal em 2 tarefas exocêntricas e um desempenho insatisfatório em 2 tarefas egocêntricas. Para garantir que os participantes não fossem auxiliados ou recebessem pistas de uma tarefa a outra, especialmente no reconhecimento das fotografias, os testes foram realizados em ordem fixa: teste 1, seguido do teste 2, 3 e 4. Nossas previsões se concretizaram quando o escore de Malcolm foi 12/12 no reconhecimento de pontos de referência, assim como o escore dos 5 participantes do grupo controle. Ele acertou 2/12 no teste de orientação egocêntrica, sendo que os escores dos participantes do grupo controle variaram entre 11 e 12 respostas corretas. Na tarefa de orientação exocêntrica, Malcolm acertou 12/12 e o escore dos participantes do grupo controle variou entre 11 e 12 respostas corretas. Na tarefa de conhecimento da rota, todas as três avaliações às cegas classificaram as respostas de Malcolm como 0/30. Um exemplo de uma de suas respostas (à pergunta "como você vai da Igreja Católica Romana ao Hospital de Old Addenbrooke?") foi "vire-se e vá em direção à..." (longa pausa). Eu sei onde ele fica, mas não consigo descrever isso". Uma das respostas dos participantes do grupo controle foi "vire à esquerda na Rua Hills. Vire à esquerda no cruzamento com a Rua Lensfield. Siga até o final dessa rua e vire à direita na minirrotatória. O hospital fica a cerca de 150 metros do lado direito." Para garantir que o desempenho insatisfatório de Malcolm não se devesse simplesmente ao fato de ele nunca sair sozinho, Kate recebeu 4 tarefas (ver Capítulo 21), pois ela nunca saia sozinha e ficava confinada em uma cadeira de rodas. O desempenho de Kate era idêntico ao desempenho dos participantes saudáveis do grupo controle.

Conclusões

Embora conhecêssemos Malcolm há muito tempo, em muitos aspectos, fizemos pouca diferença em sua vida. Ele permanece incapacitado e dependente dos outros para cuidar de si. Talvez, tenhamos feito três contribuições para o bem-estar dele. Uma delas foi explicar a ele e a seus cuidadores a natureza de seus problemas e por que eles ocorrem. Em especial, conseguimos resolver alguns dos mal-entendidos, tais como a visão dele é ruim ou ele é desajeitado de propósito. Um de seus cuidadores, por exemplo, acreditava que teclas maiores no teclado do computador ajudariam Malcolm. Explicamos que isso não ajudaria sua incapacidade de ver duas coisas simultaneamente e que seria melhor torná-las o mais diferente possível umas das outras fazendo, talvez, com que elas tivessem cores diferentes.

A segunda contribuição foi encontrar algumas maneiras de compensar sua simultanagnosia e suas habilidades espaciais insuficientes. Conseguimos isso tornando os estímulos mais discrimináveis em qualquer conjunto, isto é, utilizando números ou cores diferentes sobre objetos semelhantes. Não conseguimos auxiliar Malcolm a se posicionar com mais precisão no espaço; ele se senta na cadeira de rodas e se deita na cama em posições estranhas e desconfortáveis. Acreditamos que isso precisa ser feito por meio de uma cadeira de rodas e cama melhores. Os serviços locais estão tentando organizar isso, mas o progresso aqui é muito lento.

A terceira contribuição que fizemos e que não está bem documentada foi apoiar emocionalmente Malcolm ao longo dos anos. Por quase 14 anos, ele recebe visitas regulares de psicólogos clínicos e estagiários de psicologia clínica. Em vários momentos, Malcolm mencionou problemas com os quais se preocupa. Quando os profissionais tentaram abordá-los, ele recuou e disse que não estava mais preocupado ou que havia esquecido o que disse anteriormente. Acreditamos que ele tivesse medo de ser abandonado e de perder o grau de independência (embora restrito) que possuía. Temos a impressão de que ele mencionava os problemas quando se sentia mais vulnerável (por exemplo, quando um estagiário de psicologia estava saindo e outro estava assumindo o cargo). Uma vez seguro de que o apoio psicológico continuaria, ele se acalmava. O apoio principal deveria estar presente tanto para deixar que Malcolm falasse acerca de suas preocupações e ansiedade quanto para atuar como um intermediário entre as várias instituições envolvidas em seus cuidados. Embora alguns possam argumentar que esta não é uma responsabilidade dos psicólogos, neste caso em particular, nós somos aqueles que têm estado em contato com Malcolm por um maior período de tempo e ofertado uma continuidade. Portanto, acreditamos ser injusto abandoná-lo neste momento.

Referências

Aguirre, G.K. and D'Esposito, M. (1999). Topographical disorientation: a synthesis and taxonomy. *Brain*, **122**, 1613–28.

Baddeley, A., Emslie, H. and Nimmo-Smith, I. (1992). *The Speed and Capacity of Language Processing Test*. Bury St Edmunds: Thames Valley Test Company.

Balint, R. (1909). Seelenlähmung des "Schauens", optische Ataxie, räumliche Störung der Aufmerksamkeit. *Monatsschrift für Psychiatrie und Neurologie*, **25**, 51–81.

Benton, A.L. Hamsher, K. de S., Varney, N. and Spreen, O. (1983). *Contributions to Neuropsychological Assessment: A Clinical Manual*. Oxford: Oxford University Press.

Hanley, J.R. and Davies, A.D. (1995). Lost in your own house. In R. Campbell and M. A. Conway, eds., *Broken Memories: Case Studies in Memory Impairment*. Oxford: Blackwell, pp.195–208.

Harvey, M., Jackson, S.R., Newport, R. *et al.* (2001). Is grasping impaired in hemispatial neglect? *Behavioural Neurology*, **13**, 17–28.

Holmes, G. (1918). Disturbances of visual orientation. *British Journal of Ophthalmology*, **2**, 449–68, 506–16.

Holmes, G. and Horrax, G. (1919). Disturbances of spatial orientation and visual attention, with loss of stereoscopic vision. *Archives of Neurology and Psychiatry*, **1**, 385–407.

Kase, C.S., Troncoso, J.F., Court, J.E., Tapia, J.F. and Mohr, J.P. (1977). Global spatial disorientation. Clinico-pathologic correlations. *Journal of the Neurological Sciences*, **34**, 267–78.

Levine, D.N., Warach, J. and Farah, M.J. (1985). Two visual systems in mental imagery: dissociation of 'what' and 'where' in imagery disorders due to bilateral posterior cerebral lesions. *Neurology*, **35**, 1010–18.

McCarthy, R.A., Evans, J.J. and Hodges, J.R. (1996). Topographic amnesia: spatial memory disorder, perceptual dysfunction or category specific semantic memory impairment? *Journal of Neurology, Neurosurgery, and Psychiatry*, **60**, 318–25.

Phillips, W.A. (1983). Short-term visual memory. *Philosophical Transactions of the Royal Society B*, **302**, 295–309.

Ratcliff, G. (1979). Spatial thought, mental rotation and the right cerebral hemisphere. *Neuropsychologia*, **17**, 49–54.

Raven, J.C. (1960). *Guide to the Standard Progressive Matrices*. London: Lewis and Co.

Rizzo, M. and Vecera, S.P. (2002). Psycho-anatomical substrates of Bálint's syndrome. *Journal of Neurology, Neurosurgery, and Psychiatry*, **72**, 162–78.

Schonell, F.J. and Schonell, F.E. (1963). *Diagnostic Attainment Testing*. Edinburgh: Oliver & Boyd.

Warrington, E.K. and James, M. (1991). *VOSP: The Visual Object and Space Perception Battery*. Bury St Edmunds: Thames Valley Test Company.

Wilson, B.A., Cockburn, J. and Baddeley, A.D. (1985). *The Rivermead Behavioural Memory Test*. Bury St Edmunds: Thames Valley Test Company.

Wilson, B.A., Cockburn, J. and Halligan, P.W. (1988). *The Behavioural Inattention Test*. Bury St Edmunds: Thames Valley Test Company.

Wilson, B.A., Clare, L., Young, A. and Hodges, J. (1997). Knowing where and knowing what: a double dissociation. *Cortex*, **33**, 529–41.

Wilson, B.A., Berry, E., Gracey, F. *et al.* (2005). Egocentric disorientation following bilateral parietal lobe damage. *Cortex*, **41**, 547–54

CAPÍTULO 21

Kate: recuperação cognitiva e ajustamento emocional de uma jovem mulher em estado vegetativo por vários meses

Barbara A. Wilson

Este capítulo descreve uma jovem mulher que foi reportada em estado vegetativo (EV) por vários meses. Ela teve uma boa recuperação cognitiva, apesar dos graves comprometimentos físicos e da necessidade de apoio para o ajustamento emocional a longo prazo. Este caso ilustra como o desenvolvimento de um entendimento compartilhado dos pontos fortes e das dificuldades de Kate em relação a si e àqueles ao seu redor foi um passo importante para restabelecer seu senso de identidade social. Isso, por sua vez, resultou em um aumento da participação social.

Histórico e doença

Kate nasceu em 1970. Era a segunda filha de uma família de profissionais liberais que vivia em Cambridge. Ela teve uma infância normal e feliz sem doenças graves. Sua irmã mais velha fez residência em medicina e Kate estudou história na universidade. Depois de terminar a graduação, ela se qualificou como professora de escola primária. Entretanto, como achava sua ortografia ruim, ela escolheu trabalhar em uma escola maternal perto de Peterborough. Kate morava com o namorado, com quem esperava se casar, e eles planejavam ter vários filhos. Aos 26 anos, ela teve uma dor de garganta e uma dor de cabeça. Sua mãe descreveu o que aconteceu:

> Num domingo, Kate telefonou para dizer que estava com dor de garganta. Na segunda-feira, ela foi trabalhar. Liguei na terça-feira, mas não falei com ela; falei com o namorado dela. Ele disse que ela não estava bem e que estava deitada. Ele foi trabalhar na quarta-feira e, quando chegou

em casa, ele não conseguiu acordá-la. Ele chamou uma ambulância e Kate foi levada para um hospital, onde disseram que ela estava em coma. Eles não sabiam o que havia de errado. No dia seguinte, o Dr. Allen veio do Addenbrooke's Hospital e disse que Kate tinha que ir direto para lá. Ele tinha providenciado a ambulância. Fiquei aliviada, pois ele era nosso vizinho e, por isso mesmo, nós o conhecíamos. Ela foi para o Addenbrooke's Hospital, onde foi difícil diagnosticar sua doença, mas descobriram que ela tinha uma encefalomielopatia disseminada aguda. O Dr. Allen disse que, embora soubessem que era uma encefalite, eles não conseguiam identificar o vírus específico. Ele também disse que o sistema imunológico de Kate não tinha parado de funcionar e, então, entendemos que isso significava que ela tinha danos causados pela encefalite e pelo sistema imunológico, que estava atacando o tronco encefálico.

Naquela ocasião, uma tomografia computadorizada (TC) mostrou edema cerebral difuso com uma grande lesão medular na região ventral da ponte (tronco encefálico) e lesões em ambos os tálamos. Uma ressonância magnética (IRM) confirmou isso. Foi descoberta uma hiperintensidade generalizada no tronco encefálico e em ambos os tálamos e lobos temporais mediais de Kate. Ela foi recrutada para participar de um estudo sobre indivíduos em EV por meio de tomografia por emissão de pósitrons (PET) na tentativa de avaliar qualquer funcionamento cognitivo remanescente (Menon et al., 1998; Owen et al., 2002). Antes de discutirmos os resultados da PET, examinaremos as definições de coma, EV e estado minimamente consciente (EMC), pois estes são três quadros clínicos observados em pacientes com estados de consciência gravemente reduzida que não são fáceis de distinguir.

Coma é um estado semelhante ao sono no qual os olhos estão continuamente fechados. Há uma ausência tanto de movimento voluntário quanto de ciclos de sono e vigília, não havendo evidência de autoconsciência. O indivíduo em coma não é capaz de obedecer a comandos ou falar e não consegue ser despertado. Também pode haver uma função respiratória rebaixada. A escala de coma de Glasgow – ECG (Teasdale; Jennett, 1974) é a ferramenta mais comumente usada para avaliar a gravidade da lesão encefálica. Os escores variam de 3 a 15 dependendo do estímulo necessário para induzir: (1) a abertura dos olhos; (2) a melhor resposta motora; e (3) a melhor resposta verbal. Considera-se que um escore na ECG igual ou menor a 8, que persiste por pelo menos 6 horas, reflete um traumatismo cranioencefálico (TCE) grave. Um escore na ECG igual ou menor a 8, que persiste por 24 horas, é considerado um TCE muito grave. O coma pode, obviamente, ocorrer em virtude de causas não traumáticas, tais como insuficiência respiratória ou encefalite, assim como foi o caso com Kate.

Os pacientes que sofrem uma lesão encefálica grave podem ficar permanentemente inconscientes ou em estado vegetativo persistente (EVP). As causas comuns do EVP incluem traumatismos cranioencefálicos e hipóxia cerebral. Os critérios para diagnosticá-lo foram elaborados por vários grupos, mas esses critérios nem sempre são úteis na prática. Diagnosticar o EVP é de extrema importância porque, uma vez feito o diagnóstico, o tratamento médico terapêutico pode ser interrompido. Um diagnóstico de EVP depende da apresentação de provas com o objetivo de demonstrar ausência de consciência. Existem problemas óbvios na avaliação do nível de consciência de um indivíduo e, portanto, no diagnóstico de EVP (Shiel *et al.*, 2004). De acordo com Shiel (2003), quando um indivíduo em coma abre os olhos (e mesmo em casos graves, isso quase sempre ocorre na quarta semana), não podemos mais dizer que ele está em coma. O coma evolui para EV, EMC, consciência ou morte.

Os indivíduos em EV não têm consciência, não sentem dor e não têm movimento voluntário. Eles, no entanto, têm ciclos de sono e vigília e podem ter funções respiratórias normais. Por outro lado, os indivíduos em EMC têm autoconsciência limitada e sentem dor. Eles também têm ciclos de sono e vigília, bem como podem ter alguma capacidade limitada de movimento. Embora abrir os olhos seja um aspecto fundamental para decidir se alguém está ou não em coma, é mais difícil distinguir entre o EV e o EMC. A principal diferença é a autoconsciência limitada demonstrada por aqueles em EMC. A distinção é importante, pelo menos no Reino Unido, pois as decisões de retirar a alimentação e a hidratação se baseiam nisso. Os tribunais podem concordar em retirá-las de alguém que esteja em EV, mas não de alguém que esteja em EMC. É por isso que as pessoas tentaram estabelecer critérios objetivos para distingui-los. O Royal College of Physicians (ver Bates, 2005) estabelece as diretrizes que são aceitas no Reino Unido. Nos EUA, Giacino e Kalmar (1997, p. 37) afirmam que "conceitualmente, a diferença determinante entre EV e EMC é a completa ausência de consciência no primeiro e sua preservação parcial no segundo". Entretanto, eles afirmam ainda que não é fácil distingui-los e alguns investigadores acreditam que não há limites claros entre eles. Eles asseveram que um ou mais dos seguintes comportamentos devem estar presentes antes que um diagnóstico de EMC possa ser feito:

a) obedecer a comandos simples;
b) manipular objetos;
c) responder com gestos ou verbalmente "sim/não";
d) verbalizar de forma compreensível;
e) ou fazer movimentos estereotipados (por exemplo, piscar ou sorrir) que ocorrem em uma relação significativa a partir do estímulo eliciador, não sendo atribuídos à atividade reflexa.

Outras respostas que podem ser observadas na zona limítrofe entre EV e EMC incluem rastreamento visual, choro, sorriso e respostas motoras não estereotipadas. Os mesmos autores recentemente apresentaram diretrizes para o diagnóstico diferencial entre os dois quadros clínicos (Giacino; Kalmar, 2005).

Dois artigos citam problemas acerca do diagnóstico incorreto de EV. Childs *et al.* (1993) e Andrews *et al.* (1996) afirmam que 37% e 40% dos indivíduos descritos em EV, respectivamente, foram diagnosticados erroneamente. Logo, é possível observar que erros de diagnóstico são comuns e que, embora Kate, alvo de estudo deste capítulo, tenha sido descrita como em EV no estudo da PET (Menon *et al.*, 1998; Owen *et al.*, 2002), é possível que ela estivesse de fato minimamente consciente na época. Contudo, ela simplesmente não respondia aos comandos, não apresentava respostas motoras espontâneas/induzidas consistentes ou movimentos oculares e não conseguia se comunicar. Kate tinha, porém, um ciclo de sono e vigília e há relatos sugerindo que ela eventualmente seguia os familiares com os olhos. Apesar de as avaliações formais não terem sido realizadas, um psicólogo e um especialista em terapia intensiva passaram entre 2 e 3 horas observando-a antes da PET. Eles tentaram eliciar respostas por meio de palmas fortes e outros estímulos. A própria Kate disse que ficou consciente em outubro 1997, ou seja, cerca de 4 meses e meio após o início da doença. É possível que, nessa época, ela tivesse feito a transição do EV para o EMC.

Owen *et al.* (2002) descrevem o procedimento de estimulação visual usado na PET. Foram obtidas dez fotografias da família de Kate e de um voluntário controle pareado por idade (o controle tinha que ser um homem, pois não é aceitável escanear mulheres em idade reprodutiva para fins de pesquisa). Kate e o seu controle não sabiam quais fotografias foram disponibilizadas. As fotografias incluíam familiares, animais de estimação e os sujeitos em questão. Essas fotografias foram digitalizadas e apresentadas em formato grande sobre um fundo preto em um monitor de alta resolução. O monitor foi colocado a uma distância confortável para visualização. Foram preparadas 10 imagens de controle, distorcendo ou desfocando os 2 conjuntos de 10 fotografias para que nenhuma forma explícita fosse visível, embora o brilho e a variação das cores fossem os mesmos para os rostos conhecidos e imagens embaralhadas. As fotografias foram apresentadas em ordem aleatória por 12 segundos cada. Kate e o controle foram instruídos a "olhar para o rosto e a pensar na pessoa" ou a "olhar a imagem", quando apropriado.

Uma mudança significativa no fluxo sanguíneo cerebral regional (FSCr) durante a percepção facial era prevista na porção posterior do giro fusiforme, especialmente no hemisfério direito. Isso foi observado tanto em Kate, como no seu controle (Owen *et al.*, 2002). A Figura 21.1 mostra as varreduras cerebrais de ambos, incluindo a quantidade de fluxo sanguíneo após as imagens de controle e os rostos familiares. Deve-se observar que não há diferenças significativas entre os encéfalos de Kate e do controle. Owen *et al.* (2002, p. 394) concluiu que:

> Apesar dos múltiplos problemas logísticos e processuais envolvidos, esses resultados possuem implicações clínicas e científicas importantes e fornecem uma base sólida para um estudo sistemático acerca da possível função cognitiva remanescente em pacientes diagnosticados em EVP.

Figura 21.1 Os exames de PET de Kate (à esquerda) e de um controle com a mesma idade (à direita). Consulte também a seção com ilustrações em cores (p. 81). Reprodução com permissão de Elsevier.

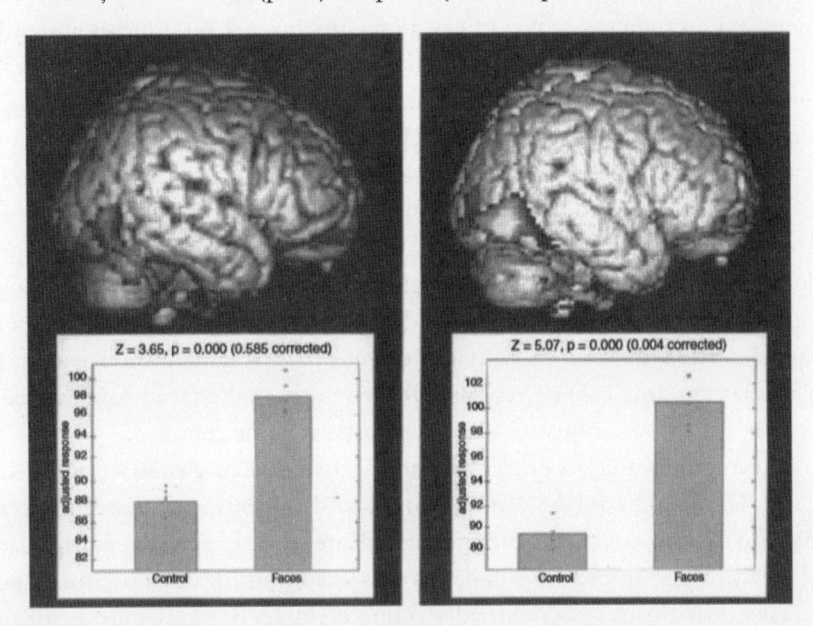

Nosso primeiro contato com Kate

Tivemos informações acerca de Kate, pela primeira vez, por meio de uma solicitação do Grupo de Apoio à Encefalite (agora Sociedade de Encefalite), na qual perguntavam se a receberíamos para uma avaliação. Após um contato telefônico, descobrimos que Kate já tinha um psicólogo em um hospital em Cambridge. Acreditamos que seria difícil vê-la, pois havia um profissional envolvido em seus cuidados e poderia parecer uma interferência se a visitássemos. Algumas semanas depois, houve uma solicitação de uma casa de repouso[1] local para indivíduos com deficiências físicas graves, a qual dizia que Kate estava lá temporariamente e que eles gostariam de uma avaliação do seu funcionamento cognitivo. Era difícil para eles identificarem o nível intelectual de Kate. Em um novo contato telefônico, esclareceu-se acerca do psicólogo em Cambridge. A enfermeira responsável disse

---

[1] N.T.: No original, foi utilizada a palavra *respite care* que significa atendimento institucional temporário a uma pessoa doente, idosa ou deficiente, proporcionando alívio para o cuidador que é, em geral, um familiar. No Reino Unido, existem várias opções de *respite care*, tais como conseguir um voluntário para ficar, por algumas horas, com a pessoa que necessita de cuidados, centros-dia, estadia de curta duração em uma casa de repouso, entre outras. É importante destacar que, a partir de uma avaliação, o sistema de saúde britânico (*National Health System – NHS*) pode custear esse tipo de atendimento.

que havia conversado com ele e que este não tinha objeções à nossa visita a Kate e, assim, agendou-se um horário.

Ao lermos os registros de Kate, descobrimos que ela havia recuperado a consciência 5 ou 6 meses após o início de sua doença e 1 ou 2 meses após a PET. Kate falava palavras e frases isoladas, tais como "não gosto de fisioterapia". Em maio de 1998, ou seja, 11 meses após o início de sua doença, ela foi internada em um centro de reabilitação, onde passou 11 meses. O psicólogo desse centro a viu 2 vezes. Ele mencionou, em seu relatório, que ela parecia conseguir ler muito bem, tinha orientação espacial e temporal, mas encontrava problemas para aprender coisas novas. Ela conseguia falar palavras isoladas, mas preferia usar um quadro com letras. Ela ficava frequentemente agitada e angustiada, e isso poderia ter interferido em seu desempenho. Em abril de 1999, Kate recebeu alta e foi para casa, onde vivia desde então sob os cuidados de seus pais. A cada 2 ou 3 semanas, ela ficava 15 dias em uma casa de repouso. Recebemos a solicitação para avaliar suas habilidades cognitivas enquanto ela estava nessa cada de repouso.

A primeira avaliação durou três horas, distribuídas em duas visitas. Certa tarde, um de nós (Barbara A. Wilson) foi à casa de repouso sem ter muita certeza acerca de quais testes levar ou quão interativa Kate seria. Ela estava em uma cadeira de rodas e utilizava um quadro com letras para se comunicar devido a uma disartria grave. Tive dificuldades para entender o que ela dizia e precisei do quadro com letras. Expliquei à Kate que recebi uma solicitação para vê-la a fim de avaliar seu pensamento, memória, concentração etc. Disse que sabia que ela esteve em um hospital em Cambridge e que foi atendida por um psicólogo. Ao mencionar o hospital, Kate ficou muito angustiada e agitada. Ela disse (por meio de seu quadro com letras), chorando e lamentando, que odiava o hospital. Na tentativa de distraí-la, mostrei as *Matrizes Progressivas de Raven* (um teste de raciocínio não verbal) e lhe expliquei o teste. Muito rapidamente, ela ficou absorta na tarefa e elaborou muitas das soluções. Percebi que Kate era mais inteligente do que eu esperava e que eu havia levado os testes errados. Disse, então, que voltaria em alguns dias com mais testes. Kate concordou e ficou muito menos perturbada no final da sessão do que estava no início desta. No encontro seguinte, Kate conseguiu concluir uma série de testes ora apontando para a resposta correta, ora soletrando as respostas por meio de seu quadro com letras. Evitei certos testes, tais como recordar histórias/prosas, pois acreditava que isso levaria muito tempo para ela soletrar o que lembrava. Kate relatou que gostou de fazer os testes. Eu disse a ela que escreveria, em casa, um relatório para a equipe e enviaria uma cópia para ela e seus pais.

Resultados da avaliação inicial

Os testes aplicados em Kate em sua primeira avaliação e seus resultados foram os seguintes:

a) *Matrizes Progressivas de Raven* (para avaliar o raciocínio não verbal) – seu escore foi 37 em 60, o que a colocou no percentil 25. Esse resultado estava na faixa média;
b) *Spot-the-Word Test* (do *Speed and Capacity of Language Processing Test – SCOLP*[2]) – seu escore foi 43 em 60, o que lhe conferiu uma pontuação na faixa etária 8. Esse resultado estava na faixa médio inferior.
c) *Escala de Inteligência Wechsler para adultos Revisada – WAIS-R* (somente os subtestes verbais para avaliar a inteligência verbal). Seus escores, segundo a faixa etária de cada subteste, foram: 8 em *Informação*; 8 em *Dígitos*; 7 em *Vocabulário*; 6 em *Aritmética*; 6 em *Compreensão*; e 11 em *Semelhanças*. O quociente de inteligência verbal (QI verbal) foi 86 (embora ele estivesse em uma faixa média inferior e muito provavelmente abaixo de seu nível pré-mórbido, ele não indicava um comprometido severo);
d) *Teste de Memória Comportamental de Rivermead – RBMT* (para avaliar a memória cotidiana, foi utilizada a versão abreviada, sendo omitidas a história e a aprendizagem de nomes) – o escore de Kate foi 16 em 18, o qual estava na faixa normal;
e) *Escala de Memória de Wechsler – WMS-R* (subteste de *Reprodução de Memória Visual*) – o escore de Kate foi 7 em 14 para ordem visual direta e 6 em 12 para a ordem visual inversa. Esses resultados estavam na faixa médio inferior;
f) *Teste de Memória de Reconhecimento – TEM-R* para: (1) palavras; e (2) faces – para as palavras, o escore de Kate foi 41 em 50, o que lhe conferiu uma pontuação na faixa etária 6 (média inferior) e, para as faces, seu escore foi 23 em 50, ou seja, 50%, indicando comprometimento.

As conclusões foram que, embora o quadro clínico geral refletisse um rebaixamento em relação ao seu nível pré-mórbido, uma vez que Kate tinha uma graduação em História e concluiu a formação de professores, nenhuma dos resultados estavam na faixa de comprometimento, exceto a memória para reconhecimento de faces. Não havia evidências de que Kate tivesse problemas de memória para faces na vida real e nós sabemos, a partir do estudo da PET, que seu reconhecimento de rostos familiares era aparentemente normal. No mínimo, seu funcionando estava na faixa média inferior e, para alguém que estivera em EV/EMC por vários meses, isso foi surpreendentemente positivo. Percebi também que Kate estava se sentindo angustiada na primeira visita e isso poderia ter influenciado de forma negativa seus escores. Ela também tinha uma acuidade visual relativamente ruim de modo que o material precisava estar próximo a ela ou em letras grandes para que ela o visse bem.

---

[2] N.T.: *Speed and Capacity of Language Processing Test* é um instrumento que avalia a velocidade de processamento em indivíduos com lesão encefálica.

Avaliações complementares

Kate foi reavaliada em agosto e setembro de 2000. Todos os testes anteriores foram reaplicados em três ocasiões distintas com a duração de aproximadamente uma hora para cada uma delas. Nesse período, seu humor estava muito melhor. Ela conseguia discutir o que havia acontecido sem ficar angustiada, bem como soletrar em seu quadro com letras que gostava de fazer os testes, mostrando às pessoas que não era estúpida. Agora, seu escore nas *Matrizes Progressivas de Raven* foi 43 em 60, colocando-a no percentil 50. No *Spot-the-Word Test*, Kate melhorou um pouco (46 em 60), conferindo-lhe uma pontuação na faixa etária 10 (média). Seu QI verbal melhorou 3 pontos. Ela também melhorou na maioria dos testes de memória. Seu escore no *RBMT* não foi alterado, porém, no *TEM-R* e na *WMS-R*, seu escore aumentou. No reconhecimento de faces, Kate estava acima da média, mas ainda abaixo do percentil 5. Seu escore no *Dígitos Ordem Direta* estava no percentil 90 e no *Dígitos Ordem Inversa* estava no percentil 59.

Outros testes foram realizados com Kate no ano seguinte. Nós aplicamos testes de reconhecimento facial, reconhecimento de expressões emocionais, teste de nomeação e dois testes de funcionando executivo. Em comparação aos controles pareados por idade, Kate encontrou alguma dificuldade para reconhecer expressões emocionais, particularmente em relação ao nojo e, em menor grau, ao medo e à surpresa (em 2001, quando esse teste foi reaplicado, Kate obteve um escore normal em todas as expressões emocionais). Ela reconheceu celebridades e pontos de referência famosos (esses testes estão descritos em McCarthy *et al.*, 1996), no entanto, seu escore foi médio em um teste de nomeação e acima da média em dois testes de funcionamento executivo. No *Teste de Classificação de Cartas de Wisconsin Modificado*, ela obteve 100% e, no *Teste de Antecipação Espacial de Brixton*, seu escore foi médio superior. Logo, sua capacidade de resolver problemas e de "manter o foco" pareceria satisfatória.

Esses resultados foram animadores. Uma jovem, que havia estado em um EMC por vários meses, demonstrou uma considerável recuperação cognitiva. Em geral, os resultados dos testes estavam na faixa média, apesar de seu comprometimento físico significativo e de sua disartria severa. Menos de 10% dos indivíduos recuperam a consciência após longos períodos em EV decorrente de causas não traumáticas (Giacino; Kalmar, 1997). Embora os resultados fossem melhores para os indivíduos minimamente conscientes, isso era particularmente válido para aqueles que sofreram um TCE (Kate teve uma encefalomielopatia disseminada aguda). Giacino e Kalmar (1997) relatam o desempenho dos participantes em seu estudo *na Escala de Classificação de Incapacidade*, mas não relatam escores detalhados da avaliação cognitiva. Kate parecia ter tido um desempenho cognitivo satisfatório, muito provavelmente porque a lesão estava localizada, sobretudo, no tronco encefálico e não no neocórtex. Após a avaliação em setembro de 2000, Kate me solicitou uma carta resumindo os resultados. Eu escrevi a seguinte carta que ainda acompanha Kate por toda parte:

10 de novembro de 2000

A quem possa interessar

Kate Bainbridge adoeceu em virtude de uma infecção encefálica em 1997. Por cerca de 6 meses, ela permaneceu em um estado minimamente consciente. Isso significa que ela conseguia abrir os olhos e demonstrava possuir um ciclo de sono e vigília, mas não conseguia se comunicar, responder às situações ou apresentar indícios de raciocínio. Desde então, Kate tem feito um grande progresso. De fato, ela é assaz incomum ao apresentar tal recuperação em seu raciocínio e memória. Pessoas com comprometimentos graves por um período tão longo raramente atingem o nível por ela atingido. Deve-se parabenizada por isso.

Embora Kate esteja gravemente incapacitada em termos físicos e tenha dificuldades para falar, sua capacidade de raciocinar e pensar está na faixa normal. É natural que as pessoas subestimem sua inteligência devido aos problemas motores e de fala. Isso provavelmente revela-se frustrante para Kate e pode perfeitamente fazer com que ela fique com raiva.

Para alguém nas condições de Kate, é importante que haja regularidade em sua vida e que ela seja cuidada por pessoas em quem possa confiar e que entendam suas dificuldades. Provavelmente, qualquer pessoa que tenha sofrido uma lesão encefálica chora mais rapidamente, cansa-se mais facilmente e acha certas situações frustrantes. Devido à sua dependência de outras pessoas para os cuidados físicos e à sua necessidade de se comunicar por meio de um quadro, é possível que essas tendências sejam exacerbadas. Ela talvez reagirá melhor frente à compreensão e à aprovação em vez de críticas.

Tendo em vista o quão longe Kate chegou desde os primeiros seis meses após sua doença, ela é uma jovem mulher extraordinária sob vários aspectos. Ela precisa de oportunidades para mostrar suas capacidades intelectuais.

Barbara A. Wilson

As opiniões de Kate e de seus pais

Kate certamente apreciava as avaliações e a carta. Ela estava com muita raiva do tratamento dispensado a ela no hospital. Quando eu a conheci pela primeira vez, ela estava com raiva. Seus pais falavam sobre essa raiva e isso logo se tornou um foco do nosso tratamento. Em outubro de 2000, ela me enviou uma carta dizendo:

> Muito obrigada pelas avaliações. Eles me tratavam como se eu fosse uma idiota no [hospital]. Minha estada lá foi um verdadeiro inferno; eles nunca me diziam nada. Eles costumavam me aspirar pela boca e nunca me diziam o porquê ou qual era o nome disso; eles nunca me falaram sobre minha "traqueo" [cânula de traqueostomia]. Eu tenho sorte por estar com isso e por ter uma boa memória. Assim eu consegui entender isso. Eu não quero que eles façam isso a mais ninguém. Eles já aprenderam muito comigo, mas acho que contar para as pessoas o que você está fazendo é muito importante. Eu não posso lhe dizer o quanto era assustador, principalmente a aspiração pela boca. Tentei prender a respiração para me livrar de toda aquela dor. Eles nunca me falaram sobre o meu tubo [de alimentação]. Eu me perguntava por que eu não comia.

Nessa época, contei à Kate sobre a PET e como isso era importante para a área do imageamento e para os estudos com indivíduos em EV ou EMC. Um dia, Adrian Owen, um dos autores do artigo sobre a PET de Kate estava visitando a casa de repouso onde ela estava temporariamente. Ele estava lá no mesmo momento em que eu estava visitando Kate. Eu a apresentei a ele e eles discutiram a PET. Logo depois, Kate me escreveu outra carta dizendo:

> Foi muito bom ver você e foi bom ouvir falar do meu cérebro. Eu sabia que estava bem; só precisava de alguém para concordar comigo. Eu tenho pensado muito sobre isso e está ficando cada vez mais claro o que essa doença fez comigo. Está ficando cada vez mais claro que eu nunca vou ter filhos, o que é muito difícil de lidar. De qualquer forma, eu nunca vou querer ir ao hospital de novo.

No início de janeiro de 2001, recebi outra carta de Kate dizendo:

> Muito obrigada pela carta sobre mim. Ela vai me ajudar muito. Eu sabia que estava bem. Minha memória tem estado boa desde o final de outubro de 1997. Eu me lembro da "fisio" me perguntando porque eu fazia tanto barulho. Bom, eu estava gritando porque eles me causavam muita dor. Não quero que ninguém passe pelas mesmas coisas horríveis que eu passei. Eu acho que meu exemplo mostra que você não trata as pessoas como casos de livros. Você precisa ser informado sobre onde está todos os dias por alguns meses e ter certeza que eles podem ouvir você. Tudo parecia barulho para mim, mesmo que meus testes de audição não mostrassem perda alguma. É realmente assustador não saber onde eu estava ou por que eu estava lá. Nenhum médico jamais me falou sobre minha doença. Eles têm sorte por eu estar com isso. Entendi tudo isso.

Kate me disse recentemente que eles a tratavam como um corpo e não como uma pessoa, e que eles não tinham nenhuma esperança quanto à recuperação dela.

A mãe de Kate disse que todos eram muito gentis no primeiro hospital, mas não sabiam o que estava errado com ela. No segundo hospital, na terapia intensiva, os pais de Kate foram informados que poderiam telefonar a qualquer hora do dia ou da noite, o que fez com que se sentissem acolhidos. Após cerca de quatro ou cinco semanas, Kate foi transferida para a ala especializada em TCE e, embora a equipe estivesse sempre disposta a conversar e fosse honesta com eles, não havia um sentimento de entusiasmo. A mãe de Kate disse ainda que:

> Quando eu disse a eles que Kate mexeu os dedos, eles disseram para não ler muito sobre isso porque os bebês mexem os dedos. Eu fiquei aborrecida com isso. Uma vez, eu fiquei brava com eles e disse que eles não deveriam falar sobre Kate como se ela não estivesse lá. Ela tinha fala e o terapeuta ocupacional e nós estávamos tentando nos comunicar. Ela não tinha expressão facial. Tentamos piscar e não conseguimos nos acertar com isso. Depois, usamos um quadro de sim/não e, em seguida, a irmã dela veio e trouxe um grande bloco com canetinhas, e nós escrevemos coisas do tipo "nós amamos você". Descobrimos que Kate odiava TV. Nós a deixávamos ligada quando saíamos, pensando que isso seria uma companhia, mas ela odiava. À certa altura, ela disse: "não consigo ouvir isso". Durante muito tempo, Kate ouvia barulho e não conseguia entender a fala.

Sua mãe prosseguiu, dizendo:

> Eu andava com Kate na cadeira de rodas por todo o hospital, segurando a cabeça dela com uma mão e empurrando a cadeira com a outra. Às vezes, nós chorávamos.

O pai de Kate relatou que, em uma ocasião, ele disse a um membro da equipe que estava pensando em comprar um computador para Kate e foi informado que não havia razões para isso. O computador agora, obviamente, é de suma importante para Kate. Por outro lado, uma das enfermeiras seniores disse aos pais de Kate para "nunca desistirem" e, quando Kate foi para a reabilitação, eles tiveram, por um tempo, um assistente social muito bom, o que não foi de todo ruim. De fato, a família acredita que foi bem tratada, mas muitas coisas não foram bem tratadas. Eles certamente tiveram que lutar para seguir adiante.

Auxiliando Kate em seus problemas emocionais

Kate escreveu um artigo conosco sobre "Recuperação cognitiva de um estado vegetativo *persistente*" (Wilson et al., 2001). Desde 2000, Kate é atendida por vários estagiários de psicologia clínica, cada um dos quais passou alguns meses comigo como parte do treinamento deles. Essas pessoas ajudaram nas dificuldades emocionais que Kate estava enfrentando. Três deles, Jamie MacNiven, Rebecca Poz e Fergus Gracey, em conjunto com Kate e eu, publicamos um artigo sobre alguns aspectos desse tratamento (MacNiven et al., 2003). Outros estagiários, Emma Berry, Emily Miller e Sarah Ronaghan, continuam trabalhando com Kate desde então.

As dificuldades emocionais são comuns após uma lesão encefálica: a ansiedade, a depressão, as reações de estresse pós-traumático e a raiva são observadas com frequência. Elas podem ser um obstáculo para a recuperação cognitiva. Os problemas comportamentais podem aumentar e o tratamento e o gerenciamento das dificuldades emocionais são uma parte essencial da reabilitação neuropsicológica (Prigatano, 1999). Sem esse tratamento, é provável que reduzamos as chances de uma reabilitação bem-sucedida. As consequências emocionais das lesões encefálicas são decorrentes de pelo menos três causas principais (Gainotti, 1993): primeiro, elas podem surgir como um resultado direto da lesão neurológica (por exemplo, as lesões no tronco encefálico podem levar à labilidade emocional); segundo, elas podem surgir devido a fatores psicológicos (por exemplo, os comprometimentos no funcionamento cognitivo, tais como capacidade de memória rebaixada, podem levar à redução da autoestima); e, terceiro, elas podem resultar de fatores psicodinâmicos (por exemplo, o isolamento social após uma lesão encefálica pode levar à depressão). Cada um desses fatores poderia ter contribuído para os problemas de Kate. O tratamento inclui uma avaliação cuidadosa e apreciação de vários modelos teóricos, conforme descrito em linhas gerais nos Capítulos 13 a 20 deste livro.

Durante os primeiros meses no hospital, Kate teve várias infecções torácicas. Ela também mostrou sinais de paraparesia espástica com redução da força em todos os grupamentos musculares, além de evidências de hiperreflexia. Consequentemente, o foco principal, neste período de reabilitação, foi a fisioterapia que, como vimos anteriormente, Kate achava assustadora e dolorosa. As dificuldades comportamentais, incluindo gritos e mordidas ocasionais, foram registradas, mas ninguém ofereceu auxílio quanto aos problemas cognitivos, emocionais e comportamentais.

Uma vez realizada a avaliação cognitiva, evidenciando que o funcionamento de Kate era melhor do que o esperado por muitos que trabalhavam com ela, nós percebemos que deveríamos tentar ajudá-la a lidar com os problemas emocionais. A reação psicológica de Kate à doença era exacerbada. Na fase pré-mórbida, Kate foi descrita pela família como muito inteligente, gentil, tímida e quieta. Ela fez uma boa graduação, seguida de uma qualificação docente em nível de pós-graduação. Kate estava em um relacionamento de muitos anos com o namorado. Eles tinham acabado de comprar uma casa juntos e tinham planos de se casar. Embora o trabalho de Kate como docente não fosse tão divertido quanto ela desejava, ela tinha planos de permanecer nele. Seus pais e sua família eram próximos. Kate era uma jovem mulher que pensou em seu futuro e teve uma vida feliz.

Após sua doença, os relacionamentos, o emprego, a existência social e a identidade de Kate mudaram. No período em que ela havia pensado em se casar e formar uma família, sua doença parecia ter mudado tudo. Não é surpreendente então que Kate tivesse reações de humor deprimido, raiva e ansiedade que refletiam a terrível mudança em seu estilo de vida.

Durante seu período de reabilitação e enquanto estava na casa de repouso, Kate se apresentava como distante e deprimida. Ela gritava, especialmente durante a fisioterapia, e era conhecida por morder as pessoas – em geral, quando estas a ajudavam com seus cuidados pessoais. A partir de uma perspectiva comportamental, o comportamento de Kate poderia ser visto como uma tentativa de se comunicar com aqueles que cuidavam dela e dos quais sentia medo e dor. As dificuldades de Kate com a comunicação e sua dependência de um quadro para se comunicar frequentemente resultavam em frustração para ela e seus cuidadores, pois os mal--entendidos eram comuns.

Desde seu tratamento inicial no hospital, Kate começou a ficar com muita raiva da maneira como ela sentia ter sido tratada. Isso se tornou um tema predominante em sua discussão sobre o que havia lhe acontecido, persistindo por vários anos. No início da avaliação para determinar os fatores que contribuíam para a raiva e o mau humor, Kate disse:

> Todo mundo acha que eles [os funcionários do hospital] são bons, mas até meus cuidados médicos pioravam cada vez mais. Eu acho que eles são inúteis, exceto na terapia intensiva. [...] Eu pensei que eles só gostavam de me machucar [durante a aspiração] e de me assustar porque eles não ligavam para os meus gritos. Você pode perceber como estou com raiva? Na última vez que fiquei doente, tive insuficiência pulmonar e pneumonia e isso foi culpa deles.

Essa raiva e frustração que Kate sentia também eram, às vezes, direcionadas para si e para sua família e amigos:

> Acabei de encontrar uma velha amiga da universidade e isso realmente me chateou. Agora posso ver o quanto sinto saudades. Ela está casada há cinco anos e tem uma casa e uma vida. [...] Eu só grito porque não consigo chorar, o que faria se pudesse. [...] Odeio me sentir culpada. Antes, eu ficava despreocupada e, agora, eu dependo dos outros.

A partir de uma perspectiva cognitivo-comportamental, a depressão de Kate poderia ser associada à ideação suicida, bem como a um sentimento de inutilidade e um padrão de pensamento, sentimento, comportamento e sensação física negativos.

Era evidente que a compreensão de Kate acerca das mudanças em sua vida estava aumentando e, com isso, a percepção de que ela havia perdido muito. A enorme tarefa de começar a reconhecer as mudanças em sua vida agora e no futuro estavam começando a ficar claras para ela a partir do momento em que começou a terapia. Kate refletiu:

> Sinto-me deprimida porque vai levar anos até que eu possa me casar. Isso se eu puder. [...] Eu também sei que nunca vou ficar bem o suficiente para ter um bebê, o que é muito difícil de lidar, pois costumava querer muito isso. [...] Também me sinto culpada porque sei que sou uma pessoa trabalhadora.

Formulação

Ao formular o sofrimento psicológico que Kate estava vivenciando, foi levantada a hipótese de que os fatores ambientais, tais como seus problemas contínuos de interação com os cuidadores, e os fatores internos, tais como seu padrão de pensamento negativo e de esquiva comportamental, estavam mantendo Kate focada no passado e no que ela havia perdido. Era como se Kate estivesse presa ao trauma sofrido e ficasse impressionada com essa perda de normalidade. A autoestima de Kate era baixa, se descrevendo agora como "estúpida" e "inútil". A formulação permitiu que os padrões específicos de pensamento e comportamento fossem explorados com Kate. Apresentamos, na Figura 21.2, um diagrama dos obstáculos à recuperação emocional (isto é, as experiências de Kate e sua reação a elas) em conjunto com as respostas e soluções de Kate para os problemas que ela descobriu por meio da terapia.

Ela fez isso se concentrando, sobretudo, em sua identidade atual, reconhecendo o passado, mas decidindo seguir adiante, focando o presente e o futuro. A Figura 21.3 mostra como Kate era antes da doença.

Intervenção

O principal objetivo de nossa intervenção foi reduzir o sofrimento e a raiva de Kate, bem como ajudá-la a se entender melhor. Um elemento fundamental de uma psicoterapia eficaz é a formação de uma aliança terapêutica. Ao trabalhar de forma colaborativa com o indivíduo, utilizando a formulação como base para a intervenção, o terapeuta é capaz de incentivar o progresso. Para contribuir com o desenvolvimento desse relacionamento colaborativo, o terapeuta apresenta um embasamento teórico sólido sobre quais técnicas de várias abordagens psicoterapêuticas podem ser utilizadas em conjunto.

Figura 21.2 Diagrama da formulação.

PERSONALIDADE PRÉ- MORBIDA
Gentil, tímida e inteligente
Aspirações para se casar e começar uma família

DOENÇA E CONSEQUÊNCIAS
Perda das aspirações passadas, estilo de vida e relacionamentos
Impacto da deficiência – dependência de outras pessoas

AJUSTAMENTO NORMAL
Sentimentos de perda, tristeza, raiva e culpa

INTERVENÇÕES
Regulação
Externalização
Reflexão

"Aceitação" de Gainotti

Reconhecimento
Entendimento
Aceitação ou desafio

CRENÇAS
Sou inútil, sou estúpida
Sou um fardo
Nunca vou...
Não é justo

Pouco controle das situações, dos sentimentos etc.
Experiência do *self* cada vez mais negativa em relação às outras pessoas
Visão negativa do futuro

GATILHOS
Ser incapaz de atender às próprias necessidades, depender de outras pessoas
Lembretes das perdas: por exemplo, cuidadores falam sobre família, mudanças na vida dos amigos

COMPORTAMENTO
Gritar

PENSAMENTOS
Sou inútil, um fardo etc.

SENTIMENTOS
Raiva

TENTATIVAS DE LIDAR COM AS DIFICULDADES
Gerenciamento do humor, resolução de problemas e apoio social

SENTIMENTOS
Culpa e depressão

PENSAMENTOS
Mas não é minha culpa etc.

COMPORTAMENTO
Reservado

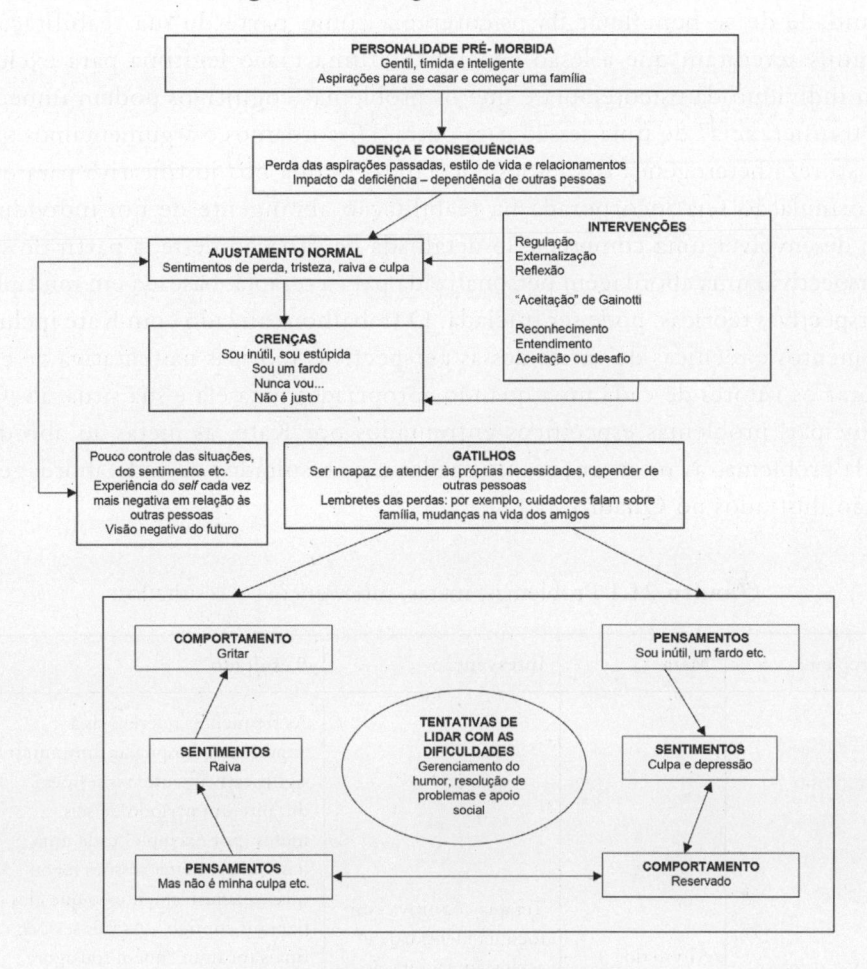

Figura 21.3 Kate antes de sua doença.

Muitos indivíduos que sofrem uma lesão encefálica não têm a oportunidade de se beneficiar da psicoterapia como parte de sua reabilitação. Alguns acreditam que a lesão encefálica é uma razão legítima para excluir um indivíduo da psicoterapia e que os problemas cognitivos podem impedir a "transferência" de uma sessão para outra. Discordamos e argumentamos que a natureza heterogênea das lesões encefálicas é uma boa justificativa para que a formulação seja incorporada na reabilitação abrangente de um indivíduo. Ao desenvolver uma compreensão detalhada da situação deste, a partir de sua perspectiva, uma abordagem personalizada para a terapia, baseada em múltiplas perspectivas teóricas, pode ser iniciada. O trabalho realizado com Kate incluiu elementos e técnicas de várias dessas perspectivas teóricas na tentativa de explorar os valores de cada uma quando apropriadas para ela e sua situação. Os principais problemas específicos enfrentados por Kate, as metas ao abordar cada problema, as intervenções utilizadas e os resultados de cada abordagem estão ilustrados no Quadro 21.1.

Quadro 21.1 Problemas, metas, intervenções e resultados.

Problema	Meta	Intervenção	Resultado
1. Sentimentos persistentes de perda, tristeza, raiva, culpa e depressão.	Alívio do impacto emocional permanente da experiência hospitalar.	Terapia cognitiva com foco na identidade e aceitação; facilitação do "ajustamento normal". Instrução sobre técnicas práticas para o gerenciamento da raiva.	As frequentes referências à experiência hospitalar diminuíram significativamente nas sessões durante um período de seis meses (por exemplo, cada uma das três primeiras sessões focou quase exclusivamente "o que eles fizeram comigo". As três sessões finais focaram "quem sou agora e o que o futuro reserva"). O acompanhamento confirmou a manutenção dos ganhos obtidos. Reformulação da autoidentidade sem referências à experiência hospitalar. O autorrelato subjetivo de sentimentos identificou raiva e culpa mínimas. O relatório objetivo da família e dos cuidadores corrobora menos sentimentos de raiva e tristeza nas referências de Kate à experiência hospitalar.

Problema	Meta	Intervenção	Resultado
2. Consequências comportamentais da raiva, culpa e depressão (por exemplo, raiva dos cuidadores e distanciamento).	Desenvolvimento de uma interação mais positiva entre Kate e os cuidadores.	Trabalhar a empatia com Kate – identificar as frases ou atitudes prejudiciais a ela, bem como as estratégias de resolução de problemas para comunicar esses sentimentos aos cuidadores sem raiva (por exemplo, mostrar aos cuidadores um artigo publicado sobre ela com suas citações a respeito de comentários desagradáveis).	Autorrelatos e relatos dos cuidadores sobre um maior entendimento entre Kate e eles. Evidências de que Kate estaria utilizando estratégias em situações conflituosas com sucesso (por exemplo, pedir ao cuidador que mude de assunto se estiver falando sobre crianças sem ficar com raiva). As estratégias permitiram que Kate continuasse a interagir, reduzisse a frequência de distanciamento e tivesse sentimentos mais positivos em relação aos cuidadores.
3. Crenças negativas sobre si (por exemplo, "sou estúpida, sou inútil").	Exploração objetiva da validade das crenças negativas que mantêm a ideação depressiva.	Teoria dos construtos pessoais, terapia narrativa e técnicas de *mindfulness* empregadas para colocar o foco em si no presente em conjunto com um trabalho cognitivo complementar para desafiar algumas crenças/pensamentos novos.	Autorrelato de uma maior autoestima. Considerações positivas sobre si evidenciadas pelo aumento do número de planos para o futuro. Determinação para focar o presente e o futuro – reconhecendo o passado, mas deixando-o no passado. Desenvolvimento de um novo conjunto de crenças (por exemplo, "não sou estúpida. Minha experiência não foi à toa. Posso ajudar outras pessoas com problemas parecidos").
4. Perda do controle e da independência.	Aumento do controle e da independência.	Intervenções da família, incluindo a própria "suíte" dentro de casa.	Reforço do trabalho terapêutico. Confirmação de novas crenças e pensamentos sobre si e o futuro. Melhor qualidade de vida.

A teoria dos construtos pessoais (Kelly, 1955) foi utilizada para ajudar Kate a se caracterizar no presente em vez de reviver o passado como um presente perpétuo. Essa abordagem em particular permite que o indivíduo crie as próprias maneiras de ver o mundo e reduz a sensação de ser um receptor passivo de ideias ou perspectivas impostas. Os "construtos" são modelos sobre o mundo que o indivíduo mantém e adapta à medida que as realidades da vida são experienciadas. A terapia que utiliza essas ideias encoraja o indivíduo a desenvolver novas concepções acerca de si no mundo (Blowers; O'Connor, 1995).

As técnicas de controle da raiva (Demark; Gemeinhardt, 2002) incorporadas à terapia cognitiva (Segal *et al.*, 2002) permitiram que Kate se concentrasse em padrões específicos de pensamento enquanto também elucidava sua identidade atual. O trabalho interpessoal de resolução de problemas (Malia *et al.*, 1995) enfocou o desenvolvimento da capacidade de Kate de se simpatizar com os outros, especialmente com os cuidadores com os quais houve algumas dificuldades. Esse trabalho potencialmente desafiador foi possível principalmente devido à qualidade da aliança terapêutica entre Kate e seu terapeuta.

A utilização de ideias da terapia narrativa (Nicholson, 1995) e de técnicas de *mindfulness* (Segal *et al.*, 2002), novamente incorporada ao trabalho cognitivo, possibilitou que Kate se concentrasse mais no presente e pensasse de forma realista e otimista em seu futuro. Outro trabalho acerca da resolução de problemas, analisando "situações problemáticas" específicas, permitiu que Kate interagisse com mais êxito com os cuidadores. Kate relatou que:

> Não acredito quanto eu mudei. Agora, quero estar viva e espero ansiosamente pelo futuro. [...] Agora, posso me manter ocupada e atarefada em vez de ficar sentada sozinha sem fazer nada. [...] Só não quero que ninguém mais passe pelas coisas horríveis que eu passei. Agora, posso ver que acabou e espero nunca mais ter isso novamente. [...] Você consegue perceber quanta raiva eu costumava sentir? Mas agora não faz sentido ficar com raiva. Só preciso olhar para o futuro.

O papel da família de Kate em sua recuperação emocional não deve ser subestimado. Em uma família muito solidária e compreensiva, ela teve a chance de se ajustar. Sem esse apoio, é improvável que ela pudesse ter se recuperado a tal ponto. De fato, é certo que esse foi o fator de proteção mais importante que impediu que Kate tivesse uma experiência muito pior e contribuiu significativamente para sua recuperação cognitiva e emocional. É fundamental que as famílias recebam o apoio que elas precisam para poderem influenciar positivamente o resultado do indivíduo que sofreu uma lesão encefálica (Tyerman; Booth, 2001). Como Kate diz:

> Tenho muita sorte de ter minha mãe e meu pai. Sinto muito pelas pessoas que não têm os pais que tenho. Elas vão ficar sozinhas no hospital, sem ninguém para cuidar delas. Sou feliz porque tive minha mãe, meu pai e meu namorado como meus amigos. [...] Eles fazem tanto por mim e me fazem rir. [...] Meu pai diz que eu estou bem treinada porque dou risadas das piadas dele. [...] Agora, posso rir dos meus problemas, principalmente com minha mãe e meu pai porque eles sabem que tenho uma inteligência, mesmo que limitada.

Ao empregar o modelo de reabilitação descrito no Capítulo 1, foi importante compreender os fatores emocionais envolvidos na reabilitação emocional e cognitiva bem-sucedida de Kate. A reabilitação dela levou vários anos e ainda há um longo caminho a ser percorrido. Ela recentemente começou a frequentar um centro-dia para pessoas com lesão encefálica e gosta de ir lá. Ela gosta principalmente de uma bicicleta ergométrica especial, a qual é projetada para pessoas com as mesmas deficiências físicas dela. Ela vai uma vez por semana, mas espera aumentar para duas vezes se houver uma enfermeira para acompanhá-la durante o dia extra. Kate precisa ter uma pessoa com ela que saiba fazer aspiração caso necessite. Com relação à intervenção neuropsicológica, ela é atendida a cada duas semanas. Ainda estamos auxiliando Kate em sua raiva e autoestima. Embora os problemas nessas áreas tenham diminuído, eles às vezes ocorrem novamente. Além disso, estamos planejando ajudá-la a se tornar mais independente fora de sua casa. A meta atual é verificar se ela se sente segura para ir e voltar dos correios e como ela reagirá caso sua cadeira de rodas fica presa. Se isso for bem-sucedido, a próxima meta será verificar se ela consegue ir e voltar da biblioteca de forma independente. Como isso envolve atravessar uma rua, precisamos equilibrar a necessidade de independência com a necessidade de garantir segurança à Kate.

Uma palavra final de Kate e seus pais

Kate me disse há alguns dias:

> Antes da minha doença, eu gostava de estar no controle. Eu estava feliz e tinha planos para minha vida que caíram por terra. Minha doença foi um choque enorme. Nunca vou me recuperar desse choque. Minha vida mudou totalmente.

Quando questionada acerca do que gostava de fazer agora, Kate respondeu:

> Gosto do meu computador, dos e-mails e do Teddy (o gato de Kate). Gosto da fisioterapia Feldenkrais que já faço há cinco anos. É a que o Christopher Reeve, o *Superman*, faz. Eu ainda amo os animais. Eu gosto de animais de estimação; eles dão a você uma razão para acordar de manhã. O mais importante para mim foi ter uma avaliação adequada e ajuda emocional.

A mãe de Kate afirmou que:

> Não ser avaliado é como estar desempregado; você não faz parte do mundo. Isso é extremamente importante. Como uma cuidadora, eu me lembro de Kate ficando muita brava com todos. Não sabíamos como lidar com isso. A família e os amigos queriam ajudar e tivemos que dizer para se afastarem, para não fazerem uma visita. Não sabíamos se isso

iria acabar. Eu sempre vou ficar dividida entre minha filha e o resto da família? A família quer ajudar. Eles também estão arrasados; eles dizem que entendem, mas a mágoa ainda está lá. Isso foi quase pior que a doença.

O pai de Kate disse como ficou com raiva quando um médico certa vez perguntou se Kate era sempre assim – brava o tempo todo. Ele disse: "não a culpe". Kate continuou:

> A ajuda me fez ser normal novamente e trouxe de volta meu senso de humor. Ter pessoas compreensivas foi importante. Eu tinha vontade de morrer até conseguir ajuda emocional.

Perguntei a Kate como ela via sua vida daqui cinco anos. "Espero que minha mãe, meu papai e Teddy estejam comigo", ela respondeu. Entretanto, dois dias depois, ela acrescentou por e-mail:

> Estava pensando no que eu quero para o futuro. Gosto muito de animais de estimação e animais em geral. Então, um cachorro seria muito legal. Ele seria um amigo. Eu costumava ter uma cachorrinha e ela era adorável, mas muito levada. Ela costumava me fazer chorar; eu era o animal de estimação dela! Sinto muita falta dela e gostaria de ter outra. Também gostaria que uma pessoa ficasse comigo, pois você precisa lutar por tudo. Não consigo imaginar um homem me desejando porque tenho muitas deficiências; vou ter que ter um cachorro. Eu nunca vou querer morar em uma casa de repouso. Eu gosto de estar no mundo.

Kate, esperamos que você atinja essas metas.

Referências

Andrews, K., Murphy, L., Munday, R. and Littlewood, C. (1996). Misdiagnosis of the vegetative state: Retrospective study in a rehabilitation unit. *British Medical Journal*, **313**, 13–16.

Bates, D. (2005). The vegetative state and the Royal College of Physicians guidance. *Neuropsychological Rehabilitation*, **15**, 175–83.

Blowers, G. H. and O'Connor, K. P. (1995). Construing contexts: problems and prospects of George Kelly's personal construct psychology. *British Journal of Clinical Psychology*, **34**, 1–16.

Childs, N.L., Mercer, W.N. and Childs, H.W. (1993). Accuracy of diagnosis of persistent vegetative state. *Neurology*, **43**, 1465–7.

Demark, J. and Gemeinhardt, M. (2002). Anger and it's management for survivors of acquired brain injury. *Brain Injury*, **16**, 91–108.

Gainotti, G. (1993). Emotional and psychosocial problems after brain injury. *Neuropsychological Rehabilitation*, **3**(3), 259–77.

Giacino, J.T. and Kalmar, K. (1997). The vegetative and minimally conscious states: a comparison of clinical features and functional outcome. *Journal of Head Trauma Rehabilitation*, **12**, 36–51.

Giacino, J.T. and Kalmar, K. (2005). Diagnostic and prognostic guidelines for the vegetative and minimally conscious states. *Neuropsychological Rehabilitation*, **15**, 166–74.

Kelly, G. (1955). *The Psychology of Personal Constructs, 1–2*. New York: Norton.

MacNiven, J.A., Poz, R., Bainbridge, K., Gracey, F. and Wilson, B.A. (2003). Case study: emotional adjustment following cognitive recovery from 'persistent vegetative state': psychological and personal perspectives. *Brain Injury*, **17**(6), 525–33.

Malia, K., Powell, G. and Torode, S. (1995). Coping and psychosocial function after brain injury. *Brain Injury*, **9**, 607–18.

McCarthy, R.A., Evans, J.J. and Hodges, J.R. (1996). Topographic amnesia: spatial, memory disorder, perceptual dysfunction, or category specific semantic memory impairment? *Journal of Neurology, Neurosurgery, and Psychiatry*, **60**, 318–25.

Menon, D.K., Owen, A.M., Williams, E.J. *et al.* (1998). Cortical processing in persistent vegetative state. *Lancet*, **352**(9123), 200.

Nicholson, S. (1995). A narrative dance: A practice map for White's therapy. *Australian and New Zealand Journal of Family Therapy*, **16**, 23–8.

Owen, A.M., Menon, D.K., Johnsrude, I.S. *et al.* (2002). Detecting residual cognitive function in persistent vegetative state. *Neurocase* **8**, 394–403.

Prigatano, G.P. (1999). *Principles of Neuropsychological Rehabilitation*. New York: Oxford University Press.

Segal, Z.V., Williams, J.M.G. and Teasdale, J.D. (2002). *Mindfulness-Based Cognitive Therapy for Depression*. New York: Guilford Press.

Shiel, A. (2003). Rehabilitation of people in states of reduced awareness. In: B.A. Wilson, ed, *Neuropsychological Rehabilitation: Theory and Practice*, Lisse: Swets & Zeitlinger, pp.253–69.

Shiel, A., Gelling, L., Wilson, B., Coleman, M. and Pickard, J.D. (2004). Difficulties in diagnosing the vegetative state. *British Journal of Neurosurgery*, **18**, 5–7.

Teasdale, G. and Jennett, B. (1974). Assessment of coma and impaired consciousness. A practical scale. *Lancet*, **2**(7872), 81–4.

Tyerman, A. and Booth, J. (2001). Family interventions after traumatic brain injury: a service example. *Neurorehabilitation*, **16**, 59–66.

Wilson, B.A., Gracey, F. and Bainbridge, K. (2001). Cognitive recovery from 'persistent vegetative state': psychological and personal perspectives. *Brain Injury*, **15**(12), 1083–92.

PARTE 4
Resultados

CAPÍTULO 22

Esta abordagem é eficaz? Avaliação de eficácia no Oliver Zangwill Centre (OZC)

Andrew Bateman

Introdução

No decorrer deste livro, as abordagens discutidas para uma reabilitação neuropsicológica abrangente ilustram os vários elementos que compõem um programa completo de reabilitação que pode ser descrito como holístico em sua investigação. A eficácia da reabilitação pode ser concebida em relação às mudanças objetivas/observáveis no comportamento ou em relação às mudanças na experiência subjetiva implementadas pelo cliente ou familiares. O foco da medida de eficácia pode estar nos objetivos finais da reabilitação (por exemplo, nas metas relacionadas à participação social) ou nas práticas preconizadas para corroborar a mudança (por exemplo, na conscientização, no uso de estratégias de aprendizagem compensatórias, no aumento da confiança, na melhora dos relacionamentos familiares etc.). As técnicas de avaliação podem igualmente variar, incluindo observações, análises por meio de questionários ou procedimentos "indiretos" experimentais ou padronizados elaborados para explicar os processos inconscientes (tais como os cognitivos e emocionais).

No programa, uma série de intervenções individuais requer uma série de metodologias para abordar os diferentes tipos de questões relacionadas à eficácia. Os elementos individuais podem estar sujeitos às avaliações específicas de eficácia, conforme mostrado no Capítulo 6 acerca da atenção e do gerenciamento de metas. Da mesma forma, a eficácia em cada paciente pode ser examinada, conforme ilustrado nos estudos de caso. Entretanto, de acordo com o que foi discutido em nossos capítulos de estudo de caso, os elementos individuais avaliados no contexto de um programa holístico precisam ser vistos como partes de todo um processo e isso significa que, muitas vezes, é difícil isolar a eficácia dos elementos individuais.

Os estudos que avaliaram programas similares de reabilitação cognitiva de natureza holística e eclética incluem Parente e Stapleton (1999), Salazar *et al.* (2000), Klonoff *et al.* (2001) e Malec (2001). Esses trabalhos também foram citados por Cicerone *et al.* (2005), que concluíram que o estudo de classe 1 de Salazar corroborava um programa organizado para indivíduos com lesões mais severas. Observamos que é difícil generalizar a partir deste estudo, pois ele estava limitado a militares. Outros estudos elencados aqui fornecem evidências dos benefícios em relação à integração da comunidade, participação social e produtividade.

Ao defender a oferta de um programa intensivo, é apropriado que também examinemos a eficácia deste em sua totalidade. A partir dos dados disponíveis que temos, podemos apenas responder às questões específicas acerca do nosso contexto. Questões mais amplas, tais como "este programa é mais eficaz do que outro tipo de programa?" ou, até mesmo, "você consegue obter a mesma eficácia em um período mais curto?", aguardam pela oportunidade de realização de estudos multicêntricos longitudinais. Por enquanto, de qualquer maneira, essas questões que exigem metodologias quantitativas não são evidentemente passíveis de resposta utilizando os dados que temos de forma isolada. As evidências a favor dos componentes do programa (tais como o Grupo de Atenção e Gerenciamento de Metas) foram extraídas de outras fontes, tais como as intervenções individuais realizadas. Essas intervenções, na ausência de evidências já publicadas, encorajam uma abordagem sistemática baseada em formulações de tal modo que elas são testadas "ao vivo" durante nosso trabalho com o cliente. Em nossa abordagem, tentamos justificar cada componente e avaliar os processos, bem como a eficácia. Por tudo isso, encaramos o desafio de ter em mente a singularidade das metas individuais e de seus significados.

Além disso, queremos enfatizar que as abordagens quantitativas para a avaliação dos serviços não são as únicas maneiras de representar os benefícios relatados pelos clientes e, por esse motivo, incluímos uma breve seção sobre o que eles dizem sobre suas experiências. A pesquisa em andamento no Oliver Zangwill Centre (OZC) propicia uma nova avaliação de como os indivíduos com lesão encefálica se veem utilizando "construtos pessoais". Isso encontra-se melhor ilustrado na Figura 22.1.

Essa figura mostra alguns itens selecionados de um exemplo de escala de classificação que os clientes criam em pequenos grupos. Eles são auxiliados a desenvolver uma série de itens com dois polos relevantes para si e para o grupo. Os indivíduos discutem os dois polos de quaisquer construtos que representam sua experiência de tal forma que possam mapear seu "*self* atual", "*self* ideal" e "*self* anterior à lesão" em um mesmo grupo de *continnua*. Ao explicarmos o modelo "Y" (ver Capítulo 4, Figura 4.1), temos defendido que a participação dos indivíduos no

Figura 22.1 Fragmento de um questionário de construto pessoal desenvolvido por quatro clientes. As marcações indicam a posição na classificação em relação ao *"self* anterior à lesão", *"self* ideal" e *"self* atual" em um *continuum*, no qual os polos são criados com os clientes. O cliente em questão avançou em direção ao seu *"self* ideal", superando essa classificação em dois itens, e se aproximou da classificação *"self* anterior à lesão".

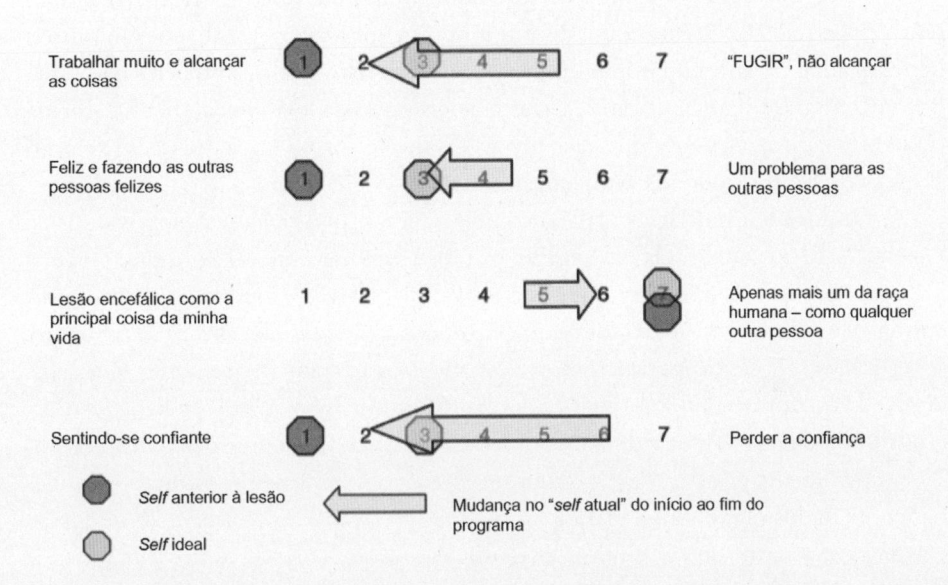

Trabalhar muito e alcançar as coisas	1	2	3	4	5	6	7	"FUGIR", não alcançar
Feliz e fazendo as outras pessoas felizes	1	2	3	4	5	6	7	Um problema para as outras pessoas
Lesão encefálica como a principal coisa da minha vida	1	2	3	4	5	6	7	Apenas mais um da raça humana – como qualquer outra pessoa
Sentindo-se confiante	1	2	3	4	5	6	7	Perder a confiança

● *Self* anterior à lesão
○ *Self* ideal
⟵ Mudança no *"self* atual" do início ao fim do programa

processo de mudança reduz, neles e na sociedade, o senso de discrepância entre o *self* atual e o *self* ideal. Uma análise qualitativa dos construtos obtidos em uma amostra de clientes que participaram do programa é descrita em Gracey et al. (2008). Aplicada em cada cliente no início, meio e final da reabilitação, bem como no acompanhamento, essa escala permite avaliar as mudanças no senso individual de discrepância durante e depois do programa. Nosso objetivo é registrar o processo de mudança em conjunto com as informações sobre a consecução de metas. Esse processo envolve temas que estão além do escopo deste capítulo, tais como a avaliação da autoestima, mudanças na conscientização, funcionamento dos relacionamentos, bem-estar, autonomia e redução do sofrimento. Participar dos processos preconizados no modelo Y implica a necessidade de observarmos a relação entre a melhora das habilidades, da confiança e os componentes de ajustamento emocional. Mais descrições acerca do uso dessa avaliação do construto pessoal podem ser encontradas em Dewar e Gracey (2007). Estudos qualitativos sobre as mudanças de identidade após a lesão encefálica e na intervenção neuropsicológica também são apresentados com propriedade em uma edição especial da revista *Neuropsychological Rehabilitation* dedicada a esse tema (Gracey; Ownsworth, 2008).

Utilizando os questionários publicados para avaliar o impacto do programa

A seleção de questionários apropriados de eficácia precisa ser claramente determinada pelas características da população estudada. Formulários, tais como o Índice de Barthel e a Medida de Independência Funcional (MIF), não seriam sensíveis aos nossos clientes que, de um modo geral, teriam pontuações máximas nessas avaliações antes do início do programa. Isso não significa que eles não estejam enfrentando sequelas significativas e persistentes da lesão encefálica adquirida (LEA), mas simplesmente que eles progrediram de forma satisfatória em relação às áreas investigadas nessas avaliações.

Um dos questionários utilizados no OZC é o *Questionário Europeu de Lesão Cerebral* (*EBIQ*, para a sigla em inglês): um instrumento com 63 itens que fornece informações acerca da experiência subjetiva em 9 áreas e que tem se mostrado confiável e válido para os grupos com lesão encefálica (Teasdale *et al.*, 1997; Sopena *et al.*, 2007). Na sessão preliminar, solicitamos aos participantes e a seu familiar/cuidador que preencham as versões do *EBIQ* de autoavaliação e de avaliação do cuidador. Essas avaliações são, então, repetidas no final do programa de reabilitação.

Desde sua fundação, a equipe do OZC reuniu esses resultados em um banco de dados que inclui a principal medida de eficácia da consecução de metas e as respostas, item por item, do *EBIQ*. Os dados que coletamos nos permitiram responder às seguintes perguntas elementares:

- Quais metas são importantes para os nossos participantes?
- Os clientes que participam do programa alcançam as metas estabelecidas?
- As respostas ao questionário mudam durante a reabilitação?
- Existe uma relação entre a consecução de metas e as respostas aos questionários?

Estabelecimento de metas e avaliação dos serviços

Conforme discutido no Capítulo 3, estabelecer metas com os participantes é um componente fundamental para o ingresso em nosso programa intensivo. As metas são essenciais para nos permitir direcionar a equipe interdisciplinar, possibilitar que os participantes saibam se estão progredindo devido ao fato de estarem no OZC e fornecer a principal medida de eficácia global de nosso trabalho. As dificuldades na avaliação da reabilitação têm sido amplamente discutidas. Houve, entretanto, algumas tentativas de examinar a contribuição de programas de tratamento. Por exemplo, Liu *et al.* (2004) compararam os instrumentos sistemáticos de análise que fornecem classificações de deficiência (tais como o Índice de Barthel) com a consecução de metas enquanto um indicador de participação (limitação). Eles concluíram que a avaliação da consecução das metas de longo prazo e suas variações fornecem informações complementares sobre o método e a eficácia da reabilitação após a lesão encefálica que são superiores ao uso das avaliações tradicionais de incapacidade (Liu *et al*., 2004, p. 400).

Concordamos com esse posicionamento e afirmamos que a necessidade de um processo de estabelecimento de metas centrado no cliente é uma característica essencial da reabilitação holística.

Procedimentos do OZC para o estabelecimento de metas

Em nosso formulário de encaminhamento, perguntamos ao solicitante: "como você acredita que *seu cliente* se beneficiará com o atendimento?" Este é o primeiro passo em nosso método para estabelecer as metas. Como tal, ele destaca a existência de várias partes interessadas no processo de estabelecimento de metas (o solicitante, o familiar, o participante e a sociedade em geral).

Desde o primeiro encontro presencial com a equipe do OZC, os clientes são encorajados a participar desse processo de identificação de metas para a reabilitação. A eles, é feita a pergunta: "o que *você espera* alcançar com a reabilitação?"

Enquanto instrumento de apoio nesse estágio, também incluímos, nos últimos anos, o *Rivermead Life Goals Questionnaire* (Sivaraman Nair, 2003) – ver Quadro 22.1 – como forma de indicar a importância relativa das áreas que poderiam ser consideradas em nosso programa de reabilitação. Por meio desse instrumento, uma análise dos dados coletados foi realizada, permitindo observar que as prioridades dos pacientes com quadros neurológicos permanentes mudam à medida que o tempo após o trauma aumenta.

Quadro 22.1 Prioridades do estabelecimento de metas*

> **Objetivo**
>
> Este estudo descritivo transversal, realizado no início de 2005, teve como objetivo comparar as metas funcionais em nosso grupo de pacientes ambulatoriais com os dados publicados anteriormente (Savaraman Nair; Wade, 2003) por outro centro que oferece reabilitação para clientes logo após a lesão e com comprometimento mais severos. Acreditamos que o *Rivermead Life Goals Questionnaire*[1] seria interessante, pois parecia ter potencial para corroborar o processo de estabelecimento de metas, a priorização de metas de reabilitação e a criação de serviços para atender às necessidades dos usuários.

---

[1] O *Rivermead Life Goals* Questionnaire é um instrumento que avalia as metas funcionais em pacientes com lesão encefálica.

> **Método**
>
> Identificamos uma importância relativa das áreas de metas com o *Rivermead Life Goals Questionnaire*.
>
> **Resultados**
>
> Avaliamos 37 clientes (média de idade de 41 anos e desvio padrão de aproximadamente 17 anos; 11 mulheres) durante o período da pesquisa. O tempo médio após a lesão era de 24 meses. A frequência com que as metas foram classificadas como "extremamente importantes" foi de 28% para a família, 25% para os cuidados pessoais, 25% para o parceiro, 21% para a vida familiar, 15% para a situação financeira, 14% para os contatos, 12% para o lazer, 11% para o trabalho e 10% para a religião.
>
> **Conclusões**
>
> Conforme demonstrado em pesquisas anteriores, os indivíduos com problemas neurológicos frequentemente atribuem grande importância aos relacionamentos, cuidados pessoais e arranjos familiares. Sivaraman Nair e Wade (2003) relataram que o trabalho era extremamente importante para 20% do seu grupo de pacientes com quadros clínicos crônicos ou progressivos e irrelevante para 50% deste. Em contrapartida, o trabalho foi extremamente importante para 30% do nosso grupo e irrelevante para apenas 16% deste. Observamos alterações semelhantes nas classificações em outras áreas.
>
> Ao comparar com os pacientes atendidos por Sivaraman Nair e Wade (2003), encontramos um aumento na frequência da classificação "extremamente importante" em relação ao trabalho, religião ou filosofia de vida. Essa observação sugere que as prioridades variam de acordo com o contexto e o tempo após a lesão.
>
> Os resultados atestam a utilidade e validade aparente deste breve questionário. Além disso, este estudo destaca a importância de uma série de serviços de reabilitação que atendam às necessidades de grupos de clientes que estão em diferentes fases de recuperação. Desde então, modificamos o questionário, acrescentando mais 2 perguntas acerca da importância do bem-estar psicológico e físico a fim de contemplar as prioridades do Oliver Zangwill Centre.*
>
> * Esses dados foram apresentados originalmente em um pôster no encontro do Galway Satellite da International Neuropsychology Society (2005) e publicado no periódico *Brain Impairment* (Bateman, 2005).

Os clientes que parecem adequados ao programa de reabilitação retornam ao OZC por oito dias, nos quais participam de entrevistas, avaliações psicométricas e funcionais ("avaliação detalhada"). Durante esses oito dias, os clientes recebem uma tarefa para refletir e escrever com mais detalhes sobre suas aspirações e metas de reabilitação. Em um exercício relacionado a essa tarefa, solicitamos que eles escrevam sobre seus pontos fortes e fracos. Juntas, essas duas atividades fornecem material para discutir acerca do início do programa intensivo de reabilitação. As metas específicas são examinadas como relevantes por cada profissional ao entrevistar o cliente.

As informações coletadas na sessão de avaliação preliminar, bem como as reflexões mais detalhadas são utilizadas a fim de elaborar planos para o programa de reabilitação. Uma vez que o programa está em andamento, as metas são revisadas e o trabalho com o coordenador de programa individual (CPI) possibilita que o cliente estabeleça um conjunto de metas de longo prazo intitulado "*SMART*"[2] (específicas, avaliáveis, alcançáveis, realistas e planejadas). O progresso na reabilitação é, então, mapeado em relação a essas metas, utilizando nosso procedimento de registro a fim de observar a consecução das metas de curto prazo que compõem as etapas que visam às metas de longo prazo.

Para fins de gerenciamento do banco de dados, as metas são posteriormente categorizadas segundo tópicos gerais, tais como "compreensão sobre a lesão encefálica", "gerenciamento de atividades funcionais", "atividade social e de lazer" e "atividade vocacional". Exemplos dessas categorias de metas estão no Quadro 22.2.

Quadro 22.2 As principais categorias de metas de longo prazo.

Compreensão sobre a lesão encefálica
Por exemplo, mostrar um entendimento preciso de suas dificuldades e ser capaz de explicá-las a dois familiares e a dois membros da equipe do Oliver Zangwill Centre.
Gerenciamento de atividades funcionais de forma independente
Por exemplo, ser capaz de preparar uma refeição noturna simples para a família semanalmente sob supervisão e empregando estratégias específicas.
Atividades recreativas
Por exemplo, participar de duas atividades de lazer escolhidas pelo menos semanalmente (sinuca e carpintaria).
Planos de trabalho ou estudo
Por exemplo, participar de um período de experiência vocacional e ter um plano específico para retornar a um trabalho remunerado dentro de seis meses.

Para alguns, o estabelecimento de metas é uma tarefa desafiadora, especialmente quando os futuros participantes possuem uma autoconsciência reduzida. Ela pode revelar uma falta de motivação para participar da reabilitação. É necessário um tempo extra para estabelecer metas pessoalmente significativas, sendo importante observar, para fins de avaliação da eficácia, que uma parte dessas metas pode não ser alcançada por ser irrealista devido à baixa consciência. Nesses casos, entretanto, tentamos estabelecer uma abordagem "experimental" para tais metas, conforme descrito no Capítulo 4.

---

[2] N.T.: O acrônimo *SMART* é formado, em inglês, pelas palavras *specific*, *measurable*, *achievable*, *realistic* e *timed*.

Método para a avaliação da consecução de metas

Embora tenhamos adotado uma estrutura de classificação variável para mapear o progresso por meio das metas de curto prazo que visam àquelas de longo prazo, isso criou um conjunto de dados complexo que ainda não foi avaliado nas análises de grupo. Logo, a questão da eficácia do programa é abordada de maneira simples, empregando as categorias de resposta "alcançada", "parcialmente alcançada" ou "não alcançada". Essa categorização é discutida e acordada com o cliente no final das fases intensiva e de integração do programa. Se necessário, também discutimos a consecução de metas com os clientes nas sessões de acompanhamento em que há uma reavaliação.

Método para a aplicação dos questionários

Nosso questionário de avaliação preliminar é enviado aos participantes pelo correio aproximadamente 1 mês antes da sessão de avaliação preliminar de 1 dia. Solicitamos que eles nos enviem, também pelo correio, o formulário de 20 páginas preenchido antes da sessão. O formulário procura reunir as concepções dos participantes acerca de uma ampla gama de tópicos, incluindo o histórico médico, social e vocacional, as dificuldades atuais, o humor, a linguagem e comunicação, a capacidade física e as metas. A seção "metas" do questionário é mostrada no Quadro 22.3.

Quadro 22.3 Perguntas sobre as metas retiradas do questionário de avaliação preliminar do OZC. Essas perguntas são dadas em conjunto com o *Rivermead Life Goals Questionnaire*.

Quais papéis você exercia antes de sua lesão encefálica? (Por exemplo, na família, trabalho, lazer etc.?)
Quais papéis você gostaria de exercer no futuro?
O que seu familiar/parceiro pensa sobre isso?
O que você gostaria de alcançar com qualquer outra avaliação ou reabilitação? Por favor, liste quaisquer metas que você possui.
Peça a um cuidador ou familiar que liste quaisquer outras metas que (ele/ela) possa ter para qualquer reabilitação futura.
Quais são os obstáculos que você consegue identificar para alcançar suas metas?
Que tipo de ajuda você acha que precisa?

Resultados

Informações dos participantes

Os dados da próxima seção deste capítulo se referem a uma análise concluída em 2005 de 95 participantes (73% do sexo masculino). As faixas etárias representadas tinham entre 16 e 24 anos (19%), 25 e 34 anos (42%), 35 e 44 anos (22%) e mais de 45 anos (17%), ou seja, 83% dos participantes tinham menos de 45 anos. A etiologia da lesão encefálica era: traumatismo cranioencefálico fechado (77%), acidente vascular encefálico (8%), anóxia (6%), traumatismo cranioencefálico aberto (3%) e outros (6%). O tempo (em anos) após a lesão era: menos de 1 ano (15%), entre 1 e 2 anos (23%), 2 e 3 anos (15%), 3 e 4 anos (12%), 4 e 5 anos (14%) e mais de 5 anos (21%).

Dados do questionário

As respostas dos questionários de eficácia sofreram alterações durante a reabilitação?

Os escores totais do *EBIQ* antes e após a reabilitação (ou seja, na 24ª semana) são mostrados na Tabela 22.1.

Tabela 22.1 Alterações no escore total do *Questionário Disexecutivo* (*DEX*, para a sigla em inglês) e do *Questionário Europeu de Lesão Cerebral* (*EBIQ*, para a sigla em inglês). Observação: (*) utilizando os postos sinalizados de Wilcoxon.

Questionário	Escore médio pré-intervenção	Escore médio na 24ª semana	Significância*
EBIQ – autoavaliação	116 (N = 80)	108 (N = 46)	P < 0,01
EBIQ – avaliação independente	123 (N = 79)	117 (N = 35)	Sem significância estatística
DEX – autoavaliação	31 (N = 76)	24 (N = 39)	P < 0,01
DEX – avaliação independente	38 (N = 73)	31 (N = 33)	P < 0,01

Consecução de metas

Os clientes que participaram do programa alcançaram as metas estabelecidas?

Das 676 metas estabelecidas para os clientes, 50 delas (7%) não foram alcançadas. As demais foram totalmente (47%) ou parcialmente (45%) alcançadas. As metas mais comuns (248) estavam relacionadas ao gerenciamento de atividades funcionais, sendo que as metas de lazer (154) ficaram em segundo lugar, junto às metas relacionadas à compreensão das consequências da lesão encefálica e, por último, as metas relacionadas às habilidades de trabalho ou estudo (119).

Existe uma relação entre a consecução de metas e as respostas aos questionários?

Os dados da autoavaliação do *EBIQ* na linha de base foram divididos em quartis e a frequência das classificações das consecuções de metas foi examinada por inspeção visual. Os escores altos (superiores a 140) no *EBIQ* não foram associados a taxas significativamente mais altas de não consecução de metas. Em contrapartida, assim como era previsto, os escores baixos (inferiores a 100) parecem estar associados a uma frequência mais alta de consecução de todas as metas (ver Tabela 22.2).

Tabela 22.2 A relação entre os escores da autoavaliação do *EBIQ* e a consecução de metas.

Escores do *EBIQ* pré-intervenção	Alcançadas	Parcialmente alcançadas	Não alcançadas
Quartil 1 < 94	63%	36%	1%
Quartil 2 > 94-116	40%	54%	6%
Quartil 3 > 117-140	39%	50%	10%
Quartil 4 > 140	43%	49%	8%

Conclusões da pesquisa sobre a consecução de metas e a questionário

Reconhecendo as limitações dos dados apresentados, especialmente em relação ao número de *drop-outs*, nos três anos desde que esta análise foi finalizada, renovamos nossos esforços para garantir que os questionários de acompanhamento fossem preenchidos. Descobrimos que isso precisava ser de responsabilidade exclusiva de um assistente de tal modo que ele acompanhasse esses questionários. Acreditamos, no entanto, que os dados apresentados corroboram o fato de que o programa de reabilitação neuropsicológica holística do OZC é eficaz ao possibilitar que os participantes alcancem suas metas e isso é, de fato, compensador.

Além disso, iniciamos uma avaliação sistemática dos dados do questionário utilizando técnicas psicométricas modernas: a análise Rasch. Embora uma descrição pormenorizada dessa análise esteja além do escopo deste livro – revisões profícuas sobre esse método podem ser encontradas em Tesio (2003) e em Pallant e Tennant (2007) –, os resultados preliminares, entretanto, provaram ser muito satisfatórios.

A validade do questionário é demonstrada por meio do exame das propriedades de subescala. As questões individuais também foram examinadas. Talvez seja de particular interesse para uma das temáticas deste livro a questão acerca do sentimento de desesperança relatado pelos indivíduos após a lesão encefálica. A Figura 22.2 mostra um gráfico do pacote de *software* RUMM2020 que foi usado para analisar os dados da pergunta do *EBIQ*: "você se sente sem esperança em relação ao futuro?" Isso mostra que tal pergunta é mais rapidamente validada pelos clientes antes da reabilitação do que depois. Essa observação se aplica aos quatro grupos de habilidades que podem ser distinguidos nessa amostra, produzindo o que é descrito como uma função diferencial uniforme significativa ($P < 0,05$) para esta amostra de clientes.

Figura 22.2 Função diferencial – antes e depois da reabilitação. O impacto da reabilitação nas respostas de autoavaliação do item 9 do *EBIQ*, "sem esperança com o futuro". $N = 44$, $F = 4,12$ e $P < 0,05$. Observação: o modelo logit é o mais tradicional ajuste de regressão quando há uma variável binária como variável dependente.

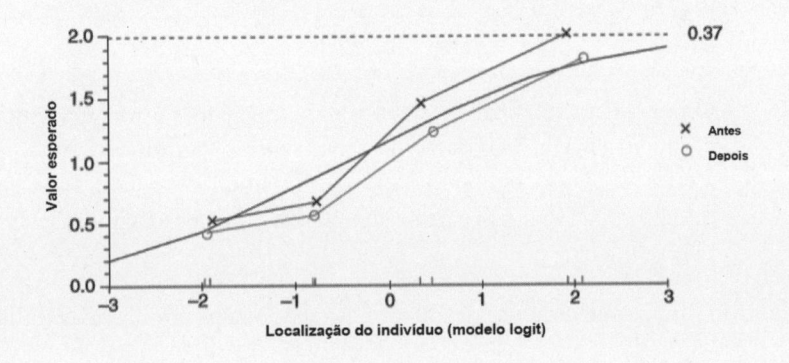

O que os participantes nos dizem?

Sempre que possível, tentamos manter contato com os ex-participantes. Isso inclui convites para a festa de aniversário do OZC todo mês de novembro e, mais recentemente, a criação de um grupo de usuários.

Clare, a esposa de um ex-participante, disse:

> Cinco anos depois, ainda temos horários regulares para planejar o cardápio, cronogramas, lembretes com alarme e a "estratégia Nike" [esse era um termo cunhado pelo marido em conjunto com o psicólogo para ajudar a superar sua inércia a partir de uma autoinstrução como *JUST DO IT*[3]]. Ele ainda fica magoado, mas se não fizermos isso, é um caos.

---

[3] N.T.: Neste contexto, a expressão *just do it* pode ser traduzida como "apenas faça".

Ajudou o fato de eu estar envolvida – de você abrir meus olhos – e de eu conseguir entender os problemas; não que eles tenham desaparecido, mas para que tenhamos a capacidade de conviver com eles.

Simon, após sete anos, nos mostrou sua "lista de metas para o mês" do tamanho de um cartão de crédito. Ele tem uma rotina fixa com seus cuidadores para que eles o ajudem a não desistir. Os cuidadores mudaram muitas vezes ao longo dos anos (como era previsto) e, por essa razão, parte do programa envolveu o treinamento de Simon e sua mãe para administrar o processo de seleção, entrevista e orientação do trabalho desses profissionais.

Uma das intervenções mais eficazes ocorreu no momento da avaliação, mesmo antes do início destas na reabilitação. Sobre esse tópico, Robert escreveu:

A equipe descobriu em mim o que eu considerava como características positivas. Essa descoberta fez com que meu desespero desaparecesse e me ajudou a perceber que havia, possivelmente, algo de providencial em ter sobrevivido aos ferimentos... esperança no lugar do desespero.

Julie, após a encefalite:

O meu eu anterior me deixou em paz com apenas uma vaga lembrança de quem eu era, mas parte do seu trabalho reviou um pouco isso e me fez ver as coisas de uma forma diferente. Não é bom viver em um mundo que a gente acha totalmente diferente – sua equipe já entende [...] obrigada.

Por fim, um agradecimento de Sally no final de seu programa de reabilitação:

Obrigada por toda a sua ajuda, orientação e apoio. Todos vocês, sem exceção, fizeram uma enorme diferença para mim. Sua aceitação incondicional e simpatia significaram muito para mim, e tudo o que vocês fizeram me ajudou a alcançar minha meta: sentir confortável comigo mesma.

O grupo de usuários

O OZC sempre mantém contato com os ex-clientes. Os ex-clientes, por sua vez, também mantêm contato uns com os outros. Frequentemente, recebemos cartões postais e cartas que são lidas em voz alta na reunião com a comunidade. Alguns clientes voltam para visitar ou revisitar as habilidades que aprenderam como parte do programa de reabilitação. Realizamos uma festa de natal anual, cujos convites são enviados a todos os ex-clientes e sempre temos uma boa adesão. A participação do usuário se tornou um princípio norteador fundamental na política de concessão de bolsas de pesquisa e prestação de serviços.

Em março de 2005, alguns dos funcionários do OZC fizeram um curso ministrado pela Connect (www.ukconnect.org) – uma instituição sem fins lucrativos cujo foco é possibilitar que os indivíduos com afasia se reconectem com suas vidas. Esse dia de treinamento inspirador foi intitulado *Soluções Criativas para Trabalhar com Pessoas com Acidente Vascular Encefálico e Afasia*. Os facilitadores da Connect descreveram a entrevista que haviam realizado, na qual perguntavam aos indivíduos com afasia suas opiniões acerca de diferentes tópicos. Outros *workshops*, durante o dia, incentivaram o pensamento lateral sobre o desenvolvimento de serviços. A discussão com os colegas após esse treinamento nos permitiu imaginar possíveis trabalhos com nossos ex-clientes.

Enviamos uma carta a todos os ex-clientes do OZC que concluíram o programa. Sugerimos uma data para a reunião com o objetivo de descobrir se eles acreditavam que ter um fórum de usuários seria uma boa ideia. Tivemos uma resposta extraordinária: muitos gostariam de participar, alguns disseram que não poderiam ir às reuniões porque moravam muito longe, mas ainda assim gostariam de saber o que estava acontecendo, e poucos disseram que não gostariam de ter mais contato, desejando esquecer toda a experiência vivida.

A primeira reunião foi um sucesso e a resposta dos ex-clientes quanto à relevância de se ter um fórum de usuários foi positiva. Muitas ideias boas surgiram dessa reunião e o mais impressionante foi o entusiasmo e a energia desses ex-clientes, bem como o enorme desejo de contribuir ou "dar algo em troca", assim como foi dito por alguns deles.

As ideias sugeridas pelo grupo se encaixaram, em geral, nas seguintes categorias:

a) apoio aos clientes atuais (o que incluía os futuros clientes do programa);
b) apoio aos familiares;
c) informação e educação acerca de outros serviços;
d) promoção e *marketing* do OZC;
e) *feedback* para o OZC em relação ao programa.

A estrutura das reuniões ainda está em desenvolvimento. O grupo de usuários disse que gostaria de uma reunião de duas horas, na qual a primeira hora seria para que eles tomassem algumas decisões e, posteriormente, dois membros da equipe se uniriam a eles. O grupo de usuários desejava se reunir trimestralmente e decidiu que inicialmente faria isso sem os familiares. Ele concordou que poderia ser útil convidá-los para uma reunião uma vez por ano. Na segunda reunião, o grupo assumiu um maior protagonismo, presidindo-a e fazendo as atas. Ele decidiu criar um fórum na internet para manter contato e discutir questões relevantes. Além disso, o grupo fez algumas sugestões sobre como poderia conversar com os clientes atuais, tais como:

a) um dos membros locais já estava se encontrando com os clientes socialmente fora do OZC. Ele disse que ficaria feliz em continuar fazendo isso e pediu para contarmos aos clientes;

b) compilar uma lista detalhada de contatos e uma com outros serviços que os clientes atuais considerassem úteis para dar àqueles que estivessem presentes para uma avaliação. Desse modo, estes poderiam conversar com os ex-clientes, se assim o desejassem;

c) ir ao OZC regularmente para conhecer aqueles que ali estavam para a avaliação de um dia durante o intervalo para o almoço – o grupo organizou uma escala de um mês a fim de experimentar essa ideia;

d) entrar em contato com um membro da equipe acerca do *marketing* e captação de recursos para o OZC – alguns membros do grupo se organizaram para isso;

e) apoiar os familiares – isso foi expresso de modo enfático pelos membros do grupo. Eles tinham algumas sugestões, além do apoio já oferecido pelo OZC;

f) ajudar em nossas aulas e *workshops* para profissionais e cuidadores.

Os clientes da reabilitação se tornam membros desse grupo de usuários após a conclusão de seu programa. É interessante observar que, à medida que esse grupo se desenvolveu, este deu a alguns clientes um propósito significativo para manter um contato contínuo com o OZC. Eles ficam entusiasmados com o fato de não terem uma sensação de término abrupto no final de seu programa e sim de uma transição para uma próxima etapa de sua participação no serviço.

Isso é o que alguns dos clientes disseram sobre a última reunião:

> Senti que a reunião correu bem e fiquei satisfeito por todos terem opiniões semelhantes em relação ao planejamento e ideias para o futuro!
>
> Penso que é muito boa a ideia de um grupo de usuários ser formado por clientes que se beneficiaram do método do Oliver Zangwill e que estão acessíveis aos clientes atuais e futuros; estou muito satisfeito por poder contribuir.
>
> Foi o Oliver Zangwill Centre que me fez tomar consciência de minhas deficiências e me mostrou estratégias para compensá-las de uma maneira que me permitiu levar uma vida "normal" e voltar ao trabalho com a "capacidade que tinha antes do acidente".
>
> Estou muito honrado por poder "presidir" as reuniões e ainda contribuir para elas a partir de "sugestões". Fiquei satisfeito por algumas de minhas ideias terem sido adotadas pela organização do atual programa de reabilitação, tais como conhecer os futuros clientes durante a avaliação e os familiares dos ex-clientes conhecerem os familiares dos clientes atuais para passar suas experiências e conselhos!

O que é mais emocionante acerca do grupo de usuários é o entusiasmo e o comprometimento dos ex-clientes com o OZC. Como membro da equipe, é um privilégio fazer parte do grupo e testemunhar a criatividade e o desenvolvimento das ideias de seus membros.

Para além do progresso de cada cliente e da eficácia: observações acerca de outros resultados do OZC

As principais atividades do OZC podem ser descritas sob os tópicos: avaliação, pesquisa, educação, reabilitação e tecnologia assistiva.

Avaliação

Durante a primeira década de funcionamento do OZC, avaliamos e aconselhamos a várias centenas de indivíduos oriundos de diferentes regiões. Um mapa ilustrando a distribuição dos participantes é mostrado na Figura 22.3.

Figura 22.3 Distribuição geográfica dos participantes do OZC entre 1996 e 2006. Reproduzido com permissão. Consulte também a seção com ilustrações em cores.

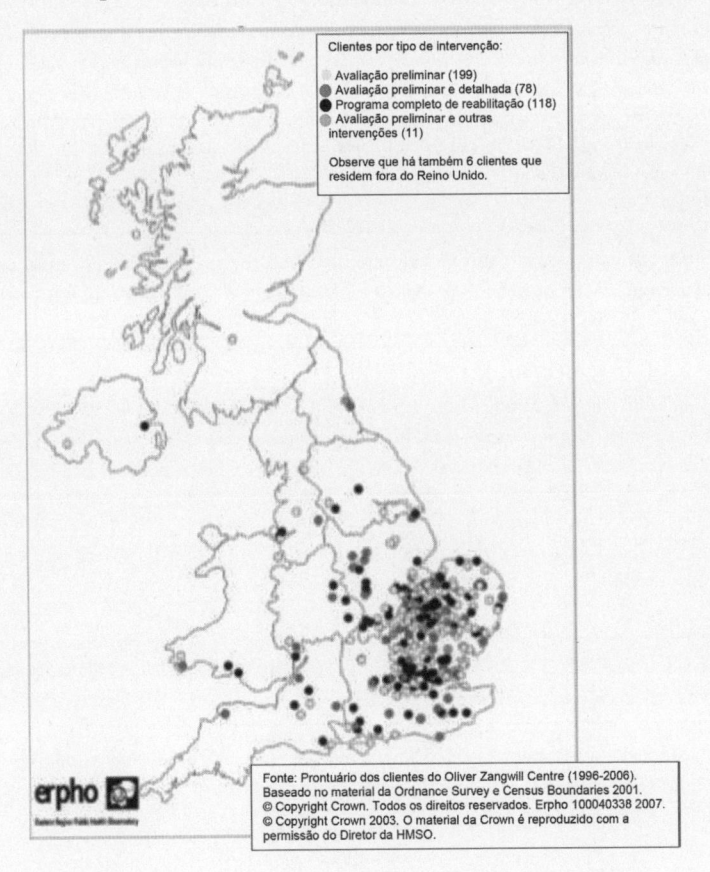

Pesquisa

A atividade científica do OZC é melhor demonstrada por meio das bolsas recebidas para financiar as pesquisas e das muitas publicações revisadas por pares, que têm contribuído para a área da reabilitação neuropsicológica. No momento da publicação deste livro, a décima bolsa do OZC havia sido concedida, permitindo a contratação de um pesquisador da área da terapia ocupacional e de um assistente de pesquisa. Uma lista dos projetos de pesquisa que foram financiados no OZC é mostrada na Tabela 22.3.

Tabela 22.3 Bolsas de pesquisa no OZC entre 1996 e 2008.

Do Oxford and Anglian NHS Executive Research and Development Department, £ 79580, para um projeto intitulado *A avaliação de um serviço de paging para pessoas com lesão encefálica* (Wilson, B.A., Evans, J.J. e Emslie, H.) – 2 anos.
Do Oxford and Anglian NHS Executive Research and Development Department, £ 40820, para um projeto intitulado *Quais pessoas com comprometimentos de memória utilizam de forma eficaz as estratégias compensatórias?* (Evans, JJ, Wilson, BA e Brentnall, S.) – 2 anos.
Do NHS Executive Research and Development Programme, £ 93642, para um projeto intitulado *Ajudando as pessoas com comprometimentos de memória a recordar fatos e procedimentos: Uma comparação entre dois dispositivos computacionais para o gerenciamento de informações pessoais* (Wright, P., Wilson, B. A., Evans, J. J. e Emslie, H.) – 2 anos.
Da PPP Healthcare, £ 144.000, para um projeto intitulado *MemoJog - um dipositivo de memória interativo para auxiliar a independência entre idosos* (Newall, A.F., Evans, J.J., Gregor, P. e Hine, N.) – 3 anos.
Do NHS Executive Research and Development Programme, £ 99058, para um projeto intitulado *Identificando e entendendo os déficits na atenção dividida em pessoas com lesão encefálica* (Wilson, BA e Evans, JJ) – 3 anos.
Do West of Scotland NHS R&D Consortium, £ 39223, para um projeto intitulado *Reabilitação da síndrome disexecutiva: Investigações sobre o uso de alertas auditivos periódicos para melhorar a recordação prospectiva e o gerenciamento de metas após a lesão encefálica* (Evans, JJ; Manly, T. e Kersal, D.) – 1 ano.
Da Norfolk Suffolk and Cambridge Strategic Health Authority, £ 8996, para um projeto, financiado por meio do Practitioner Enterprise Award Scheme in Research and Learning (PEARL), sobre *Análise Rasch dos Resultados do Oliver Zangwill Centre* (Bateman, A.) – 2 anos.
Do Chief Scientist Office, £ 14988, para um projeto intitulado *Melhorando a tarefa dupla cognitiva-motora em doenças neurológicas* – 10 meses.
Da Neurosciences Foundation, £ 11450, para um projeto intitulado *Um estudo de ressonância magnética funcional (fMRI) da atividade de gerenciamento de metas* (Cullen, B., Evans, JJ e Brennan, D.) – 6 meses.

> Do National Institute for Health Research, Research for Patients Benefit Programme, £ 249611, para o projeto intitulado *Um estudo de controle randomizado do impacto do envio eletrônico do "conteúdo gratuito de dicas" sobre o funcionamento psicossocial após a lesão encefálica* (Gracey, F., Wilson, B.A., Manly, T., Bateman, A., Fish, J., Malley, D e Evans, J.J.) – 3 anos.

> Total da receita referente à concessão de bolsas até o momento: £ 781368

Educação

Todos os anos, o OZC realiza uma série de *workshops* educacionais que atraem profissionais de todo o Reino Unido. A equipe foi convidada a presidir os simpósios na International Neuropsychological Society. Barbara A. Wilson foi presidente desta instituição no biênio em 2006-2007, ano em que as atividades e o foco estavam na reabilitação. No Reino Unido, a divisão de neuropsicologia da British Psychological Society, o setor de neuro da College of Occupational Therapy, a British Association of Behavioural and Cognitive Psychotherapies e a Chartered Society of Physiotherapy presenciaram os membros da equipe do OZC assumindo papéis de destaque no ensino e na divulgação de nosso trabalho.

Atividades educacionais mais amplas foram oferecidas por meio de supervisão e treinamento durante os estágios para muitos estudantes de psicologia clínica, terapia ocupacional e fonoaudiologia. Oferecemos um sistema de professor visitante no qual os indivíduos vêm e trabalham conosco integralmente por 12 semanas em um programa. Isso significa que recebemos colegas de todo o mundo, incluindo Colômbia, Hong Kong, Tailândia, Suíça, Itália, Espanha e Alemanha.

Tecnologia assistiva

O serviço NeuroPage, desenvolvido a partir de uma pesquisa sistemática de Wilson *et al.*, nasceu de um projeto de pesquisa financiado e se tornou um serviço de assistência clínica nacional (uma lista dos artigos publicados sobre o NeuroPage pode ser vista no Quadro 22.4).

Quadro 22.4 Publicações sobre o NeuroPage.

> Emslie, H., Wilson, B.A., Quirk, K. Evans, J.J. and Watson, P. (2007). Using a paging system in the rehabilitationif encephalic patients. *Neuropsychological Rehabilitation*, **17**(4/5), 567-81.

> Evans, J.J., and Wilson, B.A. (2003) .Who makes good use of memory aids? Results of a survey of people with acquired brain injury. *Journal of the International Neuropsychological Society*, **9**, 925-35.

Evans, J.J., Emslie, H.C. and Wilson, B.A. (1998). External cueing systems in the rehabilitation of executive impairments of action. *Journal of the International Neuropsychological Society*, **4**, 399-408.

Fish, J., Manly, T, Emslie, H.C., Evans, J.J. and Wilson, B.A. (2008). Compensatory strategies for acquired disorders of memory and planning: differential effects of a paging system for patients with brain injury or traumatic versus cerebrovascular aetiology. *Journal of Neurology, Neurosurgery, and Psychiatry*, **79**, 930-5.

Fish, J. Manly, T. and Wilson, B.A. (2008). Long-term cornpensatory treatment of organizational deficits in a patient with bilateral frontal lobe damage. *Journal of the International Neuropsychological Society*, **14**(1), 154-63.

Wilson, B.A., Evans, J.J., Emslie, H.C. and Malinek, V. (1997). Evaluation of NeuroPage: a new memory aid. *Journal of Neurology, Neurosurgery, and Psychiatry*, **63**, 113 15.

Wilson, B.A., Emslie, H.C, Quirk, K. and Evans, J.J. (1999). George: learning to live independently with NeuroPage. *Rehabilitation Psychology*, **44**(3), 284-96.

Wilson, B.A., Emslie, H.C, Quirk, K. and Evans, J.J. (2001). Reducing everyday memory and planning problems by means of a paging system: a randomized control crossover study. *Journal of Neurology, Neurosurgery, and Psychiatry*, **70**, 477-82.

Wilson, B.A., Scott, H., Evans, J.J., and Emslie, H. (7003). Preliminary report of a NeuroPage service within a health care system. *NeuroRehabilitation*, **18**(1), 3-8.

Wilson, B.A., Emslie, H., Quirk, Evans, J. and Watson, P. (7005). A randomized control trial to evaluate a paging system for people with traumatic brain injury. *Brain injury*, **19**, 891-94.

O NeuroPage continua operando como um componente empresarial de pequeno porte bem-sucedido do OZC. Nos últimos anos, mantivemos simultaneamente, em média, cerca de 30 pacientes, os quais recebem sua programação diária por meio de *pagers* e são supervisionados por um administrador do OZC. A mais recente publicação de estudo de caso (FISH *et al.*, 2008) foi reconhecida por Grafman (2008, p. 152) como uma descrição da

> produção de um dos poucos centros do mundo que faz pesquisas sistemáticas a fim de encontrar novas técnicas que melhorem de maneira significativa e confiável a eficácia em pacientes com déficits na função executiva devido a uma lesão encefálica. Mais centros como este [...] são necessários.

Nossa mais recente e significativa concessão de bolsa foi destinada a testar os princípios do "conteúdo gratuito de dicas", enviado para o telefone celular quando as tarefas do dia a dia são realizadas. O plano é ampliar os resultados deste estudo a fim de desenvolver ainda mais nossa oferta de tecnologia assistiva.

Conclusões

Finalmente, também é apropriado considerar os resultados em larga escala de uma instituição como o OZC. Em uma entrevista recente com Sheila Bremner, uma das fundadoras da equipe, ela lembrou que, ao abrir o OZC em 1996, mesmo os profissionais com experiência em reabilitação neurológica não possuíam uma terminologia para a reabilitação neuropsicológica. Dez anos depois, embora o serviço talvez continue a ser o único no Reino Unido em relação à oferta de um programa completo de cuidados, a reabilitação neuropsicológica agora faz parte, com mais frequência, da agenda das redes de atenção à saúde. Portanto, acreditamos que, por meio das atividades de pesquisa e educação do OZC, tivemos um impacto na prestação de serviços assistenciais, resultando em benefícios para além dos clientes que atendemos. Certamente, continuar inovando, pesquisando e divulgando as atividades do OZC é a aspiração da equipe atualmente na direção.

Olhando para o futuro

A atual estratégia de pesquisa do OZC possui três vertentes principais:

a) Continuar desenvolvendo uma melhor compreensão dos resultados e medidas de eficácia. A elaboração de novas avaliações continua com o trabalho em andamento sobre as propriedades psicométricas do *EBIQ* e os estudos acerca da avaliação da identidade e do processamento social após a lesão encefálica. Este trabalho tem sido norteado por um espectro mais amplo de mudanças na ciência da avaliação da eficácia, inspirado por muitos de nossos colegas;

b) Continuar desenvolvendo novas intervenções terapêuticas. Por exemplo, nossa pesquisa financiada mais recente inclui estudos sobre a aplicação de técnicas de gerenciamento de metas para possibilitar que os pacientes superem as dificuldades atencionais e executivas;

c) Continuar desenvolvendo procedimentos para avaliar o impacto da reabilitação por meio de rigorosos estudos experimentais de caso único e de colaborações multicêntricas internacionais sistemáticas.

Convidamos cordialmente os colegas interessados a manter contato conosco e a colaborar com a nossa tentativa de ofertar uma reabilitação baseada em evidências para os indivíduos que buscam superar os muitos desafios resultantes da lesão encefálica.

Referências

Bateman, A. (2005). Life goals of people attending neuropsychological outpatient assessment after acquired brain injury. *Brain Impairment*, **6**(2), 151–2.

Cicerone, K. D., Dahlberg, C., Malec, J. F. et al. (2005). Evidence based cognitive rehabilitation: updated review of the literature from 1998 through 2002. *Archives of Physical Medicine and Rehabilitation*, **86**, 1681–92.

Dewar, B-K. and Gracey, F. (2007). "Am not was": cognitive behavioural therapy for adjustment and identity change following herpes simplex encephalitis. *Neuropsychological Rehabilitation*, **17**(4/5), 602–20.

Fish, J., Manly, T. and Wilson, B.A. (2008). Long-term compensatory treatment of organizational deficits in a patient with bilateral frontal lobe damage. *Journal of International Neuropsychological Society*, **14**, 154–63.

Gracey, F. and Ownsworth, T. (2008). Editorial. *Neuropsychological Rehabilitation*, **18**(5/6), 522–6.

Gracey, F., Palmer, S., Rous, B. et al. (2008)."Feeling part of things": personal construction of the self after brain injury. *Neuropsychological Rehabilitation*, **18**(5), 627–50.

Grafman, J. (2008). Paging equals functionality. *Journal of the International Neuropsychological Society*, **14**, 152–3.

Klonoff, P.S., Lamb, D.G. and Henderson, S.W. (2001). Outcomes from milieu based neurorehabilitation at up to 11 years post--discharge. *Brain Injury*, **15**, 413–28.

Liu, C., McNeil, J.E. and Greenwood, R. (2004). Rehabilitation outcomes after brain injury: disability measures or goal achievement? *Clinical Rehabilitation*, **18**, 398–404.

Malec, J. (2001). Impact of comprehensive day treatment on societal participation for persons with acquired brain injury. *Archives of Physical Medicine and Rehabilitation*, **82**, 885–95.

Pallant, J.F. and Tennant, A. (2007). An introduction to the Rasch measurement model: an example using the Hospital Anxiety and Depression Scale (HADS). *British Journal of Clinical Psychology*, **46**(1), 1–18.

Parente, R. and Stapleton, M. (1999). Development of a cognitive strategies group for vocational training after traumatic brain injury. *NeuroRehabilitation*, **13**, 13–20.

Salazar, A.M., Warden, D.L., Schwab, K., et al. (2000). Cognitive rehabilitation for traumatic brain injury: a randomized trial. Defense and Veterans Head Injury Program (DVHIP) Study Group. *JAMA*, **283**, 3075–81.

Sivaraman Nair, K.P. (2003). Life goals: the concept and its relevance to rehabilitation. *Clinical Rehabilitation*, **17**(2), 192–202.

Sivaraman Nair, K.P. and Wade, D.T. (2003). Life goals of people with disabilities due to neurological disorders. *Clinical Rehabilitation*, **17**(5), 521–7.

Sopena, S., Dewar, B.K., Nannery, R., Teasdale, T.W. and Wilson, B.A. (2007). The European Brain Injury Questionnaire (EBIQ) as a reliable outcome measure for use with people with brain injury. *Brain Injury*, **21**(10), 1063–8.

Teasdale, T.W., Christensen, A.L., Willmes, K. et al. (1997). Subjective experiences in brain-injured patients and their close relatives: a European Brain Injury Questionnaire study. *Brain Injury*, **11**(8), 543–63.

Tesio, L. (2003). Measuring behaviours and perceptions: Rasch analysis as a tool for rehabilitation research. *Journal of Rehabilitation Medicine*, **35**, 105–15.

Colaboradores

Andrew Bateman é gerente clínico e diretor de pesquisas do Oliver Zangwill Centre no Princess of Wales Hospital em Ely, Cambridgeshire, e membro clínico honorário do The MRC Cognition e Brain Sciences Unit em Cambridge, Reino Unido.

Susan Brentnall é coordenadora da terapia ocupacional do Oliver Zangwill Centre no Princess of Wales Hospital em Ely, Cambridgeshire, Reino Unido.

Sarah Connell é psicóloga assistente do NHS[1] Trust nos hospitais da Brighton e Sussex University em Sussex, Reino Unido.

Jacqui Cooper é terapeuta ocupacional sênior do Oliver Zangwill Centre no Princess of Wales Hospital em Ely, Cambridgeshire, Reino Unido.

Joanna Cope é psicóloga assistente do Oliver Zangwill Centre no Princess of Wales Hospital em Ely, Cambridgeshire, Reino Unido.

Jonathan J. Evans é professor de neuropsicologia aplicada no Section of Psychological Medicine da University of Glasgow, Reino Unido. Ele também é psicólogo clínico e consultor honorário do NHS da região metropolitana de Glasgow e Clyde, Reino Unido, e foi o primeiro diretor clínico do Oliver Zangwill Centre.

Fergus Gracey é coordenador da psicologia clínica do Oliver Zangwill Centre no Princess of Wales Hospital em Ely, Cambridgeshire, e membro clínico honorário do The MRC Cognition e Brain Sciences Unit em Cambridge, Reino Unido.

Clare Keohane é fonoaudióloga do Oliver Zangwill Centre no Princess of Wales Hospital em Ely, Cambridgeshire, Reino Unido.

---

[1] N.T.: NHS ou National Health Service é o nome do sistema público de saúde do Reino Unido.

Donna Malley é especialista em terapia ocupacional clínica do Oliver Zangwill Centre no Princess of Wales Hospital, em Ely, Cambridgeshire. Ela também é representante regional de East Anglia do Specialist Section in Neurological Practice (antigo NANOT) e membro do comitê do Brain Injury Forum.

Rachel Megoran é terapeuta ocupacional sênior do Walkegate Park Hospital International Centre for Neurorehabilitation do NHS Trust de Newcastle-upon--Tyne, Northumberland Tyne e Wear, Reino Unido.

Siobhan Palmer é psicóloga clínica do Oliver Zangwill Centre no Princess of Wales Hospital em Ely, Cambridgeshire, Reino Unido.

Leyla Prince é fonoaudióloga do Oliver Zangwill Centre no Princess of Wales Hospital em Ely, Cambridgeshire, Reino Unido.

Kate Psaila é psicóloga clínica do Cambridgeshire Learning Disability Partnership, no Ida Darwin Hospital em Fulbourn, Cambridge, Reino Unido.

Carolyne Threadgold é assistente de reabilitação do Oliver Zangwill Centre no Princess of Wales Hospital em Ely, Cambridgeshire, Reino Unido.

W. Huw Williams é professor associado de neuropsicologia clínica e codiretor do Centre for Clinical Neuropsychology Research da School of Psychology da University of Exeter, Reino Unido.

Barbara A. Wilson é fundadora do Oliver Zangwill Centre no Princess of Wales Hospital em Ely, Cambridgeshire. Ela também é cientista sênior (com *status* de visitante) do Medical Research Council's Cognition and Brain Sciences Unit em Cambridge, Reino Unido.

Giles Yeates é psicólogo clínico do Community Head Injury Service, em Buckinghamshire NHS PCT, Ayslesbury, Bucks., e psicólogo clínico honorário do Oliver Zangwill Centre no Princess of Wales Hospital em Ely, Cambridgeshire, Reino Unido.

Construindo ideias e conectando mentes

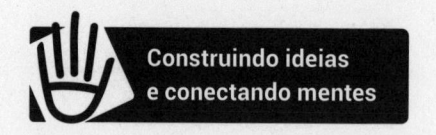

Este livro foi composto com tipografia Bembo Std
e impresso em papel Pólen Natural 80g.
na Gráfica Promove em setembro de 2023.